中國古代文獻文化史專輯

古典文獻研究

(第十五輯)

南京大學古典文獻研究所主辦

GuDian WenXian
YanJiu

國家“985工程”三期經費資助
國家社科基金重大項目“中國古代文獻文化史”
(10&ZD130)階段性成果

鳳凰出版社

圖書在版編目（CIP）數據

古典文獻研究．第十五輯 / 程章燦主編．-- 南京：鳳凰出版社，2012.11
ISBN 978-7-5506-1618-9

Ⅰ．①古… Ⅱ．①程… Ⅲ．①古文獻學－中國－叢刊 Ⅳ．①G256.1-55

中國版本圖書館CIP數據核字(2012)第252614號

書　　名	古典文獻研究(第十五輯) 中國古代文獻文化史專輯
編　　者	南京大學古典文獻研究所
責任編輯	林日波
出版發行	鳳凰出版傳媒股份有限公司 鳳凰出版社(原江蘇古籍出版社) 發行部電話025-83223462 南京市湖南路1號A樓，郵編:210009
出版社地址	南京市中央路165號，郵編:210009
出版社網址	http://www.fhcbs.com
經　　銷	鳳凰出版傳媒股份有限公司
照　　排	南京凱建圖文製作有限公司
印　　刷	南京大衆新科技印刷有限公司 南京浦口大橋北路京新村546號，郵編:210031
開　　本	880×1230毫米　1/32
印　　張	20.25
字　　數	583千字
版　　次	2012年11月第1版　2012年11月第1次印刷
標準書號	ISBN 978-7-5506-1618-9
定　　價	68.00圓

(本書凡印裝錯誤可向承印廠調换，電話:025-58849828)

前 記

《古典文獻研究》第十五輯是"中國古代文獻文化史"專輯。

近兩年來,我們在編輯《古典文獻研究》時,嘗試採取一種新的策略,即圍繞某一個主題,集中刊發一批論文。例如,《古典文獻研究》第十四輯就是"《文選》學"專輯,其中又特别集中刊發了一組歐美與日本學者有關《文選》學的研究論文。我們期望通過這樣一種方式,相對集中地展示學界同行在這一領域的最新學術探索,更加切實地推動學術進步。同時,我們也期望這樣的專輯,由於其主題集中,能夠凝聚思考,而更容易引起相關領域學者的關注和重視。

説實在的,這並不算特别新異的做法,不少學術叢刊早已揚鞭先著,並有了一些成功的經驗。當然,這不是説,我們也這樣做就没有我們自己的考慮。本輯以"中國古代文獻文化史"爲主題,這一選擇與設計,既表明了我們當下的學術追求,也是我們向學術界發出的一個倡議。關於印刷文化和書史的研究,是近幾十年在歐美學術界發展起來的一個新的學術領域,進入新世紀以來,這一學術領域迅速引起國內學術界的關注,並成爲歷史文化研究領域一個新的熱點。我們認爲,在這一時空背景下,規劃並重視中國古代文獻文化史研究,在學術史上具有特殊的意義。一方面,印刷是古代中國書籍最重要的生産方式之一,而書籍則是中國古代文獻中最核心、最重要的部分。書史研究不僅與印刷文化密切相關,而且也是古代文獻文化史中最引人注目的内容。因此,研究中國古代文獻文化史,既可以挹取歐美學術資源,借鑒其學術成果,又可以透過相關議題,創立學術平臺,與歐美同行展開更直接、更便捷的對話。另一方面,中國古代文獻形式多種多樣,無論就其物質形態與生産方式,還是就其内在體系與傳播途徑來看,都大大超出歐美書籍史和印刷文化的範疇。古典文獻學諸傳統學科,如版本、目録、校勘及典藏等,雖然其要旨在於歷史描述和實用指引,但其中亦多涉及古代文獻文化之内容。顯然,研究中國古代文獻文化史,需要接續中國傳統學術之源頭活水,才能推陳出新。總之,中國古代文獻文化史内涵豐富,可以溝通古今,聯繫中外,是一個很有學術前景的領域,我們需要的是開闊視野,開拓創新。

令我們感到欣幸的是,我們的倡議得到了學界同行的熱烈回應。學界同行積極供稿,這既是對我們的支持,也使我們倍受鼓舞。即使從最後採用的稿件來看,内容也是相當豐富的。爲此,我們設置了古代文獻與社會文化、寫本時代的文獻與文化、宋元明時期的出版與文化、域外漢籍與東亞文化等欄目。這幾個欄目雖然不足以涵蓋古代文獻文化史的全部,却也粗略反映了我們所規劃的古代文獻文化史的基本框架。我想在這裏特别感謝美國哈佛大學宇文所安(Stephen Owen)教授、田曉菲教授、布朗大學包筠雅教授(Cynthia Brokaw)對我們的支持。包筠雅教授近年來在書史研究方面成就相當突出。她貢獻給本輯的論文,是她根據今年 6 月 12 日在南京大學的講演稿修訂而成的,論文精要概述了她的新著《文化中的商業:清代和民國時期的四堡書業》(哈佛大學亞洲研究中心,2007 年)的要義。山東大學儒學高等研究院何朝暉教授,近年來著力研究中國古代出版史、書籍文化史,並翻譯出版了美國學者周紹明教授的《書籍的社會史:中華帝國晚期的書籍與士人文化》(北京大學出版社,2009年)、英國學者戴維·芬克爾斯坦和阿利斯泰爾·麥克利里著《書史導論》(商務印書館,2012年)等專著。感謝他爲本輯貢獻了新作《山人與出版:俞安期生平、著述與刻書活動考》。

周勛初先生積數十年研究之心得,撰成《文心雕龍解析》,即將由鳳凰出版社出版,先將此書《前言》交本刊發表。將近三十年前,我曾聽過周先生講授的《文心雕龍》課,至今還保留着那時的講義,就是《文心雕龍解析》一書的雛形,其後又陸續讀到周先生關於《文心雕龍》的諸多精彩論述。此書之撰作産生過程,亦可作爲文獻文化史上的一個生動案例,作爲見證者,我願意在此記上一筆,並向讀者鄭重推薦此書。

程章燦

2012年9月

目　次

特稿

古代文獻與社會文化

寫本時代的文獻與文化

宋元明時期的出版與文化

域外漢籍與東亞文化

校勘學研究

文獻考證與學術叢札

書評

古典文獻研究(第十五輯)
2012年7月

《文心雕龍解析》前言

周勛初

劉勰的生平

閱讀《文心雕龍》,首先得對作者劉勰的歷史有所瞭解。

劉勰的個人歷史很簡單,祇有《梁書》的《文學傳》中有記載;《南史》的《文學傳》中也有同樣的一篇傳記,祇是略有出入就是了①。

進入20世紀之後,古代文學理論的研究空前繁榮,《文心雕龍》是古代唯一的一部體系完整的文論專著,這就吸引了衆多學者的關注。上一世紀60年代,社會主義陣營發生分裂,中國强調獨立自主,從而着力宣揚傳統文化,《文心》開始受到重視。八九十年代,更是名家雲集,著述繁富,其間産生了許多年表與年譜,對劉勰生平的每一個環節都進行了反復的推敲。初學者讀過正史中的傳記之後,進一步閱讀各家論述,或許會感到頭緒紛繁,難於把握。牟世金撰《劉勰年譜匯考》,集合

---

① 參看楊明照《梁書劉勰傳箋注》,載《增訂文心雕龍校注》,中華書局,2000年。

諸家之説,申述個人考辨所得,值得參考[①]。穆克宏撰《劉勰年譜》,篇幅適中,立説謹慎,可以先讀[②]。

建國初期,人們研究歷史人物時,首先關注其出身,因此對於劉勰到底出身於庶族還是士族,是低級士族還是高級士族,有人進行了探討[③]。隨着歷史學界對此深入研究,問題趨於明朗[④]。《梁書》本傳説:“祖靈真,宋司空秀之弟也。父尚,越騎校尉。”説明劉勰出身於官宦之家。而據《宋書·劉秀之傳》的記載,他是劉宋開國君主劉裕最爲倚重的大臣劉穆之的從兄之子,可以認爲劉勰出身於一個顯貴家族。有的研究者則注意到,《南史》上已把“祖靈真,宋司空秀之弟也”一句删去了。何以如此,情況確是很複雜,值得進一步探討。或許劉勰一系爲了抬高自家聲價,與劉秀之一族硬拉上關係。六朝之時常見這種族譜作假之事。祇是到了 70 年代,江蘇鎮江地區句容縣發現了一方劉岱墓誌,上面記載着劉氏的先世,與靈真情況相同,可證《宋書》上的記載是可信的。劉勰應當出身於劉穆之、秀之等同一家族。五胡之亂,東莞劉氏由徐州東莞郡莒縣(今山東莒縣)遷至南方僑置的南徐州治所京口(今江蘇鎮江),雖非最高層階的士族,却也高官多見,屬於層次稍低的士族。祇是他與家族中人的關係似乎並不親密,父親又早歿,因無人援

① 牟世金《劉勰年譜匯考》,巴蜀書社,1988 年。張少康《劉勰及其〈文心雕龍〉》對劉氏生平續有考證,且對牟著有所訂正,見第一章《劉勰的家世、生平和思想》,北京大學出版社,2010 年。

② 穆克宏《劉勰年譜》,原載《福建師範大學學報》1986 年第 2 期,爲《劉勰生平述略》之附録,後收入《文心雕龍研究》論文集中,鷺江出版社,2002 年。關於《滅惑論》的寫作,作者認爲當在齊代。

③ 參看周振甫主編《文心雕龍辭典》中“各家争論説介紹”内“劉勰家世”部分,中華書局,1996 年;張少康等著《文心雕龍研究史》第四章《當代的〈文心雕龍〉研究(下)》“關於劉勰的身世研究”,北京大學出版社,2001 年。

④ 唐長孺對魏晉南北朝的社會結構有很深入的分析,可參看《魏晉南北朝隋唐史三論》中的前面部分。他在《魏晉南北朝史論拾遺》中的《讀史劄記》中對“素族”、“寒士”的分析,亦可參看。二書分列《唐長孺文集》第四卷、第二卷,中華書局,2011 年。

助，也就陷於窘迫了。

《梁書》本傳説劉勰“家貧不婚娶”，何以如此，大家看法也不一致。有人認爲士庶天隔，他家窮了，同一階層中人不肯把女兒許配給他，又不好到其他階層中去物色，衹能陷於“不婚娶”的困境。有人則認爲他已皈心佛教，故而不婚。這種事情很難説清楚。今日人們對這類問題作出的分析，大都是基於個人對當時社會的理解，認爲情理上必然如此而作出的判斷。但人在社會上存身，情况至爲複雜，要想根據歷史上的個别材料進行分析得出大家普遍認可的結論，很難。我們衹能説，劉勰因父親早死，家道中落，在婚姻問題上高不成低不就，也就難以解决。况且他在二十多歲時即已入居定林寺，置身宗教場所，周圍全是“不婚娶”之人，也就會淡然置之了。

看來劉勰思想上一直存在着入世與出世的矛盾。他對佛教的信仰，可謂始終如一。除《文心雕龍》一書外，他還留下了《滅惑論》與《剡山石城寺造像碑》二文[①]。據近人考證，《滅惑論》的寫作當在齊代，是爲批判道教中人提出的《三破論》而寫作的。所謂“三破”，即“入國而破國”，“入家而破家”，“入身而破身”。僧徒剃掉父母生下的毛髮，又不營家室，違背中國傳統，因此《三破論》中攻擊佛教徒的不婚娶有“絶種之罪”。劉勰以爲佛教的戒令自有其理由：“妻者愛累，髮者形飾”，“愛累傷神，形飾乖道，所以澄神滅愛，修道棄飾”。由此可見，劉勰對佛家教理也是信從的。他入定林寺後，一方面撰寫《文心雕龍》，奉儒家思想爲正宗，評判古今文章得失；一方面宣揚佛教教理，維護佛家宗旨。他在進入梁代王室系統的文士隊伍之後，一直堅持二者並重的立場，衹是隨着處境與評論對象的不同而各有側重罷了。例如他在寫作《文心雕龍》和在朝廷任職時，儒家思想自然上升至主導地位，而在寫作《滅惑論》和

① 《滅惑論》載梁釋僧祐編《弘明集》卷八，《四部叢刊》本。《剡山石城寺造像碑》全稱《梁建安王造剡山石城寺石像碑》，載宋孔延之編《會稽掇英總集》卷一六，楊明照從清道光元年山陰杜氏刊本抉出，首載於《文心雕龍校注》，中華書局（上海編輯所），1959年。此碑殘文見《藝文類聚》卷七六，題作《剡縣石城寺彌勒石像碑銘》。

各種有關佛教的碑誌時,也就純以信徒的身份出現了。

看來劉勰的家世對他深有影響。其上代均重建功立業,父親早歿,未能升至要位,然位列四品,已經顯示前途有望,説不定日後也能像劉穆之、劉秀之那樣光耀史册。這種家族中的子弟,常是不甘沉淪而欲有所作爲。《文心雕龍·程器》篇中説:"是以君子藏器,待時而動。發揮事業,固宜蓄素以弸中,散采以彪外,楩楠其質,豫章其幹。摛文必在緯軍國,負重必在任棟樑;窮則獨善以垂文,達則奉時以騁績。若此文人,應《梓材》之士矣。"這一番話,當是他本人有感而發的自白。他既不甘於"獨善以垂文",希望能有"奉時以騁績"的機遇,從他進入蕭氏王室之後的經歷來看,也曾作出過努力,然而並不如願。

《梁書》本傳説,"天監初,起家奉朝請。中軍臨川王宏引兼記室,遷車騎倉曹參軍。出爲太末令,政有清績。除仁威南康王記室,兼東宫通事舍人",後"遷步兵校尉,兼舍人如故"。這些任命中的記室之職,擔任的是秘書一類職務,應是看重他善於文學的緣故。王室僚屬中的秘書類官員每向軍幕中的職務發展,劉勰擔任的車騎倉曹參軍、步兵校尉等職,與其上代擔任的軍中職務類同,但他未能由此"負重"而"任棟樑",最後還是衹能"獨善以垂文"而命世。

看來蕭氏一門都很看重劉勰的文才。上一代人,臨川王蕭宏引爲記室,建安王蕭偉請他爲佛寺撰寫碑文。下一代人,南康王蕭績又引之爲記室,昭明太子蕭統則讓他到東宫兼職,且歷時頗久,"深愛接之",而從傳世文獻來看,湘東王蕭繹對他也很欣賞,《金樓子·立言》篇曰:

> 管仲有言:"無翼而飛者,聲也;無根而固者,情也。然則聲不假翼,其飛甚易;情不待根,其固非難。"以之垂文,可不慎歟!古來文士,異世爭驅,而慮動難固,鮮無瑕病。陳思之文,群才之雋也。《武帝誄》云"尊靈永蟄",《明帝頌》云"聖體浮輕","浮輕"有似於蝴蝶,"永蟄"可擬於昆蟲,施之尊極,不其嗤乎?①

① 參看許逸民《金樓子校箋》卷四《立言篇第九下》,中華書局,2011年。

這一段話，引自《文心雕龍·指瑕》，説明蕭統兄弟都很重視劉勰的文學見解，蕭綱、蕭繹的文字中都有暗合《文心》的地方。

不過劉勰思想中的宗教成分還是太濃烈了。他在《文心雕龍》中盡力避免佛家教義的羼入，將之定格爲宣揚儒家宗旨的一部學術著作，亦即"入道見志"的一部子書，但他在《論説》篇中縱論當前學界紛争時，也就提出"般若"之説來壓倒"有、無"之辨了。這也説明，劉勰即使是在宣揚儒家義理時，還是不能忘情於佛理的宣揚。

因此，一當梁武帝蕭衍於天監十六年詔令七廟饗祭改用蔬果之後，劉勰隨即上表陳請二郊的祭禮應與宗廟一致，改用蔬果，取代犧牲。此舉得到了朝廷的認可，於此也可看到劉勰篤信佛家教義的態度前後一致，而這與蕭氏王室中人的儒釋相容的作風也一致。

正由於這種思路上的一致，劉勰常是來回於王室與寺院之間。天監七八年時，他受王家之命，返回定林寺，擔任佛經方面的整理工作。梁武帝"選才學道俗釋僧智、僧晃、臨川王記室東莞劉勰等三十人同集上定林寺，抄一切經論，以類相從，凡八十(八)卷"①。一當僧祐去世，梁武帝蕭衍又立即想到讓劉勰回到定林寺去完成經藏編目的任務了。

僧祐在蕭氏皇室中享有至爲崇高的聲譽。梁武帝經常請他到宫中講經，遇到佛學上的問題，佛事方面的處理，都要聽取他的意見。僧祐晚年，患脚疾，行動不便，梁武帝讓他乘輿入内殿爲六宫嬪妃受戒。臨川王蕭宏、平南王蕭偉、永康定公主均盡師資之禮。劉勰進入蕭梁皇室文士隊伍，得到上下兩代的接納，應當與僧祐的引見有關。即以前時封爲建安王的蕭偉來説，分封的境内剡縣發現了靈異之事，上報之後，朝廷隨即命僧祐營造大佛，且由劉勰撰寫碑文，即可見其因緣。蕭統之母丁貴嬪亦崇信佛教，師奉僧祐，劉勰受到昭明太子的愛接，亦當與這層因緣有關②。

---

① 見唐釋道宣《續高僧傳》卷五《梁揚都莊嚴寺沙門釋僧旻傳》，大正新修《大藏經》本，第五十册，史傳部二。

② 參看梁釋慧皎撰，湯用彤校注，湯一玄整理《高僧傳》卷一一《齊京師建初寺釋僧祐》，中華書局，1992年。

劉勰重回定林寺,宗教方面的情緒越發强烈,證功已畢,遂"燔鬢髮以自誓","啓求出家",可知其時他爲宗教熱忱所驅使,已陷狂熱狀態,於是他在人生的起點定林寺中以一名僧人的身份度過了晚年。

劉勰研究基本史料之分析

我對劉勰的生平作了概括性的介紹,便於讀者對此先有一些基本的認識,而不致多歧亡羊,無所適從。祇是想要瞭解得深入,則還得作進一步的分析。

首先得對《梁書》和《南史》的性質作些介紹。

大家知道,《南史》是抄録宋、齊、梁、陳幾朝史書而成的,又進行了大幅度的删節,增加了許多新的史料。從删節而言,或是認爲無關緊要,或者祇是爲了减少篇幅。在劉勰傳中删去有關劉秀之的記載,當是以爲此事無妨大局,而它没有在劉勰傳中增加一絲新的材料,却是耐人尋味。

李延壽在《北史·序傳》中自云,他"從此八代正史外,更勘雜史,於正史所無者一千餘卷,皆以編入",説明他曾在南朝的四種正史記載之外,補入了大量史料。對我們研究文史的人來説,《南史》中增入的"雜史",很多屬於筆記小説中的記載,尤應重視,因爲内中常有涵義豐富的一些奇聞軼事。例如《江淹傳》中,就記有他夢見張協向他索回一匹錦與郭璞向他索回五色筆之事,這些都是傳頌千古的文壇嘉話,而"江郎才盡"這一典故,也一直爲後人所慣用。

《梁書·五王列傳》中,記叙王室中人的事迹多避忌,不能窺知究竟。《南史·梁宗室列傳》上、下中則補入了很多珍貴的材料,可以説明劉勰出仕之後的那些事主爲何等人物,從而可以逆探其時的處境。

《南史·昭明太子統傳》中還記載,蕭統葬母時爲了風水方面的原因,埋蠟鵝厭禱而失歡於父,終至慚憤而卒。這事與劉勰晚年的去向也有關係,却不見於《梁書》中的記載。可知《南史》中所增補的史料,確是值得後人高度重視。

這就説明,研治魏晉南北朝文史的人,如將南朝幾部正史與《南史》並讀,自可從中得到啓悟。

趙翼《廿二史劄記》卷一〇有《南史增删梁書處》一條,曰:

《南史》增《梁書》事迹最多。李延壽專以博采見長,正史所有文詞必删汰之,事迹必櫽括之,以歸簡净,而於正史所無者,凡瑣言碎事,新奇可喜之迹,無不補綴入卷。而《梁書》本據國史舊文,有關係則書,無關係則不書,即有關係而其中不無忌諱,亦即隱而不書,故行墨最簡,遂覺《南史》所增益多也。①

吕思勉在介紹齊代蕭子良之敗時,以王融之死爲例,縱論《南史》等書之史例,文曰:

《十七史商榷》曰:"融乃處分至無不從命一段,《齊書》所無,《南史》所添也。描摹情事,頗覺如繪。但李延壽既知此,則下文西昌侯固争不得一句,亦《齊書》所無,延壽何意又添此一句乎?"案此可見古人史例,凡衆説皆網羅之,雖相矛盾,亦不刊落,以待讀者之自參。因當時行文通例如此,故不必更加解釋。後人動以矛盾駁雜議古人,實非也。②

由此可見,李延壽編纂《南史》時廣采異説,即使内容矛盾的材料也盡行納入,而他所作的删節,却有不盡妥當之處。除趙翼外,王鳴盛在《十七史商榷》、錢大昕在《廿二史考異》中均曾多次指責其學識方面之不足,這些亦應引起後人注意。《南史》中對劉勰史實的處理,也是在不該删節之處作了删節,大家期待他有所加入時却没有任何增添。不過

① 參看王樹民《廿二史劄記校證》卷一〇《南史增删梁書處》、《南史增梁書有關係處》及卷一一《南史增梁書瑣言碎語》等條,中華書局,1984年。

② 吕思勉《兩晉南北朝史》上册第十章《齊梁興亡》第二節《鬱林王之敗》,開明書店,1948年。

這事也可説明,其時有關劉勰的記録確實很少,即使喜奇好異如李延壽輩,也無法求得任何一點新的史料。

這裏可對記録南朝歷史的另一史書作些考察。唐肅宗時史家許嵩撰《建康實録》,對齊、梁之時的歷代帝王及其臣僚均有記載,有些地方還有可補正史之處,然無一字提及劉勰。書中對建康都城之内的寺宇也有記叙,仍無有關劉勰的任何記載①。

我等還可注意的是,時人詩文中,均無有關劉勰的絲毫踪迹,可知他在文壇上雖有一時名望,却是很少有人與他交往。傳世的典籍中,不見任何記載,衹有僧祐《出三藏記集》卷一二《法集雜記銘目録序第十》中録有劉勰撰的《鍾山定林上寺碑銘》一卷,《建初寺初創碑銘》一卷,《僧柔法師碑銘》一卷②;梁代慧皎《高僧傳》卷八《齊上定林寺釋僧柔》、卷一一《齊京師建初寺釋僧祐》、卷一二《齊上定林寺超辯》三人的傳記中有"東莞劉勰制文"的記載,可與《梁書》中説的"爲文長於佛理,京師寺塔及名僧碑誌,必請勰制文"之説相印證③。

種種事實説明,劉勰之於梁代文壇,當屬落落寡合者。或許他的爲人宗教色彩太濃,因而不易與大家融合吧。他在政務官上的經歷,也就是做過"太末令",但也未能由此步步升遷,展示其政治上的抱負。看來這也是因爲他不太能適應官場的一套,因而衹能博得一個"政有清績"的結果。

這裏可以附帶一提的是,即使其時劉勰在外地爲官作宦,還是未營家室,或許仍是"妻者愛累"的思想在起作用吧。

劉勰爲文長於佛理,對南朝文士擅長的吟風弄月,看來並不相合,這也使得他衹能以"深得文理"見長,從而博得了性格淳静而作風相合的昭明太子蕭統的欣賞。

正像《文心雕龍》中所再三强調的,自劉宋之後,文學在向輕艷的方

---

① 參看孟昭庚、孫述圻、伍貽業點校《建康實録》,南京大學古典文獻研究所專刊本,上海古籍出版社,1987年。

② 梁釋僧祐撰,蘇晉仁、蕭錬子點校《出三藏記集》,中華書局,1995年。

③ 梁釋慧皎《高僧傳》。

向發展。南朝本是一個處在急劇轉型中的社會,風氣越來越趨於浮靡,舉目文壇,可謂滔滔者皆是。即使是老一輩的梁武帝,皈依佛教,然對江南民歌與古代情詩有偏好,留下了不少旖旎多情的詩歌與樂府。好古體的裴子野,和昭明太子關係深切的劉孝綽,也有言情之作采入《玉台新咏》之中。這些都與劉勰的情況大有差異,史料中從無劉勰與其他文士酬唱的踪迹。

總的看來,劉勰始終游離於齊梁這一階段創作界的主流之外,因而没有留下任何詩文作品。即使在類書中,也不見有任何殘文佚句。他的文章當然寫得很好,《文心雕龍》就是以漂亮的駢文寫成的,但在競相創作流連哀思之作的文學界却没有留下踪影,看來這與他熱衷於理論探討,堅守儒家基本立場有關。濃厚的宗教背景,讓他不能融合到文人隊伍中去,但他的思辨能力,不但在佛學界博得了尊重,還得到了文人隊伍中人的普遍認可,也博得蕭氏王室中人的贊譽。

蕭宏的愚妄貪頑,蕭績其時年歲尚小,不可能支持劉勰的發展,雙方的思想作風差距太大。其間幸得好文學的昭明太子蕭統的賞識,"深愛接之",才能使他的文才在世俗社會中有所呈現①。

《梁書》本傳上説:"(《文心雕龍》)既成,未爲時流所稱。勰自重其文,欲取定於沈約,約時貴盛,無由自達,乃負其書候約出,干之於車前,狀若貨鬻者,約便命取讀,大重之。"按照清儒劉毓崧的考證,《文心雕龍》成於齊代②。沈約之"貴盛",當在輔助梁武帝蕭衍篡齊之後。因此劉勰獻書沈約,當在梁初。劉勰前得文壇領袖沈約的發現,後得高層知音蕭統的賞識,這應當是他在文學道路上最舒心的兩件大事了。

劉勰的成長,始終與定林寺的主持僧祐有關,一當僧祐去世,梁武帝就立即想起劉勰,命令他重返這一宗教聖地,繼續整理佛教典籍,編

① 參看曹道衡、傅剛《蕭統評傳》上篇《蕭統的家世和生平》第四章《梁武帝諸弟侄及梁武帝對他們的態度》、第六章《蕭統諸弟及蕭統與他們的關係》,《中國思想家評傳叢書》本,南京大學出版社,2001年。

② 劉毓崧《書文心雕龍後》,載《通義堂文集》卷一四,南林劉氏求恕齋1920年刊本。

纂佛經目録,完成僧祐的心願。值得注意的是,一代高僧僧祐的碑文也是由劉勰撰寫的,可見他落髮前後在佛學界的地位之崇高。

劉勰思想的時代特點

劉勰的思想,今人可能難以理解。他在《文心雕龍》中那麽熱情地宣揚儒家的宗旨,爲什麽還不能忘情於佛家的義理?這就得從南朝思想家的常見情況講起。

《南史·隱逸下·陶弘景傳》上説:"大同末,人士競談玄理。"這裏是説梁武帝時玄風大盛,朝野風靡。顔之推身遭梁末亡國之痛,在《顔氏家訓·勉學》篇中極言玄談之弊,云是"直取其清談雅論,剖玄析微,賓主往復,娱心悦耳,非濟世成務之要也。洎於梁世,兹風復闡,《莊》、《老》、《周易》,總謂三玄。武皇、簡文,躬自講論"。劉勰正生活在這一段玄風日熾之時。他筆下所透露的複雜情況,可以幫助後人看清這一時期的社會動態,説明很多疑難問題。我等自可從文史方面的多種不同角度進行解讀。

漢末魏初,玄風開始形成。經過漢末數十年的動亂,前此的社會秩序已經難以維持,於是何晏、王弼等人引入道家之説,以此改造儒家思想。何晏作《論語集解》,徵引漢代經師的成説,時而摻入老莊之學來闡述孔門義理。王弼注《易》,更將儒道兩家進一步融合,玄學的面貌開始清晰。《三國志·鍾會傳》附《王弼傳》上説他"好論儒道",而又尊孔子爲聖人,説明玄學初起之時,仍尊儒家,把孔子放在首尊之位。劉勰在《文心雕龍》中的表現,有類於此。

時至齊梁,玄學仍在不斷擴大其影響。儘管從其内在的義理而言,已無多大發展,但是融合儒、佛的程度却更爲深廣,在多種學術領域内均可發現其踪迹。鍾嶸的《詩品》,劉勰的《文心雕龍》,山水詩的寫作及其理論方面的總結,均可看到玄學在各種論題上的滲透。

南朝思想界也一直處在急速的轉型之中。早期的一些士人崇奉儒學而又兼奉道釋,他們的特殊作風,在一般人看來,有些感到怪異。時異勢轉,人們展示風貌的方式隨之改變,一些驚世駭俗的作風,稍後些時,大家也會視爲平常了。

史書上留下不少這方面的記敘。

《南齊書·張融傳》載其臨終遺令曰:"三千買棺,無製新衾。左手執《孝經》、《老子》,右手執《小品》、《法華經》。"

《南齊書·周顒傳》曰:"……兼善《老》、《易》,與張融相遇,輒以玄言相滯,彌日不解。"孔稚圭《北山移文》上稱他"既文既博,亦玄亦史。……談空空於釋部,覈玄玄於道流"。可見其作風與張融一致。

《南史·儒林·皇侃傳》曰:"尤明《三禮》、《孝經》、《論語》。……侃性至孝,常日限誦《孝經》二十遍,以擬《觀世音經》。……所撰《論語義》、《禮記義》,見重於世,學者傳焉。"

《梁書·處士·何胤傳》:"既長好學,師事沛國劉瓛,受《易》及《禮記》、《毛詩》,又入鍾山定林寺聽内典,其業皆通。而縱情誕節,時人未之知也,唯瓛及汝南周顒深器異之。"

《陳書·儒林·張譏傳》:"譏性恬静,不求榮利,常慕閑逸。所居宅營山池,植花果,講《周易》、《老》、《莊》而教授焉。吴郡陸元朗、朱孟博,一乘寺沙門法才,法雲寺沙門慧休,至真觀道士姚綏,皆傳其業。"

劉勰的作風與上述諸人甚爲相似,祇是不像這些玄風卓著的名士那麽怪異就是了。尤可注意的是,那位曾入上林寺聽高僧講經的何胤,其經歷與劉勰更爲近似,祇是劉勰更爲耽於佛法,以致最後終老於佛門。

如果説,早期的玄學重在儒道融合,後期的玄學則重在玄佛雙修。與劉勰同時而稍後出的顔之推也呈現出了同樣的特點。他在所著《顔氏家訓·歸心》篇中提出:

> 内外兩教,本爲一體,漸積爲異,深淺不同。

"深淺"云云,當然是説佛教的義理爲深,儒家的義理爲淺。其理由是:"原夫四塵五蔭,剖析形有;六舟三駕,運載群生;萬行歸空,千門入善,辯才智惠,豈徒《七經》、百氏之博哉?明非堯、舜、周、孔所及也。"這也就是説,對於宇宙萬物及其複雜現象的觀察與分析,儒家不逮釋典之精微,這和劉勰在《文心雕龍·論説》篇中討論有無之辨時舉出"般若絶境"來壓倒儒道二家的態度是一致的。

但《顏氏家訓》中的基本立場和著作宗旨,却是儒家思想,所以早期的書目,如《郡齋讀書志》、《直齋書録解題》等,都將它歸屬儒家類。顏之推撰此家訓的目的,諄諄告誡子孫的内容,都是儒家主張的綱常和倫理。作爲南朝著名的琅玡顏氏,維護他們家族的利益,是至高無上的,而立身持家,除儒家有豐富資源外,其他學派均無此類材料。佛家認爲一切皆空,人生虚幻,家庭也應抛棄。而從文學方面來説,其時傳入的佛經中祇有部分關於對譯佛經心得的材料,其他更無資源可挖了。

劉勰的情況類同。作爲東莞劉氏家族中的一員,不能忘情於建功立業,祇是成長之後,處境不順,此心所寄,還在文學上面的建樹,而文學方面的資源,理論上的論述,佛典中亦無可尋求。其他各家各派均無系統的學説可作根據。儒家學説作爲中國思想領域中的主流,歷經千年,已經將其他各家各派的可用因素吸收融合,劉勰作爲一個没落中的世家子弟,從立身處世到文學理論方面的探討,也祇能以此爲準則。最後歸宿,自然奉行儒家經典而立論。

處在齊梁時期,不論從客觀情勢上考察,還是從主觀因素來分析,作爲世家大族中人的劉勰與顏之推,都會走上相同的道路:玄佛雙修,在論文時則宗奉儒家。

正因顏之推的著作以儒家思想爲主導,故在論及文體問題時,也有不少地方與劉勰的觀點相合,如《文章》篇開端云:

> 夫文章者,原出《五經》。詔命策檄,生於《書》者也;序述論議,生於《易》者也;歌咏賦頌,生於《詩》者也;祭祀哀誄,生於《禮》者也;書奏箴銘,生於《春秋》者也。[①]

---

① 參看王利器《顏氏家訓集解》卷三《勉學第八》、卷四《文章第九》、卷五《歸心第十六》諸篇,上海古籍出版社,1982年。

這種後代文體均出儒家《五經》的觀點，和劉勰在《文心雕龍·宗經》篇中的看法如出一轍，而在論及當下文學變化時，也以典正爲重，批判日趨浮靡的不良風氣，可見二者之間存在着很多思想上的一致之處。

顏之推在《文章》篇中還猛烈抨擊文人之無行，曰：

> 然而自古文人，多陷輕薄：屈原露才揚己，顯暴君過；宋玉體貌容冶，見遇俳優；東方曼倩滑稽不雅；司馬長卿竊貲無操；王褒過章《僮約》；揚雄德敗《美新》；李陵降辱夷虜；劉歆反覆莽世；傅毅黨附權門；班固盜竊父史；趙元叔抗竦過度；馮敬通浮華擯壓；馬季長佞媚獲誚；蔡伯喈同惡受誅；吴質詆忤鄉里；曹植悖慢犯法；杜篤乞假無厭；路粹隘狹已甚；陳琳實號粗疏；繁欽性無檢格；劉楨屈强輸作；王粲率躁見嫌；孔融、禰衡誕傲致殞；楊修、丁廙扇動取斃；阮籍無禮敗俗；嵇康凌物凶終；傅玄忿鬥免官；孫楚矜誇凌上；陸機犯順履險；潘岳乾没取危；顏延年負氣摧黜；謝靈運空疏亂紀；王元長凶賊自詒；謝玄暉侮慢見及。凡此諸人，皆其翹秀者，不能悉記，大較如此。

《文心雕龍·程器》篇中也有很多地方批評文士行爲之不端。儘管二者對某些人物的看法有出入，例如劉勰對屈原的品德就有高度評價，但二人立論的基本精神却是一致的。

有一些人認爲，像劉勰這樣的理論家，可稱千年難見的天才。《文心雕龍》是古今唯一一本"體大思精"的巨著，他的作者也應是與衆不同的千古奇人。實則天才也生活於塵世，他也是其時時代潮流的一種産物。每一位歷史人物，不論他在哪一個方面作出了卓越的貢獻，他總是時代潮流中的一員，在他周圍，總有一大批人在從事同樣性質的工作，衹是他在這方面更投入、更專一、更精到，因而作出的貢獻更爲巨大。這也就是説，我們研究劉勰時，也應把他放在中國學術史的長河中加以考察，探討他與前代學術與其他方面的關係，看他吸收了前人與他人的哪些成果，還要把他與周圍人作比較，看他作出了哪些突出的貢獻，這樣才能正確把握他在中國學術史上的位置，而不致將他視作遺世獨立的一位超人。

《文心雕龍》研究中的儒佛之争

但劉勰之所以獨超衆類,應該具有一些他人不具備的條件,大家首先想到的,當然是他在學術領域中有一些與他人不同的背景。

一般認爲,佛教的學理中思辨的成分要超過中國固有的各種學派。中土地區,儒家一直占有思想界的中心位置,同樣無法與其相比。《文心雕龍》中呈現的思辨性之高,以及體系之完整,分析的透闢,都要超過前此的各種學術性著作。因此,很多學者認爲,《文心雕龍》之成,當是受到了佛家學説的巨大影響。

一般説來,這種觀點不會引起太多争議,因爲劉勰本人自始至終一直生活在佛家學説的籠罩之中,祇是劉勰在《文心雕龍》中却鄭重提出,此書以儒家學説爲宗旨,這就提出了一個難以調停的問題,後人應該尊重劉勰的自白呢?還是應該依據一些現代學者的觀點,偏重後來傳入的佛家學説?

魏晉南北朝時期,印度傳來的佛學確是對中國的固有學術發生了巨大衝擊,劉勰又始終與佛學結緣,因此後代學人自然應該對此加以關注。

范文瀾引釋慧遠《阿毗曇心序》闡述《文心雕龍》的結構,云是"彦和精湛佛理。《文心》之作,科條分明,往古所無。自《書記篇》以上,即所謂界品也,《神思篇》以下,即所謂問論也。蓋采取釋書法式而爲之,故能勰理明晰若此"①。饒宗頤不同意這種意見,以爲"劉氏文學批評的基本理論,可稱爲'神理説'",而神的本體,即從佛學輸入之後才成爲極重要的玄學論題的。他還從 A 徵聖的態度、B 文心的命名、C 全書的體

① 范文瀾《文心雕龍注》卷一〇《序志第五十》注[二],人民文學出版社,1960年。

例、D帶數法的運用四個方面進行考察,以爲均與釋氏思想有連帶關係①。王元化以爲,像《文心雕龍》這樣"有着完整周密體系的理論著作","倘撇開佛家的因明學對劉勰所産生一定影響,那就很難加以解釋"②。張少康强調劉勰所提出的"折衷",也與儒家、道家、玄學的方法論有關,但更爲重要的是他所接受的龍樹《中論》中的"中道觀"的影響③。類似的理論很多,無法一一詳列。

馬宏山將這一問題推演到了極致。《文心雕龍·序志》篇中開宗明義地説:"蓋《文心》之作也,本乎道,師乎聖,體乎經,酌乎緯,變乎騷。文之樞紐,亦云極矣。"馬氏提出:"其中一以貫之的是作爲佛家思想的'道'。劉勰的指導思想是以佛統儒,佛儒合一。""從表面上看,好像是儒道釋三教並衡,但骨子裹却衹是佛道一家之'道'。"④

此説一出,引起了各界人士的關注,一些研究宗教學的學者也參与進來討論。任職於中國社會科學院宗教研究所的佛學研究者孔繁對此提出了商榷,認爲:

> 《劉勰傳》説他長於佛理,其實他亦精通玄學,他所篤信的佛理就是玄學化的佛學。……劉勰生活在玄學盛行的南朝,他本身又爲士族中人,難免要受到玄風的熏陶,他在"文"和"道"的關係上,

---

① 饒宗頤《〈文心雕龍〉與佛教》,原載香港《民主評論》第五卷五期,今據張少康編《文心雕龍研究》,《20世紀中國學術文存》本,湖北教育出版社,2002年。又饒氏撰《文心與阿毗曇心》駁范氏之説,以爲"其書體例實與釋氏無關",文載北京大學《中國文藝思想史論叢》第三輯,今亦據《文心雕龍研究》本。

② 王元化《文心雕龍創作論·後記》,上海古籍出版社,1979年。

③ 張少康《擘肌分理,唯務折衷——劉勰論〈文心雕龍〉的研究方法》,《學術月刊》1986年第2期;後在《文心雕龍新探》的二《〈文心雕龍〉的文學理論體系及其思想淵源》之十四《"折衷"論——論〈文心雕龍〉的研究方法》中發表了同樣的見解,齊魯書社,1987年。

④ 馬宏山《論〈文心雕龍〉的綱》,《中國社會科學》1980年4期,後收入其《文心雕龍散論》一書,新疆人民出版社,1982年。

顯然是采用了玄學的體用觀點。①

孔氏的這一結論,是在詳細分析了《原道》篇的主旨後提出的,而他提出南朝的佛學爲玄學化的佛學之説,湯用彤始發其端,很多宗教學者都已接受此説。

《文心雕龍》中首列《原道》、《徵聖》、《宗經》三篇,三者之間的關係又可用"道沿聖以垂文,聖因文而明道"來概述。這裏的"聖",乃是"爰自風姓,暨於孔氏",明言此爲儒家之道,而劉氏所説的"經",也有明白的説明,云是"自夫子删述,而大寶啓耀。於是《易》張《十翼》,《書》標'七觀',《詩》列'四始',《禮》正《五經》,《春秋》五例",正指孔門闡發後的《五經》。因此,從劉勰的自述中,完全可以確定"原道"之"道"乃儒家之道;况且根據范文瀾後來作出的考察,劉勰在《文心雕龍》中嚴格保持了儒家的立場,拒絶佛教思想混進來②。

《序志》篇中,首言:"昔涓子《琴心》,王孫《巧心》,'心'哉美矣,故用之焉。"説明《文心》一名,遠有所承,受到前代著作的啓發。全書五十篇,乃仿《易經》中的"大衍之數"而安排的。《序志》篇曰:"位理定名,彰乎大衍之數,其爲文用,四十九篇而已。"説明全書的結構也是效法儒家經典而設計的。從頭到尾,劉勰都在申説如何依據儒家學術而進行闡發,到了最後一段,叙述自己的治學態度和研究方法,則又提出"擘肌分理,唯務折衷",當然也是依據儒家學説立論的。

應該説,劉勰在《序志》篇中表明立場時所提到的儒家,所謂"聖人之文章",當然是指先秦時期的儒家學術,但在《文心雕龍》全書中,經過劉勰闡發後的儒家學術,已是綜合後代學者多方闡發後齊梁時期的當代儒學。正像上面所介紹的佛學一樣,已是玄學化了的儒學。作爲中國傳統文化學術的核心,儒學在發展過程中爲了適應後起社會的需要,也在不斷變化之中,時而融合進其他不同學派的學説。例如到了漢代

---

① 孔繁《劉勰與佛學》,《中國社會科學》1983 年第 4 期。

② 《中國通史簡編》修訂本第二編第五章《長江流域經濟文化發展——東晉和南朝》,人民出版社,1984 年。

時,大儒董仲舒倡天人感應之説,就納入了不少陰陽家説;到了東漢時期的今文家時,讖緯之説内又融入了不少民間信仰;到了漢末魏初,又與道家之説交相融會,從而形成了玄學。中國學術歷經千年而從不中斷,以儒家學術爲主體,不斷吸收其他學派的成果充實自身,到了魏晉南北朝時,又進而與釋家之説相融合,吸收其中的新鮮因素而提高自己,從而形成新的風貌。

從劉勰的經歷來説,他的學説之中受到佛學的影響,不但是可能的,而且可以説是必然的。上述各家對此進行的探討,都有其價值,具有啓發意義。但影響的問題却又往往難以具體説明。如果越俎代庖,把《文心雕龍》中的一句話、一段文字、一種論點與佛學中的理論一一對號入座,却常是流於詞彙與論點方面的比附,難以做到切理懨心,有時還會顯得鑿枘難合,與劉勰的自述也不合。因此,我們研究《文心雕龍》時,應該首先尊重劉勰的自白。對佛學方面的影響,可在有把握的地方作出合適的提示,而不能僅限於自我申述。

在此還可附帶討論劉勰研究中常見的一種現象。

建國之後,大家都要奉馬克思主義毛澤東思想爲準則,以此爲研究各種問題的指針。馬克思在《〈政治經濟學批判〉導言》中提出的一種觀點,曾在各種研究工作中發生過巨大影響。文曰:

> 資產階級社會是歷史上最發達的和最複雜的生產組織。因此,那些表現它的各種關係的範疇以及對於它的結構的理解,同時也能使我們透視一切已經覆滅的社會形式的結構和生產關係。資產階級社會借這些社會形式的殘片和因素建立起來,其中一部分是還未克服的遺物,繼續在這裏存留着,一部分原來衹是徵兆的東西,發展到具有充分意義,等等。人體解剖對於猴體解剖是一把鑰匙。低等動物身上表露的高等動物的徵兆,反而衹有在高等動物本身已被認識之後才能理解。因此,資產階級經濟爲古代經濟等等提供了鑰匙。但是,决不是象那些抹殺一切歷史差別、把一切社會形式都看成資產階級社會形式的經濟學家所理解的那樣。人們

認識了地租,就能理解代役租、什一税等等。但是不應當把它們等同起來。[①]

中國文學理論界也由此得到啓示。大家要想徹底瞭解古代文學理論(包括《文心雕龍》),就得先學好當代馬克思主義的文藝理論。這種指導思想很早就已傳入中國,信奉馬克思主義的人無不熟悉,上一世紀50年代至90年代的知識分子受此影響極大。

學術界普遍認爲,劉綬松的《〈文心雕龍〉初探》是運用新觀點和新方法研究該書的標志性文字,其中的一些主要觀點,如確認劉勰根據儒家進步的文藝思想建立了"接近現實主義的文學理論",反對當前"内容上的頽廢主義和形式上的唯美主義",通過宗經復古來達到革新的要求,追求思想内容的健康和形式技巧的完美,而且達到二者的辯證統一……都是面目一新的提法[②]。考察全文,可知作者對劉勰的學術淵源没有什麽深入的瞭解,衹是運用了很多近代文學理論上的名詞術語,按照本人的理解,將劉勰思想與南朝人的作品一一歸入"現實主義"、"頽廢主義"、"唯美主義"、"思想内容"、"形式技巧"等範疇中去。這樣的研究方式,其後一直成爲學壇的主流,即使是在改革開放多年之後的今天,仍然如此。後來的一些研究者,對中國文學的特點付予了更多注意,但總的看來,有的人就難以擺脱現成的理論框架,多少總有一些將劉勰的理論分解作現代理論的取證材料的缺憾。

考察中國歷史,前後有兩個時期受外來文化的影響特别巨大。魏晉南北朝至唐代,受印度文化的影響特别巨大,五四運動前後,則受歐洲社會主義運動的影響特别巨大。1949年之後,政權更替,標舉的是馬克思列寧主義;中蘇分裂之後,首先强調的是毛澤東思想,毛澤東思想追求中國化,與原先的馬列主義理論也就有所不同了。例如原先的

---

① 《馬克思〈政治經濟學批判〉序言、導言》,中共中央馬克思、恩格斯、列寧、斯大林著作編譯局譯,人民出版社,1971年。

② 劉綬松《〈文心雕龍〉初探》,《文學研究》1957年第2期。

理論首先講的是“文學的形象”問題，後起的理論講的是文學與政治的關係，强調文學要爲政治服務。

清末民初，中國開始感到歐風美雨的强烈衝擊，一些學者回顧前塵，也就特别强調印度文化的巨大影響，而如陳寅恪、錢穆等人，則提出一種所謂中國文化本位的觀點[①]。他們以爲中國歷經千年而兀然樹立，傳統文化生生不息，具有不斷吸納外來文化的能力，使之成爲培育自身滋長的營養。中國幾千年來的歷史從不中斷，衰而能振，就因具有這種内在的功能，往後中國文化的發展，仍將如此。應該説，這在知識分子群中也是一種有代表性的論點。

一些國外學者常把外來影響過度誇大，例如荷蘭學者許理和就把他研究中國佛教的一本書命名爲《佛教征服中國》[②]。這書影響頗大，然而中國學者似乎没有全然接受，絶大多數的佛教史著作中，仍把印度傳入的佛教視作一種新鮮成分，其時思想領域中的一些著名人物，融會貫通之後，將之納入玄學的範疇，從而稱之爲玄學化的佛學。即使是精通“三論”的名僧僧肇等人，仍然不能徹底擺脱玄學的影響。這段歷史，也就是佛學中國化的過程。經過唐代的禪宗，到宋代的理學，這段融合的過程才算是告一結束。有關這樣的研究，論者甚多，兹不贅述。

如果借用這種觀點，那是否可以説，劉勰在《文心雕龍》中所體現的，正是一位中國文化本位的堅持者的形象。他開宗明義，宣示以儒家思想爲準則，書中從頭到尾，標舉的是儒家的義理。如前所説，他依據的是南朝時期的儒學，涉及帶有宗教意味的有無之辨時，也不忘他同時信仰的佛學，但在論文時，則堅持儒家宗旨。因此他的理論，是吸收了各種不同學派的有用元素，進行融合之後的成果，即齊梁時期玄學化了

① 參看陳寅恪《馮友蘭中國哲學史下册審查報告》，原載馮友蘭《中國哲學史》下册，1933 年本；今據《金明館叢稿二編》，《陳寅恪文集》之三，上海古籍出版社，1990 年。錢穆《東西文化學社緣起》，載《文化與教育》，《錢穆作品系列》本，生活·讀書·新知三聯書店，2009 年。

② 許理和著，李四龍、裴勇等譯《佛教征服中國——佛教在中國中古早期的傳播與適應》，江蘇人民出版社，2003 年。

的儒學。這裏所呈現的,是中國文化的一脈相承而没有什麽不協調的中外湊合。

沿着閲讀、思考、研究的正常途徑學習與提高

《文心雕龍》畢竟是産生在一千五百多年之前的一部古書,文字艱深,内容深奥,要想讀通,也不容易。

劉勰生活的年代,南北分裂,時局混亂,寫作《文心雕龍》之時,當在齊代。書中待解的重要問題,大部集中在東晉之後,也就是歷史上所説的南朝。彼時文風崇尚綺艷,文士創作好用美文,劉勰就是用當時風行的駢體寫成的。

駢文在形式上有明顯的特點,文字講求對偶,多用成語典故,還要協調聲律,這是與散文顯著不同的地方。對於這些時人普遍關注的美感因素,劉勰撰有《麗辭》、《聲律》、《事類》等文詳加討論,並且提出了精闢的處理意見。對於文學方面的一些傳統問題,如比興、章句、鑒賞……又有《比興》、《章句》、《知音》等文加以討論,而於其時文化領域中産生的一些新範疇,如風骨、勢、味……則撰《風骨》、《定勢》、《隱秀》等篇予以闡發。這些深奥的理論,即使今人運用當下的語體文來闡述,也難做到通順暢達,切理懨心;劉勰用駢文加以表達,文字揮灑自如,仍能做到理無不暢。祇是吾人在時隔千載之後想要完整地加以把握,却已非易事。

中國知識界,自從用白話文代替文言文之後,隨着時間的推移,後來的人閲讀古籍越來越感到困難。民國之後的學生,閲讀《文心雕龍》時已经難以應對;建國之後的學生,情况更爲嚴重,學術界必须積極應對,解決青年學子的閲讀問題。

上世紀60年代之後,由於上級號召建設中國的馬克思主義文藝理論,用毛澤東思想統率一切,一些老專家也競相投入到古代文學理論的教學中去。他們針對學生閲讀古籍的現狀,競相采取白話翻譯的手段,以期降低《文心雕龍》的難度,加快此書的傳播。就在這一高潮中,出現

了不少《文心雕龍》的今譯本。因爲社會上有此需要,這一勢頭至今仍未稍減。

現在看來,這些譯本的水準高下不等,但對擴大《文心雕龍》的影響,或多或少起到了積極作用。然以高標準來要求,則還難以説是取得了完美的成績。通過閱讀今譯本來學習《文心雕龍》,對於學生來説,也是有利有弊,有得有失。

這裏可對翻譯這一特殊文類作些考察。

閲讀國外學者的著作,或是境内其他民族學者的著作,因爲語言系統不同之故,語法、詞彙等方面都有很大的差異,翻譯起來很不容易。蘊涵在語言文字中的民族特點,不同文化所呈現出的特有情味,難以完美地傳述。因此,儘管從事這項工作的人無不黽勉從事,然而面對其中的甘苦,一些難以全然克服的困難,却又時而感到困惑與無奈。

魏晉南北朝時佛學大盛。佛學來自印度,其中一些經典用梵文寫成,譯爲漢語,困難重重,動多障礙,即是高僧名宿,也會感到力不從心。這一時期在佛經翻譯事業上作出最大貢獻的鳩摩羅什就曾發表過如下感慨:

> 初,沙門僧叡,才識高朗,常隨什傳寫。什每爲叡論西方辭體,商略同異,云:"天竺國俗甚重文藻,其宫商體韻,以入弦爲善。凡覲國王,必有贊德;見佛之儀,以歌嘆爲尊。經中偈頌,皆其式也。但改梵爲秦,失其藻蔚,雖得大意,殊隔文體。有似嚼飯與人,非徒失味,乃令嘔噦也。"①

《文心雕龍》的今譯問題當然不會这麽嚴重,絶大多數的譯本都能做到文從字順,起到傳情達意的作用,不過要想説是中間一無問題,怕也未必。

古漢語與現代漢語之間,因係同一語系,當然不會像梵文轉譯成漢

① 《出三藏記集》卷一四《鳩摩羅什傳第一》。

文那麼困難，衹是《文心雕龍》傳流至今已逾千年之久，词彙方面的變化，顯而易見；語法方面的變化，似乎小些，而自上兩個世紀開始，隨着西方文化的不斷傳入，中國人的語言中也融入了不少洋腔洋調。這些變化，都是在潛移默化中進行的，衹要你拿清末民初的一些文字與當下的文字相比，就可發現其差異。由此可知，魏晉南北朝時的文章，譯成現代漢語，説起來衹是一個文言改爲白話的問題，實則語言結構與内在的諸多要素已有很多不同，要想完美地重新複製，無疑有其難度。

《文心雕龍》是用駢文寫成的，這種文章過去叫做美文。魏晉南北朝人追求風雅，語言瀟灑清麗，翻譯成通俗的白話作品，在情趣的表达上也就有其难度。現代學人已難通過轉述展示前人的神韻。

從翻譯來説，還有一個直譯和意譯的問題。一般認爲，直譯忠實於原著，讀者易起信任感。但駢文中的成語典故，如果一一對譯，也會顯得生吞活剥，詰屈聱牙，難以達到流暢自如，美文也就不美了。於是大多數的譯者采用意譯，或以直譯爲主而參以意譯，這樣做，又難避免將今人之意摻雜其内，因爲經過譯者大脑的加工，再加以表達，已經融入譯者之意，也就難以和《文心雕龍》中的原有之意全然切合。

每一個人都生活在其特定的年代，都有一套習慣性的表達方式。建國之後的古代文論研究者，無不受到鬥争哲學的影響，因此他們翻譯《文心雕龍》時，如果認准了其中哪些地方在批判形式主義文學或不良文風，也就會激發起鬥志，語調自然會顯得高昂起來。六朝人寫作的駢文，呈現的是當時的情趣，即使是在抒寫自己的理論觀點，也多委婉頓挫，周折多姿。今日要想把這種情調表達出來，確是有其難度。

總結上言，可知做好《文心雕龍》的翻譯工作也絶非易事。

我這麼説，並非認爲《文心雕龍》的今譯工作無法進行。世上自有高手，於此已經取得不少成績，也爲普及古代文學知識作出了很大貢獻。我衹是認爲，中文系的學生，中國古代文學的愛好者，就不能依賴《文心雕龍》的今譯本來學習與研究，他們應該直接閲讀《文心雕龍》原文，掌握此書的原汁原味。學生讀通原著之後，還應常加諷誦，體察其中句式、對仗、聲律等方面的妙處，這樣才能進一步領會劉勰的文筆之佳。

讀書應該循序漸進，大家在讀懂原文的基礎上進行思考，才能獨立自主，培養起自己的看法和主張，而不致背離《文心雕龍》原意，將古人現代化。

如何閱讀與學習，當然各人自有其主張，這與每一個人的經歷有關。根據我自己的體會，學習《文心雕龍》時應該注意如下幾點：

一是懂得題目的涵義。劉勰爲這五十篇文章取名，花了很多心思，這裏牽涉到了歷史傳承、時代風氣和他個人的獨特貢獻，讀者如能細加辨析，掌握其中涵義，也就抓住了文章的要領。

二是分清文章的層次。《文心雕龍》中每一個論點的展開，作者都從不同角度加以考察，有條有理地加以論證，邏輯性很强。然而由於駢文的表達方式有其特點，讀者往往對行文脈絡難以掌握，這就要求我們釐清文章的層次，聯繫文章前面的題目和後面總結性的贊語，也就可以覺察每一篇文章都已做到渾然一體，這樣才可以説是讀通了原文。

三是掌握駢文的特點。駢文的表達方式，從運用材料到構詞造句，和散文有很大不同。讀者對這些方面的問題不斷加深認識，也就會增加文史方面不少實際知識，領略到魏晉南北朝文學的奇光異彩。記住這些文史上的基本知識，對於日後的學習，會有很大好處。

劉勰對駢文的分析，不論構思、寫作、修辭或其他方面，都是在對我國的文學特點作深入的闡發，讀者如能从中有所啓悟，則對祖國的語言文字之美更能有所感受。

我在講授《文心雕龍》這一課程和對此書進行研究時，就對上述幾個方面特加關注。這本《文心雕龍解析》，可以説是通過不斷積累而取得的一份成果。

閱讀、思考、研究，這是一條正常的發展道路。我在書中附入了多篇研究論文，正是在教學中有了新的體會而提煉出來的一些心得，故附於相關篇章之後，藉以展示我學習的全過程。個中得失，亦可供大家參考。

《文心雕龍》的版本與校勘

讀古書,要講求校勘,這是因爲文本如有錯誤,則依此閱讀,進行鑽研,非但白費功夫,還會得出錯誤結論,貽笑大方。

《文心雕龍》之成,已經歷時千年,傳留下來的本子很多,有鈔本,有刻本,哪一種本子接近劉勰原著的本來面貌,就得廣求衆本,相互比較,精心校讎,盡可能地讓經過整理的本子接近於《文心雕龍》的原貌。

早在清光緒末年(1907),匈牙利人斯坦因(Stein M. Aurel)從敦煌石窟中取走了《文心雕龍》的一幅長卷,首起《原道》,尾迄《諧隱》,中間共有十三篇全文,今藏倫敦大英博物館,編號 5478,Giles 新編號爲 7283。根據衆多學者的研究,認爲這是一種唐初的鈔本,上距齊梁之時不遠,當然價值很高①。自清末傳入中國後,一直引起各方學者的關注。衹是由於早期攝製技術方面的不足,國内學者看到的卷子甚爲模糊,因此各家進行的校勘未能達到完善的境地,一些《文心雕龍》的專家也就不能充分利用這一珍貴的材料。1970 年時,潘重規親赴大英博物館中的東方圖書室觀看,携回用新技術照下來的本子,圖片也就清晰很多。潘氏於同年用新亞研究所名義出版,學界始能較方便地使用這一材料②。

潘重規在唐人寫卷的俗字研究上造詣很深。因此,他在識别文字上貢獻很多,但他提供的畢竟衹是一份殘卷,而且未及利用各種版本進行校勘,他的貢獻,也就限於唐鈔卷子方面。

到了 1980 年前後,上海圖書館所藏的元至正本《文心雕龍》由上海古籍出版社影印出版,引起學術界的注意。此書原藏朱學勤結一廬,清

① 張涌泉《敦煌本〈文心雕龍〉抄寫時間辨考》以爲"該卷的抄寫時間當在睿宗朝或睿宗朝以後","尤以睿宗朝抄寫的可能性爲大",載《文學遺産》1997 年第 1 期。

② 潘重規《唐寫文心雕龍殘本合校》,香港新亞研究所,1970 年。

代學者未加利用,直到中國步入改革開放之後,學術界方始回歸正常軌道。1984年,復旦大學舉辦"中日學者《文心雕龍》學術研討會",上海古籍出版社遂將這一善本先後用綫裝、平裝兩種本子印刷,大家才能方便地使用此書。

隨着中華書局將宋刊本《太平御覽》等類書一一重行推出,學界的視野大爲拓展。憑藉這些有利條件,《文心雕龍》研究領域中的校勘水準有了進一步的提高。

清代學者研究《文心雕龍》時,大都依仗黄叔琳的校本,《四庫全書》著録的就是這一本子,然館臣對之評價不高。這是因爲其時樸學還處在起始階段,没有多少名家投入。黄叔琳衹是藉其政治地位,讓衆門客用明代梅慶生本、王維儉本加工而成。清代樸學興盛之時,學界首重經史之學,雖有郝懿行等人開始投入此書校讎,而多數名家還不願在詩文評上下功夫。這就在很長的一段時間内没有出現高水準的整理本,致使楊明照於建國之初出版《文心雕龍校注》時,還衹能以黄叔琳的這一養素堂本爲底本。

20世紀下半期前後,善本易得,前後也就出現了幾種校讎水準很高的本子,衹是如何對此進行鑒裁,還可再作一些分析。

老一輩學者整理古籍時,都懂得先行校讎的道理,然因各人情况不同,工作做到什麽程度就會有很大出入。像郭晉稀的注釋《文心雕龍》,起步很早,本人早年受業於曾運乾、楊樹達等湖南名宿,小學方面有很高的修養,然因條件的限制,未能訪求各種善本做好先行工作①。

現在看來,在《文心雕龍》的校勘工作中應以王利器、楊明照、詹瑛三家的貢獻爲最大。三家之中,尤以王、楊二氏爲善。詹氏下的功夫很深,但偏於綜合他人成果,個人創見較少,而詹著卷首的《〈文心雕龍〉板本叙録》介紹各種不同版本頗爲詳細,於此很費心思,有其參考價值②。

王利器作《文心雕龍校證》,尚在建國之前任教於北京大學時。他

---

① 郭晉稀《文心雕龍注譯》,甘肅人民出版社,1982年。

② 詹瑛《文心雕龍義證》,上海古籍出版社,1989年。

充分利用了學校圖書館和北京各大圖書館的豐富藏書,潛心學術,廣泛參考前人研究成果,自云見到的版本就有二十餘種,這是其他學者難以做到的。此本獲得大家的首肯,確有他人難以企及之處[①]。楊明照作《文心雕龍校注》,着手之時尚在燕京大學求學。此書之最後取得完善,得益於改革開放之後,他在四川大學的支持下,前往京滬地區的各大圖書館訪求善本再行加工。這時的處境,當然有其優於王氏之處,但也難説定能超過王氏當年的條件。不過楊氏之作定稿遲於王氏之作將近半個世紀,以楊氏的學養,自有後出轉精之處。因此,讀者選擇校勘後的文本,或可首先考慮王利器的《文心雕龍校證》,再用楊明照的《文心雕龍校注拾遺》和《文心雕龍校注拾遺補正》覆覈一下,也就可以放心得多[②]。例如《時序》篇中有句云:"有虞繼作,政阜民暇,'薰風'詩於元后,'爛雲'歌於列臣,盡其美者,何乃心樂而聲泰也。"范文瀾《文心雕龍注》從"乃"字處斷句,"何"字屬上,楊氏在《補正》中列舉《史記》、《漢書》、漢代子籍與《世説新語》等處的例句,説明"何乃"連文,乃古時常用句式,這就糾正了前人的常見錯誤。又如《詮賦》中有"士衡、子安,底績於流制"之句;《時序》篇中,有"於是王褒之倫,底禄待詔"之句,楊氏均詳引先秦經典,説明"底"乃"厎"字之誤。這些地方都對恢復劉書原貌有其貢獻,而他之所以能夠取得這樣的成績,與他長時期地反復進行注釋上的加工,極度熟悉前代文獻有關。這是楊書超過以校見長的王著的地方。

牟世金對《文心雕龍校證》的校勘成果也評價甚高,但對其運用唐本方面,還是存在着疑問,因爲其中有的校勘説明與今天看到的唐寫本《文心雕龍》殘卷出入頗大。這或許是王利器在印行新版時,還是沿用

---

① 王利器《文心雕龍校證》,上海古籍出版社,1980年。按王氏此書於上世紀40年代完成時名《文心雕龍新書》,北京大學向巴黎大學北京漢學研究所推薦,編爲《通檢叢刊》第十五卷,與《文心雕龍新書通檢》於1951年7月與1952年11月先後刊出。

② 楊明照《文心雕龍》方面的著作數量多,翻印的次數也多,可參看李平等著《〈文心雕龍〉研究史論》第五章《論楊明照的〈文心雕龍校注〉》,黄山書社,2009年。

了幾十年前的那本《文心雕龍新書》的成果①。王氏在 20 世紀 40 年代從事校勘工作時,所能看到的,衹有那一種早期傳入的殘卷,限於當時條件,像趙萬里等人所作的校勘,都留下很多錯誤。看來《校證》出版時,王氏没有求得潘重規的新本加以訂正。

基於上述原因,我在整理這本《文心雕龍解析》的正文時,以王利器的《文心雕龍校證》爲底本,涉及唐寫本時,則用潘重規的《唐寫文心雕龍殘本合校》重勘一過,以期避免一些不必要的錯誤,力求完善。

王利器所依據的元至正嘉禾刊本,可能也僅依據北京圖書館所藏的傳校元至正中嘉興郡學刊本,而據詹瑛的考察,上海圖書館的藏本與北京圖書館的傳校本是不同的,因此我在爲《文心雕龍解析》中的原文定稿時,又用上圖的那種影印本重校了一遍。

黄侃《文心雕龍札記》與劉永濟的《文心雕龍校釋》都是研究《龍》學的名著。黄侃精通《選》學,其於《龍》學之開發,如兩翼之舒張,可謂左右逢源,然於校勘一端則初非措意。劉著雖以"校釋"爲名,實則在"校"上花力不多,而在"釋"上貢獻很大;在文章層次的辨析上,尤見功力。我在"解析"《文心雕龍》時從中獲益良多②。

(作者單位:南京大學古典文獻研究所)

① 參看牟世金《文心雕龍研究》第一章《緒論》第二節《〈文心雕龍〉研究的回顧與展望》中的相關論述,人民文學出版社,1995 年。

② 黄侃《文心雕龍札記》,早在 1927 年即由北京文化學社刊印,常見者爲中華書局(上海編輯所)1962 年本。劉永濟《文心雕龍校釋》,早在 1948 年即由正中書局出版,今據中華書局(上海編輯所)1962 年 7 月本。

古典文獻研究(第十五輯)
2012年7月

經典闡發與政治術數
——《洪範五行傳》考論

徐興無

引　言

經過戰國秦漢間諸子百家的辯論、融合,天道觀擺脱了封建禮樂文化中以祖先崇拜爲核心的上帝鬼神世界,進入到以元氣、陰陽、五行構成的自然宇宙,而預測、計算、把握這個宇宙的術數,皆以陰陽五行理論爲基礎,傳統的卜筮或被拋棄。《管子》以爲通乎陰陽之氣,即可事天地,"通若道然後有行,然則神策不筮,神龜不卜"[①]。《漢書·藝文志》中著録術數,亦以天文、曆譜、五行居於蓍龜、雜占之前,《史記》創律、曆、天官諸《書》[②],《漢書》設天文、律曆、五行諸《志》,則星曆祝卜之史,其術亦隨時而變。然而,儒家所秉持的六經皆産生於封建禮樂文化之

---

① 嚴昌嶢《管子校釋》卷一四《五行》,岳麓書社,1996年,頁363—364。

② 按《史記》有《龜策列傳》,僅存司馬遷之序,文爲褚少孫所補。劉知幾《史通》卷四《編次》以其文"全爲志體,向若與八書齊列,而定以書名,庶幾物得其朋,同聲相應者矣"(劉知幾著,清浦起龍釋《史通通釋》上册,上海古籍出版社,1978年,頁102)。然劉氏僅知以史例論之,不知司馬遷其時,龜卜策筮已降爲末流矣。

中,因此,如何在傳統文化經典中闡發出新的天道與術數,成了承擔漢代政教思想的經學必須完成的使命。如匡衡上疏言:

臣聞六經者,聖人所以統天地之心,著善惡之歸,明吉凶之分,通人道之正,使不悖于其本性者也。故審六藝之指,則天人之理可得而和,草木昆蟲可得而育,此永永不易之道也。①

再如翼奉上疏言:

臣聞之師曰:天地設位,懸日月,布星辰,分陰陽,定四時,列五行,以視聖人,名之曰道。聖人見道,然後知王治之象,故畫州土,建君臣,立律曆,陳成敗,以視賢者,名之曰經。賢者見經,然後知人道之務,則《詩》、《書》、《易》、《春秋》、《禮》、《樂》是也。《易》有陰陽,《詩》有五際,《春秋》有災異,皆列終始,推得失,考天心,以言王道之安危。②

率先創發新義的經學應該是《春秋》學和《易》學,這也是戰國儒家認爲"孔子晚年"所做的最具寄托性和啓示性的經典詮釋工作,在漢人看來,這兩部經書,也是關乎天人之道的核心經典,《漢書・律曆志》載劉歆《三統曆》之言曰:"《易》與《春秋》,天人之道也。"因此,匡衡、翼奉、劉歆等人所論天道,已是陰陽五行之道;所言六經,已是天文律曆之術。其他經學也依此模式建構出各自的天人之道與相應的術數,用之於操作政治與教化,皮錫瑞總結道:

漢有一種天人之學而齊學尤盛。《伏傳》五行,《齊詩》五際,《公羊春秋》多言災異,皆齊學也。《易》有象數占驗,《禮》有明堂陰

① 《漢書・匡張孔馬傳》。
② 《漢書・眭兩夏侯京翼李傳》。

陽,不盡齊學,而其旨略同。[1]

皮氏所云《伏傳》五行,其實是夏侯始昌《洪範五行傳》,其《傳》文見引於《漢書・五行志》,司馬彪《續漢書・五行志》及劉昭注,而夏侯勝、眭孟、劉向、李尋、京房、谷永、劉歆等皆爲之説,鄭玄又爲之注,則後世之人得以盡觀漢代經學《洪範五行傳》推論災異之説,可見漢人根據經典創發道術的途徑。但此《傳》長期湮没於《尚書大傳》之中,僅存摘録或輯佚文本,須通過對其文獻流傳與散佚過程的考辨,發掘其思想創發的理路,進而考察經學思想的演進。

一 《洪範五行傳》的作者

劉昭注司馬彪《續漢書・五行志》時,引《五行傳》鄭玄注,稱"鄭玄注《尚書大傳》",又曰"注《五行》稱'鄭玄曰',皆出注《大傳》也"[2],故自鄭玄始,即將《洪範五行傳》作爲伏生《尚書大傳》中的篇章之一並爲之作注。《宋書・五行志》[3]、《晉書・五行志》[4]、《隋書・五行志》[5]、《經籍志》[6]皆以伏生《尚書大傳》創發五行之説,董仲舒、京房、劉向等廣而演之,而孔穎達《尚書・洪範正義》("五事"下)則明言"《五行傳》,伏生書

① 皮錫瑞著,周予同注釋《經學歷史》,中華書局,1959 年,頁 106。

② 《續漢書・五行志一》劉昭注,范曄撰,李賢等注《後漢書》,中華書局,1964 年,第 11 册,頁 3266。

③ 《宋書》卷三〇《五行志一》:"伏生創紀《大傳》,五行之體始詳;劉向廣演《洪範》,休咎之文益備。"

④ 《晉書》卷二七《五行志上》:"宓生創紀《大傳》,其言五行庶徵備矣。……班固據《大傳》,采仲舒、劉向、劉歆著《五行志》。"

⑤ 《隋書》卷二二《五行志上》:"漢時有伏生、董仲舒、京房、劉向之倫,能言災異,顧盼六經,有足觀者。"

⑥ 《隋書》卷二七《經籍一》:"濟南伏生之《傳》,唯劉向父子所著《五行傳》,是其本法,而又多乖戾。"

也”。至清代諸多《尚書大傳》輯本及王鳴盛[①]、王謨[②]、陳壽祺[③]、俞正燮[④]、王闓運[⑤]、皮錫瑞等學者皆是其説[⑥]，即當代學界甚至西方漢學家亦大多沿襲不改[⑦]。而清代趙翼《廿二史劄記》已疑此説，主張出自夏侯始昌，其曰：

> 《漢書·藝文志》有劉向《五行傳》十一卷，是以言《五行傳》者，皆以爲劉向所作。然《漢書·五行志》先引“經曰”，則《洪範》本文也。次引“傳曰”，顔師古初未注明何人所作。今觀夏侯勝引《洪範

① 見王鳴盛《十七史商榷》卷一三“五行志所引”條，中國書店據上海文瑞樓版影印，1987 年。

② 見王謨《漢魏遺書鈔·經翼》第 1 册《漢志劉向五行傳記十一卷·序録》，嘉慶三年刻本。

③ 見陳壽祺《尚書大傳·序録》，其所輯《尚書大傳》中有《洪範五行傳》一篇，又附録班固《五行志》，《尚書大傳定本序》言“《五行傳》者，自夏侯始昌至劉氏父子傳之”，但又言“班固本《大傳》，攬仲舒，别向、歆，以傅《春秋》”，故仍以《五行傳》爲伏生所做《大傳》中的篇章，夏侯始昌至劉向父子只是傳授者而已。《四部叢刊初編》影印《左海文集》本。

④ 見俞正燮《癸巳類稿》卷一〇“五行傳用亥正”條，俞正燮撰，涂小馬、蔡建康、陳松泉校點，《癸巳類稿(二)》，遼寧教育出版社，2001 年，頁 324。

⑤ 見王闓運《尚書大傳補注·叙》，《續修四庫全書》第 55 册，影印清光緒刻民國十二年匯印王湘綺先生全集本。

⑥ 亦見皮錫瑞《尚書大傳疏證·自序》，《續修四庫全書》第 55 册，影印光緒二十二年刻師伏堂叢書本。

⑦ 當代學界如馮浩菲《〈隋書·五行志〉正訛》(《歷史文獻研究》第 6 輯，北京師範大學出版社，1995 年)、《〈洪範五行傳〉的學術特點及其影響——兼論研究天人感應説之不能忽略伏生》(《中國文化研究》1997 年“夏之卷”)、王繼訓《劉向陰陽五行學説初探》(《孔子研究》2002 年第 1 期)、張兵《伏生〈洪範五行傳〉對“五行學説的吸收與應用》(《孔子研究》2004 年第 5 期)、《漢代〈洪範〉詮釋文獻特點》(《理論學刊》2011 年第 3 期)、趙濛《〈漢書·五行志〉的歷史價值》(《古籍整理研究學刊》2007 年第 3 期)等等。西方漢學家如英國李約瑟《中國古代科學思想史》(李約瑟著，陳立夫等譯《中國古代科學思想史》第六章“中國科學之基本觀念”，江西人民出版社，1999 年，頁 313)亦持其説。

五行傳》以對張安世，則武帝末已有是書，不自劉向始也。漢代言陰陽災異者，惟眭孟與勝同時，其餘京房、翼奉、劉向、谷永、李尋、解光等，皆在勝後(見眭弘等《傳贊》)，則勝所引必非諸人所作也。在勝前者，有董仲舒、夏侯始昌。然仲舒之陰陽本之《春秋》，不出於《洪範》，今仲舒所著《繁露》具在，初無推演五行之處。至《尚書》雖自景帝時伏生所傳，而伏生亦未言《洪範》災異，其弟子作《尚書大傳》，亦無五行之説。惟夏侯始昌以《尚書》教授，明于陰陽，先言柏梁臺災日，至期果驗。自董仲舒、韓嬰死後，武帝甚重始昌。然則勝所引《洪範五行傳》，蓋即始昌所作也，其後劉向又推演之成十一篇耳。①

趙氏之論，脈絡至明。唯以“仲舒之陰陽本之《春秋》，不出於《洪範》，今仲舒所著《繁露》具在，初無推演五行之處”值得商榷，觀《春秋繁露》中論“五行”、“五事”諸篇，全從《洪範》衍出，而《漢書・五行志》所引《洪範五行傳》文字與《春秋繁露》一脈相承(下詳)，故《漢書・五行志・序》曰：“漢興，承秦滅學之後，景、武之世，董仲舒治《公羊春秋》，始推陰陽，爲儒者宗。”然趙氏此論，現當代學界頗多反駁。如楊樹達《漢書窺管》卷八《眭兩夏侯京翼李傳》“勝少孤，好學，從始昌受《尚書》及《洪範五行傳》”曰：

此云《洪範五行傳》，在劉向《五行傳記》之前。據沈約云“伏生創紀《大傳》，五行之體始詳；劉向廣演《洪範》，休咎之文益備。”又《隋志》云：“伏生之傳，惟劉向父子所著是其本法。”則此《洪範五行傳》乃伏生所記，今見《尚書大傳》中者是也。趙翼以爲始昌所爲，非也。②

---

① 趙翼著，王樹民校證《廿二史劄記校證》上册，中華書局，1984年，頁40。

② 楊樹達《漢書窺管》下册，上海古籍出版社，2007年，頁584。

又，王樹民《廿二史劄記校證》曰：

> 按：《漢書·五行志》在引"經曰"、"傳曰"之下，更引"説曰"，其後始雜引史事及劉向、劉歆、京房、李尋等各家之説。所謂"傳曰"之文，鄭玄爲之作注，自是出於《尚書大傳》。"説曰"之文，不知出於何人。《漢書·夏侯勝傳》云："勝少孤，好學，從始昌受《尚書》及《洪範五行傳説》災異。"可知《五行傳説》爲傳自夏侯始昌，但作者已難確定，可能爲有所傳授，亦可能即爲始昌所作。①

則楊、王二氏皆篤信《漢書·五行志》所引"傳曰"之"傳"，爲《尚書大傳》，且王氏又誤斷"從始昌受《尚書》及《洪範五行傳》，説災異"爲"從始昌受《尚書》及《洪範五行傳説》災異"，遂以始昌傳《五行傳説》，節外又生歧枝。

考《洪範五行傳》作者爲夏侯始昌至爲明切者，是現代學者繆鳳林，其《漢書五行志凡例》刊發於 1929 年，然其説不彰；此後徐復觀於 1961 年在臺灣地區發表類似的觀點②，但其考辨簡略且未關注到繆氏的成果，今節引繆氏之説並據此補充衍論③。繆氏曰：

> 凡引"《傳》曰"云云，皆夏侯始昌《洪範五行傳》文。按《洪範五行傳》自鄭康成以下皆謂出於伏生，今考之，殆出夏侯始昌。
>
> 漢儒之以術數解經義言災異，自董仲舒始，其前則言《易》如田何、丁寬；言《詩》如申公、轅固；言《禮》如高堂生、徐生，子長、孟堅皆無一語及其言災異。伏生與弟子張生、歐陽生，時代皆在仲舒前，一也。

---

① 趙翼著，王樹民校證《廿二史劄記校證》上册，頁 54，注②。

② 參見徐復觀《陰陽五行及其有關文獻的研究》，徐復觀《中國人性論史》，華東師範大學出版社，2005 年，頁 352。

③ 按：筆者曾在《劉向評傳》中引述補充過繆氏的觀點，然失之簡略，今再加詳考。參見徐興無《劉向評傳》第十章，南京大學出版社，2005 年。

《書·洪範正義》引伏《傳》五行之解釋,以五行爲生民日用所必須,曰:"水火者,百姓之所飲食也;金木者,百姓之所興作也;土者,萬物之所資生也。"是爲人用,與附會災異者迥異,二也。

漢人稱引《五行傳》,始夏侯勝,《本傳》稱"勝從夏侯始昌受《尚書》及《洪範五行傳》";《五行志》又謂"孝武時,夏侯始昌善推《五行傳》,以傳族子夏侯勝"。據《儒林傳》:始昌受《尚書》族叔夏侯都尉,都尉受伏生弟子張生。張生時既無此傳都尉,只亦惟言其傳《書》,則首爲《五行傳》者,舍始昌莫屬,故孟堅、眭弘等《傳贊》言漢興推陰陽災異,以仲舒與始昌並舉,三也。

西京《五行傳》單篇別行,與《書傳》不相混合。學者研習,多有專門名家。治《尚書》者,如歐陽氏與大小夏侯學,反皆不傳。《五行傳》一名"《大傳》"(《漢書·劉向傳贊》云:"劉氏《洪範論》發明《大傳》。"此"《大傳》"指《五行傳》),而《書傳》則僅稱"《傳》"(《漢志》:"《傳》八十一篇"是),以《書傳》名《大傳》,始于鄭君,鄭君詮次書傳時加入《五行傳》,遂以其名名全書,四也。①

繆氏所論甚確,然尚可補充。以陰陽災異之術推闡經義始於董仲舒,而不始於伏生一輩的先師,惟至董仲舒時,漢武帝才罷黜百家,獨尊儒術;經學方能包括宇宙,總攬人物,創發大義,如皮錫瑞所言:"經學至漢武始昌明。"②

《尚書》學也不甘寂寞,繼董仲舒《春秋》學而起。其中有兩個人物起了關鍵作用,第一是兒寬。《漢書·儒林傳》載伏生授歐陽生與張生,歐陽生授兒寬,"寬有俊材,初見武帝,語經學。上曰:'吾始以《尚書》爲樸學,弗好,及聞寬説,可觀。'乃從寬問一篇。歐陽、大小夏侯皆出於寬。寬授歐陽生子,世世相傳,至曾孫高子陽,爲博士"。

---

① 南京中國史學會編《史學雜志》第一卷第二期,1929 年 5 月。繆氏又有《洪範五行傳出伏生辨》一文,見引於蔣善國《尚書綜述》(上海古籍出版社,1988 年,頁 113—114,注①),説與此同。

② 皮錫瑞《經學歷史》三,頁 70。

《公孫弘卜式兒寬傳》載寬建言武帝不必聽從群儒循古之言，應自製封禪禮儀；又與司馬遷等共定漢《太初曆》。《律曆志》載寬首倡制定《三統曆》，曰："臣愚以爲三統之制，後聖復前聖者，二代在前也。今二代之統絶而不序矣，唯陛下發聖德，宣考天地四時之極，則順陰陽以定大明之制。""三統"之論創自董仲舒的《公羊春秋》學，其辭源自《尚書·甘誓》。

第二是夏侯始昌。《漢書·眭兩夏侯京翼李傳》載夏侯始昌"通《五經》，以《齊詩》、《尚書》教授。自董仲舒、韓嬰死後，武帝得始昌，甚重之。始昌明於陰陽，先言柏梁臺災日，至期日果災"，則夏侯始昌是董仲舒之後出現的善推陰陽的經師。他在《尚書》學中的輩分不及兒寬，《漢書·儒林傳》載夏侯都尉"從濟南張生受《尚書》，以傳族子始昌"。但他的《詩》受之於漢代《齊詩》的先師轅固生，在《齊詩》方面的創發可能更甚於《尚書》學。史書中未見轅固生有發揮天人之道説《詩》的記録，其人爲景帝時的博士，爲學不從時務，曾警告學《公羊春秋》學者公孫弘"務正學以言，無曲學以阿世"，故武帝時復以賢良徵，"諸儒多嫉毁，曰固老，罷歸之"。但《漢書·儒林傳》載："諸齊以《詩》顯貴，皆固之弟子也。昌邑太傅夏侯始昌最明。"又載后蒼"事夏侯始昌。始昌通《五經》，蒼亦通《詩》、《禮》，爲博士，至少府授翼奉、蕭望之、匡衡……衡授琅邪師丹、伏理斿君、潁川滿昌君都……由是齊《詩》有翼、匡、師、伏之學"。《齊詩》的"四始五際"之説正出於翼奉，因此漢代的《齊詩》學成爲顯學也從夏侯始昌開始。

由此可以確定，伏生、歐陽生、張生之學還是所謂的"樸學"，至武帝之時的兒寬、夏侯始昌，《尚書》學才得以根據陰陽五行思想創發經義，而這兩個人都影響了夏侯勝。《漢書·儒林傳》載："始昌傳勝，勝又事同郡蕳卿。蕳卿者，兒寬門人。勝傳從兄子建……由是《尚書》有大小夏侯之學。"至昭帝時，夏侯勝遂以擅長《洪範五行傳》之術見重於世。《眭兩夏侯京翼李傳》載：

> 勝少孤，好學，從始昌受《尚書》及《洪範五行傳》，説災異。後事蕳卿，又從歐陽氏問。爲學精孰，所問非一師也……徵爲博

士、光禄大夫。會昭帝崩,昌邑王嗣立,數出。勝當乘輿前諫曰:"天久陰而不雨,臣下有謀上者,陛下出欲何之?"王怒,謂勝爲妖言,縛以屬吏。吏白大將軍霍光,光不舉法。是時,光與車騎將軍張安世謀欲廢昌邑王。光讓安世以爲泄語,安世實不言。乃召問勝,勝對言:"在《洪範傳》曰'皇之不極,厥罰常陰,時則下人有伐上者',惡察察言,故云臣下有謀。"光、安世大驚,以此益重經術士。①

繆氏云:"西京《五行傳》單篇别行,與《書傳》不相混合。"所謂《書傳》即《漢書·藝文志·六藝略》著録的"《傳》四十一篇",但未言明作者,至鄭玄始定其爲伏生所作《尚書大傳》並爲之作注②,《玉海》卷三七《藝文》"尚書大傳"條曰:

《中興書目》:"按鄭康成《(尚書大傳注)序》云:蓋自伏生也。伏生爲秦博士;至孝文時,年且百歲,張生、歐陽生從其學而受之。音聲猶有訛誤,先後猶有差舛,重以篆隸之殊,不能無失。生終後,數子各論所聞,以己意彌縫其闕,别作章句,又特撰大義,因經屬指,名之曰《傳》。劉向校書,得而上之,凡四十一篇,至康成始詮次爲八十三篇。"③

姚振宗曰:"《玉海·藝文》所載,蓋即《中興書目》摘録舊序之文,而後人移而爲今本之序。"④故鄭玄以劉向所上"四十一篇",即伏生所作《尚書大傳》,陳振孫《直齋書録解題》卷二《尚書大傳》解題曰:"當是其徒歐陽、張生之徒雜記所聞,然亦未必當時本書也。"《四庫全書總目》曰:"然

① 事亦見《五行志下之上》。
② 《後漢書·張曹鄭列傳》載"凡玄所注"中有《尚書大傳》一種。
③ 按"至康成始詮次爲八十三篇"一句,《四庫全書總目》卷一二《〈尚書大傳〉提要》引作"詮次爲八十一篇"(中華書局,1965年,頁105),誤。
④ 姚振宗《隋書經籍志考證》卷二"經部二",師石山房叢書本。

則此傳乃張生、歐陽生所述，特源出於勝爾，非勝自撰也。”[1]《尚書大傳》既傳《尚書》，則當亦有其《洪範傳》，其文字也見引於《尚書·洪範正義》、《太平御覽》、《通鑒前編》等文獻之中。清人諸種《尚書大傳》的輯本，亦多以《洪範傳》與《洪範五行傳》並列，這説明，清人即便以《洪範五行傳》出自《尚書大傳》，但也不與《洪範傳》混淆。甚至有的輯佚本已懷疑《洪範五行傳》是否是《尚書大傳》中的篇章而將其獨立編纂。如清袁鈞《鄭氏佚書》輯《尚書五行傳注·序》曰：

> 《尚書五行傳》一卷，舊列《大傳》中，稱《鴻範五行傳》。案《大傳》自有《鴻範傳》，此當别是一書。孔冲遠曰《今文尚書》，劉向《五行傳》、蔡邕勒石皆此本。葉夢得謂《大傳》流爲劉向《五行傳》，夏侯氏災祥之説是也。鄭注所引劉《傳》即向書。此《傳》則伏生創紀，獨詳五行之體，是漢已前相承古義，雖同爲《大傳》而不在鄭君所詮次八十三篇中。今别爲一卷。[2]

按：袁氏引孔冲遠之言誤，當出《初學記》卷二一《文部·經典第一》，作：“伏生爲《尚書傳》四十一篇，歐陽、大小夏侯傳其學，各有能名。是曰《今文尚書》，劉向《五行傳》、蔡邕勒石經皆其本。”而孔穎達《尚書·虞書正義》曰：“案：伏生所傳三十四篇者謂之今文，則夏侯勝、夏侯建、歐陽和伯等三家所傳，及後漢末蔡邕所勒石經是也。”葉夢得語見《文獻通考》卷一七七“經籍考四”。故《初學記》、葉夢得、袁鈞等雖將劉向《洪範五行傳記》誤爲《洪範五行傳》，但皆以此與《尚書大傳》相區别。

---

① 《四庫全書總目》卷一二“書類二”，頁 105。

② 袁鈞輯，袁堯年校補《鄭氏佚書》第 4 册，光緒戊子浙江書局刊本。按：周予同注皮錫瑞《經學歷史》“《伏傳》五行”曰：“伏生《尚書大傳》四卷，其第三卷曰《洪範五行傳》，專釋《洪範》中五行配合生克之説，鄭玄曾爲之注。或謂《尚書五行傳》係别一書，與《尚書大傳》中之《洪範傳》不同，清袁鈞《鄭氏佚書》即主此説。”皮錫瑞著，周予同注釋《經學歷史》，頁 107，注〔三〕。

《藝文志·六藝略》於"《傳》四十一篇"後,又録諸家章句、傳記,中有"劉向《五行傳記》十一卷、許商《五行傳記》一篇",單篇别行的夏侯始昌《洪範五行傳》以其存於劉、許之《記》,故不再著録。此外,《藝文志·六藝略·尚書》又於"凡《書》九家,四百一十二篇"下注曰:"入劉向《稽疑》一篇。"師古曰:"此言入者,謂《七略》之外,班氏新入之也。"周杲曰:"《洪範》卜稽疑,即《稽疑論》也,當在十一篇中。"①陳國慶曰:"原止十篇,班注'入劉向《稽疑》一篇',即并入此書中,故十一篇。"②從經典的等級上看,《洪範五行傳》與《尚書大傳》當屬同一等級,皆是對《經》文篇章的解釋;而劉、許之《記》,則是次一級的"記",如《藝文志·六藝略》"樂類"所録"《王禹記》"、"春秋類"所録"《公羊顔氏記》"等當屬此類。因爲《樂經》已亡,《王禹記》是對河間獻王與諸儒所作《樂記》的解説;而《公羊顔氏記》是顔安樂一派對《春秋公羊傳》的解説。所以《五行志》等文獻中所云劉向《五行傳》當爲《五行傳記》。"記"亦可稱之爲"論",《漢書·楚元王傳》載成帝即位,外戚王氏專權,"時數有大異,向以爲外戚貴盛,鳳兄弟用事之咎。而上方精於《詩》、《書》,觀古文,詔向領校中《五經》秘書。向見《尚書·洪範》,箕子爲武王陳五行陰陽休咎之應。向乃集合上古以來歷春秋六國以至秦漢符瑞災異之記,推迹行事,連傳禍福,著其占驗,比類相從,各有條目,凡十一篇,號曰《洪範五行傳論》,奏之";亦可稱之爲"説",《漢書·五行志》於"《傳》曰"下所列"説曰",即"是班固所取始昌至劉向等漢儒對於《五行》最普通之解釋。傳文甚簡,講授之際,必加解釋,是謂之'説'"③。《藝文志·六藝略》"禮類"所録"《中庸説》、《明堂陰陽説》"亦當屬此類。

繆氏之文引《五行志中之上》"孝武時,夏侯始昌善推《五行傳》,以傳族子夏侯勝"一句,下文還有"下及許商,皆以教所賢弟子,其《傳》與劉向同,唯歆《傳》獨異"數語。如此,則夏侯氏、許商、劉向所習之《洪範

① 周杲《劉子政生卒年月及其著述考辨》,燕京大學國文學會編《文學年報》第二期,1936年。

② 陳國慶《漢書藝文志注釋彙編》,中華書局,1983年,頁28。

③ 繆鳳林《漢書五行志凡例》。

五行傳》爲同一文本，而劉歆的《五行傳》則别是一家。但是，繆氏並未揭示劉向、歆父子與《五行傳》的關係。《儒林傳》載周堪"與孔霸俱事大夏侯勝。……堪譯官令，論於石渠，經爲最高，後爲太子太傅。……及元帝即位，堪爲光禄大夫，與蕭望之並領尚書事，爲石顯等所譖，皆免官。望之自殺，上愍之，乃擢堪爲光禄大夫，語在《劉向傳》。堪授牟卿及長安許商長伯……商善爲算，著《五行論曆》"[1]。《楚元王傳》(《劉向傳》)載"更生(劉向)年少於望之、堪，然二人重之，薦更生宗室忠直，明經有行，擢爲散騎、宗正給事中，與侍中金敞拾遺於左右。四人同心輔政，患苦外戚許、史在位放縱，而中書宦官弘恭、石顯弄權"。劉向和周堪是政治上的同道，在學術上當亦相互切磋。《儒林傳》載宣帝爲立《穀梁》，從民間詔徵經師，"選郎十人從受"，"劉向以故諫大夫通達待詔，受《穀梁》，欲令助之"。劉向、周堪均參加了石渠閣會議，《穀梁春秋》和大夏侯《尚書》均於此會後得以增立。因此，劉向的《洪範五行傳》受之於周堪，其時早在宣、元之時，成帝時劉向校書，作《洪範五行傳論》，劉歆又繼其父校書，作《七略》，遂以其與許商《傳記》一併著録。[2]

劉向、歆父子均是郎官系統中的人物，其經學轉益多師，並不受博士師法、家法的束縛，即父子之間亦可辨難。《楚元王傳》載："歆及向始皆治《易》，宣帝時，詔向受《穀梁春秋》，十餘年，大明習。及歆校秘書，見古文《春秋左氏傳》，歆大好之。時丞相史尹咸以能治《左氏》，與歆共校經傳。歆略從咸及丞相翟方進受，質問大義。……歆以爲左丘明好惡與聖人同，親見夫子，而公羊、穀梁在七十子後，傳聞之與親見之，其詳略不同。歆數以難向，向不能非間也。"《五行志上》載："宣、元之後，

---

① 《漢書・溝洫志》載："博士許商治《尚書》，善爲算，能度功用。"

② 按：有的學者推測劉向在成帝朝校書時才見到《洪範五行傳》，受其啓發而作《傳論》。但如細按《楚元王傳》文意，劉向校書時所見是《洪範》篇的經文，原是要以箕子向武王陳《洪範》爲例，向成帝陳《傳論》而已。所以《楚元王傳》載劉向上奏《傳論》，"成帝知向精忠，故爲鳳兄弟起此論也"。見陳侃理《〈洪範五行傳〉與〈洪範災異論〉》，《國學研究》第二十六卷，2012年。

劉向治《穀梁春秋》,數其禍福,傳以《洪範》[①],與仲舒錯。至向子歆治《左氏傳》,其《春秋》意亦已乖矣;言《五行傳》,又頗不同。”故劉歆專據《左氏》爲説,當不滿足於父輩學者對《洪範五行傳》的解説,遂自爲一《傳》,故稱“獨異”,其《傳》全稱仍當爲《洪範五行傳記》或《論》,唯其《傳》文亦有不同於夏侯始昌之處。

繆鳳林《漢書五行志凡例》析《五行志》凡例有七:(一)凡引“《經》曰”云云,即《尚書·洪範》之文。(二)凡引“《傳》曰”云云,當是夏侯始昌《洪範五行傳》文。(三)凡引“説曰”云云,是班固所取始昌至劉向等漢儒對於《五行》最普通之解釋。傳文甚簡,講授之際,必加解釋,是謂之“説”。(四)凡“説”後“一曰”云云,爲諸家不同的解釋,班固或斷或否。(五)凡劉歆《傳》與始昌同者,班固不著,異者著之。班固或從始昌,或從劉歆,或兩從之。(六)凡“説”所引例證爲董仲舒、眭孟、夏侯勝、谷永、李尋、劉向、劉歆父子所陳行事,或疏證《五行傳》者,或非疏證《五行傳》者。(七)一事而諸家爲説不同,則數説並著,以列在前者爲正統。故繆氏以劉歆之《傳》與夏侯始昌有不同之處。統計《漢書·五行志》所引諸家之“説”,皆作“某某以爲”或“某經(傳)以爲”、“某經曰”等,如“董仲舒以爲”、“劉向以爲”、“《穀梁》以爲”、“《左氏》以爲”、“《公羊傳》曰”、“《左氏經》曰”、“《左氏傳》曰”等,引劉歆之説達七十七處,其中“劉歆以爲”七十二處,其他五處爲“劉歆《貌傳》曰……説以爲”、“劉歆《言傳》曰……説以爲”、“劉歆《視傳》曰……説以爲”、“劉歆《聽傳》曰”、“劉歆《思心傳》曰”、“劉歆《皇極傳》曰”。故可知劉歆《洪範五行傳記》中的《五行傳》同於夏侯氏之《傳》,而又自爲解説,其《五事傳》和《皇極傳》和夏侯氏《傳》文有不同之處,故見引於班《志》。

繆氏云:“《五行傳》一名‘大傳’。”而今本班固《白虎通》引《尚書大傳》文字十多處,其中有兩處《洪範五行傳》之文。《災變》曰:“妖者,何謂也?衣服乍大乍小,言語非常。故《尚書大傳》曰‘時則有服妖’也。孽者,何謂也?曰:介蟲生爲非常。《尚書大傳》云:‘時則有介蟲之孽,

① 按:楊樹達《漢書窺管》云“傳”當作“傅”,讀曰“附”,下文“傳載眭孟”之“傳”亦同此意。是。

則時有龜孽。'”出自《洪範五行傳》之《貌傳》、《言傳》，似班固亦以《洪範五行傳》之文混同於《尚書大傳》，或可以之責難繆氏。然今本《白虎通》已非舊本，不足爲據，莊述祖《白虎通義考》曰：

古書流傳既久，字蝕簡脱，會有好事者表章之，亦不過存什一於千百而已，故卷數篇數皆减於昔。惟《白虎通義》不然，《隋志》、《唐志》六卷，而《崇文總目》則有十卷，《崇文目》四十篇，而今本則有四十三篇。文雖减於舊，而篇目反增於前。是《爵》、《號》以至《嫁娶》皆後人編類，非其本真矣。[①]

劉師培《白虎通義定本序》亦曰："北宋之世，書已挩殘，宋人援引雖恒出今本外，蓋均迻引他籍。"[②]劉氏所編《定本》，既無《災變》之篇，亦無引《尚書大傳》之文。今檢《爵》篇，有："或曰：天子之子稱太子。《尚書傳》曰：'太子發升王舟。'"陳立疏曰："《詩疏》及《後漢書注》引《書大傳》曰：'太子發升舟，中流，白魚入王舟。'"以此推測，則《白虎通義》所引"《尚書大傳》"、"《尚書傳》"文字原或皆作"《尚書傳》"。

二 《尚書大傳》與《洪範五行傳》的散佚

《漢書·藝文志》所録伏生《尚書大傳》四十一篇，經東漢鄭玄注後詮次爲八十三篇。然《隋書·經籍志》所録鄭注《尚書大傳》僅爲三卷，《舊唐書·經籍志》、《新唐書·藝文志》、《崇文總目》、《郡齋讀書志》、《文獻通考》、《宋史·藝文志》等均作三卷，《直齋書録解題》作四卷，唐時或已殘闕，宋人葉夢得曰："伏生《大傳》，首尾不全，言不雅訓。"陳振

① 陳立撰，吴則虞點校《白虎通疏證》下册《附録二》，中華書局，1994 年，頁 605。

② 陳立撰，吴則虞點校《白虎通疏證》下册《附録六》，頁 746。

孫《直齋書録解題》曰:"印板刓缺,合更求完善本。"①王應麟《漢書藝文志考證》曰:"今本四卷,首尾不倫。"②故陳壽祺《尚書大傳定本序》曰:"宋世已無完本,迄明遂亡。"

至於《漢書·藝文志》所録劉向《洪範五行傳記》十一卷,著録於《隋書·經籍志》、《舊唐書·經籍志》和《新唐書·藝文志》,這説明《洪範五行傳》雖被鄭玄併入《尚書大傳》,但劉向的《記》尚存獨行之篇。可是在宋代諸種書目、《文獻通考》、《宋史·藝文志》等中突然消失,不見著録。這一現象正反映了宋代經學對漢代經學之揚棄。宋儒在解釋六經時,對漢儒之説多予以懷疑與取捨,廢《詩序》,疑《易傳》,於漢唐經學中的災異數術之學更是竭力排斥,故前引葉夢得稱《大傳》"言不雅訓",而歐陽修堪稱代表,《新唐書》卷三四《五行志》曰:

語曰:"迅雷風烈必變。"蓋君子之畏天也,見物有反常而爲變者,失其本性,則思其有以致,而爲之戒懼,雖微不敢忽而已。至爲災異之學者不然,莫不指事以爲應,及其難合,則旁引曲取,而遷就其説。蓋自漢儒董仲舒、劉向與其子歆之徒,皆以《春秋》、《洪範》爲學,而失聖人之本意。至其不通也,父子之言自相戾,可勝嘆哉!昔者箕子爲周武王陳禹所有《洪範》之書,條其事爲九類,别其説爲九章,謂之九疇。考其説初不相附屬,而向爲《五行傳》,乃取其五事、皇極、庶證附於五行,以爲八事皆屬五行歟?則至於八政、五紀、三德、稽疑、福、極之類,又不能附,至俾《洪範》之書,失其倫理,有以見所謂旁引曲取,而遷就其説也。然自漢以來,未有非之者。又其祥眚禍痾之説,自其數術之學,故略存之,庶幾深識博聞之士,有以考而擇焉。

他不僅非難《五行傳》推論災異,而且排斥漢儒讖緯之學,至上《論

① 陳振孫《直齋書録解題》卷二,景印文淵閣《四庫全書》本。

② 王應麟《漢書藝文志考證》卷一,景印文淵閣《四庫全書》本。按:姚振宗《隋書經籍志考證》卷二"經部二"引此句作晁公武《郡齋讀書志》語。

删去九經正義中讖緯劄子》，以“其所載既博，所擇不精，多引讖緯之書，以相雜亂，怪奇詭僻，所謂非聖之書，異乎《正義》之名也”①。

正是宋儒删去了劉向《洪範五行傳論》，《玉海》卷五二《藝文》“慶曆《崇文總目》”條載景祐元年“命翰林學士張觀、知制誥李淑、宋祁將館閣正副本書看詳，定其存廢，僞謬重復，並從删去”。劉向《洪範五行傳論》當屬“謬”者。無獨有偶，在《崇文總目》以後的書目中，漢儒讖緯文獻也僅有《易緯》録著而他緯盡失，以至於《文獻通考》卷一八八“經籍考十五”云：“今緯書存者獨《易》。”②事實上，明清人已視《洪範五行傳》和《尚書大傳》爲緯書之一種。如孫瑴《古微書》卷四輯“《尚書五行傳》”曰：“此篇伏生《大傳》引，以傳《洪範》，班固《五行志》亦祖之，以徵五行。溯其來自緯書，則大禹之文也，緯書獨此爲完簡耳。”又如《四庫全書總目》卷一二《〈尚書大傳〉提要》曰：“《尚書大傳》於經文之外，掇拾遺文，推衍旁義，蓋即古之緯書。”又云：“漢代緯候之説，實由是(《洪範五行傳》)起。”③

值得注意的是，宋代恰恰是《洪範》學特别興盛的時代④，不僅能破，而且能立。《郡齋讀書志》著録胡瑗《洪範解》一卷、張晦之《洪範》一卷、王安石《洪範傳》一卷、蘇洵《洪範論圖》一卷、孫諤《洪範合傳》一卷。帝王亦予以宣導，《玉海》卷三《天文》載“康定《洪範政鑒》”曰：“康定元年十一月丙辰，内出《御制洪範政鑒》十二卷……御制有《序》，采五行、六沴、前世察候、稽應者，以爲政治之龜鑒(以皇極爲本)。……又有《洛

---

① 《歐陽文忠公集·奏議集》卷第十六，《四部叢刊初編》景元本。

② 參見徐興無《讖緯文獻與漢代文化構建》，中華書局，2003 年，頁 92—93。

③ 《四庫全書總目》卷一二，頁 105。

④ 關於宋人《洪範》學，當代學者系統的研究有蔣秋華《宋人洪範學》(臺灣大學出版社，1986 年)，此外，余英時《朱熹的歷史世界：宋代士大夫政治文化的研究》第十二章“皇權與皇極”(生活·讀書·新知三聯書店，2004 年)、任鋒《經世精神和皇極觀念：宋儒的洪範思想傳統》(臺北漢學研究中心編《漢學研究》2005 年第 23 卷第 1 期)、《近世思想傳統中的政治正當性理論及其啓示：以儒學“洪範模式”爲視角》(《學海》2007 年第 5 期)等論著對此問題亦有深入的討論。

書五事圖》一卷。”故朱彝尊《經義考》卷九五録兩宋《洪範》學書目竟達三十八種之多,劉向以來,蔚爲大觀。這些《洪範》學著述往往反對漢儒的災異思想,强調修身進德以禦災異。如《玉海》卷三《天文》“慶曆注《天官書》、《洪範論》”條曰:

> 慶曆五年閏五月,龍圖直學士歐陽修上澤州進士劉羲叟注釋司馬遷《天官書》及著《洪範災異論》,召試學士院。……羲叟以春秋時變異,考以《洪範》災應,斥古人所强合者,著書十數篇。視日月星辰以占國家休祥,未嘗不應。

又《朱子語類》卷第六十七“論後世《易》象”評廖偁《洪範論》曰:

> 廖氏論《洪範篇》,大段辟《河圖》、《洛書》之事,以此見知於歐陽公。蓋歐公有無祥瑞之論,歐公只見五代有僞作祥瑞,故併與古而不信。如《河圖》、《洛書》之事,《論語》自有此説,而歐公不信祥瑞,併不信此,而云《系辭》亦不足信。且如今世間有石頭上出日月者,人取爲石屏。又有一等石上分明有如枯樹者,亦不足怪也,《河圖》、《洛書》亦何足怪。

由此可見宋儒並非一味反對《洪範》五行災異之説,只是反對虚僞與牽强。如朱子所言,歐陽修反對漢儒《洪範》、讖緯之説,災異祥瑞之類原於他對五代史的借鑒,朱子雖不完全同意歐陽修的觀點,但其視《河圖》、《洛書》僅爲自然現象而已,與漢儒天人感應説亦不相同。

又《郡齋讀書志》論蘇洵《洪範論圖》曰:

> 皆援《經》擊《傳》,斥末以歸本。二《圖》,一以指歆、向之謬,一以形其意。

論王安石《洪範傳》曰:

安石以劉向、董仲舒、伏生明災異爲蔽,而别著此《傳》,以庶徵所謂"若"者不當訓"順",當訓"如"。人君之王事,如天之雨、暘、寒、燠、風而已。大意言天人不相干,雖有變異,不足畏也。

晁氏以王安石主張"天人不相干",似爲誤解。王安石"有變異,不足畏"的思想在其《洪範傳》中如此表述:

人君固輔相天地以理萬物者也。天地萬物不得其常,則恐懼修省,固亦其宜也。今或以爲天有是變,必由我有是罪以致之;或以爲災異自天事耳,何豫於我?我知修人事而已。蓋由前之説,則蔽而葸;由後之説,則固而怠。不蔽不葸,不固不怠者,亦以天變爲己懼,不曰天之有某變,必以我爲某事而至也。亦以天下之正理,考吾之失而已矣。①

溝口雄三認爲此段文字表明:"王安石一方面反對天譴論,尤其是其中煩瑣的天譴事應説,同時又主張要服從'天下之正理'、對天恐懼修省。"②王安石的思想正是慶曆以來新儒學的表達,在他之前皇祐年間的一次御講中,歐陽修的同道王洙與仁宗的對話也能表達同樣的思想,《玉海》卷三《天文》"康定洪範政鑒"條曰:

皇祐三年九月庚午講《易》……翼日又問龜筮之事,令進《洪範稽疑經注疏》。四年九月己巳,講《洪範》五事,帝曰:"王者用五事,皆本五行乎?"(王)洙對曰:"王者治五行得其性,則五事皆善。故五事得,則有休證;失,則有咎證。是以聖人克謹天戒,以修其身。"上曰:"奉天在於修德,戒謹于未形。必俟譴告,然後修德,豈畏天

① 《臨川先生文集》卷六五"議論",《四部叢刊初編》景明嘉靖本。

② [日]溝口雄三撰,龔穎譯《論天理觀的形成》,賀照田主編《在歷史的纏繞中解讀知識與思想·學術思想評論第十輯》,吉林人民出版社,2003年,頁104。

之道也!"

《四庫全書總目》録《永樂大典》本"《洪範統一》"條,亦可見宋人《洪範》學之特徵,其曰:

> 宋趙善湘撰。……書成於開禧時,《宋史》謂之《洪範統論》,《文淵閣書目》又作《統紀》。今據善湘謂漢儒解《傳》,衹以五事、庶徵爲五行之驗,而五行、八政謂疇散而不知所統,徵引事應,語多傅會。因采歐陽修《唐志》、蘇洵《洪範圖論》遺意,定皇極爲九疇之統,每疇之中,如五行則水火木金皆統於土,五事則貌言視聽皆統於思,得其統而九疇可一以貫之矣云云,則《永樂大典》題曰《洪範統一》,爲名實相應矣。考朱子與陸九淵論皇極之義,往復辯難,各持一説。此書以大中釋皇極,本諸注疏,與陸氏合。復謂九疇皆運於君心,發爲至治,又合於朱子建極之旨,蓋能通懷彼我,兼取兩家之説者。①

總之,宋儒與漢儒相異之處,在於漢儒以《洪範》陰陽五行爲宇宙之原理,故以五行、五事、皇極、庶徵爲政治術數,主張天人感應,以天道制約人道。而宋儒《洪範》學的天道觀較漢儒又有演進,如溝口雄三所言,發生了"天人相關之天向天理之天的變化"②,其以倫理道德化的天理爲宇宙之原理,事天之道即盡性修身以盡人事。《洪範》五行之説遂從術數轉變成了哲理。在此思想轉化之中,所謂伏生《尚書大傳》、劉向《洪範五行傳》均退出了解釋的世界,這才是其成爲殘帙散篇的真正原因。

---

① 《四庫全書總目》卷一一,頁95。

② [日]溝口雄三撰,龔穎譯《論天理觀的形成》,頁100。

三 《洪範五行傳》的文本

清人所輯《尚書大傳》大概有十幾種之多①,《洪範五行傳》亦在其中,但皆承宋元以來的殘本或輯本。《四庫全書總目》卷一二"書類二"録"《尚書大傳》四卷、《補遺》一卷(兵部侍郎紀昀家藏本)",《提要》曰:

今所傳者凡二本,一爲杭州三卷之本,與《隋志》合,然實雜采類書所引,裒輯成編,漫無端緒。一爲揚州四卷之本,與《書録解題》合,兼有鄭康成注,校以宋仁宗《洪範政鑒》所引鄭注,一一符合,知非依托(案《洪範政鑒》世無傳本,惟《永樂大典》載其全書)。二本各附《補遺》一卷,揚州本所補較備。……其文或説《尚書》,或不説《尚書》,大抵如《詩外傳》、《春秋繁露》,與經義在離合之間,而古訓舊典,往往而在,所謂六藝之支流也。其第三卷爲《洪範五行傳》,首尾完具,漢代緯候之説,實由是起。然《月令》先有是義,今列爲經,不必以董仲舒、劉向、京房推説事應,穿鑿支離歸咎於勝之創始。②

所謂"杭州本",即"《别本尚書大傳》三卷、《補遺》一卷(兩江總督采進本)"③,《提要》曰:

國朝孫之騄編,之騄號晴川,仁和人。……伏生《尚書大傳》久無刻本,外間傳寫殘帙,訛缺顛倒,殆不可讀。元和惠棟號爲博洽,修《明堂大道録》時,亦未見其原本,僅從他書輾轉援引,故之

① 參見《中國叢書綜録》第2册,上海古籍出版社,1982年,頁35。
② 《四庫全書總目》卷一二"書類二",頁105。
③ 余嘉錫《四庫提要辨證》卷一,中華書局,1980年,頁30。

騄蒐采補綴,乃勒爲三卷。……近時宋本復出,揚州已有雕版,此本原可不存。[1]

所謂"揚州四卷之本"、"揚州已有雕版"的復出宋本,余嘉錫曰:"乾隆時,盧見曾爲兩淮鹽運使,曾將《尚書大傳》刻入《雅雨堂叢書》,即《提要》所謂揚州本也。""《提要》盛稱之,以其與《洪範政鑒》所引鄭注合,意其爲宋以前相傳之舊本。"[2]檢盧氏《刻〈尚書大傳〉序》曰:"得之吳中藏書家,雖已殘闕,然《五行傳》一篇,首尾完具,乃二十一史史志之先河也。三家章句雖亡,而今文之學存此,猶見一斑,爲刊而行之。"[3]但余嘉錫又引嚴元照《蕙櫋雜記》的考證,認爲此四庫館臣所推重的復出"宋本",不過是明人的輯佚而已,"據此則《提要》以揚州本爲原書者,不亦失於輕信也乎!"[4]而王闓運《尚書大傳補注・叙》也指出這一點:"見曾刊本云得之吳中,諱所從來。……但吳中本實由鈔撮。"[5]盧氏之後,又有孔廣林《通德遺書所見録》輯本,爲陳壽祺《尚書大傳定本》所本,陳氏《序》曰:"近人編輯有仁和孫晴川本、德州盧雅雨本、曲阜孔叢伯本。孫、盧本多殽舛,孔氏善矣,而分篇强復《漢志》之舊,非也。其他訛漏猶不免焉,今覆加稽核,楬所據依,稍參愚管而爲之案。"

不過,這些輯本中的《洪範五行傳》却包含有一個宋代的文本,即黄榦、楊復繼朱子《儀禮經傳通解》而撰的《儀禮經傳通解續》(下稱《通解續》)。楊復所撰《通解續》卷二六下"因事之祭"下録有《尚書大傳》"維王后元祀"至"上下王祀"一段並鄭注[6]。今摘列《漢書》、《續漢書》和陳壽祺輯本中的《五行傳》文字,以見其文本源流。

---

① 《四庫全書總目》卷一四"書類存目二",頁118。

② 《四庫提要辨證》卷一,頁29。

③ 盧見曾《雅雨堂集》卷一,乾隆七年賀克章刻本。

④ 《四庫提要辨證》卷一,頁30。

⑤ 王闓運《尚書大傳補注》,《續修四庫全書》第55册,頁797—798。

⑥ 見楊復撰《儀禮經傳通解續》卷二六下,景印文淵閣《四庫全書》第132册,頁596—599。

《漢書·五行志》(略去"説"及其"占應")	《續漢書·五行志》(略去"占應"和劉昭注所引鄭注)	陳壽祺輯《尚書大傳定本·洪範五行傳》(略去鄭玄注)
《經曰》:"初一曰五行。五行:一曰水,二曰火,三曰木,四曰金,五曰土。水曰潤下,火曰炎上,木曰曲直,金曰從革,土爰稼穡。" 《傳》曰:"田獵不宿,飲食不享,出入不節,奪民農時,及有奸謀,則木不曲直。" 説曰:(略) 《傳》曰:"棄法律,逐功臣,殺太子,以妾爲妻,則火不炎上。" 説曰:(略) 《傳》曰:"治宫室,飾臺榭,内淫亂,犯親戚,侮父兄,則稼穡不成。" 説曰:(略) 《傳》曰:"好攻戰,輕百姓,飾城郭,侵邊境,則金不從革。" 説曰:(略) 《傳》曰:"簡宗廟,不禱祠,廢祭祀,逆天時,則水不潤下。" 説曰:(略) (案:以上《五行傳》)	《五行傳》曰:"田獵不宿,飲食不享,出入不節,奪民農時,及有奸謀,則木不曲直。"又曰:"貌之不恭,是謂不肅。厥咎狂,厥罰恒雨,厥極惡。時則有服妖,時則有龜孽,時則有鷄禍,時則有下體生上之痾,時則有青眚青祥,惟金沴木。"説云:氣之相傷謂之沴。 《五行傳》曰:"好攻戰,輕百姓,飾城郭,侵邊境,則金不從革。"又曰:"言之不從,是謂不乂。厥咎僭,厥罰恒陽,厥極憂。時則有詩妖,時則有介蟲之孽,時則有犬禍,時則有口舌之痾,時則有白眚白祥,惟木沴金。"介蟲,劉歆《傳》以爲毛蟲。乂,治也。 《五行傳》曰:"棄法律,逐功臣,殺太子,以妾爲妻,則火不炎上。"又曰:"視之不明,是謂不悊。厥咎舒,厥罰常燠,厥極疾。時則有草妖,時則有羸蟲之孽,時則有羊禍,時則有赤眚赤祥,惟水沴火。"	(一)維王后元祀,帝令大禹步于上帝,維時洪祀,六沴用咎于下,是用知不畏而神之怒,若六沴作見,若是共禦,五福乃降,用章于下。若六沴作見,若不共禦,六伐既侵,六極其下。禹乃共辟厥德,受命休令,爰用五事,建用王極。 (二)長事:一曰貌,貌之不恭,是謂不肅。厥咎狂,厥罰常雨,厥極惡,時則有服妖,時則有龜孽,時則有鷄禍,時則有下體生于上之痾,時則有青眚青祥,維金沴木。 (三)次二事曰言,言之不從,是謂不艾。厥咎僭,厥罰常陽,厥極憂,時則有詩妖,時則有介蟲之孽,時則有犬禍,時則有口舌之痾,時則有白眚白祥,維木沴金。 (四)次三事曰視,視之不明,是謂不悊。厥咎荼,厥罰常奥,厥極疾,時則有草妖,時則有倮蟲之孽,時則有羊禍,時則有目痾,時則有赤眚赤祥,維水沴火。

續表

《漢書·五行志》（略去"説"及其"占應"）	《續漢書·五行志》（略去"占應"和劉昭注所引鄭注）	陳壽祺輯《尚書大傳定本·洪範五行傳》（略去鄭玄注）
《經》曰："羞用五事。五事：一曰貌，二曰言，三曰視，四曰聽，五曰思。貌曰恭，言曰從，視曰明，聽曰聰，思曰睿①。恭作肅，從作艾，明作悊，聰作謀，睿作聖。 休徵：曰肅，時雨若；艾，時陽若；悊，時奥若；謀，時寒若；聖，時風若。 咎徵：曰狂，恒雨若；僭，恒陽若；舒，恒奥若；急，恒寒若；霿，恒風若。" 《傳》曰："貌之不恭，是謂不肅。厥咎狂，厥罰恒雨，厥極惡，時則有服妖，時則有龜孽，時則有鷄禍，時則有下體生上之痾，時則有青眚青祥，唯金沴木。" 説曰：（略） 《傳》曰："言之不從，是謂不艾。厥咎僭，厥罰恒陽，厥極憂，時則有詩妖，時則有介蟲之孽，時則有犬	贏蟲，劉歆《傳》以爲羽蟲。 庶徵之恒燠，《漢書》以冬温應之。中興以來，亦有冬温，而記不録云。 《五行傳》曰："簡宗廟，不禱祠，廢祭祀，逆天時，則水不潤下。"又曰："聽之不聰，是謂不謀。厥咎急，厥罰恒寒，厥極貧，時則有鼓妖，時則有魚孽，時則有豕禍，時則有耳痾，時則有黑眚黑祥，惟火沴水。"魚孽，劉歆《傳》以爲介蟲之孽，謂蝗屬也。 《五行傳》曰："治宫室，飾臺榭，内淫亂，犯親戚，侮父兄，則稼穡不成。"又曰："思心不容，是謂不聖。厥咎霿，厥罰恒風，厥極凶短折，時則有脂夜之妖，時則有華孽，時則有牛禍，時則有	（五）次四事曰聽，聽之不聰，是謂不謀。厥咎急，厥罰常寒，厥極貧，時則有鼓妖，時則有魚孽，時則有豕禍，時則有耳痾，時則有黑眚黑祥，維火沴水。 （六）次五事曰思心，思心之不容，是謂不聖。厥咎霿，厥罰常風，厥極凶短折，時則有脂夜之妖，時則有華孽，時則有牛禍，時則有心腹之痾，時則有黄眚黄祥，維木金水火沴土。 （七）王之不極是謂不建。厥咎瞀，厥罰常陰，厥極弱，時則有射妖，時則有龍蛇之孽，時則有馬禍，時則有下人伐上之痾，時則有日月亂行，星辰逆行。 （八）維五位復建，辟厥沴。曰二月三月，維貌是司。四月五月，維視是司。六月七月，維言是司。八月九月，維聽是司。十

① 按：此引《經》文中的"睿"字當作"容"。下引《傳》文即作"思心之不容"，又董仲舒《五行五事》亦作"思曰容，容者，言無不容"。錢大昕考曰："《洪範》一篇多韻語。'貌曰恭，言曰從，視曰明，聽曰聰，思曰容'，五句皆韻。自鄭康成破'容'爲'睿'，晚出古文因之。……今《漢書》刊本作'睿'，蓋淺人所改。幸其説尚存，與董生相印證，可見西京諸儒傳授有自。許重叔《説文》'思，容也'，亦用董生説。"錢大昕《十駕齋養新録》卷一"思曰容"條，江蘇古籍出版社，2000年，頁12。

續表

《漢書·五行志》（略去"説"及其"占應"）	《續漢書·五行志》（略去"占應"和劉昭注所引鄭注）	陳壽祺輯《尚書大傳定本·洪範五行傳》（略去鄭玄注）
禍。時則有口舌之痾，時則有白眚白祥，惟木沴金。" 説曰：（略） 《傳》曰："視之不明，是謂不悊。厥咎舒，厥罰恒奥，厥極疾，時則有草妖，時則有蠃蟲之孽，時則有羊禍，時則有目痾，時則有赤眚赤祥，惟水沴火。" 説曰：（略） 《傳》曰："聽之不聰，是謂不謀。厥咎急，厥罰恒寒，厥極貧，時則有鼓妖，時則有魚孽，時則有豕禍，時則有耳痾，時則有黑眚黑祥，惟火沴水。" 説曰：（略） 《傳》曰："思心之不容，是謂不聖。厥咎霿，厥罰恒風，厥極凶短折，時則有脂夜之妖，時則有華孽，時則有牛禍，時則有心腹之痾，時則有黄眚黄祥，時則有木金水火沴土。" 説曰：（略） **（案：以上《五事傳》，《貌傳》以後有"庶徵之恒雨"；《言傳》後有"庶徵之恒陽"，則《洪範五行傳》中當有《庶徵傳》，班固未引。）**	心腹之痾，時則有黄眚黄祥，惟金水木火沴土。"華孽，劉歆《傳》爲蠃蟲之孽，謂螟屬也。 **（案：以上《五行傳》、《五事傳》、説）** 《五行傳》曰："皇之不極，是謂不建。厥咎眊，厥罰恒陰，厥極弱。時則有射妖，時則有龍蛇之孽，時則有馬禍，時則有下人伐上之痾，時則有日月亂行，星辰逆行。"皇，君也。極，中也。眊，不明也。説云：此沴天也，不言沴天者，至尊之辭也。《春秋》"王師敗績"，以自敗爲文。 **（案：以上《皇極傳》、説）**	月十一月，維思心是司。十二月與正月，維王極是司。 （九）凡六沴之作，歲之朝，月之朝，日之朝，則后王受之。歲之中，月之中，日之中，則公卿受之。歲之夕，月之夕，日之夕，則庶民受之。其二辰以次相將，其次受之。 （十）星辰莫同，是離逢非沴，維鮮之功。禦貌于喬忿，以其月從其禮祭之，參乃從。禦言于訖衆，以其月從其禮祭之，參乃從。禦視于忽似，以其月從其禮祭之，參乃從。禦聽于怵攸，以其月從其禮祭之，參乃從。禦思心于有尤，以其月從其禮祭之，參乃從。禦王極于宗始，以其月從其禮祭之，參乃從。 （十一）六沴之禮，散齊七日。致齊，新器，絜祀，用赤黍，三日之朝于中庭，祀四方，從東方始，卒于北方。其祀禮曰格祀，曰："某也方祀，曰播國率相行祀。"其祝也，曰："若爾神靈洪祀，六沴是合，無

續表

《漢書·五行志》(略去"説"及其"占應")	《續漢書·五行志》(略去"占應"和劉昭注所引鄭注)	陳壽祺輯《尚書大傳定本·洪範五行傳》(略去鄭玄注)
《傳》曰:"皇之不極,是謂不建,厥咎眊,厥罰恒陰,厥極弱。時則有射妖,時則有龍蛇之孽,時則有馬禍,時則有下人伐上之痾,時則有日月亂行,星辰逆行。" (案:以上爲《皇極傳》,班固未引《經》文)		差無傾,無有不正。若民有不敬事,則會批之于六沴。六事之機,以縣示我。我民人無敢不敬事上下王祀。" (據陳壽祺案:以上輯自《通解續》卷二六下。自"時則有龜孽",至"時則有下人伐上之痾",《通解續》缺引,據《續漢五行志》注、《文獻通考》引補。) 田獵不宿,飲食不享,出入不節,奪民農時,及有奸謀,則木不曲直。棄法律,逐功臣,殺太子,以妾爲妻,則火不炎上, 治宫室,飾臺榭,内淫亂,犯親戚,侮父兄,則稼穡不成。 好攻戰,輕百姓,飾城郭,侵邊竟,則金不從革。 簡宗廟,不禱祠,廢祭祀,逆天時,則水不潤下。 (據陳壽祺案:以上輯自《續漢書·五行志》。陳氏等清人輯本下又有輯自明黄佐《六藝流别》卷一七《五行篇》文字,其他輯本亦多有之,其文字可疑,故删。)

《漢書·五行志》所引《經》、《傳》涉及内容包括"五行"、"五事"與"庶徵"、"皇極"三部分,每部分各有《經》(《皇極傳》前無《經》)、《傳》、《説》和一系的"占應",這些占驗,就是劉向"集合上古以來歷春秋六國以至秦漢符瑞災異之記,推迹行事,連傳禍福,著其占驗,比類相從,各有條目"的内容。"五行"部分之《傳》、《説》、"占應"以五行相生的次序排列,故又分木、火、土、金、水五部分。"五事"與"庶徵"部分之《傳》、《説》、"占應"又分貌(後有"庶徵")、言(後有"庶徵")、視、聽、思心五部分,這五部分與五行相配合,按照五行相勝的次序排列,即貌(木)、言

(金)、視(火)、聽(水)、思心(土)。《漢書・五行志》中《經》、《傳》、《説》、"占應"的次序,仿佛先秦古書如《墨子》中的《經》和《經説》及《韓非子》中的内、外《儲説》的體例,或即是夏侯氏《洪範五行傳》和劉向《洪範五行傳記》體例。

《續漢書・五行志》以"五行"並"五事"之《傳》、《説》,按照五行相勝的次序,分木/貌、金/言、火/視(後有"庶徵")、水/聽、土/思心五部分,加上"皇極"共六部分。其《序》曰:"《五行傳》説及其占應,《漢書・五行志》録之詳矣。故泰山太守應劭、給事中董巴、散騎常侍譙周並撰建武以來災異。今合而論之,以續《前志》云。"故"合而論之"是其體例。

陳壽祺的輯本依次由三部分構成。第一部分輯自《通解續》卷二六下,我們分其爲十一段,《通解續》中標明其所引文字出自《尚書大傳》。

第(一)段、第(八)段、第(十)段、第(十一)段及鄭注不見於《漢書・五行志》與《續漢書・五行志》;

第(二)段至第(七)段及鄭注與《續漢書・五行志》中的"五事"和"皇極"部分並劉昭注相同;

第(九)段及鄭注與《續漢書・五行志》劉昭注引《尚書大傳》及鄭注相同①。另《漢書・匡張孔馬傳》載元壽元年孔光對日蝕事引《傳》"又曰'六沴之作',歲之朝曰三朝,其應至重"亦與此段相似。

第(二)段至第(七)段中,《通解續》缺引《貌傳》"時則有龜孽"至《皇極傳》"時則有下人伐上之痾"一大段文字並鄭注,由陳壽祺從《續漢書・五行志》上輯補成文。今檢王應麟《玉海》卷五《天文》"漢五行傳説占應"條和馬端臨《文獻通考》卷八八引《尚書大傳》文字與《通解續》同,但無缺文,當是《通解續》漏鈔而致②。因此,這篇《四庫全書總目》所云"首尾完具"的《洪範五行傳》,雖非如其他《尚書大傳》的文字出於明人所輯,但也是宋人的一個輯本或類編本。又,末句"我民人無敢不敬事

① 晉司馬彪撰,梁劉昭注補《後漢書志》,《後漢書》第11册,中華書局,1964年,頁3267。

② 《文獻通考》所引從"惟王元祀"至"其祀曰格祀",文字稍有出入。又,明孫瑴《古微書》卷五輯"《尚書五行傳》"同於《玉海》。

上下王祀",王闓運《尚書大傳補注》斷作"我民人無敢不敬事上下。王祀",曰:"題上篇名。"即以這段文字爲伏生《尚書大傳》中《五行傳》之《王祀篇》①。

《通解續》中第(一)、(八)、(十)、(十一)四段文字雖不見於《漢書·五行志》與《續漢書·五行志》,但應該是《洪範五行傳》中的文字。《漢書·五行傳》所引説五行災異之儒,有董仲舒、劉向、歆、眭孟、夏侯勝、京房、谷永、李尋等,《漢書·谷永杜鄴傳》載成帝建始三年冬,日食、地震同日俱發,谷永對奏曰:

竊聞明王即位,正五事,承聖問,建大中,以承天心,則庶徵序於下,日月理於上;如人君淫溺後宫,般樂游田,五事失於躬,大中之道不立,則咎徵降而六極至……

臣聞災異,皇天所以譴告人君過失,猶嚴父之明誡。畏懼敬改,則禍銷福降;忽然簡易,則咎罰不除。《經》曰:"饗用五福,畏用六極。"《傳》曰:"六沴作見,若不共御,六罰既侵,六極其下。"今三年之間,災異鋒起,小大畢具,所行不享上帝,上帝不豫,炳然甚著。

谷永所聞之事,當皆出《洪範五行傳》,其意緒與《通解續》第(一)段文字極爲最近,其引《傳》文至有同於其中者②。

第(八)段文字也有出於漢代《洪範五行傳》寫本的依據。其中曰:

維五位復建,辟厥沴。曰二月三月,維貌是司。四月五月,維視是司。六月七月,維言是司。八月九月,維聽是司。十月十一月,維思心是司。十二月與正月,維王極是司。鄭玄注曰:"司,主也。此月數,夏數也。夏數得天之正元。或疑焉。此用五事之次,

---

① 其《叙》推論鄭玄所詮次《尚書大傳》八十三篇,中亦有"《五行傳·王祀》一篇"。

② 按:漢人引述《尚書·洪範》的文字,見蔣庭曜《兩漢〈書經〉説考》(續八至續十),《學術世界》第一卷十期、十一期、十二期,1935年。

則四月五月主視，六月七月主言，非也。以五行王相之次，則八月九月主聽，十月十一月主思心，亦非也。子駿《傳》曰：'二月三月，維貌是司。四月五月，維視是司。六月七月，惟思心是司。八月九月，惟言是司。十月十一月，維聽是司。十二月與正月，維王極是司。'於四時之氣，似近其類也。"

鄭玄引劉歆《傳》不見於《漢書·五行志》與《續漢書·五行志》，而他引來質疑《傳》中的文字，説明鄭玄作注時，將這一段《傳》文和劉歆《傳》的文字作過一番比勘，皆是鄭玄看過的寫本。關於這段文字和鄭玄注的理解，俞正燮《五行傳用亥正論》曰：

鄭注以夏正推之，因疑於王相不合。按此不關王相，且非夏正，伏生自以其時亥正言之。秦及漢，初用顓頊法，以亥爲正，劉向承伏生所記之數，以子丑月主貌，寅卯視，辰巳言，午未聽，申酉思，戌亥王極。劉歆則以辰巳思心，午未言，申酉聽，蓋古今説不合，然皆以伏生語爲亥正。鄭用夏正，則伏生語起卯辰，宜不合矣。①

其實俞氏與鄭玄一樣，皆由於篤信《洪範五行傳》出自伏生所作《尚書大傳》，遂以伏生的時代爲構想，以漢初承秦制，用顓頊曆，以亥月爲正月，故"王極"是司，必在於此，而劉歆只是以辰巳之月爲"思心"，午未之月爲"言"，申酉之月爲"聽"罷了。按照俞氏之説，則是劉歆《傳》中"五事"所司之月與《傳》中"五事"所司之月的設計方案稍有不同而已，並不關涉到五行王相的關係。俞氏雖能自圓其説，但不符合文中的本意。首先，《傳》文與鄭注所引劉歆《傳》文皆用夏正，以寅月爲正月，兩種"五事"司值的方案皆以"王極"司值十二月(丑)與正月(寅)。漢武帝太初元年(前104)已行夏時，《洪範五行傳》既出夏侯始昌，當用夏數。其二，據《漢書·五行志》和《續漢書·五行志》中所引《五事傳》文字，

---

① 俞正燮《癸巳論稿》卷一〇，遼寧教育出版社，2001年，頁324。

“五事”與“五行”一一配合。《洪範》經文中的“五事”次序是:貌、言、視、聽、思。月數的次序是季節次序,故“五事”司值用事當是五行相生之序,而五行“王相”又是五行相生關係的循環,最早見述於《淮南子·墬形》之中。據《傳》文,既以“二月三月,維貌是司。四月五月,維視是司”,則貌爲木,視爲火。貌(木)、視(火)在《經》文“五事”“貌、言、視、聽、思”的次序中是相間的,五行比相生間相克,故此次序當爲五行相克的次序,排列爲:“貌(木)、言(金)、視(火)、聽(水)、思(土)”,如據《傳文》“六月七月,維言是司。八月九月,維聰是司。十月十一月,維思心是司”則以言爲土、聰(聽)爲金,思爲水,其排列方案爲:貌(木)、聽(金)、視(火)、思(水)、言(土),與《經》文中的“五事”次序完全不符。按照五行“王相”的相生次序,四五月既主“視(火)”,六七月當主“思(土)”,則《傳》文主“言(金)”爲非;如果八月九月主聽(水),十月十一月則應主貌(木),則《傳》文主“思心(土)”則爲非。

兹將第(八)段《傳》文鄭玄注所引劉歆《傳》五事司值方案對照如下表:

五行	木	火	土	金	水
月數	二月三月	四月五月	六月七月	八月九月	十月十一月
《傳》	貌	視	言	聰(聽)	思心
歆《傳》	貌	視	思心	言	聽

不難看出,劉歆的五事與五行配合方案與《經》文“五事”次序吻合;亦與《漢書·五行志》、《續漢書·五行志》以及下文所引董仲舒《春秋繁露·五行五事》中的配合方案吻合,鄭玄注《洪範五行傳》時,發現自已所注文本中的文字舛誤差亂,所叙五事所值月數不符合《洪範》經文的“五事”次序和五行王相的關係,這才生疑,遂徵引劉歆之《傳》進行校勘而已。

總之,第(一)、(八)、(十)、(十一)四段文字可能就是鄭注《尚書大傳》殘帙中的《洪範五行傳》的文字,這些文字與其他七段采自《續漢書·五行志》及其劉昭注的文字構成了一篇看似文意完足的篇章。

第二部分自“田獵不宿”至“則水不潤下”，是輯自《續漢書・五行志》中《五行傳》開頭論“五行”的文字，即《漢書・五行傳》中論“五行”部分的“《傳》曰”。明人孫瑴《古微書》輯“《尚書五行傳》”，在“我民人無敢不敬事上下王祀”一句後，已鈔入此段文字，此後諸多輯本亦沿此例。

第三部分是一段類似《月令》的文字，陳壽祺認爲“其文頗不類伏書，又時與伏書相複。他書亦無有稱引者，惟《皇覽》稱《逸禮》與此大同，皆可疑也”。近又有陳侃理之文細辨此段與《淮南子》等文字類似，亦主張非《洪範五行傳》文字[①]，本文亦不加摘録。

總之，如果我們以《洪範五行傳》出夏侯始昌之手，則《漢書・五行傳》、《續漢書・五行志》中所録應是原本中的文字；《續漢書・五行志》又是改編之文；而劉昭注所録已是混入鄭玄所注《尚書大傳》中的《洪範五行傳》；至於《儀禮經傳通解續》的文字，當是鈔撮鄭玄注《尚書大傳》和《續漢書・五行志》及其劉昭注而成。

四 《洪範五行傳》的思想創發

《尚書・洪範》的撰成年代，學界衆説紛紜。現代學界受古史辨觀點的影響，主戰國秦漢説的人較多。但《左傳》中有三處引述《洪範》（文公五年、成公六年、襄公三年），並皆稱其爲《商書》。加之近年來金文研究的深入，遂又有學者主張《洪範》是更早的文獻。衆所周知，先秦古書多不成於一時一人之手，在流傳與闡釋的過程中不斷地被改寫，逐漸形成一個帶有公共性質的本子，即所謂的“定本”。但無論如何，《洪範》是傳世的古代文獻中最早闡論“五行”思想的，同時也是儒家的傳統經典。只是其對“五行”的解説比較質樸，一是没有論述五行之間的相生或相勝的關係，二是没有將“五行”與其他“洪範九疇”的觀念相聯繫，因此，漢儒必須對其重新解釋。

---

① 陳侃理《〈洪範五行傳〉與〈洪範災異論〉》，《國學研究》第二十六卷，2012。

《漢書·五行志》既以董仲舒爲儒者宗,則董仲舒對《尚書·洪範》篇的創發又在何處?董仲舒的創發,在於將戰國以來的陰陽五行思想與儒家的仁義禮智信五德相配合,遂將五行學説納入儒學和經學的話語體系之中。《春秋繁露》中討論五行的篇章有《五行對》、《五行之義》、《五行相生》、《五行相勝》、《五行順逆》、《治水五行》、《治亂五行》、《五行變救》、《五行五事》九篇,儘管其中有些篇目存在爭議,但數量如此之多,顯示出董仲舒對五行學説的多方面建樹,能夠反映出董仲舒、夏侯始昌時代或其後學們的思想。在以下的論述中,我們僅將《春秋繁露》中的相關文字摘出,與《漢書·五行傳》的文字進行比較,我們不能肯定前者的文本一定爲先出,但不難看出二者密切的關聯。在董仲舒看來,五行相生的次序是政治運行的常道,《五行相生》曰:"五行者,五官也,比相生而間相勝也。故謂治,逆之則亂,順之則法。"《五行志》中"五行"之《傳》、《説》和"占應",皆按五行相生次序排列,皆强調人君每違反一行,就違反了王道政治的常規,觸犯了維繫天人關係的法則。

《五行順逆》中有一些與《漢書·五行志》中"五行"之《傳》類似的文字,如:

木者春,生之性,農之本也。……如人君出入不時,走狗試馬,馳騁不反宫室,好淫樂,飲酒沈湎,縱恣,不顧政治,事多發役,以奪民時,作謀增税,以奪民財,民病疥搔,温體,足胻痛。咎及於木,則茂木枯槁,工匠之輪多傷敗……

火者夏,成長,本朝也。……如人君惑於讒邪,内離骨肉,外疏忠臣,至殺世子,誅殺不辜,逐忠臣,以妾爲妻,棄法令,婦妾爲政,賜予不當,則民病血壅腫,目不明。咎及於火,則大旱,必有火災……

土得夏中,成熟百種,君之官。……如人君好淫佚,妻妾過度,犯親戚,侮父兄,欺罔百姓,大爲臺榭,五色成光,雕文刻鏤,則民病心腹宛黄,舌爛痛。咎及於土,則五穀不成……

金者秋,殺氣之始也。……如人君好戰,侵陵諸侯,貪城邑之賂,輕百姓之命,則民病喉咳嗽,筋攣,鼻鼽塞。咎及於金,則鑄化凝滯,凍堅不成……

水者冬,藏至陰也……如人君簡宗廟,不禱祀,廢祭祀,執法不順,逆天時,則民病流腫,水張,痿痺,孔竅不通。咎及於水,霧氣冥冥,必有大水,水爲民害……

上引文字中述及民之疾病,而《五行志》中"五事"之《傳》中也有述及。值得注意的是《五行志》引證"棄法律,逐功臣,殺太子,以妾爲妻,則火不炎上"的"占應"達31條,遠較木(1條)、土(1條)、金(2條)、水(11條)的"占應"爲多,其中漢家的"占應"又達17條。而其他四行中,僅金有漢家的"占應"1條,水有漢家的"占應"4條。漢儒如此看重五行中的火,原因在於其他四行的災異"占應"關係到農耕、建設、戰爭和祭祀,而火之"占應"關係到朝廷。董仲舒以火爲"本朝",蘇輿曰"猶言朝中",即朝廷。這些災異産生於統治集團内部,反映了武帝朝以來漢朝政治最嚴重的矛盾。17條漢家災異"占應"中,武帝至成帝朝的災異又達11條,包括了武帝朝的巫蠱之禍;元帝朝蕭望之被殺,恭、顯用事;成帝朝趙飛燕寵幸、王氏專權等等禍亂現象,大多是《洪範五行記》的作者劉向一生經歷與抗争的事件。

《五行五事》中有一段説《經》的文字,專釋"洪範九疇"中的五事,也可視作一篇《五行傳》:

五事,一曰貌,二曰言,三曰視,四曰聽,五曰思。何謂也?夫五事者,人之所受命於天也,而王者所修而治民也。故王者爲民,治則不可以不明,準繩不可以不正。

王者貌曰恭,恭者敬也。言曰從,從者可從。視曰明,明者知賢不肖者,分明黑白也。聽曰聰,聰者,能聞事而審其意也。思曰容,容者言無不容。

恭作肅,從作乂,明作哲,聰作謀,容作聖。何謂也?恭作肅,言王誠能内有恭敬之姿,而天下莫不肅矣。從作乂,言王者言可從,明正從行而天下治矣。明作哲,哲者知也,王者明則賢者進,不肖者退,天下知善而勸之,知惡而恥之矣。聰作謀,謀者謀事也,王者聽則聞事與臣下謀之,故事無失謀矣。容作聖,聖者設也,王者心寬大無不容,則聖能施設,事各得其宜也。①

《五行五事》又嘗試將"五事"與"五行"相關聯,這種關聯,使得五行的災異徵兆體現在人君的思想和行爲之上,建構起天人感應、五行生克的結構。其曰:

王者與臣無禮,貌不肅敬,則木不曲直,而夏多暴風。風者,木之氣也。其音角也,故應之以暴風。

王者言不從,則金不從革,而秋多霹靂。霹靂者,金氣也。其音商也,故應之以霹靂。

王者視不明,則火不炎上,而秋多電。電者,火氣也,其音徵也,故應之以電。

王者聽不聰,則水不潤下,而春夏多暴雨。暴雨者,水氣也,其音羽也,故應之以暴雨。

王者心不能容,則稼穡不成,而秋多雷。雷者,土氣也,其音宫也,故應之以雷。②

又曰:

王者能敬,則肅,肅則春氣得,故肅者主春。春陽氣微,萬物柔易,移弱可化,於時陰氣爲賊,故王者欽。欽不以議陰事,然後萬物遂生,而木可曲直也。春行秋政,則草木凋;行冬政,則雪;行夏政,則殺。春失政,則(下有闕文)。

王者能治,則義立,義立則秋氣得,故乂者主秋。秋氣始殺,王者行小刑罰,民不犯則禮義成。於時陽氣爲賊,故王者輔以官牧之

---

① 蘇輿撰,鍾哲點校《春秋繁露義證》卷一四,頁389—391。

② 《春秋繁露義證》卷一四,頁387—389。

事,然後萬物成熟。秋草木不榮華,金從革也。秋行春政,則華;行夏政,則喬;行冬政,則落。秋失政,則春大風不解,雷不發聲。

王者能知,則知善惡,知善惡則夏氣得,故哲者主夏。夏陽氣始盛,萬物兆長,王者不掩明,則道不退塞。而夏至之後,大暑隆,萬物茂育懷任,王者恐明不知賢不肖,分明白黑。於時寒爲賊,故王者輔以賞賜之事,然後夏草木不霜,火炎上也。夏行春政,則風;行秋政,則水;行冬政,則落。夏失政,則冬不凍冰,五穀不藏,大寒不解。

王者無失謀,然後冬氣得,故謀者主冬。冬陰氣始盛,草木必死,王者能聞事,審謀慮之,則不侵伐。不侵伐且殺,則死者不恨,生者不怨。冬日至之後,大寒降,萬物藏於下。于時暑爲賊,故王者輔之以急斷之事,以水潤下也。冬行春政,則蒸;行夏政,則雷;行秋政,則旱。冬失政,則夏草木不實,霜,五穀疾枯。①

《五行志》中"五事"之《傳》、《説》和"占應",不僅以"五事"配合"五行",而且又在五行間相勝説的基礎上,發明了一種交相勝的關係,來解釋五事類的災異發生的原因。所謂間相勝,即所謂的比相生、間相勝,即五行按照木、火、土、金、水的次序排列,相鄰者爲相生關係,相間者爲相克的關係。而交相勝則是互相克服的關係,即將貌(木)與言(金)作爲一對,認爲人君"貌之不恭"就會導致"金沴木","言之不從"就會導致"木沴金";將視(火)與聽(水)作爲一對,認爲人君"視之不明"就會導致"水沴火","聽之不聰"就會導致"火沴水";而思(土)處於中心地位,與其他四行(木火金水)都能發生交相勝的關係,如果人君"思心之不容"就會導致"金木水火沴土"。如果説五行是外在的五種天道規範的話,將五行與五事相配,便將這樣的規範轉變爲人君的行爲規範,强化了勸諫與警示的作用。

《五行傳》中的《皇極傳》描述了五行全部悖亂的災異,即終極滅亡。

---

① 《春秋繁露義證》卷一四,頁 392—393。

從《五行志》中可見,“皇極不建”的“占應”數量最多,達一百四十二次;其中又以日食爲多,達八十七次,漢朝五十二次。因此,從“五行”到“五事”再到“皇極”,從對每一行的違逆到五行相互違逆再到陰陽顛倒,終極崩潰,顯示出一個逐步升級的政治預警結構。

至此可見,《春秋繁露》中論《五行》諸篇,與夏侯氏及劉向等人的《洪範五行傳》、《論》是一個思想互見的文本群體,而各自又有創發。這説明自董仲舒、夏侯始昌、夏侯勝、劉向父子以來,通過對《尚書·洪範》的經義創發,一方面將經學改造成了統一郡縣制帝國的政治意識形態和政治巫術,體現了通經致用的淑世精神;另一方面也使得戰國秦漢以來的陰陽五行學説具備了經典的依據,實現了天與人新的統一。

(作者單位:南京大學文學院)

古典文獻研究(第十五輯)
2012年7月

純文獻和文化文獻*

——文化情境中的易安詞

俞士玲

引言:從現代學者所認定的易安詞談起

自有易安詞,即不乏欣賞者,但因《漱玉詞》不存或流傳不廣,現存易安詞皆得自於南宋至明各家詞選(少數易安詞有宋詞話與和/效易安詞參證),這些詞選中,有些詞注明撰者,有些詞則未注明,故存在將前詞作者誤爲後詞作者的可能性;而將詞選中詞與有完好的詞別集留存的詞人詞對照,兩者不一致者亦頗有之①,這都使我們產生對易安詞文獻可靠性的憂慮。由於各選本可靠程度不同,現代學者對文獻把握的尺度亦有差異,因而現代各家所編易安詞也有不同。如早期王鵬運、趙萬里輯《漱玉詞》,有時用"不類易安手筆"、"不似他作"等按語疑有些易

---

* 本文爲國家社科基金重大項目"中國古代文獻文化史"(10&ZD130)的階段性成果。

① 參唐圭璋先生等編纂《全宋詞》各家詞後"存目詞"表可知。

安詞爲僞作[①]。唐圭璋、王仲聞二位先生皆十分注重文獻來源,但唐圭璋先生《全宋詞》收録易安詞[②]與王仲聞先生《李清照集校注》[③]對一些易安詞仍有不同的處理。《全宋詞》將文獻依據不甚可靠者入"存目詞",《校注》亦附"存疑之作",如《浣溪沙》(髻子傷春慵更梳)、(繡面芙蓉一笑開)兩首,《全宋詞》入正編,《校注》入"存疑之作";又《臨江仙》(庭院深深深幾許),《全宋詞》入正編,《校注》連"存疑之作"皆不録。之後的學者,有時徑取某一類選本之説。如《點絳唇》(蹴罷鞦韆),《全宋詞》入"存目詞",《校注》入"存疑之作",陳祖美先生編著《李清照詞新釋輯評》則徑視爲李清照作,其下"講解"曰:"唐圭璋《全宋詞》未收此詞;楊金本《草堂詩餘》前集卷下此首作蘇軾詞;《花草粹編》卷一、《續草堂詩餘》卷上、《古今詞統》卷四、《古今詩餘醉》卷十二等作無名氏詞;《詞的》卷二作周邦彦詞;而《詞林萬選》卷四、《歷代詩餘》卷五、《林下詞選》卷一、《古今圖書集成·閨媛典》、《天籟軒詞選》卷五、《三李詞》等均作李清照詞。兹從後説,並進而視爲李清照婚前所作。"[④]《詞林萬選》最早將《點絳唇》(蹴罷鞦韆)視爲李清照之作[⑤],唐圭璋、王仲聞二位先生因楊慎"《詞林萬選》中不可靠之詞甚多,誤題作者姓名之詞,約有二三十首"[⑥],故對出自《詞林萬選》之詞的選擇頗爲審慎,所以將《點絳唇》(蹴罷鞦韆)入存目、存疑之類。陳祖美先生從《詞林萬選》而將《點絳唇》歸於易安,但《詞林萬選》卷四、《歷代詩餘》卷一〇、《林下詞選》卷一、《古今圖書集成·閨媛典》卷二〇、《天籟軒詞選》卷五、《三李詞》等

---

① 參王鵬運四印齋刊本《漱玉詞》、趙萬里輯《宋金元人詞》之《漱玉詞》有關對《醜奴兒》、《點絳唇》、《臨江仙·梅》等的判斷。

② 唐圭璋編纂,王仲聞參訂,孔凡禮補輯《全宋詞》第2册,中華書局,1999年,頁1200—1213。

③ 王仲聞《李清照集校注》卷一,人民文學出版社,1979年,頁1—98。王仲聞先生是《全宋詞》的參訂者,《全宋詞》的不同應代表了唐圭璋先生的意見。

④ 陳祖美編著《李清照詞新釋輯評》,葉嘉瑩主編《歷代名家詞新釋輯評叢書》本,中國書店,2003年,頁28—29。

⑤ 楊慎輯,劉崇德、徐文武點校《詞林萬選》,河北大學出版社,2006年,頁87。

⑥ 王仲聞《李清照集校注》,頁83。

亦視《醜奴兒》(晚來一陣風兼雨)爲易安詞,《全宋詞》、《校注》將之入存目、存疑,而《輯評》却不録此詞。在此,我不是質疑各家的收録標準,我感興趣的是何以各家有這樣的標準,故本文將討論宋元詞選(包括詞話與和/效易安詞)所呈現的易安詞面貌及其異同、後出詞選與宋元詞選的關係、在後人的迎拒之中所顯示的不同時代和個體對易安詞的不同想象、不同時代對女性詞的接受面向和尺度等,借此探討文化是如何參與了文獻的塑造,即文化文獻成立的問題。

一 易安艷詞和易安雅詞

現存最早選易安詞的詞選是南北宋之交的黄大輿的《梅苑》,有易安詞 6 首①,其次是曾慥《樂府雅詞》,有易安詞 23 首。《樂府雅詞》的“雅詞”部分是 31 位宋代詞人選集的合刊,“拾遺”部分録“平日膾炙人口,咸不知姓名”者詞“百餘闋”,這種審慎的態度贏得了後人對《樂府雅詞》前三十一家詞人詞的信任,其中的一家家詞,依曾慥《樂府雅詞引》的説法,是其從“所藏名公長短句”中“去”“涉諧謔”和“艷曲”而得到的“雅詞”。雖然《引》文只是説歐公詞中有“當時小人或作艷曲,謬爲公詞”,而被“悉删除”②,我們也有理由相信如果李清照有“艷曲”,也應該是被《樂府雅詞》捨棄了的。

---

① 原爲《孤雁兒》(藤床紙帳朝眠起)、《滿庭芳》(小閣藏春)、《玉燭新》(溪源新臘後)、《玉樓春》(紅酥肯放瓊苞碎)、《漁家傲》(雪裏已知春信至)、《清平樂》(年年雪裏)六首,後戈校、李校以《玉燭新》見於《片玉集》而屬周邦彦,卷九原題名曾夫人子宣妻的《臨江仙》(庭院深深深幾許),因《樂府雅詞》、《花草粹編》云爲易安詞而屬易安。上海古籍出版社編,許雋超點校《梅苑》,《唐宋人選唐宋詞》本,上海古籍出版社,2004 年,頁 204、221、225、270、277、279、273。

② 上海古籍出版社編,曹元忠原校,葛渭君補校《樂府雅詞》,《唐宋人選唐宋詞》本,頁 295。

李清照有無“艷曲”? 若有,會是怎樣的面貌呢? 王灼《碧鷄漫志》對易安艷曲的批評爲我們提供了可資分析的資源。《碧鷄漫志》卷二:

易安居士……自少年便有詩名,才力華贍,逼近前輩,在士大夫中已不多得。若本朝婦人,當推詞采第一。……作長短句,能曲折盡人意,輕巧尖新,姿態百出,閭巷荒淫之語,肆意落筆,自古搢紳之家能文婦女,未見如此無顧忌也。陳後主游宴,使女學士狎客賦詩相贈答,采其尤艷麗者,被以新聲,不過“璧月夜夜滿”、“瓊樹朝朝新”等語。李戡嘗痛元白詩纖艷不逞,非莊士雅人,多爲其破壞,流於民間,子父女母,交口教授,淫言媟語,冬寒夏熱,入人肌骨,不可除去。二公集尚存可考也。元與白書,自謂近世婦人,暈淡眉目,綰約頭鬢,衣服修廣之度,匀配色澤,尤劇怪艷,因爲艷詩百餘首。今集中不載。元會真詩、白夢游春詩,所謂纖艷不逞,淫言媟語,止此耳。温飛卿號多作側辭艷曲,其甚者“合歡桃葉終堪恨,裏許元來别有人”、“玲瓏骰子安紅豆,入骨相思知不知”。亦止此耳。今之士大夫學曹組諸人鄙穢歌詞,則爲艷麗如陳之女學士狎客,爲纖艷不逞淫言媟語如元白,爲側詞艷曲如温飛卿,皆不敢也。其風至閨房婦女,夸張筆墨,無所羞畏,殆不可使李戡見也。①

王灼明確給出陳後主女學士狎客詩、温庭筠側辭艷曲中最“艷”的詩句,並將元、白最艷詩落實到元稹《會真詩》、白居易《和夢游春詩一百韻》之上。分析這些例證,似乎王灼所謂的艷曲大致可限定在書寫相思、私情

① 唐圭璋編《詞話叢編》,中華書局,1986年,第1册,頁88。

(非倫常内的)、密約偷期的範圍和程度之内[①],不過他認爲宋代士大夫"艷曲"歌詞淫艷程度更甚,已達到了"鄙穢"的程度,易安是被其流風者,其作詞時,"閭巷荒淫之語,肆意落筆",顯然,王灼對易安詞的批評是基於李清照出自"搢紳之家"的"婦女"這重階層加性别的身份而提出的,也就是説,如果出於"閭巷"(無論男女)或"男性"作者,則易安式的"艷曲"的艷麗程度或許尚可接受。

以諧謔及王灼所言艷詞標準來檢查《樂府雅詞》中的23首易安詞,則没有一首"夠格"。這23首詩,一部分是追慕北宋雅詞之作。《漁家傲》(天接雲濤連曉霧),《藝蘅館詞選》乙卷稱其"絶似蘇辛派"[②];《鷓鴣天》"寒日蕭蕭"、《小重山》(春到長門)頗有大晏詞"傷感中的曠達的懷抱"[③];《鳳凰臺上憶吹簫》(香冷金猊)、《蝶戀花》(淚濕羅衣)頗有小晏"情癡"以及着意表現癡情的任性;《浣溪沙》(小院閑窗)、(淡蕩春光)有秦觀(或云歐陽修)《浣溪沙》(漠漠輕寒上小樓)的"清麗"、"淡雅"、有"味"[④];《如夢令》(昨夜雨疏風驟)、《醉花陰》(薄霧濃雲)是造語"甚

① 元稹《元稹集·外集》卷一《鶯鶯詩》曰:"殷紅淺碧舊衣裳,取次梳頭闇淡妝。……頻動横波嬌不語,等閑教見小兒郎。"(元稹撰,冀勤點校《元稹集》,中華書局,1982年,頁641—642)這是寫女子懷春鍾情與人目成之事。元稹《夢游春七十韻》、白居易《和夢游春》中最艷麗之句莫如:"鋪設是紅茵,施張鈿妝具。潛褰翡翠帷,瞥見珊瑚樹。不見花貌人,空驚香若霧。回身夜合偏,斂態晨霞聚。睡臉桃破風,汗妝蓮委露。"(《外集》卷一,頁635)"遥見窗下人,娉婷十五六。霞光抱明月,蓮艷開初旭。縹緲雲雨仙,氛氲蘭麝馥。風流薄梳洗,時世寬裝束。……凝情都未語,付意微相矚。……帳牽翡翠帶,被解鴛鴦襆。……朱唇素指勻,粉汗紅綿撲。心驚睡易覺,夢斷魂難續。"(白居易著,喻岳衡點校《白居易集》卷一四,岳麓書社,1992年,頁224)是關於密約偷期的描寫。

② 引自王仲聞《李清照集校注》,頁7。以下引自此書之易安詩詞或評論資料,不再出注,引文後出頁碼。

③ 葉嘉瑩《大晏詞的欣賞》,見氏著《迦陵論詞叢稿》,河北教育出版社,1997年,頁46。

④ 張炎《詞源》卷下,唐圭璋編《詞話叢編》第1册,頁267。

新”、“雅暢”的典型,“天下稱之”①;《多麗》可以説是易安《詞論》宣導的有“鋪叙”、“主情致”、“尚故實”詞的實驗之作。《樂府雅詞》所收的一部分易安詞最能表現其乍開乍合、乍翻乍覆、欲言又止、欲去未去的低回徘徊的意態、心緒和詞境,極具易安詞特色。如果説周邦彦用情景、叙事、結構吞吐,李易安則用意態、心緒吞吐。如詞中人物時刻繫念室外,却寧願留在室内,故着一“問”字,希望通過他人之口來表達。如:

起解羅衣,聊問夜何其?(《南歌子》,3)

試問捲簾人,却道海棠依舊。知否、知否?應是緑肥紅瘦。(《如夢令》,8)

探著南枝開遍未?(《玉樓春》,45)

又如渴望出外觀景,又因各種擔心而低回徘徊起來。如:

春意看花難,西風留舊寒。(《菩薩蠻》,14)

要來小酌便來休,未必明朝風不起。(《玉樓春》,45)

今年海角天涯,蕭蕭兩鬢生華。看取晚來風勢,故應難看梅花。(《清平樂》,47)

或通過昔日興致、今日落寞的對照,以構建多重時空和多種心緒。如:

舊時天氣舊時衣,袛有情懷、不似舊家時!(《南歌子》,3)

當年、曾勝賞,生香熏袖,活火分茶。□□龍驕馬,流水輕車。不怕風狂雨驟,恰才稱,煮酒殘花。如今也,不成懷抱,得似舊時那?(《轉調滿庭芳》,4)

常記溪亭日暮,沈醉不知歸路。(《如夢令》,7)

---

① 參胡仔《苕溪漁隱叢話前集》卷六〇、《藏一話腴》甲集卷一、《詩辨坻》卷四,引自王仲聞《李清照集校注》,頁9、36。

這些詞無一例外都稱得上是"雅詞"。

宋佚名編、何士信增修《草堂詩餘》中題名易安詞 5 首[①],其中與《樂府雅詞》同者 4 首,新增《念奴嬌》(蕭條庭院),可謂"情景兼至"、"造語奇俊",另有未言作者然宋詞話或類書可證爲易安之作的《武陵春》(風住塵香花已盡)、《憶秦娥》(憶高閣),亦是深婉、勁直之作,疑似易安的《怨王孫》(帝里春曉)、(夢斷漏悄)亦稱情詞俱到之作。黄昇《唐宋諸賢絶妙詞選》中有易安詞 8 首,7 首與《樂府雅詞》同,1 首和《草堂詩餘》同[②]。趙聞禮《陽春白雪》有易安詞 3 首,1 首見宋人詩話,1 首與《樂府雅詞》重合,1 首與《草堂詩餘》重合[③]。諸詞選所録易安詞都不涉艷謔,不出雅詞範圍。

南宋有侯寘、辛棄疾"效易安體"二首,可見二詞人對易安詞的理解和把握。侯寘基於對易安生活和易安詞主要題材的把握,書寫風雨遲留時節的"春愁"。侯寘《眼兒媚》曰:

> 花信風高雨又收。風雨互遲留。無端燕子,怯寒歸晚,閑損簾鈎。 彈棋打馬心都懶,攛掇上春愁。推書就枕,凫烟淡淡,蝶夢悠悠。[④]

易安《打馬圖序》説"予性喜博,凡所謂博者皆耽之,晝夜每忘寢食"(160),但面對"春愁",易安詞道:"蕭條庭院,又斜風細雨、重門須閉。寵柳嬌花寒食近,種種惱人天氣。險韻詩成,扶頭酒醒,别是閑滋味。"(《念奴嬌》,49)"道人憔悴春窗低,悶損闌干愁不倚"(《玉樓春》,45),又"感月吟風多少事,如今老去無成。誰憐憔悴更凋零。試燈無意思,踏雪没心情"(《臨江仙》,33)。可見,侯寘詞多從易安文學中取資來寫"易安體"。與現存易安詞稍有不同的是,侯寘詞中人排解春愁的方式是:

---

① 《唐宋人選唐宋詞》本,頁 503、509、545、560、561。

② 《唐宋人選唐宋詞》本,頁 675—677。

③ 《唐宋人選唐宋詞》本,頁 893、991。

④ 《全宋詞》第 3 册,頁 1863。

"推書就枕,梟烟淡淡,蝶夢悠悠。"而現有易安詞中,愁是很難排解的:"此情無計可消除,纔下眉頭,却上心頭"(《一剪梅》,23—24),愁人常常一夜無眠,"薄霧濃雲愁永晝"(《醉花陰》,34),即使睡着了,亦是"獨抱濃愁無好夢"(《蝶戀花》,29)、"魂夢不堪幽怨"(《好事近》,39)。忘愁入夢的途徑是"除非醉",而且要醉得很厲害,"沈水卧時燒,香消酒未消"(《菩薩蠻》,13)才行。或許侯寘時代有更多的易安詞,其中即有這一較爲輕鬆的排愁解恨的方式;或許侯寘並未完全按照易安詞提示的方式來寫排愁解恨,然其詞亦不涉艷情或諧謔。

辛棄疾"易安體"詞意可能是從李清照《怨王孫》"水光山色與人親"、"眠沙鷗鷺不回頭"(32)開始的,這雖非現存易安詞中最主要的內容,但人與自然的親近與辛棄疾的自然觀照方式多可溝通,而辛棄疾理解的"易安體"最具"以尋常語度入音律"、"平淡入調"(55)的特點。辛詞"驟雨一霎兒價。更遠樹斜陽,風景怎生圖畫"[①],"一霎兒"出自易安《行香子》"甚霎兒晴,霎兒雨,霎兒風"(41),"怎生"出自易安《聲聲慢》"守著窗兒,獨自怎生得黑"(65);"舊盟都在,新來莫是别有説話"的"莫是",出自《行香子》"牽牛織女,莫是離中"(41)等。此外,元張玉娘《如夢令·戲和李易安》[②]和易安《如夢令》"昨夜雨疏風驟,濃睡不消殘酒。……知否、知否?應是緑肥紅瘦"(《如夢令》,8),又添加了易安詞"玉枕紗厨,半夜凉初透"(《醉花陰》,34)、"凉生枕簟淚痕滋"(《南歌子》,3)和《轉調滿庭芳》"□□龍驕馬,流水輕車"(4)、《永遇樂》"不如向,簾兒底下,聽人笑語"(53)的詞意,也不涉及艷情和諧謔内容。

綜上所述,儘管王灼批評李清照有涉艷的無顧忌之詞,但宋代不論是崇雅系列詞選,還是爲"徵歌而設"、在市井閭巷廣爲流傳的《草堂詩餘》,也不論文人擬"易安體"詞所顯示的對易安詞的理解,都不涉易安詞艷麗的一面。我們與其相信李清照没有涉艷之調,不如認爲是南宋

① 辛棄疾《醜奴兒近》"博山道中效李易安體",鄧廣銘箋注《稼軒詞編年箋注》,上海古籍出版社,1978年,頁138—139。

② 唐圭璋編《全金元詞》,中華書局,1979年,頁872。

人不關注、不認同李清照這一類詞,從這一意義上講,詞家、詞選家的詞學標準與王灼詞論並無不同。

二　明人對本色詞的肯定和《詞林萬選》中的易安詞

明代主流詞學批評家强調詞的當行本色,他們對"當行本色"的理解至少包含以下三層意思:(一)相對於詩來説,詞以婉孌近情[①]、柔靡近俗爲當行本色。如何良俊《草堂詩餘序》曰:"樂府以皦勁揚厲爲工,詩餘以婉麗流暢爲美……如周清真、張子野、秦少游、晁叔原諸人之作,柔情曼聲,摹寫殆盡,正辭家所謂當行、所謂本色者也。"[②]王世貞也説:"詞號稱詩餘,然而詩人不爲也。何者,其婉孌而近情也,足以移情而奪嗜。其柔靡而近俗也,詩嘽緩而就之,而不知其下也。之詩而詞,非詞也。之詞而詩,非詩也。言其業,李氏、晏氏父子、耆卿、子野、美成、少游、易安至矣,詞之正宗也。温韋艷而促,黄九精而刻,長公麗而壯,幼安辨而奇,又其次也,詞之變體也。"[③](二)立足於詞人個體,極具此詞人身份、性情、筆法特點者爲當行本色。如何良俊《四友齋叢説》卷三七云:"填詞須用本色語,方是作家。苟詩家獨取李、杜,則沈、宋、王、孟、韋、柳、元、白將盡廢之耶?"[④]王世貞談趙松雪書時説得更明白:"趙有本色書,猶沈啓南有本色畫,第非最上乘耳,然結法無一筆失度,要之極

① 關於明代詞學批評重情、重真實深切之情、重自然的傾向,可參葉輝《從明代〈草堂詩餘〉批評看明人的詞學思想》(《人文雜志》2006年第6期),丁放、甘松《〈草堂詩餘四種〉的編選評點及其詞學意義》(《文學評論》2009年第3期),甘松、丁放《承襲與新變:明代詞選的編選特點與詞學意義》(《安徽師範大學學報〔人文社會科學版〕》2010年第2期)等論文。

② 《何翰林集》卷八,明嘉靖四十四年何氏香嚴精舍刻本。

③ 王世貞《藝苑卮言》,唐圭璋編《詞話叢編》本,中華書局,1986年,頁385。

④ 《明代筆記小説大觀》第2册,上海古籍出版社,2005年,頁1168。

真,無可疑者。"[①]王世貞《趙文敏書濟禪師塔銘》云:"右濟禪師塔銘,闇禪師撰。二僧皆南渡後法門龍象也,毋論其文辭工拙,要之是本色語耳。"[②]所以,當行本色不是品評文學藝術水準高下的標準,而是判斷文學藝術個性的標準。(三)詞人用詞對與詞中人身份相應的生活、生命情感作了最真切、自然的書寫者爲當行本色。以這一標準,從理論上講,女性用具婉孌近情特性的詞來書寫詞中女性生活和思想情感是最可能當行本色的,至少是詞、詞人、詞中人身份、情感最少分裂的。

明人對易安及易安詞的評論不少即是在上述第三個意義層面上展開的。如楊慎批點本《草堂詩餘》卷四評易安《鳳凰臺上憶吹簫》云:"'欲説還休'與(孫夫人)'怕傷郎,又還休道'同意。"(22)他想象和認同女性對男性説話的温婉方式,故認爲"欲説還休"的意態、情狀於女性最爲真切。茅暎《詞的》卷四也説此語"出自然,無一字不佳"(22),由於易安、孫夫人的身份、性别與詞中人的身份、性别一致,故沈際飛以爲此語"自然"地"轉轉折折,忤合萬狀"(22)。又卓人月《古今詞統》卷九易安《蝶戀花》下評:"此媛手不愁無香韻。"(30)也是從詞性(韻)、詞人(媛手)、詞中人性别身份相吻合的角度所作的批評。所以,楊慎評易安《一剪梅》:"離情欲淚。讀此始知高則誠、關漢卿諸人,又是效顰。"(26)沈際飛本《草堂詩餘正集》卷二評《一剪梅》"雁字回時,月滿西樓"兩句"是元人樂府妙句。關、白、馬、鄭諸君,固效顰耳"(26),爲肯定女性詞的真切自然而不惜强調男性作家寫詞曲的先天性劣勢。

宋人從"以尋常語度入音律"、"平淡入調者難"等善於造語的角度肯定易安詞,此與"山谷所謂以故爲新、以俗爲雅"的批評角度相通,明人則多假定閨情淺清、閨語香弱平淡,因而在閨情詞本色當行的意義上肯定易安詞。如《詞的》卷三評易安《一剪梅》:"香弱脆溜,自是正宗。"(26)沈際飛評易安《一剪梅》"被冷香消"句:"真聲也……應情而發,能通於人。"(50)清初彭孫遹《金粟詞話》也説:"李易安'被冷香消新夢覺,不許愁人不起'、'守著窗兒,獨自怎生得黑',皆用淺俗之語,發清新之

① 王世貞《弇州山人四部續稿》卷一六二,明刻本。
② 王世貞《弇州山人四部稿》卷一三一,明萬曆刻本。

思,詞意並工,閨情絶調。”(51)

循此思路,就比較好理解何以明代詞選中李清照的閨情詞不斷出現。我們以晚明卓人月頗具總結性的詞選《古今詞統》[①]爲例:其卷三《如夢令》下《閨怨》(誰伴明窗獨坐)正文題作者“李清照”,小字注曰“一刻向豐之”。卷四《浣溪沙》下《閨情》(樓上晴天碧四垂)正文題“李清照”,小字注“一刻周邦彦”;同卷《閨情》(緑雲鬢上飛金雀)正文題“李清照”,小字注“一刻牛嶠”。這三首詞分别見於向滈《樂齋詞》、周邦彦《片玉集》和《花間集》,卓人月完全瞭解這一點,故在注中加以説明,但他顯然更願意接受沈際飛本《草堂詩餘·正集》、陳仁錫《草堂詩餘續集》所給定的李清照的著作權。

嘉靖年間題名楊慎輯《詞林萬選》共選易安詞 4 首,此書在易安詞研究史上應受到相當的重視。《詞林萬選》任良幹序云楊慎“藏有唐宋五百家詞,頗爲全備,暇日取其尤綺練者四卷……皆《草堂詩餘》之所未收者”[②];四庫館臣駁之,稱楊慎藏唐宋詞不可能有五百家之數,又云《萬選》也選了金、元、明人詞,不當僅云唐宋,且指出其中評注極其疏陋之處,結論是楊慎原編《詞林萬選》應已散失,現存《詞林萬選》爲後來之依托[③]。但任良幹序所云“取其尤綺練”、“皆《草堂詩餘》之所未收”,大致是成立的。今本《詞林萬選》中題名易安的 4 首詞分别是:《聲聲慢》(尋尋覓覓)、《醜奴兒》(晚來一陣風兼雨)、《點絳唇》(蹴罷鞦韆)、《浪陶沙》(簾外五更風)。上列宋詞選雖皆未録易安《聲聲慢》,但此詞在宋時已膾炙人口,非易安莫屬,而其他三首的作者則頗難確定,《詞林萬選》將之歸於易安並爲後人接受,很大程度上可能即緣於這些詞對閨情的細膩書寫,被認爲只有易安這樣當行本色的詞人才能寫得出的吧。

我們來分析這兩首詞:

---

① 卓人月《古今詞統》,崇禎本。

② 《詞林萬選》,頁 3。

③ 永瑢等撰《四庫全書總目》卷二〇〇《〈詞林萬選〉提要》,中華書局,1965 年,頁 1832。

醜奴兒

晚來一陣風兼雨,洗盡炎光。理罷笙簧,却對菱花淡淡妝。　絳綃縷薄冰肌瑩,雪膩酥香。笑語檀郎,今夜紗厨枕簟凉。

點絳唇

蹴罷鞦韆,起來慵整纖纖手。露濃花瘦,薄汗輕衣透。　見客入來,襪剗金釵溜。和羞走,倚門回首,却把青梅嗅。[①]

與上文所舉易安閨情詞相比,《醜奴兒》頗有"艷淫"的嫌疑。因爲,寫梅花"香臉半開嬌旖旎。當庭際。玉人浴出新妝洗"(《漁家傲》,46),是艷麗;寫女性身體"絳綃縷薄冰肌瑩,雪膩酥香",則涉嫌身體和肉欲;寫"辟寒金小髻鬟鬆,醒時空對燭花紅"(《浣溪沙》,14)、"被冷香消新夢覺,不許愁人不起"(《念奴嬌》,49),是憂愁凄苦,而寫"笑語檀郎,今夜紗厨枕簟凉",則涉嫌性暗示和性挑逗。兩者有莊、艷之溝壑在。聯想到王灼對李清照的批評,明人以此詞屬李清照也就有了一定的可能性和合理性。

《點絳唇》寫出了一個健康、靈巧、嬌羞而頑皮的嬌女,她應該也就比左思、李商隱《嬌兒詩》中的嬌兒略微年長吧。鞦韆有坐着蕩的,也有站着蕩的,站着蕩的鞦韆會更高,蕩鞦韆者脱鞋站在鞦韆上、手緊抓兩邊繩索,這樣更易用力,蕩得也會更高更飄。作者想象女孩用力踏坐板,想象那飄揚的裙裾、頭髮和笑聲,這樣詞中的"蹴"、"襪剗"、"金釵溜"、"薄汗"等就全都自然天成、流暢無比。這是一位玩得相當瘋的丫頭,停下來後會覺得手掌有點疼,可能勒出了紅道道,蕩鞦韆雖要用力,但也有慣性,還有飛揚時帶動的空氣形成的風,人是會比較凉快的,所以"露濃花瘦"寫其時爲暮春或初夏季節,而她已换上"輕衣",還要"薄汗輕衣透",也是寫她玩得很瘋、很盡興、很投入。有些版本"慵整"作"整頓",意境更佳。楊慎似未能搜集到《漱玉集》,其《詞品》卷二曾曰:

① 《詞林萬選》,頁 87。

"宋人中填詞,李易安亦稱冠絶。……其詞名漱玉集,尋之未得。"[①]雖然楊慎未必是《詞林萬選》的編者,但在一些明人的觀念中,這一闋中天籟之作,只有宋詞中"冠絶"、最當行本色的詞人才該是它的作者吧!現可確定的李清照詞書寫的玩興也是很高的。如《如夢令》:"常記溪亭日暮,沈醉不知歸路。興盡晚回舟,誤入藕花深處。争渡、争渡,驚起一灘鷗鷺。"(7—8)我們能聽到嘩啦啦的鷗鷺翅膀的拍擊聲與盡興者的大笑聲一同飛起。又如"不怕風狂雨驟,恰才稱,煮酒殘花"(《轉調滿庭芳》,4),游春的興致與飛揚的落花共舞,它比歐陽修《采桑子》"群芳過後西湖好,狼籍殘紅。飛絮濛濛。垂柳闌干盡日風"[②]有更高昂的興致和豪情。從詞人本色這一意義上看,想象此首《點絳唇》爲易安詞也是不過分的。

明人也對此詞作涉艷、涉性的想象性解讀,儘管我認爲此詞並不性感。如湯顯祖《荆釵記》二十七齣《女俠輕財》中,"青梅"可視爲小玉與李生"姻緣那般輻輳,那般圓就"的結果。【前腔】霍小玉低唱"榻影明窗,曾和他書齋後",然後吩咐浣紗:"書窗外半枝青梅,好摘下也。""青梅"在這裏是一種暗示。接着有人來,【前腔】又唱:"兩個一時歡湊,一時愁就。則爲個些,個些兒香温膩柔。見客人來,襪剗金釵溜。和羞走也,走也拈青梅做嗅。"[③]《詞的》也由此《點絳唇》詞聯想到崔鶯鶯,卷二云:"《崔徽傳奇》中'儘人調戲',句意本此。"(84)這顯示出明人對易安詞的又一種想象向度。

雖然我認爲明人以《點絳唇》爲易安作有其合理性,但從純文獻角度來看《點絳唇》詞,當然還是以存疑的態度爲優。陳耀文《花草粹編》是明詞選中新出易安詞最多、文獻最可靠的選本(詳下),其亦不以《點

① 楊慎《詞品》,《詞話叢編》本,頁450—451。

② 歐陽修著,李逸安點校《歐陽修全集》卷一三一《采桑子》十三首之四,中華書局,2001年,第5册,頁1992。

③ 湯顯祖撰,錢南揚校點《湯顯祖戲曲集》,上海古籍出版社,1978年,上册,頁102—103。

絳唇》爲易安作。《花草粹編》的編排“義例”是“以世次爲後先,以短長爲小大”[①],以女性詞置於男性詞之後。其卷一《點絳唇》下選男詞人 38 家,無名氏 1 家,最後有女詞人 4 家,李清照處在女詞人的第三位,選其《點絳唇・閨思》(寂寞深閨),而《點絳唇》(蹴罷鞦韆)則位於男詞人秦觀(第 18 位)和賀鑄(第 19 位)之間。《花草粹編》體例是一位詞人多詞連排時往往標以一、二、三、四序號,不能確定作者則作“無名氏”,然而此處秦觀下詞既無序號、詞上亦無“無名氏”字樣,因而詞之作者難以遽下結論,不過,以《花草粹編》的編排體例,其不以《點絳唇》(蹴罷鞦韆)爲易安作則可確定。但今《花草粹編》整理者已爲此詞署上“李清照”之名,並作小注交代曰:“原本未標作者,此據評花仙館本《漱玉詞》補。”[②]可見評花仙館本《花草粹編》等已接受了《詞林萬選》的題署,《花草粹編》的現代整理者也都視易安爲此詞的作者。

三　“春心動”的書寫與《花草粹編》、《續選草堂詩餘》中新出之易安詞

《花草粹編》選易安詞 43 首(不包括上言《點絳唇》〔蹴罷鞦韆〕),其中與《梅苑》題易安詞 7 首中之 5 首重合,被證明更可能爲周邦彦的《玉燭新》不在《花草粹編》所選之列,《滿庭芳》(小閣藏春)詞牌作《促織兒》;又《殢人嬌》,《梅苑》不注撰人,《花草粹編》作易安詞,且題目多出“後庭梅花開有感”數字;《臨江仙》,《梅苑》題曾子宣妻作,《花草粹編》作易安詞,這在在表明《花草粹編》所選 7 首易安詞非出自今本《梅苑》。《花草粹編》與《樂府雅詞》23 首中之 20 首重合;與《草堂詩餘》5 首中之 4 首重合,但《怨王孫》詞牌作《月照梨花》。《花草粹編》選易安詞有宋類書、筆記可證者 3 首;有正文題作李清照,小注“一作曾公衮”詞 2 首。

---

① 陳耀文《花草粹編序》,陳耀文輯,龍建國、楊有山點校《花草粹編》,河北大學出版社,2007 年,頁 1。

② 陳耀文《花草粹編》卷一,頁 79。

綜上所述《花草粹編》新出之易安詞 7 首，其中選本、類書以爲他人或不注撰人而《花草粹編》以爲易安作者 3 首[①]。

陳耀文在明人中堪稱博學嚴謹，在編刊《花草粹編》時，其大型類書《天中記》業已編成，此書初達百卷，“所采自九流毖緯以逮僻典遺文”者甚多，“見聞終富”[②]，他“看到過不少古老版本”，“有的今已亡佚”[③]。陳耀文編《花草粹編》早期得淮安諸藏書家的文獻支持，後“復益以諸人之本集，各家之選本，記録之所附載，翰墨之所遺留”[④]，《花草粹編》中空前多的易安詞，頗令人相信陳耀文曾見過《漱玉集》，但我以爲他見過較爲罕見的載有易安詞的類書或僻典的可能性更大。《花草粹編》中大部分易安詞（29 首）與之前的詞選重合，其新出之易安詞，内容大部分是關於植物的，有桂 2 首（《攤破浣溪沙》〔揉破黄金萬點輕〕、〔病起蕭蕭兩鬢華〕），銀杏 1 首（《瑞鷓鴣·雙銀杏》），梅 2 首（《臨江仙·梅》、《殢人嬌·後庭梅花開有感》）；《天中記》卷五一有“桂”目，卷五二有“梅”、“銀杏”目，雖然《天中記》不收詩詞賦作，但其應該參考了不少收載文學作品的類書、植物譜等，故得以見到題名李清照的這類詞。

除此而外，有關《花草粹編》中新出的易安詞，我最想談的是《減字木蘭花》。詞曰：

賣花擔上，買得一枝春欲放。淚染輕勻，猶帶彤霞曉露

---

① 《殢人嬌》、《臨江仙》兩首，趙萬里輯《漱玉詞》傾向於接受《花草粹編》的作者題署，《全宋詞》接受趙萬里之説，王仲聞《校注》對《梅苑》中不注撰人之《殢人嬌》入“存疑之作”，不録《梅苑》中題曾子宣妻之《臨江仙》。《青玉案》是和韻賀鑄《青玉案》（凌波不過横塘路）之作，《翰墨大全》元刻初印本不注撰人，《花草粹編》以爲易安詞，《全宋詞》、《校注》皆入存疑。

② 永瑢等撰《四庫全書總目》卷一三六《〈天中記〉提要》，頁 1155。

③ 鄭慧生《一部罕見的類書〈天中記〉》，《中國典籍與文化》1995 年第 2 期。

④ 陳耀文《花草粹編序》，頁 1。

痕。　　怕郎猜道、奴面不如花面好。雲鬢斜簪，徒要教郎比並看。①

《減字木蘭花》詞意，易安前有唐末無名氏《菩薩蠻》："牡丹含露真珠顆。美人折向庭前過。含笑問檀郎。花强妾貌强。　　檀郎故相惱。剛道花枝好。一餉發嬌嗔。碎挼花打人。"②易安後有程垓《減字木蘭花》："雙雙相並。一點紅邊偏照映。玉剪雲裁。不比浮花共蒂開。　　幾回心曲。選勝摘來情自足。插向雲鬢。要與仙郎比並看。"③《菩薩蠻》中檀郎、美人一起出場，檀郎逗趣，美人嬌嗔，挼碎牡丹，與花争勝；用花打人，雖潑辣而不失天真，檀郎與美人關係親昵，以現在的眼光看，此場景不失爲閨中雅謔。雖然煞風景，但我還是想指出，古人常用美人妒花來嘲戲女人的善妒。如南朝宋虞通之《妒記》載："武歷陽女嫁阮宣子，無道妒忌，禁婢：甌覆槃蓋，不得相合。家有一株桃樹，華葉灼耀，宣嘆美之；即便大怒，使婢取刀斫樹，摧折其華。"④因爲有這樣的文化背景，"碎挼花打人"，自唐至宋，漸成戲謔"婦人粗率"、善妒之語。雖然《減字木蘭花》捨棄了"碎挼花打人"⑤之舉，檀郎也没有真正出現，但在當時的語境中，一位妻子、一位大家閨秀在擔上買花、簪花，想象着問郎君自己與花誰美，仍是相當大膽的書寫。假如此詞確爲易安詞，在宋代的語境中應該是當得王灼所言的"自古搢紳之家能文婦女""無所羞畏"和"無顧忌"的。上言三首詞中，程垓詞從形式和内容上都更近於題名易

① 趙萬里輯《漱玉詞》云："案汲古閣未刻本《漱玉詞》收之，'染'作'點'，詞意淺顯，亦不似他作。"王仲聞曰："按以詞意判斷真僞，恐不甚妥，兹仍作清照詞，不列入存疑詞内。"(71—72)

② 曾昭岷、曹濟平、王兆鵬、劉尊明編著《全唐五代詞·正編》卷一，中華書局，1999年，上册，頁87。

③ 唐圭璋編纂，王仲聞參訂，孔凡禮補輯《全宋詞》第3册，頁2586。

④ 《妒記》，魯迅校録《古小説鈎沉》，齊魯書社，1997年，頁230。

⑤ 宋代選本中的易安詞，有兩處也寫到因惱花而"挼花"：《訴衷情》因殘梅之香"熏破春睡，夢遠不成歸"而"更挼殘蕊，更拈餘香，更得些時"(40)，《清平樂》因惜春心情不好而"挼盡梅花"(47)。

安詞者，但程垓美人插花問郎重在"德"而不在"美"，現在看來帶有一些酸餡氣，不過在道德上會更保險。如果此詞確爲易安詞，則宋人不以之爲雅詞而不選，明人以之爲好詞而公之於衆，如果此詞非易安詞而是明人給予了易安著作權，則可見明人對於易安詞的想象。在明人心目中，易安並非是典重的大家閨秀，她更是"姸麗豐逸"、風情萬種的小家"美女"(195)。

陳仁錫《類編箋釋續選草堂詩餘》中新出易安詞《山花子》也值得分析。詞曰：

> 繡面芙蓉一笑開，斜飛寶鴨襯香腮，眼波纔動被人猜。一面風情深有韻，半箋嬌恨寄幽懷。月移花影約重來。①

錢允治箋釋"眼波纔動被人猜"曰："所謂目成也。"寫女子對某位男性心動而暗送秋波。上文已述，宋代選本中的易安詞，絶未見描寫人的春心動、目成和密約偷期的，但易安詞無疑是很擅長寫自然界的"春心動"和春情的。如：

> 暖雨晴風初破凍，柳眼梅腮，已覺春心動。(《蝶戀花》，29)
> 春到長門春草青，江梅些子破，未開勻。(《小重山》，31)
> 柳梢梅萼漸分明。(《臨江仙》，32)
> 笛聲三弄，梅心驚破，多少春情意。(《孤雁兒》，42)
> 紅酥肯放瓊苞碎，探著南枝開遍未？不知醞藉幾多香，但見包藏無限意。(《玉樓春》，45)
> 雪裏已知春信至。寒梅點綴瓊枝膩。(《漁家傲》，46)

① 詞調當爲《浣溪沙》(頁91)。本文因論陳仁錫《類編箋釋續選草堂詩餘》，自詞選引録，故一仍其舊。陳仁錫《類編箋釋續選草堂詩餘》卷上小令，明萬曆四十二年刻本。

她善於寫大自然蓄積、蘊藏甚至被壓抑着的具有巨大激情和生命力的春意,而用柳芽、梅苞驚破的一瞬作爲她描寫這一巨大激情和生命力的一點透露。有時她也將這些植物想象成少女來描寫,如"柳眼梅腮"、"瓊枝膩"、"紅酥"、"瓊肌"等,這使自然的無盡春意與人的青春愛戀的巨大激情有了溝通,即如《牡丹亭》所示,後園的春色啓發了杜麗娘的青春激情,二者也是相互激蕩的,所以"眼波"的"一動"是抑制的激烈的心旌摇蕩的一點逗露。如果"目成"而内有顧忌,顧忌到"眼波纔動被人猜",仍算是動之以情、曉之以禮/理的狀態。如吴衡照《蓮子居詞話》卷二曰:"易安'眼波纔動被人猜',矜持得妙。淑真'嬌癡不怕人猜',放誕得妙。均善於言情。"(93)如果目成後進而有"月移花影約重來",則會招致道德批評,即使在明代,即使詞中人是詞人的創造,因爲傳統批評家往往是將詞人、詞中人等量齊觀的,如果詞人這樣寫,豈非也就壞了心術、品行有虧?如楊慎《詞品》"朱淑真元夕詞"條曰:

> 朱淑真元夕生查子云:"去年元夜時,花市燈如晝。月上柳梢頭,人約黄昏後。　今年元夜時,月與燈依舊。不見去年人,淚濕春衫袖。"詞則佳矣,豈良人家婦所宜邪。又其元夕詩云:"火樹銀花觸目紅,極天歌吹暖春風。新歡入手愁忙裏,舊事經心憶夢中。但願暫成人繾綣,不妨長任月朦朧。賞燈那得工夫醉,未必明年此會同。"與其詞意相合,則其行可知矣。①

前引《蓮子居詞話》贊易安詞"眼波纔動被人猜"的矜持,不提此句後尚有"月移花影約重來"句,四印齋本《漱玉詞》注認爲此詞乃别人栽贓易安:"此尤不類,明明是淑真'月上柳梢頭,人約黄昏後'詞意。蓋既污淑真,又污易安也。"(92)王鵬運與楊慎批評策略雖不同,但認爲此語非閨秀所當言、更非易安所當言的觀念是一致的,以之反觀明末清初的詞選,自《續草堂詩餘》後,不論是女性詞選《古今名媛匯詩》、《古今女史》、

① 楊慎《詞品》卷二,《詞話叢編》本,頁451。

《林下詞選》,還是《詞的》、《古今詞統》、《歷代詩餘》等綜合性詞選,皆以此詞屬易安,並不認爲這會唐突易安,這一態度具有一致性,因而頗具時代性,代表了明末清初間對易安詞的又一種理解向度。

小 結

由上文可小結如下:

(一) 易安詞文本問題可分爲純文獻和文化文獻兩個方面來討論,以現有的材料,一些易安詞,如《點絳唇》(蹴罷鞦韆)、《醜奴兒》(晚來一陣風兼雨)、《減字木蘭花》(賣花擔上)的歸屬難以在純文獻層面徹底搞清,但從文化文獻的角度看,它却有較爲清晰的形塑路徑,這一認識又多少有利於對真實性文本的討論。

(二) 王灼云易安詞涉艷、無顧忌,這一批評是基於李清照乃出自"搢紳之家"的"婦女"這一階層加性别的身份而提出的,但南宋詞人、詞選皆不涉及易安艷詞,這與其理解爲易安没有涉艷之調,不如看作是南宋人不認同易安這類詞。

(三) 宋人從"以尋常語度入音律"、"平淡入調者難"等善於造語的角度肯定易安詞,明人則多在閨情詞本色當行的意義上肯定易安詞。明人詞的當行本色論至少有詞體、詞人本色當行以及詞、詞人、詞中人三者統一等多重含義,明人對易安及易安詞的評論不少即是在詞、詞人、詞中人統一的層面上展開的。明人也對一些易安詞進行涉性的想象性解讀。在明人心目中,易安詞並非是典重的有富貴態的大家閨秀,更傾向於認爲她是"妍麗豐逸"、風情萬種的小家"美女"。

(四) 明代詞選中易安閨情詞不斷出現。今本《詞林萬選》始以《醜奴兒》(晚來一陣風兼雨)、《點絳唇》(蹴罷鞦韆)爲易安詞,《花草粹編》始以《減字木蘭花》(賣花擔上)爲易安詞,《類編箋釋續選草堂詩餘》始以《山花子》(繡面芙蓉一笑開)爲易安詞,從可確定的易安詞的筆法上看,這些認定亦有某種合理性,然更應看到的是明代文化促成了這場邂逅,但從純文獻角度來看,這些詞的作者還應存疑。

(五)易安詞或追慕北宋前賢詞,或表現意態、心緒的乍開乍合、乍翻乍覆、欲言又止、欲去未去,她善於寫盡興,善於寫大自然蓄積、蘊藏甚至被壓抑着的具有巨大激情和生命力的春意,而用柳芽、梅苞驚破作爲一點透露。宋人、明人對易安詞的把握面向不同,各有其獨特和深刻處。

(作者單位:南京大學文學院)

古典文獻研究(第十五輯)
2012年7月

中國書籍社會史:四堡書業與清代書籍文化*

包筠雅(Cynthia Brokaw) 撰 葉蕾蕾等 譯

一 引言:中國書籍史研究

大多數中國學者在聽到"書史"、"書籍社會史"或"書籍文化",又或"印刷文化"①這些術語時,會將它們與版本學、校讎學或目録學聯繫起來。然而,書籍社會史或書籍文化與版本學、校讎學以及目録學截然不同,儘管這些研究領域爲書籍史學家提供了極爲有用的信息。區别在於,版本學家主要着眼於書籍的製作工藝和版本歷史,校讎學家的興趣基本集中在文本的校對與編校上,而目録學家則注重於書籍分類與文

---

* 包筠雅(Cynthia Brokaw)教授是美國布朗大學歷史系教授,也是研究書籍文化史的國際著名學者。本文是包教授2012年6月12日在南京大學文學院"中國古代文獻文化史"專題講習會上所宣講的講演稿的中譯本,由葉蕾蕾、許勇、李曉林、章琦、許浩然、楊化坤、胡文娣、劉歡萍、張振國翻譯,葉蕾蕾校。

① "印刷文化"不僅包括出版的圖書,還包括單張的印製品,如年畫、插圖、報紙;但"印刷文化"不包含手寫或手抄本。"書籍文化"則既包括印製本,也包括手寫本。

本結構。相比之下,書籍史學家更關注書籍的社會、文化影響,以及書籍在社會各階層中的功能作用。書籍的存在,不管是抄本還是刻本,給社會帶來了什麽影響? 書册導向的社會如何區别於書籍匱乏的社會,如何區别於知識、信息只靠口耳相傳的社會? 在書面文化與口語文化混合的社會裏(我認爲大多數社會都是混合型的),文本的生産和傳播對劃分社會階層、知識傳播、文化融合的程度以及民族認同又有怎樣的影響?

總之,書籍史和書籍文化的研究乃是就書籍在文化、社會和思想生活中所扮演的歷史角色,進行大的歷史提問。這是一個相對晚近、也就是在近五十年中才發展起來的研究領域。儘管很難將其起源追溯到某一個人,但我認爲,公正地説,是法國年鑒學派史學家吕西安·費弗爾(Lucien Febvre)在他 1958 年出版的《書籍的産生》(*L'Apparition du livre*)一書中最早提出了"書籍史"這一概念(該書已有中文譯本)。該書出版後,歐洲史的研究者們——亨利·讓·馬丁(Henri-Jean Martin)、伊莉莎白·愛森斯坦(Elizabeth Eisenstein)、羅伯特·達恩頓(Robert Darnton)、羅傑·夏特里埃(Roger Chartier)、阿德里安·瓊斯(Adrian Johns)、安東尼·格拉夫頓(Anthony Grafton)以及安·布萊爾(Ann Blair)等,不勝枚舉,——出版了數以百計的書史研究論著。1982 年,達恩頓在《什麽是書籍史》一文中,列舉了書籍史學家所特别關注的焦點——這正是書籍史學家與文獻學家或目録學家的根本區别。他解釋道,書籍史學家關注由一系列複雜的互動形成的、以書籍爲中心的"交流圈":材料的生産過程(包括基本原材料的采集,生産工藝的改進,印刷工人的雇傭);知識的生産(文本的寫作、編輯、校勘以及彙編);市場與銷售;生産與銷售環節的控制與管理(由政府制定法規、審查制度,或通過出版協會);購買與消費(包括私人與公共的閲讀、收藏與展覽);接受(表現在書評、銷售、新版本,對其他作品的影響,等等)以及分類與保存。總而言之,研究對象不僅僅是書籍本身,還包括書籍的生産、發行和接受以及對社會、政府、經濟和文化造成的影響。

直到最近——大約近十年内——中國的史學家才開始關注這一研究領域。從某些層面來説,這種狀况很令人吃驚。幾乎無人質疑書籍與文字在中國具有的特殊重要性。很少有一種文化能擁有如此悠久的文字和學術生産的傳統,也没有哪個民族能更始終如一地對學習與掌握文字表達敬意。至遲到10世紀,中國政府就已經用科舉制度來衡量一個人的識字和受教育水準,這成爲獲得社會地位、財富和政治權力的途徑。一言以蔽之,要在中國社會獲得尊敬和成功,擁有、或至少接觸到書籍是必不可少的。書籍受到高度重視,不僅是因爲它們所承載的信息,還由於其本身是商品以及文化的物質象徵。藏書不僅是文人學士的普遍愛好,也是渴望獲得更高社會地位的富商和地主們的愛好:所謂的"書香"能給一個家族帶來一定的體面。

毫無疑問,漢語中有非常豐富的有關書籍和文本閲讀的原始文獻。中國文士在寫作中喜好談書,這爲當今研究書籍在中國社會和知識生活中所扮演的角色的學者們提供了各種資料來源:書目、書話、讀書法以及筆記,都在在顯示了他們對書的癡迷。但是,研究中國書籍和閲讀的社會/文化史,還需要研究其他方面的資料:記載出版活動的方志、出版家族的家譜、商業性的圖書目録、書商的賬簿、中文出版物的副文本[①]、圖書的物質形式或版式,等等。

同時,它還需要擴展書籍研究的社會視野。迄今爲止,中國書學的研究者一般都着眼於那些足以代表中國出版巔峰的書籍,即宋、元、明時代的善本或稀見本。實際上,這些書可能在淵博文士或富商手中,他們樂於將自己與士大夫階層視爲一體——簡言之,學者們關注的那些價格昂貴、印製精美的書籍,其擁有和使用僅限於精英集團,他們只占帝制中國時代總人口的一小部分。但是,也必須要考慮文獻的刻印、傳播和消費對其他社會階層,對文人、但未必是一流文人或精英之輩,對有志向的文士和商賈,對可算半識字的店主和蒙學生徒,以及對受過一些基礎識字訓練的鄉村農夫,有什麽樣的影響。

如果中國印刷史上真正精良的書籍是出自官方或文士出版的精英

① "副文本"指一本書中圍繞、支持基本文本的其他部分。因此,題辭、序言、後記、目次、評注、釋文、插圖,甚至某些文本版式的基本要素都可稱爲"副文本"。

書册,那麽有無理由考慮其他那些印製廉價、流通廣泛的書籍的生産、分配和消費? 而這恰恰是書籍史研究的關鍵所在:探尋印刷文化更廣泛的影響。我不是説書籍史學家應當忽略文學傳統中的偉大作家和作品——他們當然非常重要,尤其是在瞭解思想史方面。但是,除了提出顯而易見的關於圖書出版在推動精英之間思想交流方面的問題——如在江南與北京的考證學的主要學者之間,還要考慮到書籍印刷所帶來的更廣泛的政治、文化和社會影響。隨着印刷工業在清帝國全境的普及,下層文士亦能使用主流教材,這對他們意味着什麽? 17、18、19 世紀印刷業的普及有着怎樣的政治、文化和社會影響? 印刷文化的普及是如何服務於盛清和晚清的中央集權制? 地方和區域出版業對集權的挑戰或破壞到了什麽程度? 研究中國印刷文化也許有助於解答所有這些問題。

這些問題範圍廣泛,需要一種跨學科的研究方法。因此,書籍史學家不僅要通曉印刷技術史、出版史和文字産生史,還要瞭解目録學和校勘學的研究手段。其中的聯繫不言而喻:爲了理解書籍産生的影響,研究者除了要瞭解印刷(和手抄本)文化,而且要瞭解生産工序和排版布局,以及文本(和知識)的分類方式。我還將論證,書籍史學家也可以利用人類學學科的研究方法,尤其在進行田野考察時。

書籍史的研究與人類學之間有何聯繫? 我在研究中國書籍時,人類學方法中有幾個特徵對我非常有吸引力。首先,人類學家通常很關注詳細、具體的地方知識。他們把研究建立在對特定地區的密切調研基礎上——即克利福德 · 格爾茨(Clifford Geertz)所謂之"深度描述"——住在這些地區,采訪當地居民,直接觀察這些人的生活。如果操作得當,就能獲取某一地區或階層之構成和運作的詳盡信息。自然,人類學家或史學家可能想用某些歸納、某些從特定研究中發展出來的理論對其研究進行總結。然而,這些結論來源於某一特定時間對某一特定區域的集中研究,這就使得它們更容易被驗證;同樣,它們提供了對比的基礎,可用於檢驗這些結論和原理。

其次,由於人類學家在處理地方性知識和研究整個區域時,通常非常關注不同群體和社群生活不同方面之間的相互關聯,因此,他們更能看到經濟、社會、宗教、文化和政治等各種因素之間的聯繫,進而更加全面、綜合地理解社群是如何運作的。運用這種方法來研究書籍史,研究者就不僅能瞭解到在一個特定區域内,書籍是如何生産以及誰在閱讀它們,還能夠知道書籍生産的經濟關係如何影響了當地經濟;宗教信仰又如何被文本文化影響,或者説宗教活動如何影響了書籍的生産;教育體系如何影響人們的閱讀内容以及閱讀方式;書籍貿易如何表現性别關係——總之,結合文獻與實地考察,就更容易抓住這一系列範圍廣泛、相互關聯的主題。

再次,在研究文化、社會、經濟關係時,人類學往往重視對於地位低微者或者普通人,如對農民、店主、工匠等的研究,而不是僅僅着眼於政治人物、文化精英、偉人與重大歷史事件。爲什麽對書籍史學家而言,研究普通人的閱讀習慣與研究文化精英的閱讀習慣同樣重要?爲了評價一個社會的一體性或者凝聚力,有必要瞭解文本文化和知識爲人共用的程度,以及文本文化與口頭文化的互動程度。這一點也影響了文化認同:人們確定他們的身份,首先是通過類似於中華帝國科舉制度鼓勵的那種集權化、官方支持的文本文化,還是通過他們的地方文化以及口頭傳統或方言傳統?文本知識或者缺乏文本知識會影響社會分化嗎?也就是説,在一個社會中,瞭解文字、控制文本生産的人與既不會讀也不會寫的人之間,有没有一個大的、不可逾越的鴻溝?對於理解前現代社會的文化融合與認同以及政治一體化,這些問題非常重要,而它們對於評價現代社會的凝聚力或一體化也同樣重要。本尼迪克特·安德森(Benedict Anderson)已經在《想象的共同體:民族主義的起源與散布》一書中指出了這一點,他强調了現代媒體促進東南亞民族主義與現代民族國家發展的程度。簡而言之,這就是書籍與文本文化研究——即使是對最底層的社會,不管是前現代社會,還是在現代社會——都非常重要的原因。

二 個案研究:四堡書業

爲了給我先前提出的基本方法和問題舉例説明,我將介紹一個案例研究,即四堡書業,包括其書籍生産和銷售。四堡,是福建西部的一簇村落。在清代,它是一個遠離其他書籍與文化生産活躍區域的内陸地區。我在 20 世紀 90 年代中期開始了相關研究。當時我在四堡的一個村莊生活了近一年,收集文獻的影本和照片,各種與書業有關的材料,包括家譜、分家析産檔、賬簿、四堡印本、印刷工具等等,並且還采訪那些從事過書業工作的老人以及對此存有記憶的他們的後人。

首先我將簡要地介紹四堡書業的背景,探尋它是如何適應從 17 世紀末至 20 世紀初中華帝國晚期的那個更大的出版界的。接下來,我會簡要描述四堡書籍出品的特徵,然後討論該産業的組織及經營管理,解釋四堡的出版結構是怎樣影響出版何種書籍的决定的。最後,我將圍繞四堡出版對中國書籍文化的影響以及它對文化融合與社會穩定所起到的推動作用,作若干思考和總結。順便,我想與大家分享自己研究四堡書籍生産與銷售中最有用的各類材料。

(一) 四堡與清代的商業雕版印刷

不單單是四堡,其他中等以及内陸出版中心也有證據表明,有清一代(1644—1911),商業雕版印刷的廣泛傳播主要呈現出兩個重要趨勢:從地理上而言,傳播到了中國本土所有的區域;從社會層面而言,傳播到了此前一直被排除在圖書市場之外的下層百姓。晚明時期(15 世紀末期至 17 世紀中葉)出版業的繁榮,至少就生産方面而言,只集中於幾個主要地點:南京、蘇州、杭州和建陽。但是,最遲到 18 世紀,新興的雕版出版業幾乎已遍布全國各地所有大小區域,從鄉村到市鎮再到省會和大都市,也包括當時的首都。出版業這種向外和向下的擴展,在某種程度上講,是晚明時期出版業發達的自然結果,而簡單、輕便而又靈活的雕板印刷技術也在一定程度上使之成爲可能。但它同時也受到清代獨特的人口與社會變化的影響:18 世紀人口的大幅度增長增加了人們對書籍的需求,同時,人口向內陸和西南邊境地區的遷移,既擴散了需求,又將雕版印刷術傳播到了先前罕見商業出版的地區。

正是在這種出版業在地域上不斷擴展、同時書籍對社會有更深層滲透的背景之下,四堡出版凸顯了其重要性。乍一看,四堡本身並不是一個非常重要的地方,在清代,它是個獨特的地理和文化單元,是福建西部山區的一個貧窮的客家村落群,遠離了其他文化和經濟中心。四堡盆地内的兩個村莊是主要的出版地:鄒氏出版商所居住的霧閣村、馬氏出版商們所居住的馬屋村。兩村的書坊中,最早的建於 17 世紀 60 年代。該行業的延續超過兩個半世紀——四堡最後一家書坊停業於 1946 年,最後一家書店停業於 1956 年。

(二) 四堡印本

四堡書坊出版哪些種類的書籍?它們對中國的印刷文化有何貢獻呢?

爲了簡要説明四堡出版圖書的概況,我將其大致分爲三大文本類别:教育文本、實用指南手册和小説。

首先,教育文本。這是四堡書業中真正的暢銷書,銷路很廣,以至於只要幾個印本就可養活一家書坊。例如,馬定邦(1672—1743),作爲馬屋馬氏的一員,他在 17 世紀晚期創立了一家頗爲成功的書坊,僅靠出版六種書籍而自立,進而支撑起整個家庭。六種書中包括四種不同版本的《四書》(科舉考試所用的基本教材),某一版本的《詩經》,還有一部蒙學讀物。教育文本的總體範疇,不僅涵蓋蒙書和經籍,而且囊括了各種有助於考試的輔助資料:字典、程文彙編、經史類書,等等。圖 1 爲最受歡迎的教材之

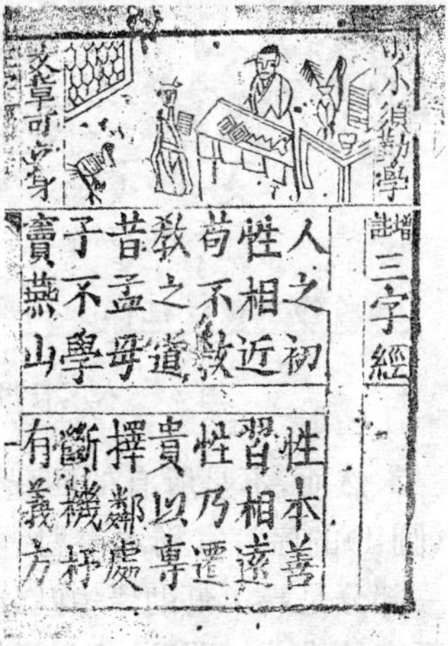

圖 1 《(增注)三字經》

一——蒙學讀物《三字經》,在中華帝國晚期,它可能是使用最普遍的啓蒙讀本。在這本書中,文本是三言一句,並有押韻,其書頁上部還有關於師生的簡單插圖。圖 2 來自另一部蒙學讀物,該書是一部名爲《人家日用》的字書。適應更高水準的教育,四堡也爲考試復習印製各種版本的《四書》,如《四書補注備旨題竅匯參》(圖 3)。在這本書中,基本文本(即《孟子》文本)位於底部,以較大的字體印行;周圍是正統的、官方認同的朱熹注本,以較小的字體穿插於字裏行間。上部兩欄提供更詳細的評注和分析。當然,僅僅根據文本內容很難確定讀者身份——尤其在中國,我們一般缺少讀者身份的確切信息。不過,説該文本是針對復習應考的指南,應該不會錯。擁擠的頁面和扁平的字體,造成了閱讀上的不便——這是一種關於《孟子》的填鴨式的補習書,很可能爲雄心勃勃而家境貧寒的學生設計,抑或針對無真才實學,不得不對學生照本宣科的老師而打造。

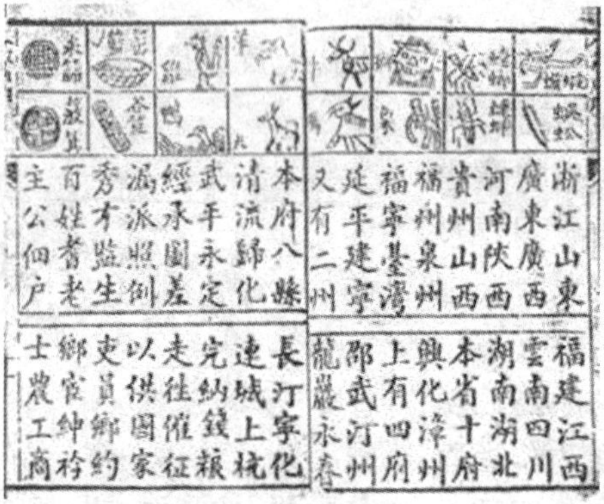
浙江山東
廣東廣西
河南陝西
貴州山西
福州泉州
福寧臺灣
延平建寧
又有二州
本府八縣
清流歸化
武平永定
經承圖差
漏派照例
秀才監生
百姓耆老
主公佃户
福建江西
雲南四川
湖南湖北
本省十府
興化漳州
上有四州
邵武汀州
龍巖永春
長汀寧化
連城上杭
完納錢糧
走往催征
以供國家
吏員鄉約
鄉官紳衿
士農工商

圖 2 《人家日用》

圖 3 《四書補注備旨題竅匯參》

然而,不是所有的四堡教材都面向復習應考。《信札/字辨》一書(圖 4)的序言宣稱本書對經商做買賣的讀者大有用處。該書的目的,一部分是爲了幫助學生區分容易混淆的字符。全書以一位身份不明的顧客的推薦信開頭,信中説他在 18 歲時,父親勒令他休學以“遠隨往外經商”。如今,作爲一個成人,他對受教育的不足深感遺憾:“遇執筆時,所用字面,每不能分别清楚,搔首想象,苦費心神,追悔從前誦讀工夫,未有細心體認。"回家探親時,他驚訝地發現上了五年學的兒子也有同樣的問題,他兒子分不清"簿"和"薄","微"和"徵"。他兒子得到了一本《信札/字辨》,學了僅一個月,就能夠通過考察精讀能力的大型考試。"以一月之功足補數年之學,此中不無疑異",自豪的父親驚嘆道。他隨即誇贊這本教科書結構清晰,使用方便。在這裏,本書上欄包含辨别字符的指南,正文位於下欄——此所謂二書合一——使其針對的讀者能一目了然。書的開頭列舉"初出身要言十款":"凡字墨、算盤、銀水三件,乃是最要之藝。貿易有之則上,無之則下。少年必先學熟,方能出身居人之上。"(頁 1a)緊接着是商業信函的範式。當然,這本書的流行,一方面説明閲讀群體的擴大,另一方面也説明在中華帝國晚期,商貿作爲一種值得尊敬的職業,在更大範圍内得到了接受:如果没有一個充滿生機的市場,如鄒氏、馬氏之類的商業書坊,是不會出版這類書的。

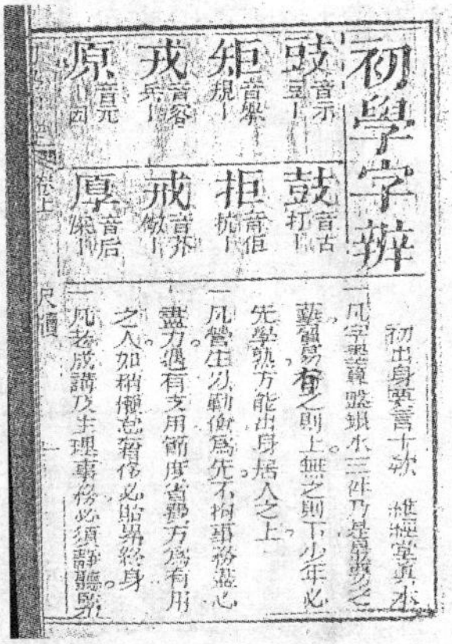
初學字辨
豉 音示 豆― 鼓 音古 打―
矩 音舉 規― 拒 音佢 抗―
戎 音容 兵― 戒 音界
原 音元 厚 音后
初出身要言十款
一凡字墨算盤銀水三件乃是最要之藝。貿易有之則上。無之則下。少年必先學熟方能出身居人之上。
一凡營生以勤儉爲先不拘事務盡心盡力遇有支用節度省費方爲有用之人。如稍懶怠奢侈必貽羞終身。
一凡老成講及主理事務必須靜聽

圖 4 《信札/字辨》

縱觀四堡出版史,教育文本在其書目中所占數量首屈一指。不過四堡刻本的第二個類型,即實用指南手册,在其産品中也占有較大的份額。這些書可作爲參考書查詢,而不是用來通讀,這一類包含了日常生活中各種實際問題的應對指南。家用百科手册、書信寫作指南界定了家庭生活的禮儀以及文雅社交的法則,它們往往相當細緻地規定了適宜的行爲和禮儀。例如,圖 5 選自《(彙纂)家禮帖式集要》,它提供了一幅圖表,可以分清服喪的不同等級;此圖表按照與死者的親疏關係來排列服喪者的位次,讀者在表中可以找到自己的位置,並讀到自己該穿何種樣式的喪服。這本書還包括對於稱呼的介紹(例如,根據一人與其母族成員的四十二種不同關係,該書列舉了一百五十八條他稱和自稱)。另外,針對多種不同情況與通信關係,如夫妻、父子、朋友間借貸之事,該書還提供了相應的書信模本(圖 6)。

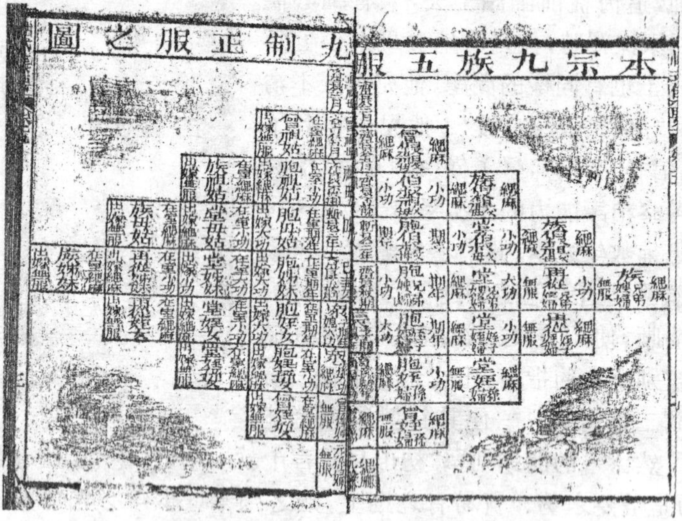

圖 5 《(彙纂)家禮帖式集要》, 1810 年

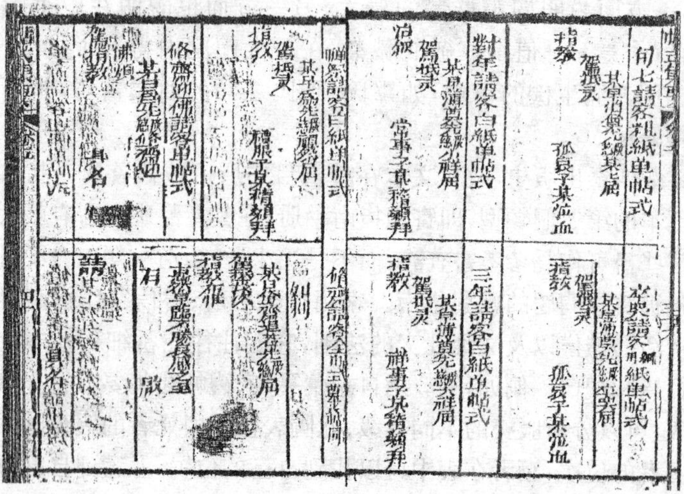

圖 6 《(彙纂)家禮帖式集要》, 1810 年

在這類實用、指南的書籍之中,我還想加入供病人自主診療或鄉村醫生使用的醫藥用書。它們包括諸如對醫學的基本介紹(如《醫學三字經》),易於記憶的押韻的處方集,各種疾病的症狀指南。《内外科集症》(圖 7)即屬最後一種;圖 8 即選自此書,它用插圖展示並描述了病狀。四堡還印製了至少一種獸醫手册《元亨療牛集》;圖 9 爲其中一頁,圖示了一頭痛苦扭曲的病水牛。

圖 7 《内外科集症》(務本堂)

與這種指南類書中的所有書籍一樣,這些書宣稱其適用於任何人、任何地點,不過,就其行文來看,其實這些書籍針對的是經濟拮据的鄉村讀者。例如,此處摘録自《驗方新編》的一段序文:

圖 8 《保赤指南車》,《内外科集症》(務本堂)

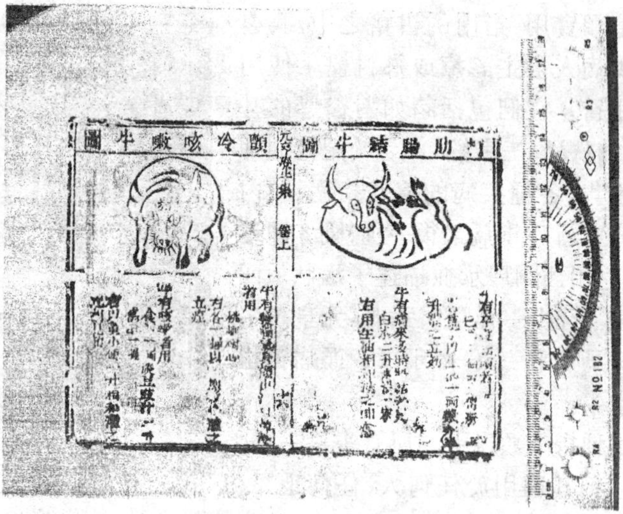

圖 9 《元亨療牛集》

凡人不能無病,病必延醫服藥。然醫有時而難逢,藥有時而昂貴。富者固無慮此,貧者時有束手之憂。爲方便計,自莫良於單方一門矣。單方最夥,選擇宜精,果能方與症對,則藥到病除,無醫亦可……[驗方新編]期於有是病即有是方,有是方即有是藥,却有不費一錢而其效如神者。雖至窮鄉僻壤之區,馬足船唇之地,無不可以倉猝立辦,頃刻奏功。

在這些指南類書中,還有一類書,我稱作好運指南。這類書包括風水手册——解説如何選擇陰宅來使家族得到好運。還有插圖本相面術指南,將生辰八字分門别類,並介紹抽籤的奧秘;道德書籍以及宣揚通過仔細安排行事日程可以得到某種好運的曆書。《玉匣記》(圖 10)就是一種非常流行的曆書,它是一種記載日子宜忌的黄曆,這樣讀者就不僅懂得在吉日安排婚葬之類的大事,還能在吉日裏做些諸如洗髮之類的日常小事。這本書還列舉了一長串神靈,附以簡單説明,解釋各位神靈對於祈禱者可能有何等效用,以及對於每位神靈,最有效的祈禱時間和形式是怎樣的。

四堡印本的最後一類,主要是小説。這類書包括晚明與清代的著名通俗小説:《三國演義》、《水滸傳》、《西游記》、《紅樓夢》。其中最流行的是通俗歷史演義以及武俠傳奇——著名歷史人物,如岳飛、包青天以及他們的軍功政績——還有"才子佳人"的愛情故事。曲本也非常流行,這種便宜的小册子式的文本,在戲曲表演中被用來提示臺詞,如著名的愛情悲劇《梁山伯與祝英臺》。圖 11 所示這一頁插圖粗糙,印刷劣質,由此可見這些書的品質。

圖 10　《玉匣記》

綜上所述,關於四堡印刷品本身,我想提出以下三点,並將其置於晚期帝國印刷業的背景之中,以顯示出四堡所針對的讀者群的一些信息。

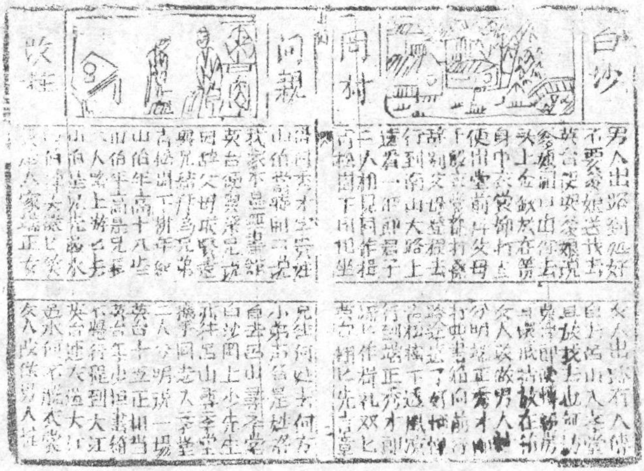

圖 11　《梁山伯與祝英臺》

首先,鄒氏和馬氏出版的書籍以通行書籍居多。它們構成了我所謂的中國書籍文化的"共同核心":全國範圍内對這些書籍都有所需求。

鄒氏和馬氏書坊一直選擇生産那些在中國書籍文化中經久不衰的暢銷書,他們自信這些書籍可以在任何時間和地點銷售。

其次,整個清朝和民國時期,四堡出版物的内容呈現出顯著的穩定性。當然會有新書不時添加,但總體説來,鄒氏和馬氏在他們漫長商業史的最後即 20 世紀 40 年代所出版的,與 17 世紀末所出版的書籍是相同的文本,而且屬於同一類型。

第三點也是最後一點,大體而言,四堡書印製粗劣——開本小,印在粗糙的竹紙上,版面擁擠,字劃毛糙,常常錯訛百出。因此,其價格低廉也就不足爲奇。19 世紀後期,一位書商的銷售賬簿(圖 12)與庫存賬目(圖 13)顯示,一些童蒙讀物的批發價通常低至 5 厘;而一些經書的簡注本,批發價也低至 3 分。此處僅列部分價目清單:

《三字經》= 5 厘
《千字文》= 5 厘
《唐詩三百首》=3 分
《易經旁訓》=3 分
《四書集注》=1 錢
《古文析義》=4 錢
《御纂醫宗金鑒》=6.5 錢

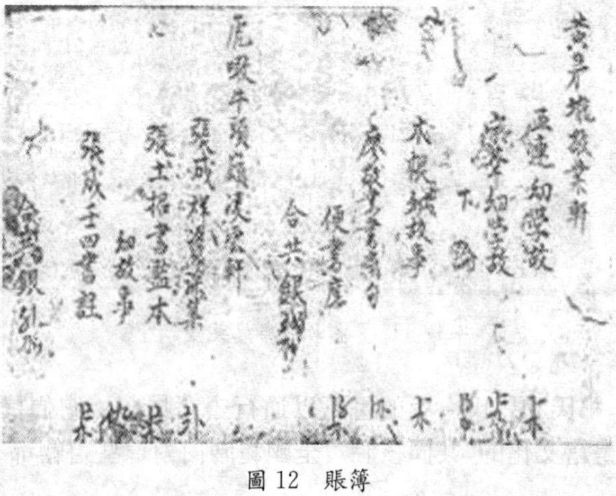

圖 12　賬簿

圖 13 賬目(文海樓)

這本賬簿所列的 379 種書目中,幾乎一半(191 種書目或 50.4%)都低於 1 錢。我采訪的一位當地人説:“我們的書這麽便宜,什麽人都買得起。”

(三) 四堡出版銷售業的結構

是什麽促使四堡人做出這樣的出版選擇?他們又爲何會選擇這些特定的書目?下面我將論證,這種選擇在很大程度上受到他們的居住地及其産業結構的影響。

在四堡,出版最初作爲一種補貼性的手工業出現——在偏遠貧困地區,它是對農業收入不足的一種補充。當時,福建西部是發達的造紙基地,還出産其他各種自然資源——適合刻版的木材,用以製作墨汁的松木,這些都是出版的必需品,我認爲這一點有助於他們做出單單將印書作爲副業的選擇。一旦 17 世紀中葉外出的工匠將簡單的雕版印刷術帶回了四堡,换句話説,鄒氏、馬氏的後裔在鄰省廣東當刻工,又將技術帶回了家鄉。很自然地,當地霧閣村和馬屋村的貧困居民便轉向出書賣書,以此來貼補他們微薄的農業收入。

與中國南部的其他一些手工業一樣,四堡書業由鄒氏和馬氏内部具有血緣關係的家族構成。這些家族通常包括幾個核心家庭,規模最大的可達到 80 人左右。男性家長通常是主管,其兄弟、兒子和侄子分别從事刻版、印刷和銷售。(圖 14 爲《梁山伯與祝英臺》的四堡刻板)婦女與兒童也會幫忙,參與一些低技能的工作,如印刷和裝訂等。書籍生産就在家中進行,在一些狹小的、棚子似的、緊靠院子的"印刷房"中,放着成桶的墨汁。(圖 15 和圖 16 展示了在霧閣村尚存的一些印書和賣書的器具:圖 15 是用來在雕版上刷墨并可刷平雕板上的紙張的刷子、墨盆,圖 16 是用來運書銷售的書箱。)

圖 14 《梁山伯與祝英臺》木板

圖 15

圖 16

家族作坊式書籍生産的主要優點是成本低廉,罕見書坊從家族外雇傭刻工和印刷工,這一點是必須的,因爲四堡書坊没有大量資金投入經營。確實,出版行業吸引人的一點是,只要書坊願意投身到廉價書籍生産中,那麽,所需要的啓動資金並不那麽大。

四堡地處偏僻,要想獲利,就需要將書籍運往其他地區銷售。家族成員,通常是書坊負責人的兒子、兄弟、或侄子,又會被派出去,或成爲

流動的書販,或成爲書坊分店的負責人。圖 17 選自一部馬氏家譜,記

聯芳□十三歲在□饒寺刻四書備旨板供傾刻匠
悉出 先君之力十四歲 大父利阜公兄弟三人
分爨其板盡歸三叔祖 守拙公 大父分授田三
畝銀二十兩 大父隨續刻四書詩經註幼學增廣
等板摹印爲生十六歲 大父經商于外以家政委
先君祗付小紙兩籮與 先君爲資本以度家口日
用之需小紙兩籮抵銀三錢 先君將此紙自爲排
印賣完入山買紙自己担回又自爲排印如此循環
不已而家不至于饑寒者皆此兩籮小紙之力也及
後 二叔完娶悉自 先君則此兩籮小紙即變而
爲什百千萬矣 大父外出始無內顧之憂遠 南
舉丞捐館 紹南公猶習舉業 逸菴公兄弟並幼
凡有家務不能獨理半委 先君協辦 先君□□

圖 17 《馬氏大宗族譜》

載了這一普遍規律中的例外情況: 1687 年,父親馬權亨用祖產建立書坊,印刷《四書》、《詩經注》、《幼學故事瓊林》、《增廣賢文》等,都是非常通行的書籍。他動身去廣東賣書,讓兒子馬定邦留在家中經營書坊:

> 小紙兩籮,與先君爲資本,以度家口日用之需。小紙兩籮抵銀三錢,先君(馬定邦)將此紙自爲排印,賣完,入山買紙,自己擔回,又自爲排印,如此迴圈不已。而家不至於饑寒者,皆此兩籮小紙之力也。及後,二叔完娶,悉自先君,則此兩籮小紙即變而爲什百千萬矣。大父(馬權亨)外出,始無内顧之尤。(《馬氏大宗族譜》集 7,卷 1,75a)

這些家族書坊成員,既要印刷書籍,還要開拓市場,售賣書籍。17

世紀晚期,這些銷售者將大部分書銷往福建西部和廣東的學校,但隨着時間的推移,鄒氏、馬氏書商逐步打開了更爲廣闊的銷售市場。在鼎盛時期,他們覆蓋了相當大的一片區域,包括南方九省,東起福建、西至雲南。個别書商的銷售足迹,甚至到達了五個省份。

這種産業結構也會造成一些壓力,比如向相鄰省份逐步擴展銷售網絡,或是繼續尋求新的市場。當家長去世,或决定分家的時候,根據中國人分家的傳統習俗,書坊會被分割。分鬮文書會記録書籍版刻的分配結果:圖 18 即爲此類文檔中的一頁,時間在 1839 年,它列出了 15 套雕版目録(一共有 107 套,每套代表一種書目),分給六個兒子中的馬

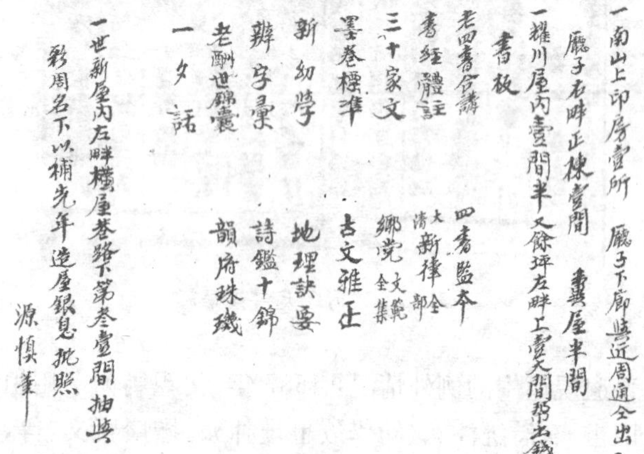
一南山上印房壹所　廳子下廊悬近周通全出入
廳子右畔正楝壹間　書粪屋半間
一耀川屋内壹間半又餘坪左畔上壹大間帮出錢叁千文
書板
老四書合講　四書監本
書經體註　大清新律全部
三十家文　鄉党文範全集
墨卷標準　古文雅正
新幼學　地理訣要
辨字彙　詩鑑十錦
老酬世錦囊　韻府珠璣
一夕話
一世新屋内左畔横屋巷路下第叁壹間抽出
彩周名下以補先年造屋銀息批照
源慎筆

圖 18　馬萃仲分鬮文件(1839),在兹堂

萃仲(1770—1848)。這次家産分割的結果,就是在原有的書坊之外,又新增了五個書坊。在書坊激增的狀况下,書坊負責人爲了走出經濟困境,不得不擴張原有的銷售網絡,並增加新的銷售網絡。我認爲,這種壓力有助於解釋四堡書籍銷售市場的逐步擴張,起先從福建到江西,再逐漸擴展到湖南、湖北;從福建到廣東東部,再到廣東西部,穿過廣西,到達雲南和貴州。家譜中提供了相關信息,可據以確認這些四堡書坊分店的地址及其市場情况;例如,這份家譜(圖 19)就記載了鄒希道

(1815—1884)於 19 世紀中葉在温州開了一家四堡書坊的分店。

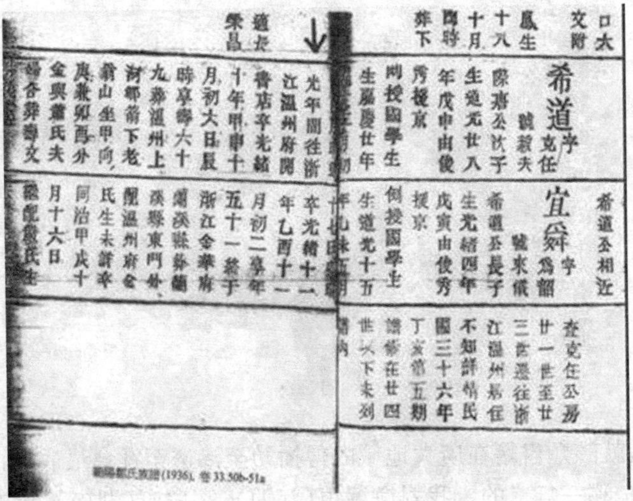

圖 19 《范陽鄒氏族譜》

開發新市場的壓力,也有助於解釋四堡售書業逐步深入的社會滲透力。鄒氏和馬氏書商有意避開大城市,因爲大城市通常都有自己的出版業。他們更願意去中低層次的居住點,通常都是些内陸地區。縣治或府治,官學和官府的所在地,通常是銷售教材的最佳市場。但從 18 世紀中期開始,到 20 世紀早期,書商開始尋找更低層的定居點,如集鎮和鄉村,作爲書籍銷售市場。一位被采訪者告訴我,在 20 世紀 20 年代到 30 年代,他曾與父親、叔父外出販書,帶着兩"箱"重約 70 磅左右的書籍,在福建的集鎮和村莊之間來回穿行。他們通常在村鎮趕集的時候過來,找個臨時攤位擺開書籍,或者將書簡單地放在鋪於地上的竹席上,如同圖 20 的水彩畫中所描繪的書商一樣。就這樣,鄒氏、馬氏書商帶着書深入内地,到没有固定書店的村莊,那裏的居民只能靠路過的流動書販買書。當然,低級圖書購買市場的增長,也促使他們繼續生産售價低廉的書籍。

需要强調的是,儘管目前我以鄒、馬書坊暢銷書爲主要論述對象,但實際上,中國南部的出版地中,無論就相對廉價的"通行書籍"之生

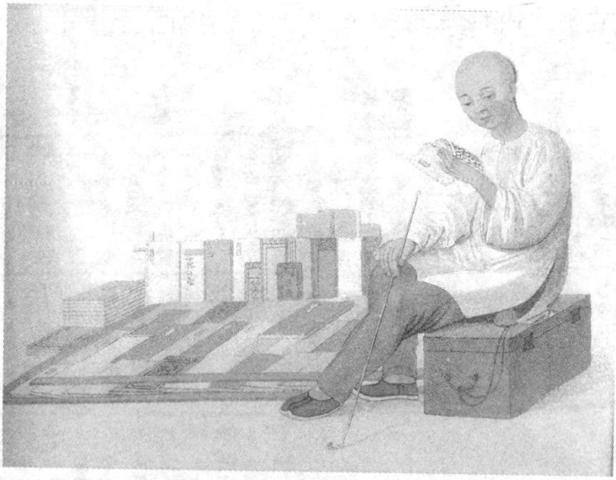

圖 20

產,還是就該類書籍在廣大地域的傳播乃至滲透至社會最底層而言,四堡都不是獨一無二的。我對滸灣镇(江西)、寶慶府(湖南)、岳池縣(四川)等地進行過初步研究,研究表明,清代有很多這樣的出版地。一些外國觀察家也注意到了這種廣泛分布的影響。僅舉一例,19 世紀 30 年代,麥都思(W. H. Medhurst)曾經就當時在中國書籍可以輕易獲得的現象作出評論:"書籍成倍增加,幾乎沒有止境,而且價格低廉;每個農民和商販手邊都有通用的知識儲備庫。"

三　清代書本廣泛流通的影響

研究中國書籍,趣味盎然又振奮人心,部分原因在於它涉及一系列重要課題,並且需要采取多種不同的研究方法,與此同時,它又提供了一條貫穿這些課題與方法的綫索。研究中國書籍史,我必須研究並思考經濟史(手工業經營情況、家庭作坊與宗族間的關係、行商的性質)、技術史(雕版印刷術在書籍文化迅速普及中所扮演的角色)、社會史(印刷工人的性別關係,印刷業對社會地位與權力的影響)、思想史(改變學術和文學品味)等等問題。我在《文化中的商業:清代和民國時期的四堡書業》[①]一書中,對上述問題已進行了詳盡探討。在此,我將就四堡書業及其貿易(及其他諸如此類的)對清代的書籍文化和社會所產生的影響作簡要的思考:

第一點十分簡單,即鄒氏、馬氏書商促進了識字,儘管他們也從中盈利。雖然目前就帝制晚期中國的識字性質和識字率仍然存在激烈的争議,但大多數學者都贊同,自 15 世紀晚期以來,學校的增加和出版業的擴張促進了識字的普及與識字率的提高。毫無疑問,鄒氏、馬氏書商在促進中國南部農村及内陸地區識字率的提高方面,發揮了積極的作用。這當然不是他們的本意——他們只是熱衷於盈利的書商——但是,他們的工作讓更多潛在的讀者能夠得到書籍這一識字的工具。

其次,在向南部内陸及邊陲日益增長的人口傳播普及中國書籍文化的過程中,四堡書商無疑也扮演了文化融合的代理人這一角色。鄒氏、馬氏將蒙學讀物和經典書籍帶向州府、縣城、集鎮和鄉村,這有助於建立起一個跨越地位階層和區域界限的文化整體。明恩溥(Arthur Smith)認爲,19 世紀末的中國文化已高度融合,他注意到:"古人的智慧已成爲漢族兒女的共同財富,無論是貴爲皇帝,還是卑爲老婦,一個社會階層可以和另一個階層一樣引用它們。"明恩溥在此處談及的是經典,但鄒氏和馬氏所傳播的當然不光是經典智慧,他們還引導人們去瞭解儀式和禮俗、民間故事和歌曲等,這些内容與經典一樣,共同組成了文化所指庫,從而有助於構建整合的文化。在此,我還要補充一點,這種文化融合過程並不只依賴於文本的閱讀,文本中的故事、信息的口頭傳播,也同樣重要,此外,還包括把口頭故事和民間智慧"譯"成文本。因此,文化融合不僅依賴於印刷文字的傳播,也同樣依賴於書面傳統和口頭傳統之間的積極互動。

---

① 哈佛大學亞洲研究中心,2007 年。本文所引與四堡相關的全部參考資料均可見於此書。

毫無疑問,鄒氏和馬氏靠這種"文化傳播"(他們這樣自稱)方式,於無意中加强了其目標受衆對"中國文化"的認同,從而被劃入一個相對統一而又特色鮮明的中國文化圈内。但有一點很重要,就是要對"融合"的意義略作限定。鄒氏和馬氏書商都支持文本的共同核心,也就是通行書籍的文化,並使之持久化。同時與此"共同核心"相共存的,至少還有另外兩種書籍文化:一種是精英書籍文化,包括最精美昂貴的版本,也包括那些傳達最新文學潮流、或是表達最熱門、最具争議性的當代學術成果的突破性的著作,我把盛清時期考據學大家的著作——他們敢於挑戰神聖經典——歸入這一類。還有一種是地域性和區域性的書籍文化,包括特製的印本,或是當地人爲了當地消費需要而製作的文本,如用方言寫成的書,或是不知名的當地作家創作的詩集。這類文本中,我最常看到的是用方言寫成的唱本,如鄒氏、馬氏書坊出售的粵語"木魚書"或客家話唱本。

這另外兩種書籍文化有助於維持和延續身份區别,這一區别是基於獲取知識的不同途徑和特殊的地方文化及語言傳統,儘管作爲共同核心的那個文本傳統是促進文化整合的。在我看來,詹姆斯·沃森(James Watson)所做的關於中國禮儀制度的論述,同樣適用於清代書籍文化,它"如此靈活多樣,所有自認是中國人的人,都可以魚與熊掌兼得。他們既融入一個統一的、向中心凝聚的文化,同時又慶幸保留了各自的地方或區域特色"(在此我要增加一點,即也包括身份的區别)。這種靈活性支撑了文化的穩定,並在一定程度上有助於社會的穩定:精英書籍文化和地域書籍文化都證明,保持某些個人特性和區域特性是正當的要求。同時,占主導地位的共同核心文本——這構成了鄒氏、馬氏圖書生産和銷售的主體——保證了在這個穩定、强大又高度具有普遍意義的中國文化中,人們對文化有廣泛參與性。

最後,我想説的是:縱貫有清一代,四堡書商在維持普遍通行文本的共同核心(這是整合性中國文化的屬性)的長期穩定方面,發揮了作用。當然,這並非四堡書商有意爲之,而是他們賴以運作的背景與結構所帶來的結果。四堡地處偏僻,鄒氏和馬氏經營資本有限,又受家族及血統秩序限制,這都促使他們選擇了保守的出版策略。他們有理由害怕商業風險,因而選擇印刷和銷售被證明是受歡迎的"安全"的著作。通過出版和傳播這些文本,特别是在那些不易接觸到其他書商和書店的地區,他們推動了識字率的提升,促進了文化的整合,也延續了一個穩定的、保守的大衆書籍文化。

(作者單位:美國布朗大學　譯者單位:南京大學文學院)

古典文獻研究(第十五輯)
2012年7月

晚清官書局與近代文獻傳承

張宗友

近代中國,面對"數千年來未有之强敵",處於"數千年來未有之變局"①,自强新政、救亡圖存先後成爲時代主題。政治領域内,由講求自强、實行新政、變法改良而至發動革命,最終推翻帝制;文化領域内,在譯介西學、啓蒙思想的同時,也着意於刊印傳統文獻②,恢復與重振文教,客觀上保存了數千年傳承不墜的文化遺産。由胡林翼、曾國藩、左宗棠、李鴻章等爲代表的中興名臣發其端,各地督撫等大員承其緒,晚清官書局應運而生,以其設立之廣、刊書之多、校勘之精、影響之大,成爲近代中國文化出版的主流。本文擬從文獻傳承的角度,探討晚清官書局興起的時代背景、創設歷程、刊書特點、傳播策略,及其在近代社會文化史中的作用與地位。

---

① 李鴻章《籌議海防折》中語,載《李鴻章全集》卷二四,時代文藝出版社,1998年,頁1063。

② 本文根據論述需要,使用"傳統文獻"、"傳統典籍"等詞指稱古代中國學術傳統内的按經史子集分類的文化典籍,無論其爲固有或出於清人新撰;而把來自西學的著述稱作"西學文獻"或"新學典籍"等。

一 晚清官書局興起的時代背景

中國文化悠久，清代又是傳統學術文化的整理與繁榮時期，傳世文獻極爲宏富。道光二十年(1840)，鴉片戰争爆發，古老中國的大門爲西方列强的堅船利炮所叩開，由此被動地邁入近代社會。經過歷次侵華戰争，中國主權步步喪失，深陷列强瓜分的危局。

> 今則東南海疆萬餘里，各國通商傳教，來往自如，麇集京師及各省腹地，陽托和好之名，陰懷吞噬之計，一國生事，諸國構煽，實爲數千年來未有之變局。輪船電報之速，瞬息千里；軍器機事之精，工力百倍；炮彈所到，無堅不摧；水陸關隘，不足限制，又爲數千年來未有之强敵。[①]
>
> 俄北瞰，英西睒，法南瞵，日東眈，處四强鄰之中而爲中國，岌岌哉！况磨牙涎舌，思分其餘者，尚十餘國。[②]

伴隨軍事侵略、貨物傾銷、政治欺凌而來的，是西方宗教、文化的漸次傳播並産生巨大影響。辦報、譯書，利用出版物進行宣傳，是傳播信仰與輸出價值觀的有效手段[③]。顯著的例子的是，洪秀全本來接受傳統文

① 李鴻章《籌議海防折》，頁1063。該折作於同治十三年(1874)十一月初二日，李氏分析的是日本興兵侵略臺灣之後的形勢。按，"强敵"原屬下，今改。

② 康有爲《京師强學會序》，載《康有爲全集》第二集，中國人民大學出版社，2007年，頁89。該文作於1895年9月，康氏分析的是甲午戰後中國面臨的危局。

③ 據統計，自1811至1842年，傳教士在馬六甲、新加坡、巴達維亞、廣州等地，共出版中文書籍與刊物147種；1843至1860年，香港與上海、寧波等六個割讓或通商口岸城市共出版各種西書434種，其中純宗教宣傳品即有329種，占75.8%(熊月之《西學東漸與晚清社會(修訂版)》，中國人民大學出版社，2011年，頁6—7)。

教,因科第失意而發起"拜上帝教",建立天平天國,西方宗教的影響無疑是促其轉變的最重要的因素之一。

面對列强日益加劇的全方位侵略,有識之士群起探討富國强民、救亡圖存之道,始由制器層面發其端,提出"師夷長技以制夷";繼由制度層面推其波,提倡中學爲體、西學爲用,開展自强運動;進而變法維新,改良政體。在思想文化領域,一方面向西方學習,借鑒成功經驗,其途徑是大量翻譯、刊印西學書籍;另一方面,則從悠久的文化傳統中尋找資源,重新釋讀傳世文獻,爲新政、變法提供經典依據。前者本質上是西學中用,化西爲中;後者本質上是推陳出新,古爲今用。但是,要取法先賢,與古爲新,來完成自强、圖存的使命,必須首先解决傳統文獻因兵燹之災而造成的大規模焚毁與缺失的問題。

縱觀近代史,直接給中國傳統文獻带來嚴重損毁、文教秩序带來巨大破壞的,主要不是外侮,而是内亂,更確切地説,就是咸豐元年(1851)太平天國爆發後長達十四年、波及大半個中國的兵燹之災。

太平天國主要在兩個方面展示了顛覆傳統的力量:一是在政治上,建立了一個迥異於現行制度的"天國"政權,號稱尊奉"上帝",人人平等;二是在文化上,焚棄了大量傳統文獻,搗毁了大批鄉校書院,而後者正是傳統文教秩序的象徵。他們宣稱:"凡一切孔孟諸子百家妖書邪説者盡行焚除,皆不准買賣藏讀也,否則問罪也。"①對太平天國毁滅傳統文化的威力,曾國藩在《討粤匪檄》中有如下揭示:

> 自唐虞三代以來,歷世聖人,扶持名教,敦叙人倫,君臣父子,上下尊卑,秩然如冠履之不可倒置。粤匪竊外夷之緒,崇天主之教,自其僞君僞相,下逮兵卒賤役,皆以兄弟稱之。谓惟天可稱父,此外凡民之父皆兄弟也,凡民之母皆姊妹也。農不能自耕以納賦,而謂田皆天王之田;商不能自賈以取息,而謂貨皆天王之貨;士不

① 黄再興《詔書蓋璽頒行論》,載中國史學會主編《太平天國(一)》,上海人民出版社,1957年,頁313。

> 能誦孔子之經,别有所謂耶穌之説、《新約》之書。舉中國數千年禮義人倫,詩書典則,一旦掃地蕩盡。此豈獨我大清之變,乃開闢以來名教之奇變,我孔子、孟子之所痛哭於九原。凡讀書識字者,又烏可袖手安坐,不思一爲之所也?自古生有功德,没則爲神。王道治明,神道治幽,雖亂臣賊子,窮凶極醜,亦往往敬畏神祇。李自成至曲阜,不犯聖廟;張獻忠至梓潼,亦祭文昌。粵匪焚郴州之學官,毁宣聖之木主,十哲兩廡,狼藉滿地。嗣是所過郡縣,先毁廟宇,即忠臣義士,如關帝、岳王之凜凜,亦皆污其宫室,殘其身首。以至佛寺道院,城隍社壇,無廟不焚,無像不滅,斯又鬼神所共憤怒,欲一雪此憾於冥冥之中者也。[1]

作爲檄文,所言或有誇大,但其文辭背後,乃是沉痛之現實。事實上,對傳統文獻毁滅愈力,愈能證明毁滅者對傳統文獻功用體認得深。

廣西爲太平天國策源地,兵燹之後,"人士流離,舊書悉毁,舊刊片板無存"[2]。湖北"三次失陷,遭亂最深,士族藏書散亡殆盡,各處書板全毁,坊肆無從購求"[3]。安徽、江蘇、浙江等地,向爲人文淵藪,文教最爲發達,受戰亂之戕害也最重。藏有《四庫全書》的江南三閣,揚州文匯閣、鎮江文宗閣,圖書蕩然無存,杭州文瀾閣所存不足四分之一[4]。"浙省自遭兵燹,從前尊經閣、文淵閣所存書籍,均多毁失。士大夫家藏舊

---

① 曾國藩《討粵匪檄》,載《曾文正公全集》第十六《文集》,大達圖書供應社,1935年,頁92—93。

② 馬丕瑶奏文,載朱壽朋編,張静廬等校點《光緒朝東華録·光緒十五年十二月己亥》,中華書局,1954年,總頁2700。

③ 李鴻章《設局刊書折》(同治八年〔1869〕五月二十日),載《李鴻章全集》卷一五,頁685。

④ 據白君禮《搶救瑰寶 嘉惠後學——記丁丙對圖書文化事業的貢獻》(《圖書與情報》2003年第1期)一文考述,文瀾閣原存35990册,太平軍入城後僅存8140册。

本,連年轉徙,亦成烏有……士子雖欲講求,無書可讀。"[1]南京爲太平天國天京所在,同治三年(1864)城破後,"兩岸房屋十毁五六,存者亦止墻壁耳。文德橋面僅存一綫,文廟東偏尚有三四間壁立,餘則片瓦無完者"[2]。同治六年(1867),距太平天國失敗已有三年,江蘇學政鮑源深上奏説:"臣視學江蘇,按試所經,留心訪察,如江、蘇、松、常、鎮、揚諸府,向稱人文極盛之地,學校中舊藏書籍,蕩然無存,藩署舊有恭刊欽定經史諸書,版片亦均毁失。民間藏書之家,卷帙悉成灰燼。亂後雖偶有書肆所刻經書,俱係删節之本,簡陋不堪。士子有志讀書,無從購覓。蘇省如此,皖浙江右諸省,情形諒亦相同。以東南文明大省,士子竟無書可讀,其何以興學校而育人才?"[3]學校、藩署、書肆、民間藏書之家,爲各直省内傳世文獻最主要的保存之地,兵燹之下,幾無幸免。

世界文明古國中,惟中國僅存,數千年文化統緒,綿延不墜,積累了浩如烟海的文化典籍,形成了成熟的社會制度與文獻傳承體系。雖歷經浩劫,每次都能很快得以恢復,浴火重生。這一次,面對數千年未有之變局,有識之士再次擔負起恢復文獻傳承的重任。其中堅力量,就是在與太平軍作戰中崛起的以曾國藩爲首的中興名臣們。

二　早期官書局的創辦與中興名臣恢復文教、傳承文獻的努力

早期官書局的創辦,是以胡林翼、曾國藩、左宗棠爲首的地方督撫的文化自覺行爲。這與他們處在與太平軍作戰的第一綫,親眼目睹經籍蕩然的文化浩劫密切相關。

---

① 馬新貽《設局刊書疏》,載陳弢編《同治中興京外奏議約編》卷五,上海書店1984年影印清光緒刻本。

② 張文虎著,陳大康整理《張文虎日記·同治三年甲子十月初六日》,上海書店出版社,2009年,頁5。

③ 鮑源深《請購刊經史疏》,載《同治中興京外奏議約編》卷五。

(一) 修《兵略》以教將材：胡林翼與武昌書局的創辦

最早設局刊書的軍政要員，當推時任湖北巡撫、與太平軍作戰方殷的胡林翼①。咸豐九年(1859)，他在武昌設局，首刊《讀史兵略》，目的在於“以教將材”②，爲現實需要服務：“天下之治，常肇於憂勤。而其亂也，皆由於逸樂。……轉移氣化之柄，則賴在上者有以防患於未萌。……因條取其言兵者彙編之，以朝夕循覽，期牖頑鈍……庶幾覽斯編者，憂世風之日下，而思整武以豫爲之防，以無悖於臨事而懼，好謀而成之義云爾。”③他在給友朋及僚屬的信中，也反復申明此意。如與左宗棠書云：“天下絶少智略之人，近月發憤著書，取《左傳》、《通鑒》之兵事地理而編次之。兵事以智略爲上，地理以釋今爲考證。公講輿地二十年，管兵事又十年，明晰此中之精微者矣。”又與糧臺諸君書：“梅村所著極佳，此編成，必敬授諸君子各一部，精而熟之，可爲帝者師矣。”④“以帝者師”相期，可見胡氏對此書極爲自負。

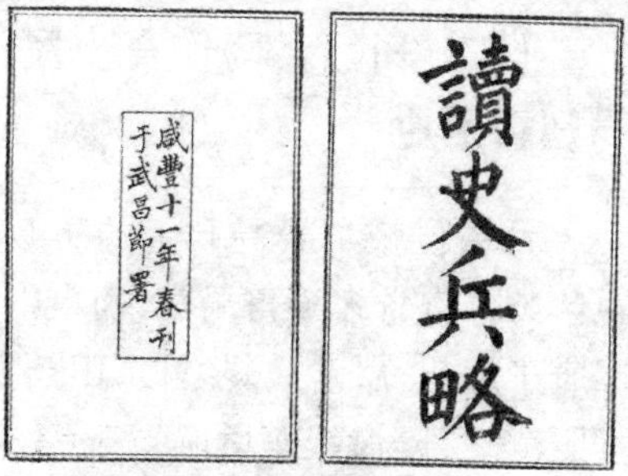

書影一　胡林翼《讀史兵略》，武昌書局刻本，1861 年

《讀史兵略》的刊刻，“始於九年二月朔日，蕆事於十年十二月十二日。編輯者，及門江寧汪孝廉士鐸；分輯者，漢陽孝廉胡君兆春、武昌孝

① 胡林翼(1812—1861)，字貺生、咏芝，長沙府益陽縣人。道光十六年(1837)進士，官至湖北巡撫。卒於軍中，謚文忠，追加太子太保。有《胡文忠公遺書》。

② 嚴樹森編《胡文忠公年譜》，載沈雲龍主編《近代中國史料叢刊》第八輯，文海出版社，1966 年，頁 291。

③ 胡林翼《讀史兵略序》，《讀史兵略》卷首，《續修四庫全書》第 967 册，頁 646。

④ 梅英杰編《清胡文忠公林翼年譜》卷三，載王雲五《新編中國名人年譜集成》第四輯，台北商務印書館，1978 年，頁 220—222。梅村指汪士鐸。

廉張君裕釗、獨山孝廉莫君友芝、長沙明經丁君取忠、長沙布衣張君華理也”①。胡林翼雖忙於軍務,仍親與其事:“當時開書局於武昌,節次按寄黄州,故公與文若書,有‘披閲節鈔’語也。”②

武昌書局所刊書,除《讀史兵略》外,還有《一統輿圖》、《練勇芻言》③,前者爲地理之書,後者爲兵學著作,都與軍事有關;又有《弟子箴言》之刻④,屬於勸導弟子向學的書籍。諸書或重軍事,或重品行,可知其刊書注重的是教化與現實需要。胡氏歿後,武昌書局還刊刻了胡氏遺集⑤。

(二) 刊《六經》作育士民:左宗棠在寧波、杭州等地的設局刊書活動

另一位較早設局刊書的軍政要員爲左宗棠。曾入左幕的陳其元説:“今各直省多設書局矣,而事則肇于左爵相,局則肇于寧波。爵相創軍府于嚴州,嚴當兵燹之後,田疇荒蕪,草木暢茂,遺民無所得失。爵帥于賑濟之外,發銀萬兩購買茶笋,俾百姓得采擷于深山窮谷以爲資,茶笋製成,扎發寧波變價,往返二次,歸正款外,得羨金數千兩。爵相以亂後書籍板片多無存者,飭以此羨餘刊刻四書五經。嗣杭城收復,復于省中設局辦理,即以寧波之工匠從事焉。蘇州、金陵、江西、湖北相繼而

① 胡林翼《讀史兵略序》,《續修四庫全書》第967册,頁646—647。按:付刻的《讀史兵略》采録資料至五代時止,而胡序中説:“其宋、元、明三史亦皆告成,將俟續刊之。”可知其原來構擬之規模尚不止此。

② 梅英杰編《清胡文忠公林翼年譜》卷三,頁222。

③ 參鄧文鋒《晚清官書局述論稿》(中國書籍出版社,2011年,頁73)所考。

④ 方宗誠《柏堂師友言行記》卷三:“東南文字,盡毁於賊,胡文忠在湖北,首開書局,刻《讀史兵略》、《弟子箴言》。”《續修四庫全書》第540册,頁568。

⑤ 張文虎同治四年(1865)五月十八日記:“節相送《益陽胡文忠遺集》來,凡奏疏一卷、守黔書牘二卷、撫鄂書牘四卷、撫鄂批牘三卷,其首卷則國史本傳及年譜也。朝邑閻中丞敬銘所編,刊於武昌書局。文忠忠勇沈毅,幹濟多方,爲節相所推服,讀此集可見其概已。”《張文虎日記》,頁39。

起,經史賴以不墜,皆爵相之首創也。”[①]左宗棠自稱:“不佞少貧嗜學,苦無錢買書,於家塾中得見桂林陳文恭公在湖南刊行《四書》大字本及《五種遺規》,又於親戚書塾中得見儀封張清恪公正誼堂彙刻儒先各種書殘缺本,輒欣然忘食。厥後撫浙,見歙鮑氏所刻《六經》,較文公大字本爲精,遂取刻之。由寧波招致手民,期年告成,今所行之影刻本也。……當兵戈滿目、學校頹敝之日,斯文斷續之交,顧可坐令墜緒弗理乎?”[②]又云:“照得陜、甘回變以來,古籍銷亡,誦習久廢,《五經》、《四子書》坊間素無善本,近并坊本亦購覓維艱。屢據漢、回士民禀求頒發書籍,雖經隨時由西安購取散給,既屬無多,且坊本訛舛相因,無從校正。因念本爵大臣同治三年戡定浙江時,曾捐廉覓匠,影刊鮑刻《六經》,最爲精好,亟應翻刻此本,散布各府廳州縣書院鄉塾,俾邊隅士子於古籍銷亡之後,復得善本,以資誦習,庶經正民興,異時有望也。”[③]

同治二年(1863)四月,左宗棠任閩浙總督兼浙江巡撫,五月即收復寧波,次年一月、二月先後克復嚴州、杭州。其局“肇於寧波”,蓋在同治二年,以刊印四書五經爲務;次年遷杭州,刊鮑刻《六經》,刻工仍係從寧波招募者。鮑刻《六經》向稱善本,左氏對此書最爲樂道,數年後主政西北,還想再度翻刻,以期“經正民興”。對此書的重視,足證左氏對刊刻經典、恢復文教秩序重要性的認同與力行。

(三)砥礪名節,重振士風:曾國藩兄弟與安慶、金陵書局的創立

縱覽近代中國文化史,在設局刊書、傳承文獻方面影響最大的,首推被視爲中興名臣之首的曾國藩。不少學者將創辦官書局的事業首歸於他。劉聲木説:“同治年間,曾文正公國藩踵前代南監本、北監本之

---

① 陳其元《庸閑齋筆記》卷三,中華書局,1989 年,頁 59—60。

② 左宗棠《翁藩司同爵呈齎各種書籍由》,載《左宗棠全集》第 16 册,上海書店 1986 年據光緒刊本影印版,頁 13979—13980。

③ 左宗棠《札陜鄂糧臺翻刻〈六經〉》,載《左宗棠全集》第 16 册,頁 14493—14494。

例,創立官書局。一時如江南、江蘇、淮南、浙江、江西、湖北、湖南七處,均設立官書局,刻印四部中要籍,流傳甚廣。”[①]净雨也説:“紅羊之後,各省官書局先後創立,至今猶多在焉。況周儀(頤)《蕙風簃二筆》:‘咸豐十一年八月,曾文正克復安慶,部署粗定,命莫子偲大令采訪遺書。既復江寧,開官書局于冶成山,此江南官書局之俶落也。’”[②]《清史稿·藝文志》甚至過分誇大,認爲金陵、蘇州、揚州、浙江、武昌等五家官書局都是曾國藩倡導設立的。

同治二年(1863),時任兩江總督的曾國藩與其弟曾國荃,欲刊清初大儒王夫之的遺書,設局於安慶軍械所内,資金則由曾國荃捐獻,“軍書旁午之時,文人學者,輻輳安慶,從事校刊”[③]。曾國荃旋率軍圍攻天京,刊書事務由曾國藩主持。書局延請名士歐陽兆熊“董其事”,分任校讎的則有張文虎、劉毓崧等十六人,都是一時俊彦。次年(1864)六月,曾國荃攻破天京,曾國藩移節署於江寧,書局也隨之東遷。據《張文虎日記》,書局主要人員(包括刻工)於九月十五日乘舟出發,二十一日抵寧後,書局暫封在銅作坊僞慕王府内[④]。曾國藩《王船山遺書序》(以下簡稱“曾《序》”)中揭示,全書“同治四年十月刻竣,凡三百二十二卷”,前後費時兩年而成,所謂“庀局於安慶,蕆事於金陵”[⑤]。曾氏親與其役,“國藩校閲者,《禮記章句》四十九卷、《張子正蒙注》九卷、《讀通鑒論》三十卷、《宋論》十五卷、《四書易詩春秋諸經稗疏考異》十四卷,訂正訛脱

---

① 劉聲木《萇楚齋續筆》卷三,載其《萇楚齋隨筆續筆三筆四筆五筆》,中華書局,1998年,頁283—284。

② 净雨《清代印刷史小紀》,載張静廬輯注《中國近代出版史料二編》卷三,上海群聯出版社,1954年,頁342。

③ 柳詒徵《國學書局本末》,載柳曾符、柳定生選編《柳詒徵史學論文續集》,上海古籍出版社,1991年,頁443。

④ 《張文虎日記》,頁1、3。

⑤ 曾國藩《王船山遺書序》,載《曾文正公全集》第十六《文集》,頁15—16。據李志茗考證,《船山遺書》始刻於同治二年冬。參其《從倡節義到興文教》一文,載《社會科學》2010年第10期。

百七十餘事”(曾《序》)。

曾國藩、國荃兄弟設立書局,首刻《王船山遺書》,其用意有三:一是刻全遺書,表彰鄉賢。王夫之爲清初大家,承宋儒之學,“注《正蒙》數萬言,注《禮記》數十萬言,幽以究民物之同,顯以綱維萬事,弭世亂於未形,其於古昔明體達用,盈科後進之旨,往往近之”(曾《序》)。湖湘學風,向崇程朱,後學對王夫之的學問,極爲推服。王夫之著述達一百餘種、四百多卷,身後刊刻的只有二十多種,收入《四庫全書》的也只有九種。道光十五年(1835),其裔孫王世全謀刻一百五十卷,“新化鄧顯鶴湘皋實主其事,湘潭歐陽兆熊曉晴贊成之。咸豐四年,寇犯湘潭,板毁於火”(曾《序》)。曾國藩兄弟以湘軍起家,刻鄉賢遺書,自能籠絡湘人。二是弘揚節義,砥礪士氣。明清易代,王夫之終身不出,迥出群流之上。曾國藩甚至將他同以氣節著稱的顧炎武、李塨作對比:“聖清大定,訪求隱逸,鴻博之士,次第登進。雖顧亭林、李二曲輩之艱貞,徵聘尚不絶於廬。獨先生深閟固藏,邈焉無與。平生痛詆黨人標榜之習,不欲身隱而文著,來反唇之訕笑,用是其身長遁,其名寂寂,其學亦竟不顯於世。”(曾《序》)在太平軍橫掃區夏、人心動蕩之際,以王夫之學問、人品相標榜,自有砥礪名節、重振綱常之用心。三是藉以養士,引領士風。曾國藩自組練湘軍以來,幕中聚集了大批能士,大者能統兵作戰,經營國是,著者如李鴻章;小者亦能辦理公務,刊校書籍,著者如張文虎。總之,藉王夫之遺書之刊刻,曾國藩兄弟實欲崇尚節義,收拾人心,恢復倫常,重振文教。

書局從安慶遷至江寧之初,曾國藩、國荃兄弟既已謀刻經史諸書。張文虎同治三年(1864)九月二十九日記:“同曉岑、壬叔往見沅帥。沅帥願重刻《十三經》、段注《説文》、《史記》、《漢書》、胡刻《通鑒》、《文選》諸書,舉以見屬。出至九兒巷,訪芋仙不值,回局。沅帥來拜,商刻書事,並辭行。”[①]所涉諸書,堪稱經部、史部、集部的代表作。十月十三日

① 《張文虎日記》,頁3。曉岑指歐陽兆熊,壬叔指李善蘭,芋仙指李士棻,沅帥即曾國荃。

記:"節相論刻書章程,謂十三經古注,惟《易》、《書》、《孝經》不足刻。固然,然相沿已久,不能廢,且無他古注完本可補者,不能定也。"[①]可見,曾氏兄弟已與書局中人商略章程,討論圖書之版本事宜;也説明戰火方熄,曾氏兄弟即致力於刊刻經史,恢復文教。刊書之議,因曾國荃還鄉養病、曾國藩事務繁雜,一度進展緩慢。這一時期内,《張文虎日記》中不乏校《毛詩》傳箋、《左傳》、《公羊傳》的記載,可知書局實已着手準備。

(四)刊印經史,恢復文教:李鴻章與金陵書局的刊書活動

同治四年(1865)五月,曾國藩奉命北上剿捻[②],李鴻章繼任兩江總督。李氏原爲曾國藩幕賓,到任後也以刊印傳世文獻、恢復封建文教爲職志,對書局業務既有承繼,也有開新。首先,他接續原有刊書活動,並擴大選題範圍。《船山遺書》即完工於李氏任上。張文虎六月十八日記:"時李宫保欲重刻五經、四書以爲童子讀本,故分校之。"[③]可見童蒙教育讀本,已入李氏視野。其次,閱定章程,籌措經費。由張文虎所記,可知當時謀畫,頗爲周詳:"周縵老自李宫保處來,言所擬章程皆如議,準七月初開局。此費出自鹽務餘款,每年約可六千金,每月五百金。若用寫手六人,發刀十五人,挑清四十人,一日出字六千,一月出字十八萬,計刻資二百八十八千,校勘薪水支銷外,贏餘以爲紙料、印工之資,其書發坊貨賣,所入亦添作經費,永爲常例。"深知刻書匪易的張文虎由衷贊嘆道:"此舉有益人文不少也。"[④]再次,延請周學濬等入局,但仍保留張文虎等精幹力量,從事校刊。"傅相肅毅伯李公繼督兩江,議開書局刻經史各書,烏程周縵雲侍御學濬總其事,仍延先生校理。因商定條

① 《張文虎日記》,頁6。節相指曾國藩。

② 《曾文正公年譜》:"(同治四年五月初九日)是日奉到上諭:欽差大臣協辦大學士兩江總督一等毅勇侯曾國藩現赴山東一帶督師剿賊。"《曾文正公全集》第二十六册,頁146。據《張文虎日記》,曾氏離開江寧的時間爲五月二十五日。

③ 《張文虎日記》,頁52。周縵老即周學濬,字縵雲,浙江烏程人。

④ 《張文虎日記·六月廿四日》,頁54。

例,以呈李公,公亟稱善。”[①]

李鴻章在任期間,書局刻書不少。張文虎在給曾國藩的書信中,通報了刻書情况:“自七月以來,合肥李宫保憫亂後書籍殘毁,坊刻經書多誤文俗字,童蒙之始,在所宜慎,因即舊局,鳩工開雕善本。文虎繆承縵雲侍御引佐校讎之役,先校刊《朱子本義》、《吕氏音訓》、《詩集傳》、《四書集注》,均已竣事。《伊川易傳》初授梓,《尚書蔡傳》須俟之明春。其《三禮》、《三傳》擬用古注,次第刊行,而繼之以《史記》、《兩漢書》、《資治通鑒》、《文選》。”[②]已刊之書,全爲朱子著作,《易傳》、《蔡傳》均程朱之學,與清廷尊奉程朱理學的既定文化政策高度一致;對史籍、《文選》的刊刻意圖,與曾氏全同,正可證李效曾後,同以傳承文獻、恢復文教爲己任[③]。

(五)表彰程朱,商量舊學:左宗棠與正誼堂書局的刊書活動

同治四年(1865)十二月,左宗棠平定福建,立即着手從經濟、文化等方面恢復既有秩序。次年三月,“乃於會城開蠶棉館,諭州縣增積貯備荒,又以閩中理學之邦,思有以延其緒,設正誼堂書局”[④]。設立這個書局的直接目的,就是刊刻《正誼堂全書》。該叢書爲清初著名循吏、理學家張伯行撫閩時所彙刻,收有程朱學派著述達五十五種,“掃異學之氛雺,入宋儒之堂奥”[⑤],表彰宋學,閩學由是大興。左宗棠對張伯行非常推崇,早年從事舉業時,就讀過《正誼堂全書》的一部分,此次重刊,就

① 閔萃祥《張先生行狀》,轉引自《國學書局本末》,載《柳詒徵史學論文續集》,頁445。張先生即張文虎。

② 見柳詒徵《國學書局本末》,頁444。

③ 此外,據徐蘇《江蘇官書局考辨》(《圖書館雜志》1990年第5期)稱,李鴻章於同治四年還設有江蘇書局,至同治六年,已刊有《小學集注》等書。

④ 羅正均《清左文襄公宗棠年譜》卷四,載《新編中國名人年譜集成》第二十輯,商務印書館,1981年,頁250。

⑤ 左宗棠《創設正誼堂書局告示》,載《左宗棠全集》第16册,頁14583。

成爲他安撫士紳、商量舊學、恢復文教的重要舉措。“兹來清恪舊治,亟詢是書,僅存四十四種,而鰲峰書院所藏版片則蝨蛀無存矣。爰擇省會文昌宫設正誼堂書局,飭司道籌款,就所存本先付手民開雕,餘俟訪尋續刻。書成,散之各府縣書院,俾吾閩人士得以日對儒先,商量舊學,以求清恪、文勤遺緒。”①其用意十分明顯。爲刊書順利,他還注意招徠人才:“近年科舉頻開,得舉者多,諒不乏有志問學之士。其願入局任分校之役者,各赴署報名,本月十六日取齊,定期十八日面試榜示。取入者月致膏火銀五兩。本爵部堂判事之暇,亦將來局與同志之士共相討論,儻不以時過,不學而棄之乎?”②

書局設立的當年,即刊刻了《全書》六十三種,超過了原有規模;後在同治八年至九年,又以正誼堂書院的名義,續刻了包括張伯行所輯《唐宋八大家文鈔》在内的五種書。正誼堂書局的設立及《全書》的續刻,體現了左宗棠表彰程朱理學、紹復先儒正統的努力。

(六)傳承文獻,引領風氣:早期官書局的特點及其奠基作用

如將上述早期官書局的設立及刊書情況作爲一個整體加以考察,那麽,下列共性是顯而易見的:

其一,書局的發起人或支持者,都是直接領兵與太平軍(捻軍爲其餘波)苦戰的軍政要員,胡林翼、左宗棠、曾國藩兄弟、李鴻章等,莫不如此。作爲傳統士人的傑出代表,他們以顯赫的戰功,成爲中興名臣,挽狂瀾於既倒,振文教於將衰。尤其是曾國藩,一直主持或遥領金陵書局事務,以其設局刊書時間之早、持續之長、質量之精,著稱於世,足爲名臣中重建文教的代表人物。

其二,設局刊書,是曾國藩等中興名臣的自覺行爲。其原因當是在

---

① 左宗棠《創設正誼堂書局告示》,頁14583—14584。文勤指蔡世遠(1681—1734),字聞之,號梁村,漳浦縣人,人稱梁山先生。

② 左宗棠《創設正誼堂書局告示》,頁14584。

與太平軍作戰的過程中,親眼目睹了兵燹之災給傳統典籍、文教秩序帶來的巨大破壞作用。作爲傳統文教體制下培育出來的精英人物,對此自然不能袖手旁觀。

其三,早期設局刊書的目的,在於砥礪氣節、端正人心、培育人才,恢復、重建既有的文教傳統。

其四,刻書内容,以軍事實務、童蒙讀物、傳統經史爲主,程朱理學一系的著述,受到空前重視。一方面由於程朱理學本來是清廷認可的正統之學,科舉以四書五經爲範圍;另一方面也由於程朱理學强調正心誠意,敦叙人倫,教化有序,切合時用。

其五,書局業務方面,經費出於自籌,人員主要延請幕僚充當。養士、刻書並舉,既能保證質量,又能籠絡士人,引領學術風氣。

以上幾點,實際上奠定了此後官書局刻書的基本理念與原則。設局刻書雖以恢復、重建文教爲目的,客觀上擔負起了近代文獻傳承的歷史使命。時人贊嘆説:“烏乎! 粵寇之興,天下雲擾,曾、胡諸公,左提右挈,卒夷大難,雖當時將帥攀附,多汗馬之勞,然所至郡縣,即興學校,講文藝,崇儒重道,不數年間,東南元氣逐漸以復,此其綱維國本者,豈不偉邪!”[①]結合當時情勢,可知這段評論是比較中肯的。

三 晚清官書局的廣泛設立及其對傳統文獻的刊印

以曾國藩爲首的中興名臣早期自發的設局刊書活動,影響逐漸遍於全國,引起了其他地方主政官員的同調共鳴。同治後期至光緒初期,地方要員紛紛上疏陳情,官書局在各省廣泛設立。其中,江蘇學政鮑源深的上疏,最具代表性。

① 見方宗誠《柏堂師友言行記》卷首序文(題“蓬萊慕玄父”撰),頁541。

(一)鮑源深《請購刊經史疏》與官書局的廣泛設立

同治六年(1867),時任江蘇學政的鮑源深上奏《請購刊經史疏》,要求廣開書局,刊印經史。這是一篇非常重要的疏文,既回顧了本朝的文教傳統,又指出了當前嚴峻的需求形勢,進而提出合理的措施與建議。這一時期有關設局刊書的奏疏很多,但理據與措施大都未能超出此篇,所以該疏堪稱代表之作。該疏對瞭解當時文獻傳承的現狀及朝野共識極爲有益,因此照録并分析如下:

疏文首先概括了本朝收藏、頒發、刊印御纂、欽定諸書的傳統:"臣伏查學政全書,各省府州縣學,向有尊藏御纂、欽定諸書,並於雍正乾隆初年,迭經奏准,令直省撫藩將頒發御纂、欽定經史諸書,敬謹重刊,並聽坊間印售,以廣流傳;又議准督撫將十三經、廿一史諸書購買,頒發各學收管,令士子講習等因在案:仰見列聖右文稽古,嘉惠士林至意。"次陳近年兵燹之後,"以東南文明大省,士子竟無書可讀"之窘境(參前引),實無以"興學校而育人才"。再請旨購補,擇要刊刻:"臣擬請旨,將殿板諸書,照舊重頒各學。誠恐内存書籍無多,武英殿書板久未整修,亦難刷印。因思由内頒發,不如由外購求。敬請敕下各督撫,轉飭所屬府州縣學,將舊存學中書籍,設法購補,俾士子咸資講習,並籌措經費,擇書之尤要者,循例重加刊刻,以廣流傳。"復論當前經史書籍之缺乏及刊印之必要:"現在江寧省城,已設局刊刻四書五經,惟所刊皆係學中讀本,於經史大部書尚未遑及。竊維士子讀書,以窮經爲本,經義以欽定爲宗。臣伏讀世祖章皇帝御注《孝經》、聖祖仁皇帝御纂《周易折中》、欽定《書》、《詩》、《春秋》三經、《傳説彙纂》,世宗憲皇帝御纂《孝經集注》、高宗純皇帝御纂《周易述義》、《詩義折中》、《春秋直解》、欽定《三禮義疏》,皆闡發精微,權衡至當,足使窮經之士,不淆於衆説,得所指歸。以上各書,請旨敕下各撫藩,先行敬謹重刊,頒發各學,並遵舊例,聽書估印售,以廣流傳,庶使僻壤窮鄉,皆知研求經學。至窮經之外,讀史爲先。全史卷帙浩煩,現在經費未充,重刊匪易。恭請敕令,先將聖祖仁皇帝御批《通鑒綱目》,高宗純皇帝御批《通鑒輯覽》,敬謹先刊,分發各學,士子讀之,已可貫串古今,賅通全史。其餘各書,再行陸續刊刻。"末申經費之易籌及刊書爲中興之盛舉:"或疑現在各省經費支絀,籌餉艱難,似購書刊書,無暇遽及。夫勘亂則整武爲先,興學則修文宜亟,况購書刊書經費,每年不過籌餉中百之二三,籌捐尚易,誠令學校經史重完,士子深於經者,窺聖學之原,深於史者,達政事之要,體用兼賅,益卜人才蔚起,於以光列聖右文之治,廣皇上教育之仁,豈非黼黻中興之盛舉哉!臣愚昧之見,謹繕摺具奏,伏乞皇上聖鑒,訓示施行。謹奏。"①

鮑氏此疏,將稽古右文的治統與恢復文教的現實需要緊密結合,情理兼備,足以動人。"士子讀書,以窮經爲本,經義以欽定爲宗","至窮經之外,讀史爲先",這些觀點,應該説代表了當時朝野士大夫的共識。奏疏很快得到批復,從而使各地的設局刊書活動,由早期督撫的自覺行爲,上升爲統治集團的集體意志,具備了"奉旨刊書"的合法性依據。各地隨後紛紛設立官書局,連偏遠省份也積極響應,蔚成風氣。

對近代中國究竟設立了多少家官書局的問題,學界尚無定論。最早的統計僅有14家②,後來增至26家③,最新研究認爲有40餘家④。造成這一局面的原因,在於對官書局的界定標準存在差異⑤。應當看到,官書局主要爲重建、振興封建文教而設,任務是刊印、傳播傳統典籍,實際上爲近代中國的自我變革提供了傳統思想文化資源賴以存在的文獻基礎。因此,刊印傳統典籍是判定官書局的必要條件。這樣看

① 鮑源深《請購刊經史疏》,載《同治中興京外奏議約編》卷五。李鴻章《設局刊書折》(同治八年五月二十日):"奏爲遵旨設避(局)刊書,隨時頒布以資實學而廣人材恭折奏請祈聖鑒事。竊查接管卷内準禮部咨議,覆御史范熙溥奏,軍務肅清省分,亟應振興文教,請將所屬書院妥爲整頓,奉旨依議,欽此。續又準咨同治六年五月初二日奉上諭,鮑源深奏請刊刻書籍,頒發各學一折等因。欽此。恭録行知均經前署督臣李瀚章、前撫臣曾國荃會商辦理。"(載《李鴻章全集》卷一五,頁684。)可知鮑氏此疏當上於五月之前。

② 净雨《清代印刷史小紀》,載《中國近代出版史料二編》卷三,頁342—343。

③ 參梅憲華《晚清的官書局》,載《出版史料》1989年第3、4合期。

④ 參鄧文鋒《晚清官書局述論稿》,頁80—103。

⑤ 對官書局的範圍,當前學界存在着三種不同的觀點,參王曉霞《晚清官書局研究綜述》(載《大慶師範學院學報》2011年第2期)。

來,那些雖以官書局爲名,而以販售書局刻書或翻譯西書爲務、並不刊印傳統典籍的機構,並不是嚴格意義上的官書局。按照這一理路,結合學界研究成果①,可知以下三十家當無疑議:

序次	書局	地點	創設時間	創設人	備注
1	武昌書局	武昌	咸豐九年(1859)	胡林翼	刻《讀史兵略》、《練勇芻言》等
2	寧波/杭州書局	寧波 杭州	同治二年(1863)	左宗棠	刻鮑刻《六經》
3	安慶/金陵書局/江南書局	安慶 南京	同治二年(1863)	曾國藩 曾國荃 李鴻章	刻《王船山全書》、《史記》、《文選》等。同治三年遷金陵,光緒初易名江南書局

① 除前引各種論著外,還參考了以下論文:孔毅《崇文書局刻書始末》,載《春秋》1987年第2期;顧承甫《清末官書局二三事》,載《出版史料》1989年第3、4合期;徐學林《曲江官書局是清末最早的官書局之一》,載《出版史料》1989年第3、4合期;張其中《四川官書局考略》,載《四川圖書館學報》1989年第5期;汪家熔《清末地方官書局》(上、下),載《圖書館雜志》1990年第1、2期;葉農《廣雅書局始末及刻書考》,載《出版史料》1990年第2期;孔毅《清代官書局刻書述略》,載《文獻》1992年第1期;胡昭熔《湖南書局、傳忠書局、思賢書局考辨》,《出版史料》1992年第2期;方振益《湖北官書局(崇文書局)考略》,載《出版史料》1993年第1期;汪家熔《"直隸官書局"和湖南官書局》,載《出版史料》1993年第1期;劉泳唐《嚴修創辦貴州官書局》,載《貴州文史叢刊》1993年第5期;陳相因《廣西官書局始末》,載《廣西地方志》1994年第1期;陳邦翔《浙江書局刻書考》,載《書目季刊》2002年第4期;張雪琴《從浚文書局到山西書局》,載《新聞出版交流》,2003年第5期;張磊《張之洞與廣雅書局》,載《圖書情報工作》,2004年第5期;吴家駒《局本二十四史述略》,載《圖書館理論與實踐》2007年第5期;王連浩《雲南官書局考略》,載《蘭臺世界》2011年第2期;胡學彦《清末杭州的浙江官書局》,載《出版史料》2011年第2期;李志茗《金陵書局考辨——以晚清同光時期爲中心》,載《史林》2011年第6期。

續表

序次	書局	地點	創設時間	創設人	備　註
4	江蘇書局	蘇州	同治四年(1865)	李鴻章	刻《小學集注》、《讀禮通考》、《牧令書輯要》、《江蘇全省輿圖》等
5	正誼堂書局	福州	同治五年(1866)	左宗棠	刻《正誼堂全書》
6	浙江官書局	杭州	同治六年(1867)	馬新貽	刻《御纂七經》、《新唐書》、《二十二子》、《王文成公全書》等
7	崇文書局/湖北書局	武昌	同治六年(1867)	李瀚章　曾國荃	刻《説文解字》、《明史》、《胡文忠公遺集》等三百餘種
8	聚珍書局	南京	同治六年(1867)	李鴻章	排印硃批諭旨
9	廣東書局/粵東書局	廣州	同治六年(1867)	蔣益澧　方濬頤	又稱羊城書局。刻《通志堂經解》、《欽定四庫全書總目》、《牧令書》等
10	曲水書局/曲江書局	安慶 常州	同治七年(1868)	吴坤修	刻《孝經章句》、《汪子遺書》、《乾坤正氣集》、《半畝園叢書》等
11	福建書局/福州書局	福州	同治七年(1868)	鄧廷枬	刻《武英殿聚珍版叢書》等
12	成都書局	成都	同治七年(1868)	吴　棠	刻《御纂七經》、前四史、《朱子全書》、《八家文》等
13	淮南書局/揚州書局	揚州	同治八年(1869)	方濬頤	刻《全唐文》、《鹽法志》等

續表

序次	書局	地點	創設時間	創設人	備　註
14	陝西官書局/西安書局	西安	同治十年(1871)	左宗棠	又稱秦中書局。翻刻鮑氏《六經》等
15	江西書局	南昌	同治十一年(1872)	劉坤一	刻《御纂周易折中》、《阮刻十三經注疏附校勘記》、《江西通志》、《農桑輯要》等
16	傳忠書局	長沙	同治十二年(1873)		前身爲忠義録書局。曹耀湘主持。刻《曾文正公全集》,另有單刻本 25 部。光緒十七年併入思賢書局
17	雲南官書局	昆明	同治十二年(1873)		由原雲南書局改稱。刻《御纂七經》、《御批歷代通鑒輯覽》、《理學宗傳》、《古文淵鑒》等
18	湖南書局/省城書局/湘南書局	長沙	同治十三年(1874)		前身爲長沙府學尊經閣,同治三年後一度改稱尊經書局。刻有叢書兩套 50 部,單刻本 68 部,如《古文辭通義》等
19	山東官書局	濟南	同治九年(1870)	丁寶楨	刻《十三經注疏》、《歷代通鑒纂要》、《玉函山房輯佚書》等
20	濬文書局/山西官書局	太原	光緒五年(1879)	曾國荃　閻敬銘	刻有《十三經讀本》、《史記譯林》《牧令全書》、《近思録集注》、《古文辭類纂》等
21	尊經書局	成都	光緒五年(1879)	吴　棠　張之洞	附設尊經書院内。刻有《春秋經傳解詁》、《蜀典》等

續表

序次	書局	地點	創設時間	創設人	備　註
22	迪化書局	迪化	光緒五年(1879)	左宗棠	刊《六經》及《千字文》等童蒙讀物
23	直隸官書局	保定北京	光緒七年(1881)		孫家鼐主持。刻有《左傳杜林》、《畿輔通志》、《保定府志》等
24	南菁書局	江陰	光緒十一年(1885)	王先謙	專刻《皇清經解續編》
25	廣雅書局/廣州/廣東書局	廣州	光緒十二年(1886)	張之洞	刻《周易解詁》、《少室山房集》、《離騷彙訂四帙》等書，尤以刻《史記索隱》等史籍著稱
26	桂垣書局/桂林書局	桂林	光緒十五年(1889)	馬丕瑶	"刊六經讀本，續刊有關實學諸書"(馬氏奏文中稱)
27	思賢書局	長沙	光緒十七年(1891)	郭嵩燾　王先謙	由原思賢講舍刻書處與傳忠書局合併而成。刻書86部及《玉函山房輯佚書》一套
28	味經官書局	涇陽	光緒十七年(1891)	柯逢時	刻《十三經》、《廿四史》、《通鑒》、《通考》、《通典》、《通志》等
29	貴州官書局/資善堂書局	貴陽	光緒二十年(1894)	嚴　修	翻印其他書局刻書，如《書目答問》等
30	存古書局	成都	宣統元年(1909)	趙爾巽　趙啓霖	主辦人爲羅元黼。調尊經、錦江書院版片，刻有《尚書馬鄭注》、《資治通鑒》、《朱子全書》、《八代詩選》等

就各地官書局設立情況來看,有以下幾個特點:

其一,官書局地域分布不平衡。東部省份較多,東南諸省尤爲突出。東南爲文教重心所在,受内亂兵燹之災最重,又是最早感知西方軍事、經濟、文化的巨大衝擊的地區。

其二,官書局大規模設立,是在同治後期至光緒中期,確切地説,是在甲午戰争以前。此一時期,清廷仍是國家中樞及士人向心力所在,有識之士仍以富國强兵爲目標,高倡"中學爲體,西學爲用",仍然從傳統文化中尋找自强、新政、改良的思想資源。

其二,地方督撫等要員仍是設立官書局的中堅力量。曾國藩、左宗棠、李鴻章等仍繼續主持局務,或開設新局,張之洞、丁日昌、馬新貽等繼起設局,遥相呼應。這與地方督撫實權在握、足以引領士風有關。應當看到,自近代以降,清廷對地方督撫的控制力實際上漸趨減弱,中央刻書已漸無足觀。

晚清官書局設置地點不一,時間不一,存續不一,業務範圍也各有側重,但如果把晚清官書局作爲一個總體加以審視,那麽,歷代各種形式的傳統文獻(包括啓蒙讀物、學術著作),都成爲晚清官書局的刊刻對象,無論是内容,還是質量,晚清官書局都堪稱是刊印傳統典籍的主要機構,是近代史上傳承本邦文獻的最大功臣。

(二)晚清官書局以刊印傳統文獻爲主

晚清官書局所刊書籍,遍及四部,經部、史部尤爲大宗。

六經是先秦時代王官之學的文教遺存,是封建制帝國政教資源的集中體現,隨着儒家地位在西漢的獨尊,六經及其解説被確立爲六藝之首,成爲最重要的文獻資源。歷代圍繞六經而產生的傳、説、記、注、箋、疏、正義、集解之作層累式地發展,至中古時期蔚成經部,成爲古代中國最重要的文獻類别。晚清官書局以恢復文教、傳承文獻爲己任,經部書籍理所當然地倍受重視。同治四年(1865),曾國藩在設局刊書之初,就着手刊印朱子《周易本義》十二卷,次年發雕朱子《詩經集傳》八卷、《詩序辨説》一卷、程頤《易經程傳》八卷、蔡沈《尚書蔡傳》六卷、陳澔《禮記集説》十卷、姚培謙《春秋左傳杜注補輯》三十卷,朱子《四書集注》十九卷則刊行於同治十一年(1872)[①],用以課舉取士的四書五經全在刊刻之列,可見主事者試圖恢復原有文教傳統的努力。此後大部分官書局都以刊刻經部典籍作爲首要任務,《十三經注疏》、《通志堂經解》、《古經解彙函》等經解叢書廣爲刊刻流布。清代漢學鼎盛,官書局也刊印了不少本朝人的經學著作。光緒十一年(1885),時任江蘇學政的王先謙設南菁書局於江陰,專門刊刻他編輯的《皇清經解續編》,以紹承阮元《皇清經解》之緒,使清人經解著作蔚成系列。

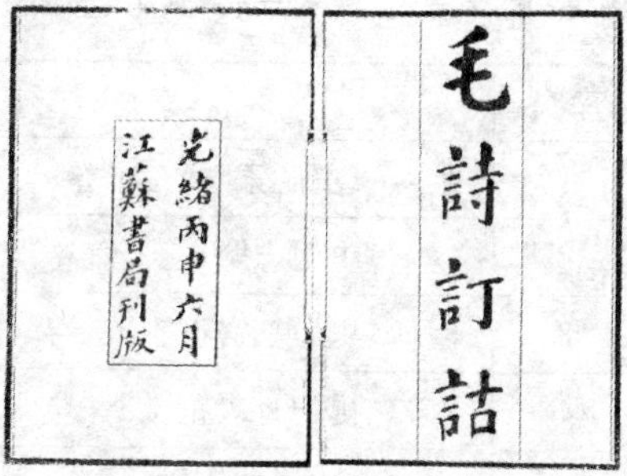

書影二 顧棟高《毛詩訂詁》,江蘇書局刻本,1896 年

振興文教,童蒙爲先,因此各地書局都重視童蒙讀物的刊刻與傳播。左宗棠的看法十分具有代表性:"經正民興,人才從此出,風俗亦從此厚矣。覽諸生所陳義學條規,鮮有見及者。須知自洒掃應對至希聖希天,下學上達,皆是一貫。今日入塾童子,先宜講求《幼儀》、《弟子職》,而歸重於《小學》一書,方爲得之。"[②]

史部文獻一向是晚清官書局的刊刻重點,不少書局就以刊印史籍而著稱於世。如金陵書局、淮南書局、廣雅書局等。兹以廣雅書局爲例。該局由時任兩廣總督的張之洞奏設於光緒十三年(1887),資金充裕,刊印了大量傳統典籍,尤以史部爲盛。1917 年,廣東圖書館擇其版片尚佳、版式一致者刊爲《廣雅叢書》,凡經類 26 種、小學類 11 種、雜類(大部分屬子部書)17 種、史學類 93 種、集部 7 種。該叢書第一種爲清人丁晏的《周易解詁》一卷,書前載有叢書目録,每種均注明版本。兹擇

① 參蘇曉君《從國圖館藏看金陵書局所刻書》(《中國典籍與文化》2010 年第 1 期)中之統計。

② 左宗棠《平凉縣王令啓春稟設義學條規由》,載《左宗棠全集》第 16 册,頁 13966。

其中與《史記》、《漢書》有關的著述爲例：

序次	書　名	著者	版　本
1	《史記索隱》三十卷	司馬貞	汲古閣本
2	《史記志疑》三十六卷	梁玉繩	清白士集本
3	《史記三書正訛》三卷	王元啓	祇平居士集本
4	《史記月表正訛》一卷	王元啓	傳抄本
5	《史表功比説》一卷	張錫瑜	傳抄本
6	《史記注補正》一卷	方　苞	望溪集本
7	《史記毛本正誤》一卷	丁　晏	家刻本
8	《史漢駢枝》一卷	成　孺	傳抄本
9	《史記天官書補目》一卷	孫星衍	昭代叢書本
10	《(史記)楚漢諸侯疆域志》三卷	劉文淇	淮南書局本
11	《漢書辨疑》二十二卷	錢大昕	銅熨斗齋本
12	《漢書注校補》五十六卷	周壽昌	家刻本
13	《漢志水道疏證》四卷	洪頤煊	心槼齋本
14	《漢志西域傳補注》二卷	徐　松	陽湖張琦刻本
15	《漢書人表考》九卷	梁玉繩	清白士集本
16	《漢書人表考校補》一卷	蔡　雲	家刻本
17	《前後漢書注考證》二卷	何若瑶	何宫贊遺書本

清代爲中國古代學術的大整理時期，史學非常發達，班馬異同，尤爲清代學人所喜論。上表中與《史記》、《漢書》相關的著作即有 16 種，遠較他史爲勝。廣雅書局刊印史籍，特别重視以下兩點：甲、以清人史著爲主(叢書中只有《史記索隱》爲唐司馬貞所著，其他 92 種全爲清人著作)，不少著作是第一次刊印；乙、底本選擇面廣，既有已刊本，也有未刊本；既有家刻本，也有坊刻本。劉文淇《(史記)楚漢諸侯疆域志》一種，還選擇了淮南書局的刻本作爲底本，足見該書局刻本之精，也見出

廣雅書局的擇善而從。

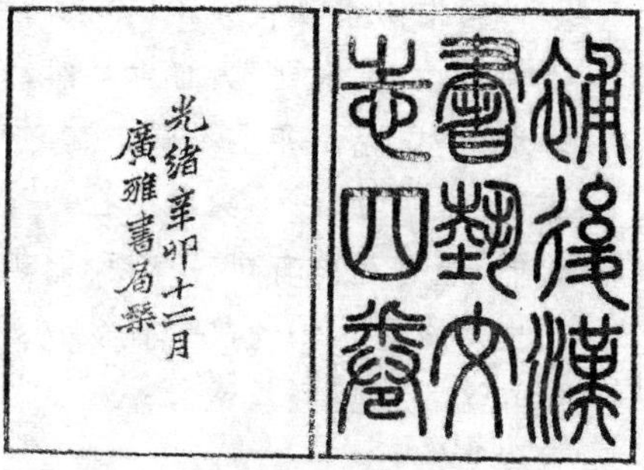

書影三 侯康《補後漢書藝文志》，廣雅書局刻本，1891年

晚清官書局在刊刻史部典籍方面，還有一件藝林盛事，就是五局合刻《二十四史》。"五局"指金陵書局、浙江書局、湖北崇文書局、江蘇書局與淮南書局；《二十四史》即由《史記》至《明史》的二十四部正史，它與《十三經注疏》一起，構成傳統經史典籍的兩大主幹。浙江巡撫李瀚章、江蘇巡撫丁日昌、湖廣總督馬新貽、湖廣總督李鴻章，以及直隸總督任上的曾國藩，對五局合刻一事極爲珍視，聲氣相通，共襄盛舉，開創了中國出版史上合刻典籍之先河①。柳詒徵指出："惟局雖分設，事多協商，故江南先刊四史，湖北踵刻史書，因有分任全史之舉。當時督撫和衷共濟，又多學者參預其間，綜其顛末，不獨爲書林之佳話，亦可見治體之休明。"②合刻本以校勘精審名世，爲後世全面點校、整理正史奠定了堅實的基礎。

牧令書是專講爲官之道、如何處理政務的一類史籍。清代自嘉道以降，已無康、雍、乾三朝勵精圖治之氣象，八旗魚爛，吏治廢弛，地方官吏面對世變之局，常常茫然失措。曾國藩就任直隸總督後，就在給友人的信中抱怨"直隸吏治極壞"③，而直隸向稱首善之區。因此，地方督撫在設局刊書、振起文教之時，講求"治道"的牧令之書，也成爲重視的對象。同治七年(1868)，江蘇巡撫丁日昌上疏清廷，愷切痛陳：

---

① 具體分工是：浙江書局刻《舊唐書》、《新唐書》、《宋史》，江蘇書局刻《遼史》、《金史》、《元史》，崇文書局刻《舊五代史》、《新五代史》和《明史》，淮南書局刻《隋史》，金陵書局刻餘下十四史。

② 柳詒徵《國學書局本末》，頁449。

③ 王媛整理《曾國藩、李鴻章、洪汝奎等致張文虎函札》，載《文獻》2009年第2期。

> 竊惟國家設官分職,皆以爲民,而與民最親,莫如州縣。得其人則治,失其人則亂,自古爲然,於今尤急。溯自軍興以來,州縣中歧途雜出,流品亦至不齊,雖其中固多可造之才,而平日於吏治諸書,曾未體會,一旦身膺民社,茫然無所持循。凡百工技藝,皆學而後能,豈有親民有司,不學而能無謬失者!此循良所以日鮮而民困所由日深矣。……故今日欲敦吏治,必先選牧令;欲選牧令,必先使耳濡目染於經濟致治之書,然後胸中確有把握,臨政不致無所適從。①

江蘇書局特别重視牧令書的刊刻,如同治八年(1869)春刊竣的《牧令書輯要》一書,係丁氏親自選評,節録了顧炎武、于成龍以降六十餘位名儒、循吏之言行、治績,分治原、政略、持家、用人、事上、接下、取善、屏惡、農桑、賦役、籌荒、保息、教化、刑名、戢暴、備武、事彙、憲綱等十八門,薈萃一書,略等於"爲官指南",堪稱牧令書的代表。該局另外刻有《牧令五種》、《牧令需知》、《秋獻集要》、《籌濟編》、《圖民録》、《實政録》、《捕蝗要訣》、《蠶桑簡明輯説》等。其他書局也重視牧令書的刊刻,如金陵書局刻有《蠶桑輯要》,崇文書局刻有《荆楚疏修》、《蠶桑輯要》、《荒政輯要》、《救荒補遺》等。

諸子學是古代中國重要的思想源泉,但漢武帝世儒家取得獨尊地位之後,其他各家之學即漸趨衰微,從歷代傳世目録中諸子著作日漸減少的事實,即可發現這一趨勢。清代學者對傳統文獻進行了大規模整理,諸子學方有所復蘇。近代以降,面對外侮日亟、内亂頻仍的困局,變法圖强爲有識之士所倡導,逞説强辨、務窮其智的諸子學,於是重新成爲最重要的思想資源之一。在這種背景下,子學著作也進入官書局的

① 丁日昌《蘇省設局刊書疏》,載《同治中興京外奏議約編》卷五。對此,清廷樂見其成:"同治七年三月初十日内閣奉上諭:丁日昌奏設局刊刻牧令各書一摺。州縣爲親民之官,地方之安危繫之。丁日昌現擬編刊牧令各書,頒發所屬,即著實力舉行,俾各州縣得所效法。"載蘇州書局所刊徐棟原編,丁日昌選評《牧令書輯要》卷首,《續修四庫全書》第755册,頁367。

刊刻視野，如金陵書局刻有王念孫《讀書雜志》十種七十六卷，思賢書局刻有《荀子集解》、《莊子集釋》及《玉函山房輯佚書》等。崇文書局刻《百子全書》(又名《子書百家》)，較爲有名。但最具代表性的，當數浙江書局刊刻《二十二子》。該局由被目爲"乾嘉考據學之殿軍"的俞樾擔任總辦，精選底本進行校讎，"注重吸收歷代學者，尤其是清代諸家整理和研究諸子學的成果，彙編了歷代刊本中較有代表性的精校、精注本。有些子書還附録有關參考資料。選目精當，刻印尤善，在這一時期所出版的諸子書彙刻本中，堪稱上乘之作"①。百年之後，該書仍被翻印，足見其價值。其他類型的子書，也屢加刊刻，如浙江局即刻有大型類書《玉海》等。

集部典籍也在官書局刊刻範圍之内，本朝著述尤其受到重視。曾國藩等在創建書局之初，即謀刻《文選》，至同治八年(1869)刻成李善注本六十卷；此前已在同治五年開雕了兩部詩選，即姚鼐《惜抱軒今體詩選》十卷與王士禛《漁洋山人古詩選》三十二卷，開創官書局刊刻集部典籍之先河。姚氏爲桐城派古文的代表人物，王士禛執清初詩壇之牛耳，他們選編的著述得以刊刻，不難看出主持大局的曾國藩之志趣所在。不少書局刻有名家别集注本及總集，如浙江書局有《蘇文忠公詩編注集成》，廣雅書局有《全上古三代秦漢三國六朝文》，思賢書局有《駢文類編》等。

前揭鮑源深奏疏，把刊印御纂、欽定之書放在首要地位。"世祖章皇帝御製《孝經集注》，高宗純皇帝御纂《周易述義》、《詩義折中》、《春秋直解》、欽定《三禮義疏》皆闡發精微，權衡得當，足使窮經之士，不淆於從説，得所指歸"，請"旨敕各撫藩先行敬謹重刊，頒發各學，並遵舊例，聽書估印售，以廣流傳"。同治帝即諭敕各省督撫實行，又准浙江書局重刊《欽定七經》、《御批通鑒》、《御選古文淵鑒》等書。今存宣統元年刻本《江西書局價目》中，不僅可見上述諸書，還可見《欽定詩經傳説彙

① 見《二十二子》書前《出版説明》，上海古籍出版社縮印浙江書局彙刻本，1986年，頁1。

纂》、《欽定春秋傳説彙纂》、《欽定書經傳説彙纂》、《御纂資治通鑒綱目三編》、《御纂朱子全書》、《御纂醫宗金鑒》、《欽定武英殿聚珍版程式》、《御製勸善要言》等書。從内容上看,這類書以傳統經籍爲主,雖然在官書局所出圖書中所占比例很小,但却是各局"敬謹先刊"的對象,反映了效法聖主、護持正統的取向。

近代以降,國門被迫洞開,國人欲求富國强民,奮起直追,先是追求"師夷長技以制夷",繼而主張"中學爲體,西學爲用",學習西方制器之長。在睁眼看世界的過程中,不能不對西方的軍事、史政、吏治、教育、外交、科技等方面,作全方位的瞭解。於是有關西學的書籍,也成爲官書局刊刻對象。金陵書局即刊有《幾何原本》,其他如《臨陣心法》、《萬國史略》、《日本歷史》、《日本史綱》、《蒙古史》、《外國列女傳》、《英國員警》、《日本軍事教育編》、《西政叢書》、《日本師範》、《交涉要覽》、《時務大成》、《政治學》、《倫理學教科書》、《電學》、《化學導源》等,都有官書局刻本。不過,刊印傳統典籍、傳承文獻的任務,主要由官書局承擔,而翻譯西書、引進西學,則主要由江南製造局翻譯館等譯書機構承擔,構成了近代文化出版的兩大分野。

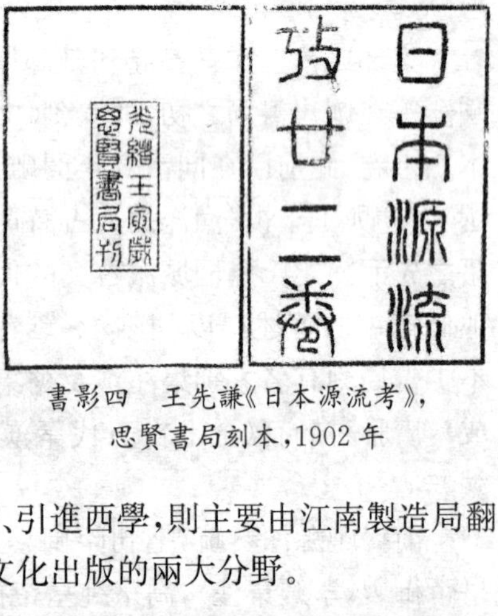

書影四　王先謙《日本源流考》,思賢書局刻本,1902 年

(三)"但求讎校之精審,不問成書之遲速":"局本"的煉成

晚清官書局的刻書以精選底本、校讎精審聞名於世,號稱"局本"[①]。"諸局之書皆校刊審慎,人呼爲書局板,著於目曰局本,以地名

① 據孔毅研究,官書局的底本大致有殿本、古籍善本、清人稿本和稀見刊本等,選擇比較審慎。參其《清代官書局刻書述略》一文。

冠之。"[1]

雖然各家書局在刊刻質量上頗有參差,不能一概而論,但總體説來,局本的確以質取勝,聲名遠播。前揭廣雅書局刊刻的史學叢書,浙江書局刊刻的《二十二子》,都以底本選擇審慎、校勘精審而著稱。如廣雅書局所刻書,其底本有寫本(稿本、清稿本、鈔本)和刻本兩個系列,後者又有家刻本、自刻本、原刻本、叢書本、局本、殿本等分别,選擇範圍涵蓋了大部分版本類别[2]。對寫本的刊刻,尤見官書局保存、流布傳統文獻的作用。

金陵書局成立較早,由於延請著名校勘學家從事其役,質量尤足稱道。柳詒徵云:"刊本之最著者,《四書》、諸經、《史記》、《前漢書》、《三國志》、《文選》、王氏《讀書雜志》、漁洋山人《古詩選》,出於張文虎之手;《穀梁》、《毛詩》、《後漢書》,出於戴望之手,皆極矜慎,而《史記集解索隱正義》一書,文虎用力尤勤。""當時京朝大官,索局刻書者紛起,蓋以其校刊之精突過殿本也。"[3]

金陵書局所刻《史記》,堪稱局本的代表,尤其在校勘是書過程中所確立的校勘理念,極爲精要,成爲官書局共同遵遁的指導原則。能形成這樣的局面,張文虎等人的精心校勘,曾國藩的大力支持,缺一不可。金陵書局很早就着手《史記》的校勘工作。同治八年(1869)三月,還在直隸總督任上的曾國藩致信張文虎、唐仁壽説:"《史記》十表尚未刊就,又有四、五卷須重刻者,自難迅速峻工。鄙意但求讎校之精審,不問成書之遲速。校勘記若在十卷以外,便恐傷繁,能再求簡約,一洗漢學家好多好詳之習,乃爲盡善,過多則閲者反厭苦矣。"[4]"但求讎校之精審,不問成書之遲速",可謂擲地有聲,體現了曾氏之胸襟與眼光,也爲其他官書局刻書講求質量樹立了高標。是年八月,曾國藩再次致信張、唐,信中説:"《史記》舊少善本,此次會合諸家,斟酌體例,當可度越諸本。

① 净雨《清代印刷史小紀》,載《中國近代出版史料二編》卷三,頁343。
② 參葉農《廣雅書局始末及刻書考》。
③ 柳詒徵《國學書局本末》,頁447、448。
④ 王媛整理《曾國藩、李鴻章、洪汝奎等致張文虎函札》,頁145。

即成功稍遲,自不必以局外之譏評介意也。”①

據統計,張文虎等校勘《史記》,參校本達十七種之多②,的確是“會合諸家”,所以能“度越諸本”。上世紀50年代,國家組織力量點校正史,《史記》的底本就采用了金陵書局的本子。在以中華書局編輯部的名義寫成的《點校後記》中,開篇就説:“《史記》版本甚多,史文及注文往往各本大有出入。我們不用比較古的如黄善夫本,也不用比較通行的如武英殿本,而用清朝同治年間金陵書局刊行的《史記集解索隱正義合刻本》(簡稱金陵局本)作爲底本,分段標點,因爲這是一個比較完善的本子。”③

如果説刊印内容廣泛,以經史爲主,遍及四部,滿足了“量”的要求,那麽,精選底本、精心校勘,就滿足了“質”的要求。在中國學術、文化史上,晚清官書局正以此奠定了近代文獻傳承的品質基礎。

四　“平值售書”,以廣流傳:晚清官書局文獻傳播的途徑與策略

晚清官書局最重要的屬性是“官”辦,根本任務在於恢復並重建既有的文教秩序,爲實施新政、變法維新等自改革運動提供傳統思想資源的支持。在地方督撫及其幕僚的主持下,官書局資金較爲固定和充裕,這就決定了在圖書刊印、文獻傳播、圖書發行等方面,確立了不以贏利爲目的的原則,通過官方、市場兩大途徑,使圖書得以快速流布、傳播。這是其迥異於其他刻書主體(尤其是坊刻)的顯著特點。

(一)文獻傳播的官方途徑

官書局的官辦性質,使其在文獻傳播方面具有官方的發行渠道,概

① 王媛整理《曾國藩、李鴻章、洪汝奎等致張文虎函札》,頁147。

② 鄧文鋒《晚清官書局述論稿》,頁213。

③ 點校本《史記》附録《點校後記》,中華書局,1959年,第10册,頁1。

括起來，無非上行、平行、下行三種方式。

1. 上行方式：主要是進呈，即上呈皇帝或上繳中央機構。光緒二十年(1894)，翰林院侍讀王懿榮上奏："曲阜衍聖公府自近歲不戒於火，舊藏書籍圖籙焚毁一空，現在各直省設立書局，以官錢刻書者，三十年來，珍籍善本，燦然大備。除以初印精槧一分解送翰林院，敬備皇上取進御覽，一分解交國子監，充備肄業諸生傳習外，可否懇恩飭下各直省督撫有書局者，無論新舊諸刻本，亦以一分解交山東巡撫轉行曲阜，作爲恩賜，衍聖公孔令貽敬謹儲藏，以爲誦法之資。遇有新刻，陸續咨解。"[①]可知各書局新刻解送翰林院、國子監爲定例。光緒二十七年(1901)，禮部、政務處會奏變通科舉章程："闈中備考書籍，均係欽頒，間有調閲，隨時坊間購置。禮部向存書庫，卷帙紛繁，兵燹之餘，全行散失，現又改試策論，講求中國政治史事，及各國政治藝學，所需書籍尤多。查同治年間，江南、浙江、湖北、廣東等省，曾將各種書籍，設局刊版，流傳已久；所有場中備用各書，擬由禮部開單咨取江南、浙江、湖北、廣東各省官書局，照單咨送。"[②]二十九年(1903)，光緒帝諭令江寧、江蘇、江西、浙江、湖北、廣東、四川等省督撫，將官書局刊刻書籍擇要刷印，進呈御覽。湖廣總督端方，一次就上呈湖北書局所刻一百一十六種書[③]。

2. 平行方式：主要是咨調，在各地官府機構與各官書局之間進行。

---

① 王懿榮《重疏前請整理孔子祀田并清查地産疏》(光緒二十年十一月初四日)，載《王文敏公遺集》卷三，《續修四庫全書》第1565册，頁160。

② 《會奏變通科舉章程》，載《中國近代出版史料二編》卷一，頁65。

③ 端方《進呈書籍摺》頗具代表性，兹録其奏文如次："奏爲遵旨進呈書籍恭摺仰祈聖鑒事：竊臣於光緒二十九年閏五月二十日承准外務部個電内開軍機大臣面奉諭旨：'所有江寧、江蘇、江西、浙江、湖北、廣東、四川各省官書局刊刻書籍，著各該督撫擇要刷印進呈，欽此。'欽遵電寄前來。伏查湖北官書局設自同治初年，歷年刊刻，類多經史有用之書，當即札飭該局，將所刻書籍擇要刷印兩分，兹已裝訂成帙，計書一百一十六部，共二百零七函，委員齎解，赴京交納，恭呈御覽。"末附有清單。載《端忠敏公奏稿》卷三，沈雲龍主編《近代中國史料叢刊》第十輯，文海出版社，頁330—331。

例如,"同治十年(1871)□月,立江南鹽巡道。孫公衣言以江寧士子寒畯者多難於得書,請於總督曾文正公,取江寧、江蘇、浙江、湖北四書局新刊經籍,每部四分,藏於惜陰書院,凡本籍士子,得詣書院借讀,事領於官而簿鑰出納則紳士掌之"[①]。前揭王懿榮奏請將各直省書局刻書解送一分到山東曲阜,也屬咨調。光緒十五年(1889),馬丕瑶上奏,請將江南、浙江、廣東、湖南、湖北、四川等局所刊經史各本,"每種刷寄十部",分發各府廳州書院,"妥議章程,俾士子獲資借閱"。"得旨,如所請行"[②]。兩年後,"兩江督臣咨送書三十二種",江蘇六十五種,湖北一百七十三種,湖南十六種,浙江二十種,廣東六十七種,江西一十八種,"裒集群籍,蔚爲大觀","凡藝林承學之士所當家弦户誦者,固已燦然美備,即名物象數,專門著述,亦頗並蓄兼收"[③]。光緒二十二年,李端棻奏請推廣學堂,建設新政,"今請依乾隆故事,更加增廣,自京師及十八行省省會,咸設大書樓,調殿版及各官書局所刻書籍,暨同文館、製造局所譯西書,按部分送各省以實之","古今中外有用之書,官書局有刻本者,居十之七八。每局酌提部數,分送各省,其費至省,其事至順,一奉明詔,事即立辦。而餉遺學者,增益人才,其益蓋非淺鮮也"[④]。

3. 下行方式:主要是頒送,即廣泛地頒送本地書院、學校。李鴻章《設局刊書折》:"俟各書刻成之日,頒發各學書院並准窮鄉寒儒、書肆、賈人隨時刷印以廣流傳。"[⑤]可見,爲了擴大傳播範圍,官書局還允許私人刷印刻成之書。前揭鮑源深《請購刊經史疏》中,已要求"請旨敕下各撫藩,先行敬謹重刊,頒發各學,並遵舊例,聽書估印售,以廣流傳,庶使

① 汪士鐸等纂《(同治)續纂江寧府志》卷六《實政》"勸學官書局"條,《中國地方志集成》本(江蘇府縣志輯第二種),江蘇古籍出版社,1991年,頁53。

② 馬丕瑶奏文,載《光緒朝東華録·光緒十五年十二月己亥》,總頁2700—2701。

③ 馬丕瑶奏文,載《光緒朝東華録·光緒十七年二月壬戌》,總頁2855。

④ 李端棻《奏請推廣學校設立譯局報館摺》,載《中國近代出版史料二編》卷一,頁6。

⑤ 《李鴻章全集》卷一五,頁685。

僻壤窮鄉，皆知研求經學”。

(二) 文獻傳播的非官方途徑

官書局雖以振興文教爲己任，不以贏利爲目的，但校讎、刊印書籍，畢竟需要投入大量的人力、物力，費時經年，奏功匪易，如果没有雄厚的財力爲後盾，勢難持久。上述官方渠道的流通，雖能快速傳播，擴大影響，但從經營的角度來看，大都是無償送出或折價售出，勢難保本。因此，通過向社會發售，以回收部分成本，維持正常運轉，就成了各書局的必然選擇。不過，與書坊旨在射利不同，官書局設立的宗旨，決定了在售書時定價較有節制，遵循的是“平值售書”的原則。

曾國藩等人開創的金陵書局設置較早，“平值售書”的原則也由該局最先確立。汪士鐸主纂的《續纂江寧府志》對此記載較詳：“同治三年四月，總督曾文正公與弟今山西巡撫威毅伯刊《王船山遺書》，立局安慶。江寧收復，移局東下，初設於鐵作坊，後移江寧府學之飛霞閣，延請紳士一人督理局事，提調道府一人佐之，並延四方績學之士分任校勘，稽工匠之勤惰，遴長者授以事。書成，平其值售之。”①這一做法，同樣爲其他書局所采用，成爲通行的原則。如淮南書局：“同治四年，署鹽運使李宗羲開養賢館，以收恤寒畯。八年，鹽運使方濬頤議設書局，整理舊存鹽法志及各種官書殘版，刊布江淮間耆舊著述，即延館中士人至局校理，其經費仍于裁減成本項下開支。書成，平其值售之。”②“平值售書”是一種理念，只是一種理想狀態，實際操作中難免會有所偏離。有的書局一旦發現估價過高，則立即予以糾正。江蘇書局的售書目録中

① 《(同治)續纂江寧府志》卷六《實政》“書局”條，《中國地方志集成》本，頁52—53。按：該志刊竣於光緒七年(1881)。汪士鐸曾入胡林翼幕修《讀書兵略》。

② 謝延慶等修《(光緒)江都縣續志》卷一六《學校考第六》“書局”條，《中國地方志集成》本(江蘇府縣志輯第六十七種)，江蘇古籍出版社，1991年，頁227。

就有一個生動的例子[①]。

官書局圖書銷售的方式,有書局自售和書肆代售等。

1. 書局自售。各書局都有出售自己刻書的,有些書局即設有專門售書的官書坊。少數無力刊刻書籍的官書局,則專以運售其他官書局刻書爲務。例如,山東書局堪稱是各省官書局的分銷處,經銷本局書有經部 28 種、史部 94 種、子部 3 種、集部 8 種[②]。光緒七年(1881),直隸總督李鴻章在天津設立官書局,"飭備成本,購運各省新刊書籍,設局照本發售,俾北方寒士,增廣學識"[③]。山西官書局因經費不足而自身暫停刻書,專門購銷其他書局刻書。

2. 書肆代售。官書局所刻書刊刻精細,品質較好,又"平其值以售之",因此銷路很好,書商均願經銷。孫殿起在北京經營通學齋書店,販賣古籍數十年,就經銷過官書局的圖書。在他的《販書偶記》中,就記録了官書局所刻清人著述 116 種(該書著録嚴格,版本重複者不録)。其他機構也有代售的。光緒二十一年(1895),上海强學會欲"開大書藏",以"廣考鏡而備研求","其各省書局之書,皆存局代售"[④]。

3. 批發。如廣雅書局的書,"惟政府(備正式公文)咨調,坊間批

---

① 《江蘇書局各書價目》載:"頭品頂戴江南蘇州等處承宣布政使司布政使鄧爲曉諭事:案據内閣中書炳孫等呈請核減書價以惠藝林等情,當經行局議稟在案。兹據該局提調稟稱,向章凡書刻成,均按每部需用紙張數目估計工本,酌加板息二成擬價。查板息系抵支局用工費之項,兹奉飭議減,惟有將板息減去一成。請自三月起,凡局售各書,悉照前價九折。稟請查奪,前來本司查核。所議照舊價九折,與江寧、浙江書局刊行書價比較,均屬有減無增。除批飭准行外合行曉諭,爲此示,仰士商人等知照。嗣後書籍出售,悉照此次所刊折實、新訂價目爲憑。毋違特示(《古逸叢書》一種仍照原碼不扣)。光緒十九年三月初一日示。"該目内頁又名《江蘇書局重訂核實價目》,江蘇書局編,光緒十九年(1893)刊本。該目經部有書 36 種,史部 61 種,子部 28 種,集部 36 種,另有寄售書目 13 種。

② 據朱士嘉《官書局書目彙編》,中華圖書館協會 1933 年鉛印本。

③ 沈家本等修《(光緒)重修天津府志》卷二四《公廨》"官書局"條,《續修四庫全書》第 690 册,頁 503。

④ 康有爲代張之洞撰《上海强學分會序》下附《强學會章程》,載張静廬輯注《中國近代出版史料初編》卷一,頁 39。

發,九折計算”[1]。

以上僅就發行途徑而言。此外如私人購買並相互轉贈、傳抄、借閱,所在多有,無疑使局本有了更廣泛的傳播。

(三) 靈活多變的文獻流通策略

爲振起文教,擴大影響,快速流通圖書、傳播文獻,以與書坊乃至其他書局相競争,不少官書局采取了靈活多變的文獻流通策略,以滿足不同層次的需要。在保證品質的前提下,行款、裝訂、用紙、售價方面都力求有所變化。以下是江蘇書局幾種圖書的售書價目[2],從中可窺一斑:

《司馬温公書儀》	每部一本(字小一號)			
	連史紙每部足制錢壹佰玖拾肆文			
	毛太紙每部足制錢壹佰貳拾肆文			
《讀禮通考》	每部叁拾貳本			
	連史紙	裝　訂	每部足制錢	伍千肆佰玖拾文
		不裝訂		肆千捌佰陸拾文
	賽連紙	裝　訂	每部足制錢	伍千貳佰貳拾文
		不裝訂		肆千伍佰玖拾文
《江蘇全省輿圖》	每部三本連夾板			
	料半紙	著　色	每部足制錢	肆千文
	連史紙	不著色		貳千文

可以看出,紙張差别、裝訂與否、著色與否,都是决定售價的因素。甚至開本不同,售價也會跟着改變。如江西官書局的《資治通鑒綱目三編》:

六裁官堆紙一兩七錢三分

八裁官堆紙一兩四錢三分

---

① 見朱士嘉《官書局書目彙編·附録》。

② 見江蘇書局編《江蘇書局各書價目》。

六裁吉連紙一兩一錢三分

八裁吉連紙九錢五分①

如果同一種書爲不同的書局刊刻,售價往往各異。尤其是四書五經,受科舉體制的影響,幾乎每個書局都有刊刻。直隸官書局運售各地官刻、私刻圖書,爲各官書局之間及書局與書坊之間"同臺競技"提供了平臺。以下根據《直隸官書局運售各省官刻書籍總目》,略舉兩例:

書名	書局或書坊	紙質	定價
《四書讀本》(六本)	江南局	官堆紙	五錢
	江蘇局	連史紙	七錢四分
		官堆紙	五錢六分
		毛太紙	四錢六分
	湖北局	竹連紙	八錢
		官堆紙	七錢三分
	江西局	官堆紙	五錢五分
		吉連紙	四錢二分
	李光明	官堆紙	六錢四分
	浙江局	官堆紙	四錢
《易本義》(二本)	湖北局	竹連紙	三錢二分
		官堆紙	二錢七分
	江西局	官堆紙	二錢一分
		吉連紙	一錢五分
	江南局	官堆紙	二錢四分
	江蘇局	官堆紙	一錢九分
	李光明	官堆紙	二錢四分

① 見《直隸官書局運售各省官刻書籍總目》,直隸官書局清末(1905年後)刻本。

據該目前録公文及凡例，各書定價是在原價基礎上，折合運輸成本在内，並加利一成，主事者自稱"得利甚微"。從上表可以看出，各局同等紙質書籍的售價，與當時著名刻書字鋪李光明莊所刻童蒙讀本大體持平，甚至更爲低廉。

爲擴大銷售，有的書局還出臺了一些優惠措施，進行打折或頒發優待證。如山東書局銷售章程所載："凡持有長期優待證者，一律按定價八折。如購書書價超過二百元者，即無優待證，亦照八折。滿一千元者，折扣隨時商定。"[①]許多書局還將本局書目低價售出或免費隨書附寄，也有利於擴大影響。

光緒八年(1882)，總理海防支應總局在天津問津書院，集中展銷各省官書局書籍："總理海防支應總局奉爵閣督憲札飭籌備成本，購運南省官書來直，原價發售，以惠士林。現擇問津書院設局發賣，已將各省官書局書籍一律運齊安放，並於局内懸挂總書目、售書章程，又留存刊就總書目一本，所有價值照南省十足制錢，劃一不二，定於二月初九日開售。士子欲買購，到本局查閲書目，照章付錢，取書無悮。其各府州縣尚未由地方官運書發賣者，各士子亦可轉托親友赴津照買。光緒八年二月告示。"[②]通過這個告示可以知道，各書局均有售書目録與章程，主辦者還彙有總目；各府州縣地方官運售局書，也成爲日常事務之一。這次展銷，實具後世書市的性質。

五 晚清官書局在近代文獻傳承中的地位

近代中國處在急劇變革的時代，如何轉向、適應新的世界秩序，讓古老的國度焕發活力，是傳統中國需要面對的時代課題。欲完成自强

① 見朱士嘉《官書局書目彙編·附録》。

② 張燾《津門雜記》卷中"官書局"條，沈雲龍主編《近代中國史料叢刊》第五十七輯，文海出版社，頁123—124。按：這次展銷，實際上就是前揭李鴻章飭命設局售書的後續行爲。

維新、救亡圖存的歷史使命,不得不分途爲二:一是學習西方,尋求制器之法、變革之道;二是取法古人,從傳統中尋找因革損益的文化資源。即使面對西方的器物制度,中國知識階層仍然從既有的知識體系出發,逐步認識、理解與接受[①],作爲理論建構與道路抉擇的基礎。既有知識體系的文化基礎,就是傳統文獻,主要通過官書局的刊印活動而得以鞏固。在地方督撫及其幕僚的主持與推動下,晚清官書局刊印、傳播了大量傳統文獻,成爲近代文獻傳承的主要承擔者。通過士大夫的口耳相傳,通過局本的廣泛流布,通過與中央官刻、坊刻的對比,通過與翻譯、出版西學書籍的對比,我們不難得出這一結論。

官書局所刻書,以校勘精審,頗受朝中大臣青睞。曾國藩任直隸總督時曾致信馬新貽,要求寄贈金陵書局所刻前四史:"本年正月,寶佩蘅索贈此書,弟許以不久寄贈。樞廷諸公,同聲索取,亦皆允許。恭邸笑曰:'但須寄函穀帥,更無不了之願。'將來敬求閣下留意,言釘五部,由洋船寄京;敝處另須數部。"[②]寶佩蘅即寶鋆,恭邸指恭親王奕訢,均爲满洲親貴,中興名臣。此條史料,足能説明官書局所刻書在京師上層所受歡迎程度。

官書局所刻書,復以質美價廉,流播全國,亂後"經籍蕩然"的局面漸爲改觀,傳統文教基本得到恢復。光緒十七年(1891)年,馬丕瑶上奏説:"髮、捻之亂,烽火遍諸行省,海内藏書毁失不少。蕩平以後,曾國藩、李鴻章、左宗棠等,皆孳孳以此爲務,所至輒設局刊書。二十餘年,網羅散佚,漸復舊觀。"[③]光緒二十二年,李端棻在奏摺中,極贊官書局:"古今中外有用之書,官書局有刻本者,居十之七八。每局酌提部數,分送各省,其費至省,其事至順,一奉明詔,事即立辦。而餉遺學者,增益

① 王爾敏指出,"當西方知識器物傳入中國,朝野士大夫恒以其固有的知識基礎,從事於瞭解説明和批判討論","本着固有觀念紬繹其理論系統"。見氏著《晚清政治思想史論》,廣西師範大學出版社,2007 年,頁 2、5。

② 曾國藩《復馬穀山制軍》,載《曾文正公書札續鈔》,見《曾文正公全集》第二十册,頁 146。

③ 載《光緒朝東華録・光緒十七年二月壬戌》,總頁 2856。

人才,其益蓋非淺鮮也。"[①]時人評浙江書局所刻書:"中興而後,各行省創設官書局,延攬通人,搜羅善本,士生其間,誠哉厚幸。浙江之有官書局,始於同治六年,迄今三十載,鏤板幾二百餘種,率古書之切要者。校字精而定價廉,讀者便之。光緒七年以來,復累減書價,嘉惠寒畯,意美法良矣。"[②]不過,由於追求價廉,難免出現部分刻書行數、字數較密的情況。

光緒十六年(1890)江蘇書局有一份抄本,記録了江蘇官書坊兩個月的銷售記録。該坊閏二月份"新收"湖北、揚州、浙江三家書局的圖書122種,三月份這個数字是134種,而當月"開除"的数字也相同。每月銷售以上百種計,可見其盛況[③]。

清代文化繁榮,出版發達,官刻、坊刻、家刻鼎足而三,共同承擔起刊刻傳統文獻、傳承文化遺産的重任。近代兵燹使東南數省文教傳統遭受重創,坊刻、家刻一蹶不振。此後雖有恢復,無論質量、數量,都很難與局刻抗衡。清代中央官刻原本極盛,尤以武英殿刻書聞名天下,但嘉道以降,刻書漸少,近代以來,由於人才、資金缺乏,管理不善,版片日損,同治八年(1869)又遭大火[④],武英殿基本上無力刻書。光緒二十七年(1901),禮部、政務處會奏變通科舉章程時還説:"闈中備考書籍,均係欽頒,間有調閲,隨時坊間購置。禮部向存書庫,卷帙紛繁,兵燹之餘,全行散失。"[⑤]對比而言,傳統文獻的刊刻、流布與傳承,基本上依賴各省官書局來完成。

由於官書局所刻之書分散各地,學界雖有不少個案統計,但其總量

---

① 李端棻《奏請推廣學校設立譯局報館摺》,載《中國近代出版史料二編》卷一,頁6。

② 許家惺《變通浙江官書局章程議》,載《經世報》1897年第7期。

③ 諸可寶輯《光緒十六年閏二月分官書坊收售各書數目四柱清册》,光緒十六年(1890)江蘇書局手抄本。

④ 參楊玉良《武英殿修書處及内府修書各館》,載《故宫博物院院刊》1990年第1期。

⑤ 《會奏變通科舉章程》,載《中國近代出版史料二編》卷一,頁65。

還無法精確得出[①]。1930年,朱士嘉將江南、淮南、江楚、江蘇、浙江、山東、湖北、廣雅等局書目輯成《官書局書目彙編》,共收録2934種(其中由山東書局經銷的局本即有1290種)。由於該目只統計了八家書局的情况,也並非全貌。據此,即使是保守估計,官書局的刻書也至少在三千種以上。在災難深重、左支右絀的近代中國,有此成績,殊爲不易。

近代中國爲自强新政、救亡圖存,不得不向西方學習,因此,譯介、出版西學書籍,構成了近代文化史上另一大出版潮流。據統計,自1860至1900年,共出版西學書籍555種;1900至1911年,共出版西學書籍1599種,合計2154種[②]。這個時段,與官書局的出版活動時間大致相同,但西學書籍的出版數量,遠不及官書局刊印傳統典籍的數量。兩相比較,晚清官書局刊印傳統文獻的活動,仍然是近代出版活動的主流。值得注意的是,晚清官書局對傳統文獻的刊印與傳播,主要集中在1900年以前,此後即漸趨式微;而西學書籍的翻譯與出版,則在1900年後呈加速態勢。升降轉易之機,在於戊戌變法失敗、八國聯軍侵華給國人带來的强烈刺激,從此,民族革命取代變法、改良,民主、共和取代封建帝制,成爲新的時代主題。時移勢易,官書局已失去進一步開展業務的條件與動力。

晚清官書局畢竟是地方官刻機構,具有傳統官僚機構不可避免的缺點,在人員安排、經費籌措、刊書内容等方面,過分依賴地方督撫等大員,主事者之眼光、好惡、學術水平、政治前途等,對刻書影響極大。在技術手段的應用上,不少官書局仍以傳統的雕版印刷爲主,從而失去書

① 據學者統計,金陵書局至少刊有76種(李志茗),廣雅書局近300種(葉農),崇文書局有300餘種(孔毅),湖南書局118部、傳忠書局25部、思賢書局86部(胡昭熔),浙江書局有251種(陳邦翔。以上各家論文見前注)。江蘇書局有206種,聚珍書局25種,南菁書局有209種,味經書局81種,江西書局172種,桂垣書局172種(以上六家據鄧文鋒《晚清官書局述稿》,頁226—227)。以上十三家,合起來超過2000種。

② 熊月之《西學東漸與晚清社會(修訂版)》,頁8—12。另一個統計結果是:"從1811年馬禮遜在中國出版第一本中文西書,到1911年清朝統治結束,首尾100年,中國至少翻譯、出版西學書籍2293種。"(頁12)

價上的優勢。幾種因素疊加起來,遂使不少官書局在末期陷入尷尬的境地[①]。光緒後期及宣統時期,清廷黯弱,政局日頹,官書局的刊書活動因此日趨式微。辛亥革命後,帝制瓦解,官書局賴以生存與維繫的體制不復存在,振興封建文教的使命於是終結。

綜上所論,在近代中國内外交困,救亡圖存成爲時代主題的歷史背景下,晚清官書局因曾國藩等中興名臣的文化自覺與大力扶持而得以廣泛設立,爲恢復、振興封建文教而刊刻了大量傳統典籍,且以質精價低的優勢,使圖書得以廣泛傳播與流通,從而爲近代中國教育、自强及改良運動奠定了傳統思想文化的文獻基礎,並因此成爲近代文獻傳承的主要承擔者,足稱保存傳統文化典籍的功臣[②]。官書局的出版事業,由此成爲近代文獻傳承之"最良事業"[③]。

(作者單位:南京大學古典文獻研究所)

① 1907年,《雲南》第六號上刊載了一則題爲"雲南官書局之可惡"的文字:"官書局之設,原以普利士林,非以漁利也。今吾滇官書局所售之書,價昂於坊間,士林罕向該局購取者,不知辦事者是何居心?"(頁12)可爲這種尷尬提供一個例證。

② 朱士嘉已稱官書局是"傳布文化、普及教育的無名英雄",見《官書局書目彙編·引言》。

③ 劉聲木説:"(官書局)刻印四部中要籍,流傳甚廣。平時人視之,若不甚措意。日本那波利貞撰《燕吴載筆》□卷,中言中國各省設立官書局,嘆爲文化設施之最良事業,甚爲歆羨。"《萇楚齋續筆》卷三,頁284。

古典文獻研究(第十五輯)
2012 年 7 月

清代女性著述出版途徑考

張聆雨

胡文楷在《歷代婦女著作考》的序言中指出:“清代婦人之集,超軼前代,數逾三千。”[①]在以男性爲主導的文學環境中,清代婦女文學漸從邊緣崛起,進入公衆領域和文人學者的視野。而婦女文學的崛起和女性聲音的留存,依賴於女性作品集的大量刊刻和流傳。出版業發展到清代,已極爲繁盛,“除了‘革命’,没有其他詞能夠形容嘉靖時期(1522—1566)中國出版業出現的轉折。它不是一種技術革命——所有的雕版技術在 9 世紀已經成型——而是一種出版經濟和學習文化的革命”[②]。官刻、家刻和坊刻三足鼎立,而江南的坊刻爲市民階層提供日常讀物,商業氣息濃厚,更爲城市文化的形成提供條件。在此環境中,文人普遍期望以作品集的刊刻而使名聲得以傳播,流芳於後世。京江閨秀鮑之蘭在寫給著名女詩人駱綺蘭的《祝佩香夫人四十初度》一詩

---

① 胡文楷編著,張宏生等增訂《歷代婦女著作考》(增訂本),上海古籍出版社,2008 年,頁 5。

② 高彦頤著,李志生譯《閨塾師——明末清初江南的才女文化》,江蘇人民出版社,2005 年,頁 36。

中,言曰:"千秋名已成今日(大集刻竣),四海才都祝瓣香。"[1]可見女詩人自身也意識到,詩集的刊刻是閨秀詩人才名的傳播中相當重要的因素。但刊刻出版詩集並非易事,其所需的財力和物力並非大衆都能承擔,而深居於内闈的閨秀更難憑一己之力將詩集付梓。由此推想,清代女性詩集數量如此龐大,它們是怎樣得以出版的?其支持者與作者有怎樣的關係?而他們支持的原因又與清代社會文化存在何種複雜的關係?閨秀詩人的才名怎樣通過出版傳播而得以確立?

上述四問,便是本文要探討的主要内容。由於清代女性詩集繁多但收集整理並未完善,兹以《美國哈佛大學哈佛燕京圖書館藏明清婦女著述彙刊》和《江南女性别集》初編、二編所收詩集爲主,輔以部分單行、散見的閨秀詩集,將它們的刊刻途徑歸類。經筆者整理,《美國哈佛大學哈佛燕京圖書館藏明清婦女著述彙刊》和《江南女性别集》初編、二編中,除去重複的 15 種,共收 104 種女性詩集(包括 4 種合刻)。而劃定刊刻途徑的標準,則以整理和出資爲主要考量對象而以出資爲重。在這 104 種女性詩集基礎上,筆者將詩集出版途徑粗略分爲四種:62.5%由夫、父、子等男性親屬出版刊刻(65 種),10.6%由老師或藏書家等非親屬男性出資代爲刊刻(11 種),1.9%由好友等非親屬女性出資代爲刊刻(2 種),4.8%由女詩人自己集資刊刻(5 種)。此外另有 20.2%的詩集刊刻途徑存疑(21 種),該類情況中包括與夫合刻但無法考證其夫詩集的出版情況、在序言中明確爲女性自己編成但不知付梓之人等,皆不能妄下定論。基於以上資料,筆者將對這四種刊刻途徑進行逐一分析。

一　男性親屬幫助出版

冼玉清在《廣東女子藝文考》中對閨秀詩人有如下總結:"其一名父

---

① 駱綺蘭編《聽秋軒閨中同人集》卷一,見胡曉明、彭國忠主編《江南女性别集》二編,黄山書社,2010 年,頁 699。

之女,少禀庭訓,有父兄爲之提倡,則成就自易;其二才士之妻,閨房倡和,有夫婿爲之點綴,則聲氣易通;其三令子之母,儕輩所尊,有後嗣爲之表揚,則流譽自廣。”①根據前文資料顯示,由男性親屬幫助閨秀刊刻詩集所占的比例超過半數,可互爲印證。雖筆者主要考查的範圍並不完備,但推諸《歷代婦女著作考》,亦可管窺蠡測。閨秀詩人的才名多通過男性親屬的支持,以家族文化資本的一部分而傳播於外。其中,由閨秀之夫整理而付梓的比例爲 35%,由閨秀之子整理刊刻的比例爲 28%,父、兄等其他親屬出版的比例爲 37%,其中多爲家刻。在此資料的基礎上,輔以單行的女性詩集,可對該類中不同的情況進行逐一分析。

由於父兄的提倡,世家之女的詩集多以家刻的形式得以印刷,即便不是士紳大族,閨秀的詩集大多也在父兄的保護下得以留存。陽湖張琦三女張繐英、張綸英、張紃英的詩集《澹菊軒詩初稿》、《緑槐書屋詩》和《緯青遺稿》都由同懷弟張仲遠刊刻而成,傳張氏一門風雅之佳話。而袁枚刻《袁家三妹合稿》,收其妹袁棠《繡餘吟稿》和《盈書閣遺稿》、袁杼《樓居小草》、袁機《素文女子遺稿》,並附張瑶英之詩於其後。他在《隨園詩話》中多次提及三妹之詩才,如“余三妹皆能詩,不愧孝綽門風;而皆多坎坷,少福澤。余已刻《三妹合稿》行世矣,兹又抄三人佳句,以廣流傳”②。此外,一些以家族爲單位的詩歌合刻,如《泰州仲氏閨秀集合刊》、《湘螢合稿》、《京江鮑氏三女史詩鈔合刻》等,都由兄、侄或後人整理刊行,以垂後世。生於詩書世家的閨秀有這樣天然的優勢,憑藉父、兄的文學聲望,她們的才名比起一般能詩的女性更易於傳播,並在傳播過程中不斷被肯定和提及,從而更能見諸各種詩話、總集的著録。反之,聰慧能詩的閨秀也是其家族資本的一部分,是家族有文化聲望和文化品位的一種體現。因此,大部分閨秀的家族願意以家刻的形式刊

① 冼玉清著《廣東女子藝文考》,商務印書館 1941 年,頁 1。

② 袁枚《隨園詩話》卷一〇,王英志主編《袁枚全集》第 3 册,江蘇古籍出版社,1993 年,頁 330。

刻她們的詩稿,並汲汲於廣徵序跋、題詞,是出於上述這一雙贏的機制:閨秀能傳播其才名,家族亦能增添其聲望。與其他家族財富相同,這樣的文化資本也是需要數代累積,所形成的家學淵源更爲後人的才名傳播奠定基礎,這同樣也是一個雙贏的機制:後人借助先人的聲望以揚其名,先人通過後人反復地“述祖德”而與世長存。上述陽湖張氏即爲一例:

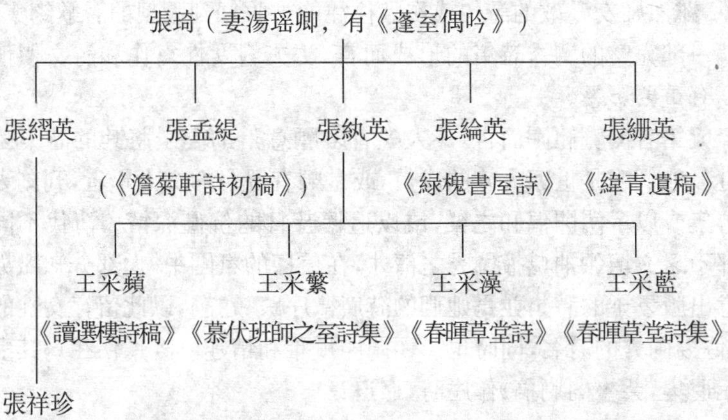

表 1:張氏譜系簡圖[①]

這些女性詩才傳播之廣,幾乎掩蓋了男性的聲音,她們既籠罩張氏前人的光輝,又爲自己的家族書寫了新的歷史,並使陽湖張氏之名被載入更廣泛的領域,作爲整體的“張氏才女”之名也隨之得以確立和傳播。

高彦頤認爲:“江南家庭出版的典型特徵:女性可能負責編輯、校對其他女性手稿的全部任務,或可能與丈夫合作。但當進入到刻版和財政安排階段時,這就是丈夫或兒子的工作了。另外,男性的家外關係網及他們以女性手稿來加强男性間的紐帶關係,也推動了女性文字的傳播。”[②]本部分所涉及的刊刻方式,基本是家内模式。而在女子出嫁以後,這種家内模式則往往轉移到她與丈夫所組成的新家庭中,這才是傳

① 據徐雁平編著《清代文學世家姻親譜系》,鳳凰出版社,2010 年。

② 《閨塾師——明末清初江南的才女文化》,頁 228。

統認知中女性的真正歸屬地。以此視角而言,丈夫對女性寫作的態度則是決定其作品是否能被保存或傳播於公衆的重要因素。隨園女弟子孫碧梧則是一例。袁枚贊其"女子有文章宜也,况西湖清氣,謝傅門風,有以鍾毓而陶冶以成"①,但是孫雲鳳並没有完整的詩集傳世,原有《湘筠館詩》,今已難見,其詩散見於各種詩話記載和收録。《晚晴簃詩匯》中稱其"於歸後所天見筆硯則憎,因斯反目,軫紆結轖,一寓於詞"②。可見,雖然婦女零散的詩句或作品往往能被收録到大型的詩歌總集中,但就一部完整的閨秀詩集的形成而言,丈夫對女性寫作和詩文價值的態度有重要影響。

就筆者閲覽範圍而言,爲人夫者多願意幫助妻子將其的詩集公諸於世。他們或是世家大族的成員,或是頗有聲名的文人學者,刊刻妻子的詩集或以示閨閣倡和之樂,或以追懷昔日的伉儷深情。清代不同時期都不乏文壇領袖獎掖閨秀之清才,在這樣的氛圍中,大部分知識男性願意出版妻子的詩集並爲她們的詩廣徵序跋、題詞,以此留存女性的聲音,傳揚閨秀的詩名,同時也彰顯閨閣風雅和情趣。查爲仁在爲其妻金至元遺集《芸書閣剩稿》作序時,寫道:

> 首夏曝書,從叢帙中撿得零縑斷楮,凡若干首,亟録以附予《蔗塘稿》後。嗚呼!吉光片羽,孺人豈求世知?予之存此者,蓋不忍孺人之淑慧能文,竟以夭折終泯滅而無傳也,亦藉以寫予哀於萬一也。③

可想見其哀思與懷念。許多女性詩集的序跋中,她們的丈夫都如查爲仁一般,殷殷地申述他們的深情和對妻子詩才的贊許。著名藏書家丁

---

① 袁枚《答孫碧梧夫人》,見《小倉山房尺牘》卷五,《袁枚全集》第5册,頁108。

② 徐世昌撰《晚晴簃詩匯》卷一八六,中國書店據民國退耕堂刻本影印本,1989年,第4册,頁649。

③ 查爲仁《芸書閣剩稿序》,《江南女性别集》二編,頁198。

丙的夫人凌祉媛去世後，丁丙爲她的遺稿《翠螺閣詩詞稿》徵集了廣泛的序跋和題詞，包括莊仲方作傳 1 篇，高學沅、閨秀吴藻、關瑛等人作序 8 篇，文人題詞 38 篇，閨秀題詞 11 篇以及凌譽作跋 1 篇。如此衆多的題跋，是丁丙外部關係網絡的體現，也是凌祉媛詩名傳播的有效途徑。文人一般都會將自己爲别人所作的序跋、題詞收録到自己的詩文稿中，通過這些詩文稿，凌祉媛的名字和作品將見諸更廣闊的空間與時間，詩名的建立更爲便捷。如此可見，丁丙爲凌祉媛刊刻遺集，雖主觀意圖祇爲"以告立言君子采擇焉"[①]，但在遥寄思情的同時，也使她的才名在身後流傳更遠，以慰其生前之德。

閨秀的丈夫們在序跋中的深情，在胡適看來，却不那麽冠冕堂皇。他在《三百年間中的女作家：〈清閨秀藝文略序〉》中指出："因爲這個畸形的社會向來把女子當作玩物，玩物而能作詩填詞，豈不更可誇耀於人？豈不更加玩物主人的光寵？所以一般稍通文墨的丈夫都希望有'才女'做他們的玩物，替他們的老婆刻集子送人，要人知道他們的艷福。……我想一部分的閨秀詩詞的刻本都是這樣來的罷？其次便是因爲在一個不肯教育女子的國家裏，居然有女子會作詩填詞，自然令人驚異，所謂'閨閣而工吟咏，事之韻者也'（葉觀國題《長離閣集》）。"[②]胡適的觀點雖不免偏激，但也可提供一種解釋。

除了單獨刻印，很多女性的詩集是以附於夫集的形態而留存的。其中包括三種情況：夫婦商量共刻詩集、婦亡後夫將其詩附於自己詩集、夫婦逝世而兒女整理遺作將之刊刻。其中情況較特别的是席佩蘭的《長真閣集》，雖附在其夫孫原湘《天真閣集》之後，但在《天真閣集》的自序中，孫原湘説他的詩集得以出版，是由於"佩蘭鬻釵釧，勸予陸續付刊"[③]。雖是夫妻共同刊刻，但考其刊刻緣起和資費來源，本文將之歸爲女詩人主動出版詩集一類。在這類夫婦合刻詩集的形成過程中，他

---

① 丁丙《亡婦凌氏行略》，《舞鏡集》，《江南女性别集》初編，頁 924。

② 見《胡適全集》第三卷，安徽教育出版社，2003 年，頁 773—774。

③ 孫原湘《天真閣集序》，《續修四庫全書》第 1487 册，上海古籍出版社，2002 年，頁 519。

們的兒子多參與其中,甚至負責主要的整理、校對和付梓工作。如鮑之蕙的《清娱閣吟稿》是她與丈夫張舷的合刻,由張舷收集整理,兒子請他的老師吴烜交予梓人。閨秀陳爾士《聽松樓遺稿》四卷,前三卷均爲序跋、家書等文章,皆關乎閨閣儀範,附録中又有三篇關於春秋戰國歷史人物的評論,其學識可見一斑。其遺稿由子錢保惠編成,將含載較多個人思想觀念的序跋書信置於詩詞之前,又後附史論,可見錢保惠對母親學識的宣揚態度。董祐誠在該集序言中説:"禄謝四流,文餉千古。嗣子保惠,痛深杯棬,泣抱簡篋,乃請於户部君,類此遺文,都爲一集,以示世型,用宏家訓,禮也。"①慈母之訓在兒子心中的重量,更見於附録末尾的"識":

> 先妣平日不輕議人得失,故論辯之文不多作,作亦不存。甲戌之春保惠始學爲論,先妣間嘗擬作以示准程。今檢篋中僅存三首,吾父以非性情所存,命勿以入集。保惠謹附録卷末,以志慈訓於不忘云。②

錢保惠在保存母親遺訓時,重視這些具有道德訓誡意味的文章,雖"非性情所存",但仍有傳世意義。隨着上述詩集的出版,陳爾士的才名在傳播中將不同於尋常閨秀。一般閨秀在文學方面以詩爲主,且主清才,少有學力,而陳爾士的序跋書信,尤其是史論所表現的胸襟和見識便非尋常女子可同日而語。可見爲人子者在保存母親的詩集時,他的態度反映在詩集的編排中,並影響讀者對詩集及其作者的認知。錢保惠"以示世型"的目的或許不能真正達到,但其母的才名定能流傳遐邇。考陳父爲刑部官員,夫爲户部主事,在這種家庭背景和社會背景之中,陳爾士的聲名必因之而具有正統意味,這或許也是陳爾士道德權威感的來源。

---

① 董祐誠《聽松樓遺稿序》,《江南女性别集》初編,頁571。

② 陳爾士《聽松樓遺稿》附録卷末,頁636。

此外,張藻的《培遠堂集》也由其子畢沅所刊刻。袁枚曾在《隨園詩話》中評價張藻的地位:“古陶太尉、歐陽少師之母,俱以教子顯貴,名傳千古。然兩母之著述不傳。即宣文夫人講解經義,幾與孔子並稱,而吟咏亦無聞焉。近惟畢太夫人兼而有之。……《培遠堂集》中,美不勝收……皆有清微淡遠之音,真合作也。”①畢沅的功名成就,離不開母親的諄諄教導,同上述陳爾士之例相同,他整理刊刻母親的詩集的目的,是“藏諸篋,以示後世”②,也在於感念慈母教誨。傳統社會分工中,母教的作用在家族的延續和興旺中發揮了重要且不可取代的作用。受教育的女性在丈夫外出爲官謀食而缺失於家庭角色的情況下,擔任起教育兒女的責任。因此在兒女成材,尤其如畢沅一般身居高位聲名廣播之後,往往會通過各種途徑回憶或宣揚母親的啓蒙與培養。這一現象可解釋多數由兒子刊刻的女性詩集的緣由。它不僅是感念慈恩的行孝之舉,更能憑藉爲人子者的社會地位和關係網絡,使母親的詩名和賢德傳播於外,而不至無聲淹没於歷史之中。

由夫、子、父、兄等男性親屬爲之出版的女性詩集,雖情況各異,但從總體關照,不外乎以下幾個原因:爲了家學的顯揚;爲了世族的榮光;爲了追懷逝去的親人;爲了寄予誠摯的感傷。忽略其主觀的意圖,就刊刻詩集這一事件的客觀效果而言,閨秀憑藉她們男性親屬的名望、地位和交際網絡,大大增强了她們才名的傳播速度和廣度,刊刻而成的紙質媒介,擴大了女詩人的影響範圍。在男性家人的幫助下,無論她們願意與否,詩名的確立和傳播將會是無可否認的事實。

二 非親屬男性幫助出版

清代婦女有著作者三千餘人,並非都有顯赫的家世和有名望的男

---

① 袁枚《隨園詩話》卷一一,《袁枚全集》第3册,頁353。

② 嚴長明《培遠堂詩集序》,《培遠堂詩集》,《四庫未收書輯刊》第10輯20册,北京出版社,1997年,頁651。

性家人爲之傳揚詩作,因此這部分閨秀的作品得以保存,詩名得以建立,多依靠其他男性的幫助。如前所舉,由老師或藏書家等非親屬男性出資代爲刊刻的女性作品集在筆者主要的考察範圍内所占比例爲12%。據此12%的作品分析,他們的目的可分爲以下幾種:

(一)爲表彰節婦的德行和才能。如吴宗愛《徐烈婦詩鈔》,是由咸豐時期永康地方官吴廷康刊刻而成。吴宗愛,字絳雪,爲永康人,才色俱佳。康熙十三年(1674)耿精忠叛逆起兵,攻至永康,總兵徐尚朝揚言曰"以絳雪獻者免"①,於是絳雪爲保全地方百姓,遂隨兵而去,叛兵已出永康境後,絳雪則乘其不備,投崖而死。吴廷康訪得吴宗愛之殉節始末,則思付剞氏,並序其詩集曰:

> 若夫奇節懿行,卓然自有千古,而吟咏所寄,雖零章斷句,亦足以想見其生平。是因其人而傳其詩,其人固不僅以詩傳也。如絳雪者,有才亦傳,無才亦傳,而何必計其詩之所存者鮮乎?余既傳絳雪之烈,因以傳絳雪之才,則詩又烏可以不傳?乃重取王氏刊本,囑陳琴齋孝廉校勘一過,復序而梓之。②

從這段序言中,可看出作爲地方官的吴廷康是有感於絳雪的奇節烈行,不忍埋没而廣徵序言,將她的才德公諸於世,使她的事迹能被後人所知以起到教化之用。清朝的節烈觀比前代更爲强化,風氣使然,不僅女性更自覺地維護和保持自身的節行,男性(更多爲官員)也多願幫助節婦的聲名傳播以顯教化之深廣,民風之醇厚。另一部節婦的詩集也體現了上述現象,即董寶鴻的《飲香閣詩鈔》。雖然該詩集的刊刻人無從考證,但從序言和記録中可瞭解,董寶鴻在丈夫死後贍養夫家親人與女兒的節義之行得到當地崇節堂官員的大力支持和宣揚。而由卷首的11位男性的題詞可見,董寶鴻的貞節之行和詩才受到當地及周邊男性文

---

① 許楣《徐烈婦傳》,《徐烈婦詩鈔》,《江南女性别集》二編,頁7。

② 吴廷康《徐烈婦詩序》,《徐烈婦詩鈔》,《江南女性别集》二編,頁5。

人的廣泛贊譽和獎掖。男性文人在刊刻節婦的詩集時,重視的是她們的教化意義和綱常倫範,並不將詩才作爲主要考量對象。貞節而兼具詩才的婦女則更能吸引大衆的注意,在地方官員及文人的宣傳下,才名隨道德的教化而傳播,她們的詩名則比一般閨秀多了幾分符合正統與教化的意味。

(二)通過女性的親屬、好友而與之有間接的友好關係,代爲刊刻其詩。如葛其龍刊刻了刁素雲的《紅薇閣詩草》,是因他曾從其夫學而稱刁素雲爲"師母"。她的詩集"兵燹後,稿俱散佚。予恐久而益□存也□亟爲搜尋,得若干首,付之剞劂。吉光片羽,亦足並傳不朽矣"[①]。傳統科舉社會中,"從師"這一現象其本身就帶有一定的功利色彩。拜謁名師是讀書人爲實現科舉、仕宦等理想而進行的積極的社會交游活動,通常以"門人"或"門下士"自居[②]。他們通過名師的提携或推薦,可能在科舉或日後的官場生涯中得人庇護而平步青雲;而在這些門生名聲鼎沸時,他們的提携者——老師——也會贏得更高的聲望和地位。在這樣有選擇性的雙贏機制下,從師風氣經久不衰,而門人與老師間更存在相互依存、唇亡齒寒的關係。因此便不難理解門人幫助出版老師和師母的詩集,老師同樣也幫助門人出版其女性親屬的詩集,後者如前文提到的鮑之蕙之《清娱閣吟稿》就是在子之師的幫助下付梓的。另有海南瓊山閨秀吴小姑所著《唾絨餘草》,也是在其丈夫門人的幫助下,完成實際出版工作,並由"羊城西湖街富文齋刊印,鎸刻疏隽,行款秀雅,亦粤東雕版佳品"[③]。

正如上文所述,門人與師的聲名是互通的,同理,他們的女性家人的聲名也可依附於此。通過印刷師母的文集,可顯師承之風雅,刊刻門人之母、之妻文集,可示風雅之傳化。他們的聲名可幫助這些女性的詩名傳播,而當女性的才名建立之後,又有益於男性的聲望,這是相互影

① 葛其龍《紅薇閣詩草序》,《紅薇閣詩草》,《江南女性别集》初編,頁1209。

② 參考梁建國《北宋東京的士人拜謁:兼論門生關係的生成》,《中國史研究》2008年第3期。

③ 黄裳《清代版刻一隅》,復旦大學出版社,2005年,頁389。

響的過程,也是門生與師的緊密關係的體現。

此外,在黄裳《清代版刻一隅》的記載中,還可見雲間古倪園沈綺雲在黄丕烈的幫助下刊刻了幾部作品集,如《緑窗遺稿》、《梅花喜神譜》、《静好樓雙蘭記》(爲紀念繼室,繼室爲曹貞秀妹)等。其中《緑窗吟稿》跋後有雙行牌記,云“嘉慶己卯雲間嘯園沈氏從平湖錢氏借本刊行”。“沈綺雲曾刻唐宋婦人集,皆從黄氏士禮居借本并請蕘夫代刻,精妙非常,計三種:《薛濤詩》、《魚玄機詩》、《楊后宫詞》。綺雲殁後,弟十峰更得此書鈔本,仍倩蕘夫刻之。開板之精,於有清一代刊本書中不多覯。”①

(三)爲保存文獻而刻,刊刻此類文獻者多爲藏書家和地方文獻的搜集者。楊文儷的《孫夫人集》由著名藏書家丁丙爲之刊刻。其集本附於其夫文集之後,而丁丙特將之單獨付印,並在跋中詳述其顯赫家世和才學曰:

> 夫人仁和人,工部員外郎楊應獬女,禮部尚書餘姚孫文恪公陞之繼室,諸子登進士榜者四人:太保吏部尚書清簡公鑨文中、禮部尚書鋌文和、太僕卿錝文秉、兵部尚書鑛文融,皆夫人教之。……諸孫皆顯貴,浙中稱大家者,固無以尚。《四庫》提要稱有明一代,以女子而工科舉之文者,文儷一人而已,詩其餘事也。②

楊文儷子孫之顯,母教的作用再一次得到印證和體現。而丁丙爲錢塘藏書家,秉承祖父丁國典的八千卷樓,嘉惠堂中藏書極富,更熱心搜集當地文獻,編《武林掌故叢編》208 册、《武林往哲遺著》前後編共 96 册。上述《孫夫人集》則爲前編之一。丁丙以廣搜文獻之志,刊一地賢德之著,爲後人留下了寶貴的財富。他在爲亡室凌祉媛寫行略時,並未多言

---

① 黄裳《清代版刻一隅》,頁 325。

② 丁丙《孫夫人集跋》,《孫夫人集》,《美國哈佛大學哈佛燕京圖書館藏明清婦女著述彙刊》第四卷,廣西師範大學出版社,2009 年,頁 135。

她的才學,而重在描述其婦德和孝道。可推測他對女性創作的態度或許並没有其他男性的熱情,而保存上述女性詩集的目的,可能更多出於一個藏書家對文獻的敏感和保存意識,這亦是藏書家收集刊刻女性作品與其他男性的區别。

浙江黄岩閨秀趙韻花的《醖香樓稿》,由黄岩王維翰將之與戚桂裳的《東鞶集》合編爲《彤奩雙璧》,刊於王氏雙硯齋。考戚桂裳之夫爲王維哲,《東鞶集》後又有"黄岩王咏霓書後"曰曾"日隨訓導君(筆者按:戚桂裳之子)侍孺人左右問字"[①]等語,可推測王維翰很可能是其夫家族人[②]。但趙韻花衹是同里之人,王維翰在序言中寫道:"苕華一寸,難忘刻玉之名;珠字十聯,好付聚珍之板。"[③]足見他對同鄉閨秀作品的珍惜態度。將本族閨秀的詩集與本鄉閨秀的詩集合刊,可將家族的聲望附於對鄉邦文獻的收集整理之上,通過鄉里文化的權威來提高本族在地方的地位。高彦頤指出:"因村長讓位而造成的地方領導權的中斷,促使宗族組織承擔了更多的現行政治角色。這些宗族尋求利用士紳的文化威望,促進本地區的自豪感,並加强他們自己在鄰里組織中作爲領導的地位。"[④]王氏作爲黄岩的文學世家,家内婦女皆擅文墨,王咏霓所娶三位夫人,都有詩集傳世。因此王氏族人在刊刻本族親眷婦女詩集的同時,熱心於同鄉其他閨秀詩集的整理出版工作,不僅可視作地方大族對當地地域文化傳統的建構,更是爲鞏固王氏一族在當地的士紳地位。

在同樣致力於發揚本土文化傳統的地方志中,編者開始以"史"的形式記載本鄉擅詩能文的女性,並與烈女、貞婦等置諸一起,有的甚至單列才女一門。如乾隆年間《震澤縣志》著録了閨秀沈少君的《繡香閣集》、光緒年間《江都縣續志》著録了閨秀王蘭的《緑窗吟臨》二卷等[⑤]。

---

① 戚桂裳《東鞶集》卷末,《江南女性别集》初編,頁1147。

② 詳見《清代文學世家姻親譜系》頁231"王氏"條。

③ 王維翰《醖香樓稿序》,《江南女性别集》初編,頁1152。

④ 《閨塾師:明末清初江南的才女文化》,頁59。

⑤ 史梅《清代江蘇方志中之婦女著作:胡文楷〈歷代婦女著作考〉拾遺》,張宏生、張雁編《古代女詩人研究》,湖北教育出版社,2002年,頁249。

可見在明清以來日漸濃厚的地域文化傳統中,聰慧而有詩名的閨秀對鄉邦文化貢獻以及地方士人對這種現象的重視。通過作爲史書的地方志的權威記載,閨秀們的詩名得以存於後世並流傳於今。

(四)對女性作詩持積極態度的文人爲了推崇婦學,鼓勵閨秀創作而刊刻其詩。吴中十子之一的江珠在去世後,其夫吾學海將她的遺詩整理成集,付梓刊爲《小維摩詩稿》,但在她生前,她的部分詩稿就爲任兆麟選爲《青藜閣集》,與其他閨秀合刻爲《吴中女士詩鈔》。任兆麟爲吴中十子之首張允滋之夫,他對其妻與其他閨秀的詩詞唱和非常支持,不僅幫助她們刊刻詩歌合集,更在家中爲她們講授作詩之道,稱爲"館課"。江珠詩集中便有《館中期課偶拈楊梅爲題諸子請予首唱因口占二律一賦楊梅一示諸子》一詩,可看出館課並非隨意而爲之,而是定期之舉。這種對閨秀創作活動的大力支持,更像老師對從學之士的態度。

閨秀從師,在當時已有風氣,著名的隨園女弟子便是一例。名高位重的文人獎掖婦女創作,有閨秀投諸門下,他們更能悉心指導。熱心者如袁枚等,皆選有女弟子詩鈔,刊刻於世,這些閨秀憑藉師門的聲望,也可傳才名於外。閨秀詩人徐映玉從沈大成學詩,惜不永年。她病逝後,沈大成受其囑托,將其遺詩刊刻成集,並序之曰:

> 若冰才雖不及古人,而嗜詩則篤。其生之不辰,命之不長,未必非詩有以致之。是詩者,果不祥之物也。然彼富貴壽考者,卒與草木同腐,而貧病蚤死若徐媛,幸有所遺之詩,庶幾竊附於《芣苢》、《汝墳》之義,論世之君子當不以此而易彼也。①

沈大成對閨秀才名的重視可見一斑,將女弟子的詩作與《詩經》並舉,雖然這在明清以來是文認爲女性寫作重塑經典地位的普遍做法,但對於閨秀而言,這種褒揚對她們尋求自我價值和宣導婦學都有積極的影響。此外,著名的閨塾師歸懋儀的《繡餘續草》是由段玉裁之子段驤選刊而

---

① 沈大成《南樓吟稿序》,《江南女性别集》初編,頁175。

成，駱綺蘭《聽秋軒詩集》由其師王文治幫助刊刻，方芳佩的《在璞堂吟稿》也是其師翁照幫助而付以墨板。

除上述詩集，《歷代婦女著作考》中對文人搜集女性詩集以付梓的記録也不少，較主要的是幾部大型女性總集的編者，他們不遺餘力地搜集各種女性詩詞作品以輯入著録。如螂嬛别館所刻的《國朝閨閣詩鈔》[①]和徐乃昌的《小檀欒室彙刻百家閨秀詞》等，這些總集比女性個人文學别集，更能爲人所知，也更容易獲得。男性文人對閨秀作品的搜集不僅有效地保存了女性的聲音，也讓她們的詩名更爲廣泛地傳播。更有王儀仙的《壽萱閣吟草》，是施湘痕"嘉其詩筆渾厚，秀麗雅逸，爲之印行"[②]。此外，男性文人還搜集女子的題壁詩，如陳維崧在《婦人集》中記載：

> 王考功筆述云：孫沚亭相公《南征紀略》，載女子趙雪華題李家莊三詩，并有感寄，不記其詞。鄒平西青陽店逆旅中，有女子題壁者，自署"萬里女郎"。詩云："獨抱寒衾憶夢眠"，第二句不記，"馬蹄得得行何已，歸雁提提又近年。"蓋和唐人韻也，亦宛轉可頌。……餘不復記憶矣。數條，予并載入《朱鳥逸史》中，以俱題壁詩，故識於此。[③]

梁乙真在《清代婦女文學史》中指出："吾嘗論之，有清二百數十年之中婦女文學其所以超越前代者，端賴提倡之有人耳。"[④]不僅文壇大家如錢謙益、王士禛、袁枚等，更多的男性文人都參與到鼓勵閨秀創作的行列。從上文所舉的詩集刊刻情況可見，在宣導閨閣風雅的清代文

① 《國朝閨閣詩鈔》是由蔡殿齊編，螂嬛别館刻，《歷代婦女著作考》中皆言爲螂嬛别館刻，且無從考證蔡殿齊與螂嬛别館的關係，本文暫用蔡殿齊進行分析。

② 《歷代婦女著作考》(增訂本)，頁254。

③ 陳維崧《婦人集》，王英志主編《清代閨秀詩話叢刊》，鳳凰出版社，2010年，頁26。

④ 梁乙真《清代婦女文學史》，中華書局，1932年，頁146。

壇,閨秀詩人在男性的幫助下,才名的建立與傳播並非難事;也正是由於男性文人的大力提倡,才在很大程度上成就了有清一代女性文學的繁盛。

三 非親屬女性幫助出版

除男性文人外,清代閨秀對自己的詩才和名聲也開始有意維護和保存。她們在文人士大夫的啓示下,將自己寫作的正統性追溯到《詩經》和漢代女學者班昭,從而試圖建立對婦學的尊重和權威。傳統認知中"文章爲不朽之盛事"這一共識①,也通過各種途徑成爲閨秀所追求的目標。以詩存人,因此詩名的傳播和詩集的刊刻對有"名"的意識的閨秀(如後文將論及的女詩人駱綺蘭)而言更爲重要。前文探討的詩集中,女詩人生前所刊刻的,雖爲男性幫助,但可推測作者本人的態度至少是默許,否則其他男性無法接觸到閨秀的手稿。後文將討論的由女性刊刻的詩集,雖整體數量較之男性很少,但亦反映了女性的自覺和保存才華與聲名的願望。

如皋冒俊刊《林下雅音集》,彙刻了王采薇的《長離閣集》、汪端的《自然好學齋詩鈔》、吴藻的《花簾詞》和《香南雪北詞》、莊盤珠的《秋水軒集》五種作品。對冒俊主動集合前輩閨秀之詩以付梓的行爲,其夫陳坤曾曰:

> 蓋恭人於前人嘉言懿行,心嚮往之,故每有合也。坤前欲刊鹿洲女學讀本,鬻簪珥以贊成之。而於閨閣才人,尤相雅愛,嘗擬裒輯古今名媛詩詞,彙爲一編。因力綿未果,衹將王玉瑛、汪允莊、吴

---

① 蔣寅認爲,中國古代對詩歌之生命的體認,大致可用"不朽之盛事"、"其文在即其人在"、"以詩爲性命"和"文字留傳子孫"四個命題來概括,且寫作被視爲同傳宗接代的生命繁衍活動一般,有生命綿延的借喻。詳見《清代文學論稿》,鳳凰出版社,2009 年。

蘋香、莊槃珠四集陸續校刊,其愛才而向義也。①

因欣賞她們的才學而不忍見其湮没,是冒俊刊刻該集的主要動因。惜才的同時亦是惜其詩名流傳不易,清代閨秀普遍認爲閨閣才名傳播甚難,因此她們才更珍惜詩集刊刻的機會。冒俊對汪端之才表達了激賞之情後,"爰蠲簪珥,重付棗梨,欲以廣其流傳,亦即以志景仰也"②。她欲以保存閨秀的詩文集來承載一己之嚮往,而從客觀效果來看,這部《林下雅音集》中所收女詩人,成爲冒俊心中於衆多閨秀裏所選之經典,較之大型的總集,更能看出選編者的思想傾向,也更能影響後人對這四位閨秀詩人的評價。

清朝入主中原後受中原文化影響,亦多能詩擅詞之人,以納蘭容若和顧太清爲最著者。有詩集傳世者亦不少,單論由女性出版者,滿族婦女百寶友蘭的詩集《冷紅軒詩集》就由其好友那遜蘭保幫助搜集而付剞劂。那遜蘭保在序言中極力稱贊她四十年苦節和勸子殺敵而自盡的義勇之行,並認爲:"德言容工,女子之大端;忠孝節義,人生之大節。數者得一,已足震鑠古今,輝煌宇宙,而況交萃于一身乎?"③那遜蘭保和百寶友蘭是"以戚里爲文字性命交"④,序言中多叙百寶友蘭的貞義之舉,而少涉文學之才,該現象與她固有的思想是密不可分的。那遜蘭保也有詩集《芸香館遺詩》傳世,是其子刊刻而成。而在其子的序言中,可看到那遜蘭保生前本並不願以詩傳世,囑咐兒女"幸勿梓吾詩"⑤。她認

① 陳坤《誥封恭人亡室冒氏事狀》,冒俊《福禄鴛鴦閣遺稿》,《美國哈佛大學哈佛燕京圖書館藏明清婦女著述彙刊》第四卷,頁43。

② 冒俊《重刊自然好學齋詩鈔後序》,汪端《自然好學齋詩鈔》卷末,《江南女性别集》二編,頁576。

③ 那遜蘭保《冷紅軒詩集序》,《美國哈佛大學哈佛燕京圖書館藏明清婦女著述彙刊》第二卷,頁373。

④ 那遜蘭保《冷紅軒詩集序》,《美國哈佛大學哈佛燕京圖書館藏明清婦女著述彙刊》第二卷,頁374。

⑤ 那遜蘭保《芸香館遺詩跋》,《美國哈佛大學哈佛燕京圖書館藏明清婦女著述彙刊》第二卷,頁370。

爲吟咏之事並非女子之職,而如百寶友蘭那樣的苦節懿行才是值得稱贊的,因此她才在生前並不願意刊刻自己詩集的情況下,説明好友出版了《冷紅軒詩集》,以揚其德。

在《歷代婦女著作考》的著録中,陝西閨秀屈淑的《韓安人遺詩》、山東閨秀孔淑成的《學静軒遺詩》等皆由江西萬啓篔刻入《遜敏堂叢書》。萬啓篔的丈夫是江西宜黄私人刻書家黄秩模,宜黄黄氏是當地望族,黄秩模之父黄爵滋是道光時期的禁烟名臣,與林則徐並稱"林黄"[①]。其妹黄秩蘅也著有《素心閣詩鈔》。黄秩模曾刻《國朝閨秀詩柳絮集》,可見其對女性創作的支持和保護態度。而《遜敏堂叢書》更著意搜刻百餘種江西當地及周邊各種文獻,爲保存當時當地的歷史、文學資料有重要作用,備受贊譽。作爲黄秩模的妻子,在他的耳濡目染之下,萬啓篔自然應懂得保存文獻的重要性,尤其是傳之不易的閨秀作品。上述幾種刻入《遜敏堂叢書》的女性詩集,很可能是他們夫婦二人齊心合力之舉。《韓安人遺詩》與《學静軒遺詩》在刻入《遜敏堂叢書》前,皆有刊本,但都因種種原因散佚,黄秩模夫婦將它們重付手民,以示珍惜。萬啓篔在《韓安人遺詩》序言中贊屈淑曰:

> 在有明閨閣中,可專一席,即方諸谷城劉太夫人、上元馬安人、遂寧黄安人、仁和楊夫人、上虞姚淑人、會稽商夫人與桐城吴人方夫人,何多讓焉。……僅一女異,携《安人全集》,往長安欲刊,未果,遂散佚,故其所存止此。然就詩而言,傳世亦不在多;碔砆滿布,無人問價,昆山片玉,世共珍之也。[②]

她將明末清初廣有才名的女詩人並舉,且認爲傳詩名不在詩之多少而其所體現的價值,體現了崇精不崇多的詩學取向。黄秩模夫婦二人皆

① 詳見付瓊《清代江西刻書家黄秩模年譜》,《南昌大學學報(人文社會科學版)》2010 年第 3 期。

② 萬啓篔《韓安人遺詩序》,《歷代婦女著作考》(增訂本),頁 127—128。

不惜重金發潛德於幽微,如黄秩模爲本縣著名昆曲藝人徐春(字春山,號可樓)校梓詩集,傳爲美談,《遜敏堂叢書》復收其《四書私談》一種[①]。如此不僅爲現代學者提供了可靠而豐富的文獻資料,更使一些本默默無聞者的才華能得見於世,傳流至今,不可不謂存文存人之盛事。

綜上可見,非親屬女性説明刊刻詩集的情況,多見於詩集作者的好友、有自覺愛惜女性才名的閨秀及刻書家之妻。她們雖可出於不同目的説明其他女性出版詩集,但研究者應當注意到她們作爲女性,該行爲的獨特意義。如同女性編著閨秀詩選集及閨秀詩話一樣,她們都意識到女性聲音保留的艱辛,試圖"存其斷句零章"[②],以期實現作爲整體意義的"閨秀詩人"的價值,由此使不少閨秀得以存名於歷史甚至才名廣播。可見清代婦學的昌盛若没有女性的自覺意識,男性文人的獎掖推崇也不會有明顯效果。

四　女詩人自覺主動出版

如前文所分析,清代已有不少女詩人注意到自身詩才的價值和聲名傳播的重要,實現才名的顯揚同樣也是實現自我價值的一部分,甚至爲主要部分。考慮到閨秀的經濟社會能力,本部分討論的閨秀詩人主動將詩集付板情況,以主動整理詩集、積極尋求説明爲主要參照對象。

乾嘉之際女詩人駱綺蘭是最顯著的例證。在她的《聽秋軒詩集》中,隨處可見對才名的追求和熱情,如"自笑耽詩卷,虚名絆此身"[③]、

---

① 付瓊《清代江西刻書家黄秩模年譜》。

② 沈善寶《名媛詩話》卷一,王英志主編《清代閨秀詩話叢刊》,頁349。

③ 駱綺蘭《答張小謝女史並寄懷》,《聽秋軒詩集》卷五,《江南女性别集》二編,頁646。

“白門市雜難容我,京口山深不掩名”[①]、“何期遠贈琳琅句,贏得詞壇萬口傳”[②]等。即便在她評價其他詩人時,亦多注意詩名的建立,如贊吴素雲畫曰“他日名傳書畫史,才人佳話盡閨中”[③],贊鮑之蕙曰“舊傳詞翰留名久,新起樓臺攬勝初”[④],《題管夫人墨竹》曰“一代紅妝占盛名,憑將净慧消清福”[⑤]等。這種對“名”的重視在其他閨秀的詩中是極少見的。她還拜袁枚、王文治、王昶爲師,以詩受業,並與大量的男性文人有詩文唱和及來往,其中包括趙翼、畢沅、法式善等,更因《秋燈課女圖》而廣受題識,有多達63位男性文人題詩於畫,包括當時的豫親王。可見駱綺蘭交游之廣,且通過此交游網絡,其詩名的傳播範圍益廣。她作爲寡居的閨秀,如此的交游已超出傳統對内外分離的界定和要求,不能爲時人所接受,於是疑毁議論者紛然而起。對此她曾義正言辭地争辯過,但中年以後,“頗淡然於胸,深悔向者好名太過,適以資招口實”[⑥]。駱綺蘭意識到自己對“名”的追求太過,但短暫的自省之後,也還不可避免地沉浸於聲名的傳揚:

> 時於遠近閨秀投贈之什,猶記憶不能忘。披誦一遍,深情厚意溢於聲韻之外,宛然如對其人。因裒而輯之,以付梓人,使蚩蚩者知巾幗者未嘗無才子,而其傳倍難焉。彼輕量人者,得無少所見多所怪也!蘭編是集,既自傷富命不如同人,由竊幸付諸閨秀之後而

① 駱綺蘭《莒香硯長見示新詩乃同令兄雅堂惜别唱和諸作讀之生感》,《聽秋軒詩集》卷六,頁672。

② 駱綺蘭《初冬慶晴村世叔過鎮見贈題秋燈課女圖賦詩致謝即用原韻三首》,《聽秋軒詩集》卷六,頁676。

③ 駱綺蘭《吴素雲女史寫秋芳圖寄其仲兄蘭雪法時帆學士見而寶之以曹墨琴女史所書十三行素册易去墨琴復題二十八字並囑題卷尾率成一絶》,《聽秋軒詩集》卷三,頁612。

④ 駱綺蘭《寄懷鮑莒香夫人》,《聽秋軒詩集》卷三,頁613。

⑤ 駱綺蘭《題管夫人墨竹》,《聽秋軒詩集》卷三,頁616。

⑥ 駱綺蘭《聽秋軒閨中同人集序》,《江南女性别集》二編,頁696。

顯矣。[①]

上引之語正接於"深悔向者好名太過"之後,但悔意全無,並對那些"輕量人者"處處譏諷,語氣强硬,更集閨秀唱和之詩爲《閨中同人集》以最終顯己之名,可見其嗜名之深。

作爲對才名的重要性有深刻認識並主動尋求各種機會以揚名的女詩人,駱綺蘭將詩集主動編爲《聽秋軒詩集》、《閨中同人集》和《聽秋軒贈言》刊印,是其必然選擇。當然,僅憑綺蘭一人之力是無法刻成詩集,且她寡居食貧,也少親戚依靠,很難負擔刊刻的開銷,《聽秋軒詩集》應是其師王文治出資幫助刊刻並參與校勘工作的[②]。而《閨中同人集》和《聽秋軒贈言》雖爲駱綺蘭刊刻,但可推測在此過程中,她的老師或其社交關係網絡中的男性文人可能對她有所贊助。

另一位隨園女弟子席佩蘭的《長真閣集》的出版情況前文已經提到,雖附於其夫孫原湘《天真閣集》之後,但是由她勸夫刊詩並"鬻釵釧"以資助而成,因此忽略付梓後由男性完成的工作,相較而言,席佩蘭比孫原湘更有刊刻的意願及能力。作爲隨園女弟子之首,她不僅受到袁枚對女性詩才的鼓勵和慫恿,成爲隨園女弟子這一行爲本身便是尋求才名建立的表現。被袁枚稱爲"比來閨秀能詩者"之第一的女詩人徐德音,其詩集《緑静軒詩鈔》雖是蕉園七子之首林亞清勸其付梓,"女辭不獲,遂畀剞氏"[③],但這是謙虚的説辭。且清初蕉園詩社之盛名一直流傳於今,其七子多與徐德音交好並有唱和之詩,《緑静軒詩鈔》卷首更有林亞清之序,雖爲同里,但可見德音詩才之高妙。另有袁鏡蓉《月蕖軒詩草》、《晚香聯咏》和《月蕖軒傳述略》皆由其手自編訂,並付其婿莊敦請人題跋,應是在其生前就刊刻行世的。《晚香聯咏》是其家族倡和之詩且是袁鏡蓉爲首倡後又編訂,《月蕖軒傳述略》中二十二篇文章則是

① 駱綺蘭《聽秋軒閨中同人集序》,頁696。

② 參看《聽秋軒贈言》後附《王夢樓師書》,《江南女性别集》二編,頁792—793。

③ 樓氏《緑静軒詩鈔序》,《江南女性别集》初編,頁6。

她在先舅喪後處置夫族祭祀諸事並家人的傳記,極具經濟之才。可見其對自己及家族文獻的重視和積極的保存態度。上述由袁鏡蓉編訂的詩文集,雖然就其進入到墨板階段的負責人究竟爲誰暫無可考,但從現存的序跋來看,女作者自己留存的意願是顯而易見的。此外,還有曾懿的《古歡室詩詞集》。從序言考之,曾懿是出於自己的意願而刊刻詩集,但刊刻的過程、是否有男性家人的幫助便不得而知。《古歡室詩詞集》後更附《醫學篇》、《女學篇》和《中饋録》。《醫學篇》列各種疾病的詳細藥方,包括藥量和製藥之法;《女學篇》則從結婚開始婚姻家庭生活一直到女性生命結束,分章節講述了在家庭生活中,在思想和行爲上,怎樣成爲合格之婦;而《中饋録》更是將各種家常菜肴的製作方法和細節一一列舉。而看似傳統而全面的家庭生活的叙述背後,曾懿刻上述文集的意圖則更顯其新的時代性:

> 察中國數十年政權變遷之大勢,與夫列强數十國鯨吞蠶食之陰謀,則又怒焉,憂之汲汲焉……我同胞女子有二萬萬之衆,何不亦勉力同心,共起競争之志,以守其天賦之責任乎?有如教育子女,各盡義務,所以培植國民之基礎也;勤儉勞苦,家給人足,所以籌劃家政之根本也;醫學衛生,以保康强,所以强大種族之原理也。①

一部女性詩集中所蘊涵的意圖竟是"爲國爲民",更以此突顯出婦女在家庭、國家中爲培育下一代和保障家、國健康向上的重要作用。如此良苦用心,在歷代閨秀詩集中實爲罕見,這也是時代變化在女性文學中少有的體現之一。

閨秀詩人主動將詩文稿刊刻出版的情況在女性作品集總量中並不多見,除了閨秀本身社會經濟地位不高的客觀原因外,更多且更重要的

---

① 曾懿《女學篇自序》,《古歡室詩詞集》,《美國哈佛大學哈佛燕京圖書館藏明清婦女著述彙刊》第三卷,頁404。

原因是整個社會强調的“内外分離”和“男女之别”的觀念深入閨秀心中，使她們在寫作的同時擔負着一種不安與内疚，這也是爲何大量的女性詩集取“繡餘”、“爨餘”、“焚餘”等强調閨秀家内生活的題目的原因。因此，上述少量的由女性主動要求刊印的詩集才更顯可貴。她們清楚地意識到女性在這些生活瑣事之外的價值——詩才——的可貴和才名傳播的不易，尤其是缺少家庭關係紐帶的女詩人，如駱綺蘭，没有父、兄、夫、子的幫助，於更艱難的環境中，憑一己之力，亦能傳詩名於天下和後世。

結　語

閨秀吴藻在爲凌祉媛《翠螺閣詩詞稿》所作的序言中曰：“吾杭爲人才之藪，閨秀代興，日下工詩詞者，皆各梓一篇。”[①]有清一代，女性著述刊刻可謂盛矣。閨秀在“繡餘”、“紅餘”、“爨餘”的謙辭中，亦能流露出對才名的追求，因此在男性親人或閨中好友，甚至是自己的努力之下，將詩集刊刻成册以便傳播，這是才名傳播最爲有效的途徑。上述幾種主要的出版途徑，贊助人或出版人的意圖，筆者已詳細分析。文中也已提到，清代學者文人對留傳作品以不朽這一觀念的贊同，直接影響了女性著述的留存情況和閨秀才名的傳播範圍，而女性朦朧的主體意識的覺醒和自覺地保護作品的行爲，也是清代女性著述蔚爲大觀、閨秀才人輩出的重要主觀因素。女性的才名以成爲了紙質媒介的印刷品爲載體，可以便捷地傳播於一鄉一地，乃至更廣闊的地域，同時也使閨秀足不出户便能擴展自己的閱讀空間，跨過時間和空間的阻隔，與其他閨秀進行心靈的溝通。

（作者單位：南京大學文學院）

① 吴藻《翠螺閣詩詞稿序》，《江南女性别集》初編，頁866。

古典文獻研究(第十五輯)
2012年7月

秦漢數學類書籍與“以吏爲師”

——以張家山漢簡《算數書》爲中心

吴朝陽

除了傳世的《九章算術》之外，近些年出土了多部秦漢時期的數學類書籍，其中包括張家山漢簡《算數書》、岳麓書院藏秦簡《數》以及北大秦簡《算數書》。本文以張家山漢簡《算數書》爲中心，討論我國戰國、秦漢時期數學的水平及其與社會文化的關係、文獻編纂與數學知識的流傳發展等問題。

一　張家山二四七號漢墓墓主的身份

鄒大海先生在《出土〈算數書〉初探》一文中認爲：張家山漢簡《算數書》是數學方法“結合下層官吏管理的實際而編成的作品”①，這是極具洞察力的論斷。不過，鄒先生的討論或有不足，我們可以從張家山二四七號漢墓墓主身份這一方面再做一點補充論證。

張家山二四七號漢墓竹簡整理小組在《張家山漢墓竹簡〔二四七號墓〕》一書的《前言》中說：“張家山二四七號漢墓……是一座土坑木椁

① 鄒大海《出土〈算數書〉初探》，《自然科學史研究》2001年第3期。

墓……葬具是一椁一棺……隨葬品置於頭箱中，主要有漆耳杯、漆奩、漆盒、漆盤、木俑、銅鍪、銅蒜頭壺、竹筒等。……從葬具和隨葬品判斷，墓主人身份並不高，隨葬的各種古書也暗示墓主人生前是一名低級官吏，通曉法律，能計算，好醫術、導引。"[①]墓中與《算數書》同時出土的《曆譜》中記載墓主人"新降爲漢"，時間大約在漢高祖四年（前 201）或五年，而在惠帝元年（前 194）"病免"[②]，從這兩處記載看，墓主人原爲秦朝低級官吏，降漢後仍然在地方任職。

陳振裕先生在《湖北西漢墓初析》一文中對西漢墓葬進行了相對深入的分類研究[③]，根據墓葬形制大小及陪葬器物豐儉將湖北西漢墓葬分爲四個等級類別。文中，張家山第二四七號漢墓被歸入第二類，西漢初年的同類墓葬還有江陵鳳凰山一六七號、一六八號、八號、九號墓，以及毛家園一號墓，而江陵鳳凰山十號墓則被歸入地位稍低的第三類。陳文認爲，第二類墓葬墓主生前是低級官吏，其爵位在"官大夫"與"五大夫"之間，而第三類墓葬則可能是地位更低的鄉官或商人，但其中的商人可能因爲"入粟受爵"而爵爲"五大夫"。據墓葬出土的木牘，江陵鳳凰山九號墓的墓主（名"絹"）生前是"安陸守丞"，江陵鳳凰山十號墓的墓主（名"張偃"）及一六八號墓的墓主（名"遂"）生前的爵位都是"五大夫"，毛家園一號墓的墓主（名"精"）生前的爵位是"官大夫"，與這些信息相比較，可知《算數書》的主人，即張家山二四七號漢墓的墓主，生前的職位的級別不會高於縣令史。

出土睡虎地秦簡的睡虎地十一號墓雖然是秦墓，但所謂"漢承秦制"，其墓葬形制規格與漢初漢墓應該有相當的可比性。睡虎地十一號墓形制規格與張家山二四七號墓相近，而據墓中出土的《編年記》，墓主人（名"喜"）在秦始皇時歷任安陸御史、安陸令史、鄢令史及鄢獄吏等與

---

① 張家山二四七號漢墓竹簡整理小組《張家山漢墓竹簡〔二四七號墓〕》，文物出版社，2001 年。

② 參見《張家山漢墓竹簡〔二四七號墓〕》，頁 129；張金光《釋張家山漢簡〈曆譜〉錯簡，並釋"新降爲漢"》，《文史哲》2008 年第 3 期。

③ 陳振裕《湖北西漢墓初析》，《文博》1988 年第 2 期。

司法有關的職務。睡虎地十一號墓出土《秦律十八種》、《秦律雜抄》、《法律答問》等多種與其職務相關的書籍,與此相應地,張家山二四七號墓也出土了《二年律令》和《秦讞書》。據此判斷,《算數書》的主人生前職務應與縣令史級别相當。

二　張家山漢簡《算數書》與基層管理

張家山漢簡《算數書》的簡文除了"相乘"、"乘"等幾則爲分數四則運算公式之外,大部分都是涉及具體經濟生活的算題,我們列表總結如下:

算題性質	涉及内容	《算數書》算題
分數的四則運算	分數的四則運算,大整數的乘法。	相乘,分乘,乘,增減分,分當半者,分半者,約分,合分,徑分
一般經濟生活	金重,出資比例,金價,鑄銅,箭,漆,鹽,金錢,米	出金,共買材,金賈,銅秏,羽矢,桼錢,賈鹽,分錢,米出錢
税收計算	關税	狐出關,狐皮,負米
	田租計算及修正	税田,取程,秏租,誤券,租吴券
	麻田租税	取枲程
	多種穀物田租分配	並租
農田管理	田地廣、從計算	啓廣,啓從
	田地面積計算	少廣,大廣,方田,里田
田税收取、官稟發放	穀物换算	程禾,粺毀,粟爲米,粟求米,粟求米,米求粟
	换算公式應用	米粟並,粟米並

續表

算題性質	涉及内容	《算數書》算題
製造業管理	製炭	負炭
	竹編	盧唐
	造箭	羽矢
	食品製造	挐脂
	竹簡製造	程竹
	稟漆差額計算	飲桼
工程管理	土方工程體積	除,斬都,芻,睘亭,井材
	穀堆體積	旋粟,囷蓋
	方形木材加工	以睘材方,以方材睘
	木材直徑測算	睘材
其他管理	官稟差額計算	舂粟
	傳馬飼料分配	傳馬
	超幅寬布帛價值計算	繒幅
	借貸利息計算	息錢
	醫生考核	醫
	單位换算	石率,絲練
	穀物損耗	秏
	行程計算	行
趣味數學題	紡織	女織,婦織

從上表可知,《算數書》69 則算題,屬於數學公式的有 9 個,屬於"趣味數學"的問題有 2 個,其餘 58 個算題都是關於日常經濟活動的算題。其中,屬於基層官吏實際管理問題的算題有 49 個,涉及農田面積計算、田税計算、基於穀物等價换算的田税收取及官稟發放、手工業定量計算、土方工程計算、以至傳驛行程計算及醫生績效評估等具體

問題。

從本文稍後對《算數書》與岳麓書院藏秦簡《數》書的比較可知,張家山《算數書》的算題主要傳承自秦國的實用數學書籍,因此,以睡虎地出土的秦代律書爲主要依據來考察《算數書》算題與基層日常管理的關係是合理的。《算數書》算題與睡虎地秦律關係最爲直接的是其"飲漆"算題,全題簡文爲:

> 飲漆　漆一斗飲水三斗而極飲水二斗七升即極,問餘漆、水各幾何。曰:餘漆卅七分升卅,餘水二升卅七分升七。術曰:以二斗七升者同一斗,卅七也爲法,又置廿七、十升者各三之爲實,實如法而一。①

睡虎地秦律中的《效律》有一條相關律文,全文爲:

> 工稟漆它縣,到官試之,飲水,水減二百斗以上,貲工及吏將者各二甲;不盈二百斗以下到百斗,貲各一甲;不盈百斗以下到十斗,貲各一盾;不盈十斗以下及稟漆縣中而負者,負之如故。②

生漆與水混合達到飽和狀態叫做"極",合格的生漆加入三倍體積的水恰好達到"極"的狀態③。所謂"飲水",就是向生漆中加水使其達到"極"的過程。官方收取生漆時需要驗收,驗收辦法就是"飲水",如果生漆"飲水"不到三倍就達到飽和狀態,則説明上繳的生漆是水分過多

---

① 參見彭浩《張家山漢簡〈算數書〉注釋》,科學出版社,2001年,頁69。按:"極"字彭氏原釋爲"欒",後專家認爲應作"極",是。據改。

② 睡虎地秦墓竹簡整理小組《睡虎地秦墓竹簡》,文物出版社,1978年,頁122。

③ 參見[日]大川俊隆、田村誠《張家山漢簡〈算數書〉"飲漆"解》,《簡帛研究(2004)》,廣西師範大學出版社,2006年,頁430—445;日本張家山《算數書》研究會《張家山漢墓〈算數書〉譯注稿(6)》,頁8—11。

的不合格產品。《效律》規定加水“不盈十斗以下”的“負之如故”,也就是説,驗收時“飲水”比規定量少十斗以下的,需要補賠上繳生漆定額中不足的部分。因此,對不合格生漆的驗收過程需要計算“飲水”減少的數量以及需追加收繳的生漆的數量,“飲漆”算題中“問餘漆、水各幾何”一句,所問正是這兩個數量,而算題中也給出了具體的計算方法。可見,《算數書》的“飲漆”算題,是直接爲“稟漆”的法律規定服務的。

與《睡虎地秦墓竹簡》所載秦代律書比較,可以發現張家山漢簡《算數書》中屬於基層官吏實際管理問題的49個算題的内容涵蓋了依《田律》、《倉律》、《金布律》、《關市》、《工律》、《工人程》、《徭律》、《均工》、《傳食律》等實施管理需要的所有數學知識,並提供了大量算例。例如,張家山漢簡《算數書》中的“方田”類算題給《田律》提供了田地面積的計算方法,“粟米”類算題給諸秦律中的“稟粟”問題提供了折算公式,“旋粟”算題爲《倉律》提供了計算穀堆體積的公式,而“羨除”、“斬都”等立體體積類算題則爲《工人程》的“冬作”以及《徭律》中“斬”、“垣”等的工程計量提供了多種方便的計算公式。

數學史專家大都肯定張家山漢簡《算數書》是“抄撮”而成,肖燦、朱漢民則指出此書的“算題之間很獨立”①,這説明張家山漢簡《算數書》與岳麓秦簡《數》等數學教材類書籍有明顯差别,其性質應是“實用參考書”。而由於張家山漢簡《算數書》出土於秦、漢間基層官吏的墓葬,其内容又爲基層官吏的管理工作提供大量參考算例,因而可以判定張家山二四七號墓墓主生前職責包括部分縣一級的數量管理工作,張家山漢簡《算數書》是墓主生前爲職務需要“抄撮”而成的,直接爲其職務需要服務的實用參考書。

① 肖燦、朱漢民《岳麓書院藏秦簡〈數〉的主要内容及歷史價值》,《中國史研究》2009年第3期。

三　張家山漢簡《算數書》與岳麓書院藏秦簡《數》書的比較

本節我們將這些内容集中列表,以《算數書》的算題爲主綫,把《算數書》與岳麓書院藏秦簡《數》書内容①進行比較。

《算數書》算題	岳麓書院藏秦簡《數》書竹簡編號
相乘,分乘,乘	0778
合分	J24
負米	0832
女織	0972
金賈	0303+0458
婦織	J9+J11+0827
息錢	0937+0759
税田	0899
誤券	0982
租誤券	0939
取程	0537;0887
程禾,粟爲米,粟求米,米求粟	0791+0974+0987

① 岳麓秦簡《數》書的算題來自肖燦、朱漢民以及許道勝、李薇的論文,參見肖燦、朱漢民《岳麓書院藏秦簡〈數〉的主要内容及歷史價值》;朱漢民、肖燦《從岳麓書院藏秦簡〈數〉看周秦之際的幾何學成就》,《中國史研究》2009年第3期;肖燦、朱漢民《岳麓書院藏秦簡〈數〉中的土地面積計算》,《湖南大學學報(社會科學版)》2009年第2期;許道勝、李薇《從用語"術"字的多樣表達看岳麓書院秦簡〈數〉書的性質》,《史學集刊》2010年第4期。

續表

《算數書》算題	岳麓書院藏秦簡《數》書竹簡編號
取枲程	0952;0805;0900;1743
粟米並,米粟並	0819+0828
分錢	0413+0790
除	0977
斬都	0456
芻	0818;0830;0777;0959
旋粟	0997
圜亭	0766;0768+0808
圜材	0304+0457
啓從,啓廣	1833
少廣	0942
大廣	0829
里田	0947

在以上列表中,《算數書》半數的算題都能在岳麓秦簡《數》書中找到對應的算題。而且,除了“行”、“以睘材方”及“以方材睘”三個算題之外,岳麓秦簡《數》書的内容涵蓋了《算數書》的所有數學内容。據有幸率先接觸岳麓書院藏秦簡《數》書的肖燦和朱漢民介紹,《數》書“算題呈現‘組群’特點:第一,有些算題只是改變題設條件的資料,其他叙述則是一樣的,而且條件資料的設計有難易程度的變化,如果是由易到難排序,則可以給閱讀者循序漸進的訓練;第二,同類型、同演算法往往有多道算題,題設條件涉及生産生活的種種情况,使閱讀者能夠學會對抽象演算法的實際應用。若是把《數》算題按演算法、題型歸類分章,看起來就像一本精心編排的教材。相比之下,張家山漢簡《算數書》的算題之間很獨立,少見僅改變條件資料的成組算題,也難以劃分章節,似是一

本算題匯抄,相當於今天的參考題集”①。

此外,北京大學在2010年發布第3期《北京大學出土文獻研究所工作簡報》,公布北大獲得一批秦簡,其中有一部被稱爲“北大秦簡《算數書》”的數學著作,據稱“與岳麓秦簡《數》更爲接近”②,此更證明戰國後期秦國流傳着相當數量與岳麓秦簡《數》書相似的類似數學教材的著作。如上節所論,張家山漢簡《算數書》是適用基層官吏管理需要,根據不同的應用數學著作撮抄而成的作品,本節的表格證明,《算數書》主要内容抄自一部或多部與岳麓秦簡《數》書相似的著作。因此,我們總體上得到了與肖、朱兩位專家相似的結論。具體而言,張家山漢簡《算數書》與岳麓秦簡《數》書都是數學方法“結合下層官吏管理的實際而編成的作品”③,所不同的是,《算數書》是以簡要爲原則的撮抄本,而北大秦簡《算數書》與岳麓秦簡《數》書則内容系統,正是秦吏傳授實用數學所用的“精心編排的教材”。

四 張家山漢簡《算數書》與《九章算術》内容比較

下表以《九章算術》的“術”爲主綫,把《算數書》與《九章算術》進行列表比較。由於《算數書》中有少數算題涉及《九章算術》中的兩個“術”,因此它們在表中出現兩次,其中相對次要的加“[ ]”表示。此外,需要指出的是,《九章算術》中有不同章節使用相同數學方法的現象,因此,相關《算數書》中的算題與《九章算術》中的“術”的對應關係並不能唯一地確立。

① 肖燦、朱漢民《岳麓書院藏秦簡〈數〉的主要内容及歷史價值》。

② 北京大學出土文獻研究所《北京大學出土文獻研究所工作簡報》(2010年10月,總第3期),具體内容參見北京大學出土文獻研究所官方網站。

③ 這是鄒大海對《算數書》的評論,參見其《出土〈算數書〉初探》。

《九章算術》中的章、節		《算數書》中的算題
方田	方田	[64. 啓廣,65. 啓從]
	里田	69. 里田
	約分	04. 增減分,05. 分當半者,06. 分半者,07. 約分
	合分	08. 合分
	減分	10. 出金
	課分	(無)
	平分	(無)
	經分	09. 徑分
	乘分	01. 相乘,02. 分乘,03. 乘
	大廣田	67. 大廣
	圭田	(無)
	邪田	(無)
	箕田	(無)
	圓田	(無)
	宛田	(無)
	弧田	(無)
	環田	(無)
粟米	粟米之法	40. 粺毁,41. 秏,42. 粟爲米,43. 粟求米,44. 粟求米,45. 米求粟,46. 米粟並,47. 粟米並,53. 米出錢
	今有	17. 金賈
	經率	22. 羽矢,23. 漆錢,24. 繒幅,28. 程竹,29. 醫,30. 石率,31. 賈鹽,36. 程禾,37. 取枲程,[18. 舂粟]
	其率	(無)
	反其率	(無)
衰分	衰分	11. 共買材,12. 狐出關,13. 狐皮,15. 女織,18. 舂粟,19. 銅秏,20. 傳馬,25. 息錢,26. 飲漆,27. 税田,33. 挐脂,34. 取程,35. 秏租,38. 誤券,39. 租誤券[41. 秏]
	返衰	16. 並租,21. 婦織

續表

《九章算術》中的章、節		《算數書》中的算題
少廣	少廣	64. 啓廣,65. 啓從,66. 少廣
	開方	[68. 方田]
商功	城、垣、堤、溝	60. 井材
	方堡壔	[54. 除]
	圓堡壔	60. 井材,[37. 取枲程]
	方亭	(無)
	圓亭	59. 睘亭
	方錐	(無)
	圓錐	[57. 旋粟,58. 囷蓋]
	塹堵	54. 除
	陽馬	(無)
	鱉臑	(無)
	羨除	(無)
	芻甍	55. 斬都,56. 芻
	委粟	57. 旋粟,58. 囷蓋
均輸		14. 負米,18. 舂粟,32. 絲練,48. 負炭,49. 盧唐,50. 羽矢
盈不足		52. 分錢,53. 米出錢,68. 方田
方程		(無)
勾股		63. 睘材
(無)		51. 行,61. 以睘材方,62. 以方材睘

從以上表格中可以發現,《九章算術》中有不少演算法是《算數書》中所沒有的,而它們大多也沒有在岳麓書院藏秦簡《數》書中出現。對這種現象,前引鄒大海、郭書春等研究者的論著已經有了不少討論,關於《算數書》與岳麓書院藏秦簡《數》書的關係,肖燦和朱漢民也進行了相當全面的探討,在此我們不重複諸專家的討論内容,只以幾個重要個例對張家山漢簡《算數書》、岳麓秦簡《數》及《九章算術》的關係加以

討論。

(一)“睘材”與“少廣”

《九章算術·勾股》中有“今有圓材”算題,岳麓書院藏秦簡《數》書中有“圓材埋地”算題,張家山漢簡《算數書》中“睘材”算題的内容與這兩個算題非常相似,其文字如下:

睘材　有圜材一,斫之入二寸,而得平一尺四寸,問材大幾何?曰:大二尺有六寸半寸。述曰:七寸自乘,以入二寸爲法,又以入二寸益之,即大數已。(《算數書·睘材》)

有圓材埋地,不知小大,斫之,入材一寸而得平一尺,問材周大幾何?即曰:半平得五寸,令相乘也,以深一寸爲法,如法得一寸。又以深益之,即材徑也。[①](岳麓秦簡《數》0304簡,0457簡)

今有圓材,埋在壁中,不知大小。以鋸鋸之,深一寸,鋸道長一尺。問徑幾何?答曰:材徑二尺六寸。術曰:半鋸道自乘,如深寸而一,以深寸增之,即材徑。[②](《九章算術·勾股》)

對比以上三個算題,容易得到如下結論:首先,三個算題題型完全相同,只是具體資料不盡相同;其次,岳麓秦簡《數》的算題與《九章算術·勾股》的算題資料相同,但叙述所用文句有差别;其三,岳麓秦簡《數》的算題與《算數書》的算題“得平”的方法都是“斫之”,而《九章算術·勾股》的算題則是“以鋸鋸之”。岳麓秦簡《數》與《九章算術·勾股》的“圓材”都是“埋”在某個地方,而《算數書》則没有説;其四,三道算題的“術”行文差别較大,從文句看,岳麓秦簡《數》“術”文的表述方式介於另兩種之間。以上四點説明:這種類型的勾股算題在先秦是流傳甚

① 參見肖燦、朱漢民《岳麓書院藏秦簡〈數〉的主要内容及歷史價值》。

② 參見李繼閔《〈九章算術〉導讀與譯注》,陝西科學技術出版社,1998年,頁695—697。

廣的問題,而三書的算題有不同的來源。

“少廣”也是《算數書》、岳麓秦簡《數》書和《九章算術》中都有的算題。《算數書》的“少廣”題有九個子算題,《九章算術》則是十一個子算題,而前九個子算題與《算數書》相同。從叙述方式看,岳麓秦簡《數》與《算數書》較爲接近,而與《九章算術》行文差别相對較大。《算數書》和《九章算術》的“求少廣之術”演算法相同而表述方式差異極大,就是這種差别的典型表現。此外,岳麓秦簡《數》書“少廣”算題中有具體計算的“夾注型”説明,而《算數書》“術”文則要求對答數進行驗算,這二者分别是兩書中的獨特之處。總之,“少廣”是一個先秦廣泛流傳的數學問題,但流傳過程中有多種不同的版本出現,《算數書》、岳麓秦簡《數》書和《九章算術》的這個算題是同源而異流,算題文本間顯然没有版本傳承關係。

(二)“誤券”和“租誤券”

對下層官吏而言,其工作中出現些許差錯不是罕見的現象,“税田”時出現“誤券”自然也是不時發生的事情。《算數書》及岳麓書院藏秦簡《數》書都有多個處理“誤券”、“租誤券”事件的算題,舉例如下:

> 税田　税田廿四步,八步一斗,租三斗。今誤券三斗一升,問幾何步一斗?得曰:七步卅一分步廿三而一斗。術曰:三斗一升者爲法,十税田爲實,令如法一步。(《算數書・税田》)
>
> 税田四十步,五步一斗,租八斗。今誤券九斗。問幾何步一斗。得曰:四步九分步四而一斗。述曰:税田爲實,九斗……①(岳麓秦簡《數》0982 簡)

從這組算題可以看到,《算數書》及岳麓秦簡《數》書提供的應對“誤

① 許道勝、李薇《從用語“術”字的多樣表達看岳麓書院秦簡〈數〉書的性質》,《史學集刊》2010 年第 4 期。

券”的辦法是修改每畝或者每步的田税數額。這類算題數學上很簡單，只是將錯就錯，不改動業已誤書的税額，爲牽就錯誤而修改單位田地的税額，以百姓的糧食掩蓋自己的錯誤。

睡虎地秦律《效律》對“計較相謬”[①]等錯誤的處罰相當重，而“券”在官府是存檔的，《算數書》及岳麓秦簡《數》書的這類“誤券”算題給出下層官吏爲逃避處罰的數學辦法，表明這對下層官吏而言是代價最低的“修正錯誤”的辦法。

歷來公認秦法嚴苛，上述對“誤券”將錯就錯的處理辦法似乎不可能公然編寫在秦國基層官吏遞相傳授的教材中，因而岳麓秦簡《數》書是不是教材似乎是一個疑問，然而仔細思考之後，我們覺得這並不可疑。正如工藤元男所説，秦國在原楚地實行“現實性法治主義”，“施行比較寬容的統治”[②]，秦國對其於公元前 277 年占領的原楚地的統治相對寬鬆，而岳麓秦簡《數》書正是在該地區傳授數學知識所用的教材。睡虎地秦律規定“非史子毆，毋敢學學室”[③]，可見這類教材是下層官吏内部相傳授，因此“誤券”的這種處理方式在相對寬鬆的環境之下並不必遮掩。《九章算術》中没有此類算題，首先説明《算數書》與岳麓秦簡《數》書的關係遠較它們與《九章算術》的關係爲近，其次也説明《九章算術》前七章所依據的可能是流傳於“故秦”的數學教材，這些地區因爲統治較爲嚴格而不敢將“誤券”處理公然寫入數學教材。

(三) 關於《算數書》中的“行”、“以睘材方”及“以方材睘”

《算數書》中的“行”、“以睘材方”及“以方材睘”三個算題非常特殊，它們是岳麓書院藏秦簡《數》書和《九章算術》中都没有的。題名爲“行”的算題給出的是一種借助“六十甲子表”來計算行程總天數的計算公式，它與源於天文、曆算的某些數學知識有關，但與《九章算術》及岳麓

① 《睡虎地秦墓竹簡》，頁 115—126。

② 引文出自[日]工藤元男著，[日]廣瀨薰雄等譯《睡虎地秦簡所見秦代國家與社會》，上海古籍出版社，2010 年，頁 323、324。

③ 《睡虎地秦墓竹簡》，頁 106—107。

秦簡《數》書的内容都没有關係。它在《算數書》中的出現，以及在岳麓秦簡《數》書及《九章算術》中的“缺席”，説明三點：一是源於天文、曆算的某些數學知識可以被應用於日常生活；二是《算數書》抄録自多於一種而性質不同的應用參考書；三是《算數書》的抄録者重視其抄録本的實用價值，而不關心其對於祖本的忠實性以及作爲數學類參考書的“純粹性”。

張家山漢簡《算數書》中的“以睘材方”及“以方材睘”兩題在數值計算時考慮了“以圜材爲方材”實際操作中的加工餘量，它雖然依賴數學原理進行計算，但考慮“加工餘量”的做法使其與“純數學”的計算公式與結果都不相同。岳麓秦簡《數》及《九章算術》中没有這種類型的算題，證明《算數書》的抄録者最關心的是其抄録本的實用價值，而不是作爲數學參考書的“數學正確性”。《算數書》中這三個算題的存在，説明其内容與岳麓秦簡《數》書還有重要差别，其部分内容來自與岳麓秦簡《數》書完全不同類型的應用著作。

綜上所述，我們可以得到如下結論：第一，如肖燦和朱漢民所推測的那樣，岳麓書院藏秦簡《數》書是“一本精心編排的教材”；第二，《算數書》是“一本算題彙抄”，它以“簡要”爲原則，文本也呈現“簡要”的特徵；第三，贊同鄒大海的觀點，《算數書》是“先秦著作或其衍生本的數學方法並結合下層官吏管理的實際而編成的作品”；第四，贊同鄒大海的觀點，認爲《算數書》是一本“取材於多種著作的撮抄之作”[①]；第五，《算數書》的主要祖本是與岳麓書院藏秦簡《數》書相似的某種甚至某幾種“精心編排的教材”；第六，《算數書》的某些内容來自與岳麓秦簡《數》書類型完全不同的實用參考書；第七，《九章算術》不是結合下層官吏管理實際的數學教材，而是一部以漢以前不同性質的數學類書籍爲基礎編成的數學專著，與岳麓秦簡《數》書相似的某幾種“精心編排的教材”是其

① 鄒大海《從〈算數書〉與〈九章算術〉的關係看演算法式數學文獻在上古時代的流傳》，《贛南師範學院學報》2004 年第 6 期。

主要來源之一①。

五 《墨子》與戰國時期的數學

張家山漢簡《算數書》證明《九章算術》前七章的内容在漢初已經廣泛流傳，岳麓秦簡《數》則證明這些内容在戰國時期即已經載入基層的實用教材。事實上，《墨子》也證明這些數學知識爲墨家所熟知。《墨子》"備城門"諸篇中防守工事的幾何形狀涵蓋了《九章算術》中的城、垣、堤、溝，堡壔、方亭、芻甍等各種立體，這些工事的工程量計算相當於《九章算術》中"商功章"的内容。諸篇中防守器具數量的統計、分發等實際工作都需要《九章算術》中"粟米"、"衰分"等章節的數學知識。而《墨子·號令》專門提及"會計者"，守城時要求"悉舉民室材木、瓦若藺石數，署長短小大"，"收粟米、布帛、錢金，出内畜産，皆爲平直其賈，與主券人書之"，也證明墨家守城之術需要《九章算術》中多個門類的數學知識。總之，《墨子》"備城門"諸篇對守城所需要的工事建設、武器配備、人員安排、糧食分配等各個方面都做了非常詳細的數量化規定，可以説是先秦時將數學知識應用於實際的典範，是墨家已經熟練掌握了《九章算術》除"方程章"以外的所有數學知識的證明。前輩專家未能做出如此判斷，最大的原因在於張家山漢簡《算數書》及岳麓秦簡《數》還没有被發現，他們不能肯定《九章算術》中的大部分數學内容在戰國時期已經廣泛流傳。

劉徽在《九章算術注》的序中説："往者暴秦焚書，經術散壞。自時厥後，漢北平侯張蒼、大司農中丞耿壽昌皆以善算命世。蒼等因舊文之

① 按：一些與縣屬官吏性質不同的官吏，例如司農、大府、少府所屬諸官吏，需要學習類型不甚相同的、甚至更高深的數學知識，因此可以推斷他們也有自己的數學教材，《九章算術》中關於"方程章"和"勾股章"的内容很可能就取自這類教材。

遺殘,各稱刪補。故校其目則與古或異,而所論者多近語也。”[①]他明確指出,《九章算術》是由“暴秦焚書”後的“舊文之遺殘”刪補而成。張家山漢簡《算數書》、岳麓秦簡《數》書以及《墨子》“備城門”諸篇證明劉徽所言是可信的,《九章算術》中的數學知識則源自先秦,而墨家是掌握這些數學知識的一個重要的學術門派。

根據戰國時期的政治形勢及經濟發展狀况,結合《墨子》“備城門”諸篇及岳麓秦簡《數》中所體現出的數學的實際應用水平,通過對《墨子》“經”、“經説”的認真分析[②],可以得出到以下幾點結論:(1)戰國時期的經濟發展呼唤平面及立體幾何學的發展;(2)平面及立體幾何學公式的確立需要嚴密的演繹推理;(3)墨家信任演繹推理;(4)《墨經》給出了歐幾里得幾何學公理所需的所有數學概念的嚴密定義;(5)墨家有努力證明重要的平面及立體幾何定理的需要;(6)墨家具備“清晰的、準確的極限概念”,具備對《九章算術》所提及的絶大部分平面及立體幾何公式做出嚴密證明的能力。概言之,我們相信:戰國時期的墨家曾以極限原理爲重要工具,通過嚴密的演繹證明,建立了與歐幾里得的《幾何原本》相似的幾何學。

六　數學教材的流傳與“以吏爲師”

長久以來,數學史研究領域的前輩學者都以《九章算術》爲我國上古數學的最高成就[③],並將上古數學的“高峰”時代定在漢代。張家山漢簡《算數書》的出土動摇了這個長期以來形成的過於保守的判斷,岳

① 參見李繼閔《〈九章算術〉導讀與譯注》,頁218—219。

② 按:詳細分析當另撰文討論,限於篇幅及本文主題,此處僅提出簡要結論。

③ 按:這不僅是我國錢寶琮、李儼、吴文俊及英國李約瑟等著名學者的觀點,也是當前數學史界的共識。詳可參見《錢寶琮科學史論文選集》,科學出版社,1983年;吴文俊主編《中國數學史大系(第二卷)》,北京師範大學出版社,1998年;李約瑟著,《中國科學技術史》翻譯小組譯《中國科學技術史(第三卷)》,科學出版社,1978年。

麓書院藏秦簡《數》書的出現,則證明幾乎所有《九章算術》中的數學知識在先秦已經出現並得到實際應用。而本文以上幾節的對比與分析則證明,正如劉徽所説,《九章算術》是由先秦遺存的數學殘篇編輯而成的,其中的所有數學知識都來自於戰國時期。但是,從對時代背景的剖析可知,把這些知識在我國出現的時代再向前推不僅缺乏文獻依據,也與社會發展規律相違背。因此,我們可以斷言,雖然西周時期的數學已經相對發達,但《九章算術》中的數學知識大多還是在戰國時期才發展成熟的。

以往很多數學史專家在對《墨經》的分析中,已經意識到我國先秦數學有"理論思辨傾向",但没有給予足夠的評價。我們在上一節指出:根據墨家的時代背景、學術特徵及其知識基礎,對《墨經》與數學相關的經文及經説進行綜合分析,可知戰國時期的墨家不僅僅是具有"理論思辨傾向",而是已經以演繹推理爲基礎,構建了完整的幾何學抽象概念體系,建立了與西方的《幾何原本》相似的幾何學。墨家的幾何學成就及其崇尚的"演繹主義",才是戰國乃至整個上古時期我國數學的高峰,《九章算術》實質上只是由戰國理論數學推導出來的應用公式及算題的彙集。

然而,我國傳世古代數學專著都是以具體演算法爲主體的應用數學公式體系,嚴密的數學概念及演繹證明從不是這些著作的重點,我國的古代數學整體上呈現出實用的、經驗的形態,以致數學史前輩認定中國古代數學是以演算法爲主體的機械化演算法體系①。這一數學史事實與我們"戰國時期理論數學相當發達"的結論看似相悖,然而,這看似悖謬的數學史現象其實是有因可循的,我國古代數學的演變軌迹體現着某種歷史的必然。

由於戰國時代的社會經濟發展,戰國諸雄進入數量化管理國家的

---

① 吴文俊先生首先認爲中國的古代數學與西方是不同的體系,是典型的機械化演算法體系。參見顧今用《中國古代數學對世界文化的重大貢獻》,《數學學報》1975 年第 1 期。

階段,這種數量化管理的需要呼喚着數學的巨大進步,政治體制的變革以及知識向平民的快速傳播,使戰國時期湧現出大量的"有識之士",而各國招攬賢士以求在亂世中立足、壯大,則使戰國時代成爲我國古代史上唯一一个知識的"買方市場",大大促進了各種新思想的産生、發展和傳播,形成了"百家争鳴"的局面。這種"百家争鳴"的局面,是"演繹主義"思維形成與發展的土壤,演繹的、理論化的數學的高度發達則是戰國諸雄數量化管理國家的需要,是這種土壤上結出的碩果,有歷史的必然性。然而,現實所需的數學得到嚴密的證明或證實之後,理論數學便會失去其發展的動力,因而在發展到某種高度之後停滯不前,也是理論數學發展的必然。

在戰國後期,爲支撑頻繁的大規模戰争,"農"、"戰"成爲强國之基,而"游食之士"則失去原有的經濟支持。應用數學既已滿足現實需要,這種時勢的轉變便阻滯著理論數學的傳承和繼續發展,使流傳下來的數學呈現爲實用數學。戰國後期秦國的轉變最爲徹底,而其"以吏爲師"的制度設計,事實上是我國古代數學變而成爲"機械化演算法體系"的首要原因。

《商君書·定分》説"吏民[欲]知法令者,皆問法官"①,又説"置吏也爲天下師","爲置法官,[置主法]吏爲之師以道之",可見"以吏爲師"在商鞅變法後的秦國是一個傳統。由於這樣的制度設計,秦國之吏不僅需要熟悉《商君書》所强調的"法",還必須掌握管理中的數學,而秦國爲傾力於"農"、"戰"而嚴禁游食之民,必然使官吏之外可以傳授知識者在秦國没有多少生存空間,因而秦國傳承的數學,主要便是官吏體系中遞相傳授的、行政管理中需要的實用數學,其傳承的載體則是諸如岳麓書院秦簡《數》書及北大藏秦簡《算數書》之類的實用數學教材。這,也是歷史的必然。

睡虎地秦簡諸秦律及張家山漢簡《算數書》的出土,岳麓書院秦簡《數》書及北大藏秦簡《算數書》的出現,此三批秦簡均有《爲吏之道》的

---

① 引文見蔣禮鴻《商君書錐指》,中華書局,1986年,頁144—146。

事實,以及本文此前數節的討論,共同證明了以下幾點:(1) 秦國在基層非常强調依法管理,也非常重視精確的數量化管理;(2)《商君書》説“置吏也爲天下師”①,應用數學是學爲吏的必修課;(3) 這種數學書是培養基層官吏的數學教材;(4)《九章算術》内容的主要依據正是秦國的這種應用數學教材。此外,歷史現實既已阻礙了理論數學的傳授和發展,而李斯焚書和“以吏爲師”的綜合效果,則是只有岳麓秦簡《數》書之類官吏學習所用的實用數學書籍因爲版本浩繁才得以在秦末的戰爭浩劫後流傳下來。此又可見,由“暴秦焚書”後“舊文之遺殘”删補而成的《九章算術》,所代表的正是戰國時代秦國基層官吏應該掌握的數學知識的水平,並非是戰國時期最高數學水平的全部。岳麓秦簡《數》書、張家山漢簡《算數書》以及《九章算術》等“典型的機械化演算法體系”的代表,本質上只是秦國官吏所學應用數學的定型化,是商君“置吏也爲天下師”、“以吏爲師”政策的結果,是一種無奈却不可抗拒的歷史選擇。

漢代在生養休息之後,便開始了獨尊儒術的時代,“演繹主義”的數學不僅早已失傳,也不再有繼續發展的動力,劉徽在《九章算術注》的序中所説“當今好之者寡”②的現狀,正是時代變遷的反映。此後我國雖然歷經唐、宋、元、明、清等許多朝代,但經濟、社會的基本面没有發生根本變化,因而以具體公式爲主體的應用數學,便成爲千年來我國古代數學的主流。

我國秦漢及其後很長一段時間的科學水平都大大超過西方,然而,爲什麽近代科學技術的出現和發展却是在西方而不是在中國?李約瑟博士對這個問題感到疑惑不解,這就是科學史界著名的“李約瑟難題”。對這個“難題”,有些學者認爲原因在於我國缺乏“演繹主義”的思想,我們以上的分析證明這種看法至少是不全面的,演繹的、抽象的思維在我國的戰國時代曾經是非常發達的,我國“演繹主義”的衰微是戰國後期

① 按:關於秦國“以吏爲師”制度的研究,可參見張金光《論秦漢的學吏制度》,《文史哲》1984年第1期。

② 參見李繼閔《〈九章算術〉導讀與譯注》,頁220。

以來歷史演進的結果。事實上,如果把戰國時代與古希臘相比擬,而以漢朝至清朝爲整體與歐洲的中古時期相對應,我們可以發現其中的奥妙:雖然具體情況不同,而且中古時期我國的科學技術比歐洲先進,但我國整個封建時代與歐洲的中世紀一樣,鴉片戰争以前的中國事實上仍然處在與歐洲中世紀相當的階段,同樣不具備産生近代科學技術的土壤。因此,我國古代没有出現和發展近代科學技術是自然而然的,與"演繹主義"在秦以後的衰微未必有必然的關係。

總而言之,通過對張家山漢簡《算數書》、岳麓秦簡《數》書以及《九章算術》的對比研究,結合對戰國時期社會、經濟等方面的綜合考察,我們發現戰國時期我國的演繹思維相當發達,理論數學與歐洲同期内容相似、水平相當,《九章算術》中的數學知識已爲戰國理論數學所證明,而秦國"以吏爲師"的政策使岳麓秦簡《數》一類的實用數學教材定型並廣泛流傳,此後的歷史進程則使以《九章算術》爲代表的演算法數學成爲我國古代數學的主流,使我國古代數學定型爲"典型的機械化演算法體系"。

(作者單位:南京大學數學系)

古典文獻研究(第十五輯)
2012年7月

《切韻》的編纂與隋初大一統的文化建設*

楊曉斌

《切韻》是現今可考的最早的韻書①,其最初撰集的具體時間已不可考,大致可以確定在隋初。時值南北統一之際,在政治制度、語言和文化建設等方面,都有許多工作要做。統一不僅僅是國土的合併與疆域的拓展,也不僅僅是在政治制度上的一統天下,更重要的是要進行大一統的多方面的文化建設,讓統一意識深入人心。《切韻》的最初撰集就是在隋初大一統建設的背景下進行的。

一　從撰者任職看《切韻》最初的撰集時間

《切韻》原書失傳,宋大中祥符元年(1008)重修廣韻,即今本《大宋重修廣韻》,在《切韻序》前有一牒文,列舉《切韻》的撰者共八人:"儀同

---

* 本文爲中國博士後科學基金項目(20080430519)、西北師範大學"青年教師科研能力提升計畫"骨幹項目(SKQNGG11002)的階段性成果。

① 《切韻》成書於隋文帝仁壽元年(601),原書久佚,現存最完整的增訂本有兩個:一爲唐寫本王仁煦刊誤補缺《切韻》,一爲北宋陳彭年等編的《大宋重修廣韻》。

三司劉臻、外史顔之推、著作郎魏淵[①]、武陽太守盧思道、散騎常侍李若、國子博士蕭該、蜀王諮議參軍辛德源、吏部侍郎薛道衡,已上八人同撰集。"[②]唐寫本王仁煦刊誤補缺《切韻序》把八人的官職姓名都羅列其中,記載的内容與宋本大致相同,只是"魏澹"作"魏彦淵"[③]:"昔開皇初,有劉儀同臻、顔外史之推、盧武陽思道、李常侍若、蕭國子該、辛諮議德源、薛吏部道衡、魏著作彦淵等八人,同詣法言宿,夜永酒闌,論及音韻,古今聲調,既自有别,諸家取捨,亦復不同。"[④]

《切韻》最初的撰集時間,《切韻序》中籠統説在"開皇初",其他相關文獻也没有明確的記載。不過,《切韻序》中所題八人官職,可以作爲最初撰集時間的參照,可以幫助我們進一步判斷"開皇初"所指的時間段。

劉儀同臻。《隋書》卷七六《文學·劉臻傳》:"劉臻,字宣摯,沛國相人也。父顯,梁尋陽太守。……高祖受禪,進位儀同三司。左僕射高熲之伐陳也,以臻隨軍,典文翰,進爵爲伯。皇太子勇引爲學士,甚褻狎之。……開皇十八年卒,年七十二。"[⑤]《隋書》卷一《高祖紀》:"(大定元年[⑥]二月)丙辰,詔王冕十有二旒,建天子旌旗……王妃爲王后,長子爲太子。前後三讓,乃受。"[⑦]"(二月)甲子上自相府常服入宫,備禮即皇帝位於臨光殿。設壇於南郊,遣使柴燎告天。是日,告廟,大赦,改

---

① 此處當作"魏澹"或"魏彦淵"。魏澹,字彦淵。

② 《宋本廣韻》,中國書店影印張氏澤存堂本,1982年。

③ 魏澹,字彦淵,《隋書》卷五八《魏澹傳》:"魏澹,字彦深。"《隋書》避唐李淵諱,改"淵"爲"深"。

④ 轉引自陳寅恪《南北朝社會的差異與學術的溝通·切韻》,見萬繩楠整理《陳寅恪魏晉南北朝史講演録》第二十篇,黄山書社,1987年,頁335。

⑤ (唐)魏徵《隋書》卷七六《文學·劉臻傳》,中華書局,1973年,頁1731—1732。

⑥ 大定元年,即開皇元年。581年正月,北周改元大定;二月,楊堅建隋,建元開皇。

⑦ 《隋書》卷一《高祖紀》,頁11。

元[1]。……丙寅,修廟社。立王后獨孤氏爲皇后,王太子勇爲皇太子。"[2]楊勇在開皇元年(581)二月就被立爲皇太子,當時劉臻進位儀同三司。開皇九年,劉臻隨高熲伐陳有功,才被引爲太子學士。《切韻序》中所稱"劉儀同臻",是指稱當時的官職。

外史顏之推。《北齊書》卷四五《文苑·顏之推傳》:"齊亡入周,大象末爲御史上士。隋開皇中,太子召爲學士,甚見禮重。尋以疾終。"[3]從《北齊書》本傳紀傳體的體例敘述順序來看,在本段中按照時間先後順序敘述。先説"齊亡入周,大象末爲御史上士",緊接着説"隋開皇中,太子召爲學士",上下文之間語義承接,並且"大象末"與"開皇中"相應,"末"指末期、最後,"大象"年號雖歷三個年頭,但大象三年(581)正月即改元大定,故"大象末"當指大象二年。據此,繆鉞《顏之推年譜》系年:"大象二年庚子,之推五十歲。之推爲御史上士。"[4]那麽,"開皇中"的"中"應該是指開皇的中間、中期,"開皇"年號共二十年,"開皇中"應該是指開皇十年(590)左右,最遲也不能晚於開皇十一、十二年。"太子召爲學士"應該就是這段時間。繆鉞《顏之推年譜》系年:"開皇二年壬寅,之推五十二歲。……是年二月,文帝立子楊勇爲太子。楊勇召之推爲學士,蓋在是年之後。《北齊書》本傳:'隋開皇中,太子召爲學士,甚見禮重。'只言'開皇中',未言在何年,大約在本年之後。"[5]繆鉞未能深究"開皇中"的説法,將顏之推召爲太子學士系於開皇二年。

其實,在太子楊勇召爲學士之前,顏之推没有明確的職任。《隋書》卷一四《音樂志》:"開皇二年,齊黄門侍郎顏之推上言:'禮崩樂壞,其來自久。今太常雅樂,並用胡聲,請馮梁國舊事,考尋古典。'高祖不

① 改元爲隋開皇元年。

② 《隋書》卷一《高祖紀》,頁13。

③ (唐)李百藥《北齊書》卷四五《文苑·顏之推傳》,中華書局,1972年,頁618。

④ 繆鉞《顏之推年譜》,見《讀史存稿》,生活·讀書·新知三聯書店,1963年,頁223。

⑤ 繆鉞《顏之推年譜》,頁223。

從。"[1]仍以北齊時候需"人門兼美"才可堪任的清顯之官——黄門侍郎來結銜,可見没有明確的職任。北周仿《周禮》官制,置外史、内史、御史上士、御史中士、御史下士,而隋代没有設置外史這一官職。王仲犖《北周六典》卷四《春官府第九》:"陸法言《切韻序》:'昔開皇初,有顏外史等八人,同詣法言。'按顏外史,顏之推也。史不言之推爲外史,蓋史之闕略也。隋文帝以周大定元年二月甲子,受禪即皇帝位。易周氏官儀,依漢魏之舊。隋無外史之官,則顏之推爲外史,當是隋文帝未受禪前事也。之推入周後,大象末爲御史上士,不知是轉爲外史上士抑或外史下大夫也?"[2]《隋志》卷一四《音樂志》中是追稱前官,《切韻序》中所稱"外史顏之推",是指稱前官職名。

顏之推在隋初的官職名,有些文獻中誤題爲"顏内史"或"内史顏之推"。王利器《顏氏家訓集解·叙録》中説:"史學家、目録學家也都追認其自署,而没有像陸法言《切韻序》前所列八人姓名,把其入隋以後之官稱爲'顏内史'了。"自注:"據澤存堂本《廣韻》,《古逸叢書》本則作'顏外史'。"[3]今存各種《廣韻》主要版本,包括《顏氏家訓集解·叙録》中所記版本,都題爲"外史"。《鉅宋廣韻》(上海古籍出版社 1983 年影印宋孝宗乾道五年閩中建寧府黄三八郎書鋪刊本)作"外史顏之推"。《四部叢刊》本《廣韻》(影印海鹽張氏涉園藏宋刊巾箱本)不收《切韻序》,也没有之前羅列的八人姓名官職。唐寫本王仁煦刊誤補缺《切韻》(故宫博物院影印)作"外史顏之推"。王利器先生所説澤存堂本《廣韻》,今人以爲底本影印整理的幾種版本,包括周祖謨著《廣韻校本》(中華書局 1960 年,以清張氏澤存堂本爲校注底本)、《宋本廣韻》(中國書店 1982 年影印清張氏澤存堂本)、余乃永校注《新校互注宋本廣韻》(上海辭書出版社 2000 年,以清張氏澤存堂本爲校注底本)和蔡夢麒撰《廣韻校釋》(岳麓書社 2007 年,以清張氏澤存堂本爲底本),也都作"外史顏之推",没

① 《隋書》卷一四《音樂志》,頁 345。

② 王仲犖《北周六典》卷四《春官府第九》,中華書局,1979 年,頁 186—187。

③ 王利器《顏氏家訓集解·叙録》,《顏氏家訓集解》(增補本),中華書局,1993 年,頁 2。

有作"内史顔之推"或"顔内史"的。《古逸叢書》本《廣韻》(遵義黎氏校刊覆刻元泰定本)都不收《切韻序》,也没有之前羅列的八人姓名官職。不詳王利器先生之説所據何來,可能是參考了余嘉錫《四庫提要辨證》卷一四"子部"之"《顔氏家訓》二卷"中的相關説法:"《提要》乃云:'《切韻序》作于隋仁壽中,所列同定八人,之推與焉。'一若之推至仁壽時尚存者,亦誤也。《切韻序》前所列八人姓名,有内史顔之推。内史之官,本傳不書。"自注:"《古逸叢書》本作外史。"[①]王利器先生參考了《四庫提要辨證》中的記載,而《四庫提要辨證》中的該説法本身並不可靠。

著作郎魏澹。《隋書》卷一《高祖紀》:"(開皇三年)閏十二月乙卯,遣兼散騎常侍曹令則、通直散騎常侍魏澹使於陳。"[②]《隋書》卷五八《魏澹傳》:"魏澹字彦深[③],鉅鹿下曲陽人也。祖鸞,魏光州刺史。父季景,齊[④]大司農卿,稱爲著姓,世以文學自業。澹年十五而孤,專精好學。……及高祖受禪,出爲行臺禮部侍郎。尋爲散騎常侍,聘陳主使。還除太子舍人。廢太子勇深禮遇之,屢加優錫。令注《庾信集》,復撰《笑苑》、《詞林集》,世稱其博物。數年,遷著作郎,仍爲太子學士。……未幾,卒,時年六十五。"[⑤]遷著作郎後不久即卒,因此《切韻序》所謂"著作郎"是指稱當時的官職。開皇三年(583)後"數年,遷著作郎",最早也應該到開皇五、六年了。魏澹的卒年,《隋書》本傳無明確的記載,可以通過其父魏季景的行事和卒年推斷。《魏書》卷一二《孝静紀》載,東魏武定二年(544)"五月甲午,遣散騎常侍魏季景使於蕭衍"[⑥]。《北史》卷五六《魏季景傳》載:"(魏季景)元象初,兼給事黄門侍郎,後兼散騎常侍,使梁。還,歷大司農卿、魏郡尹。卒,家無餘財,遺命薄葬。贈散騎

① 余嘉錫《四庫提要辨證》,中華書局,2007年,頁805—806。
② 《隋書》卷一《高祖紀》,頁20。
③ 《隋書》避唐李淵諱,改"淵"爲"深"。傳本未回改。
④ 《隋書》此處誤記,魏季景任大司農卿當在東魏時期。
⑤ 《隋書》卷五八《魏澹傳》,頁1416。
⑥ (北齊)魏收《魏書》卷一二《孝静紀》,中華書局,1974年,頁307。

常侍、衛尉卿。"[①]魏季景之卒年最早當在東魏武定二年(544)之後,魏澹年十五而孤,故魏澹的生年最早當在530年之後。魏澹卒時年六十五,卒年最早也在隋開皇十四年(594)之後。

武陽太守盧思道。《隋書》卷五七《盧思道傳》:"高祖爲丞相,遷武陽太守,非其好也。爲《孤鴻賦》以寄其情曰:'余志學之歲,自鄉里游京師……余五十之年,忽焉已至,永言身事,慨然多緒,乃爲之賦,聊以自慰云。'……開皇初,以母老,表請解職,優詔許之。思道自恃才地,多所陵轢,由是官塗淪滯。既而又著《勞生論》,指切當時,其詞曰:《莊子》曰:'大塊勞我以生。'誠哉斯言也!余年五十,羸老云至,追惟疇昔,勤矣厥生,乃著茲論。……余年在秋方,已迫知命。……歲餘,被徵,奉詔郊勞陳使。頃之,遭母憂,未幾,起爲散騎侍郎,奏内史侍郎事。……是歲,卒于京師,時年五十二。"[②]古人稱自己的年齡,往往有舉成數而言的做法。曹道衡先生説:"《孤鴻賦序》所説的'余五十之年,忽焉已至'和《勞生論》中所謂'余年五十','已迫知命'諸語,都可能只是舉成數而言,未必説明他在大象二年或開皇元年恰好是五十歲。"[③]楊堅爲丞相,在周静帝大象二年(580)五月,"庚戌,周帝拜高祖假黄鉞、左大丞相,百官總己而聽焉。以正陽宫爲丞相府"[④]。盧思道當在此年作《孤鴻賦》,序中説"余五十之年,忽焉已至"。雖有可能是舉成數而言,但開皇初作《勞生論》中又説"余年五十,羸老云至","余年在秋方,已迫知命"。如果是舉成數而言,其時也很接近五十歲了。盧思道卒於開皇六年(586)[⑤],由卒年及其年齡上推,本傳所載"歲餘,被徵,奉詔郊勞陳使"的時間當在開皇五年左右[⑥]。《切韻序》所謂"武陽太守盧思道",如果

① (唐)李延壽《北史》卷五六《魏季景傳》,中華書局,1974年,頁2043。

② 《隋書》卷五七《盧思道傳》,頁1398—1403。

③ 曹道衡《從切韻序推論隋代文人的幾個問題》,《中古文學史論文集續編》,文津出版社,1984年,頁369。

④ 《隋書》卷一《高祖紀》,頁3。

⑤ (唐)張説《齊黄門侍郎盧思道碑》載:"隋開皇六年,春秋五十有二,終於長安,返葬故里。"

⑥ 對於這一問題,筆者另有專文《再論盧思道的生卒年問題》。此不贅述。

是題當時的官職名，那麼，盧思道和薛道衡等人在長安相聚當在丁母憂之前。薛道衡在開皇四年十一月出使陳，而在此之前跟隨河間王弘，不在長安（考論見下文）。故薛道衡和盧思道在長安相聚的時間只能是在開皇五、六年間，而且中間還要除去盧思道丁母憂的時間。

散騎常侍李若。《隋書》卷七六《文學・崔儦傳》："崔儦，字岐叔，清河武城人也。……少與范陽盧思道、隴西辛德源同志友善。……儦與頓丘李若，俱見稱重。時人爲之語曰：'京師灼灼，崔儦李若。'齊亡，歸鄉里。"[①]《隋書》卷一《高祖紀》載："（開皇五年九月）丙子，遣兼散騎常侍李若、兼通直散騎常侍崔君贍使於陳。"[②]《切韻序》中稱爲"散騎常侍"，是題當時的官職名，最早也應是開皇五年九月之後了。

國子博士蕭該。《隋書》卷七五《儒林・何妥傳》附《蕭該傳》："蘭陵蕭該者，梁鄱陽王恢之孫也。少封攸侯，梁荆州陷，與何妥同至長安。……開皇初，賜爵山陰縣公，拜國子博士。奉詔書與妥正定經史，然各執所見，遞相是非，久而不能就。上譴而罷之。該後撰《漢書》及《文選音義》，咸爲當時所貴。"[③]蕭該於開皇初年拜國子博士。開皇共二十年，"開皇初"最早也應該到開皇四、五年之後了。《切韻序》中稱爲"國子博士蕭該"，是指稱當時的官職。

蜀王諮議參軍辛德源。《隋書》卷五八《辛德源傳》："辛德源，字孝基，隴西狄道人也。祖穆，魏平原太守。父子馥，尚書右丞。……及齊滅，仕周爲宣納上士。因取急詣相州，會尉迥作亂，以爲中郎。德源辭不獲免，遂亡去。高祖受禪，不得調者久之。……蜀王秀聞其名而引之，居數歲，奏以爲掾。後轉諮議參軍，卒官。"[④]《隋書》卷四五《文四子傳》："庶人秀，高祖第四子也。開皇元年，立爲越王。未幾，徙封於蜀，拜柱國、益州刺史、總管，二十四州諸軍事。二年，進位上柱國、西南道行臺尚書令，本官如故。歲餘而罷。十二年，又爲内史令、右領軍大將

① 《隋書》卷七六《文學・崔儦傳》，頁1733。
② 《隋書》卷一《高祖紀》，頁23。
③ 《隋書》卷七五《儒林・何妥傳》附《蕭該傳》，頁1715—1716。
④ 《隋書》卷五八《辛德源傳》，頁1422—1423。

軍。尋復出鎮於蜀。"[①]《資治通鑒》卷一七五"陳紀九":"(太建十三年[②]九月)辛未,以越王秀爲益州總管,改封蜀王。"[③]"(太建十四年正月)辛酉,隋置河北道行臺於并州,以晉王廣爲尚書令;置西南道行臺於益州,以蜀王秀爲尚書令。"[④]卷一七八"隋紀二":"開皇十二年,春二月,己巳,以蜀王秀爲内史令兼右領軍大將軍。"[⑤]楊秀拜爲蜀王是在開皇元年正月,"居數歲",大概也有四五年時間,以辛德源爲掾屬,"後轉諮議參軍",最早也應該到開皇五、六年間了。《切韻序》中稱爲"蜀王諮議參軍",是題當時的官職名,時在開皇五、六年間。

吏部侍郎薛道衡。《隋書》卷五七《薛道衡傳》載:"薛道衡字玄卿,河東汾陰人也。祖聰,魏濟州刺史。父孝通,常山太守。……高祖受禪,坐事除名。河間王弘北征突厥,召典軍書,還除内史舍人。其年,兼散騎常侍,聘陳主使。……及八年伐陳,授淮南道行臺尚書吏部郎,兼掌文翰。……還除吏部侍郎。"[⑥]《隋書》卷四三《河間王弘傳》:"河間王弘字辟惡,高祖從祖弟也。……及上受禪,拜大將軍,進爵郡公。尋贈其父爲柱國、尚書令、河間郡公。其年立弘爲河間王,拜右衛大將軍。歲餘,進授柱國。時突厥屢爲邊患,以行軍元帥,率衆數萬,出靈州道,與虜相遇,戰,大破之。"[⑦]"上受禪"在周大定元年,二月,改元開皇。"歲餘",至開皇二年,河間王弘北征突厥,回還後薛道衡任内史舍人,兼散騎常侍,直到開皇四年出使陳還在此任。《資治通鑒》卷一七六"陳紀

---

① 《隋書》卷四五《文四子傳》,頁1241。

② 《資治通鑒》以南朝爲正統紀年,隋滅陳後,從開皇九年(589)始以隋年號紀年。陳太建十三年爲隋開皇元年。

③ (宋)司馬光編著,(元)胡三省音注《資治通鑒》卷一七五"陳紀九",中華書局,1956年,頁5443。

④ 《資治通鑒》卷一七五"陳紀九",頁5454。

⑤ 《資治通鑒》卷一七八"隋紀二",頁5536。

⑥ 《隋書》卷五七《薛道衡傳》,頁1405—1407。

⑦ 《隋書》卷四三《河間王弘傳》,頁1211。

十”載:“(陳至德二年[①])冬,十一月,壬戌,隋主遣兼散騎常侍薛道衡等來聘。”[②]曹道衡先生考證:“開皇二至三年間,他(薛道衡)隨河間王出征突厥;開皇三年河間王弘作寧州總管時,他可能隨同去過寧州,而是在次年回到長安,任内史侍郎,所以《薛道衡傳》説他回長安和聘陳在同一年。”[③]開皇八年(588)十月,隋文帝發兵五十一萬八千人攻陳,命晉王楊廣、素王楊俊、清河公楊素爲行軍元帥,分八路出擊。至開皇九年正月,隋滅陳。四月,班師回京,論功行賞。薛道衡因攻陳有功,除爲吏部侍郎,當在開皇九年四月後。在開皇初,薛道衡任内史舍人,兼散騎常侍。《切韻序》中題薛道衡官銜爲“吏部侍郎”,題的是後來的官職名。因爲盧思道卒於開皇六年,如果“吏部侍郎薛道衡”是題當時官職,其時當在開皇九年四月後,他們就不可能同聚在一起了。

將以上主要結論列表:

序號	姓名	卒年	《切韻序》中題銜	時任官職	任職時間
1	劉臻	開皇十八年	儀同三司	儀同三司	開皇九年之後召爲太子學士
2	顔之推	開皇十年之後	外史	無職任	開皇十年左右召爲太子學士
3	魏澹	開皇十四年之後	著作郎	著作郎	開皇五、六年後遷著作郎
4	盧思道	開皇六年	武陽太守	武陽太守	北周末年任武陽太守,開皇六年爲散騎侍郎
5	李若	不詳	散騎常侍	散騎常侍	開皇五年九月之後任散騎常侍

① 陳至德二年爲隋開皇四年。

② 《資治通鑒》卷一七六“陳紀十”,頁5477。

③ 曹道衡《從切韻序推論隋代文人的幾個問題》,頁373。

續表

序號	姓　名	卒　年	《切韻序》中題銜	時任官職	任職時間
6	蕭　該	不詳	國子博士	國子博士	開皇四、五年之後任國子博士
7	辛德源	不詳	蜀王諮議參軍	蜀王諮議參軍	開皇五、六年間任蜀王諮議參軍
8	薛道衡	大業五年(609)	吏部侍郎	内史舍人,兼散騎常侍	開皇九年四月後任吏部侍郎
9	陸　爽	開皇十一年		太子洗馬	開皇元年轉太子内直監,尋遷太子洗馬

結合八人的卒年、《切韻序》中的題銜和任職時間,從列表中可以清楚地看出,《切韻序》中所謂的聚會、八人商議同撰集《切韻》的時間當在開皇五年至六年間。再精確點而言,李若在開皇五年九月之後任散騎常侍,盧思道卒於開皇六年,故《切韻》初次撰集時間不會早於開皇五年九月,也不能晚於開皇六年之後。籠統而言,就是《切韻序》中所謂"開皇初"。

二　《切韻》編纂的動機與歷史意義

關於《切韻》最初的編纂動機和意義,《切韻序》中説:

> 昔開皇初,有儀同劉臻等八人,同詣法言門宿,夜永酒闌,論及音韻,以今聲調,既自有别,諸家取捨,亦復不同。……因論南北是非,古今通塞,欲更捃選精切,除削疏緩。蕭、顔多所決定。魏著作謂法言曰:"向來論難,疑處悉盡。何爲不隨口記之?我輩數人,定則定矣。"法言即燭下握筆,略記綱紀。博問英辯,殆得精華。於是更涉餘學,兼從薄宦,十數年間,不遑修集。今返初服,私訓諸弟

> 子，凡有文藻，即須明聲韻。屏居山野，交游阻絶，疑惑之所，質問無從。亡者則生死路殊，空懷可作之嘆；存者則貴賤禮隔，以報絶交之旨。遂取諸家音韻、古今字書，以前所記者，定之爲《切韻》五卷。……非是小子專輒，乃述群賢遺意。寧敢施行人世，直欲不出户庭。于時歲次辛酉，大隋仁壽元年。①

《切韻》的編纂，首先是要解決南北語音分歧的問題，訂立一套通行的統一南北的語音系統。而對於《切韻》編纂的深層政治動機，《切韻序》閃爍其辭，未能闡明。這與陸法言與其父陸爽等人在開皇末年的政治遭遇有關。陸爽和廢太子楊勇關係密切，開皇二十年(600)十月，隋文帝廢太子楊勇及其子女爲庶人，陸法言因此受到牽連。《隋書》卷五八《陸爽傳》："陸爽字開明，魏郡臨漳人也。祖順宗，魏南青州刺史。父概之，齊霍州刺史。……高祖受禪，轉太子内直監，尋遷太子洗馬。與左庶子宇文愷等撰《東宫典記》七十卷。朝廷以其博學，有口辯，陳人至境，常令迎勞。開皇十一年，卒官，時年五十三，贈上儀同、宣州刺史，賜帛百匹。子法言，敏學有家風，釋褐承奉郎。初，爽之爲洗馬，嘗奏高祖云：'皇太子諸子未有嘉名，請依《春秋》之義更立名字。'上從之。及太子廢，上追怒爽云：'我孫製名，寧不自解，陸爽乃爾多事！扇惑於勇，亦由此人。其身雖故，子孫並宜屏黜，終身不齒。'法言竟坐除名。"②楊勇被廢時，陸爽已卒，隋文帝追怒於陸爽"扇惑於勇"，遷怒及其子孫，陸法言被黜免，於是集中精力撰寫《切韻》，"今返初服，私訓諸弟子……屏居山野，交游阻絶……亡者則生死路殊，空懷可作之嘆；存者則貴賤禮隔，以報絶交之旨。遂取諸家音韻、古今字書，以前所記者，定之爲《切韻》五卷"。在此政治變革和自身遭遇的背景之下，陸法言《切韻序》中自然不敢闡明最初編纂《切韻》的政治動機。那麽，事實上，《切韻》的最初撰集是出於怎樣的政治動機呢？又有怎樣的歷史意義呢？

---

① 《宋本廣韻》，中國書店影印張氏澤存堂本，1982年。

② 《隋書》卷五八《陸爽傳》，頁1420。

劉躍進師在《〈子虛賦〉〈上林賦〉的分篇、創作時間及其意義》一文中認爲,《上林賦》定稿於漢武帝元光元年,其歷史意義重大:“建元六年(前135),竇太后死。其時,漢武帝二十一歲。我們從‘改正朔’,即改元爲元光元年等一系列政策來看,武帝正試圖通過强力手段,使‘天下爲始’真正成爲他獨立執掌大權的開端。……元光元年,武帝采納董仲舒的建議,下詔郡國舉孝廉各一人。這是真正推行儒家孝悌之道的重要舉措。……真正把儒家思想作爲主流意識形態,是從元光元年之後開始的。……武帝之後,文武並重,具體表現爲外王内霸,互爲表裏。……漢武帝除了對内政策作出重大調整之外,對外政策也有重要舉措,即決定大規模地討伐匈奴。……司馬相如的《子虛上林賦》正是比較了諸侯與天子的異同,最終歸結到天子,歸結到一統,反映了當時士人經過一百多年的思索而得出的結論,即國家需要强大的統治,對内對外,無不如此。唯其如此,司馬相如獻賦之後,馬上得到格外重視。”[①]隋初的政治制度和文化建設,與漢初類似。

我們知道,自從漢末大一統的格局被打破之後,中間只經歷了從西晉太康至元康末二十年間短暫的統一,此後長期割據,直到隋開皇九年(589),才再次完成了統一。而大一統思想在隋初就已奠定,統一思想與意識是統一王朝建立的基石和原動力。在楊堅建隋之初,即在各個方面展開了統一工作。隋文帝與漢武帝,謚號雖一文一武,但都重視文治武功兩方面,完成了疆域、政治制度和意識形態的一統。在内政方面,革新官制、中央集權,統一錢幣,制定刑律,進行人口與户籍普查,頒行新修五禮,從多個方面爲大一統建設作準備。

官制的改革。開皇元年二月,隋文帝即位伊始,廢除北周的六官,依漢魏之制,統一官制[②]。陳寅恪《隋唐制度淵源略論稿》中説:“尚有一事關於職官之選任者,初視之似爲隋代創制,而唐復因之,實則亦北

---

① 劉躍進師《〈子虛賦〉〈上林賦〉的分篇、創作時間及其意義》,原載《文史》2008年第2輯(總第83輯),後收入《秦漢文學論叢》,鳳凰出版社,2008年,頁77—82。

② 參《隋書》卷一《高祖紀》,頁13。

魏末年及北齊之遺習，不過隋承之，又加以普遍化而已。其事悉廢漢以來州郡辟署僚佐之制，改歸吏部銓授，乃中國政治史上中央集權之一大變革也。"[①]隋文帝改革官制，廢棄上承之北周制度，而代之以漢魏制度，又將北魏後期和北齊的官制普遍化，逐步實現中央集權法。

統一錢幣的改革。開皇元年九月，隋文帝因民間私錢名目衆多，輕重不等，鑄造推行五銖錢，全部禁毁古錢和私錢，自此錢幣統一[②]。

刑律的制定。開皇元年十月，命楊素、高熲、裴政等人制定新律，並推行天下。在開皇三年十二月，又命蘇威、牛弘等更定新律。自此刑網簡要，疏而不失。

人口與户籍普查。《隋書》卷二四《食貨志》載，開皇三年正月，爲了防止逃避租税，進行人口與户籍普查登記，"山東尚承齊俗，機巧奸僞，避役惰游者十六七。四方疲人，或詐老詐小，規免租賦。高祖令州縣大索貌閲，户口不實者，正長遠配，而又開相糾之科。大功已下，兼令析籍，各爲户頭，以防容隱。於是計帳進四十四萬三千丁，新附一百六十四萬一千五百口"[③]。

新曆法的頒行。開皇四年正月，頒行張賓、劉暉等撰《甲子元曆》。

新修五禮的頒行。開皇五年正月，頒行新修五禮（即吉、凶、軍、賓、嘉）。

在對外政策方面，準備攻打陳國，完成疆域的統一；調整對待周邊少數民族政權的策略，改變北周與突厥和親的政策，大規模地攻打突厥和吐谷渾。

首先是準備攻打陳國，在開皇元年三月，隋文帝即有吞併江南之志，安排部署，積極做着準備，《資治通鑒》卷一七五《陳紀九》載，陳宣帝太建十三年[④]三月戊子，隋文帝"以上開府儀同三司賀若弼爲吴州總

① 陳寅恪《隋唐制度淵源略論稿》，《陳寅恪集》，生活·讀書·新知三聯書店，2001年，頁94—95。

② 參《隋書》卷一《高祖紀》，頁15。

③ 《隋書》卷二四《食貨志》，頁681。

④ 陳宣帝太建十三年，即開皇元年。

管,鎮廣陵(今揚州);和州刺史河南韓擒虎爲廬州總管,鎮廬江(今安徽舒城、六江附近)。隋主有併吞江南之志,問將帥於高熲,熲薦弼與擒虎,故置於南邊,使潛爲經略”①。開皇二年,開始攻打陳,逢陳宣帝死而班師。《隋書》卷四一《高熲傳》載:“開皇二年,長孫覽、元景山等伐陳,令熲節度諸軍。會陳宣帝薨,熲以禮不伐喪,奏請班師。蕭巖之叛也,詔熲綏集江、漢,甚得人和。上嘗問熲取陳之策,熲曰:‘江北地寒,田收差晚,江南土熱,水田早熟。量彼收穫之際,微徵士馬,聲言掩襲。彼必屯兵禦守,足得廢其農時。彼既聚兵,我便解甲,再三若此,賊以爲常。後更集兵,彼必不信,猶豫之頃,我乃濟師,登陸而戰,兵氣益倍。’”②開皇八年三月,隋文帝下詔暴陳後主二十惡,遍諭江南,做全面攻陳的最後輿論準備。十月,隋文帝發兵五十多萬攻陳,命晉王楊廣、素王楊俊、清河公楊素爲行軍元帥,分八路出擊,至開皇九年(589)正月,陳亡。經歷了二百七十多年的分裂政局復歸統一。

對待突厥和吐谷渾,改變了之前北周的主動和親政策,以强硬手段對抗,積極出擊,大規模地攻打。《資治通鑒》卷一七五“陳紀九”載,開皇元年八月,吐谷渾趁隋立足未穩,攻打凉州(今甘肅河西走廊一帶)。隋文帝“遣行軍元帥樂安西元諧等步騎數萬擊之。諧擊破吐谷渾于豐利山,又敗其太子可博汗于青海,俘斬萬計。吐谷渾震駭,其王侯三十人各帥所部來降。吐谷渾可汗誇吕帥親兵遠遁”③。開皇三年四月,吐谷渾攻隋臨洮(今甘肅岷縣)、廓州(今青海貴德南)等地。六月,隋擊敗吐谷渾。開皇八年,吐谷渾裨王拓跋木彌請以千餘家降隋。而在這之前,往往以和親來换取邊境短暫的安寧,隋文帝的正面出兵打擊,態度强硬,可見其對外政策的重大調整。

對待突厥,也變爲强硬態度,正面出兵打擊。《資治通鑒》卷一七五“陳紀九”載,“隋主既立,待突厥禮薄,突厥大怨。千金公主傷其宗祀覆

① 《資治通鑒》卷一七五“陳紀九”,頁5438。

② 《隋書》卷四一《高熲傳》,頁1180—1181。

③ 《資治通鑒》卷一七五“陳紀九”,頁5442。

滅,日夜言于沙鉢略,請爲周室復仇”[①]。開皇二年四月,隋將韓僧壽、李充分别在鷄頭山(今寧夏固原)和河北山(今内蒙古烏加河一帶)擊敗突厥。六月,隋將在馬邑(今山西朔州)與可洛峐(今甘肅蘭州境内)擊敗突厥。十二月,突厥分兵攻入武威、延安等地,搶掠一番,回兵出塞。開皇三年四月,隋以衛王爽爲行軍元帥,分八道出塞攻打突厥,擊敗沙鉢略可汗。八月,隋再擊突厥。開皇四年二月,突厥内訌,其蘇尼部及達頭可汗向隋請降。九月,沙鉢略可汗請求和親,隋以千金公主妻之。開皇五年七月,突厥沙鉢略可汗向隋歸附稱藩,遣其子庫合真入朝,自此歲時貢獻不絶。看到隋文帝對外政策的轉變與兵力的强盛,其他一些小政權,如契丹、黨項羌等請求歸附,靺鞨、高句麗等遣使奉獻。開皇六年正月,隋頒曆於突厥,體現了王化之一統。

在内政之皇位繼承方面,開皇初(開皇四年至六年間),很多人看好太子楊勇上升的政治勢頭。開皇元年至開皇六年,隋文帝給了太子楊勇極大的信任和權力,進行政治能力鍛煉,有意栽培儲君。《隋書》卷四五《文四子傳》:“及高祖輔政,立(楊勇)爲世子,拜大將軍、左司衛,封長寧郡公。出爲洛州總管、東京小冢宰,總統舊齊之地。後徵還京師,進位上柱國、大司馬,領内史御正,諸禁衛皆屬焉。高祖受禪,立爲皇太子,軍國政事及尚書奏死罪已下,皆令勇參決之。”後來因山東人民多流離失所,隋文帝準備遣使檢查,又準備遷徙百姓充實邊塞。楊勇上書進諫,“上覽而嘉之,遂寢其事。是後時政不便,多所損益,上每納之”[②]。甚至帶兵打仗等重要的事情都交由太子楊勇。《隋書》卷一《高祖紀》載:“(開皇二年)十月癸酉,皇太子勇屯兵咸陽,以備胡。”[③]《資治通鑒》卷一七五“陳紀九”的記載更爲明確,開皇二年“冬,十月,癸酉,隋太子勇屯兵咸陽以備突厥”[④]。《資治通鑒》卷一七六“陳紀十”載,開皇六年

---

① 《資治通鑒》卷一七五“陳紀九”,頁 5450。

② 《隋書》卷四五《文四子傳》,頁 1229—1230。

③ 《隋書》卷一《高祖紀》,頁 18。

④ 《資治通鑒》卷一七五“陳紀九”,頁 5458。

"閏(八)月,丁卯,隋太子勇鎮洛陽"①。

開皇六年前後,太子楊勇的政治形勢大好。《隋書》卷一《高祖紀》:"(開皇六年)三月己未,洛陽男子高德上書,請上爲太上皇,傳位皇太子。上曰:'朕承天命,撫育蒼生,日旰孜孜,猶恐不逮。豈學近代帝王,事不師古,傳位於子,自求逸樂者哉!'"②高德請求傳位太子上書事件傳遞了一個信號,當時很多人都支持太子楊勇即皇帝位,而且太子自己也有想法。太子楊勇被廢爲庶人,雖然主要是由於晉王楊廣一黨的陰謀,但是太子本身率意任情、無所矯飾,再加上高德上書事件,引起了隋文帝的猜忌。太子楊勇在開皇二十年十月被廢爲庶人。編年體的《資治通鑒》在卷一七九"隋紀三"中,從開皇二十年六月至十月,記述了楊勇被廢的當時具體事件,而在六月之前的事件用"初"引出補敘,相當於穿插了紀事本末體的手法,交代了楊勇從起初立爲太子,頗受重用和信任,到漸生猜忌,最後廢爲庶人的整個事件始末。

回到上文所討論問題,一同到陸爽、陸法言家討論語音問題、正古今南北之音的八人,共同撰集《切韻》者,從上文列表可知,開皇六年前後,衹有陸爽任太子洗馬③,是太子東宫官屬,劉臻、顔之推都是開皇九年、十年之後才召爲太子學士的。這次討論語音問題主要組織者應該是陸爽這位太子洗馬,他們撰集《切韻》,正古今南北之音,就是爲大一統服務。大一統的時代,統一思想和理論的建設,滲透到意識形態領域的各個方面,語言(正音)是其中非常重要的部分。用統一的語音交流,既是人際交流的需要,更是統一王朝的政治需要和大一統皇權的象徵。這一點,我們從明清時期的一些統一語音的運動中可以得到側面的印證。朱元璋建都南京,與官員交談,發現聽不懂許多官員説的話,於是下令編撰《洪武正韻》,"一以中原雅音爲正"。清朝建立後,由於文化的隔閡,起初並没有形成意識形態的統一,南方反清復明的政治活動此起

① 《資治通鑒》卷一七六"陳紀十",頁5486。

② 《隋書》卷一《高祖紀》,頁23—24。

③ 據《隋書》卷二八《百官志》,太子洗馬是司經局官員,隸屬東宫門下坊,掌管東宫經籍圖書。

彼伏。直到雍正王朝,才從文化領域入手,進行大一統的建設。在統一語音方面,開設“正音館”。由駐防旗人教本地人學北京官話,並且規定官話説得不好不允許考秀才。由於本地漢人的嚴重抵觸,這項語音統一新政最後不了了之,但是至少可以看出,語言和語音的統一作爲意識形態統一的重要部分,在大一統的時代具有重要的意義。編撰《切韻》,統一南北語音系統,就是大一統文化建設的重要組成部分。陸爽他們撰集《切韻》最終目的是爲大一統的思想和理論建設服務,最直接的動機就是爲太子楊勇服務。開皇六年高德上書請求傳位太子的事件,也可以從側面看出撰集《切韻》前後太子東宮官屬們的政治熱情。

(作者單位:西北師範大學文學院)

古典文獻研究(第十五輯)
2012年7月

魏晉南北朝校書考述*

胡大雷

《風俗通》曰：

> 案劉向《别録》：讎校，一人讀書，校其上下，得繆誤，爲校；一人持本，一人讀書，若怨家相對。①

校書即校讎，“狹義的僅指改正書面材料上的文字錯誤”②，本文所考述“校書”，亦取此義。秦焚書坑儒，漢興，廣開獻書之路，大收篇籍，至成帝時，劉向、劉歆父子領銜典校秘書，校定衆本、删除重複、訂正脱誤、組織編次、確定篇數卷數、撰寫書録等，爲中國歷史上第一次大規模全面系統的圖書整理、校定與編目。東漢光武中興，“於撥亂之際，乃使鄭衆、范升校書東觀”③，明帝時朝廷的校書，以班固、傅毅爲中心，以後陸

* 本文爲“廣西特聘專家”項目的階段性成果。

① (南朝梁)蕭統撰，(唐)李善注《文選》注引，中華書局影印胡刻本，1977年，頁106上。

② 程千帆、徐有富《校讎廣義・校勘篇》，齊魯書社，1998年，頁4。

③ 鄭道昭《請置學官生徒表》，(北齊)魏收《魏書》，中華書局，1974年，頁1241。

續不絶，至漢末蔡邕碑刻《六經》，是校書史上的另一件大事，至此校書“取正”有了公開、權威的底本。自漢至隋設置校書郎。本文略述漢代校書，詳述魏晉南北朝的校書活動。

一　魏晉南北朝校書沿革

《文章叙録》載魏杜摯“除郎中，轉補校書”①，有“校書”之職，即魏有“校書”之事。吴時，孫亮即位“命（韋）曜依劉向故事，校定衆書”②。《襄陽記》載蜀習禎“掌校秘書”③。西晉年間的事：

> 初，太康二年，汲郡人不準盗發魏襄王墓，或言安釐王冢，得竹書數十車。（中略諸書名及篇數）初發冢者燒策照取寶物，及官收之，多燼簡斷札，文既殘缺，不復詮次。武帝以其書付秘書校綴次第，尋考指歸，而以今文寫之。（束）皙在著作，得觀竹書，隨疑分釋，皆有義證。遷尚書郎。④

又，《晉書·石季龍傳》載“季龍雖昏虐無道，而頗慕經學，遣國子博士詣洛陽寫石經，校中經於秘書”⑤之事，證石經之事影響深遠。南朝齊梁時的校書：

> （王儉）解褐秘書郎，太子舍人，超遷秘書丞。上表求校墳籍，

---

① （晉）陳壽撰，（南朝宋）裴松之注《三國志》注引，中華書局，1971 年，頁 622。

② 同上，頁 1462。

③ 同上，頁 1085。

④ （唐）房玄齡《晉書》，中華書局，1974 年，頁 1432—1433。

⑤ 同上，頁 2774。

依《七略》撰《七志》四十卷,上表獻之,表辭甚典。又撰定《元徽四部書目》。①

(任昉)尋轉御史中丞,秘書監,領前軍將軍。自齊永元以來,秘閣四部,篇卷紛雜,昉手自讎校,由是篇目定焉。②

高祖霸府建,以泰爲驃騎功曹史。天監元年,遷秘書丞。齊永元末,後宫火,延燒秘書,圖書散亂殆盡。泰爲丞,表校定繕寫,高祖從之。③

天監初,拜駙馬都尉,起家秘書郎、太子舍人、司徒主簿、秘書丞。(殷)鈞在職,啓校定秘閣四部書,更爲目録。④

顔之推《觀我生賦》"或校石渠之文"自注曰:

(梁末)王司徒表送秘閣舊事八萬卷,乃詔比校,部分爲正御、副御、重雜三本。左民尚書周弘正、黄門郎彭僧朗、直省學士王珪、戴陵校經部,左僕射王褒、吏部尚書宗懷正、員外郎顔之推、直學士劉仁英校史部,廷尉卿殷不害、御史中丞王孝紀、中書郎鄧藎、金部郎中徐報校子部,右衛將軍庾信、中書郎王固、晉安王文學宗善業、直省學士周確校集部也。⑤

北朝的校書活動更爲興盛:

(十六國北凉)闞駰,字玄陰,敦煌人也。……駰博通經傳,聰敏過人,三史群言,經目則誦,時人謂之宿讀。注王朗《易傳》,學者藉以通經。撰《十三州志》,行於世。蒙遜甚重之,常侍左右,訪以

---

① (梁)蕭子顯《南齊書》,中華書局,1972年,頁433。

② (唐)姚思廉《梁書》,中華書局,1973年,頁254。

③ 同上,頁324。

④ 同上,頁407。

⑤ 見(唐)李百藥《北齊書》,中華書局,1972年,頁622。

政治損益。拜秘書考課郎中,給文吏三十人,典校經籍,刊定諸子三千餘卷。①

(北魏崔)光乃令國子博士李郁與助教韓神固、劉燮等勘校石經,其殘缺者,計料石功,並字多少,欲補治之。於後,靈太后廢,遂寢。②

石經經歲月滄桑多有損缺,此欲重新勘校補治。

(北魏孫)惠蔚既入東觀,見典籍未周,乃上疏曰:"……而觀、閣舊典,先無定目,新故雜糅,首尾不全。有者累帙數十,無者曠年不寫。或篇第褫落,始末淪殘;或文壞字誤,謬爛相屬。篇目雖多,全定者少。臣今依前丞臣盧昶所撰《甲乙》新録,欲裨殘補闕,損併有無,校練句讀,以爲定本,次第均寫,永爲常式。其省先無本者,廣加推尋,搜求令足。然經記浩博,諸子紛綸,部帙既多,章篇紕繆,當非一二校書,歲月可了。今求令四門博士及在京儒生四十人,在秘書省專精校考,參定字義。如蒙聽許,則典文允正,群書大集。"詔許之。③

(北齊樊遜議曰)(樊)遜與冀州秀才高乾和、瀛州秀才馬敬德、許散愁、韓同寶、洛州秀才傅懷德、懷州秀才古道子、廣平郡孝廉李漢子、渤海郡孝廉鮑長暄、陽平郡孝廉景孫、前梁州府主簿王九元、前開府水曹參軍周子深等十一人同被尚書召共刊定。時秘府書籍紕繆者多,遜乃議曰:"……今所讎校,供擬極重,出自蘭台,御諸甲館。向之故事,見存府閣,即欲刊定,必藉衆本。太常卿邢子才、太子少傅魏收、吏部尚書辛術、司農少卿穆子容、前黄門郎司馬子端、故國子祭酒李業興並是多書之家,請牒借本參校得失。"秘書監尉

---

① (北齊)魏收《魏書》,頁1159。
② 同上,頁1495。
③ 同上,頁1853—1854。

瑾移尚書都坐,凡得别本三千餘卷,《五經》諸史,殆無遺闕。①

(北周)帝寬明仁厚,敦睦九族,有君人之量。幼而好學,博覽群書,善屬文,詞彩温麗。及即位,集公卿已下有文學者八十餘人於麟趾殿,刊校經史。②

從上述的材料可見,自石季龍"頗慕經學"而"校中經於秘書"至北魏、北齊、北周的校書多注重經、史,這與北朝期望以經學治國來顯示自己爲正統政權有關,代表性言論如北魏孫惠蔚上疏校書曰:

臣聞聖皇之御世也,必幽贊人經,參天二地,憲章典故,述遵鴻猷。故《易》曰:"觀乎天文以察時變,觀乎人文以化成天下。"然則《六經》、百氏,圖書秘籍,乃承天之正術,治人之貞範。……故大訓炳於東序,藝文光於麟閣。斯實太平之樞宗,勝殘之要道,有國之靈基,帝王之盛業。安上靖民,敦風美俗,其在兹乎?③

北魏、北齊、北周大規模、成系統的校書活動可與兩漢朝廷組織的相媲美,除此以外,魏晉南北朝的校書活動又有自己的特點,就是臨時性的比較多,如西晉的校定汲冢竹書,又如"(梁)元帝克平侯景,收文德之書及公私經籍,歸于江陵,大凡七萬餘卷"④,即顔之推所曰"王司徒表送秘閣舊事八萬卷,乃詔比校",以及北魏崔光命勘校石經等。南北朝的校書的重心亦有所不同,南朝注重於目録書的編定,如《隋書·經籍志》所載:

東晉之初,漸更鳩聚。著作郎李充,以勖舊簿校之,其見存者,

① (唐)李百藥《北齊書》,頁614。

② (唐)令狐德棻《周書》,中華書局,1971年,頁60。隋又有崔賾、虞綽爲校書郎。見(唐)魏徵等《隋書》,中華書局,1973年,頁1755、1739。

③ (北齊)魏收《魏書》,頁1853—1854。

④ (唐)魏徵等《隋書》,頁907。

> 但有三千一十四卷。充遂總没衆篇之名,但以甲乙爲次。……宋元嘉八年,秘書監謝靈運造《四部目録》。……元徽元年,秘書丞王儉又造《目録》。……儉又别撰《七志》。……齊永明中,秘書丞王亮、監謝朏,又造《四部書目》。……梁有秘書監任昉、殷鈞《四部目録》,又《文德殿目録》。……梁有《五部目録》。普通中,有處士阮孝緒,沉静寡欲,篤好墳史,博采宋、齊已來,王公之家凡有書記,參校官簿,更爲《七録》。

北朝的校書,則重於實實在在"刊校經史"。南北朝校書的不同趨向,可見各自學術關懷的不同,所謂"南人學問,清通簡要"與"北人學問,淵綜廣博"[①],南朝重文辭不重經術,而北朝學風比較樸實。

二 魏晉南北朝校書活動的幾個特殊點與校書理論

其一,前所述朝廷校書多注重經部,寬泛一點則校定四部書籍,這裏要指出的是,校訂圖籍,亦是彼時校書的重要内容。漢王莽時就有"使侍中講禮大夫孔秉等與州部衆郡曉知地理圖籍者,共校治于壽成朱鳥堂"。晉代的校圖籍,《搜神記》載晉泰始三年,"張掖太守焦勝上言,以留郡本國圖校今石文,文字多少不同,謹具圖上"[②]。又有裴秀稱自己作《禹貢地域圖》十八篇時的"校驗圖記"工作,其序曰:

> 圖書之設,由來尚矣。……今秘書既無古之地圖,又無蕭何所得,惟有漢氏《輿地》及《括地》諸雜圖。各不設分率,又不考正準

① (南朝宋)劉義慶撰,(南朝梁)劉孝標注,余嘉錫箋疏《世説新語箋疏》,上海古籍出版社,1993年,頁216。

② (晉)陳壽撰,(南朝宋)裴松之注《三國志》注引,頁106。

望,亦不備載名山大川。雖有粗形,皆不精審,不可依據。或荒外迂誕之言,不合事實,於義無取。大晉龍興,混一六合,以清宇宙,始於庸蜀,采入其岨。文皇帝乃命有司,撰訪吴蜀地圖。蜀土既定,六軍所經,地域遠近,山川險易,征路迂直,校驗圖記,罔或有差。今上考《禹貢》山海川流,原隰陂澤,古之九州,及今之十六州,郡國縣邑,疆界鄉陬,及古國盟會舊名,水陸徑路,爲地圖十八篇。①

《宋書·州郡一》强調地理圖志相校的重要性:

地理參差,其詳難舉,實由名號驟易,境土屢分,或一郡一縣,割成四五;四五之中,亟有離合,千回百改,巧曆不算,尋校推求,未易精悉。今以班固馬彪二志、太康元康定户、王隱《地道》、晉世《起居》、《永初郡國》、何徐《州郡》及地理雜書,互相考覆。且三國無志,事出帝紀,雖立郡時見,而置縣不書。今唯以《續漢郡國》校《太康地志》,參伍異同,用相徵驗。②

其二,校書活動與撰述活動同時進行。目録書的撰作自不待言,漢時鄭玄注疏經典就多有校定字句與篇章。晉南北朝則多撰述後的校定:

(摯虞)典校故太尉顗所撰《五禮》。③

(劉宋)裴松之《上三國志注表》:"臣前被詔,使采三國異同以注陳壽《國志》。……自就撰集,已垂期月。寫校始訖,謹封上呈。"④

① (唐)房玄齡《晉書》,頁1039—1040。
② (梁)沈約《宋書》,中華書局,1974年,頁1028。
③ (唐)房玄齡《晉書》,頁581。
④ (晉)陳壽撰,(南朝宋)裴松之注《三國志》,頁1471。

(梁)徐勉《上修五禮表》:"又列副秘閣及《五經》典書各一通,繕寫校定,以普通五年二月始獲洗畢。"①

(梁)天監十五年,敕太子詹事徐勉,舉學士入華林撰《遍略》,勉舉思澄、顧協、劉杳、王子雲、鍾嶼等五人以應選。八年乃書成,合七百卷。思澄重交結,分書與諸賓朋校定,而終日造謁。②

有些撰述後的校定,不僅僅是校正字句,也有對撰述内容的校正。

其三,與新發現的古籍相互校定。《漢書·藝文志》載劉向校定孔壁出書,西晉年間則有汲冢諸書的校定,又有南朝梁時的事:

(梁)時鄱陽嗣王範得班固所上《漢書》真本,獻之東宫,皇太子令之遴與張纘、到溉、陸襄等參校異同。之遴具異狀十事,其大略曰(文略)。③

其四,尋求原著的不同寫本以相考校。如孫盛《晉陽秋》:

《晉陽秋》詞直而理正,咸稱良史焉。既而桓温見之,怒謂盛子曰:"枋頭誠爲失利,何至乃如尊君所説!若此史遂行,自是關君門户事。"其子遽拜謝,謂請删改之。時盛年老還家,性方嚴有軌憲,雖子孫白,而庭訓愈峻。至此,諸子乃共號泣稽顙,請爲百口切計。盛大怒。諸子遂爾改之。盛寫兩定本,寄於慕容儁。太元中,孝武帝博求異聞,始於遼東得之,以相考校,多有不同,書遂兩存。④

其五,校勘學理論體系構成的萌芽。漢時劉向在校書實踐中已發

① (唐)姚思廉《梁書》,頁382。
② (唐)李延壽《南史》,頁1782。
③ (唐)姚思廉《梁書》,頁573。
④ (唐)房玄齡《晉書》,頁2148。

現一些規律,程千帆對其有所總結概括[①]。北齊顏之推有《顏氏家訓》,其中多有對校書問題的論述,如《書證》篇中對讀書的錯誤多有指出,某些條目可視爲校書的體例。或多有指出南北各種刊本的文字不同,如《詩》云:"將其來施施。""河北《毛詩》皆云'施施'。江南舊本,悉單爲施,俗遂是之,恐爲少誤。"[②]這些應該是他讀書尤其是其"校石渠之文"時查閱各種版本後得出的結論,全篇多有如此叙説各種版本的文字不同,即指出校書的某種途徑。又如:

> 《太史公記》曰:"寧爲鷄口,無爲牛後。"此是删《戰國策》耳。案:延篤《戰國策音義》曰:"尸,鷄中之主。從,牛子。"然則,"口"當爲"尸","後"當爲"從",俗寫誤也。[③]

這是講形近而誤。又如:

> 客有難主人曰:"今之經典,子皆謂非,《説文》所言,子皆云是,然則許慎勝孔子乎?"主人拊掌大笑,應之曰:"今之經典,皆孔子手迹耶?"客曰:"今之《説文》,皆許慎手迹乎?"答曰:"許慎檢以六文,貫以部分,使不得誤,誤則覺之。孔子存其義而不論其文也。先儒尚得改文從意,何况書寫流傳耶? ……大抵服其爲書,隱括有條例,剖析窮根源,鄭玄注書,往往引以爲證;若不信其説,則冥冥不知一點一畫,有何意焉。"[④]

這是講校書利用《説文解字》的情况。又,《書證》多指出古人校書有因誤改致訛的情况。這是説校書要慎重的問題,故《顏氏家訓·勉學》曰:

---

① 詳見程千帆、徐有富《校讎廣義·校勘篇》,頁5。

② (北齊)顔之推撰、王利器集解《顔氏家訓集解》,上海古籍出版社,1980年,頁385。

③ 同上,頁410—411。

④ 同上,頁457—458。

校定書籍,亦何容易,自揚雄、劉向,方稱此職耳。觀天下書未遍,不得妄下雌黄。或彼以爲非,此以爲是;或本同末異;或兩文皆欠,不可偏信一隅也。①

顔之推也是承襲前人的説法,《漢書·藝文志》曰:

古制,書必同文,不知則闕,問諸故老,至於衰世,是非無正,人用其私。故孔子曰:“吾猶及史之闕文也,今亡矣夫!”蓋傷其寖不正。②

三 校書活動興盛的原因與文化意義

史書多載文士自己校書的情況:

(三國蜀向朗)少時雖涉獵文學,然不治素檢,以吏能見稱。自去長史,優游無事垂三十年,乃更潛心典籍,孜孜不倦。年逾八十,猶手自校書,刊定謬誤,積聚篇卷,於時最多。開門接賓,誘納後進,但講論古義,不干時事,以是見稱。③

(東晉劉穆之)内總朝政,外供軍旅,决斷如流,事無擁滯。賓客輻輳,求訴百端,内外咨禀,盈階滿室,目覽辭訟,手答箋書,耳行聽受,口並酬應,不相參涉,皆悉贍舉。又數客昵賓,言談賞笑,引日亘時,未嘗倦苦。裁有閑暇,自手寫書,尋覽篇章,校定墳籍。④

① (北齊)顔之推撰、王利器集解《顔氏家訓集解》,頁 219。
② (漢)班固《漢書》,中華書局,1962 年,頁 1721。
③ (晉)陳壽撰,(南朝宋)裴松之注《三國志》,頁 1010。
④ (梁)沈約《宋書》,頁 1306。

(周續之)與學士祖企、謝景夷三人,共在城北講禮,加以讎校。[①]

(劉宋)周朗《報羊希書》:"幸有陳書十篋,席隅奥右,頗得宿酒數壺。按弦拭徽,讎方校石。[②]

(梁蕭静)字安仁,有美名,號爲宗室後進。有文才,而篤志好學,既内足於財,多聚經史,散書滿席,手自讎校。[③]

(孔休源)聚書盈七千卷,手自校治。[④]

(張)衮乃闔門不通人事,惟手校經籍,歲餘而終。[⑤]

從這些情況看,兩漢時期校書活動主要由朝廷組織人力、物力實施的,而魏晉南北朝時期的校書活動在朝廷組織這一形式之外,更多的是文人個體的日常化活動。究其原因,南北朝時,紙張使用的普及使典籍的大量複製成爲可能[⑥],圖書流傳靠抄寫,一時抄書風氣大盛,或自己抄書,如劉宋傅隆"歸老在家,手不釋卷,博學多通,特精《三禮》。謹於奉公,常手抄書籍"[⑦];南齊沈驎士"年過八十,耳目猶聰明,手以反故抄寫,燈下細書,複成二三千卷,滿數十篋"[⑧]。或代人抄書的所謂"傭書",如梁王僧孺"家貧,常傭書以養母,所寫既畢,諷誦亦通"[⑨],北魏劉

① (梁)蕭統《陶淵明傳》,(梁)蕭統撰、俞紹初校注《昭明太子集校注》,中州古籍出版社,2001年,頁192—193。

② (梁)沈約《宋書》,頁2091。

③ (唐)姚思廉《梁書》,頁350。

④ 同上,頁522。

⑤ (宋)司馬光《資治通鑒》,中華書局,1956年,頁3495。

⑥ 參見[日]清水茂《紙的發明與後漢學風》,載《清水茂漢學論文集》,中華書局,2003年;查屏球《紙簡替代與漢魏晉初文學新變》,載《中國社會科學》2005年第5期。

⑦ (梁)沈約《宋書·傅隆傳》,頁1552。

⑧ (梁)蕭子顯《南齊書·高逸·沈驎士傳》,頁944。

⑨ (唐)姚思廉《梁書·王僧孺傳》,頁469。

芳"晝則傭書,以自資給"[1],等等。南齊竟陵王蕭子良"移居鷄籠山邸,集學士抄《五經》、百家"[2],則是組織抄書活動。

書籍的抄寫與後來的雕版印刷不同,雕版印刷可以基本實現"零差别"複製,而手抄情況下每抄寫一次都會産生差異,葛洪曾指出致誤的原因在於多次轉抄:"書學,人知之,猶尚寫之多誤,故諺曰:'書三寫,魚成魯,虚成虎。'此之謂也。"[3]於是客觀上會導致"每抄必校",那麽校書活動就會大大地增加。北朝時流行俗字,也是抄書容易致誤的原因。顔之推《顔氏家訓·雜藝》:

> 晉、宋以來,多能書者。故其時俗,遞相染尚,所有部帙,楷正可觀,不無俗字,非爲大損。至梁天監之間,斯風未變;大同之末,訛替滋生。蕭子雲改易字體,邵陵王頗行僞字;朝野翕然,以爲楷式,畫虎不成,多所傷敗。至爲一字,唯見數點,或妄斟酌,逐便轉移。爾後墳籍,略不可看。北朝喪亂之餘,書迹鄙陋,加以專輒造字,猥拙甚於江南。乃以百念爲憂,言反爲變,不用爲罷,追來爲歸,更生爲蘇,先人爲老,如此非一,遍滿經傳。唯有姚元標工於楷隸,留心小學,後生師之者衆。洎於齊末,秘書繕寫,賢於往日多矣。

隨着書寫字體的變化使得抄寫所帶來的錯訛率增加,不合規範的俗字流行,客觀上增加了對校書的需求。

戰亂與分裂所造成的種種阻隔和不便,使得文化交流更加不暢,各種典籍文本多數情況下只能在有限的區域之内獨自傳播,同一文本在不同的地區傳播往往會産生較大的差異,顔之推在《顔氏家訓·書證》多次談到經典"河北本"與"江南本"的差異,他是由南入北的文人,有資格説這樣的話。從而導致了朝廷和個人對減少文本差異的急切需求,

---

① (北齊)魏收《魏書·劉芳傳》,頁1219。

② (梁)蕭子顯《南齊書·竟陵王蕭子良傳》,頁698。

③ (晉)葛洪撰,王明校釋《抱樸子内篇校釋》,中華書局,1985年,頁336。

遇有機會和條件即組織校書活動。

而就文人個體來説,一來是家有藏書必校,使自己的藏書更精一點;二來是讀書必先校書,如北齊的"校定群書,供皇太子"[①]之事,又有貌似的反例,如北齊邢邵有書甚多而不校,且常常譏笑校書者:

> (邢邵)有書甚多,而不甚讎校。見人校書,常笑曰:"何愚之甚,天下書至死讀不可遍,焉能復校此。且誤書思之更是一適。"妻弟李季節,才學之士,謂子才曰:"世間人多不聰明,思誤書何由能得。"子才曰:"若思不能得,便不勞讀書。"[②]

所謂"誤書思之",實際上講的是另一種校書的方法——理校,以推理的方式來發現並糾正書中的錯誤,知識最廣博者可用此法。陳垣曰:

> 所謂理校法也,遇無古本可據,或數本互異,而無所適從之時,則須用此法。此法須通識爲之,否則鹵莽滅裂,以不誤爲誤,而糾紛愈甚矣。故最高妙者此法,最危險者亦此法。[③]

當然這也是邢邵的托大,校書首先要找到足夠的資料。

南北朝能擔當校書工作的人,都是有才華的文學之才,都是有學問的人,如史載北魏孫紹"少好學,通涉經史,頗有文才,陰陽術數,多所貫涉。初爲校書郎"[④]。東魏李業興爲校書郎,"愛好墳籍,鳩集不已,手自補治,躬加題帖,其家所有,垂將萬卷。覽讀不息,多有異聞,諸儒服其淵博"[⑤]。又如史載北周校書之事:"世宗雅愛文史,立麟趾學,在朝

---

① (唐)李百藥《北齊書》,頁 614。

② (唐)李延壽《北史》,頁 1592。

③ 陳垣《校勘學釋例》,中華書局,1959 年,頁 148。

④ (北齊)魏收《魏書》,頁 1723。

⑤ 同上,頁 1865。

有藝業者,不限貴賤,皆預聽焉。”①“武成中,世宗令諸文儒於麟趾殿校定經史”②,麟趾學“校定經史”者:韋孝寬“沉敏和正,涉獵經史”,“明帝初,參麟趾殿學士,考校圖籍”③。姚最,“字士會,幼而聰敏,及長,博通經史,尤好著述。年十九,隨僧垣入關。世宗盛聚學徒,校書於麟趾殿,最亦預爲學士”④。楊寬,“頗解屬文”,“武成二年,詔寬與麟趾學士參定經籍”⑤。蕭撝,“博觀經史,雅好屬文”,“武成中,世宗令諸文儒於麟趾殿校定經史,仍撰《世譜》,撝亦預焉”⑥。宗懔“少聰敏,好讀書,晝夜不倦。語輒引古事,鄉里呼爲小兒學士”;“世宗即位,又與王褒等在麟趾殿刊定群書”⑦。王褒,“識量淹通,志懷沉静。美風儀,善談笑,博覽史傳,尤工屬文”⑧。元偉,“少好學,有文雅”,“受詔於麟趾殿刊正經籍”⑨。顔之儀,“幼穎悟,三歲能讀《孝經》。及長,博涉群書,好爲詞賦”,“江陵平,之儀隨例遷長安。世宗以爲麟趾學士”⑩。蕭大圜,“幼而聰敏,神情俊悟”,“俄而開麟趾殿,招集學士。大圜預焉”⑪。麟趾學士庾季才,“於是露門學士明克讓、麟趾學士庾季才及諸日者,采祖暅舊議,通簡南北之術”⑫。柳裘,“少聰慧,弱冠有令名”,“周明、武間,自麟趾學士累遷太子侍讀”⑬。明克讓,“少好儒雅,善談論,博涉書史,所覽將萬卷”,“梁滅,歸於長安,周明帝引爲麟趾殿學士”⑭。鮑宏,“年十

① (唐)令狐德棻《周書》,中華書局,1971年,頁523。
② 同上,頁752。
③ 同上,頁535、538。
④ 同上,頁844。
⑤ 同上,頁364、367。
⑥ 同上,頁751—752。
⑦ 同上,頁759—760。
⑧ 同上,頁729。
⑨ 同上,頁688。
⑩ 同上,頁719—720。
⑪ 同上,頁756—757。
⑫ (唐)魏徵等《隋書》,頁418—419。
⑬ 同上,頁1138。
⑭ 同上,頁1415。

二,能屬文,嘗和湘東王繹詩,繹嗟賞不已”,“江陵既平,歸於周。明帝甚禮之,引爲麟趾殿學士”①。等等。其中,絶大部分是梁亡赴北的南方文士。而隋崔賾,“七歲能屬文,容貌短小,有口才。開皇初,秦孝王薦之,射策高第,詔與諸儒定禮樂,授校書郎”②。隋虞綽,“大業初,轉爲秘書學士,奉詔與秘書郎虞世南、著作佐郎庾自直等撰《長洲玉鏡》等書十餘部。綽所筆削,帝未嘗不稱善,而官竟不遷。初爲校書郎”③。此處與以上均詳列承當校書工作及任校書郎的人員,之所以如此,是想據此基本上可列一份中古校書人員名録。

從上述人員的簡歷可知,他們都是有學問的人,且校書本身就是一件學問,如三國吴時華覈遷東觀令,領右國史,上疏辭讓,孫皓答曰:

> 得表,以東觀儒林之府,當講校文藝,處定疑難,漢時皆名學碩儒乃任其職,乞更選英賢。聞之,以卿研精墳典,博覽多聞,可謂悦禮樂敦詩書者也。當飛翰騁藻,光贊時事,以越楊、班、張、蔡之疇。④

孫皓以華覈有大才尤其是“講校文藝”的大才方任命其爲東觀令的。甚或有些作僞書者,因其才華也被録用爲校書:

> (隋)時牛弘奏請購求天下遺逸之書,(劉)炫遂僞造書百餘卷,題爲《連山易》、《魯史記》等,録上送官,取賞而去。後有人訟之,經赦免死,坐除名,歸於家,以教授爲務。太子勇聞而召之,既至京師,敕令事蜀王秀……典校書史。⑤

① (唐)魏徵等《隋書》,頁1547。
② 同上,頁1755。
③ 同上,頁1739。
④ (晉)陳壽撰,(南朝宋)裴松之注《三國志》,頁1467。
⑤ (唐)魏徵等《隋書》,頁1720。

北齊畫家楊子華畫作有《北齊校書圖》，現藏美國波士頓美術館。畫中有三組人物，“居中士大夫四人坐榻上，或展卷沉思，或執筆書寫，或欲離席，或挽帶留之”；“榻旁圍列侍女五人，或展書，或提酒壺，或擁衣囊”。“居右一組，爲一官員坐胡床上，據隨員所持紙卷奮筆疾書，其周圍另列隨員三人，侍女一人”。“居左一組，爲奚官三人，馬兩匹”①。從中可見校書的具體場景，可知在當時人們的眼中，校書實在是一件雅事。又，從西晉時期的墓中有“校讎俑”一類的陪葬品②，亦可知校書活動起碼是文人的日常生活。漢代劉向、班固等“專家”在朝廷的專門機構裏從事“校讎”，“校讎”對於普通民衆來説可能是很專業、很神秘的事情，而從人們將校讎帶進墓葬繪諸圖畫而言，魏晉南北朝時期人們對於校書活動有某種熟悉和熱情。

校書，就是爲了讓朝廷所藏的書更精確一些，錯誤更少一點；就是要讓將要讀的書更精確一些，錯誤更少一點；但中古時期校書活動的意義並不僅僅在此，校書活動的參與者的才華，校書與讀書活動、撰述活動、禮儀活動的共同進行，校書既是文人之雅事，又是朝廷文化建設之大事。

（作者單位：廣西師範大學文學院）

① 全景博物館叢書編纂委員會編纂《中國傳世名畫》，海燕出版社，2003年，頁30。

② 湖南長沙金盆嶺九號墓出土西晉時期的“校讎俑”，見湖南省博物館《長沙兩晉南朝隋墓發掘報告》，《考古學報》1959年第3期。

古典文獻研究(第十五輯)
2012年7月

互文的歷史:重讀《五柳先生傳》

于 溯

> 先生不知何許人也,亦不詳其姓字,宅邊有五柳樹,因以爲號焉。閑静少言,不慕榮利。好讀書,不求甚解;每有會意,便欣然忘食。性嗜酒,家貧不能常得。親舊知其如此,或置酒而招之;造飲輒盡,期在必醉。既醉而退,曾不吝情去留。環堵蕭然,不蔽風日;短褐穿結,簞瓢屢空,晏如也。常著文章自娱,頗示己志。忘懷得失,以此自終。

作爲傳統名篇,《五柳先生傳》所擁有的古今讀者恐怕是難以計量的。然而就現存的各種批評、研究資料看,對這篇作品的關注焦點似乎始終集中在作者而非文本上。衆所周知,最早在《五柳先生傳》和陶淵明本人事迹間建立聯繫的文獻是《宋書·陶淵明傳》:"潛少有高趣,嘗著《五柳先生傳》以自况曰……其自序如此,時人謂之實録。"[①]這個觀點也被後來的蕭統《陶淵明傳》以及《晉書》、《南史》的《陶淵明傳》所承襲。在此聯繫的基礎上,人們熱衷探求《五柳先生傳》所反映的陶淵明形象及其人格特點,研究者亦試圖由此反推《五柳先生傳》的繫年——

① 《宋書》卷九三,中華書局校點本,1974年,頁2286—2287。

這雖然可以説是文本研究,但仍是由作者研究衍生的。

史傳關於陶淵明的記録不甚詳細,是驅使《五柳先生傳》研究偏於指向作者的重要原因。但如果我們暫時抛開《五柳先生傳》是陶淵明所作這一事實,直接面對文本,一些更基本性的問題就浮現出來。

一 體制

在陶淵明之後半個世紀,袁粲寫過一篇《妙德先生傳》,其文曰:

> 有妙德先生,陳國人也。氣志淵虚,姿神清映,性孝履順,栖冲業簡,有舜之遺風。先生幼夙多疾,性疏懶,無所營尚,然九流百氏之言,雕龍談天之藝,皆泛識其大歸,而不以成名。家貧嘗仕,非其好也。混其聲迹,晦其心用,故深交或迕,俗察罔識。所處席門常掩,三徑裁通,雖揚子寂漠,嚴叟沈冥,不是過也。修道遂志,終無得而稱焉。

比較《五柳先生傳》,二文從整體結構到人地、氣質、學術、隱居的内容要素,甚至叙述順序都相當一致。雖然没有明確記載證明,《妙德先生傳》的這段文字仍自有可能是模擬陶文而來①。但值得注意的是《宋書》的陳述:

> 愍孫清整有風操,自遇甚厚,常著《妙德先生傳》以續嵇康《高士傳》以自況。②

所謂續寫《高士傳》,《三國志·魏書·嵇康傳》注引《嵇康别傳》云:

① 川河康三從"理想化的人物傳"角度,比較了魏晉《高士傳》、《五柳先生傳》和《妙德先生傳》的寫作水平,是較早的關注到這些人物傳之間關聯的研究。見氏著,蔡毅譯《中國的自傳文學》,中央編譯出版社,1999年,頁54—73。

② 《宋書》卷八九《袁粲傳》,頁2230。

撰録上古以來聖賢、隱逸、遁心、遺名者,集爲傳贊,自混沌至于管寧,凡百一十有九人。①

又《南史·阮孝緒傳》:

初,孝緒所撰《高隱傳》中篇所載一百三十七人,劉歊、劉訏覽其書曰:"昔嵇康所贊,缺一自擬,今四十之數,將待吾等成邪。"對曰:"所謂荀君雖少,後事當付鍾君。若素車白馬之日,輒獲麟於二子。"歊、訏果卒,乃益二傳。及孝緒亡,訏兄絜録其所遺行次篇末,成絶筆之意云。②

在隱逸思想盛行的魏晉南朝文化中,嵇康《聖賢高士傳》是一部影響很大的文獻,在它問世後有阮孝緒《高隱傳》這樣同類型著作嗣出③,也有與陶淵明過從的名隱士周續之爲之作注④,還有袁粲這樣希求附驥的單篇作品。《五柳先生傳》的寫作是否也有續《高士傳》以自況的意圖,史無明徵,但《妙德先生傳》、《五柳先生傳》的體制與《高士傳》諸篇在體制上的相同,確是非常明顯的。

據戴名揚先生重新輯録整理的結果,嵇康《高士傳》現共存傳 62 篇,傳主 69 人⑤。這些篇目有的已非全帙,但仍可見出其各傳的基本格式是以"某人者,某地人也"的傳主基本信息開篇,下叙事迹,最後系贊。如《司馬相如傳》:

---

① 《三國志》卷二一,中華書局校點本,1959 年,頁 605。

② 《南史》卷七六,中華書局校點本,1975 年,頁 1896。

③ 關於魏晉南朝《高士傳》類文獻的著録存佚情况,詳參卞東波《六朝"高士"類雜傳考論》,《古典文獻研究》第七輯,鳳凰出版社,2004 年,頁 132—151。

④ 《宋書·隱逸·周續之傳》:"常以嵇康《高士傳》得出處之美,因爲之注。"頁 2280。

⑤ 見戴明揚《嵇康集校注》,人民文學出版社,1962 年,頁 397—421。

司馬相如者,蜀郡成都人,字長卿。初爲郎,事景帝。梁孝王來朝,從游説士鄒陽等,相如説之,因病免游梁。後過臨邛,富人卓王孫女文君新寡,好音,相如以琴心挑之,文君奔之,俱歸成都。後居貧,至臨邛買酒舍,文君當壚,相如著犢鼻㡓,滌器市中。爲人口吃,善屬文,仕宦不慕高爵,常托疾不與公卿大事,終於家。其贊曰:長卿慢世,越禮自放。犢鼻居市,不恥其狀。托疾避官,蔑此卿相。乃賦大人,超然莫尚。①

首書人地而繼之事迹,這是依《史》、《漢》舊法,但作爲"甄録貞範"的類傳②,《高士傳》在内容上只須突出作爲類的主題的高士形象,而不須如《史》、《漢》或魏晉南朝流行的家傳、單行别傳之類具列傳主平生行誼,所以每傳篇幅都控制得比較短小,觀《司馬相如傳》之節略前史即可知。從現存的六朝高士類人物傳來看,其體質特點基本相同。事實上,以上這些體制特點也是漢魏六朝各種類傳,如《列女傳》、《列仙傳》所共有的,惟《高士傳》系列可由高士逸民自撰,故既可以列述前修而"缺一自擬",也可以單作一篇以"自況"。

二 傳主信息——"不知何許人也"

陸以湉《冷廬雜識》謂:"《後漢書·逸民列傳》:'野王二老者,不知何許人也。'陶靖節《五柳先生傳》仿用之。"③實際上,在嵇康《高士傳》的現存篇目中,即有9篇出現了"不知何許人也"的措辭,涉及11位傳主,分别是石户之農、伯成子高、卞隨、務光、商容、榮啓期、長沮、桀溺、荷蓧丈人、河上公、求仲、羊仲。這9篇傳的史源都可考知,如《伯成子高傳》:

---

① 《嵇康集校注》,頁414。

② 見(清)浦起龍《史通通釋·雜述》釋文,中華書局,1978年,頁274。

③ (清)陸以湉《冷廬雜識》卷六,中華書局,1984年,頁336。

伯成子高者,不知何許人也。唐、虞時爲諸侯,至禹,復去而耕。

文出《莊子·天地》:

堯治天下,伯成子高立爲諸侯。堯授舜,舜授禹,伯成子高辭爲諸侯而耕。

又《長沮桀溺傳》:

長沮、桀溺者,不知何許人也,耦而耕。孔子過之,使子路問津焉。

文出《論語·微子》:

長沮、桀溺耦而耕。孔子過之,使子路問津焉。

通過對比史源可知,凡9傳中"不知何許人也"一句都是《高士傳》後加入的。《史通·采撰》謂:"嵇康《高士傳》,好聚七國異言。"又《雜説下》謂:"莊周著書,以寓言爲主,嵇康述《高士傳》多引其虚辭。"[①]嵇康不僅將"虚辭"采入著作中,而且還依照體制,將它們加工成統一的正式史傳的面貌——凡知傳主何地人的,則寫明;凡不知者,不是缺書這一項,而是補入"不知何許人也"。在現存卷帙較多的皇甫謐《高士傳》中,"不知何許人也"的措辭亦常見,除了同於嵇《傳》的幾位傳主外,又有老商氏、東海隱者、漢濱老父等數篇[②]。可見這本是高士類雜傳的通例,目的是爲了增加傳的徵實效果。除了高士傳類雜傳外,此例也見於其

① 《史通通釋》,頁116、523。

② 見(晉)皇甫謐《高士傳》,《叢書集成初編》本。

他類傳中,如魏晉時期大爲風行的《列仙傳》,其人物或書其地,如"忽子先者,漢中關下卜師也";或書其時,如"甯封子者,黄帝時人也";亦有書不知地者,如"仇生者,不知何所人也"[①]。與高士類雜傳史料部分來自寓言虛有人物不同,神仙類雜傳的傳主如不知爲何許人,也可能與西漢以來號爲神仙者自晦來歷以自我神秘化的伎倆有關,即如《史記·孝武本紀》所載"匿其年及所生",使人"不知其何所人,愈信,争事之"的李少君之流[②]。但無論是妄言還是虛構造成的"不知何許人也",作傳者特爲補入這句話,仍都是爲了保證諸傳體制格式的統一,表明自己徵實的態度。《五柳先生傳》襲擬了六朝高士神仙類雜傳常用的"不知何許人也"格式,不過此傳如是"自況",則未免近於自匿來歷之意了。

三　傳主信息——"亦不詳其姓字,宅邊有五柳樹,因以爲號焉"

在《五柳先生傳》之前,不詳傳主姓字的人物傳,大概有兩種類型。一種是阮籍的《大人先生傳》,其開篇曰:"大人先生蓋老人也,不知姓字。"《大人先生傳》篇幅較長,傳體與《五柳先生傳》亦不同,是篇反復設客顯志,其所謂不知姓字,亦是虛設傳主,如非有先生之類也。另一種則如陳壽《益部耆舊傳》:

> 廣漢有老翁釣於涪水,自號涪翁。[③]

又如《太平御覽》卷五〇三引王隱《晉書》:

---

① 見王叔岷《列仙傳校箋》,中華書局,2007年,頁148。

② 《史記》卷一二。

③ 《初學記》卷二二引,中華書局,2004年,頁545。

瞿硎先生者,不得姓名,亦不知何許人也。泰和末,常居宣城郡界。山中有瞿硎,因以名焉。大司馬桓温常往造之,既至,見先生被鹿裘,坐於石室,神無忤色,温及僚佐數十人皆莫測之。乃命伏滔爲之銘贊。竟卒於山中。[1]

這樣因(隱居)地命名的隱士。“亦不詳其姓字,宅邊有五柳樹,因以爲號焉”的構思,顯然與這一種人物傳更爲符合。又王隱其人,有學者推測其卒年最晚不超過升平五年(361)[2],但此段文字述及桓温,按桓温拜大司馬並辟伏滔爲參軍,已在興寧元年(363)[3]。又陶淵明外祖孟嘉此前亦已應桓温之辟[4],總之《瞿硎先生傳》於陶淵明而言,正是近人所書之近事了。

劉宋時期也出現了一部重要的高士類雜傳,這就是袁淑的《真隱傳》。此傳專門“集古來無名高士”(《宋書·隱逸傳》),故傳主自然全無姓字。如:

鬼谷先生,不知何許人也。隱居韜智,居鬼谷山,因以爲稱。

鄭長者,隱德無名,著書一篇,言道家事。韓非稱之,世傳是長者之辭,因以爲名。

南公者,楚人,埋名藏用,世莫能識,居國南鄙,因以爲號。著書言陰陽事。

野老,六國時人,游秦楚間。年老隱居,掌勸爲務,著書言農家事,因以爲號。

鶡冠子,或曰楚人。隱居幽山,衣弊履穿,以鶡爲冠。莫測其名,因服成號,著書言道家事。[5]

---

① 《太平御覽》,中華書局影印本,1960年,頁2298。

② 曹書傑《王隱家世及其〈晉書〉》,《史學史研究》1995年第2期。

③ 參《晉書·伏滔傳》。

④ 參《晉書·孟嘉傳》。

⑤ 以上各傳并見《太平御覽》卷五一〇“逸民部”,頁2321—2322。

據《宋書·何尚之傳》,何尚之元嘉二十九年致仕,"於方山著《退居賦》以明所守,而議者咸謂尚之不能固志",《南史·何尚之傳》又謂:"尚之既任事,上待之愈隆,於是袁淑乃録古來隱士有迹無名者,爲《真隱傳》以嗤焉。"[①]隱士隊伍向來不純潔,但陶淵明是否也有類似袁淑的"真隱"概念,以"不詳姓字"爲真隱士的標志,則無可詳考了。

四 事迹

無論從體制,還是傳主信息的措辭上,《五柳先生傳》都是一個帶有很强模擬性的文本。至於傳文的主體即述五柳先生事迹的部分,包括最後的系贊,同樣是有所依傍的。下表將《五柳先生傳》自"閑静少言"後全文内容與《漢書·揚雄傳》中的一段文字作以比較(爲比較方便,《揚雄傳》文序有調整):

《五柳先生傳》	《漢書·揚雄傳》
閑静少言。	爲人簡易佚蕩,口吃不能劇談,默而好深湛之思。
不慕榮利。	清静亡爲,少耆欲。 不修廉隅以徼名當世。 非其意,雖富貴不事也。
好讀書,不求甚解;每有會意,便欣然忘食。	少而好學,不爲章句,訓詁通而已,博覽無所不見。 自有大度,非聖哲之書不好也。
性嗜酒,家貧不能常得。親舊知其如此,或置酒而招之;造飲輒盡,期在必醉。既醉而退,曾不吝情去留。	家素貧,耆酒,人希至其門。時有好事者載酒肴從游學。

① 《宋書》卷六六,頁1736;《南史》卷三〇,頁784。

續表

《五柳先生傳》	《漢書·揚雄傳》
環堵蕭然,不蔽風日;短褐穿結,簞瓢屢空,晏如也。	家産不過十金,乏無儋石之儲,晏如也。
常著文章自娱,頗示己志。忘懷得失,以此自終。	顧嘗好辭賦。
贊曰:黔婁之妻有言,"不戚戚於貧賤,不汲汲於富貴。"其言兹若人之儔乎?酣觴賦詩,以樂其志。無懷氏之民歟?葛天氏之民歟?	不汲汲於富貴,不戚戚於貧賤。

已有學者提出《五柳先生傳》就是仿照《揚雄傳》一節而成[①],需要指出的是,因爲《漢書·揚雄傳》在班固"贊曰"之上的内容,是全録揚雄《自序傳》的文字,所以上引《揚雄傳》除了"家素貧,耆酒,人希至其門。時有好事者載酒肴從游學"一條外,其餘都是《自序傳》中的内容。可以看到,除了贊文的最後一句外,凡是《五柳先生傳》中有的内容要素,《揚雄傳》中俱全。即錢锺書先生敏鋭指出的《五柳先生傳》"'不'字爲一篇眼目",也同樣可以移評揚雄的這一段自傳[②]。

其實,《五柳先生傳》未必需要直接從《自序傳》或《漢書·揚雄傳》中取材,劉知幾曾提到,嵇康《高士傳》中亦有一篇《揚雄傳》[③],按照《高士傳》的編撰方法,這篇傳文自也是抄録前史而來,那麽上表中《揚雄傳》的文字,可能正是嵇康從舊史中選中并鈔出作傳的部分。

---

① 吴國富《"五柳先生"及"無弦琴"的守窮守默——從揚雄看陶淵明的"懷宋"》,《九江師專學報》(哲社版)2001年第2期。

② 錢锺書《管錐編》,中華書局,1986年,第4册,頁1228。

③ 《史通通釋》,頁187。

五　結論:互文的歷史

《五柳先生傳》不僅來自於作者的生活經驗,也來自於其閱讀經驗。從體制、筆法到内容,《五柳先生傳》都是一個承襲性很强的文本,它與前此的文獻群形成互文關係,亦即索萊爾斯(Philippe Sollers)所謂:

> 每一篇文本都聯繫着若干篇文本,並且對這些文本起着復讀、强調、濃縮、轉移和深化的作用。①

在此基礎上,討論《五柳先生傳》的繫年其實是很危險的,因爲理論上説,它甚至可能直接由前文本生成,因此它可能作於作者有寫作能力的歲月中的任意一年。

但這不是本文關注的重點。衆所周知,魏晉南北朝時期是模擬之風盛行的時代,這種模擬,不僅限於詩文創作,蓋"六朝著述,率趨模擬"②,雖子史亦然。而歷史撰寫由於牽涉歷史的真實性問題,其模擬尤致讀者迷惑。故《史通》專闢《模擬》一章以言其得失。但《史通》所論,又僅限於書法、筆法,如今史濫用前代稱謂,或今史善擬《左傳》叙事之法之類,這些問題仍基本無關歷史真實,只有像《五柳先生傳》這樣的互文問題,才最會造成難以解讀的困境。因爲比起歷史撰寫中常見的訛誤、曲筆、誇飾等現象,互文更加隱蔽,比如《宋書·顔延之傳》云:

> 延之少孤貧,居負郭,室巷甚陋。③

---

① 見[法]綈費納·薩莫瓦約著,邵煒譯《互文性研究》,天津人民出版社,2003年,頁5。

② 《史通通釋》浦起龍按語,頁224。

③ 《宋書》卷七三,頁1819。

因爲東晉建康城實際上並無磚土城墻,這裏所謂"居負郭"只能解釋爲與《史記·陳丞相世家》"家乃負郭窮巷,以弊席爲門"一句互文,泛謂其處地僻遠而已。但更多的情況下,我們根本無從考證其歷史真實,即使揭示出所有參與互文的文獻。如《太平御鑒》卷四九八引王隱《晉書》:

(阮籍)作二千石不治官事,日與鈴下共飲酒歌呼。①

這明顯來自《史記·陳丞相世家》"爲丞相不治事,日飲醇酒、戲婦人"一句。那麼,是阮籍、顏延之與陳平行事暗合?是這二人有意效仿陳平?是王隱、沈約以陳平目其人?都有可能。新文本下有舊文本,顏延之背後有陳平,即如陶淵明背後有揚雄。以同一套傳記話語施之於二人,有可能符合歷史的真實嗎?答案是可能有也可能無。可能陶淵明行事即類揚雄,也可能他只是藉揚雄建立一個理想型,也可能只是他自認爲達到了這個理想型(如袁粲即是)。《三國志·魏書·鍾會傳》裴注引鍾會《張夫人傳》載會母張氏謂會曰:"若以小善爲無益而弗爲,此乃小人之事耳。"這不是劉備給劉禪的遺詔中説的"勿以善小而不爲"(《三國志·蜀書·先主傳》裴注引《諸葛亮集》)嗎?張氏不知劉備作此語而與之偶合嗎?張氏知劉備此語而借用之嗎?此爲當時流行語而劉、張皆用之嗎?鍾會作傳故意移花接木嗎?都有可能。所以可以説,無論訛誤、曲筆還是誇飾,都只是掩蓋真實,而互文則幾乎是在消解真實。從這個角度上看,《宋書》提出的"自況",可能是對《五柳先生傳》最好的理解維度了。

魏晉南朝人對"擬"的熱情,不僅停留在撰述上,亦體現在行爲上。《莊子·達生》謂:"夫醉者之墜車,雖疾不死。骨節與人同,而犯害與人異,其神全也。……彼得全於酒而猶若是,而況得全於天乎?"而王忱

① 《太平御覽》,頁2276。

云:"三日不飲酒,覺形神不復相親。"是必師《莊子》之意也[①]。《莊子·列禦寇》云:"吾以天地爲棺椁,以日月爲連璧,星辰爲珠璣,萬物爲送賫。吾葬具豈不備邪?"而《世説》謂:"劉伶恒縱酒放達,或脱衣裸形在屋中。人見譏之,伶曰:'我以天地爲棟宇,屋室爲褌衣,諸君何爲入吾褌中?'"[②]又阮籍"露頭散髮,裸袒箕踞"[③],王徽之"蓬首散帶"[④],王忱"或裸體而游"[⑤],顔延之"常日但酒店裸袒挽歌"[⑥]。是活用《莊子》意又轉相效仿也。阮籍"聞步兵校尉缺,厨多美酒,營人善釀酒,求爲校尉,遂縱酒昏酣,遺落世事"[⑦],陶淵明出仕則是因"公田之利,足以爲酒"。凡此行事相類,此期諸史雜傳中在在皆是,不一而足[⑧]。如果將這種風氣與歷史撰述的互文性聯繫起來,就會使後者的情況更爲複雜——人物行爲的雷同是傳記告訴我們的,我們因此無法分辨這雷同到底是傳記在文本層面上的互文,還是傳主在歷史真實中的互仿。

六 餘論:類化的人

無論是陶淵明還是袁粲,製造互文的傳記,目的都是獲得一種歸類:歸入高士的隊伍,以及歸入揚雄的隊伍。

魏晉南北朝雜傳的發達,即是在高漲的"歸隊"意識下獲得的成果。

---

① 《世説新語·任誕》,見余嘉錫《世説新語箋疏》,上海古籍出版社,1997年,頁762。

② 《世説新語·任誕》,《世説新語箋疏》,頁730。

③ 《太平御覽》卷四九八引王隱《晉書》,頁2276。

④ 《世説新語·簡傲》"王子猷作桓車騎參軍"條劉注,《世説新語箋疏》,頁773。

⑤ 《晉書》卷七五《王忱傳》,中華書局校點本,1974年,頁1973。

⑥ 《南史》卷三四《顔延之傳》,頁879。

⑦ 《三國志·魏書·王粲傳》裴注引《魏氏春秋》,頁605。

⑧ 王世貞曾輯古人異人同事材料凡64條,見《弇州四部稿》卷一七五。清沈廷文又作《廣事同纂》一卷增補王文,有《叢書集成初編》本。

高士歸入高士類雜傳,神仙歸入神仙類雜傳,地方名士以地緣爲類歸入郡書。後世人如果想將某人打造爲"某一類人"的形象,可以輕易地從六朝史傳中依類之標籤找到素材。這裏最好的例子就是李白的形象。倪豪士曾在《舊唐書·李白傳》中讀到與魏晉史料中描述諸葛亮、阮籍、袁宏形象類似的措辭[①],他引用杜希德(Denis Twitchett)的文章解讀人物傳中的這種現象:

> 很多策略用來填補這個履歷所提供的綱要。第一個要提出的並且也是最爲廣泛傳播的是對程式化片段和傳統場景的使用,意在顯示歷史學家把研究對象歸入某個類别是合適的。Herbert Franke 教授已經引導我們關注一些這樣的母題(topoi),這個母題名單可以繼續擴大。……對這個特點讀者應該一直保持警覺,這種文字——即使在間接和隱喻的意義上——是對研究對象的行爲和官位的描述,又常常把研究對象和古代的模範人物聯繫起來。[②]

實際上,李白的許多著名事迹都有六朝的史傳與之"互文",比如他的"謫仙人"之號,即見於《南齊書·高逸傳》:"永明中,會稽鍾山有人姓蔡,不知名。山中養鼠數十頭,呼來即來,遣去便去。言語狂易。時謂之'謫仙'。"[③]又《舊唐書》所載李白"既嗜酒,日與飲徒醉於酒肆。玄宗度曲,欲造樂府新詞,亟召白,白已卧於酒肆矣"[④]之事,裏面也有《南史·顔延之傳》"文帝嘗召延之,傳詔頻不見。常日但酒店裸袒輓歌,了不應對,他日醉醒乃見"[⑤]的影子。李白還有一個著名的特點,正是"不知何許人也",即使李陽冰受他所托爲之編集作序,魏顥親見李白本人

① 倪豪士《傳記與小説——唐代文學比較論集》,中華書局,2007年,頁257。

② Denis Twitchett(杜希德),*Chinese Biographical Writing*,轉引自倪豪士《傳記與小説——唐代文學比較論集》,頁255。

③ 《南齊書》卷五四,中華書局校點本,1972年,頁943。

④ 《舊唐書》卷一九〇《文苑傳下》,中華書局校點本,1975年,頁5053。

⑤ 《南史》卷三四,頁879。

并爲之編集作序,劉全白與他有交而爲之作《碣記》,范傳正親訪其後人而爲之作碑文——凡四人四文,且其中前三人的傳記信息來源甚至有可能是李白口述[①],而我們仍長期不知李白"何許人也"。至於李白自己,則忽而稱"白本家金陵"(《上安州裴長史書》),忽而稱"本家隴西人"(《贈張相鎬二首》),這未必没有混亂視聽,有意造成個"不知何許人"的效果的可能。至於其"指天枝以復姓"(范傳正《唐左拾遺翰林學士李公新立墓碑並序》)、"驚姜之夕,長庚入夢,故生而名白,以太白字之"(李陽冰《草堂集序》)的傳奇誕生命名故事,則是直接襲用葛洪《神仙傳》,而比類於老子了[②]。

魏晉南朝本就是一個類化的時代,九品官人,士庶天隔,清濁殊途,僑吴異調,每個人身上都有各種身份標識。類書出現,目録學發展,每一種知識也獲得了類的標識,於是貴族圈子裏流行起考驗同類知識儲存量的"隸事"的游戲。在《世説新語》中,士人的日常言行被分類編輯;在《文選》中,士人的文學創作也被分類編集。在這個類化的時代裏,《五柳先生傳》通過互文得到自己的定位分類,而這一時期大量的史傳作品正是這樣地各歸各類,成爲豐富的素材庫,等待着與後世的文本結成新的互文。

(作者單位:南京大學文學院、南京大學古典文獻研究所)

① 詳參周勛初先生《李白評傳》,南京大學出版社,2005年,頁19—22。
② 見《李白評傳》,頁31。

古典文獻研究(第十五輯)
2012年7月

唐代的手抄本遺産:以文學爲例*

宇文所安(Stephen Owen) 撰
卞東波 許曉穎 譯

"我們如何恰好得到我們所知道的一切",唐代文學永遠難以與這個問題完全分割開來。趣味和經典的改變十分重要,但這些改變爲遺留下來的文獻所規制,就如同這些文獻塑造了從前遺留下來的一切。我們所知的"唐"與唐代自身任何特殊時期的選擇和偏好都不相像,我們也没有將唐代看作一個整體,進而得出我們自身的結論這樣奢侈的想法。人們觀察越仔細,就越會發現唐代文學的遺産是歷史偶然性與9至10世紀趣味①的綜合産物。我們關於唐代的知識是經手抄本傳播這種特殊方式以及整整一個世紀的動亂過濾後形成的,這將近一個世

* 本文最初發表於HJAS(《哈佛亞洲學報》)2007年第2期,題作The Manuscript Legacy of the Tang: The Case of Literature。

① "9至10世紀趣味"肯定是複雜多樣、難以用簡單的辭彙來定義的。然而,我們能夠看到它的軌迹。比如,對於8世紀末律詩詩人的偏愛在現存的唐人選唐詩及批評著作中是顯而易見的,如大約成書於10世紀初的張爲的《詩人主客圖》。9世紀詩人的作品保存完好,常常以獨立的版本而非從選本中輯集的形式留存。同時,這一時期的人們對於當時十分重要、後來被推崇備至的盛唐詩人並不感興趣。盛唐詩人常建、崔顥、綦毋潛、崔國輔、祖咏的詩歌在一些選本中只入選了少量的詩。

紀的區間即從黄巢起義到976年南唐爲宋征服、幾個最大的地方政權藏書機構最終匯集於宋代都城汴京（今開封）爲止。如此衆多的文本被留存下來，以至於我們可能都不願追問它們是以何種途徑得以保存的；然而很多例證表明，我們目前認爲重要的詩人在一條資料貧乏却是可追溯的綫索中得以幸存，我們很有必要重新考察這條綫索——何以一些東西被捨棄，另一些却被保留下來。假如我們發現唐人的評論與詩人現存的作品不相符，那麽這些評論可能基於現在已經亡佚的文本。當今的中國學術界謹慎地使用早期書目和有迹可尋的存世版本，但很少觸及手抄本傳統到北宋初年依然存在的這一複雜問題。我喜歡“殘骸”(flotsam)和“棄物”(jetsam)這兩個詞，即海難中失事船隻的殘餘；這是一個十分恰當的隱喻。

緊跟着黄巢於881年初占領長安之後，這座城市又被數度洗劫——被黄巢的追隨者、被城市的暴徒，之後又被忠於朝廷的軍隊重新奪取。龐大的皇家圖書館，與巨大的私人和寺廟收藏，連同這座城市一起化爲廢墟。這一事件前前後後的戰争重創了中國大部分地區。持續到10世紀中期才逐漸穩定下來的動亂，對唐代的手抄本遺産造成了毁滅性的破壞。由於衆多手抄本已經廣泛流播於中國，所以幸存的數量亦相當可觀；問題在於，哪些作品留存下來了，它們又是以何種方式留存下來的。那些受大衆歡迎的、人們抄寫或者付錢讓人抄寫的文本，幸存下來了；但9世紀末、10世紀的趣味並不一定切合後來的藏書家和文化管理者視爲“文學遺産”的東西。甚至是那些受歡迎作家的作品，常常也只能依賴選本保存下來。而那些完全只保存在史館抑或一些大收藏家那裏的著作，其亡佚也是令人沮喪的。有時，亡佚的作品只意味着遺失了作品的綫索，無從追尋在哪里能夠找到最好的、最完整的版本。但是，假如那些版本在它們朽壞、毁於藏書機構的火災，或者在講求實際的藏書家後裔將書的背面用作賬簿之前未被發現，那麽它們也就從此永遠消失於天壤之間。

宋代藏書機構的建立

在唐帝國的廢墟上紛紛湧現出來的地方割據政權,必然依賴一些地方的藏書機構以及一些私人、寺廟的藏書,才能構建起自己的圖書收藏。除了能夠進入新建大宋王朝法眼的荆南、後蜀以及南唐的圖書館,我們對唐代的其他地方圖書館知之甚少,儘管它們的收藏比不上唐代一些大藏書家的藏品。敦煌寶藏不過是漢族地方政權的一個寺院圖書館,但它不僅意味着曾經存在豐富的文獻,還意味着館藏資源的奇幻多彩①。敦煌文獻確實對我們理解唐代文學起到了不可估量的促進作用;但它引發我們提出另一個問題:假如我們對唐代所瞭解的一切就是我們在敦煌圖書館裏所發現的,那會出現什麽情况呢? 顯然,高適(約700—765)將是唐代最傑出的詩人,王梵志則緊隨其後②。寺院圖書館的興趣不同於那些帶有誇耀朝廷榮光之嫌的割據政權的藏書興趣,但

① 大約封存於1035年的敦煌寶藏,包含了可追溯到5世紀的文本;然而大多數寫本出自九至十世紀。手抄本的廣泛傳抄,尤其是巨著,依賴於大型的抄寫室。佛教寺院具有保存手抄本的極大優勢,因爲在每個大型綜合性寺廟中都有一個抄寫室。中央政府亦有一個抄寫室。我們可以假設,地方及州郡政府擁有與各自實際需要相關的抄寫工作室;然而爲了保存及傳播的目的,史館目録之遺存中的大規模手抄本編纂及相對而言較爲大型的總集,也需要大型的抄寫室。地方圖書館可能缺少抄寫條件來複製著名的大型文獻,我們現在則爲其佚失而痛惜。7世紀中葉,朝廷編纂的一千卷的《文館詞林》,部分保留在日本而非中國,這可能是國家外交政策的結果,爲了文化外交的目的而利用了皇家抄寫室。地方及州郡圖書館既没有動力,也没有資源來複寫這些文本。在《文苑英華》中,我們常常找不到後來被認定爲重要的唐代文化的作品;同時我們發現,此書入選了大量省試詩賦以及標準的官府應用文。這似乎反映了地方圖書館的目的,即旨在幫助科舉考生應試及爲即將參與政治生活的文官提供寫作範本。

② 王梵志是7世紀一位傳奇性的佛教俗家信徒,他的名字在敦煌文書中與許多類型十分迥異的流行詩歌聯繫在一起。

是這些小朝廷的藏書也是基於地方圖書館建立起來的，這些地方藏書的收藏多是爲了滿足區域性的需要，並非要表現唐代文學的遺産——直到這些割據政權的統治者逐漸視他們自己爲唐代遺産的保存者爲止。

杜德橋(Dudbridge)在其帕尼兹演講(Panizzi Lectures)《中國中古時代之佚書》(*The Lost Books of Medieval China*)的開頭，對宋代皇家圖書館如何基於藏書量在 10000 到 13000 卷之間的適中的地方政權圖書館而建成的問題，給出了絶妙的概述：從後蜀掠奪而來的 13000 卷藏書，從荆南和其他被征服的地方政權獲得的數量不詳的藏書，以及來自南唐的 20000 卷藏書都進入了宋朝的皇家圖書館史館。杜德橋估計宋代史館藏書約 40000 卷(包括副本)，這些書被用於 10 世紀 70 年代到 80 年代巨大的文獻編纂工程①。規模不等的地方政權圖書館提供了不同的資源，但是宋代史館在囊括了地方政權圖書館之後的藏書總數(包括副本)達到了 80000 卷②。半個世紀後，編纂於 1034 到 1042 年間的《崇文總目》，只著録了 30000 卷多一點，其中還包括許多宋代作家的巨著，這些著作是在《文苑英華》完成後才被呈送到史館的。這 30000 卷

---

① 杜德橋《中國中古時代之佚書》，倫敦大英圖書館，2000 年，頁 2。我在本文中用術語“scroll”來翻譯“卷”。當我能肯定我討論的是刻本時，我使用羅馬化的術語“juan”。10 世紀晚期可能已經有一些印刷本的書籍，但絶大多數書籍還是以抄本的形式流傳。抄本書籍曾經以卷軸的形式出現，但是可能大多數還是采用逐漸流行的經摺裝，常常被稱作“蝴蝶裝”，即印刷本書籍的先驅。

② 參見《續資治通鑒長編》，中華書局，1957 年；1999 年重印本，頁 422；《事實類苑》(《皇朝類苑》)，景印文淵閣《四庫全書》本，31. 5b。杜德橋對 40000 卷的不同作品進行了估測，但很少涉及副本，可能依據史館只保留了一套副本的假設；更可能的情況是，史館保存了它所擁有的一切，分布在其三個分館中。除了杜德橋引用的資料外，還有其他資料指稱南唐的圖書館的藏書數量超過 20000 卷。《續資治通鑒長編》估計南唐藏書超過 20000 卷(頁 422)；《事實類苑》認爲南唐藏書有 30000 卷(《四庫全書》本，2. 7a)。在《景定建康志》中，周應合宣稱有 60000 卷來自南唐藏書機構(景印文淵閣《四庫全書》本，33. 1b)，但這是 13 世紀的文獻，數目似乎被誇大了。

書中包括 3500 卷被稱爲所謂“四大書”的典籍——《文苑英華》、《太平廣記》、《太平御覽》、《册府元龜》。我們面臨着中國目録學上一個懸而未决的問題:如何解釋這些目録記載的卷數的不同?一種可能的解釋或許是,很多書毁於 1015 年的祝融之厄。但最好的解釋是,杜德橋的估算出現錯誤乃是由於一個簡單的事實,即圖書館擁有大量副本[①]。我們在宋代圖書館最初建立時所看到的龐大卷數代表着一張“財産清單”,而不是我們後來在《崇文總目》中發現的明晰目録。一個熟悉汴京藏書、能夠挑選必要書籍的藏書家並没有隨宋代軍隊一起出征(没有迹象顯示汴京的圖書館在那時擁有一個目録);宋軍把占領國的書打包送往汴京,之後就慶祝他們所獲貴重藏書的規模。换句話説,如果加上汴京的 10000 卷、成都的 13000 卷、金陵的 20000 卷,再加上幾千卷來自其他地方政權圖書館但非南唐的藏書,將得到 20000 卷不重複的書單。宋太宗 984 年下詔訪求稀見書籍,此舉對於增加北宋圖書館藏書數量同樣意義非凡[②]。這次尋訪只找到了 1228 卷皇家收藏中未收的書籍[③]。杜德橋對這項找尋佚書之舉措的意義津津樂道,他用舊目録比對早期宋代的藏書,並指出亡佚是中國目録學史上的永恒規律。

① 宋代朝廷從十國圖書館中發現的作品數量更可能來自藏書清單,而不是確切著作的目録。而且,這些地方政權的圖書館本身就非常可能包含副本。當史館中大規模的藏書因劇烈的社會動蕩而急劇地減少時,中國文獻保存史在手抄本文化時代呈現出多種情况。事實上的損失,取决於這類藏書機構中的許多典籍是稀見本——常常是唯一的抄本——這一事實。接下來,嘗試重建史館主要是通過獲取廣泛散佚在民間的典籍才得以完成的。當政府采取慣常的做法,要求上繳善本書籍時,就將善本書集中到一個中心區域,這樣無意間就會使文學遺産易於流失,正如 1015 年宋代史館發生的火災那樣。

② 崔瑞德(Dennis Twichett)的《唐代官修史書之編纂》(*The Writing of Official History Under the Tang*,劍橋大學出版社,1992 年)討論了這部編纂於 721 年的目録,頁 231—232。這是《舊唐書·經籍志》編纂時使用的底本。换句話説,當宋代圖書館正在組建時,顯然並没有關於此前兩個半世紀文學作品的現成目録。

③ 《續資治通鑒長編》,頁 178。

接下來,讓我們把10世紀80年代史館所藏25000卷書到底有哪些大致估論一番①。如果將一場巨大的圖書館火災考慮在内,同時也考慮宋初巨大的入藏,我們能在半個世紀後成書的《崇文總目》中大致發現35000卷不重複的書。讓我們再補充另一個事實,即史館的大多數藏書並非是文學作品。《隋書·經籍志》中只有超過7%的條目屬於集部。《新唐書·藝文志》多了一點,集部占23%(在721種小類中,集部的小類大約占相同的比例),凡5750卷。但我們必須始終銘記的是,這些作品有很大一部分是唐代之前的;安史之亂以前的作品所占規模很大,很顯然承襲自前代的目録。想要知曉圖書館中確切的藏書數目,《崇文總目》是目前已知最可靠的文獻資料②。據我統計,《崇文總目》著録了大概2000卷唐人撰著的文學典籍(總集、詩集、賦集以及各種形式的古文總集)。選集也是一類重要的來源,但有許多選集我們難以區分是在唐代還是在宋代編纂的。我們假設集部中有3000到4000卷唐人文集,選集編纂於10世紀80年代以前,即集部書籍將占到全部藏書的16%。如果再加上追溯到梁朝中期的文學典藏(這些材料可能也見於《文苑英華》中),那麽這個數字並不會顯著增加。

10世紀80年代史館所收録的這些3000到4000卷唐代文學作品,將成爲我接下來所提出問題的背景:1000卷《文苑英華》是怎樣形成的?首先必須明確的是,一部1000卷的"總集"代表着10世紀80年代宋代史館文學收藏中相當大的一部分。事實上,"總集"是一個不正確的詞;從它的編纂情況來看,《文苑英華》顯然可以稱作唐及五代時期文學手抄本巨大收藏的一個"縮編"(epitome)。正如宋太宗用舊書目

---

① 假如這個數字過於適中,我們應該記住,在黄巢起義引起的戰亂之後,唐代朝廷只能收集到差不多超過20000卷規模的圖籍,這20000卷在後來的内亂中減少到只有18000卷。《舊唐書》,中華書局,1975年,46.1962。

② 《文苑英華》自身編纂的過程也非常複雜。它曾經有一部帶注解的六十卷書目,我們熱切希望仍然擁有所有這些注釋,然而這些注釋中的一部分已然是從其他資料中補充而來的。不幸的是,集部大部分已經不存了。不過,我們這裏主要使用的《崇文總目》,似乎基本完整。

對比他的圖書館藏書時,爲書籍的巨大流失而深感悲痛,我們也爲保存在宋代目録中的唐代書籍的佚失感到遺憾。不過這些書的絶大部分可能依然存在,它們作爲單篇的文學作品散落在《文苑英華》的各個文類中。

我將提出一些基本的背景來考量宋代初年所接受的手抄本文化,之後再給出一些有趣的證據,説明在北宋初年時唐代文學文本保存的狀態,進而指出許多流傳中的文本所具有的性質,最後回到《文苑英華》,不是簡單將它當成關於唐代文學的寶藏,而是將它作爲整個史館集部的縮編。

文學作品的手抄本

唐代文學的傳播與許多其他形式的文本傳播具有相當大的區别。正如唐朝政府做過的那樣,北宋政府檢視了經部、史部以及公共機構典籍的大概。經部文本有時是有瑕疵的,但這是經典的自然屬性,以至於學者們需要在研習經學的過程中將異文指認出來並校勘文本。佛寺和道觀對文本的關注程度不盡相同,並以此來檢視它們各自的經典。嚴謹的學者致力於《文選》和《楚辭》的整理,但宋代以前還没有學者致力於唐代文學的研究。在唐代,有作者本人作品的最初版本;唐人選唐詩,甚至非常嚴謹的選本(儘管這些現在都已佚失);以及諸如 8 世紀中期張庭芳對李嶠《百咏》所作的注釋(儘管我們認爲這是出於寫作教學的目的,而不是要仔細解釋李嶠的詩)。在這些選本中,9 世紀中期顧陶所編的《唐詩類選》顯示了學術上的嚴謹,他不願在得到一位詩人全集之前就選入這位詩人的詩(儘管將公正的評論建立在通讀全集的基礎之上,是唐代文學史上僅有的個案);這部唐人選唐詩流傳到了宋代,但只有它的兩篇序流存至今。然而,没有唐代學者致力於唐代文學的研究,並且對於文本確切的傳寫也没有一般的規範。由於《文苑英華》中的許多文本保存在其他典籍中,我們只能在它現有形式的目録中瞭解文本問題;我們對《太平廣記》則没有産生類似的困擾,原因在於幾乎没有現存的完整版本能夠用來衡量它們在版本上的不一致。

蘇姍·切爾尼亞克(Susan Cherniack)的大作《中國宋代的書籍文化和文本傳播》(Book Culture and Textual Transmission in Song China),將我們帶到了11世紀末葉——學者表達了他們對手抄本强烈的懷舊情緒,並且宣稱手抄本不管是對於閲讀還是精細的研究,都具有刻本無法比擬的優越性①。宋代確實是文風昌盛的時代,某種程度上説,唐代不能與之匹敵。後來謹嚴的學者用其他版本校訂他手中的本子,的確能夠誇耀他的手抄本優於印刷版本。但在一個世紀前的10世紀80年代,也即《文苑英華》編纂的時代,唐代手抄本遺産的狀態却並非如此。

某些作者的文本似乎已經廣泛流傳。歐陽修(1007—1072)曾經爲韓愈(768—824)著作的文本狀態深感憂慮,很多人抱怨説他的文集"不傳";儘管在文本上存在各種各樣的版本,但韓愈的作品確實流傳甚廣。除此之外,許多作者的文集狀況遠遠不夠清晰。當我討論《文苑英華》時,我將會考慮到史館的藏書;但唐和五代時期的手抄本及其副本是在全中國——地方政權的圖書館、寺廟圖書館以及私人圖書館中——流傳的,認識到這一點很重要。衆多例證表明,相比我們在《崇文總目》、《文苑英華》所代表的史館中所發現的著録,後來普遍流傳的版本要完整許多。更多流行的作品可能存在於許多類似的圖書館中,這裏所説的"流行"是被9世紀到10世紀初期的審美趣味定義過的,與目前我們所知的唐代文學經典大相徑庭。許多廣泛流傳的文學資料可能如同敦煌手抄本一樣,其中個人的詩歌選集是文學作品中占主導地位的形式,即由不同詩人挑選出來的詩歌選本,而他們所依據的選本又似乎各不相同。不太流行的作品幸存於北宋的偏遠地區,人們恰好偶然發現或者聽説它們。除非有人恰好去一個地方,而那裏有一個手抄本或者是他聽朋友提及過它,否則這種手抄本是難以爲人所知的。大體上説,北宋的文學研究者都是文臣。因爲工作性質的原因,他們不能夠像文藝

① 《哈佛亞洲學報》54.1(1994):5—125。

復興時期偉大的人文主義者那樣,游歷寺院圖書館進而尋找佚失的手抄本。文本的散佚不僅僅影響到作品的保存,同時也影響到作品的整理工作。在校訂一部重要的版本時,學者們可能要參考衆多版本,但是没有一個人能夠對現存手抄本進行廣泛的比對。我們的證據是,這些手抄本在它們的内容及文本的異文上都存在着很大差别。單憑經驗就可知,文本越長,異文也就越多。

手抄本對於那些尋找它們的人來説無所不在。孔延之的例子最爲明顯。孔延之是一位有機會使用地方所藏手抄本及石刻文獻的宋代學者。他被任命到紹興爲官時,編纂了《會稽掇英總集》,他的序作於1078年,以具有北宋時代性的、對於佚失的書籍的哀痛筆調開頭。這部選集以贊美地方爲主,但它也包括了許多來源未知的唐代文本,這讓我們相信孔延之有機會接觸一些反映地方圖書館或地方藏書家趣味的文本以及碑刻資料。我們可能不相信這些文本的所有出處,但我們看到的許多資料表明,在一些不爲人所知的地方流傳的手抄本幸存下來了。

文集的解讀

北宋著名的學者宋敏求(1019—1079)爲我們提供了一個準備校訂本時頗具代表性的解釋,他告訴我們很多關於宋代版本背後的手抄本遺産的信息,而這些宋本是我們現今版本的基礎。宋敏求編纂《孟郊集》時,參考了四種主要版本以及數量不詳的其他材料。在這四種主要版本之中,一種是包含124首詩的五卷本,一種是包含331首詩的十卷本,一種是包含340首詩的五卷本,最後一種是包含180首詩的兩卷本。我們能得出的最初結論是,卷數與文集實際規模之間的關係具有高度的不確定性——從每卷收録25首詩到90首詩不等。宋敏求在他的跋語中繼續説道:

自餘不爲編秩,雜録之,家家自異。今總括遺逸,擿去重複,若體制不類者,得五百一十一篇。[①]

這是孟郊詩集在11世紀下半葉存在衆多不同版本的有力證據。這些版本都没有被標注爲“選集”,不僅數量不同,而且内容上也不盡相同,宋敏求將之整合後得到511首詩。宋敏求能夠利用的最大的單行本,只相當於他在比勘版本過程中所發現的詩歌總數的三分之二。“若體制不類者”這句話,如果我没有理解錯的話,是我們應當認真考慮的[②]。他自己顯然實踐了這一原則,並以文體爲依據排除了一些作品。假如説我們目前所見的孟郊詩集顯示出相當大的同質性,我們不能區别這是取決於孟郊自己還是宋代編纂者介入的結果[③]。經驗清楚地表明:我們並没有唐代的文獻,我們所擁有的唐代文獻是流傳於9世紀到10世紀手抄本,這些手抄本到宋代還幸存,並由宋代的整理者保存。當王洙1039年編纂後來成爲所有版本基礎的杜甫詩集時,他使用了從1卷到20卷不等的九種版本。

宋敏求是一位優秀且勤奮的編纂家,他設法找到了四種規模相對較大的版本。其所撰的跋文頗爲語焉不詳,但引文以“自餘”開始,暗示着非正式的抄本,可能是閱讀者個人所選的詩歌選本。我喜歡“小集”這個術語,用來表示某個詩人作品的選集。然而,宋敏求在其編纂作品

① 華忱之、喻學才《孟郊詩集校注》,人民文學出版社,1995年,頁694。“遺逸”大概指的是大部分抄本中不存的、署名爲孟郊的詩歌。

② “體制”是用來描繪一種創作體式或者時代風格的術語,因此不適合用“不好”來替代和解釋“不類”。嚴羽的觀點可兹對照,他曾談到一首他認爲誤收入陶淵明集中的詩歌:“其體制氣象與淵明不類。”吴文治編《宋詩話全編》,江蘇古籍出版社,1998年,頁8732。

③ 宋敏求現在之所以廣爲人知,是因爲蘇軾記載的一段逸事,這段逸事使宋氏作爲詩歌編纂者中的糟糕代表而留名後世。根據蘇軾的説法,宋氏對杜詩的一句“白鷗没浩蕩”提出異議,因爲一隻鷗不能“没”,進而將“没”改成了“波”(白鷗波浩蕩)。《東坡全集》,景印文淵閣《四庫全書》本,100.2a—2b。

的識語中,對這一術語的實用性提出了質疑[1]。假如規模最大的孟郊詩集的手抄本僅僅相當於從各種抄本中所得作品總數的三分之二(排除那些"讀起來"不像孟郊詩的作品),那麽我們過去所擁有的集子都是"小集"。從這些證據來看,"小集"是文學手抄本傳播過程中的標準形態。

就小集而言,差别也非常巨大,既有宋敏求收録 340 首詩的大型文集,也有以宋敏求"自餘"爲代表的規模比較小的集子。有些小集是作家作品的正式選本,以傳播流布爲編纂目的。樊晃 8 世紀晚期所編的杜甫詩選可能就是規模較大的選集廣泛傳播的突出例子,此書共收入杜詩 290 首。其他的這類小集僅僅是出於個人興趣的抄寫而編成的,這些小集可能反過來又被别人抄録,使得他們不可能與一部正式的"選集"區别開來。

在校訂孟郊詩集的過程中,宋敏求每次使用上述的文本時,都包括卷數以及所囊括的詩數,這對傳統中國目録學只給出"某某集"有某某卷("卷"是蝴蝶裝圖書以及刻本出現後的流行説法)的做法來説,無疑是一劑有益的良方。我們有許多例子(正如我們在李嶠的《百咏》中所見到的)表明,即爲了形成令人滿意的卷册數目,卷册的規模(以及手抄本的規模)可能各不相同[2]。每一條證據都暗示,事實與宋敏求所描述

---

① 我已經在某種程度上改變了這個術語的用法。宋代的目録學家用這一術語來描述那些在他們看來有明確意圖的選集,並且只有當他們擁有一部更完整的版本時,他們才使用這一術語。"個人的選集"更應當是一部鈔本。最終,"鈔"或者"抄"逐漸特指"用手抄寫",但是其原意却是"選擇某些部分去抄"。在唐代製作一部完整的副本時,還使用其他的術語。於是,某位作家的作品選集被依次抄寫下來,並根據抄寫者的個人傾向而增添或者削删。

② 《新唐書·藝文志》不加考辨地列出了李嶠這部累計達 50 卷的作品,比來源於盛唐時期書目的《舊唐書·經籍志》所著録的集子多 20 卷。於是我們注意到,李嶠的《百咏》事實上有 120 首詩,占了 12 卷。假如這個數字並非抄寫之誤,即使我們把張庭芳的注釋也考慮進去,那要麽就是這些卷篇幅極短,要麽就是所用字體較大。這暗示着這些圖書管理員——很像爲了達到特定頁數而調整邊距和字體大小的學生——有時使用固定的卷册形式來製作特定規模的集子,從而造成一種未曾佚失的表象。

的情況相當接近——直到宋敏求《孟郊集》的版本成爲權威版本,實際上它也確實與北宋人所編的其他作家的版本一起成爲了權威版本。某位作者流傳的著作集,在規模上並不相同,其中收録的作品也不相同(重複的程度也不同),有時流傳的文本也不盡相同。卷册具有標準的物理長度(儘管它們並非統一),但一卷抄本中所包含的作品數量却依賴於抄寫的規模(這一點在宋敏求對他所使用的文本所作的描述中可以明顯地看出來)。從一些例子可以看出,對於許多作者尤爲重要的是,這些出於個人興趣編纂的小集保存了某位作家遺留的所有作品;在其他一些例子中,這些小集可能就是已佚失的文本的寶貴來源(儘管宋敏求的資料來源似乎也混入了一些出自孟郊 9 世紀末的崇拜者聶夷中的作品,宋敏求將這些作品當作了孟郊本人的作品)。爲了叙述的簡便,我使用"小集"這個術語;在一些例子中——如韓愈、柳宗元(773—819)和白居易(772—846)的例子中——我們所擁有的著作是他們死後才被製作或者創作出來的;然而,在大多數例子中,我們擁有的是卷帙不一的小集,常常在宋代被合併或補充。還有一點需要强調:目前我們所能説的是,宋代初年的史館通過書目來判斷作品的完整性(對開元及更早的作品,他們察看是否與玄宗時期的書目著録相符合)。如果宋敏求編訂了一部整合過的版本,那麽我們可以假設史館會最終獲得一部副本。但没有證據表明,721 年的目録著録之後,史館曾主動尋求過唐代文集更多的完整版本。

儘管孟郊在 11 世紀以後受到極大的忽視,但他在 9 世紀末以及 10 世紀却是一位很受歡迎的詩人。宋敏求並没有提及尋找四種版本的孟郊文集時遇到的困難。在其他的例子中,編纂一部某位詩人更爲完整的文集時,常常涉及搜求抄本,學者們在努力尋求和遭受挫折的程度上不盡相同。

假如不完整的版本占顯著地位(正如宋敏求所説的"家家自異")是評估唐代文學手抄本遺産主要的複雜因素,那麽增加其複雜性的次要因素即是專集的問題。從宋代到現在,中國目録學的主導模式是"文集"。史部、經部、政書方面的著作,非正式的創作以及後來的白話文學,都被排除在"文集"之外;但"文集"應該代表着作家用古典文體寫成的所有作品。問題是,一位作家的文學創作可能是在"亞集"(sub-collections)中流傳的,作者或第一位編輯者在編纂"文集"或"詩集"時,最初並没有打算將其作爲"文集"或"詩集"的一部分;有時,這些"亞集"中的作品就是明確要被剔除的。在傳統目録學中,這類作品没有專門的稱謂,作家僅僅將它們作爲另一部作品收録在文集或詩集中。這種專門的集子在8世紀下半葉開始流行,並在9、10世紀廣泛流傳。這些集子有些是宴饗集、唱和集,以及其他一些很容易混入個人文集中的總集;但是其他"亞集"引發了一系列問題。

像宋敏求這樣的宋代文獻整理者懷有一種期待,即一部文集或詩集是全面表現一位作家的"全集"。在手抄本傳統的"殘骸"及"棄物"中,他們有時會發現一部特殊的"亞集"而非主集(primary collection),有時會發現一部没有"亞集"的主集。李紳(772—846)的例子是富有啓發性的。我們只有他正式詩集的少量、片段的遺存;相反我們擁有的是一部"亞集",即三卷的《追昔游》,集前有一篇作於838年的序。這是一部編年的集子,李紳在集中記述了自己在820年到836年間的經歷,但寫作時間可追溯到836到838年之間。當宋代及其後來的編纂者擁有多種文獻來源時,他們有時會使用一種當時流行的分類體系,諸如按文體或主題來分卷,將這些文獻整合成單獨的集子。在李紳的例子中,從原始詩集中殘存下來的詩僅僅被放在了《追昔游》之後。這種文本保存的偶然性極大地扭曲了我們對詩人的印象。李紳創作了《鶯鶯傳》的韻文版(只殘留了一些段落),並且他也是元和(806—820)詩人詩學試驗的積極參與者;而在我們看來,他却主要是一個充滿懷舊情緒追憶前半生(820—836年間)的垂垂老者。

温庭筠(?—866)的編纂年代不詳的詩集也是一個很好的例子,它能説明假如我們只擁有主集或者一些來自於一部"亞集"的資料,我們將會喪失什麽。《新唐書·藝文志》在温庭筠的名下羅列了一系列作品,包括一部五卷的詩集(可能出自唐代;儘管其他兩部專集見於《崇文總目》,但這部集子却不在其中)。温庭筠詩集的通行版本是九卷本。假如仔細考索卷三到卷七,我們就擁有了一部打上了9世紀中葉詩集形式鮮明印記的五卷本,開頭是常規的樂府,隨後主要是基於當時主流風尚偶然合律的詩作。這是部優美的文集,涵括了温庭筠的一些最著名的詩,但它不過只是一部平淡的詩集而已。然而,九卷本中的前兩卷包括了一些具有李賀(790—816)風格的才高膽大的樂府詩,與接下來五卷中的任何一首都不相類,這些樂府可能來自某種專集。而第八卷又明顯不同,時而會出現一些怪誕詼諧的詩歌,異於平淡的詩集或者李賀風格的樂府。我們可以部分肯定,第八卷中的詩歌來自於一部總集——段成式的《漢上題襟集》,此書展現了襄陽地區 857 到 859 年之間一群朋友交游唱和的情形。我們發現,其中有一首關於兩個歌女争執的詩,並用滑稽的、最華麗的詩歌語言寫成。第九卷似乎包括一些從其他資料來源中找到的詩,這種普遍存在的補遺提醒我們,詩人的文集是如何隨着新文獻的發現而持續增加的。温庭筠詩歌引人注目的多樣性,顯然依賴於在不同資料來源中偶然幸存的文本。

在 9 世紀到 10 世紀的文本流傳中,有一種普遍的機制在發揮作用。假設温庭筠詩集只有一部分存留下來——就像通常的情况那樣——我們將只能觀察到温庭筠作爲詩人的一個側面(正如我們現在對李紳只有片面的認識)。我們可以看到,文集中相似的機制使得其中的作品保持着明顯的分别。《韓翰林集》的作者韓偓是晚唐時期一位追隨杜甫的忠義詩人,其表現帝國崩潰時的尊嚴與哀傷至今仍爲世人所贊賞。韓偓的專集《香奩集》則專收香艷小詩,比如描繪一位沐浴中的女人。兩部集子彼此排斥出現在另一部集子中的作品,但它們各自流傳下來,而《香奩集》的序言則有爲艷詩表示懺悔之意。正如田安(Anna Shields)曾討論過的,元稹的艷詩被排除在《元氏長慶集》之外,但是它們清清楚楚地獨立流傳,並部分被保存在 10 世紀中期所編的唐人選唐詩《才調集》中[①]。對於大多數文集的手抄本,我們都不能認爲它們是完整的文集或者詩集。

---

① 田安《定義經驗:中唐詩人元稹(779—831)的艷詩》(Defining Experience: The"Poems of Seductive Allure"[yanshi] of the Mid-Tang Poet Yuan Zhen[779—783]),《美國東方學會學報》122.1(2002 年 1 月至 3 月):61—78.

特別是從 9 世紀開始,亞集的獨立流傳對於我們準確理解唐代文學十分重要,主要因爲手抄本遺産的變幻無常。有時一位詩人由一部平淡的詩集來代表,有時一位詩人又被一系列組詩或者一組用奇異風格寫成的有關奇異主題的作品來表徵。這些常常用於概括詩人風格的差異性,可能只是手抄本傳統中殘存作品的偶然性造成的。詩人李商隱(約 813—858)最初是通過局限於某一類詩歌的小集才爲人所知的;在費力重新編纂其詩集的過程中,他作爲詩人的形象才完全改觀。

宋敏求在曾鞏(1019—1083)的《鮑溶詩集目録序》中再次出現,這篇《目録序》揭露了史館所藏文集版本的衆多解題錯誤:

> 《鮑溶詩集》六卷,史館書舊題云:"《鮑防集》五卷,《崇文總目》叙别集亦然。知制誥宋敏求爲臣言,此集詩見《文粹》、《唐詩類選》者,皆稱鮑溶作。又防之《雜感》詩最顯,而此集無之,知此詩非防作也。臣以《文粹》、《類選》及防《雜感》詩考之,敏求言皆是。又得參知政事歐陽修所藏《鮑溶集》,與此集同,然後知爲溶集决也。史館書五卷,總二百篇。歐陽氏書無卷第,纔百餘篇。然其三十三篇,史館書所無,今别爲一卷,附於後,而總題曰《鮑溶詩集》六卷。①

這篇序言是研究手抄本文化中衆多議題的源頭之一,這個議題之出現只緣於作者名字準確性的問題:這部集子的作者是兩位都比較著名的詩人鮑防或者鮑溶中的哪一位呢?

假如曾鞏不是被宋敏求關於作者有誤的觀察激發起了好奇心,他也不會將此書的史館版本與歐陽修藏本相比較。然而,比較的結果顯示,歐陽修藏本只有 67 首詩與史館版本的相同;歐陽修藏本大約有三分之一與史館版本(即史館館藏版本)不同。曾鞏序言的目的就是宣告合成一個新的、更加完善的版本,將從歐陽修藏本中所得的詩歌作爲最

① 《曾鞏集》,中華書局,1984 年,頁 192。

後一卷附録,並使用正確的姓名,編成現存《鮑溶詩集》的六卷本。

簡單地説,史館擁有的是一部與歐陽修藏本不同的小集。鮑溶創作的詩歌極可能多於在任何一種版本中所能發現的。曾鞏借助這個偶然的發現補充了那些佚詩。史館並没有尋找鮑溶(或者鮑防)的詩集,因爲史館秘書們認爲他們已然擁有的便是鮑氏的詩集。然而,假如一個人能夠運用某種神力來發現和比對鮑溶的詩在當時中國流布的不同版本,我非常懷疑這部詩集可能會膨脹好幾倍。

在寫給韓洎的兩封信中,柳開透露他曾經發現中唐詩人盧仝的詩歌抄本在一家書肆中出售,並且用百緡購買了它[①]。他的哥哥將這部手抄本送給一個朋友宋嚴。宋嚴死後,這部手抄本消失了,柳開無法再重新獲得它;柳開於是記述了他在行旅過程中到處尋找盧仝詩集却一無所獲的情形。柳開曾經聽他的朋友説韓洎有一部盧仝詩的抄本,於是他想知道此本是否就是他所失去的相同本子的副本。他要借這部抄本。第二封信大部分是討論另一些事,結尾提及他歸還了這部手抄本並謄抄了它,且發現這是一部不同版本的盧仝詩集。直到刻本文學變得更爲普及時代的到來,不同的手抄本才常常意味着不同的文本選擇以及截然不同的異文[②]。

楊億從散佚的文獻中重新整理輯集李商隱詩集的記載,有如一篇傳奇故事[③]。楊億告訴我們,他最初在宋太宗至道年間(995—997)得到了一部大約有 100 篇李商隱詩的抄本(即小集)。他爲這部集子着迷,但用其晚年的觀點來説,這些詩"未得其深趣"。後來,在真宗咸平年間(998—1003),他表明要對幸存的唐代詩歌進行一次普查;而他並没有特别表明找到了另一種版本或選集,但在此過程中,他輯録了包含 282 首詩的《李商隱集》的自有版本。他聽説晚唐時,長江下游地區有

① 《全宋文》,巴蜀書社,1988 年,頁 634—636。

② 《文苑英華》、《唐文粹》中没有一首盧仝的詩,這也部分證實了這部集子的稀見性。

③ 《事實類苑》,景印文淵閣《四庫全書》本,34.12a—b;萬曼《唐集叙録》引,中華書局,1980 年,頁 283—284。

李商隱詩集的衆多版本,一位朋友發現了其中的一部,並將李商隱詩集的總數增加到 400 首詩(大約是通行版本的三分之二)。這是一個關於編纂者的例子,他的所作所爲類似於在全國範圍内尋找手抄本,並依賴於毅力和政治權力使其試圖恢復一部文集的嘗試相對成功(就其規模而言,最終的版本是最初小集的六倍)。

從李商隱詩集編集的例子中,我們能對文集復原及反響的變化歷程略知一二,這很好地證明了從一部易得的小集到一部更完整的集子的演進過程,足以徹底改變一位詩人的名聲。晚唐時期抑或五代初期,李涪對李商隱詩頗有微辭:

> 無一言經國,無纖意奬善,唯逞章句。因以知夫爲錦者,纖巧萬狀,光輝曜日,信其美矣。[①]

這樣一段對於李商隱的現代讀者來説難以理解的評價,幾乎可以斷定是基於一部小集,其專選情詩及那些能支撑李涪評價的代表作(tour de force)。這些就是李商隱在 10 世紀大受歡迎並廣泛傳播的詩。在 10 世紀中期編成的唐人選唐詩《才調集》及代表史館藏書的《文苑英華》選擇李商隱詩時,相同的偏見也顯而易見(儘管《才調集》和《文苑英華》所選的詩罕有重疊)。這些詩可能就是楊億最初的小集中具有代表性的詩。李商隱詩集的故事仍在繼續,楊億引用並認同一位朋友對《賈誼》一詩的評價,暗示這首詩確切地提出了對歷史的道德判斷,在編纂這部集子的最後階段,楊億將這段評價加進去了(這首詩並非楊億早年在《西昆酬唱集》中模仿李商隱的那首詩),於是其特質也就區别於他最初珍視的小集中的那些作品。一言以蔽之,没有楊億多年的持續努力,李商隱在唐代詩歌史上的地位肯定會迥異於今天。

有許多關於散佚與恢復的故事,比如張洎(933—996)講述的他在 946 到 965 年恢復中唐詩人張籍詩集時的努力:"公之遺集,十不存

① 李涪《刊誤》,載左圭《百川學海》,中文出版社影印本,1979 年,頁 519。

一。”亡佚是一個常見的目録學的修辭，但有歷史事實爲鐵證。我們發現：文本散佚與恢復的偶然事件、包含於作品中的普遍差異、不同手抄本中的異文、一位投入的編纂者在這一過程中的關鍵作用以及這些機緣整合在一起的方式，共同塑造了詩人個人的聲名和唐代文學的遺産。

我們不應當忽視一直處於增繕中的集子的相關問題。儘管像宋敏求那樣的學者對於唐代不很著名的詩人感興趣，但宋代學者還是將他們大部分的注意力放在了一些著名詩人的身上，比如李白、杜甫、杜牧以及李商隱。這種關注的結果就是使這些詩人的“選詩”不斷增加。由於杜牧原始的集子已經很好地定型了（基於詩人自己對其詩歌大刀闊斧的選擇），詩集中增加的部分被放在附録中，我們現在已經知道，其中包含許多誤録的詩。我們可以猜想，在其他著名詩人的集子中也有同樣的情況。詩歌常常以各種各樣的名稱流傳；而假如人們根據宋敏求的標準——詩人的“體制相類”——來判斷一部作品的真實性，那麽也就爲追隨者的模仿之作混入詩集大開方便之門，例如聶夷中的詩就混入了孟郊集。

《文苑英華》爲何物

《文苑英華》不僅僅是保存唐代文學最重要的資料，它也提供了一個視角來觀察一直保存到10世紀末的唐代文學遺産[①]。隨着《太平廣記》978年的編成及大型類書《太平御覽》的即將完成，宋太宗於982年任命李昉與許多他從前的編書助手共同“閲前代文集，撮其精要”[②]。李昉及許多原來編委會的成員後來從事其他任務，並由他人繼續他們的編書任務。987年1月，這部一千卷的巨著進呈御覽。皇上大爲贊賞，但比

① 關於《文苑英華》歷史的更全面的研究，參見凌朝棟《文苑英華研究》，上海古籍出版社，2005年。

② 與《太平廣記》、《太平御覽》不同，《文苑英華》没有提供參考書目的清單，至少在它的通行版本中是這樣。

起用史館藏書來核校這部總集的編纂,他有更爲緊迫的工作。然而,這部書明顯有許多文獻問題,於是在11世紀的頭十年裏又被重新校訂。這個重新編纂的版本顯然毁於1015年的宫廷大火,那次火災燒毁了左藏庫、朝元門及崇文閣的書庫。據説,真宗曾惋惜道(可能是心疼藏庫):"兩朝所積,一朝殆盡,誠可惜也。"①1015年之後,史館的藏書便與從前大不相同了,而《文苑英華》的編纂就充分利用過史館的藏書。

直到1201—1204年間,《文苑英華》才最終付梓,這時距離它編成後以手抄本形式流傳已經過了兩個世紀。已經致仕的周必大應詔對這個本子又進行了一次校訂;彭叔夏也對這個本子進行了校證,並在1204年刊刻了一部有關此書文獻錯誤的著作——《文苑英華辨證》,該書保存至今,其對手抄本的常見問題及《文苑英華》擁有較好文字版本的情況,都能提供有力的證據。我不知道南宋人從何處得到了《文苑英華》的手抄本副本,它可能並不是北宋史館中的本子,抄寫的品質也難以確定。宋代的刻本最終以手抄本副本的形式流布開來,這又導致了新的錯誤。很可能現今完整保留下來的1566—1567年刻於福建的明本(仍有130卷的宋本傳世),就來自這些手抄本副本中的一種。另有一部1516年的朝鮮刻本的殘本,以及一組完整程度不同的明代手抄本。全面的校訂仍有待完成②。

① 《續資治通鑒》,頁716。

② 既然有如此多的文集是根據《文苑英華》重編的,那麽將它作爲一種用於衡量這些集子文本的文獻資料,就是極具誘惑力的嘗試。這些集子中的許多集子成書都早於現存《文苑英華》的版本,可能代表着手抄本傳播過程中一個較好的階段。在《文苑英華辨證》中,彭叔夏結合周必大的南宋版本給出了一長串例證,以表明《文苑英華》所收文集的版本優於當時流傳的文本。許多勤奮的考據學者已經對那些幾乎全部從《文苑英華》重輯出來的文集版本做了深入的研究,但根據我的瞭解,還没有人將明刻本與明抄本及編纂於12世紀的高似孫的《文苑英華纂要》(一部擇録《文苑英華》精華的集子,完成於13世紀初《文苑英華》校訂之前)相比對。然而,高似孫的著作是與存世的文集校對過的。比對了周必大刻本相應卷的部分條目之後,我發現每一處異文都出現在彭叔夏批注(即對作者個人文集的校勘)中。

儘管周必大宣稱編纂《文苑英華》的目的是爲了保存當時很難找到的衆多唐代作家的作品,顯而易見,皇帝下達的首要任務是"擇其要"。周必大試圖解釋這部著作的特殊性,而不是反復申述最初的詔命。《文苑英華》被暗中設計爲《文選》的繼續[①]。然而,這部大書從一般的意義上説並不是"選集";從任何一部唐代文學經典選本的角度來看,無論早期的還是後來的選本,其删减省略都是明顯的,並且它所包含的一些内容也頗令人困惑不解。編纂班子由一群博學的翰林學士組成,他們可能采用各人承擔一部分的方法分配了任務。但事實上,這部著作看上去就像一群抄手在史館中按照某個類目抄寫而形成的産物。當時可能規定的是,一個類目中不能抄録一位作家的過多作品[②]。另一個顯然的規定是——也是從選集反觀來源時非常重要的一點——需要省略不能進入類目的作品[③]。

過去的幾個世紀,學者們以《文苑英華》爲寶藏對已經亡佚的唐代集子進行了輯佚,他們或贊揚這個寶藏的豐富性,或爲其文本狀態感到哀痛(有許多例子可以證明,我們現有集子的版本就可能淵源於此書)。《文苑英華》以及由姚鉉(968—1020)所編的規模較小的百卷的《唐文粹》(編於史館火災前的1012年,但在1020年由其子呈獻給皇帝),是

---

① 在原始的版本中必定會有一篇序言及徵引書目,這一點可以確定。

② 相對於那些不太普遍的主題,《文苑英華》從單獨流傳的文集中收録贈别詩或詩歌作品的比例要小得多,與這類詩歌在全集中占據的部分差不多。

③ 我們必須解釋《文苑英華》大量收録陳子昂(659—700)的詩歌却没有收入其著名組詩《感遇》,同時也完全排除了李白的《古風》的原因。説編纂者是想回避那些批評統治者的詩歌,這種推論似乎有道理。但《文苑英華》也收録了白居易的《新樂府》,我們却没有發現上面所稱的回避。由於預先設定的類目和子目裏没有打算收録這類古體風格的詩,陳詩與李詩的失收也就得到了較好的解釋。凌朝棟也認爲,陳子昂《感遇》詩未收入《文苑英華》的原因在於類目(頁42—43)。這種遺漏在幾十年之後的《唐文粹》中得到了補充。

我們關於唐代文學大部分知識的主要來源[①]。許多我們現在認爲重要的作家都主要保留在《文苑英華》和《唐文粹》中,只有了一部分來自其他的資料來源。在許多例子中,存留下來的作品數量都相對較少(也就是説少於三十首),這也暗示着其中的絶大部分,編者甚至連一部小集都没有。然而,這些編者在一定範圍所擁有的唐代選集,確實遠遠超過我們目前所擁有的,這些選集可能來自總集。到目前爲止,儘管《文苑英華》是較爲重要的總目録,但《唐文粹》同樣有價值,因爲姚鉉搜羅到了被《文苑英華》忽略的重要文本。許多其他的集子獨立地流傳下來,但這些集子或者出自非常受歡迎的作家,或者由於偶然的原因而幸存下來。我們已經習慣於使用現代的大型唐詩及唐文總集,以及最好的版本與注釋,以致常常忘記編纂它們所依賴的資料來源。結果常常是這樣,一部追溯到南宋的文集的版本,其大部分却都輯自《文苑英華》,而以《唐文粹》爲補充[②]。

在此我的興趣有些不同;我想將《文苑英華》視作 10 世紀 80 年代史館所保存文獻的縮編,是在許多方面皆優於《崇文總目》的縮編,而

---

① 《唐文粹》與史館之間的關係也是令人苦惱的問題。姚鉉序言只説他"遍閲群集",但没有提及這些集子來自何處。《郡齋讀書志》(景印文淵閣《四庫全書》本,卷 4 下 35b)認爲姚鉉擁有一座藏有衆多善本的大型圖書館;這可能的確是事實,但《郡齋讀書志》提到了這一點與前五十卷的關係,姚鉉後來又將其擴展到了現在的一百卷。姚鉉可能確實擁有一座非常好的圖書館,但我們必須嚴肅質疑他是否藏有範圍足夠寬泛的典籍,使得《唐文粹》能從中得到某些特定的篇章。很多唐人文集幾乎全部是從《文苑英華》重輯而來的,並以《唐文粹》爲補充,以至於我們很難相信,姚鉉在火災前還没有完成從史館中擴充最初五十卷的編輯工作。衆所周知,《唐文粹》選録了古文和古風;在某些方面,他將自己定位在反對《文苑英華》的位置上,但是選文却常常與之發生重疊。

② 我們也許可以考慮一下 8 世紀著名古文作家蕭穎士(716—768)的個案。他有 26 篇存世的古文,其中 23 篇保留在《文苑英華》中,剩下的篇目都來自《唐文粹》。與蕭穎士同時代的李華(715—774)在序言中評論説,有一部十卷的集子在流傳,但是常常是題目保留下來而文本則全部或部分佚失了。《舊唐書·經籍志》及所有宋代目録都著録這部集子爲十卷,《崇文總目》和其他主要的南宋目録都讓我們確信有一部十卷本存世。在《唐集叙録》中,萬曼坦承他對何人編成了現行版本並不清楚。這部"選集"明顯是由《文苑英華》的編者及姚鉉編成的,篇目可能來自十卷本,並且現在的一卷本可能就是從那些資料中編輯而成的。

《崇文總目》是北宋以來唯一一部可信的書目①。大約半個世紀的時間,其間包括大量學者著作的刊刻、新的手抄本被發現以及一場巨大的圖書館火災,將《文苑英華》與《崇文總目》區别開來。比如説,李商隱詩集在《崇文總目》中出現,但在《文苑英華》編纂時,李集還没有完全被纂集到一起。通過觀察特殊的作品保存在哪里,並思考文集形成的過程,我們還能更好地理解那些記載是怎樣被歪曲的。清點古代目録中的卷數是目録學通常的做法,但這只是次要的功用。

我還没有將所有唐代的文集與《文苑英華》相比較,觀察它們的來源以及著録的歷史,但是在我對大多數這類文集的研究中,我已經發覺到某種模式的存在。我觀察的第一個結果是,相對於唐詩,唐文得益於《文苑英華》更多——儘管唐詩很大程度上也得益於《文苑英華》。這是意料之中的,除了韓愈和柳宗元的古文,詩集的傳播比散文集的傳播要廣泛得多。散文集顯而易見完全是從《文苑英華》中重輯而來的,這樣的例子不勝枚舉②。在詩歌和古文中,我們通常能發現兩個極端:要麽集子主要來自《文苑英華》(常常以《唐文粹》爲補充),要麽就只有幾篇來自《文苑英華》。在第一類例子中,我們有時可以從《崇文總目》所著録的集子規模中看出,這次重編可能發生於史館火災之後③。在第二

① 1015年的火災之後,史館的一個分支機構——崇文外院——在皇宫門外成立。其設立可能是爲了完成抄寫任務。儘管在史館中製作第二甚至第三個副本是比較普遍的做法,但1015年火災所造成的衆所周知的損失暗示着至少在這次火災之前,史館並不總是製作副本。參見《續資治通鑒》,頁717。

② 對於賦來説,這一點尤其正確。毫不誇張地説,如果没有《文苑英華》及《唐文粹》中的古體賦,我們讀到的唐代賦作就會大大減少。大多數唐賦都是律賦,我們能得到現存數量的律賦很可能是因爲它們被當作應試的範本,來自賦選集及保存在地方圖書館的集子中。

③ 假如一部集子中的篇章全部或者幾乎全部被囊括進一部已知的選本(幾乎在所有的選本中,《文苑英華》都是最主要的來源)中,那麽這部集子應該就是從選本中重輯而成的。這意味着選本是最原始的文獻資料。在這類例子中,當我們在《文苑英華》的刻本中看到一條關於異文的注釋時,即"集作"此或彼,這個"集"很可能並不是原始的集子而是宋代的版本。宋代版本有時是準確的,但我們常常更傾向於《文苑英華》所用的最初版本。

類例子中,一種合理的假設是,包含在《文苑英華》中的篇章來自選集,而且當時的史館並没有那些後來發現的個人文集[①]。

在不太著名的作家詩集中,不同版本間的文本順序常常保持一致,這種排序似乎常常能反映出文集形成的歷史。我們發現很多例子,集子中的大部分詩篇來自《文苑英華》,一長列只在後世流傳的集子中保存的詩歌或古文則緊隨其後。在曾鞏爲《鮑溶集》所作的序言中,就顯示出這種情況:集子的核心部分是利用《文苑英華》、《唐文粹》及其他存世的選集而重輯的,接着小集被發現了,於是那些佚篇就被抄録在最後。在另一個普遍的序列中我們發現,《文苑英華》所選的作品分散於整部文集,文集的末尾則是一系列完全從《文苑英華》中輯出的詩。這種情況表明,該文集是獨立流傳下來的,而且某位編纂者最終將集子的內容與《文苑英華》所選的篇章做了對比,並將那些集子中未收而存於《文苑英華》的篇章加到了集子的末尾。這兩個例子都提供了小集占優勢的證據。

在一些例子(像上面探討過的《孟郊詩集》和《李商隱詩集》那些記載詳備的例子)中,一部更大規模的文集版本被發現了,或者在《文苑英華》完成之後編纂完成了。從這些例子可以看出,10世紀80年代的史館可能擁有小集,或者小集的編纂者也囊括了來自選本的一些作品,但却没有意識到其他地方存在更加完整的版本。

讓我們來考查一個特殊的例子。正如上面提到的,宋太宗在984年頒布了一道詔書,希望盡可能多地恢復721年唐代史館目録所著録的作品。杜德橋猜測,這位皇帝明顯對8世紀末以及9世紀的藏書深感滿足——他没有意識到,他的史館所擁有的文集版本很可能是小集,假如與其他版本相對比的話,其規模可以擴充四到六倍。一部集子可能重新恢復(或者偶然地在傳世的史館藏書中幸存下來),李嶠(645—

① 《文苑英華》只收録了儲光羲(約706—763)226首現存詩歌中的19首,那麽這極有可能是編纂者的品味决定的。否則,一部版本上顯然更完整的《儲光羲集》在後世可以得以恢復。我們在晁公武五卷本的《郡齋讀書志》和陳振孫的《直齋書録解題》中見到了這部集子,其唐代的原始版本爲七十卷。

714)的集子就是這樣,他是武則天時代的著名詩人和文學侍臣。《舊唐書·經籍志》沿用 721 年的目録,著録其文集有 30 卷。

在《全唐詩》中,李嶠存詩 209 首①。在這 209 首詩歌中,有 120 首是著名的咏物詩集《百咏》。《百咏》獨立流傳下來(日本存有一部帶有張庭芳注釋的完整抄本,敦煌遺書中有一部殘缺的抄本)②。《文苑英華》只收録 43 首《百咏》詩。也就是説,剩下的 89 首詩有 63 首保存在《文苑英華》中③。李嶠現存的其他許多詩歌也來自這部知名的唐代總集。

在這個例子中,我們極有理由相信 10 世紀 80 年代的史館藏有李嶠詩的全集。做出這一假設的原因在於,《文苑英華》中包含群臣遵皇命進行的創作,在這些詩中,李嶠的詩總是始終如一地排在最先。這些詩在李嶠文集中可能也是排在最先的。《李嶠集》在《崇文總目》中不存,可能毁於 1015 年的火災。《新唐書·藝文志》中再次著録了這部集子,並著録爲難以置信的五十卷,同時還列出了十二卷的《百咏》(用了此書另一名稱"雜咏"。考慮到這樣的一部抄本每卷可能只有十首詩,這部集子必定使用了極大的字體;即使加上張庭芳的注釋,十二卷也太過誇張)。顯然,我們所擁有的集子是從《文苑英華》及其他選集裏重新輯録而來的;不僅李嶠現存的大部分詩歌應該歸功於《文苑英華》,而且

① 我使用這個數字,而不用發現於日本典籍或敦煌抄本後被擴大了的數字,因爲它能顯示出根據宋代幸存的材料編纂一部文集的過程。

② 關於日本抄本的影印本,參見胡志昂編《日藏古抄李嶠咏物詩注》,上海古籍出版社,1998 年。

③ 統計是一項比它看起來要複雜得多的任務。我根據平岡武夫《唐代的詩篇》(京都人文科學研究所,1964—1965 年)及《唐代的散文索引》(京都人文科學研究所,1960 年)進行了初步的統計。我也根據《文苑英華》的索引復核了這個數字。在白居易散文的例子中,差異是巨大的(《唐代的散文索引》顯然没有給出白居易的大多數散文作品)。在許多例子中,存在微小的差異(比如説京都的索引統計了一組散文中的每一篇作品,而《文苑英華》的索引則將一組散文視爲一篇作品)。然而,這些差異在統計中並不十分重要。爲了保持《文苑英華》選録作品與全部作品之間比例的連續性,我采用了京都索引中的數字,只有白居易的散文例外。

他的157篇古文作品大部分也是從《文苑英華》中輯出的。

讓我們回到《文苑英華》收録的43首《百咏》詩,這些詩原本有120首。我們已經瞭解到這些詩歌最初的數目以及《文苑英華》選入詩歌所占的比例——大約三分之一。我們也知道《百咏》以兩卷本單獨行世,每卷包括60首八句的詩,不超過通常情况下一卷所能容納的範圍。假若我們將《文苑英華》中李嶠另外的63首詩乘以3,我們將得到約190首詩,或者説大約又有三卷。假如我們接着將157首古文作品乘以3,我們將得到約470篇作品。由於每一卷能涵括的古文作品會更少些,所以很容易就能達到25卷。總而言之,假如我們認爲李嶠選入《文苑英華》的作品是其文集的三分之一,那麽完整的集子可能就與《舊唐書·經籍志》著録的三十卷差不多。

我提出一個假想:《文苑英華》的編纂者只是照字面且有點機械地執行了皇上"閲前代文學,撮其精要"的詔命。他們並没有編出一部真正意義上的總集,而只是對史館中的集部文獻進行了一次調查和摘録。他們將每一種文集與選本分爲三品(上、中、下),並且粗略地從每部集子中挑選出他們認爲最好的三分之一(按照上文描述過的規則進行實際操作,比如避免選入某位特定作者某種文體的過多範文)。這個舉措所引發的有趣結果,對於研究唐代的學者仍然具有重大的意義。《文苑英華》的編纂者不僅没有編纂出一部唐代文學精華的總集,甚至没有遵照他們對重要作家的理解按比例從個人的集子中進行挑選(如元好問1250年編成的《中州集》所樹立的選本規範那樣)。他們並不認爲李嶠的傑作比李白中等的作品還要好,他們認爲他們從皇帝那裏接受的任務就是將每部集子中最好的作品挑選出來。《文苑英華》有很大一部分來自不重要的作家,因爲這些編者恰好擁有他們的集子,並按照他們對這項任務的理解方式完成了編選的工作。最後,他們編纂出一部一千卷的大書,大約占到史館集部藏書的四分之一到三分之一。

人們普遍誤解《文苑英華》偏愛駢文和律詩。産生這種誤解,一方面是因爲《文苑英華》收録了衆多的律賦、駢文、宫廷詩歌以及省試詩,另一方面也由於《唐文粹》非常明確地將自身界定爲一部專選古體詩賦的復古總集。假如我們注意到《文苑英華》收録了許多省試詩、律賦以及詔表之類的文體,那麽我們只要考慮唐代地方圖書館的興趣就可以了,這些圖書館致力於爲參加科舉考試及參與政治生活的士子做準備。毫無疑問,這些地方圖書館所收藏的文本,就是汴京、荆南、蜀、南唐藏書的基礎。事實上,《文苑英華》似乎没有任何偏見(除了它包括及遺漏的類目)。唐代古文譜系中的許多古文作家,包括韓愈之前及其後的作家,都主要依賴《文苑英華》而非《唐文粹》而幸存下來。正如皇上所命令的那樣,《文苑英華》的編纂者展現了史館的所有藏書,有可能根據個人的喜好在獨立的文集中進行選擇,但他們並没有明顯支持或者反對"古體"的傾向。

我們希望這些編者能像《太平御覽》與《太平廣記》的編者所做的那樣,在《文苑英華》中列出所引用著作的目録。現行版本並没有目録,但考慮到現行版本中序言或跋文的佚失,類似的目録很可能在《文苑英華》流傳的某個早期階段還存在。假如這個猜想合理的話,那麽《文苑英華》就代表了唐及五代時期的手抄本遺産,這些手抄本遺産並没有散布於全國,而是存在於汴京及地方政權圖書館的收藏中,並且由於對開元及更早時期佚失書籍的有目的尋找而得以擴增。

與我的假想相關聯,我想到了一個《文苑英華》最遭詬病的"罪狀":在不同的類目兩次選録了同一首詩。這種現象被作爲編者粗心大意的標志——從某些層面上説,這種判斷也許是正確的。13 世紀初刻本的整理者已經注意到了重複的情況,所以將重複的文本删除了。如果我們設想有一個流動的、與抄手一同工作的編纂班子,"罪狀"的原因也就非常清楚了。這些編者擔負着從集部中挑選最好作品的職責,同時也從選本中挑選作品——而到目前爲止,選本中數量最大的還是詩選。在給定的類目下,文本的分類對於文本的題目極爲敏感;任何一位唐詩學者都清楚,不管詩歌的文本有多麽不穩定,題目是詩歌中經歷變化最多的部分。李白的名作《將進酒》,在《文苑英華》中出現了兩次(195.9a 和 336.2b),第二次是以"惜空尊酒"爲題出現在"歌行"類中。此詩在敦煌抄本中出現時,也使用了這個題目[①]。在這個例子中,兩首相同的詩定然是從兩個不同的資料來源那裏抄録來的;在一個來源中,“將進酒”的題目導致它被選入樂府類;在另一個來源中,“惜空尊酒”的題目則導致它被録入歌行類。假如同一個抄手使用了相同來源的文本,這種情況應該不會發生。這説明可能有兩個抄手或者編者使用了不同來源的文本。也可能有兩種版本的李白集子;但是最可能的猜測是,一首是從文集録入的,而另一首則是從選集録入的。

我必須着重强調的是:每一部文集的歷史都是不同的。當一部集子幾乎囊括了出自《文苑英華》和《唐文粹》的全部篇章,我們就得到了一個清晰的啓示——集子的通行版本是從上述兩種文獻中輯録出來的;當我們擁有一部規模相當大的集子,且只有一些篇目在這兩部宋代初年編纂的大型“總集”中出現時,我們也可以得到一個清晰的例證,説明宋代初年的史館所不具備的藏書。“三分之一”的假想是理解文集形成歷史的途徑;純粹以“三分之一”表現形式出現的集子雖然是少數,但它們代表了一個非常巨大的少數,以至於顯得意義非凡。正如我們將在李白和杜甫的例子中所觀察到的那樣,這些例子起初看上去是“三分之一”假想的例外情況,最終却與我們對宋代早期集子所瞭解的情況如出一轍。新的抄本還有待發現,而史館中的許多舊抄本却在火災中付之一炬了。

在一些反常的例子中,我們有信心認爲史館擁有一部廣泛傳播的集子,但其表現形式並不符合“三分之一”的假想。白居易所作的2800餘首詩,只有287首選入《文苑英華》。可能編纂者並不想過多地表現他,或者編纂者可能擁有一部“小集”;他們收録了白居易750篇散文[②]中的425篇。然而,其他傳播相對廣泛的文集,選録的作品則常常粗略

① 徐俊《敦煌詩集殘卷輯考》,中華書局,2000年,頁74。

② 周必大在他的跋文中宣稱,《文苑英華》囊括了白居易的所有作品。白居易散文體式文章的大規模選入,可能由於它們曾被作爲教學範本,單獨的集子很可能保存在地方的圖書館。這似乎符合事實,因爲他的集中存有大量應試的範文及判文。

地占到作者全集的三分之一。韓愈和柳宗元的散文集當時正在傳播中。韓愈的古文現存 336 篇,《文苑英華》收録 103 篇;柳宗元的古文現存 443 篇,《文苑英華》收録 184 篇。

根據在李嶠的例子中所發現的準則,我們可以推測,《文苑英華》的編纂者能夠利用張説(667—730)相對完整的集子:在奉敕進行創作的侍臣中,張説的名字常常最先出現。《文苑英華》收録了張説現存 358 首詩中的 128 首,除了保存下來的張説集之外,《文苑英華》未選録的大部分詩歌都没有任何可知的來源。這不僅證實了"三分之一"的規律,也暗示着對於《文苑英華》的編者來説,張説的通行詩集大致與李嶠集一樣,是可供利用的。

張説散文的例子却相當不同。張説現存的散文有 212 篇,《文苑英華》收録了 142 篇,其他的許多傳世作品則從《唐文粹》那裏補充。這强有力地説明,原始集子中的散文作品佚失了,後來是通過《文苑英華》、《唐文粹》及《崇文總目》羅列的爲數衆多的古文選本而加以重編的。假如我們將《文苑英華》中收録的古文篇目乘以 3,並加上現存詩歌的數量,所得到的規模就大致與《舊唐書·經籍志》著録的三十卷相符。

張説和李嶠的例子表明,詩歌與散文的編者同樣擁有詩與文兼具的文集;但我們在爲數衆多的例子中發現了一種奇異的不均衡。如我們所期望的那樣,柳宗元的古文爲其現存作品的三分之一所代表,但《文苑英華》却只選了其一首詩(柳宗元現存的詩有 161 首),編纂者似乎没有柳宗元的詩集。韓愈的 419 首詩只有 45 首被選入,這表明史館擁有一部小集。這些例子以及其他一些例子顯示,文集和詩集常常是各自獨立流傳的。

"三分之一"的規律在《文苑英華》中如此頻繁地反復出現,以至於很難輕易駁斥它。在《全唐詩》中,王昌齡(? —約 756)的詩有 182 首,《文苑英華》收録了 66 首;李頎的 123 首詩,《文苑英華》收録了 37 首;孟浩然(689—740)的 266 首(或唐代統計的 218 首)詩,《文苑英華》收録了 91 首。《文苑英華》還收録了沈亞之(815 年進士)90 篇古文中的 32 篇。不考慮作者的重要性,這種模式反復出現。

當這種規律被打破時,原因常常是顯而易見的。王維在《文苑英華》中存詩 157 首,其詩現存 382 首,所占的比例較高,但是依然大致保持在三分之一規律的範圍内。在王維的例子中,稍微高一些的入選比例很容易解釋:在現存的唐人選唐詩中,王維的詩入選的非常多;我們本希望他的詩能選入更爲龐大的唐代選集,雖然這些選集現在已經佚失了,但在北宋時期却是可以利用的。那些選集也按照三分之一的規律被選入《文苑英華》,可能因此提高了王維詩歌入選的數量[①]。《全唐詩》收録了李白的 1003 首詩,《文苑英華》只選了 242 首;然而我們知道,咸平年間(998—1003)樂史將兩種版本的李白集組合在一起,得到了 776 首詩;假如再加上《文苑英華》中的 13 篇散文,得到的數字很顯然符合三分之一的規律。

杜甫的例子與李白的例子相當類似。大約有 1400 首詩被歸在杜甫名下,但《文苑英華》只收録了大約 240 首。杜甫集子的歷史頗爲複雜,他的"全集"在宋代持續增長。當蘇舜欽(1008—1048)將兩種版本組合在一起,大約得到 800 首詩,再加上從另一版本中找到的,他得到 880 餘首詩。儘管他没有使用 10 世紀 80 年代的史館所存的版本,這樣的數字使我們很容易推測,《文苑英華》所收的 240 首詩可能正好是一部較好單行本的三分之一[②]。

孟郊只有 50 首詩被選入《文苑英華》,這個數字在規模上相當於 11 世紀末宋敏求所用四種版本中兩種的三分之一。《文苑英華》選入李商隱詩 52 首,這讓我們想到,史館應該擁有一部 150 到 160 首詩的小集。我們知道,楊億在《文苑英華》成書的二十年之後,將李商隱詩集重編整理,最終得到超過 400 首詩;然而,楊億是從一部超過 100 首詩的小集開始着手的,11 世紀之交他將這部集子補充到 282 首,增加了

① 《文苑英華》只收録了王維 65 篇散文中的 4 篇,表明史館可能只擁有詩集。

② 杜甫集現行版本的百分之四十未能收入流傳於 11 世紀中期的兩部大型版本的合集,我們還知道,當時人們對發現未知的杜詩極爲重視。當我們深入研究我們所擁有的完整詩歌時,這些事實理應讓我們感到某種不安。

大約 170 首詩。這個數字與我們關於史館中小集的猜想相當接近[①]。

閱讀《崇文總目》一類的舊書目,唐代文學研究者難免會爲現已大量亡佚的唐代文學作品深感惋惜;杜德橋所描述的亡佚修辭還在繼續。假如我的假想是正確的,那些書的三分之一確實流傳下來了,分散並隱匿於《文苑英華》的類目下面。10 世紀 80 年代史館集部的大部分現今依然存在,這也是汴京、荆南以及成都的唐五代手抄本的最後一筆珍藏。手抄本傳統的性質以及《文苑英華》這類傳播中的文集所具有的内在問題,不一定能夠使《文苑英華》成爲最好的文獻來源,但是我們不應當忘記,對於許多詩文標題和文本來説,《文苑英華》都是最古老的文獻來源[②]。

接下來的一個世紀屬於像宋敏求這樣的學者,他們仔細保存並試圖從很多資料中整理出一部集子。儘管我們很感激他們的努力,但我們也應當始終謹記他們得到這些資料的方式,常常是零碎和分散的;瞭解了這些之後我們就能理解,我們與那些唐代曾經存在的作家文集之間,具有怎樣脆弱的關聯性。

我們對於唐代文學的理解是經過動亂與散佚的過濾之後才得以形成的,文獻在這一過程中依靠運氣得以幸存。保存下來的可能性與傳播中的手抄本數量、作家作品在歷史上某一特殊時刻的受歡迎程度成正比。宋太宗下詔恢復古目録中的著作,使唐代天寶以前的一些稀見的完整版本得以保存。這些典籍中有一些流傳到 11 世紀中期,有些則

---

① 在楊億最初的小集與我們假想的史館中所存的小集二者之間,在詩歌部分應當具有明顯的重複,人們可能會對此提出合理的反駁。然而,在 10 世紀中期的蜀國詩選《才調集》中,李商隱的 40 首詩與《文苑英華》入選的作品之間却鮮有重複,這表明小集的流傳體現出相當迥異的趣味。

② 將《文苑英華》作爲最原始資料加以利用的問題在於,《文苑英華》本身也是被編輯出來的;並且《文苑英華》的絶大部分僅有明本傳世,這部明本可能源自一部從宋代刻本那裏轉抄而來的抄本。12 世紀的《文苑英華纂要》(成書於《文苑英華》重編之前)是校驗《文苑英華》文本異文發生概率的重要資料。這部書只有一個偶有缺頁的元代版本,同時摘録了一些篇章的片段。與《文苑英華》的現行版本相比較,儘管存有一定數量的異文,但還是顯示出充分的一致性。

亡佚了。除了這次出於皇命的行動,宋代學者還發現了一些曾被抄寫複製的典籍。

當我們説到"流行"一詞時,主要針對9世紀晚期、10世紀的趣味。想要理解爲何我們擁有現在的一切,很有必要理解那個特殊時代對立的價值觀。毫無疑問,韓愈作爲古文家的巨大聲譽是其完整的詩集得以恢復的主因。假如我們看到保存在《文苑英華》中韓愈的45首詩,我們就能假設史館中存有一部大約135首詩的小集。實際上,《文苑英華》所選的全部作品所展現的,在我們目前看來却是韓愈詩集中奇譎詭異而不具代表性的部分,主要包括應制的律詩和講求修辭創新的咏物之作。這種被扭曲的選録代表了《文苑英華》詩歌編纂者的選擇,我們必須接受這種可能性;另一種可能性是,這代表編纂小集的抄手選擇詩歌的標準,他們是按照9世紀晚期、10世紀的文學興趣來閱讀韓愈詩的。這個例子以及其他更完整的集子被發現的例子,向我們展現出早期版本如何被强烈地歪曲了。

接下來我們應當反問自己,假如對絶大多數文集來説,同樣的情况並不適用,我們通過其他小集得到資料補充,但顯然無法擁有曾經存在的完整版本。假如我們無法使同時代的唐人評論與作家現存的作品相符合,正如常常實際出現的情况那樣,我們寧願在傳播的系譜中得到一些清晰的證據來説明出現這種情况的原因。我們必須單獨理解每一個例子,但總的來説,我們所理解的"唐代"已經爲大體上取決於時代趣味的片面抄録所過濾了(同時我們必須承認,9世紀晚期、10世紀的時代趣味是十分多樣、十分複雜的),而並非是爲學術保存的傳統所過濾的。

佚失與恢復的歷史對於唐代文學史是必不可少的,正如我們帶着强烈關注所討論的幾部作品那樣。即使我們不能恢復那些佚失的作品,但如果我們清楚地知道歷史記載是如何被歪曲的,那我們就能在解釋中弄清這些記載可能是怎樣以及在哪里被歪曲的。

(作者單位:美國哈佛大學東亞語言與文明系　譯者單位:南京大學人文社會科學高級研究院、南京大學文學院　北京大學中文系)

古典文獻研究(第十五輯)
2012年7月

誤置:一位中古詩人别集的三個清抄本*

田曉菲 撰 卞東波 葉楊曦 譯

雖然王績(590? —644)也許算不上唐代最重要的詩人,但可以肯定的是一千多年來,其文集的流傳呈現給我們的是戲劇性的迂回曲折。最近一次發生在不到二十五年前,當時發現了王績集的三種抄本,其中一個本子抄寫於18世紀,另兩個則均抄寫於19世紀①。儘管出自衆手,但這三個抄本在排序和内容上完全相同,代表了王績集的一種被認

---

* 本文最初發表於 Asia Major 20.2(2007):1—23,題作 Misplaced: Three Qing Manuscripts of the Medieval Poet Wang Ji(590? —644)。譯文完成後,呈田曉菲教授審閱,得到了田教授細緻入微的校正,避免了一些誤譯。對田教授的幫助,特致謝忱。

① 一個抄本是大興朱筠(1729—1781)的家藏鈔本;陳文田於1865年寓居北京宣南地區時曾抄寫此本,宣南是清代漢人聚居地,進京趕考的文人經常居住在此。陳文田很可能是位外省文人。第三個本子爲山東諸城李桯(1793年進士)1814年以後所抄。關於這些抄本的真實性與譜系,參見張錫厚《關於王績集的流傳與五卷本的發現》,載《中國古典文學論叢》,人民文學出版社,1984年,頁70—95;此後收入其專著《王績研究》,新文豐出版社,1995年,頁161—203。亦可參韓理洲《王無功文集五卷本會校》,上海古籍出版社,1987年,頁7—10。

爲是已佚的版本[①]。與通常流傳的刻本相比,這個新發現的抄本系統的版本多出近百篇詩文,共有五卷,而通行的版本爲三卷[②]。這一發現使王績集的内容擴充了兩倍,並且極大地改變了對其作品的批評接受;這確實可以被認爲是 20 世紀中國古代文學研究最重要的發現之一。不過,儘管它很重要,但這一發現實際上却並非王績集流傳史中最激動人心的部分,因爲如果綜觀整個流傳史,我們會發現文集的規模起初在縮小,然後擴大,接着愈發膨脹,這一過程給我們提出了很多從中古時期到中華帝國晚期有關詩人、編者、讀者、抄手以及刊印者之間互動關係的謎題與有趣的視點。

在本文中,我提出王績辭世後不久即編成的王績集原本被一位 8 世紀晚期的編者按照當時的特殊文學風尚進行了删削去取,從而出現了一個受到"中唐"文學趣味影響的選本。由於這一選本日後變成了最通行的版本,並在中華帝國晚期多次刊印,王績的形象遂被簡化成一位

① 也有人提出這些更全的抄本也許包括王績原集裏本不存在而後來才從"其他文本來源"中録入的王績的詩作。但考慮到宋前詩文的文本傳播方式,這種情况很不可能。直白地説,在北宋某一特定時間段以後,宋前文學的文本資料來源已被固定化和標準化,這些資料來源絶大部分至今爲我們所知。在中華帝國晚期,除非是刻意作僞,人們通常並不會從我們現在完全不瞭解的"其他文本來源"中突然找到一首唐代佚詩。

② 五卷本的王績集似乎從未刊印過,因此僅爲極少數人所知。王重民(1903—1975)認爲它在元、明之際已經亡佚。《敦煌古籍叙録》,商務印書館,1958年,頁 286。萬曼(1903—1971)提到他曾於北京圖書館(今中國國家圖書館)"善本"書目中發現過五卷本的王績集,但他並未親見,也未繼續考察。《唐集叙録》,中華書局,1980 年,頁 2。《唐集叙録》在作者辭世後的 1980 年出版,直到那時,此條關於王績集的信息才引起學者的注意。韓理洲和張錫厚似乎同時開始追踪五卷本王績集,並分别於 20 世紀 80 年代初發表研究成果。在《王績研究》後記中,張錫厚提及,受《唐集叙録》的啓發,他在 1982 年找到了三個五卷本,然後於 1983 年完成對版本的校勘整理;但由於種種原因,他的專著直到 1995 年才出版(作爲《王績研究》的一部分)。《王績研究》,頁 445—448。另一方面,韓理洲校勘整理的版本基於他對三個五卷本和一系列三卷本的研究,出版於 1987 年;此書從那時起一直爲唐代文學研究者所廣泛使用。

風格質直樸拙、似乎帶有"復古"傾向的詩人。這一形象掩蓋了王績對南朝宫廷詩歌傳統的繼承。他最重要的詩歌榜樣不是别人,正是庾信(513—581)。庾信是6世紀下半葉最著名的詩人,其詩作代表了南朝宫廷文學的最高成就,並具有鮮明的個人色彩。本文試圖重建王績(及庾信)的文學"譜系",同時希望引起讀者關注王績個案所藴含的某些重要議題:亦即在唐代,詩歌趣味的變换如何影響一位詩人選集的製作;這一選集在後代又如何影響文學史的書寫;以及在我們的中國古典文學研究中,尤其是在中古文學的研究中,手抄本文化及其後來與印刷文化之間的互動關係是一個我們不能再繼續忽視下去的重要因素。

王績與其文集的兩位編者

王績,號東皋子,大約在590年生於一個世族家庭,祖上可追溯到著名的太原王氏①。其兄王通(584? —617)是一位重要的儒家學者。由隋(581—618)入唐(618—907),王績宦海沉浮。儘管少年時即因寫作而成名,但他從未當過任何高官,並在晚年歸隱於家鄉絳州龍門(今山西河津)。他的詩作多與隱居、飲酒和無拘無束的生活相關。傳統上將王績看作是一位隱士與飲者,阮籍(210—263)或陶潛(365? —427)

① 王績在正史中的傳記,見劉昫所撰《舊唐書》卷一九二的《隱逸傳》,中華書局,1975年,頁5116。更詳細的版本見於歐陽修所撰《新唐書》卷一九六,中華書局,1975年,頁5594—5596。關於英語學界對王績的研究,可參宇文所安《初唐詩》(*The Poetry of the Early Tang*)中有關王績生平與詩歌的部分。耶魯大學出版社,1977年,頁60—71。但此書撰於五卷本王績文集發現之前。近期出版的一部關於王績的研究專著,發展了宇文所安"矛盾詩學"的觀點,並利用了五卷本,詳參丁香(*Ding Xiang Warner*)撰《野鹿與翔鳳:王績的矛盾詩學》(*A Wild Deer amid Soaring Phoenixes: The Opposition Poetics of Wang Ji*),夏威夷大學出版社,2003年。

的後身;王績的詩風多被認爲是受到了陶潛的影響①。644 年王績卒後,其作品被友人吕才(600—665)編爲五卷。吕才亦爲五卷本作有長序,其中包括有關王績生平的詳細傳記資料②。

放蕩不羈的隱士形象在一定程度上符合王績詩歌内容的實際,但中唐人陸淳(卒於 805 年)編纂删節本《王績集》時所撰的序文把問題變得複雜化了。陸氏在文中説:

> 余每覽其集,想見其人,恨不同時得爲忘形之友,故祛彼有爲之詞,全其解懸之志,庶幾死而可作,無愧異代之知音耳。

陸淳所作的就是對吕才所編的王績集進行删除選編,這種做法在唐代相當普遍,當時文集很少以全集形式流傳,而常常以"小集"的形式出現。這一選本,正如陸淳想讓我們相信的,代表了一種純粹基於意識形態的選擇:爲了保持王績隱士形象的完整性,他删去了所有表現其"有爲"的詩作。但這種説法可信嗎?换句話説,所有被陸淳删除的作品真的全部都是"有爲之詞"嗎?要回答這一問題,我們不能只看被陸淳收進集子中的作品,更重要的是看那些被陸氏删削的詩作。

---

① 例如,韓愈(768—824)《送王秀才序》是最早將王績與阮籍、陶潛聯繫在一起的作品之一。屈守元、常思春編《韓昌黎全集校注》,四川大學出版社,1996 年,頁 1592。陳振孫(活動於 1211—1249 年)提到,王績曾像阮籍那樣求一個職位,以求與一位善釀者爲鄰。《直齋書録解題》卷一六,景印文淵閣《四庫全書》第 674 册,台北商務印書館,1983 年,頁 798。馬端臨(1254—1323)《文獻通考》卷二三一引《周氏涉筆》云,王績把"淵明古體"化入自己的律詩。中華書局,1986 年,頁 1843。(關於《周氏涉筆》的研究,可參仝衛敏的近作《〈周氏涉筆〉考》,載《古籍整理研究學刊》2007 年第 1 期,頁 89—93)這一觀點得到了後代衆多論者的贊同,如聞一多(1899—1946)認爲"王績的詩,可説是淵源於陶淵明的"(張志浩、俞潤泉注《聞一多選唐詩》,岳麓書社,1986 年,頁 480)。張錫厚認爲王績"自比阮籍、陶潛,作詩也模仿他們"(《王績研究》,頁 235)。

② 參見《王無功文集五卷本會校》,頁 1—5;《王績研究》,頁 23—27。

這裹我們似乎面臨着一种困境,因爲陸淳的版本已經亡佚。許多學者相信陸淳的版本就是中華帝國晚期通行的三卷刊本。這種想法是如何産生的,其根基是否牢靠?要回答這個問題,我們需要簡短地考察一下通行三卷本的歷史。

三卷本《王績集》主要有兩種版本,本文在寫作過程中都參考過①。第一個版本爲趙琦美(1563—1624)整理的手抄本,有作於1607年的跋,趙琦美在跋語中稱其抄自焦竑(1540—1619)收藏的一部手抄本。此本刊於17世紀初,有黄汝亨(1558—1626)的序,此即《四庫全書》本的底本②。第二個版本爲孫星衍(1753—1818)手抄本,孫氏稱其抄自余蕭客(1729—1777)藏手抄本③。余蕭客則云其於1775年抄自吴松岩之"影寫北宋刻本"。然而,無論是孫星衍還是余蕭客,都没有看到這部"北宋刻本"本身,也未詳述此本的來歷,這使得該説法疑影重重。畢竟在他們所處的時代,誇耀一個版本源自北宋本或南宋本以抬高版本的價值是很平常的事情。孫星衍在序中推測這個三卷本即爲陸淳的删節本④,現代學者王重民亦持此論⑤。

但没有確鑿的證據支持這一推測。相反,《宋史·藝文志》與北宋皇家藏書目《崇文總目》均著録《王績集》爲二卷,且《宋志》明言二卷本

① 除了兩種主要的版本,還有一種有1602年林雲鳳題跋的手抄本,與趙本、孫本非常不同,後文會論及。

② 張錫厚稱《四庫全書》本底本爲曹荃(1628年進士)1641年刻本,但此觀點似乎不確。見《王績研究》,頁176。四庫館臣稱《四庫全書》本王績集的底本爲"明崇禎(1628—1644)中刊本",見"王績《東皋子集》提要",景印文淵閣《四庫全書》第1065册,頁2。張氏也許是受到這一説法的影響。我懷疑此"明崇禎中刊本"就是或者源於黄汝亨作序的刊本,因爲一個版本不見得總是在序文寫就後立即付梓刊印。趙琦美抄本後被影印收入《四部叢刊續編》,上海涵芬樓,1934年。

③ 孫星衍抄本爲羅振玉(1866—1940)唐風樓1906年刊本所據之底本。

④ 孫星衍序,見《王無功文集五卷本會校》,頁228;《王績研究》,頁401。

⑤ 王重民《敦煌古籍叙録》,頁284—285。關於趙本與孫本版本異同的比較,見《王績研究》,頁175—176。

爲陸淳所編[1]。張錫厚詳考了這一問題,由於現存宋代材料都未提及三卷本,他推測説三卷本爲南宋甚或南宋以後由陸淳二卷本擴充而成[2]。張氏還認爲,儘管流傳範圍不廣,陸淳所編二卷本似乎在中華帝國晚期依然存在。他引用王文進(1894—1960)《文禄堂書籍目》稱上海松江韓德均藏有一部明抄本[3]。張氏亦稱曾聽聞山西省臨猗縣圖書館藏有彭元瑞(1731—1803)手抄的二卷本《王績集》,他前往訪書,但被告知圖書館在暴風雨中倒塌,所有藏書均移至他處;兩卷本《王績集》在搬遷中佚失[4]。據此情形,兩卷本抄本只是作爲地方現象存在,從未進入國家層面,與三部因藏於大都市圖書館而被"發現"的抄本相比,命運有雲泥之别。這一事件提醒我們,儘管印刷文化繁榮昌盛,但手抄本直到19世紀晚期仍是重要的傳播方式,許多稀覯之本以抄本形式而非刻本形式流傳。

在陸淳兩卷本亡佚的情況下,可以比較五卷本與曾經通行一時的三卷本,後者很可能是陸淳版本的擴充。值得注意的是,許多五卷本多出的佚詩主要描寫的正是隱逸生活。以一些明顯的詩題爲例:《被徵謝病》、《讀真隱傳》、《山家夏日》、《山中避暑》、《性不好治産興後言懷》以及題意明確的《咏隱》。粗略統計下來,五卷本中多出的六十餘首詩中,有超過一半都是描寫王績的隱逸生活。陸淳也許削除了王績的"有爲之詞",但他似乎同時也删去了符合其選擇標準的詩作。這里的問題

---

① 《崇文總目》卷一一著録"《東皋子集》二卷"。見景印文淵閣《四庫全書》第674册,頁133。《宋史》卷二〇八則著録"陸淳《東皋子集略》二卷",中華書局,1977年,頁5392。

② 《王績研究》,頁168—171。

③ 《王績研究》,頁169。王文進是北京著名的古書商,文禄堂是其書店店名。他撰有《文禄堂訪書記》,其中著録其經手的700餘部宋、元、明、清刊本與抄本。此書提及兩種王績集抄本,但均爲三卷。《文禄堂訪書記》卷四,文禄堂,1942年,頁5a。

④ 《王績研究》,頁201。《文禄堂訪書記》中著録的一種王績集抄本同樣來自彭元瑞的收藏,爲1861年山西人董文焕(1833—1877)所校並有董氏手書題跋。此本不知是否即爲臨猗縣所藏本,因爲"二卷"與"三卷"在抄寫時容易混淆。

是:陸淳編選時是否有其他的取捨標準呢?

陸淳的真正編選標準探賾

上述問題又把我們帶回到陸淳版本已經亡佚的舊困境之中。但幸運的是,陸淳的版本也許並未完全消失,而這要再次歸功於手抄本而非刻印本。現存最早的《王績集》抄本有林雲鳳 1602 年的題跋,儘管有三卷,但只包括二十九首詩(此外,林雲鳳還從選集裏輯録了三首詩)。這只是通行三卷本收録詩篇的一半。林雲鳳在題跋中稱此集爲其祖父所抄,“藏之篋中久矣”。這將抄本的原始抄寫時間上推至 16 世紀中晚期[①]。正如張錫厚推測的那樣,此抄本也許很好地保存了陸淳版本的某些原貌,而後來的通行三卷本是在陸淳原本基礎上擴展而成[②]。

我們可以進一步爲這一推測提出兩種佐證:一是通行三卷本包括林雲鳳手抄本中的所有詩作;二是通行三卷本多出的詩篇包括一類獨特的作品,即十五首絶句,它們是:

1.《山中别李處士》
2.《初春》
3.《醉後》
4.《題酒店壁》
5.《戲題卜鋪壁》
6.《嘗春酒》
7.《獨酌》
8.《春夜喜遇王處士》

---

① 林雲鳳題跋,見《王無功文集五卷本會校》,頁 223。

② 《王績研究》,頁 171—172。三卷以文類而非作品數量劃分:首卷爲賦,次卷爲詩,末卷爲文。

9.《山夜調琴》

10.《看釀酒》

11—15.《過酒家》,一作《題酒店壁》

所有這十五首絶句均可在一部總集裏找到,即南宋學者洪邁(1123—1202)所編的《萬首唐人絶句》[①]。除了組詩《過酒家》,另十首絶句在排列順序上甚至與《萬首唐人絶句》全同,但在五卷本中則分散在各處[②]。組詩題名一作《題酒店壁》,《萬首唐人絶句》就采用了這一題名,趙琦美的版本即標出此點。值得注意的是,五卷本收有《題酒店樓壁絶句八首》,但三卷本中的五首絶句却與洪邁選集中所收五首絶句完全一致。在題名有異文的情况下,三卷本總是與洪邁選本若合符契,而與五卷本差異較大。例如《春夜喜遇王處士》在五卷本中題作《秋夜喜遇姚處士義》,但洪邁選本與三卷本相同。通行三卷本與洪邁選本中這些絶句間的相似性很難説僅僅是巧合,相反,這些相似點有力地顯示十五首絶句直接録自《萬首唐人絶句》,用來增補陸淳的版本。

林雲鳳抄本中的二十九首詩加上十五首絶句,一共是四十四首,而通行三卷本共有五十五或五十六首詩[③]。剩餘的十一或十二首詩,我們也可以一一顯示它們是輯録自各種類書與總集:

1.《九月九日》,出現於蒲積中《歲時雜咏》卷三三(其序作於1147年)。

2—3.《益州城西張超亭觀妓》、《辛司法宅觀妓》,出現於《文苑英華》卷二一三,此當爲盧照鄰(636—695)作,《文苑英華》誤作

① 見霍松林《萬首唐人絶句校注集評》卷一,山西人民出版社,1991年,頁21—28。

② 需要指出的是,儘管趙琦美與孫星衍的版本在詩作排列順序上相異,但這十首絶句的順序却完全相同。

③ 趙琦美的版本包括55首詩,孫星衍的版本則包括56首詩。

王績詩[①]。

4.《過漢故城》,出現於《文苑英華》卷三〇九,繫於吴少微(活動於8世紀初)名下,但由於此詩緊鄰王無競(活動於701年左右)的詩作,與王績之字"無功"相混,遂被誤爲王績作[②]。

5.《咏巫山》,《王績集》中録爲絶句,實爲王無競一首律詩的一半。《太平廣記》卷一九八引范攄(活動於9世紀晚期)《雲溪友議》載此詩[③]。11世紀的總集《樂府詩集》録爲沈佺期(656—713)詩[④]。

6.《野望》,見收於高棅(1350—1423)《唐詩品彙》卷五六,亦見李攀龍(1514—1570)《古今詩删》卷一四。

7.《獨坐》,爲《周氏涉筆》所引,馬端臨《文獻通考》載録[⑤]。

8.《北山》,雜言詩,在王績《游北山賦》中以略爲不同的形式出現。韓理洲推測此詩乃從賦中摘取出來,被作爲一首獨立的雜言詩而收録[⑥]。但也有可能是王績自己將一首獨立的詩作融入賦中。無論屬於哪種情況,這首詩都出現在明代著名批評家楊慎(1488—1559)的詩評《千里面譚》之中,《千里面譚》在16世紀晚期非常盛行,並以刊本形式流傳。

9.《咏懷》,見收於孫星衍的版本,但不見載於趙琦美的版本。它輯自南宋葛立方(卒於1164年)的筆記《韻語陽秋》[⑦]。

---

① 《文苑英華》,新文豐出版社,1979年,頁1061。

② 《文苑英華》,頁1584。

③ 《唐五代筆記小説大觀》,上海古籍出版社,2000年,頁1263。《太平廣記》,中華書局,1981年,頁1491。

④ 見《樂府詩集》卷一七,中華書局,1996年,頁240。

⑤ 馬端臨(1254—1323)《文獻通考》卷二三一引《周氏涉筆》云王績把"淵明古體"化入自己的律詩。中華書局,1986年,頁1843。關於《周氏涉筆》的研究,可參仝衛敏的近作《周氏涉筆考》,載《古籍整理研究學刊》2007年第1期,頁89—93。

⑥ 見《王無功文集五卷本會校》,頁206。

⑦ 見《韻語陽秋》卷一一,吴文治編《宋詩話全編》,江蘇古籍出版社,1998年,頁8277。

這樣,通行三卷本裏收録的五十五或五十六首詩中,除了林雲鳳抄本中的二十九首,我們已經證明有十五首絶句來自洪邁的《萬首唐人絶句》,九首可以追溯到類書、總集、筆記等我們至今仍能見到的資料。這些數字告訴我們什麽?它們説明通行三卷本與五卷本之間没有直接的承繼關係;它很有可能源自陸淳的兩卷本,而林雲鳳抄本則是陸本的再現。對陸淳兩卷本所作的增補,很有可能發生於南宋到晚明也即 13 世紀至 16 世紀之間。林雲鳳的做法,即把他在各種資料中蹤巧看到的三首王績詩添加到他祖父藏的王績集舊抄本里,最能説明這一過程:他們依然像陸淳一樣按照自己的標準選編文集,不過他們在盡力擴充,而不是縮減一部前代詩人的文集,尤其當這位前代詩人生活在宋代以前,即便於文集保存的印刷文化流行之前的時代。

對林雲鳳抄本中詩作的考察得出許多令人矚目的結果,它們也許能暴露陸淳没有明言的選詩標準。首先,我們注意到此抄本中的絶句明顯比較少,事實上,二十九首詩中僅有兩首絶句。這與通行三卷本或五卷本都形成了鮮明的對比,三卷本五十餘首詩中包括十七首絶句;五卷本收録二十一首絶句,約占王績詩作總數的五分之一。

其次,與五卷本相比,林雲鳳抄本不收"準近體詩"。這里所説的"準近體詩"是指全詩共八句,中間兩聯對仗,並不嚴格遵循但是多少符合音律平仄、粘對的詩歌。一百一十餘首王績詩作中,有三十七首是這種準近體詩,幾乎占到王績全部詩作的三分之一①;然而,林雲鳳抄本只收録三首準近體詩,僅占林本所收全部王績詩作的九分之一。這三首詩分别是:1.《贈程處士》;2.《田家》;3.《咏妓》。

林雲鳳抄本中所收其他詩均是所謂的古體詩,每首至少有十句,通常多達四十八句。有趣的是,王績在近現代最著名的律詩《野望》,並未

① 王績集中相當數量的近體詩或者準近體詩使一些學者認爲王績在唐代律詩走向成熟的過程中扮演的角色應該得到更多的注意和承認。見王志華的開拓性文章《五言律奠基者舊説應予推翻——重評王績在詩歌史上的地位》,《晉陽學刊》1990 年第 3 期;亦見杜曉勤《從永明體到沈宋體——五言律詩形成過程之考察》,《唐研究》第 2 期,1996 年。

被林雲鳳祖父的原始抄本收録[①]。此詩被林雲鳳從高棅《唐詩品彙》中輯入[②]。即使是在陸淳二卷本基礎上擴充而來的通行三卷本中,情况也没有太多改變,其中只收録八首典型的律詩,僅占全書共收五十五首王績詩的七分之一[③]。所有主要的三卷本,包括林雲鳳抄本,均列古體組詩《古意》於卷首。這些詩歌確實能讓人想到阮籍《咏懷》之類的作品,但它們並不代表王績的詩作或主要風格。實際上,它們在五卷本中只是少數。

7 世紀早期是律詩發展過程中的重要階段,它在 8 世紀初期得到完善。形式的簡潔,精致的對仗以及聲韻的嚴格是律詩的關鍵要素,是 7 世紀最現代和時髦的形式。根據五卷本中的詩作判斷,王績能熟練地寫作律體,但林雲鳳抄本或三卷本都並不體現這一特點。如果林雲鳳抄本基本反映了陸淳删節本的面貌,那麽陸淳的編輯原則給讀者留下的整體印象就是王績詩多爲古體,但很少采取較爲短小的現代形式如絶句與律詩。

林雲鳳抄本另一個令人注目的特點是入選詩作均爲五言詩。其中並不包括王績兩首七言八句詩《過程處士飲率爾成咏》與《解六合丞還》。至於《北山》這首被楊慎稱作"七言律之濫觴"的名作,是林雲鳳補入原抄本的,很可能正是因爲他參考了楊慎刊印於 1576 年的《千里面譚》[④]。

對於五言詩的偏愛似乎也顯示了編者較爲保守的傾向:七言詩在 6、7 世紀開始逐漸流行,但中唐人陸淳很有可能是在 8 世紀末編選了王績的小集,此時正值"復古"呼聲漸高之時。有關中唐"復古"運動已

① 《野望》的經典化是個很有意思的過程,它基本發生在明清時代,而此詩的經典地位一直延續至今。它被認作是唐代律詩的早期典範。

② 他在詩題後注曰"見《唐詩品彙》";《王無功文集五卷本會校》,頁 78。

③ 除了林雲鳳版本中的三首外,其餘五首爲:1.《野望》;2.《九月九日》;3.《獨坐》;4.《益州城西張超亭觀妓》;5.《辛司法宅觀妓》。

④ 見吴文治編《明詩話全編》,頁 2728。

有很多研究[①]。由於本文的重點在於考察《王績集》在復古運動影響下發生的變化,兹不贅述復古運動本身。簡單地説,文學界價值觀的變化導致了當時很多人在詩歌創作中有意識地排斥駢偶並對古體詩的興趣有所恢復。詩體和意識形態挂上鈎,無視聲韻與對仗限制的古體詩被認爲比講平仄及對偶的駢文與律詩更具有道德嚴肅性。從"復古"運動的大背景看,陸淳並非只是做了一個意識形態的選擇——他也做了一個詩體的選擇,而他的詩體選擇無非是一種思想意識傾向的體現。

由於王績的絶句具有與古風相關的質樸,而且往往以"古體"寫就(即不遵守音律規則),有些讀者也許會問,爲什麽陸淳要把絶句從《王績集》中剔除? 答案很簡單:魏晉詩人,如阮籍與陶潛,幾乎從未寫過絶句,即使在6世紀上半葉,五、七言絶仍是一種新奇的文類;它們主要與南朝的樂府詩聯繫在一起;儘管精英詩人經常寫作樂府詩,但他們並不認爲絶句是一種值得重視的詩體。如果陸淳希望使王績像阮籍與陶潛那樣"古意"盎然,那麽他把絶句從《王績集》中剔除的做法就非常好理解了。但到13世紀,絶句無疑已經早已失去了它在王績時代所擁有的"現代感",任何將陸淳本擴展成三卷本的人,都會毫不猶豫地選擇將洪邁《萬首唐人絶句》中所收的十五首絶句增補到《王績集》中以求擴大文集的篇幅。

三卷本所代表的王績形象大致可以概括如下:愛酒的隱逸詩人,專門創作古體詩,其詩在措辭與意象上都表現出質樸的特徵。這種質樸被認爲與南朝和唐朝華麗高雅的宫廷詩構成了鮮明對比。當我們將删節本中的王績與五卷本中的王績兩相比較時,可以看出王績到底是否是纯粹的隱士其實並非問題所在;重要的是他的詩體選擇以及其在文學史上的定位。在五卷本的許多近體詩與準近體詩中,我們都可以看到王績偏好工整的對偶句。這裏我們發現的,並不是傳統認爲的早期中古詩人如阮籍或陶潛的影響,而是南朝宫廷詩人,尤其是王績直接的

① 如宇文所安《盛唐詩》(*The Great Age of Chinese Poetry*:*High Tang*),耶魯大學出版社,1981年,頁8—9、225—246。有關復古與唐詩的總論,見宇文所安《孟郊和韓愈的詩歌》(*The Poetry of Meng Chiao and Han Yu*)第一章,耶魯大學出版社,1975年,頁8—23。

前輩庾信的影响。

南朝宫體詩大詩人庾信於侯景之亂後羈留於北土，對北朝文學界産生巨大衝擊，對隋朝及初唐的宫廷文學影響巨大。然而到8世紀末，由於以韓愈、李觀(766—794)、歐陽詹(卒於799年後)爲代表的年輕一輩詩人極力提倡與想象之“古”相聯繫的道德價值，宫廷詩歌的輝煌遭到排斥；律詩遭到了世紀之交這一代詩人的冷落。由於阮籍與陶潛在8世紀被視作典範，對王績集進行篩選删落從而把王績塑造爲具有放蕩不羈的隱士也就不足爲奇。結果在中唐的編纂活動中，南朝詩人庾信對王績的影響被掩蓋了。如果有讀者認爲將阮籍與陶潛置於一端，而將庾信置於另一端的兩極對立過於簡單化，我只能説這是唐人的所爲，而非我的做法。

壓制庾信

作爲詩人，庾信今天主要以其組詩《擬咏懷》爲世人所知，這是以阮籍的《咏懷詩》爲模本的。但這組詩並不代表那個在6、7世紀被人愛好和效法的庾信，更不必説庾信在其“擬作”中完全改變了阮籍。庾信爲梁朝宫廷詩人庾肩吾(487？—551)之子，他們與徐摛(474—551)、徐陵(507—587)父子都是梁太子蕭綱(503—583)文學集團的重要成員。他們一起主導了5世紀30、40年代的梁朝文壇，以致代表了“新變”的宫體詩又被稱爲“徐庾體”。其主要特徵爲精致的對偶，對物象世界的高度關注，辭藻的雅致，對學識的精微呈現，對情感有節制的表達。從這些標準看，庾信是完美的南朝宫體詩人，但他也成功地樹立了自己獨特的風格，他後來在北方創作的作品於工整的對仗之中不失措辭的明晰清新[1]。措辭明晰清新與對仗工整正是王績詩作的特點，而他少時也

① 關於庾信在北方的創作，詳見田曉菲《烽火與流星：蕭梁王朝(502—557)的文學與文化》(*Beacon Fire and Shooting Star: The Literary Culture of the Liang Dynasty*)第五、八章，哈佛大學亞洲中心，2007年，頁211—259、389—412。

確曾因一篇賦作被稱作"今之庾信"[①]。如果"阮籍"與"陶潛"被用來代表中國早期古典詩歌中的"古風",那麼庾信這位特定詩人對於王績的影響就再明顯不過了。不止一次,我們可以看出庾信與王績之間具有明顯的相似性,不僅是在一般手法上,如運用對仗、注重聲律與表達田園情懷,而且也體現在特定詩句、詩節的互文上,甚至還有對整首詩有意識的模仿[②]。

有時王績詩作的一聯令人一見而想到庾信:

王績:障子游仙畫,屏風章草書。
庾信:游仙半壁畫,隱士一床書。[③]

---

① 此言出自五卷本吕才序引北朝詩人薛道衡(540—609)語。《王績研究》,頁24。序中薛道衡亦贊王績爲"王仲宣",即詩人王粲(177—217);但此評價指王績讀過薛道衡《平陳頌》一遍後即能背誦的軼事,並非指其文學創作,因王粲也以其記憶力聞名(見《三國志》卷二一,中華書局,1959年,頁599)。儘管薛氏將王績比作庾信只是基於對一篇賦的閱讀,但它證明了庾信在當時的流行和王績在風格上與庾信的相似。

② 葛曉音是當代爲數不多的注意到王績詩受庾信影響的學者,但她的討論限定在於兩位詩人的"田園詩",認爲庾信"使用環境描寫及細節瑣事的堆砌來渲染外在的隱居姿態,最適宜於在形迹和精神的表層上表現田園生活的意趣",見其《山水田園詩派研究》,遼寧大學出版社,1993年,頁94—95。杜曉勤探討庾信在聲律規範上對王績的影響,見《從永明體到沈宋體》,頁131—135。在最近一篇陳瑜與他合寫的文章中,杜認爲王績向庾信學習是因爲庾信是"陶淵明之後最得魏晉玄言詩藝術精髓的作家",見陳瑜、杜曉勤《王績詩歌與河汾文化精神》,《陝西師範大學學報》2007年第1期。這一觀點有待商榷。嚴格説來,"玄言詩"在魏朝並不存在;它更適用於描述東晉時期的某些詩作。"玄言詩"現存無多;從爲數不多的例子來看,它詰曲聱牙、風味平淡、辭旨晦澀的風格與庾信等人所作的南朝宮廷詩歌有天壤之别。

③ 王績詩句出自《山家夏日》其六,《王無功文集五卷本會校》,頁86;《王績研究》,頁61。此組詩僅存於五卷本中。庾信詩句出自《寒園即目》,見逯欽立《全北周詩》,《先秦漢魏晉南北朝詩》卷三,中華書局,1995年,頁2377。

庾信《和趙王看伎》首聯爲:"緑珠歌扇薄,飛燕舞衫長。"尾聯爲:"懸知曲不誤,無事畏周郎。"[①]王績《咏妓》下半部分是對庾信詩句的改寫:

早時歌扇薄,今世舞衫長。不應令曲誤,持此試周郎。[②]

前兩句源自庾信之詩,而末二句則對庾信詩的尾聯有所翻案。此處用了東吴周瑜(175—210)的典故。據説他很懂音樂,只要演奏者出現錯誤,"瑜必知之,知之必顧"[③]。

儘管兩詩語調相異,一首平和静謐,一首憂鬱,但王績《山家夏日》其一在遣詞、結構與意象上無不呼應了庾信的《山齋》。[④]

庾信	王績
寂寥尋静室,	寂寞坐山家,
蒙密就山齋。	蕭條玩物華。
滴瀝泉繞路,	樹倚全擁石,
穹窿石卧階。	蒲長半侵砂。
淺槎全不動,	池光連壁動,
盤根唯半埋。	日影對窗斜。
圓珠墜晚菊,	石榴兼布葉,
細火落空槐。	金蕚唯作花。
	落藤斜作蔓,
	伏笋暗抽芽。
直置風雲慘,	高卧長無客,

① 《全北周詩》卷四,頁 2391。

② 《王無功文集五卷本會校》,頁 132;《王績研究》,頁 100。

③ 《三國志》卷五四,頁 1265。

④ 《全北周詩》卷三,頁 2378;《王無功文集五卷本會校》,頁 84;《王績研究》,頁 60。

彌憐心事乖。　　　　方知人事賒。

二詩首聯均以描述性詞語"寂寥"("寂寞"是"寂寥"的變體)開篇,句法結構亦相互呼應(副詞+動詞+名詞賓語)。差異在於庾信敘述其返山之旅,而王績則顯示自己一開始即"已在彼處":庾信的狀態是運動的/躁動的,王績則仍是静止的/自在的,兩者都對應各自的主題與感情氛圍。接下來的兩句均描繪陸/水景:庾信所敘先爲泉,次爲石;王績則相反。兩聯中,自然都被描述成具有侵略性的;然而,庾信詩中的自然侵入了人類世界,阻滯了詩人的前進,但王績詩中自然之物則只影響自然界的其他事物,因此没有威脅到人類。王績選擇了"全"與"半"兩個副詞,呼應了庾信詩第三聯中相同的詞:"淺槎全不動,盤根唯半埋。"此聯中的景象展現了庾信的内心狀態——他是故土淪陷,身處敵庭的虜臣,我們注意到一種强烈的被困感與無望,一種苟延殘喘的感覺。相反,王績詩的第三聯顯示了人與自然之間親密、和諧的關係:"池光連壁動,日影對窗斜。"但值得注意的是,此聯也像庾信詩那樣描繪了水/陸景觀。

庾信詩的第四聯呈現了植物的特寫鏡頭:菊花與槐樹。王績以相同的方式描繪了其山居的田園生活:石榴、金薆、藤蔓與竹笋。由於二詩所叙季節不同,王績詩中的植物全是正在生長的、繁茂的、開花的或是已經開始結果("石榴兼布葉"的字面意思是"石榴同時也正在伸展枝葉",暗示石榴會結果,對應此聯第二句"唯作花"的金薆)。這與庾信詩中的"晚菊"、"空槐"形成鮮明對比。但借描述植物來展現詩人内心狀態是二詩一致的原則。

在最後一聯中,王績又在句法結構與遣詞造句("心事"對"人事")上與庾信呼應,儘管兩句的情感内容與情緒恰恰相反。

庾信	王績
彌憐心事乖	方知人事賒

在許多方面,二詩就像是精心寫就的對仗聯中的上下兩句:它們彼

此完美地相反相成。這種對仗太過精確,不能被視作偶然的巧合。唯一合理的結論是,王績有意識地"擬"寫和改變了前輩之作。

庾信對王績的影響還有另一種顯示。庾信喜歡在對句中融入人名:

1. 張翰不歸吴,陸機猶在洛。
2. 永别張平子,長埋王仲宣。①

這種手法雖然在賦中較爲常見,但庾信之前較少在詩中運用,而它也經常出現於王績詩中:

1. 鄭玄唯解義,王烈鎮尋仙。
2. 解組陶元亮,辭家向子平。②

以上所舉的例子顯示了庾信對王績的影響——一個繼承了六朝晚期詩歌傳統的王績,但這種傳承是爲中唐編者陸淳所删除的。有意思的是,儘管傳統批評者都基於删節本(三卷本)强調王績詩風的質樸,當代學者在有了全本(五卷本)後,依然重複前人的舊論,而且其引用的主要例證往往是從删節本中徵引而來的。這充分顯示出傳統成見的巨大力量。

結　語

王績的個案——他的集子是怎樣編輯與流傳的,是怎樣縮減和擴

① 出自《同張侍中述懷》與《傷王司徒褒》;《全北周詩》卷三,頁 2371;卷三,頁 2384。

② 出自《春日山莊言志》與《山中獨坐自贈》,《王無功文集五卷本會校》,頁 46、90;《王績研究》,頁 27、66。此二詩均只見收於五卷本。

究的——對研究中國中古時代的學者來説,頗有啓示意義。近年來學界對印刷文化産生了濃厚的興趣,但我們不能忘記印本從來不曾完全取代抄本:手抄本直到19世紀晚期依然是文本傳播的一種主要方式[①]。許多書籍從未刊行,因而流傳範圍非常有限,也很少或者完全不曾受到學者關注。

爲什麽人們即使在刻本有巨大市場的時候依然繼續抄寫書籍呢?答案是多種多樣的。有人抄書是因爲買不起刊本;有些人如大藏書家黄丕烈(1763—1825)認爲抄寫是學術活動,他們抄寫的同時也在校勘;有些人因所借書本身就是抄本而抄寫,而且,除非有經濟實力的人决定付諸劂剞,否則稿本只能以手抄本形式流傳。這種情況,不只出現於白話小説如《金瓶梅》上,在刊印前至少二十五年裏,它只在少數精英文人間以抄本形式流傳,而且在被視爲初唐次要詩人王績的個案中我們也能看到。在中華帝國晚期,人們也抄寫更早的宋元刊本;有時抄手爲富有的主人雇用,小心翼翼、盡其可能地照樣複製原本。如此完成的手抄本被稱作"影鈔",價格昂貴,有時甚至超過原始的刻本[②]。

除了传説中的"北宋刻本"外,三卷本《王績集》的主要版本——趙琦美的抄本與孫星衍抄自抄本的抄本——直到17世紀和18世紀晚期才付诸刊刻。即使我們願意相信"北宋刻本"模糊不清的存在,也不應忘記它最早源出於唐抄本,而且更重要的是,其以抄本形式存世。事實上,最重要的兩個版本,即林雲鳳本與五卷本,僅以抄本形式傳世,藏於私人之手,在小範圍的熟人圈子内流傳。三卷本被刊刻,五卷本並未刻印,这也許部分由於歷史的偶然,部分由於王績在文學史上的邊緣地

① 詳見田曉菲《塵几録:陶淵明與手抄本文化研究》,(*Tao Yuanming and Manuscript Cultrue: The Recordof a Dusty Table*),華盛頓大學出版社,2005年,頁17、221—222。

② 例見章宏偉關於大藏書家出版家毛晉(1599—1659)雇用抄手進行"影鈔"的討論,見氏著《出版文化史論》,華文出版社,2002年,頁196—197。毛晉之子毛扆(1640—1713)曾請求其師錢梅仙影鈔蘇體陶淵明集舊刊本,錢梅仙用半年時間才得以完成,見田曉菲《塵几録:陶淵明與手抄本文化研究》,頁48。

位;但三卷本一旦被刊刻,其流行度與日俱增,五卷本完全湮没無聞。這一點值得我們注意,因爲它不僅幫助我們理解印刷出版和文學經典與風尚之間的關係,還喚起我們對手抄本的地方性的注意,而手抄本構成了所有刻印本的基礎。

這裏"亡佚"與"發現"的含義變得複雜了:到底在何種意義上,包容於三部手抄本中的《王績集》五卷本"亡佚"了?因爲這三部手抄本都藏於中國著名的圖書館——兩本藏於中國國家圖書館(前北京圖書館),一本藏於上海圖書館。我們意識到,五卷本直到被"發現"前並未"亡佚"——也就是説,它曾經在私人收藏里,作爲一種地方現象,存世並流傳,直到現代公共圖書館獲得這些抄本,並將其納入不見天日的館藏,就像是博物館將藝術品從私人手中收歸公有那樣;然後,當學者追踪到圖書館的書庫時,現代印刷媒體强力地迫使公衆注意到它們的"亡佚"。在許多方面,《王績集》的流傳史是現代社會地方與國家話語之間相互衝突與協商的一個寓言。

在丁香對於王績詩歌的細緻研究中,她發現"1987 年(韓理洲《王無功文集五卷本會校》的出版時間)以來,任何研究王績的學者都必須考慮兩種版本的文本差異——而且,還必須主要依賴後者(五卷本)"[①]。"主要依賴後者"説出了文學研究者希望能夠訴諸一個能反映王績本來面目的、具有權威性的固定版本,然而三卷本(包括林雲鳳本)和五卷本都代表了一個抄寫、選編與中介的長久傳統,這一傳統始自中唐,持續至 19 世紀。雖説如此,我們確實必須考慮兩個版本的文本差異,而且不僅要研究不同的異文選擇(除了抄寫者因形近或音近而造成的明顯訛誤)如何影響我們對特定詩作的解讀,還要探討不同版本如何反映不同的編選理念。正如我們所看到的,這些不同的編選理念不只局限於維護王績高潔隱士形象的完整性,還與文體風格的選擇以及和此種選擇建立起聯繫的道德價值觀念相關。

有時,意識到手抄本文化以及手抄本文化中各種抄寫、編輯整理、

---

① 丁香《野鹿與翔鳳》,頁 150。

遴選活動(這三類活動常常合爲一體)的特性,會讓我們避免違犯歷史精神的時代錯誤。在最近一部唐代文學史中,有關王績的章節稱其文集没有一般詩人集子裏常見的酬唱之作[①]。即使我們只通讀一下三卷本,也會發現這一印象並不完全準確;如果我們再比較一下三卷本與五卷本,就會發現它完全錯誤,因爲在五卷本中,我們看到許多詩作較其在三卷本中的題目更長,這些詩作題目中多出來的部分都是敘述寫作這些詩的社交場合的。例如,本文前引的《觀妓》,五卷本題作《裴僕射宅咏妓》。在標準三卷本中僅僅題作《策杖尋隱士》的一首詩,在五卷本中作《盧新平宅賦古題得策杖隱士》。《游仙》是個相當概括化的題目,在五卷本中原來作《過山觀尋蘇道士不見題壁四首》[②]。這是由於中古抄手常常會删去一首詩題目中對作詩場合的提示以求縮短詩題。和大多數中國隱士一樣,王績雖然從官場生活中隱退,但並未離開社會生活,從王績文集中尋找剔除了社會生活影嚮"純粹"詩歌是一種錯誤的導向。

審美的考量經常可以遮蔽在文本異文的選擇里蘊涵的意識形態方面的關懷。以王績名作《野望》中的一聯爲例:"樹樹皆秋色,山山唯落暉"。"秋色"一作"春色"[③]。當然了,這兩句有名的詩很可能是王績在模仿他的宗師庾信筆下的"樹樹秋聲,山山寒色"[④]。但没有理由認爲王績一定原封不動地照搬而絶對不會對庾信的原句加以改造。異文"春"極大地改變了此聯的基調:如果説"秋色"與"落暉"是不難想見的對偶,表示衰敗與憂鬱,那麼,一聯中並置"春色"與"落暉"則使全詩複雜化,出人意料而且令人耳目一新。但是,異文"春"却完全受到忽視,學者們非常希望將此詩視爲哀挽之作甚或是對隋朝命運的悲歌,以致

① 喬象鍾、陳鐵民《唐代文學史》,人民文學出版社,1995 年,頁 67。

② 《文苑英華》中此詩列於《尋蘇道士效作》題下,見《文苑英華》卷二二五,頁 1126—1127。

③ 林雲鳳版本作"春色",孫星衍版本注曰:"一作'春色'。"

④ 庾信《周譙國公夫人步陸孤氏墓誌銘》,嚴可均《全上古三代秦漢三國六朝文》卷一八,中華書局,1987 年,頁 3968。

完全忽略了其他的文本可能性與闡釋可能性[①]。但有關手抄本文化中文本不確定性的認識應該讓我們駐步反思。將所有中古文本都當成是作者本人所認可的固定文本——這樣的幸福時代已經一去不復返了，我們必須直面文本流傳史中的抄寫/編輯整理/遴選活動，評估它怎樣從根本上改變了文學史與文化史的版圖。

（作者單位：美國哈佛大學東亞語言與文明系　譯者單位：南京大學人文社會科學高級研究院、南京大學文學院　香港中文大學中國語言文學系）

① 關於歷代論者將此詩當作哀嘆隋朝命運的評語，見《王績研究》，頁376、380。

古典文獻研究(第十五輯)
2012年7月

《錦繡萬花谷》續書與《初學記》

——南宋書坊"纂"書方式管窺

李　更

類書是我國古代特有的實用性資料彙編,自魏文帝"使諸儒撰集經傳,隨類相從"①編成《皇覽》,廣集諸書資料,即成此類書籍之"標志性"特徵。近代學者界定其概念,更將"薈萃成言,裒次故實,兼收衆籍,不主一家"與"區以部類,條分件系,利尋檢,資采掇,以待應時取給"②放在同等位置。因此,雖就内容而言並非"原創",但依據特定的需求或讀者群規劃門類設置、纂録體例,進行資料的搜集、選汰,依然決定了類書編纂是一項"技術含量"及工程量均相當可觀的工作。官修類書固然有相對充分的人力和資料基礎,文人私修類書,也可以看到諸如"人言白居易作《六帖》,以陶家瓶數千各題門目作七層架,列置齋中,命諸生采集其事類投瓶,倒取之,抄録成書"的説法,既生動地傳遞出類書形成過程中對信息的拉網式搜索,也留下了"故其所記時代多無次序"③的遺憾之詞。體現了當時類書編纂的一般方式及人們對相關工作的認識。

南宋時期,隨社會經濟發展和知識下移,日常生活中文化色彩漸趨

① 《三國志·魏志·文帝紀》,中華書局,1959年,頁88。

② 張滌華《類書流别》,商務印書館,1985年,頁4。

③ (宋)楊億口述,黄鑒筆録,宋庠整理《楊文公談苑》,上海古籍出版社,1993年,頁8。

濃重，適應不同層面、不同需求的類書層出不窮。而與此同時，朝廷淡出了類書的編刻，文人學者的個人行爲占據了更大比重，坊賈出於營利目的編纂，也成爲不可忽視的重要部分。特别是南宋最後的幾十年間，多部大型類書集中面世，流傳至今且頗具影響的，即有《記纂淵海》、《古今事文類聚》、《翰苑新書》、《全芳備祖》、《古今合璧事類備要》等數種，《錦繡萬花谷》續書也在其中。這些類書中，出自坊間者約在半數，且往往包含前、後、續、别、外諸集，少則數十卷、多則數百卷，謂其卷帙浩繁，殊不爲過。那麽，在學術儲備和人力資源相對薄弱、時間成本和物質成本必須顧及的情况下，南宋書商又是如何高效率地完成海量信息的獲取和編纂，也成爲一個值得探究的問題。

《錦繡萬花谷》續書正是這樣一個標本。《錦繡萬花谷》"前集"四十卷成書於孝宗淳熙年間，編者雖不詳，然由自序可知尚屬書香一脈，編纂初衷也在於滿足自己對知識的興趣及讀書作文的需要，有着篳路藍縷的資料搜求過程，屬文人私修類書。而後、續、别諸集，則是"厥後屢增屢續"的結果，"書賈之稍通文理者所爲"[①]。爲有市場效益的書籍作續書，乃南宋書商之熟技，這一點早經相關學者指出[②]。而這種續書的運作，今人却很少有機會瞭解。《錦繡萬花谷》"後集"、"續集"[③]（以下簡稱《後集》、《續集》）在門類組織、資料運用等方面與《初學記》的關聯，即將近千年前書商的秘密依稀呈現在我們面前。以下從内容和門類組織兩方面加以梳理：

---

① （清）楊守敬《日本訪書志》卷一一。

② 參潘銘燊《書業惡風始於南宋考》，《香港中文大學中國文化研究所學報》1981年12期。

③ 案《錦繡萬花谷續集》傳世有三個版本系統，内容及編次各異，參芳村弘道《唐代の詩人と文獻研究》第三部第五章《本邦傳來の宋版〈錦繡萬花谷〉》，日本中國藝文研究會，2007年。本文所討論者爲"跨行本"系統，據《北京圖書館古籍珍本叢刊》73影印宋刻卷首跨行十三行本，書目文獻出版社，1989年。

一 内容承襲

類書編纂過程中,參考、轉引前代類書並非異事,即使官修類書如《太平御覽》,也存在此類現象。《錦繡萬花谷》續書當中,可以直接看到對《初學記》的引用,如《後集》卷一"地厚與天高等",即明確標稱"出《初學記》",然全書僅五見。因此,從表面看,不過是偶一用之,正常到極點。而實際的承襲程度,則與此有天淵之别。

在《後集》、《續集》的很多門類,都可以見到《初學記》相關部類的影子。不是條目、文字的引用,而是整部類的取用。其具體方式又不盡相同,可分三種情形:

(一) 簡單摘鈔

《初學記》卷一九"人部下"共六個類目:美丈夫第一、美婦人第二、醜人第三、長人第四、短人第五、奴婢第六,其中"美丈夫"、"醜人"、"長人"、"短人"四類共同構成了《續集》卷一〇。《初學記》設有"叙事"、"事對"諸項,并以"詩"、"賦"、"歌"、"行"、"篇"、"贊"等爲目,收録相關詩文。《續集》則選取其中内容爲我所用,以"事對"爲主,也偶有部分詩文及"叙事"中的文字。

其中"醜人"類最爲典型,對比如下:

《錦繡萬花谷續集》卷一〇"醜人"	《初學記》卷一九 "人部下·醜人第三"
大頭龍驤(1) 符雄,趙建武中拜龍驤將軍,貌醜,頭大而足短,故軍稱爲大頭龍驤。(崔鴻《前秦録》) 興我宗必此兒(2) 周燮斂頤折頞,貌甚醜。母欲不舉,其父曰:"吾聞諸聖賢人狀皆有異於人。興我宗者,必此兒。"遂育之。(《汝南先賢傳》)	【叙事】…… 【事對】短足,鋭頭(崔鴻《前秦録》曰:符雄字元才,趙建武中拜龍驤將軍。貌醜,頭大而足短,故軍稱爲大頭龍驤。(1) 劉謐之《寵郎賦》曰:其頭也,則中骼而上下鋭,額平而承枕四起。)(3) 欽頤,推頞(周斐《汝南先賢

續表

《錦繡萬花谷續集》卷一〇"醜人"	《初學記》卷一九 "人部下·醜人第三"
銳頭(3) 劉謐之《寵郎賦》曰：其頭也，則中骼而上下銳，額平而承枕四起。 色如漆(4) 陳有惡人曰郭洽，犨眉推顙，色如漆也。(《吕氏春秋》) 不可示遠人(5) 承宫名播匈奴，時單于使求見，宫曰："夷狄眩名，非識實也。臣狀貌醜，不可以示遠人。"(《後漢書》) 飲食無威儀(6) 管輅容貌醜而嗜酒，飲食無威儀也。(《魏志》) 奴僕之下(7) 孫秀尚河東公主，形陋短小，奴僕之下等也。(《晉書》) 駘他(8) 魯哀公問仲尼曰："衛有惡人焉，曰哀駘他。丈夫之與處者，思不能去也。婦人之請於其母曰'與爲人妻，寧爲夫子妾'者，十數而未止也。是必有以異乎人也。寡人召而觀之，果以惡駭天下。"(《莊子》) 子羔貌惡(9) 高柴字子羔，長不過六尺，狀貌甚惡。爲人篤孝，知名孔子之門，仕爲郕宰。(《家語》) 伯倫形陋(10) 梁作《魏國統文》曰：劉伶字伯倫，形貌醜陋，身長六尺。然肆意放蕩，悠焉獨暢，自得一時。常以宇宙爲狹。 頤隱肩高(11) 支離疏頤隱於臍，肩高於頂，會撮指天，五管在上，兩髀爲脅也。(《莊子》) 長頸烏喙(12) 《尸子》曰：禹長頸烏喙，面目顏色亦惡矣，天下獨賢之。 深目窈斗(13)	傳》曰：周燮字彦祖，欽頤折頞，貌甚醜。母欲不舉，其父曰："吾聞諸聖賢人狀皆有異於人，興我宗者必此兒。"遂育之。(2)《吕氏春秋》：陳有惡人曰郭洽，犨眉推顙，色如漆也。)(4) 承宫，管輅(《後漢書》曰：承宫名播匈奴，時單于使求見，宫曰："夷狄眩名，非識實也。臣狀貌醜，不可以示遠人。"(5)《魏志》曰："管輅容貌醜而嗜酒，飲食無威儀也。)(6) 孫秀，駘他(《晉書》：孫秀尚河東公主，形陋短小，奴僕之下者也。(7)《莊子》曰：魯哀公問仲尼曰："衛有惡人焉，曰哀駘他。丈夫之與处者，思不能去也；婦人之請於其母曰'與爲人妻，寧爲夫子妾'者，十數而未止也。是必有以異乎人也。寡人召而觀之，果以惡駭天下。")(8) 子羔貌惡，伯倫形陋(《家語》曰：高柴字子羔，長不過六尺，狀貌甚惡。爲人篤孝，知名孔子之門，出爲郕宰。(9) 梁作《魏國統文》曰：劉伶字伯倫，形貌醜陋，身長六尺。然四意放蕩，悠焉獨暢，自得一時。常以宇宙爲狹。)(10) 支離隱頤，夏禹長頸(《莊子》曰：支離疏者，頤隱於臍，肩高於項，會撮指天，五管在上，兩髀爲脅也。(11)《尸子》曰：禹長頸烏喙，面目顏色亦惡矣，天下獨賢之。)(12) 雕鶪，嫫母(焦贛《易林》：復之蒙曰："雕鶪娶妻，深目窈斗，折腰不媚，與伯相負。"(13) 何承天《纂文》曰：

續表

《錦繡萬花谷續集》卷一〇"醜人"	《初學記》卷一九 "人部下·醜人第三"
焦贛《易林》:復之蒙曰:"雝鵠娶妻,深目窈斗,折腰不媚,與伯相負。" 嫫母(14) 何承天《纂文》曰:嫫母,醜人也。黄帝愛幸。 神色卑下(15) 王廣娶諸葛誕女,入室,言語始交,王語婦曰:"神色卑下,殊不似公休。"婦曰:"大丈夫不能髣髴彦雲,而令婦人比蹤英傑。"(《世説》) 孔明婦(16) 習鑿齒《襄陽記》曰:黄承彦謂孔明曰:"君擇婦,身有醜女,黄須黑色,而才堪相配君子。"孔明許焉,載送之。時人以笑樂。鄉里爲之諺曰:"莫作孔明擇婦,正得河外醜女。" 印鼻(17) 齊鍾離春者,齊無鹽邑女,宣王之正后也。其爲人極醜無雙,臼頭深目,長肚大節,印鼻結喉,肥項少髮,折腰出胸,皮膚若漆。行年三十,無所容入,行嫁不售,於是拂拭短褐,自謁宣王。宣王納之爲后。(劉向《列女傳》) 項有大瘤(18) 齊宿瘤女者,齊東郭采桑之女,閔王后也。項有大瘤,故號宿瘤。(同上) 三逐五逐(19) 齊孤逐女者,其狀甚醜,三逐於鄉,五逐於里。過時無所容,乃造襄王之門而求見。王輟食而起,謹敬,左右曰:"三逐於鄉者不忠,五逐於里者少禮。何足爲貴?"王曰:"子不識也夫?牛鳴而馬不應者,異類。故此其人必有異者。"遂見,與之語而悦之。(同上) 厚送(20) 齊王厚送女,欲妻屠門肚,肚辭以疾。	嫫母,醜人也。黄帝愛幸。)(14)誕女,亮妻(《世説》曰:王廣娶諸葛誕女,入室,言語始交,王語婦曰:"神色卑下,殊不似公休。"婦曰:"大丈夫不能髣髴彦雲,而令婦人比蹤英粲。"(15)習鑿齒《襄陽記》曰:黄承彦謂孔明曰:"君擇婦,身有醜女,黄須黑色,而才堪相配君子。"孔明許焉,載送之。時人以爲笑樂。鄉里爲之諺曰:"莫作孔明擇婦,正得河外醜女。")(16)印鼻,宿瘤(劉向《列女傳》曰:齊鍾離春者,齊無鹽邑女,宣王之正后也。其爲人極醜無雙,臼頭深目,長肚大節,印鼻結喉,肥項少髮,折腰出胸,皮膚若漆。行年三十,無所容入,行嫁不售。於是拂拭短褐,自謁宣王。宣王納之爲后。(17)又曰:齊宿瘤女者,齊東郭采桑之女,閔王后也。項有大瘤,故號宿瘤。)(18)孤逐,厚送(劉向《列女傳》曰:齊孤逐女者,其狀甚醜,三逐於鄉,五逐於里。過時無所容,乃造襄王之門而求見。王輟食而起,謹敬,左右曰:"三逐於鄉者不忠,五逐於里者少礼,何足爲遽?"王曰:"子不識也夫?牛鳴而馬不應者,異類故也。其人必有異者。"遂見,與之語而悦之。(19)《韓詩外傳》:齊王厚送女,欲妻屠門肚,肚乱以疾。其友勸之曰:"子孫死腥臭之四而已乎?何以辭之?"肚應曰:"其女醜。"其友曰:"何謂也?"肚曰:"吾肉善,如量而去,

續表

《錦繡萬花谷續集》卷一〇"醜人"	《初學記》卷一九 "人部下・醜人第三"
其友勸之曰:"子孫死腥臭之肆而已乎？何以辭之?"壯應曰:"其女醜。"其友曰:"何謂也?"壯曰:"吾肉善,如量而去,苦少耳。吾肉不善,雖以他附益之,尚猶不讎。今厚送子,子醜故耳。"其友下問,女果醜。(《韓詩外傳》) 五不可(21) 晉武帝爲太子納妃,謀久不决。上欲娶衛瓘女,楊后欲娶賈充女。上曰:"衛公女有五可,賈公女有五不可。衛家種賢而多子,端正而長白;賈家種妒而少子,醜而短黑也。"(王隱《晉書》) 所乏惟容(22) 《郭子》曰:許允婦是阮德如妹,奇醜。交禮竟,許永無復入理。桓範勸之曰:"阮嫁醜女與卿,故當有意,宜察之。"許便入見,婦即出裙裾待之。許謂婦曰:"婦有四德,卿有幾?"答曰:"新婦所乏惟容。士有百行,君有其幾?"許曰:"皆備。"婦曰:"君好色不好德,何謂皆備?"許有慚色,遂雅相重。 勃屑(23) 《楚辭》曰:"西施媞媞而不得見,嫫母勃屑而日侍。"又曰:"珪璋雜於甑室,隴廉與孟陬同宮。舉世以爲恒俗,固將愁苦而終窮。" 賦(24) 登徒子妻,蓬頭攣耳,齗牛善反唇歷齒。旁行傴僂,又疥且痔。登徒子悦之,使有五子。王熟察之,誰爲好色者矣。(宋玉《登徒子好色賦》) 詩 世有非常人,實惟彼玄士。稟兹至緇色,内外皆相似。卧如驪牛驟,立如烏牛跱。忿如鸛鴿鬥,樂似鸕鷀喜。云云。(朱彦時《咏黑兒》)(25) 人皆得令室,我命獨何咎。不遇姜任德,正值醜惡婦。才質陋且儉,姿容劇嫫母。	苦少耳。吾肉不善,雖以他附益之,尚猶不讎。今厚送子,子醜故耳。"其友下問,女果醜。壯一作吐。)(20)惠妃,允婦(王隱《晉書》曰:武帝爲太子納妃,謀久不决。上欲娶衛瓘女,楊后欲娶賈充女。上曰:"衛公女有五可,賈公女有五不可。衛家種賢而多子,端正而長白;賈家種妒而少子,醜而短黑也。"(21)《郭子》曰:許允婦是阮德如妹,奇醜。交禮竟,許永無復入理。桓範勸之曰:"阮嫁醜女與卿,故當有意,宜察之。"許便入見,婦即出,提裙裾待之。許謂婦曰:"婦有四德,卿有幾?"答曰:"新婦所乏唯容。士有百行,君有其幾?"許曰:"皆備。"婦曰:"君好色不好德,何謂皆備?"許有慚色,遂雅相重。)(22)勃屑,隴廉(《楚辭》曰:"西施媞媞而不得見,嫫母勃屑而日侍。"又《楚辭》曰:"珪璋雜於甑室,隴廉與孟陬同宮,舉世以爲桓俗,固將愁苦而終窮。")(23) 【賦】劉謐之《龐郎賦》(坐上諸君子,各各明君耳。聽我作文章,説此河南士。詞泛不具載。)朱彦時《黑兒賦》(世有非常人,實惟彼玄士。稟兹至緇色,内外皆相似。卧如驪牛驟,立如烏牛跱。忿如鸛鴿鬥,樂似鸕鷀喜。云云,詞泛不具載。)(25)劉思真《醜婦賦》(人皆得令室,我命獨何咎。不遇姜任德,正值醜惡婦。才質陋且儉,姿容劇嫫母。

續表

《錦繡萬花谷續集》卷一〇"醜人"	《初學記》卷一九 "人部下·醜人第三"
鹿頭獼猴面,推額復出口。折頞曆面鼻,兩眼顱如臼。膚如老桑皮,耳如側兩手。頭如研米槌,髮如掘掃帚。惡觀醜儀容,不媚似鋪首。闇鈍拙梳髻,刻畫又更醜。妝頰如狗舐,額上獨偏厚。朱唇似踏血,畫眉如鼠負。傅粉堆頣下,面中不遍有。領如鹽豉囊,袖如常拭釜。履中如和泥,爪甲長有垢。脚皸可容箸,熟視令人嘔。(劉思真)(26)①	鹿頭獼猴面,推額復出口。折頞曆面樓鼻,兩眼顱□姣如臼。膚如老桑皮,耳如側兩手。頭如研米槌,髮如握掃帚。惡觀醜儀容,不媚似鋪首。闇鈍拙梳髻,刻畫又更醜。妝頰如狗舐,額上獨偏厚。朱唇如踏血,畫眉如鼠負。傅粉堆頰下,面中不遍有。領如鹽豉囊,袖如常拭釜。履中如和泥,爪甲長有垢。脚霹可容箸,熟視令人嘔。(26)宋玉《登徒子好色賦》:登徒子妻,蓬頭攣耳,齗牛善反脣歷齒,旁行傴僂,又疥且痔。登徒子悦之,使有五子。王熟察之,誰爲好色者矣。(24)②

可以看到,《初學記》作爲"事對"提供的所有典故,《續集》一則不落地取用了,連順序也未曾費心調整,僅將配在一起供對舉的故事拆分開來,各自獨立;《初學記》所録"賦"四則,一則略去,一則仍之,兩則五言體的被抽出另編爲"詩",《初學記》節略之處,亦一仍其舊。其"標目",確有一些經過了重新提取,但仍有相當部分沿用"事對"的文辭。

文字上,二者也有很强的一致性。如《初學記》有涉及同一作品而前後矛盾者,"短足鋭頭"條云"劉謐之《寵郎賦》","賦"則稱"劉謐之《龐郎賦》",《續集》第三條"鋭頭"與前者内容相同,亦同作"劉謐之《寵郎賦》"。還可以看到某些相同的錯誤,《初學記》"子羔貌惡伯倫形陋"條引"梁祚《魏國統文》","祚"訛爲"作",《續集》第十條"伯倫形陋"亦然。同時,《初學記》原有的校注性文字多被略去,如"厚送"條之"肚一作

① 《北京圖書館古籍珍本叢刊》73,頁818—820。

② 據影印日本宫内廳書陵部藏宋刊本《初學記》,綫裝書局,2001年,頁298—300。本文所引《初學記》皆據此本,下不一一注明。

吐”,但也有未被識别而隨正文録入者,如《登徒子好色賦》“牛善反”,本爲“齗”之反切,《續集》誤入正文,亦可證二者之淵源。當然,其間也不無細微差别,但大體屬於傳寫訛誤。

同卷其他三類,也大體如此,僅有《初學記》“美丈夫”之“宋鮑美艷、孫桓聰明”一對“見叙事中”,“何晏若神仙”條“事見上”,“長人”之“巨霸枕股”條“已見上”,“短人”之“婁護精辯”條“見叙事中”,而未被録入,甚至“短人”同樣稱“見叙事中”的“嚴延敏捷”、“巨靈七寸、陀移三尺”也被補出了。

以上近於照單全收,也有僅選録其中部分的。如《後集》“犬”類與《初學記》“狗”類,雖用詞不同而實爲一物,内容亦一脈相承:

《錦繡萬花谷後集》卷三九“犬”	《初學記》卷二九“獸部·狗第十”
斗精(1) 七九六十三陽氣通,故斗運,狗三月而生。(宋均曰:“狗,斗精之所生也。”出《春秋考異》) 青鷁(2) 會稽句章人張然養一狗甚快,名曰烏龍。周處《風土記》曰:犬則青鷁、白雀、飛龍、虎子,馴良捷警,難伸易使也。(出《搜神記》) 長耳(3) 黑犬白頭長耳捲尾,龍也。(出《白澤圖》) 豹身龍形(4) 舒節急筋,豹身龍形。蹄如結鈴,五魚體成。(出《走狗賦》) 銜卵(5) 古徐國宫人娠而生卵,棄之水濱。有犬名白蒼銜而歸,俄而成人。遂爲徐嗣君。(出《述異記》)	【叙事】…… 【事對】金畜,斗精(應劭《風俗通》曰:殺犬磔攘。犬者,金畜。攘,却也,抑金使不害也。《春秋考異郵》曰:七九六十三陽氣通,故斗運。狗三月而生。宋均注曰:狗,斗精之所生也。)(1)烏龍青鷁(陶潛《搜神記》曰:會稽句章人張然養一狗甚快,名曰烏龍。周處《風土記》曰:犬則青鷁、白雀、飛龍、虎子,馴良捷警,難狎易使也。)(2)竦耳,注精(……)黄頗,赤精(……)長耳,短喙(《白澤圖》曰:黑狗白頭長耳卷尾,龍也。(3)蔡氏《清論》曰:望規之兔、白蹄之豕、短喙之犬、修頭之馬,斯禽獸也,猶形乎勢觀。况君子之貌,獨無表告者哉!)旅獒,周狗(……)鈴蹄,鋸齒(傅玄《走狗賦》曰:舒節急筋,豹耳龍形。蹄如結鈴,五魚體成。(4)周處《風土記》曰:犬則青鷁、白雀、飛龍、虎子,猲獢五魚,狼牙鋸齒。)宋浞,韓盧(……)白首,素牙(……)賫書,銜卵(《述異記》曰:陸機在吴,爲犬曰:“我家絶無書信。”以竹筩繫之犬頸,犬疾走向吴。其家作答,内竹筩中,仍馳

續表

《錦繡萬花谷後集》卷三九"犬"	《初學記》卷二九"獸部·狗第十"
走百里(6) 天子之狗,走百里,執虎豹也。(出《穆天子傳》) 高三尺(7) 郭頌《魏俗晉語》曰:"太康七年天郊,壇下有白犬,高三尺,光色鮮明。恒卧,見人則去。[①]	還洛。郭緣生《述徵記》曰:古徐國宫人娠而年卵,弃之水濱。有犬名血蒼銜而歸,拂而成人,遂爲徐嗣君。)(5) 走百里,高三尺(《穆天子傳》曰:天子之狗,走百里,執虎豹也。(6) 郭頒《魏晉俗語》曰:太康十年天郊,壇下有白犬高三尺,光色鮮明。恒卧,見人則去。)(7) 【賦】魏賈岱宗《大狗賦》:……[②]

加下劃綫部分是相重的文字或内容。雖然《後集》内容遠遠少於《初學記》,但七則記事均見於該書"事對",且不乏摘録當中的訛誤。如第一則"斗精",出處"《春秋考異郵》"脱誤爲"《春秋考異》";第二則"青鷁"録入了《初學記》作爲"事對"提供的"烏龍青鷁"兩個典故,且將前者的出處《搜神記》標注於後,而後者的出處夾雜在行文中,形成了《搜神記》引用"周處《風土記》"的局面;末則保留了《初學記》出處在前的形式,然訛"魏晉俗語"爲"魏俗晉語"[③]等等。其粗心誤讀固不待言,二者之承襲關係,亦不問可知。

這種摘録,較之"照單全收"更爲常見。一個類目之下,多者十餘則,少者數則,甚至有如後集卷三九"猴"一則、卷四〇"蝶"二則、"螢"一則者。其特點是,不論多寡,"全部"内容均來自《初學記》。

相對而言,"簡單抄録"在《續集》更爲突出。除前文所舉卷一九外,其與《初學記》存在對應的卷次還有:卷三七至三九對應於《初學記》卷二五"器物部",其漏刻、帷幕、屏風、簾箔、床、席、扇、香爐、鏡、鏡臺、舟、車、燈、燭、烟、火十六類,正是《初學記》該卷的"漏刻第一"至"火第十六";卷四〇對應於《初學記》卷二九"兽部"、卷三〇"鳥部",其羊、豕、

① 《北京圖書館古籍珍本叢刊》73,頁766。案:此卷據明刻本配補。

② 綫裝書局,2001年,頁461—463。

③ 案《白氏六帖事類集》卷二九有相同的内容,稱"《魏志》晉俗語曰"云云。

鼠、鸡、鷹、乌、鹊七類皆在此二卷中，且先後順序相同。總體看來，主要取自相應類目之“事對”及“詩”(或“賦”、“歌”、“行”、“篇”、“啓”)。也有摘自“叙事”者，如卷三九“燈”，即將“叙事”除首條外的全部内容一概抄入。文字則基本不作改動，僅偶有節略。出處或改置記事之後，然不盡一致，且有遺漏。據目前考證，這六卷中不見於《初學記》的，僅卷四〇“豕”類“豕人”一則。可以説，在《續集》，這是襲用《初學記》的基本方式。

而《後集》情況又有所不同。與《初學記》的對應幾乎覆蓋了全書，内容的取用則方式不一，簡單摘抄與稍後所述“勾兑”往往交錯混雜，或亦可看做“勾兑”時的漏網之魚。

(二) 舊酒與“新”瓶

在門類名稱、甚至框架都存在較大差異，看去似無關聯的情況下，依然可以發現内容的整體取用。最典型的是《後集》卷六，該卷按州府匯録地方掌故，共載録“臨安”等八十八個州府，雖非按南宋路、府、州、軍的架構組織編排，却儼然是“半壁河山”，且將都城臨安置於卷首，有鮮明的“南宋特徵”。表面看去，這與分十一道編録地方掌故的《初學記》卷八“州郡部”，在形式、體例、内容上都迥然不同，而其中實藏奥妙。以其前四州爲例：

《錦繡萬花谷後集》卷六	《初學記》卷八 “州郡部 · 江南道第十”
臨安 西部(1) 《漢書》曰：錢塘，西部都尉居之。 東安(2) 《吴志》曰：黄武五年，丹陽會稽吴郡小寇攻没諸縣，乃分三部之要害地置東安郡，居富春。 樹呼龜(3) 孫權時，獲一大龜，持獻吴主。夜宿越里，繫船於大桑樹。樹呼龜曰：“元緒，	【事對】東府，西州(王謙之《丹陽記》曰：東府城地，則晉簡文爲會稽王時第。東則丞相會稽王道子府，道子領揚州，故俗稱東府。(9)又曰：揚州廨，王敦所創，開東、南、西三門。俗謂之西州。(10)孫陵，蔣廟(《丹陽記》曰：蔣陵，因山以爲名，吴大帝陵也。《輿地志》曰：“臺當孫陵曲衍之傍，故蔣陵亭亦名孫陵亭。”(11)《丹陽記》曰：蔣子文爲

續表

《錦繡萬花谷後集》卷六	《初學記》卷八 “州郡部・江南道第十”
奚事爾耶?”龜曰:“行不擇日,今方見烹。雖然,盡南山之柴,不能潰我。”(《異苑》) 人化鶴(4) 孫鍾以種瓜爲業,有三少年詣鍾乞瓜,曰:“此山下善,可作冢,當爲定墓。”鍾隨下山,三十步,三人悉化成白鶴,飛入空中。即孫堅所葬地也 扈瀆(5) 《吴都記》曰:松江東瀉,海口名曰扈瀆。《輿地志》曰:“扈,業者濱海漁捕之名。插竹列於海中,以繩編之,向岸張兩翼。潮上即没,潮落即出。魚隨潮,礙竹不得出,名之曰扈。” 鹽田(6) 《輿地志》曰:海濱廣斥,鹽田相望。吴煮海爲鹽,即鹽官縣境也。 包山(7) 《玄中記》曰:吴西具區澤中有包山,有洞庭室。 于隧(8) 《戰國策》曰:越山散卒三千,擒夫差於于隧。吴縣西北有地名于隧,是也。 鎮江 東府(9) 山謙之《丹陽記》曰:東府城地,則晉簡文爲會稽王時第。東則丞相會稽王道子府,道子領楊州,故俗稱東府。 西州(10) 《丹陽記》曰:楊州廨,王敦所創。開東、南、西三門,俗謂之西州。 孫陵(11) 《丹陽記》曰:蔣陵,因山以爲名,吴大帝陵也。《輿地志》曰:“臺當孫陵曲衍之傍,故蔣陵亭亦名孫陵亭。”	秣陵尉,自言己青死當爲神。爲賊所殺。故吏忽見子文乘白馬,如平生。孫權發使封子文而爲都中侯,立廟鍾山。因改爲蔣山。(12)已上潤州)扈瀆,鹽田(《吴都記》曰:松江東瀉,海口名曰扈瀆。《欤地志》曰:“扈,業者濱海漁捕之名。插竹列於海中,以繩編之,向岸張兩翼。潮上即没,潮落即出。魚隨潮,礙竹不得去,名之云扈。(5)又曰:海濱廣斥,鹽田相望。吴煮海爲鹽,即鹽官縣境也。(6))包山,于隧(《玄中記》曰:吴西具區澤中有包山,有洞庭室。(7)《戰國策》曰:越王散卒三千,擒夫差於于隧。吴縣西北有地名于隧,是也。(8)已上蘇州)横山,長瀆(《左傳》曰:楚子重成吴,克鳩兹,至于衡山。注曰:“在烏程南。横,古衡字通。(13)《吴興記》曰:何口山東濱大溪,西帶長瀆。(14))若下,嵎中(《吴録》云:長城若下酒有名。溪南曰上若,北曰下若,並有村。村人取若下水以釀酒,醇美勝雲陽。(15)《吴興記》曰:風渚南三十里曰嵎中,即嵎山也。(16)已上湖州)西部,東安(《漢書》曰:錢塘,西部都尉居之。(1)《吴志》曰:黄武五年,丹陽會稽吴都山寇攻没諸縣,乃分三郡之要害地置東安郡,居富春。(2))樹呼龜,人化鶴(《異苑》曰:孫權時,獲一大龜,持獻吴王。夜宿越里,繫船於大桑樹。樹呼龜曰:”元緒,奚事尔耶?”

續表

《錦繡萬花谷後集》卷六	《初學記》卷八 "州郡部·江南道第十"
蔣廟(12) 《丹陽記》曰:蔣子父爲秣陵尉,自言已死當爲神。爲賊所殺。故吏忽見子父乘白馬,如平生。孫權發使封子父爲都中侯,立廟鍾山,因改爲蔣山。 湖州 横山(13) 《左傳》曰:楚子重成吴,克鳩前至于衡山。注曰:"在烏程南。横,古衡字通。" 長瀆(14) 《吴興記》曰:河口山,東濱大溪,西帶長瀆。 若下(15) 《吴録》云:長城若下酒有名。溪南曰上若,北曰下若,並有村。村人取若下水以釀酒,醇美勝雲陽。 嵎中(16) 《吴興記》曰:風渚南三十里曰嵎中,即嵎山也。 常州 蒼蛟溪(17) 《孔氏志怪》云:義興有白額獸,溪渚長橋有蒼蛟,并周處,爲三害。 白獺穴(18) 長橋下有白獺,若將有兵,獺出穴口四望而嘷。舊言有神。(《風土記》) 横峴(19) 峄山多縱石,而有大横峴以承衆流。(《風土記》) 長塘(20) 洮湖,即長塘湖。(《輿地志》)①	龜曰:"行不擇日,今方見烹。雖然,盡南山之柴,不能潰我。"(3)《幽明録》曰:孫鍾以種瓜爲業,有三少年詣鍾乞瓜,曰:"此山下善,可作冢。當爲定墓。"鍾隨下山,三十步,三人悉化成白鶴,飛大空中。即孫堅所葬地。(4)已上杭州)蒼蛟溪,白獺穴(《孔氏志怪》云:義興有白額獸,溪渚長橋有蒼鮫,并周處,爲三害。(17)周處《風土記》曰:長橋下有白獺,若將有兵,獺出穴口四望而嘷。舊言有神。(18))横峴,長塘(《風土記》曰:峄山多縱石,而有大横峴以承衆流。(19)《輿地志》曰:洮湖,即長塘湖。(20)已上常州)②……

① 《北京圖書館古籍珍本叢刊》73,頁 572—573。

② 綫裝書局,2001 年,頁 131、132。

很顯然,這四個州府的所有内容均見於《初學記》,《初學記》"江南道第十"有關潤、蘇、湖、杭、常五州的所有"事對"也無一例外地被取用了。除了摘録中發生的文字訛誤,諸如"蔣子文"作"蔣子父"之類,可謂全無差異。

客觀而言,在跨越五百年、歷經朝代變遷的情況下,如果真正準確地將地理掌故的"舊酒"分别裝入相應的新瓶,即使不另行搜集信息,亦是一項了不起的工作,但這裏却不無遺憾。從上例即可看到,原本有關蘇州的"滬瀆鹽田"、"包山于隧"兩組事對,與有關杭州的"西部東安"、"樹呼龜人化鶴"一併被充實到"臨安"之下,這還只是地域歸屬上的簡單錯亂。而所涉八十八個州府,雖略似南宋轄區,却不儘然。比對可知,這些州府涵蓋了《初學記》"州郡部"之"山南道第七"、"劍南道第八"、"淮南道第九"、"江南道第十"、"嶺南道第十一"絶大部分州郡,以及"隴右道第六"的秦、渭二州。所使用的名稱,也在相當程度上保留了《初學記》、即唐開元年間的面貌。在唐、宋行政區劃有差異的州郡,僅有少部分作了更改,如"隆興府"不作"洪州"、"常德府"不作"朗州";也偶有在舊地名之下加注新地名,如"越州(紹興府)"、"宣州(寧國府)"者,但不僅數量極少,也未盡準確。如"宣州(寧國府)"有如下記事:

> 慈姥
>
> 江寧南有慈母山,積石臨江,生簫管竹,俗呼爲鼓吹山。江寧縣之慈姥山在當塗縣北。①

所涉江寧縣南、當塗縣北的地域,在唐朝屬潤州、宣州交界之處,録於"宣州"固無不可。而唐之宣州在宋代已分爲寧國府、池州、太平州、廣德軍,也有部分劃入建康府,按當時行政區劃,是在太平州與建康府交界處,而無關寧國府。這種偏差,當爲簡單襲用《初學記》所致。

更多的是沿用唐代行政區劃名稱而未作任何説明。如"梁州",唐

---

① 《北京圖書館古籍珍本叢刊》73,頁573。

德宗興元年間升“興元府”,宋代仍之,此則同《初學記》依然作“梁州”;再如“秦州”,“皇朝中興,虜陷秦州,分劃南北界,而天水縣屬於我,始撥隸成州。……自承平時,議者欲升縣爲軍,以尊表國姓。會兵興,乃寢。及虜騎西來,陝右百城盡陷,惟天水獨存,議者以爲當升軍”,因而成爲“領縣一,治天水”的“天水軍”①,此亦如舊。

還可以看到在宋代因分合升降而不復存在的州郡,如已分爲沅、靖二州的巫州;以及因版圖變化不復隸屬於中央政府的州郡,如交州、愛州、峰州、驩州等。甚至可以看到同實異名的南宋州府與唐代州郡各爲條目的現象,如“江陵府”與“荆州”。追溯其因由,仍與政區的沿革變遷不無關係。在唐代,“江南道者,《禹貢》揚州之域,又得荆州之南界”、“山南道者,《禹貢》荆、梁二州之域”,故《初學記》兩道皆存有涉及“荆州”的信息。《後集》則於“江陵府”録一則,來自《初學記》“江南道”之“朗州”:

鶴澤

劉義慶《世説》曰:晉羊祜鎮荆州,於江陵澤中得鶴,教其舞動,以樂賓友。②

於“荆州”録有二則,來自“山南道”之“荆州”:

雲澤

《春秋文耀鉤》曰:大别以東至雲澤、九江、衡山、荆州。今案即雲夢澤也。

景洲

魏將夏侯尚圍南郡,作浮橋,度景洲。洲今在江陵縣界。

---

① (宋)祝穆《方輿勝覽》卷六九“利州西路·天水軍”,中華書局,2003年,頁1209。

② 《北京圖書館古籍珍本叢刊》73,頁577。

(《吴志》)①

從記事看,後者歸於唐代之"荆州"或宋代之"江陵府"都没有問題,但前者却值得推敲。"荆州"自《禹貢》即爲九州之一,歷代多仍其名,而建置差異極大。西晉時期羊祜所鎮之"荆州"下轄二十二郡,近於後世"道"、"路"一級行政單位,地域相當廣大,其中也包括武陵郡,即隋唐的朗州。應該説,《初學記》將該記事歸於與發生地"江陵"相隔甚遠的"朗州",本有不妥之處,《後集》編者從"龍池鶴澤"的事對中將其分拆出來,不入"常德府"而歸入"江陵府",不失爲正確的操作。但未能與來自"山南道"之"荆州"合二爲一,則顯然有失。

因此,這裏不僅"酒"是舊的,"瓶"也並非完全意義上的"新瓶",且因新舊夾雜而增添了不少錯亂。作爲歷史知識,將古代行政區劃與相關掌故提供出來,對讀者亦非無益,但這種錯亂却暗藏了閱讀、使用的陷阱。顯然,在這個部分,編者並没有下太多功夫,而是依照《初學記》原本的州郡信息加以分抄,按編者所掌握的有限的地理知識略作處理,裝扮出"南宋"的門面,以迎合當時人的心理需求而已。

(三) 勾兑

在與《初學記》對應的很多類目,也同時存在内容上的明顯溢出。而這些溢出,其"出處"相對集中,如《明皇雜録》、《開元遺事》、《天寶遺事》、《酉陽雜俎》以及《唐書》諸志等等,成書時間也多在晚唐、五代,乃至北宋,明顯晚於《初學記》。是這些書籍曾被《後集》、《續集》編者納入資料搜集範圍,還是另具蹊徑呢?以卷三二"歌"爲例:

① 《北京圖書館古籍珍本叢刊》73,頁580—581。

《錦繡萬花谷後集》卷三二"歌"	《初學記》卷一五"歌第四"	《白孔六帖》卷六一"歌十二"
得寶歌(1) 韋堅鑿潭成,帝爲升樓。每舟署某郡,以所産暴陳其上。若廣陵,則錦、銅器。先是,人間唱得《體紇歌》,有"楊州銅器",語叶更變爲《得寶歌》,自造曲唱習。至是,衣缺袴衫、錦半臂、絳帽額,立艫前,倡人數百皆巾幩鮮冶,齊聲應和,鼓吹合作。(《六帖》) 紫雲曲(2) 八月望夜,師與上游月宮,聆月中天樂。其曲名曰《紫雲曲》,上素曉音律,默記其聲,歸傳其音,名《霓裳羽衣曲》。(《唐逸史》) 障後歌(3) 寧王有妓寵姐,美姿色,善謳唱,客莫能見。李白侍酒,戲曰:"聞王有寵姐善歌,今酒殽醉飽,群公宴倦,王何吝此女示於衆?"王笑謂左右曰:"設七寶花障。"召於障後歌之。白起而謝曰:"雖不許見面,聞其聲亦幸矣。"(《開元遺事》) 進水調歌(4) 興慶宮,帝潛邸。於西南隅起花萼、相輝二樓,與諸王游處。禄山犯順,乘遽以聞,議欲遷幸。置酒樓上,命作樂。有進《水調歌》者曰:"山川滿目淚沾衣,富貴榮華得幾時。不見只今汾水上,惟有年年秋雁飛。"上問:"誰爲此詞?"曰:"李嶠。"上曰:"真才子也。"遂不終飲而去。(《明皇雜録》) 曲彌高和彌寡(5) 楚襄王問於宋玉曰:"先生有遺行歟?何士庶不譽之甚也?"玉	【叙事】…… 【事對】……齊右,郢中(《孟子》曰:昔王豹處於淇而河西善謳,綿駒處高唐而齊右善歌。宋玉《對問》曰:楚襄王問於宋玉曰:"先生有遺行歟?何士庶不譽之甚也?"玉對曰:"客有歌於郢中,《下里》、《巴人》,屬而和者數千人;爲《陽春》、《白雪》,國中和者不過數人。其曲彌高,其和彌寡。)(5)……出塞,升隴(《西京雜記》曰:高帝令戚夫人歌《出塞》、《望歸》之曲,侍婢數百皆爲之。後宫齊唱,聲入雲霄。(6)《秦州記》曰:隴西郡隴山,其上懸巖吐溜於中嶺泉停,因名万石泉。泉溢,漫散而下,涓澮皆注。故北人升此而歌曰:"隴頭流水,流離四下。念我行役,飄然曠野。登高遠望,涕零雙墮。")……傳谷,遏雲(盛弘之《荆州記》曰:臨賀馮乘縣有老善歌,餘音傳谷數日。(7)張華《博物志》曰:薛談學謳於秦青,未窮青之技而辭歸。青餞於郊,	……得寶歌(韋堅鑿潭成,帝爲升樓。每舟署某郡,以所主暴陳其上。若廣陵,則錦、銅器。先是,人間唱得《休紇歌》,有"揚州銅器",語叶更變爲《得寶歌》,自造而唱習。至是,衣缺袴衫、錦半臂、絳帽額,立艫前,倡人數百皆巾幩鮮冶,齊聲應和,鼓吹合作。)(1)……紫雲曲(八月望夜,師與上游月宮,聆月中天樂。其曲名曰《紫雲曲》,上素曉音律,默記其聲,歸傳其音,名《霓裳羽衣曲》。出《唐逸史》)(2)……裊裊穿雲衢(繁弦迸關細,寒管裂圓蘆。衆音不能逐,裊裊穿雲衢。杜牧《張好好詩》)一聲雛鳳呼(盼盼乍垂袖,一聲雛鳳呼。同上。)贈之天馬錦(副以水犀梳。同上。)(15)……歌直千金(《開元遺事》……)隔障歌(寧王有妓寵姐,美姿色,善謳唱,客莫能見。李白侍酒,戲曰:"聞王有寵姐善歌,今酒殽醉飽,群公宴倦,王何吝此女示於衆?"王笑謂左右曰:

續表

《錦繡萬花谷後集》卷三二"歌"	《初學記》卷一五"歌第四"	《白孔六帖》卷六一"歌十二"
對曰:"客有歌於郢中,《下里》、《巴人》,屬而和者數千人;爲《陽春》、《白雪》,國中和者不過數人。其曲彌高,其和彌寡。"(宋玉《對問》) 聲入雲霄(6) 高帝令戚夫人歌《出塞》、《望歸》之曲,侍婢數百皆爲之。後宫齊唱,聲入雲霄。(《西京雜記》) 餘音傳谷(7) 臨賀馮乘縣有老姥善歌,餘音傳谷數日。(《荆州記》) 響遏行雲(8) 薛談學謳於秦青,未窮青之技而辭歸。青餞於郊,乃撫節悲歌,聲振林木,響遏行雲。談乃謝,求反。(《博物志》) 莫愁善歌(9) 《莫愁樂》者,亦因石城樂而有此歌。石城西有女子名莫愁,善歌謡。且石城樂和中有"忘愁"聲,因有此歌。(《古今樂録》) 詩 汗輕紅粉濕,坐久翠眉愁。浮聲入鐘磬,餘囀雜箜篌(梁元帝)(10) 獨明花裏翠,偏光粉上津。屢將歌罷扇,迴拂影中塵。(劉孝綽)(11) 扇中通慢臉,曲裏奏陽春。久應迷座客,何啻起梁塵。(北齊劉逖)(12) 斜光入丹扇,的的最分明。欲持照雕栱,仍作繞梁聲。(周弘正)(13) 協律新教罷,河陽始學歸。但令聞一曲,餘聲三日飛。(庾信)(14) 繁聲弦迸関,細寒管裂蘆。衆音不能逐,裊裊穿雲衢。盼盼乍垂袖,一聲雛鳳呼。贈之天馬錦,副以水犀梳。(杜牧)(15) ①	乃撫節悲歌,聲振林木,響遏行雲。談乃謝,求反。)(8) ……石城,金闕(釋智匠《古今樂録》曰:《莫愁樂》者,亦因石城樂而有此歌。石城西有女子名莫愁,善歌謡,且石城樂和中有"忘愁"聲,因有此歌。(9) 韋昭《洞曆記》曰:紂無道,比干知極諫必死,作《秣馬金闕歌》)…… 【詩】梁元帝《咏歌》詩(汗輕紅粉濕,坐錢翠眉愁。浮聲入鐘磬,餘轉雜箜篌。)(10) 劉孝綽《和咏歌人偏得日照》詩(獨明花裏翠,偏光粉上津。屢將歌罷扇,迴拂影中塵。)(11) 北齊劉逖《清歌發》詩(扇中通慢臉,曲裏奏陽春。久應迷座客,何啻起梁塵。)(12) 陳周弘正《咏歌人偏得日照》詩(斜光入丹扇,的的最分明。欲持照雕栱,仍作繞梁声。)(13) 隋庾信《聽歌》詩(協律新教罷,河陽始學歸。但令聞一曲,餘声三日飛。)(14) ②	"設七寶花幛。"召於障後歌之。白起而謝曰:"雖不許見面,聞其聲亦幸矣。"同上。)(3) ……進水調歌(興慶宫,帝潛邸。於西南隅起花蕚、相輝二樓,與諸王游處。禄山犯順,乘遽以聞,議欲遷幸。置酒樓上,命作樂,有進水調歌者曰:"山川滿目淚沾衣,富貴榮華得幾時。不見只今汾水上,惟有年年秋雁飛。"上問:"誰爲此詞?"曰:"李嶠。"上曰:"真才子也。"遂不終飲而去。《明皇雜録》)(4) ……③

① 《北京圖書館古籍珍本叢刊》73,頁729。

② 綫裝書局,2001年,頁242—248。

③ 據景印文淵閣《四庫全書》本。本文引《白孔六帖》皆據此本,下不一一注明。

《後集》記事部分九則，五則見於《初學記》，四則見於《白孔六帖》；其後"詩"共六則，前五則見《初學記》，末則亦見《白孔六帖》。

與前面討論的兩種情況不同，這裏與之對應的書是兩部。表面上看，不見於《初學記》的四則記事中，只有第一則"得寶歌"，出處標注爲"六帖"，其他均另有來歷。然而，這也與《後集》使用《初學記》而極少標明一樣，是一種障眼法。如"隔幛歌"事，亦存於傳世之《開元天寶遺事》卷下：

> 寧王宫有樂妓寵姐者，美姿色，善謳唱。每宴外客，其諸妓女盡在目前，惟寵姐客莫能見。飲及半酣，詞客李太白恃醉戲曰："白久聞王有寵姐善歌，今酒殽醉飽，群公宴倦，王何吝此女示於衆？"王笑謂左右曰："設七寶花障。"召寵姐於障後歌之。白起謝曰："雖不許見面，聞其聲亦幸矣。"①

相比於《白孔六帖》，其事雖同，文字却頗有差異。而《後集》則與《白孔六帖》一致，可知所據並非原書，而是將《白孔六帖》之文字與"出處"一並録入。杜牧《張好好詩》也是如此。據《樊川文集》卷一：

> 張好好詩并序
>
> 牧大和三年，佐故吏部沈公江西幕，好好年十三，始以善歌來樂籍中。後一歲，公移鎮宣城，復置好好於宣城籍中。後二歲，爲沈著作述師以雙鬟納之。後二歲，於洛陽東城重睹好好，感舊傷懷，故題詩贈之。
>
> 君爲豫章姝，十三纔有餘。翠茁鳳生尾，丹葉蓮含跗。高閣倚天半，章江聯碧虚。此地試君唱，特使華筵鋪。主公顧四座，始訝來踟蹰。吴娃起引贊，低徊映長裾。雙鬟可高下，纔過青羅襦。盼盼乍垂袖，一聲雛鳳呼。繁弦迸關紐，塞管裂圓蘆。衆音不能逐，裊裊穿雲衢。主公再三嘆，謂言天下殊。贈之天馬錦，副以水犀梳。龍沙看秋浪，明月游東湖。自此每相見，三日已爲疏。玉質隨月

---

① 據景印文淵閣《四庫全書》本。

滿,艷態逐春舒。絳唇漸輕巧,雲步轉虚徐。旌旆忽東下,笙歌隨舳艫。霜凋謝樓樹,沙暖句溪蒲。身外任塵土,樽前極歡娱。飄然集仙客(著作嘗任集賢校理),諷賦欺相如。聘之碧瑶珮,載以紫雲車。洞閉水聲遠,月高蟾影孤。爾來未幾歲,散盡高陽徒。洛城重相見,婥婥爲當壚。怪我苦何事,少年垂白鬚。朋游今在否,落拓更能無。門館慟哭後,水雲秋景初。斜日挂衰柳,凉風生座隅。灑盡滿衿淚,短歌聊一書。[①]

這本是一首長歌,《後集》所録八句僅是其中部分,且各句順序不同於原詩而與其在《白孔六帖》的出現相一致。然《白孔六帖》之摘句本爲三則,雖同出一詩,却各自獨立,故無所謂順序。《後集》簡單抄襲,併合爲一,就形成了順序錯亂的現象。故而這裏同樣是依據《白孔六帖》録入,而非來自杜牧原詩。

可以説,這部分的資料補充,同樣不是在《初學記》之外廣泛搜求資料實現的,而是將《白孔六帖》中的内容拼貼過來,成爲兩部書的"勾兑"。其結果則是新書不完全類同於所因襲的任何一部書。這種情況在《後集》隨處可見,包括很多内容並不太多的小類,而差别往往只在於《初學記》與《白孔六帖》各自所占的比例。前文提到的《續集》卷四〇"冢人"一則,但云:"齊侯田,見大豕。從者曰:'公子彭生也。'豕人立而啼。"雖出處標注爲《左傳》,而文字較《左傳》頗有節略,更近於《白孔六帖》之引文,應當也是如此。

無疑,《白孔六帖》是《錦繡萬花谷》續書、特别是《後集》的另一重要參考。從所涉内容看,既有見於白氏原本者,也有見於孔傳所續部分的,故所據當爲南宋後期被合刊的《白孔六帖》。在《後集》,標明出自"《六帖》"的條目遠遠多於《初學記》,然而亦同樣只是據該書所録内容的一小部分。或許可以這樣理解,越是重要的"抄襲對象",編者也就更加意地"避諱",而隨重要程度下降,"諱言之"的力度也相應有所降低。

---

① (唐)杜牧《樊川文集》卷一,上海古籍出版社,1978年,頁8—9。

當然,《初學記》與《白孔六帖》並不能覆蓋《後集》的全部内容。《後集》所涉詩文作者包括了陳亮、楊萬里、陸游、真德秀、華岳、劉克莊等孝宗以後人,也早經學者指出①。這自然不是《白孔六帖》所能涵蓋的。在其標稱的出處當中,也可以看到《海録碎事》、《職官分紀》、《長編》、《中興會要》、《夷堅志》等大量晚於《孔氏六帖》的書籍。實際上,《後集》對這些書籍的取用,也可能遠超其所標稱的程度。以《初學記》未單立類目的"泉"爲例:

《錦繡萬花谷後集》卷五"泉門"	《海録碎事》卷三下 "水泉門(湯泉附)"
交旋如盤龍(1) 元街縣有泉,泉眼中水交旋如盤龍。或試撓破之,尋手成龍狀。驢馬飲之,皆驚走。 房陵粉水(2) 房陵有清泉,土人以爲粉,則膏澤芳潤,貢京師。因名房陵粉水。(出《地理志》) 靈池山八泉(3) 靈池山在翁源縣,上有八泉,曰湧泉,曰甘泉,曰温泉,曰震泉,曰龍泉,曰玉泉,曰靈泉。(《水衡記》) 温泉(4) 凡水源有石硫黄,其泉則温。或云神人所煖,主療人疾。(《博物志》) 神女唾(5) 始皇與神女游而忤其旨,神女唾之,則生瘡。始皇怖謝,神女爲出温泉而洗除。後人因以爲驗。(《初學記》) 白雲泉(6) 白雲泉,在天平山。白樂天題以絶句,范文正繼作,名遂著。在吴縣。(《圖經》)	…… 温泉(4) 《博物志》:凡水源有石硫黄,其泉則温。或云神人所煖,主療人疾。 神女唾(5) 《初學記》載:俗云始皇與神女游而忤其旨,神女唾之,則生瘡。始皇怖謝,神女爲出温泉而洗除。後人因以爲驗。 三牲祭 《三秦記》云:驪山湯,舊説以三牲祭乃可入,可以去疾消病。 …… 白雲泉(6) 白雲泉,在天平山。白樂天題以絶句,范文正繼作,名遂著。在吴縣。(《圖經》) …… 天齊淵(7) 《齊紀》曰:齊地泉中或出瓦,上有天齊字。《晏子》曰:"吾聞江深五里,海深十里,此泉與天齊也。" ……

① 李裕民《四庫提要訂誤(增訂本)》"錦繡萬花谷",中華書局,2005年,頁289。

續表

《錦繡萬花谷後集》卷五"泉門"	《海録碎事》卷三下 "水泉門(湯泉附)"
天齊淵(7) 齊地泉中或出瓦,上有天齊字。晏子曰:"吾聞江深五里,海深十里,此泉與天齊也。"(《齊紀》) 七眼泉(8) 在施州南寨石臼溪旁。其泉源有七眼。(《圖經》) 撫掌泉(9) 在餘杭洞霄宫。相傳錢氏武肅王至宫,撫掌而泉涌,因以爲名。(《圖經》) 紅泉(10) 謝靈運《題華子岡》:"銅陵映碧澗,石磴瀉紅泉。"謝靈運《山居賦》:"飄丹砂於紅泉。" 詩 ……①	房陵粉水(2) 《地理志》:房陵有清泉,土人以爲粉,則膏澤方,貢京師。因名房陵粉水。 …… 七眼泉(8) 在施州南寨石曲溪旁。其泉源有七眼。(《圖經》) …… 撫掌泉(9) 在餘杭洞霄宫。相傳錢氏武肅王至宫,撫掌而泉涌,因以爲名云。(上) …… 八泉(3) 靈池山在翁源縣,上有八泉:曰湧泉,曰甘泉,曰温泉,曰震泉,曰龍泉,曰玉泉,曰靈泉。(《水衡記》) …… 紅泉(10) 謝靈運《入華子岡》:"銅陵映碧澗,石磴瀉紅泉。"謝靈運《山居賦》:"飄丹砂於紅泉。" ……②

《後集》"泉門"所録詩計蘇軾三首、蘇洵一首、鄭獬一首,皆出宋人,未詳所據。而其記事,除首條"交旋如盤龍"標目、文字全同於《白孔六帖》卷七"泉源十三"之外,其他均可見於《海録碎事》,文字幾無差别,出處完全一致。其中,標稱出自《初學記》的"神女唾"一條,可見於《初學記》卷七"地部下·驪山湯第三",核該處原文:

【叙事】《博物志》云:凡水源有石流黄,其泉則温。或云神人所

① 《北京圖書館古籍珍本叢刊》73,頁570—571。

② 據景印文淵閣《四庫全書》本。

> 煖，主療人疾。辛氏《三秦記》云：驪山湯，舊說以三牲祭乃得入，可以去疾消病。俗云，秦始皇與神女游而忤其旨，神女唾之，則生瘡。始皇怖謝，神女爲出温泉而洗除，後人因以爲驗。《漢武故事》云……

可以看到，"《博物志》云云"，即《海録碎事》"神女唾"之前"温泉"一條的内容，而"《三秦記》云云"，則是緊接"神女唾"之後"三牲祭"一條的内容。而所謂"神女唾"故事，其實同樣來自《三秦記》，《海録碎事》未能確切解讀，故不得文獻出處，而誤認爲但屬"俗云"。也正因爲如此，此條也成爲其録自《初學記》的三條中，唯一老實標注了《初學記》這一實際來歷者，《後集》亦仍之。因此，這裏《後集》與《海録碎事》並非偶同，而是摘録關係。甚至其與衆不同的類目標稱——"泉門"，也很可能是《海録碎事》之餘波。因此，就這個類目而言，我們也不妨稱之爲《白孔六帖》與《海録碎事》的"勾兑"。當然，這種"勾兑"的出現頻率遠遠低於前面所考證的兩種書籍。

二 "纂"書伎倆

前文考察雖不能呈現《後集》、《續集》的全部資料來源，但從中已可看到，南宋書商編纂類書，在資料獲取方面確實存在"捷徑"。而在全書的組織上，也有異曲同工之妙。

《錦繡萬花谷》續書之門類組織，特别是《後集》前半部，明顯依仿"前集"。如《後集》卷一爲"天"、"日"、"月"、"星"、"雨"、"祈雨"，與"前集"卷一類目、順序全同；卷二爲"雪"、"霜"、"風"、"雲"、"霧"、"露"、"雷"、"電"、"虹"、"冰"、"霽"，較"前集"多出"露"、"冰"兩類，餘則同；卷三同爲"春"、"夏"、"秋"、"冬"；卷四亦同爲歲時節令，但易"立春"爲"人日"，又增"社日"、"寒食"、"上巳"，削去"雜日"耳。應該説，這種"一脈相承"既可凸顯與"前集"的"血緣"關係，也暗示了此集主旨在於增補"前集"所未備之信息，在很大程度上，是書商吸引讀者的一種做作。用來填充這些類目的資料,即如前文所考,主要來自前人類書中的相應門類,又以《初學記》、《白孔六帖》最爲突出。

以卷五、卷六爲例。“前集”卷五包含“地”、“山嶽(附石)”、“海”、“潮”、“川瀆”、“湖”以及“臨安”、“蘇州”至“永州”諸州府,卷六爲“西京”、“揚州”至“廣州”諸州府,以及“諸郡名”、“總地里”。《後集》卷五有“地”、“山嶽”、“石”、“海”、“江”、“河”、“湖”、“泉”八個類目,卷六則是“臨安”以下 88 個州府。表面上看,前、後二集雖分卷稍異,主題却是一致的,均有關於“地”。但考察其在“舊”框架之下的“新”内容,則可見類目設置較“前集”似是而非,“地”、“山嶽”、“石”、“海”、“江”、“河”、“湖”均是《初學記》已有類目,其“記事”基本襲自《初學記》及《白孔六帖》,而“詩”部分可見溢出此二書之外的唐宋人作品。可以説,仍是此二書構建了其大致面貌。而“泉”,如前文所云,是《初學記》未單設之類目,其首則襲自《白孔六帖》“泉源”一門,其他“記事”皆來自《海録碎事》,可謂“另補”。至於卷六,亦經前文討論,乃《初學記》“州郡部”重新包裝而來,其所列州府及順序既非南宋實際,亦不同於“前集”,只是做了一些粗糙的“偷梁换柱”。

而後半部,其門類設置與《初學記》的相似度更加明顯,接近於從門類到内容的整體取用。《續集》與《初學記》的對應雖僅見於部分卷次,而取用狀況亦相類似。《初學記》部類劃分及相關門類在《錦繡萬花谷》續書中的對應情況可見下表:

《初學記》		《錦繡萬花谷》續書	
卷次	部　類	後　集	續　集
一	天部上:天、日、月、星、雲、風、雷	卷一:天、日、月、星 卷二:風、雲、雷	
二	天部下:雨、雪、霜、雹、露、霧、虹霓、霽晴	卷一:雨、祈雨 卷二:雪、霜、霧、露、雹、虹、霽	
三	歲時部上:春、夏、秋、冬	卷三:春、夏、秋、冬	

續表

《初學記》		《錦繡萬花谷》續書	
卷次	部　類	後　集	續　集
四	歲時部下:元日、人日、正月十五日、月晦、寒食、三月三日、五月五日、伏日、七月七日、七月十五日、九月九日、冬至、臘、歲除	卷四:元日、立春、上元、社日、寒食、上巳、端午、七夕、中秋、重九、冬至、除夜	
五	地部上:總載地、總載山、泰山、衡山、華山、恒山、嵩山、終南山、石	卷五:地、山嶽、石、海、江、河	
六	地部中:總載水、海、河、江、淮、濟、洛水、渭水、涇水		
七	地部下:湖、漢水、驪山湯、昆明池、冰、井、橋、關	卷二:冰 卷五:湖、泉 卷二六:村、橋	
八	州郡部:總叙州郡、河南道、關内道、河東道、河北道、隴右道、山南道、劍南道、淮南道、江南道、嶺南道	卷六:臨安、鎮江、湖州等88州府	
九	帝王部:總叙帝王	卷七:帝王符、讖記	
一〇	中宫部:皇后、嬪妃 儲宫部:皇太子、太子妃 帝戚部:王、公主、駙馬	卷七:太子、親王、宗室、皇戚 卷八:皇后、公主、太子妃、嬪妃	
一一	職官部上:太師太傅太保、太尉司徒司空、尚書令、僕射、諸曹尚書、吏部尚書、左右丞、侍郎郎中員外郎、中書令、中書侍郎、中書舍人	卷九:宰相、參政、樞府、尚書、侍郎 卷一〇:中書舍人	

續表

《初學記》		《錦繡萬花谷》續書	
卷次	部　類	後　集	續　集
一二	職官部下:侍中、黄門侍郎、給事中、散騎常侍、諫議大夫、御史大夫、御史中丞、侍御史(殿中監察御史附)、秘書監、秘書丞、秘書郎、著作郎、太常卿、司農卿、太府卿、光禄卿、鴻臚卿、宗正卿、衛尉卿、太僕卿、大理卿	卷一〇:御史、諫官、給事中、翰苑、知制誥 卷一一:左右史、館閣、郎官、卿監、東宫、學官 卷一二:京尹、留守、總帥、監司、郡守、通判、幕職、曹官 卷一三:知縣、縣丞、主簿、縣尉 卷一五:將帥、儒將、老將、軍旅、奇謀	
一三	禮部上:總載禮、祭祀、郊丘、宗廟、社稷、明堂、巡狩、封禪	卷一七:祭祀、郊丘、宗廟、社稷	
一四	禮部下:籍田、親蠶、釋奠、朝會、享燕、冠、婚姻、死喪、葬、挽歌	卷一七:婚姻 卷二一:死喪、葬、祭文、挽詞	
一五	樂部上:雅樂、雜樂、四夷樂、歌、舞	卷三二:雅樂、雜樂、歌、舞	
一六	樂部下:琴、箏、琵琶、箜篌、鐘、磬、鼓、簫、笙、笛	卷三二:琴、鐘、鼓、笛	
一七	人部上:聖、賢、忠、孝、友悌、恭敬、聰敏	卷一九:幼敏	
一八	人部中:師、交友、諷諫、貴、富、貧、離别	卷一五:父子、母子、兄弟、叔侄、夫婦、妓妾 卷一六:宗族、舅甥、師範、賓客、行旅、朋友	
一九	人部下:美丈夫、美婦人、醜人、長人、短人、奴婢	卷一五:美人 卷一六:奴婢	卷一〇:美丈夫、醜人、長人、短人

續表

《初學記》		《錦繡萬花谷》續書	
卷次	部　類	後　集	續　集
二〇	政理部:赦、賞賜、貢獻、薦舉、奉使、假、醫、卜、刑罰、囚、獄	卷三四:醫、卜、相、先知 卷一八:赦宥、貢獻、薦舉	
二一	文部:經典、史傳、文字、講論、文章、筆、紙、硯、墨	卷一九:經學、詼諧、知人、文章、科舉 卷二九:奇怪、吉兆、凶兆、儲書、墨、硯、紙 卷三三:詩	
二二	武部:旌旗、劍、刀、弓、箭、甲、鞍、轡、鞭、獵、漁	卷三〇:旌旗、劍、刀、弓矢、甲胄、鞍轡	
二三	道釋部:道、仙、道士、觀、佛、菩薩、僧、寺	卷二七:宫觀、神仙、神仙名義、道士 卷二八:寺院、佛祖、浮圖名義、僧	
二四	居處部:都邑、城郭、宫、殿、樓、台、堂、宅、庫藏、門、墻壁、苑囿、園圃、道路、市	卷二三:宫殿、第宅、家、室 卷二四:樓、閣、亭、臺 卷二五:城郭、苑囿、園圃、道路、市	
二五	器物部:漏刻、帷幕、屏風、簾、床、席、扇、香爐、鏡、鏡臺、舟、車、燈、燭、烟、火	卷二六:舟航	卷三七:漏刻、帷幕、屏風、簾箔、床 卷三八:席、扇、香爐、鏡、鏡臺、舟 卷三九:車、燈、燭、烟、火
二六	器物部:冠、弁、印、綬、笏、佩、履、裘、衫、裙、酒、飯、粥、肉、羹、脯、餅	卷三五:酒、茶、香、棋、食饌 卷三六:冠冕、印、綬、笏、佩、帶、裘、履	

續表

《初學記》		《錦繡萬花谷》續書	
卷次	部　類	後　集	續　集
二七	寶器部(花草附):金、銀、珠、玉、錢、錦、綉、羅、絹、五穀、蘭、菊、芙蓉、萱、萍、苔	卷三一:金銀、珠玉、錢銅、錦繡、絲布 卷三八:菊、芙蓉	
二八	果木部:李、奈、桃、櫻桃、棗、栗、梨、甘、橘、梅、石榴、瓜、松、柏、槐、桐、柳、竹	卷三七:花、牡丹、芍藥、海棠、李、杏、梨花、櫻桃、石榴、蓮、桐 卷三八:桂、梅、橘、松、竹	
二九	獸部:獅子、象、麟、馬、牛、驢、駝、羊、豕、狗、鹿、兔、狐、鼠、猴	卷三九:獅子、象、虎、麟、馬、牛、鹿、兔、猴、猿、犬	卷四〇:羊、豕、鼠
三〇	鳥部:鳳、鶴、鷄、鷹、烏、鵲、雁、鸚鵡;鱗介部:龍、魚、龜 蟲部:蟬、蝶、螢	卷四〇:鳳、鶴、孔雀、鵲、雁、燕、雀、鸚鵡、龍、魚、龜、蟬、蝶、螢	卷四〇:鷄、鷹、烏、鵲

可以看到,儘管類目設置上不無出入,但二者的相似度相當高,特别是《後集》卷三〇以下,多與《初學記》如出一轍,甚至相關類目的編次順序也一致,抄襲的痕迹相當明顯。

而爲數不多的類目增益,也往往有直接依托,其中最爲突出的,仍是《白孔六帖》。前文所舉《白孔六帖》與《海録碎事》勾兑而成的"泉",即是一例。更典型者,如《後集》末二卷,幾乎完全脱胎於《初學記》,諸類目或簡單摘抄,或勾兑《白孔六帖》。而卷三九"虎"、"猿",卷四〇"孔雀"、"燕"、"雀"五類溢於《初學記》之外,所有内容均出《白孔六帖》。以"猿"爲例,在《初學記》,猿、猴並未區分,而是合於一類,標目爲"猴",《後集》卷三九"猴"類即出於此,僅有記事一條:

赤足涉雪

攝山有山猿赤足,或見涉冬積雪,輒有一行迹。(出《地記》)[①]

① 《北京圖書館古籍珍本叢刊》73,頁766。

内容恰是關於"猿"的。編者不審,於其後另立"猿"類,並據《白孔六帖》取"守火執爨"、"臂可爲笛"、"報時"三條記事。可知這一類目的增入,當是參照後者而來。這種情形,也不妨稱之爲"類目的勾兑"。

這種現象也出現在門類相同、相近而編次位置有異的情況下。如"冰",《初學記》將其作爲地理現象列於"地部下",而《後集》則置於卷二,與雪、霜、霧、露等"自然現象"並舉。核其下記事,三條均可見於《白孔六帖》,而不與《初學記》重合。可知並非從"地部下"調整而來,而近於據《白孔六帖》另立。《後集》卷二六"舟航"也有類似色彩。"舟"於《初學記》編於卷二五"器物部",其整"部"十六個小類均入《續集》,"舟"也不例外。而《後集》又有與"村"、"橋"並立之"舟航",存二十餘條記事及大量詩句,其中不乏兩宋軼事及宋人作品。此類的設置,當與"前集"舊有框架有關,而考其内容,雖與《白孔六帖》重合率亦不很高,但從"野人舟"、"竹葉舟"、"宫袍坐舟"等一些條目,也依然可見《白孔六帖》的影子。

而《續集》則有所不同,與《初學記》的對應僅見於五個卷次。由上表可見,除卷三七至三九屬《初學記》"器物部"之"整體搬移"外,卷一〇乃"人部下"除去《後集》卷一五已取用的"美婦人"、卷一六已取用的"奴婢"之外的四類,卷四〇所涉畜禽亦是"獸部"、"鳥部"在《後集》卷三九、四〇取用之後的孑遺,且如前文所述,幾乎不據他書補充信息。而在此之外,則是卷三至七"留題門",摘自《輿地紀勝》;卷八、卷九有關武臣,主要源於《職官分紀》;卷一一至三六"類姓門",删略《名賢氏族言行類稿》而成,僅卷一、二之"聖製"、"聖翰"、"聖壽"、"聖學"、"經筵"未詳所自(相關問題筆者另有專文討論)。因此,其於《初學記》,可謂掇拾《後集》未録之門類,構成自己的一部分内容。然《初學記》在二者的意義雖然不同,承襲却是一致的。

可以説,《後集》雖以"前集"爲基本範式,但《初學記》撑起了其大致框架,《白孔六帖》則是主要輔助,同時參以他書,豐富了門類、填充了信息,成爲一部有相對完整、成體系的門類組織和内容構成的新類書。而《續集》則收拾《初學記》當中《後集》未能涵容的一些門類,與抄自他書的幾個部類共同捏合成又一部續書。它不再依仿"前集"的門類設置,而是“另闢蹊徑”,在前、後二集未及的領域尋求拓展,然而也很難説存在總體構想。因此,也更直觀地呈現出南宋書商類書運作中變本加厲的粗率與低成本。

三　餘論

《初學記》是唐開元年間集賢院學士徐堅在玄宗授意之下,爲便於諸皇子學作文章而編纂的,“是一部以知識爲重點的類書,兼顧詞藻典故以及文章名篇”,“可説是吸取其前各種重要類書和準類書體制上的特長,彙併而成。既能豐富知識,又便於查檢事類”[①]。在宋代曾得到很多有識之士的認同,並有“非止初學,可爲終身記”[②]之説。它在内容和體制上的特點,也正切合了南宋普通文人日常寫作的需要。南宋時期,這種同時具備“類事”、“類文”雙重功能的類書相當普遍,《海録碎事》、《全芳備祖》、《古今事文類聚》、《古今合璧事類備要》盡皆如此,当然,也包括《錦繡萬花谷》。

然而,對於這部書的來歷,南宋初的書商、甚至一般文人已不甚瞭然。可以傳世本卷首所冠南宋紹興四年(1134)“福唐劉本序”爲例,該序在雲山霧沼大談“文”、“道”關係之後,有“是以近世有摘六經諸子百家之言而記之,凡三十卷,開卷而上下千數百年之事皆在其目前,可用以騈四偶六、協律諧吕,爲今人之文以載古人之道,真學者之初基也”[③]云云,其目的自然在於誇耀此書的“重要功用”,却恰恰暴露了序作者的知識缺陷。這位“劉本”爲何許人,今已難確考,明嘉靖十年(1513)安國桂坡館刻本“右修職郎建陽縣丞”之結銜如果可信,則爲任職於民間出版業興盛之地建陽的從八品小官僚,序或是受當地書商所托而爲之。

---

① 胡道静《中國古代的類書》第五章第四節,中華書局,2005年,頁128。

② (宋)宋敏求《春明退朝録》,中華書局,1980年,頁46。

③ 綫裝書局,2001年。

此人雖知曉《初學記》的大致内容、體例，却顯然並不瞭解這部書的由來，以至將五百年前之書誤認爲"近世"，也埋没了可以大肆標榜的"出身"。而使用這篇序的書商們，也並不介意這種"烏龍"内容。在現存《初學記》最早版本，日本宫内廳書陵部所藏、有紹興十七年"東陽崇川余四十三郎宅"牌記、並號稱"將監本寫作大字，校正雕開"之宋刻本卷首，此序亦赫然可見。這或許正代表了當時一般文化層次的實際狀況。但這種狀況，絲毫不會妨礙時人參考和取用，《錦繡萬花谷》之《後集》、《續集》的做法，即使不説令人髮指，至少是非常典型。這也可以説是八百年前文化泡沫湧起的一個真實呈現。

然而正如四庫館臣所言，"在宋時不過書肆刊本，而流傳既久，遂爲考證者所資"[①]，南宋書商的工作成果不僅進入了當時和後世人的文化生活，也成爲今天的學術資料，這是今人無法迴避的問題。對於《錦繡萬花谷》及其續書，"其中久經散佚之書如《職林》、《郡閣雅談》、《雅言系述》、《雲林異景記》之類，頗藉此以存崖略；又每類後用《藝文類聚》例附録詩篇，亦頗多逸章剩什，爲他本所不載。略其繁蕪，擷其精粹，未嘗不足爲考證之資也"[②]，也是普遍觀念。特别是清代以來，在古代文史及古籍的考證中，此書得到了相當廣泛的應用。因此，重新審視其價值特點，也頗爲重要。

前述之編録方式對類書資料性的影響毋庸諱言。固然，《後集》在《初學記》、《白孔六帖》之外，還參用了前代或同時的其他典籍，也因此留下了一定數量的"獨家"信息；而《續集》僅據有限的幾部書籍拼凑部類，存佚之功即微乎其微。同時，由於大量使用二手乃至三手資料，對其中信息更不得不審慎對待。如前文所舉《後集》卷三九"犬"類"斗精"條將《春秋考異郵》訛爲《春秋考異》、"青鶴"條將"周處《風土記》"標稱爲"《搜神記》"等等，顯然可能有礙輯佚以及認識相關古籍，而造成研究

① 景印文淵閣《四庫全書》本《名賢氏族言行類稿》卷首《欽定四庫全書提要》。

② 景印文淵閣《四庫全書》本《錦繡萬花谷》卷首《欽定四庫全書提要》。

的陷阱。因此,在將這些資料用於輯佚或校勘時,對其實際來源的考索查核,也成爲不可或缺的程序。

當然,因"抄襲"較早,所據版本亦不晚於南宋,承襲關係被釐清之後,這些坊賈之書也可以成爲難得的他校資料。即如《續集》卷一〇"醜人",與據清古香齋抄本校點的中華書局本《初學記》相比勘,可見"興我宗者必此兒"條"遂育之"作"遂舉之"、"厚送"條"尚猶不讎"作"尚猶不售"等諸多異文,而在日本宫内廳所藏宋刻本,這些異文即不存在。而在"卬鼻宿瘤"條,宋刻本《初學記》有"曰頭深目"之文字,中華書局本作"凹頭深目",《續集》"卬鼻"條則作"臼頭深目",與其原始出處《列女傳》同。顯然,"曰"乃"臼"之形訛,"凹"雖於義可通,亦非《初學記》之本文,當出後世校改。可知《錦繡萬花谷》續書較好地呈現了其所據書籍早期的文字面貌,雖未必是"原始面貌",亦因其時代而"更近於古"。那麽,對於澄清《初學記》等古類書在後世的流傳演變,以及整理其中保留的古佚書資料,亦屬不可多得。這也可以説是簡單抄襲帶給這些坊間類書的一大優勢。

而换個角度看,類書的工具性決定了它必然要符合某種特定需求,而民間類書,特别是面對市場的坊本,往往更注重其實用性,以迎合廣泛的需求,也就更直觀地展現出其所屬時代的生活内容與關注點。因此,在其承襲與變革之間,可以更清楚地看到唐宋兩個不同的時代。梳理《錦繡萬花谷》續書在門類組織上對《初學記》的删削增益,可以看到,《初學記》所設部類有相當一部分被删削或弱化,這與對"前集"的"繼承"有關,也是不同時代、不同編纂目的、服務對象的必然結果。《初學記》的編纂目的本是幫助唐玄宗諸皇子學作文章,其門類設置、内容選取也相應地帶有較强的皇家色彩,如單獨成卷的"總叙帝王"、在"禮部"占去一半篇幅的"明堂"、"巡狩"、"封禪"、"籍田"、"親蠶"、"釋奠"、"朝會"、"享燕"等皇家禮儀,乃至皇室專屬的"驪山湯"、漢唐氣象的"昆明池"等等,而這些在《後集》或消失無踪,或併入他類。還可見因時事變化而出現的調整,不僅"職官"這種時代性極强的類目相去甚遠,還可看到,在《初學記》"地部"諸卷占據了相當比重的名山大川也不復出現,這當中,"泰山、衡山、華山、恒山、嵩山、終南山"、"河、江、淮、济、洛水、渭水、涇水”，昔日環繞於帝國統治的中心地帶，此時則多在金國統治之下，遠離了南宋人的日常生活，不爲纂書人所取，亦在情理之中。而“奴婢”從《初學記》與美醜短長等先天“因素”並列於“人部下”，轉爲與“宗族、舅甥、師範、賓客、行旅、朋友”等人倫關係同處一卷，應該説，門閥制度瓦解帶來的社會結構變化及人們觀念、意識上的平民化，很可能是其背後的潛在原因。與此同時，“中秋節”、“儲書”等類目的增加，以及“花”從“寶器”中獨立出來、也不復作爲“果”的附庸，而蔚爲大觀獨占兩卷，種種細節，也都帶着鮮明的宋代社會習俗、文化風尚的氣息。因此，雖以承襲、取用爲主要方式，但在纂書者有意無意之間，仍可見到這個時代的印迹，從而爲今人認識政治、文化乃至社會生活的遷易提供了直觀的參照。

不應忽視的還有，如果不是與《初學記》之間若合符節的對應，面對傳世三種不同的《續集》，我們恐怕也很難判斷它們的“出身來歷”及與《後集》等續書的親緣關係。這爲釐清《錦繡萬花谷》續書的流傳演變，以及認識南宋書商類書運作的實際狀況，提供了重要的基礎。

而更進一步説，當書籍成爲商品，它的身份就不再是單純的知識載體，而同時具有了另一重使命——贏利，甚至在某些時候，特別是在出版商手中，這後一種使命更爲關鍵。不僅書籍選題勢必要迎合更大讀者群的趣味、需求以獲得市場，也必須努力降低成本，這種努力反映在紙、墨、木材、人工等刊印成本，也同樣反映在書籍編纂的人員任用及其投入的時間、精力。關於人員選擇、組織的詳情，尚有待研究，但這些人員的大致水平以及花費在書籍編纂中的心力，透過書籍本身，已清晰地呈現在我們面前。這也是坊間類書向我們傳遞的南宋社會文化生活的一個側面。

（作者單位：北京大學中國古文獻研究中心、北京大學中文系）

古典文獻研究(第十五輯)
2012年7月

試論宋元時期閩中坊刻醫書的編刻特點

——以《新編類要圖注本草》及其傳刻本爲中心

陳曉蘭

南宋建安余彦國勵賢堂所刊《新編類要圖注本草》,是北宋兩部重要的本草學著作——《經史證類大觀本草》和《本草衍義》的删略合編本,存世僅有兩部,皆藏於日本宫内廳書陵部。此書一直被視作書商出於營利目的所編的俗本,其元明傳刻本更不受學界重視。筆者曾撰文對《新編類要圖注本草》一書的内容、體例和版本特點加以介紹,並對目前存世的四種不同書名的元明傳刻本的版本及其流傳情況進行調查和研究①。宋元時期醫書是各地書坊廣泛刊刻的一種極爲重要的生活日用類書籍,在目前傳世宋元版醫書中,閩中坊刻本占了很大的比例。《新編類要圖注本草》及其傳刻本作爲流行於民間的通俗的本草著作,在很大程度上體現了宋元閩中書坊編刻醫書的諸種特點。故本文擬以此書及其元代傳刻本爲中心,結合其他福建坊刻醫書,對這一時期閩中坊刻醫書的編刻特點進行探討,以期對商業化出版時代的醫籍生産情況有比較深入的瞭解。

北宋開國以後,朝廷對於醫學非常重視,多次詔令醫官、翰林學士等撰集、校正各種醫書,並予以刊刻頒行。繼之而起的是地方官員和士

---

① 陳曉蘭《〈新編類要圖注本草〉及其傳刻本考察》,《版本目録學研究》第三輯,國家圖書館出版社,2012年。

人階層對於醫學知識的廣泛重視和推廣,醫家和學者們撰著的各類醫書大量涌現,其中不乏重要的創新或是集成之作,宋代醫學發展高度繁榮。而數量衆多的醫書的刊行和流傳,也正是宋代醫學知識與雕版印刷的普及與繁榮的集中體現。以本草書爲例,太祖朝的《開寶詳定本草》與《開寶重定本草》,仁宗嘉祐年間掌禹錫等人的《嘉祐補注神農本草》以及蘇頌的《本草圖經》,都是在《神農本草經》、《名醫别録》、唐代《新修本草》的基础之上撰定的官修本草書。蜀醫唐慎微合《嘉祐本草》、《本草圖經》爲一書,並從群書中搜集相關藥物、單方資料加以增附,纂成《經史證類備急本草》三十一卷,内容詳博,類例清晰,堪稱北宋本草學集大成之作。徽宗大觀二年(1108),杭州仁和縣尉艾晟校訂時,增入陳承《重廣補注神農本草並圖經》的内容標以"别説",改稱《經史證類大觀本草》(簡稱《大觀本草》),此後的修訂本又稱《政和新修經史證類備用本草》及《紹興校定經史證類備急本草》。徽宗政和六年(1116)寇宗奭撰成的《本草衍義》二十卷是另一部重要的本草學著作,主要針對前代本草著作偏頗失考之處,參諸實事,根據自身見聞和診療經驗加以考訂、補充和闡發。《新編類要圖注本草》删編《大觀本草》,並節録《本草衍義》逐藥附入,是目前所見二書最早的合編本。之後蒙古定宗四年(1249)平陽張存惠晦明軒刊刻的《重修政和經史證類備用本草》,將《衍義》内容隨文附入《政和本草》,内容則皆無删略。

《新編類要圖注本草》四十二卷,序例五卷、目録一卷。卷首題"新編類要圖注本草總目",按玉石、草、木、人、獸、禽、蟲魚、果、米穀、菜部分品列出正文相應卷次。之後爲目録一卷,首行題"新編類要圖注本草目録",次行低七字題"桃谿儒醫劉信甫校正",之後是雙邊木記中的七行識語:"本草之書,最爲備急,世不可闕。舊有《神農》、《圖經》、/《證類》,板皆漫滅,大則浩博而難閱,小則疏略而/不備,圖相雕刻而不真,舛誤者多。今將是書鼎/新刊行,方以類聚,物以群分,附入《衍義》。草木蟲/魚,圖相真楷,藥性畏惡,炮炙製度,標列綱領,瞭/然在目,易於檢閱,色色詳具。三復參校,並無毫/髮之差,庶使用者無疑,豈曰小補哉!伏幸詳鑒。"目録中列出序例五卷以及正文四十二卷的細目,卷末有"建安余彦國/刊於勵賢堂"的雙行木記。

序例五卷,上一卷爲《補注總序》、《本草圖經序》、《開寶重定序》、《唐本序》、《梁陶隱居序》、《序例總説》,上二卷爲《序例》、林希《重廣補注神農本草並圖經序》、《雷公炮炙論序》,這兩卷是《大觀本草》的《序例上》的内容;上三卷爲《序例》上、中、下,即寇宗奭《本草衍義》的《序例》三卷;上四卷、上五卷分别是"序例所載藥主療"上、下,是《大觀本草》的《序例下》的内容。序例上一卷首行題"新編類要圖注本草上一卷",次二行分題"通直郎添差充收買藥材所辨驗藥材寇宗奭編撰"與"敕授太醫助教差充行在和劑辨驗藥材官許洪校正"。

劉信甫和許洪皆爲南宋福建籍名醫。劉信甫,一作信父,名明之,號桃谿居士,桃谿(今福建永春,一説邵武)人。本習儒業,科舉屢不利,遂轉而行醫。寧宗嘉定年間,彙集長年游歷所搜集的秘傳妙方並引事實爲證編成《活人事證方》二十卷,《後集》二十卷亦題其名。另著有《醫學指南》,新編《和劑局方》,皆已佚。事見《活人事證方》牌記、嘉定九年(1216)葉麟之序[①]以及《寶慶本草折衷》卷二〇"群賢著述年辰"[②]。許洪,字可大,武夷(今福建武夷山市)人,是嘉定時期著名的醫官。沿承其祖及父行醫之業,曾差充四川總領所檢查惠民局,嘉定元年(1208)敕授太醫助教,校定、注釋《太平惠民和劑局方》,並編次《和劑指南總論》冠於卷首。事見《增注和劑方叙意》[③]及《寶慶本草折衷》卷二〇"群賢著述年辰"。從二人的活動年代及許洪銜名題署來看,此書可能編纂於寧宗嘉定年間。岡西爲人在《本草概説》中認爲,此書是以營利爲目的的書商删略《大觀本草》並增入《本草衍義》而成的俗本,由於没有許洪、劉信甫的序跋,所以他們是否真正參與了此書的編撰還有疑問[④]。

---

① (宋)劉信甫《活人事證方》二十卷、《後集》二十卷,《珍版海外回歸中醫古籍叢書》第一册,人民衛生出版社影印日本所藏影宋抄本,2008年。亦參見2000年中國嘉德公司拍賣《活人事證方》首册書影。

② (宋)陳衍《寶慶本草折衷》,收録於《南宋珍稀本草三種》,人民衛生出版社,2007年,頁634。

③ 據[日]岡西爲人《宋以前醫籍考》,學苑出版社,2010年,頁663—664。

④ [日]岡西爲人《本草概説》,日本創元社,1977年,頁153。

《新編類要圖注本草》四十二卷，其藥物分部及編排次序與《大觀本草》相同，但删減了藥物種類、藥圖數量以及藥物條文内容。《大觀本草》最後兩卷"本草圖經本經外草類"、"本草圖經本經外木蔓類"及"有名未用"的藥物内容不加采録。各部所删藥物主要是"海藥餘"和"陳藏器餘"，如"玉石部上品"藥物中，即删去《大觀本草》"三種海藥餘"之一種、"三十五種陳藏器餘"之二十五種。

此書淆亂了《大觀本草》的文獻標注體例，並對其内容加以删汰，從中無法窺見前代本草著作的完整内容及引用文獻原貌。所附《本草衍義》的内容也有删減，有的藥物下並不附入（如卷二"白石脂"），有的附入但有所删節（如卷一"玉泉"條）。以"丹砂"爲例，《大觀本草》在藥圖下，先出《嘉祐本草》，正文大字爲《神農本草》、《名醫别録》内容，分别以黑字、墨底白字區分；注文小字先出七情畏惡内容，其下引用《本草經集注》、《新修本草》注文、《開寶本草》注文和《嘉祐本草》注文，分别以墨底白字標明出處"陶隱居"、"唐本注"、"今注"和"臣禹錫等謹按"及所引"藥性論"與"日華子"；其後另行大字"圖經曰"，以注文出《本草圖經》内容；墨蓋子下是唐慎微續增資料，小字引文内容之上分别冠以出處"雷公云"、"外臺秘要"、"又方"、"又方"、"斗門方"、"十全博救"、"姚和衆"、"太上八帝玄變經"、"張潞云"、"青霞子"、"太清服鍊靈砂法"、"寶藏論"及"别説云"。《新編類要圖注本草》在藥圖之後，以墨底白字出藥名，其餘文字皆作墨字。以正文大字出《神農本草》、《名醫别録》及七情畏惡内容，不作區别；其後以小字注文單獨列出各家本草、方書内容，大字冠以出處，依次爲"陶隱居云"、"唐本注云"、"禹錫云"、"日華子云"、"圖經曰"、"雷公云"、"衍義曰"、"青霞子云"、"外臺秘要"（下附一"又方"）、"斗門方"和"十全博救方"，引文内容有節略，"姚和衆"等六種材料未録。由此可見，《新編類要圖注本草》對《大觀本草》和《本草衍義》的内容加以删節和改編，淆亂了歷代本草文獻的原始面貌。每條藥物下，先出《嘉祐本草》、《本草圖經》中的内容，以及唐慎微續添的"雷公云"；其次是"衍義曰"；再其次是出於唐慎微續添部分的内容，主要選録各種方書所載各種單方、驗方。每條引文均單獨列出並冠以文獻出處，内容則有所簡省。其書在内容和編排體例上體現了注重簡明、實用的編撰意圖,故書肆識語標榜爲"標列綱領,瞭然在目,易於檢閲,色色詳具"。

建安余彦國勵賢堂所刊《新編類要圖注本草》,半頁十行,行十九字,注文雙行亦同。細黑口,雙魚尾,四周雙邊,匡廓内高 19.3cm、寬 13cm①。版心記"本草幾"或"本幾",魚尾下記頁數,不記刻工名。避諱不嚴,"貞"、"癥"等或缺筆或不避,"構"或改字或不避,"慎"或缺筆或改作"謹"或不避。諱至光宗,"敦"或改作"專",或出"御諱"字樣,不避"廓"、"郭"。書肆識語雖稱"三復參校,並無毫髮之差",然間有訛字,如序例卷一"膏肓"誤作"膏盲",卷一"玉屑"條下"疏勒"誤作"疏勤","雲母"條下"售"誤作"集"。丹波元簡的《聿修堂架藏記》②和董康的《書舶庸談》卷三③均定爲宋槧本。此書文字和藥圖顯示出很高的刊刻水準和質量,董康稱其"鎸刻精美,筆法刀法,類建陽諸刻"。

南宋後期,此書流傳並爲其他著作所徵引。如成書於理宗寶祐元年(1241)之前的《全芳備祖》後集卷二七"蔬部·莧"下引"《圖注本草》"文字,《圖注本草》蓋爲《新編類要圖注本草》的省稱。日本文和二年(1353)京都東福寺大道一以編撰《普門院經論章疏語録儒書等目録》,記録 1241 年日僧圓爾辯圓自中國賫回之書籍,其中"出部"著録"《圖注本草》九册"④。可見此書刊行後不久就已流入日本。今日本宫内廳書陵部藏有兩部。一部爲金澤文庫舊藏本,二十二册,即丹波元簡《聿修堂架藏記》及《經籍訪古志·補遺》⑤著録之本,内容大致完足,略有殘損;另一部爲佐伯侯毛利高標舊藏,文政中其孫毛利高翰獻給幕府,二

① [日]《圖書寮典籍解題·漢籍篇》,日本宫内廳書陵部,1960 年,頁 235。

② [日]丹波元簡《聿修堂架藏記》,日本早稻田大學圖書館藏本。

③ 董康《書舶庸談》卷三,《日本藏漢籍善本書志書目集成》第 2 册,北京圖書館出版社影印本,2003 年。

④ [日]《東福寺普門院經論章疏語録儒書等目録》,《大正新修法寶總目録》第 3 册,新文豐出版公司影印本,1995 年,頁 971。

⑤ [日]澀江全善、森立之《經籍訪古志·補遺》,《日本藏漢籍善本書志書目集成》第 1 册,北京圖書館出版社影印本,2003 年。

十册，内容略有補寫，爲同一種刊本[①]。

傳世《大觀本草》與《本草衍義》的最早刻本，分别是寧宗嘉定四年(1211)劉甲跋本和慶元元年(1195)江西轉運司重修本。《新編類要圖注本草》作爲二書已知最早的合編本，雖然被學者視作是書商出於營利目的而刊行的俗本，但還是較好地保存了宋代醫學文獻的部分文字原貌，因此在醫學文獻校勘、考證和研究方面仍具有其重要價值。

入元後，《新編類要圖注本草》改换書名後不斷翻刻，已知有三種不同的刻本存世，均爲四十二卷，目録一卷、序例五卷，皆被定爲元代建本。

其一題作《新編證類圖注本草》，半頁十三行，行二十二字，細黑口，四周雙邊，雙魚尾。今存二本，分别藏於日本静嘉堂文庫和臺灣"中央研究院"歷史語言研究所傅斯年圖書館。阿部隆一《中國訪書志》著録此書，定作"元代建本"[②]。據傅斯年圖書館網站上所見書影，目録首頁首題"新編證類圖注本草目録"，次行所題"桃谿儒醫劉信甫校正"及雙邊木記中七行識語内容與宋本相同。各卷所題書名或作"新編類證圖注本草"，所刊藥圖與宋本相校亦略有差異。

其二題作《類編圖經集注衍義本草》，半頁十行，行十九字，黑口，四周單邊或左右雙邊，雙魚尾，行款與宋本同。目録首頁次行題"世醫普明真濟大師賜紫僧慧昌校正"，其後雙邊木記中的六行識語不同於宋本："《本草》一書，乃醫學至要之書也，别生分類，辨僞識真，/至於地道所産之源、温凉燥濕之性粲然，靡所不載。/故以《衍義》並行其中，醫家者流不可闕失。今將善本，/字畫詳明，圖像畢備，仍請老成名醫，三復校正，並無/訛舛，一新刊行。開卷瞭然，誠爲衛生君子之助，倘/能復熟於是，則活人良劑實自兹始。伏幸藻鑒。"丹波元簡《聿修堂架藏記》著録此書，丹波元胤《醫籍考》稱"其卷數板式，一與信甫之書相同"。《經籍訪古志・補遺》著録聿修堂藏本，認爲"此書即《類要圖注本草》而妄

① 《圖書寮典籍解題・漢籍篇》，頁 235。

② ［日］阿部隆一《中國訪書志》第三篇"'中央研究院'歷史語言所藏"，頁 266，日本汲古書院，1976 年。

改題目者”。與宋本相校,此本錯訛有所增多。如目録中在“海藥餘”同一行下刻“金綫礬”、“波斯礬”兩種藥物。宋本序例卷一《補注總叙》中“張機”(張仲景),此本誤作“張幾”。宋本序例卷一“國朝開寶”,此本亦同;而宋本序例卷三注文“如山藥避本朝諱”,此本缺“本朝”二字。宋本序例卷一避“敦”字出“御諱”加框,此本無框,“御諱”二字闌入正文。中國中醫科學院圖書館所藏目録一卷、序例三卷(卷一、卷二及卷三前十三頁)與臺北故宫博物院所藏序例卷三頁十五至十九、卷四及卷五前十五頁、正文卷一六至二十,從藏書印來看正是楊守敬東瀛訪書所得聿修堂藏本。中國國家圖書館藏有涵芬樓舊藏殘本三册六卷(卷一八至二三)。日本佐賀縣武雄市圖書館·历史资料館藏有殘本十一册,斯道文庫所藏複製件著録爲元代建本。

其三亦題作《新編證類圖注本草》。半頁十行,行十九字,小黑口,左右雙邊,雙魚尾或三鱼尾。經中國國家圖書館陸續收藏,已成二十四册完帙。此本目録置於序例之後,自“卷第二”始,故首頁的題記、識語闕如,末有長方空白木記。各卷首尾所題書名有異,或作“新編類要圖注本草”、“新編類證圖注本草”、“類編圖經集注衍義本草”、“新編□□圖注本草”,刊刻質量粗率。書中有清宫五璽,可見即《天禄琳琅書目後編》卷五著録之本,然誤作宋版。書中序例卷一改宋本的“國朝”爲“宋朝”,故確爲元刊本。1958 年 12 月後,故宫博物院將天禄琳琅書籍撥交北京圖書館,即將此本(“《證類圖注本草》”)定爲“元建陽坊刻本”①。

南宋與元代的各地坊刻,無疑以閩中爲最盛。《書林清話》謂:“夫宋刻書之盛,首推閩中。而閩中尤以建安爲最,建安尤以余氏爲最。”②余彦國勵賢堂所刊《新編類要圖注本草》雖然在編纂體例與内容上存在缺陷而被視作書坊編刻的俗書,但由於其通俗實用的特點在民間得以盛行,入元後更是成爲多家書坊進行翻刻的本草著作。南宋以後,福建

---

① 向斯《故宫國寶宫外流失秘笈——清宫珍籍流傳宫外考》,引據“1959 年 5 月的《故宫檔案·北京圖書館函》”,中國書店,2007 年,頁 277。

② (清)葉德輝《書林清話》卷二,中華書局,1999 年,頁 46—47。

坊刻醫書在數量、種類與傳播範圍上遠遠超過了官刻本和家刻本，成爲閩版醫書的最重要的刊刻主體。《新編類要圖注本草》及其元代傳刻本清晰地反映出宋元閩中坊刻醫書的編刻情況，而這也構成了宋元社會印刷文化、醫學文獻研究的頗有價值的内容。

表中所列爲目前知見所及的南宋閩中坊刻醫書：

書名卷數	編撰者	版本	收藏機構	備注
《脈經》十卷	晉王叔和撰、宋林億等校定	建本		據宋陳孔碩《宋廣西漕司重刻脈經序》[①]。
《南陽活人書》十八卷	宋朱肱撰	建州民間刻本		據宋程迥《醫經正本書·論醫書》[②]。
《傷寒明理論》三卷、《方論》一卷	金成無己撰	景定二年(1261)建安慶有書堂刻本	中國國家圖書館	有抄配。
《活人事證方》二十卷、《後集》二十卷	宋劉信甫撰	建安余恭禮宅刻本	2000年中國嘉德公司拍賣《活人事證方》首册	日本公文書館藏有日本影宋抄本。
《許學士類證普濟本事方》十卷、《後集》十卷	宋許叔微撰	建安余唐卿宅刻本、寶祐元年(1253)夏淵余氏明經堂重刊本	日本宫内廳書陵部藏有宋本《後集》	日本宫内廳書陵部另藏有元刻本。《後集》目録後有牌記"建安余唐卿宅刻梓"、前集序後云"寶祐癸丑良月夏淵余氏重刊於明經堂"[③]。
《備全古今十便良方》四十卷	宋郭坦撰	武夷安樂堂刻本		據《經籍訪古志·補遺》著録影宋抄本。

① 據《宋以前醫籍考》所載陳孔碩《宋廣西漕司重刻脈經序》，頁109—110。
② (宋)程迥《醫經正本書》，清《十萬卷樓叢書》本。
③ 《圖書寮典籍解題·漢籍篇》，頁229。

續表

書名卷數	編撰者	版　本	收藏機構	備　注
《鷄峰普濟方》三十卷	宋不著撰人	閩刻本	日本静嘉堂文庫藏有殘本二十五卷①	清陸心源《皕宋樓藏書志》卷四五以爲"此南宋閩中刻本,字體與三山蔡氏所刻《陸狀元通鑒》等書同"②。
《楊氏家藏方》二十卷	宋楊倓撰	閩山阮仲猷種德堂刻本		據《經籍訪古志·補遺》著録元刻本。
《新編類要圖注本草》四十二卷,目録一卷、序例五卷	原題宋劉信甫校正	建安余彦國勵賢堂刻本	日本宫内廳書陵部藏有兩部	

這些醫書中,除了診法類的《脈經》、仲景醫書類的《南陽活人書》與《傷寒明理論》、本草類的《新編類要圖注本草》,其餘皆爲宋人所撰醫方書。王氏《脈經》是一部重要醫籍,神宗熙寧年間林億等奉詔校定後頒行天下。侯官陳孔碩稱,南宋中期此書不受重視鮮有流傳,訪諸建陽書坊"絶無鬻者,板亦不存",嘉定二年(1209)他在朝廷醫學所求得《脈經》,與前後所見者爲"同一建本"③。從這一記載中既可略窺建本在當時醫籍流通中所占的重要份額,亦可見出建陽坊刻醫書與社會好尚之間的緊密互動關係。而宋人所編撰的本草、醫方類著作,顯然因其在百姓日常生活中更爲切近、實用的特點而在書坊中而得到廣泛刊刻。

這些坊刻醫書中,有一些是由福建當地知名醫家所編撰、校正。較之北宋仁宗慶曆六年(1046)蔡襄在《太平聖惠方》後序所説的"閩俗左醫右巫"④,南宋時期福建地區的醫學知識得到了長足發展和普及,陸

① 嚴紹璗《日藏漢籍善本書録》,中華書局,2007年,頁937。

② (清)陸心源《皕宋樓藏書志》卷四五,十萬卷樓本。

③ 據《宋以前醫籍考》所載陳孔碩《宋廣西漕司重刻脈經序》,頁109—110。

④ (宋)梁克家《淳熙三山志》卷三九,《宋元方志叢刊》,中華書局影印本,1990年。

續出現了一批在當地以及在全國範圍都很有影響的醫家和醫書。在《新編類要圖注本草》目録與序例中所題的“校正”者劉信甫和許洪,就是當地名醫,撰有多種醫書行於世,已見上述。劉信甫在《活人事證方》總目標題後的牌記識語中對於此書編撰原委與内容體例加以介紹:“余幼習儒醫,長游海外,凡用藥救人取效者,及秘傳妙方,隨手抄録,集成部帙,分爲門類,計二十餘卷。每方各有事件引證,皆可取信於人,並係已試驗效之方,爲諸方之祖。不私於己,以廣其傳,庶使此方以活天下也。桃谿居士劉信甫編。”其《後集》雖題“劉信甫編”,但並無劉氏的題識或序文,取而代之的是書坊的識語:“是書前集盛行於世,第限方之未全,今再求到桃谿劉居士編集常用已效之方,約計一千餘道。分門析類,先原其病候,次引事以證之,使用者無疑,服者必效,此方誠可活天下也。幸詳鑒。”這段識語顯示,在劉氏前集盛行的情況下,書坊在跟進、推動後集的編刻方面起到了一定作用。

從劉氏所編各種醫書的内容和體例中,可以明顯見出其注重方便實用的共同特點。如《活人事證方》首附本草要略,“凡方内所用藥物,并於本草中以括治效之要,冠於卷首”①,目録前有木記特意表出:“藥有金石、草木、魚蟲、禽獸等物,具出温凉寒熱酸鹹甘苦、有毒無毒相反相惡之類,切慮本草浩繁,卒難檢閲,今將常用藥性四百餘件附於卷首,庶得易於辨藥性也。”劉氏新編《和劑局方》之前亦附本草之節,“先纂本草常用藥物,别爲小帙,冠於卷前,亦有泛者,仍集許洪諸家精語,分而叙之,詳且當矣”;嘉定年間所著《醫學指南》中分病證門類附本草要略,“凡書中所用藥物,并於本草中以括治效之要,分入逐證之門”②。劉氏編撰的醫書還請建寧府士大夫撰序。《活人事證方》有嘉定九年(1216)從政郎新監行在惠民和劑局葉麟之序,謂“正尔傷夫醫道之趍薄,而深有感於劉君之近厚,此所以伻來謁序而不敢辭”。葉麟之,字棠伯,建安

---

① 《寶慶本草折衷》卷二〇“群賢著述年辰”,頁635。

② 同上,頁634—635。

(今福建建甌)人,慶元五年(1199)進士[①]。《醫學指南》有平江府府學教授吴文撰序[②]。吴文,甌寧(今福建建甌)人,嘉定四年(1211)進士[③]。當地士大夫所作之序,無疑能夠提高醫書的影響力,進而促進醫書在當地的銷售和流通。

醫家或士人、士大夫撰成醫書後,往往是通過委付書坊的方式加以刊印。由於對坊賈唯利是圖而疏於校刻、粗製濫造之弊心存戒惕,醫書作者一般會慎重選擇聲譽較好的名家書坊。嘉定元年許洪校定、注釋《太平惠民和劑局方》並編次《和劑指南總論》冠於卷首,序稱:"洪欲畀之書市,深恐忽於射利者漫不加意,復蹈前車之覆,則亦洪之罪也。今敬委積慶名家,以陰騭爲念者,鋟木以傳,庶幾志與我同,不至滅裂以誤天下。"[④]可見,不同書坊在刊刻態度和質量上存在很大差異,其中固然有一味逐利之徒,但也不乏如建安余氏這樣累世以刻書爲業、刊刻精善而爲人推重的名家書坊,因此對於坊刻本的質量不可概以論之。《新編類要圖注本草》的藥圖和文字"鐫刻精美",雖間有形近誤字,但總體來看還是比較好地保存了《大觀本草》和《本草衍義》的部分文獻面貌,亦可據以糾正二書在後代傳刻中的一些錯訛。

閩中坊刻本往往通過書名、牌記和序文進行廣告宣傳以吸引顧客。陸心源指出:"南宋時蜀、浙、閩坊刻最爲風行,閩刻往往於書之前後别爲題識,序述刊刻原委,其末則曰'博雅君子,幸勿忽諸',乃書估惡札,蜀、浙本則無此種語。"[⑤]醫書亦是如此。《新編類要圖注本草》首先在書名中突出其"新編"、"類要"、"圖注"的特點,繼而在牌記中宣傳此書内容詳備、分類編排、便於檢閲、圖文準確。《活人事證方》及《後集》分别采用編者和書坊識語的形式强調此書分門析類收録可信驗效之方並

---

① (明)汪佃等《嘉靖建寧府志》卷一五,《天一閣藏明代方志選刊》,上海古籍書店影印明嘉靖本,1982年。

② 《寶慶本草折衷》"群賢著述年辰",頁635。

③ 《嘉靖建寧府志》卷一五。

④ 據《宋以前醫籍考》所引《增注和劑方叙意》,頁663—664。

⑤ (清)陸心源《儀顧堂題跋》卷一《宋刻〈玉篇〉殘本跋》,清《潛園總集》本。

引事實爲證,可以之"活天下"。《普濟本事方》則在書名上添刻"許學士"、"類證"。武夷安樂堂所刻《十便良方》添增"備全古今"四字,而眉山萬卷堂刻本則冠以"新編近時"。其中有些醫書,疑是由坊賈或是俗手所編的,采用假借名醫編撰或是附會通行醫籍書名的手段以亂人耳目。如《新編類要圖注本草》序例上一卷題"寇宗奭編撰",寇氏爲《本草衍義》的作者,這一題署與其内容殊爲不類。至於題作"校正"者的劉信甫和許洪,因無序跋表明二人是否參與此書編撰,故岡西爲人以爲此書即書商逐利而爲的俗本。又如《鷄峰普濟方》三十卷,不題撰人,每卷署"馮翊賈兼重校定",前後無序跋,末二卷分别是夏子益《奇疾方》與張鋭《鷄峰備急方》的内容。因《宋史・藝文志》著録張鋭《鷄峰備急方》一卷,故清人大多認爲是張鋭所作,而陸心源則以爲撰者是北宋名醫孫兆。岡西爲人則疑此書亦出於南宋俗手:"余按南宋書賈,多急於射利,奸策不一,許洪《校注和劑局方序》嘗已難之。如《新編類要圖注本草》,漫纂諸家之説、擅加添削以成俗書者往往有焉,意者是書或亦出於南宋俗手者耶?如卷二十九充以夏子益《奇疾方》,卷三十充以張鋭《備急方》,却可爲其證矣。"①

南宋祝穆在《方輿勝覽》中記述"建寧麻沙、崇化兩坊産書,號爲圖書之府"②,並引朱熹《建寧府建陽縣學藏書記》中所言"建陽版本書籍行四方者,無遠不至"③。包括醫書在内的閩版書籍廣爲流通,有的還流傳到日本、高麗等國。日本《普門院經論章疏語録儒書等目録》所著録的二十九種醫書中,除了上文所述《圖注本草》九册,另有《十便方》八册、《活人書》二册、《本事方》四册等一批閩中書坊曾經刊行之本,雖然無法確考其版本,但從中亦可見出宋末元初建陽學者熊禾在《書坊同文書院上梁文》中所頌"兒郎偉,抛梁東,書籍高麗日本通"④之詞並非虛語。

① 《宋以前醫籍考》,頁719。
② (宋)祝穆《方輿勝覽》卷一一,上海古籍出版社影印宋刻本,1991年。
③ (宋)朱熹《晦庵先生朱文公文集》卷七八,《四部叢刊初編》影印明嘉靖本。
④ (宋)熊禾《勿軒集》卷四,景印文淵閣《四庫全書》本(簡稱"四庫本")。

入元以後,坊刻書的數量較之宋代尤多,葉德輝歸之爲"蓋世愈近則傳本多,利愈厚則業者衆",且謂"大抵有元一代坊行所刻,無經史大部及諸子善本,惟醫書及帖括經義淺陋之書傳刻最多"①。元代閩中坊刻醫書正是葉氏這一論斷最爲典型的例證。

表中所列爲目前知見所及的元代閩中坊刻醫書:

書名	編撰者	版本	收藏機構	備注
《新刊晞范句解八十一難經》八卷	宋李駉句解	麻沙本	日本静嘉堂文庫	清陸心源《皕宋樓藏書志》卷四三作"宋麻沙本",其《儀顧堂集》卷一七作元板。
《新刊河間劉守真傷寒直格》三卷,附後集一卷,續集一卷,别集(《新刊張子和心鏡》)一卷	金劉完素撰,元葛雍編校	建安虞氏、皇慶二年(1313)陳氏書堂刻本	日本静嘉堂文庫	
		天曆元年(1328)建安翠巖精舍刻本	日本天理圖書館、北京大學圖書館(無所附三集)	
《傷寒百問經絡圖》九卷	宋朱肱撰	燕山竇氏活濟堂刻本	日本宫内廳書陵部	
《新刊王氏脈經》十卷	晉王叔和撰,宋林億等校定	天曆三年(1330)建安葉日增廣勤書堂刻本	中國國家圖書館	

① 《書林清話》卷四。

續表

書　名	編撰者	版　本	收藏機構	備　注
《鍼灸資生經》七卷	宋王執中撰	建安葉日增廣勤書堂刻本		據元廣勤書堂《新刊王氏脈經》牌記。有明正統十二年(1447)廣勤書堂刊本傳世。
《新刊補注銅人腧穴鍼灸圖經》五卷	宋王惟一撰	崇化余志安勤有書堂刻本		據《經籍訪古志·補遺》著録元刻本。
《新刊子午流注鍼經》三卷	金何若愚撰、閻明廣注	廣勤活濟堂刻本	日本宫内廳書陵部	
《鍼灸四書》八卷(《新刊黄帝明堂灸經》三卷,金竇傑《新刊竇漢卿編集鍼經指南》一卷附《鍼灸雜説》,金何若愚撰、閻明廣注《新刊子午流注鍼經》三卷、宋莊綽《新刊莊季裕灸膏肓腧穴法》一卷)	元竇桂芳編	至大四年(1311)、皇慶元年(1312)燕山竇氏活濟堂刻本	寧波天一閣博物館①	又據清張金吾《愛日精廬藏書志》卷二二著録影元抄本。
《太平惠民和劑局方》十卷,《指南總論》三卷(許洪撰),《諸品藥石炮製總論》一卷,《圖經本草藥性總論》一卷	宋陳師文等編,許洪注	建安丙午年高氏日新堂刻本	中國國家圖書館,日本宫内廳書陵部藏有殘本七卷和九卷	丙午年,中國國家圖書館著録作至正二十六年(1366),日本宫内廳書陵部著録作大德十年(1306)。

① 黄龍祥《中醫古籍版本鑒定常見問題例説》定爲明印本,《文獻》1998年第2期,頁141。

續表

書　名	編撰者	版　本	收藏機構	備　注
《太平惠民和劑局方》十卷,《指南總論》三卷(許洪撰),《圖經本草藥性總論》一卷	宋陳師文等編,許洪注	建安鄭天澤宗文書堂刻本	日本宫内廳書陵部藏有足本和殘本六卷	
《太平惠民和劑局方》十卷	宋陳師文等編,許洪注	建安陳氏留畊書堂刻本	天津市醫學科學技術信息研究所	
《增注太平惠民和劑局方》十卷	宋陳師文等編,許洪注	大德八年(1304)建安余志安勤有堂刻本	日本宫内廳書陵部藏有殘本九卷	
《新刊續添是齋百一選方》二十卷	宋王璆撰	至元二十年(1283)建安劉承父刻本		據楊守敬《日本訪書志》卷一〇。
《三因極一病證方論》十八卷	宋陳言撰	麻沙本	日本宫内廳書陵部藏有殘本七卷	北京大學圖書館藏有宋刻本配元麻沙本。
《新編婦人大全良方》二十四卷,《辨論修製藥物法度》一卷	宋陳自朋撰	勤有書堂刻本	中國國家圖書館	
《類編南北經驗醫方大成》十卷	舊題元孫允賢撰	至正三年(1343)建陽詹氏進德書堂刻本	日本静嘉堂文庫,日本宫内廳書陵部藏有殘本八卷	又據《四庫全書總目·〈類編南北經驗醫方大成〉提要》。

續表

書名	編撰者	版本	收藏機構	備注
《新編證類圖注本草》四十二卷,目録一卷、序例五卷		建本	日本静嘉堂文庫、臺灣"中央研究院"歷史語言研究所傅斯年圖書館	
《類編圖經集注衍義本草》四十二卷,目録一卷、序例五卷		建本	中國中醫科學院圖書館、臺北故宫博物院、中國國家圖書館、日本佐賀縣武雄市圖書館・歷史資料館均藏有殘本	
《新編證類圖注本草》四十二卷,目録一卷、序例五卷		建本	中國國家圖書館	

元代閩中坊刻醫書更以建本爲主,與南宋時期相比在數量上有明顯增加,一部分醫書在牌記中標出書坊名號,還有另一部分並無牌記或是牌記中無書坊名號的醫書,如《新編類要圖注本草》的三種傳刻本,後世學者則是根據其刊刻特點和風格判斷爲元代建本。這些醫書涉及難經類、診法類、仲景醫書類、經脈鍼灸類、本草類和醫方類著作,種類上也更爲豐富。正如《中國印刷史》所指出的"元代所刻醫書,元人自著者少"①,這些閩中坊刻醫書絶大多數是宋、金時期校定或編撰的醫書,元人所撰醫書極少。書坊根據舊本重新刊刻,所刻醫書多冠以"新刊"二字,在刊刻識語中則號稱"三復校正"、"鼎新刊行"。

從《新編類要圖注本草》的三種元代傳刻本中,可以略窺元代坊賈翻刻宋版醫書的諸種手段。《新編證類圖注本草》(其一)據宋本翻刻,改换書名,但目録中所題"桃谿儒醫劉信甫校正"及雙邊木記中的七行

① 張秀民《中國印刷史》上册,浙江古籍出版社,2007年,頁214。

識語内容一仍其舊,各卷首末所題書名或有將"證類"誤作"類證",所刊藥圖與宋本相校亦有差異。《類編圖經集注衍義本草》(其二)不僅改换書名,且將原書目録所題的校正者以及木記中的識語内容都加以撤换。與宋本相校,此本錯訛較多,"繪畫稍見粗率"①,識語所稱"三復校正,並無訛舛"顯然爲廣告虛語。與中國中醫科學院圖書館藏本相校,日本武雄藏本的字畫比較清楚鮮明,如目録所題"世醫普明真濟大師賜紫僧慧昌校正"中前四字,中醫科學院藏本作"山醫普□",此當爲刊版在長期刷印後漫漶殘缺所致。與前兩種傳刻本相比,《新編證類圖注本草》(其三)的質量更爲粗疏,目録末有長方空白木記,各卷首尾所題書名各異且留有缺字,有可能是剜改舊版書名後假冒《新編證類圖注本草》之本。這三種元刻本的質量與宋本《新編類要圖注本草》不可同日而語,牌記中亦未見有書坊名號。

從《新編類要圖注本草》的傳刻情況中可以瞭解,當時通行的重要醫書一般都有多家書坊競相刊行。宋代重要官修方書《太平惠民和劑局方》已知有七種元刻本②,其中有四種爲建本——建安高氏日新堂刻本、建安鄭天澤宗文書堂刻本、建安余志安勤有堂刻本,建安雙璧陳氏留畊書堂刻本,各家刊本在内容上略有不同。爲了能在衆多刊本中獲得競争優勢,坊賈在題識中大做廣告。鄭氏宗文書堂本《太平惠民和劑局方》内封有識文:"本堂舊刊局方已盛行於世,工墨日勤,字畫昏乏,不便觀覽。今謹依官本謄作大字,三復校正,其《藥性總論》,則增入《圖經本草》,重新繡梓,以廣其傳,比視兩坊衆本,霄壤不侔,術③生君子幸鑒。"④鄭氏標榜自家刊本根據官本、大字刊印、反復校正、内容詳備等優點,並宣稱大大優於麻沙、崇化兩坊衆本。此本與高氏日新堂刻本同爲半葉十四行,行二十三、二十四字,比高氏本少《諸品藥石炮製總論》

① 張元濟《涵芬樓燼餘書録》,《張元濟古籍書目序跋彙編》中册,商務印書館,2003 年,頁 569—570。

② 《中國印刷史》上册,頁 215。

③ 術,疑當作"衛"。

④ 《圖書寮典籍解題·漢籍篇》,頁 232。

一卷。

有的醫書由不同書坊刊刻，行款不同，但牌記識語内容却完全相同，其中傳刻關係難以確考。如《新刊河間劉守真傷寒直格》，一爲陳氏書堂刊本，半頁十三行，行二十四字，序後有木記一行"臨川葛雍校正，建安虞氏刊行"，目録之首的牌記中有五行識語："傷寒方論，自漢長沙張仲景之後，惟前金河間劉守真深究厥旨，著爲《傷寒直格》一書，誠有益於世。今求到江北善本，乃臨川葛仲穆編校，敬刻梓行，嘉與天下衛生君子共之。歲次癸丑仲冬妃仙陳氏書堂刊。"[①]癸丑即皇慶二年(1313)，此本當據建安虞氏刻本刊行；一爲建安翠巖精舍刻本，半頁十六行，行二十八或二十九字，目録之首的牌記識語相同，唯末句作"歲次戊辰仲冬建安翠巖精舍刊行"[②]。戊辰即天曆元年(1328)，劉氏翠巖精舍是元明建陽知名書坊。有意思的是，明天順年間建安熊氏種德堂覆元刊本，行款與陳氏書堂本同，襲其識語，末句作"歲次癸未仲冬熊氏種德堂刊行"，序後有木記"臨川葛雍校正，建安熊氏刊行"[③]。此例亦足以説明元明以來各家書坊在醫書刊刻上所存在的密切而複雜的傳刻關係。

被陸心源斥爲"書估惡札"的牌記識語，作爲書籍行銷廣告的有效手段，在元代建本醫書中運用得更爲普及。有的知名書坊强調其濟世活人之心，如元明時期刻書最盛的建安葉日增廣勤堂，在《新刊王氏脈經》序後牌記有七行識語："天地以生物爲心，故古之聖賢著書立論，教人以醫而濟人之生也。得其書而自秘者，豈天地聖賢之心乎？夫治病莫重於明脈，脈法無出於王氏《脈經》之爲精密。本堂所藏，不願自秘。

---

① 參見《皕宋樓藏書志》卷四七；清瞿鏞《鐵琴銅劍樓藏書目録》卷一四，《清人書目題跋叢刊》三，中華書局影印本，1992年。

② 《第一批國家珍貴古籍名録圖録》第三册著録北京大學圖書館藏本"半葉十六行，行二十八字，白口，四周雙邊"(國家圖書館出版社，2009年，頁94)；《日藏漢籍善本書録》著録天理圖書館藏本"半葉十六行，行二十九字，黑口，四周雙邊"、"《續集》每半葉十四行，行二十四字"(頁887)。二本行款略異，俟更考之。

③ 《日藏漢籍善本書録》，頁887—888。

先以《鍼灸資生經》梓行矣，今復刻《脈經》，與衆共之，庶以傳當世濟人之道，且無負古人著書之意云。旹天曆庚午(1330)仲夏，建安葉日增誌於廣勤書堂。”①有的則在咨文中以“全本”、“分門析類”、“鼎新刻梓，三復校正”相號召，如《新刊續添是齋百一選方》，目録之首牌記中的劉承父咨：“此集已盛行於世，近得是齋全本，其爲方也一千有餘，分門析類，列之於目，井井可觀，皆系經驗不傳之秘。凡丈夫、婦人、小兒諸證，纖悉委曲，靡所不備。鼎新刻梓，三復校正，並無訛舛。凡我尊生君子，伏幸詳鑒。歲在癸未端陽前一日建安劉承父謹咨。”②這些書坊的牌記識語與咨文，對於包括醫籍在内的各種書籍的宣傳推廣、標識版權以及樹立書坊聲譽無疑起着重要作用。

而《新編類要圖注本草》的三種傳刻本中所見的坊賈改頭换面、剜改舊版等現象，亦見於其他建本醫書中。有的改竄舊本面目以充官修醫書，如元麻沙本《鍼灸資生經》，據《四庫全書總目》此書提要，此本不題撰人姓名，卷首“冠以徽宗崇寧中陳承、裴宗元、陳師文等校奏醫書一表，與序與書皆不相應。考裴宗元、陳師文等，即校正《太平惠民和劑局方》之人。殆書賈移他書進表，置之卷端，欲以官書取重歟”。剜改舊版亦是書坊牟利作僞的一種通行手段。如《三因極一病證方論》，卷一末、卷二首、卷三末、卷六首、卷七首，皆削去書名，僅存卷數；卷三首、卷五首題“類編經驗醫方大成”，卷二末題“類編經驗醫方大”；卷五末、卷六末保留“三因極一病證方論”的書名；卷四首題“類編經驗醫方大成”，末爲墨書“三因極一病證方論”。故學者認爲此書當是書估據《三因極一病證方論》元刻書版，剜改書名後假冒《類編南北經驗醫方大成》之作③。

有的書坊對通行醫書進行增補改編，書名上略加變動，冠以“類編”或“新編”字樣。如《四庫全書總目》卷一〇五“醫家類存目”著録的《類

① 《新刊王氏脈經》，《四部叢刊初編》影印元廣勤書堂本。

② (清)楊守敬《日本訪書志》卷一〇，《日本藏漢籍善本書志書目集成》第9册，北京圖書館出版社影印本，2003年。

③ 《圖書寮典籍解題·漢籍篇》，頁223—224。

編南北經驗醫方大成》,《提要》謂:"舊本題元文江孫允賢撰。本名《醫方集成》,此本爲錢曾也是園所藏,猶元時舊刻。目録末題'至正癸未菊節進德書堂刊行',前有題識曰:《醫方集成》一書,四方尚之久矣。本堂今得名醫選取奇方,增入孫氏方中,俾得貫通,名曰《醫方大成》云云。則坊賈所爲,非允賢之舊矣。"可見,此書爲坊賈在孫允賢的《醫方集成》基礎上增入醫方改編而成,仍題作孫允賢撰,以眩惑耳目。據《留真譜》所録此書書影,卷首題"類編南北經驗醫方大成總目",而卷一首題則作"新編醫方大成"[①],所題書名有異。《圖書寮典籍解題》著録此書,作"新編南北經驗醫方大成"[②]。

值得注意的是,燕山活濟堂是建安醫士竇桂芳經營的專門刊印醫書的坊肆,所刻醫書有《新刊子午流注鍼經》、《傷寒百問經絡圖》與《鍼灸四書》傳世。"燕山"爲竇氏郡望,五代後周竇禹鈞一門五子登科的故事家喻户曉,馮道有贈詩"燕山竇十郎,教子以義方。靈椿一株老,丹桂五枝芳",竇桂芳之名蓋出於此,他在所刊醫書的序或題署中則自稱"建安竇桂芳"、"建安後學竇桂芳"、"建安後學静齋竇桂芳",且並無涉足大都的任何記載,可見燕山並非活濟堂所在地[③]。竇桂芳《鍼灸四書序》謂:"余先君漢卿公,以藥與艾見重於士大夫,如雨嵓吴憲與以借補憲司官醫助教之職,達齋游憲親爲書其藥室曰活濟堂。"[④]則活濟堂原爲其父竇漢卿的藥室之名。序中"雨嵓吴憲"即建安吴勢卿,理宗寶祐中知處州,景定年間爲淮東總領、浙西轉運副使[⑤],號"當世吏師"[⑥],竇漢卿

① (清)楊守敬《留真譜初編》卷八,《珍稀古籍書影叢刊》之五(上),北京圖書館出版社影印本,2004年,頁815—816。

② 《圖書寮典籍解題·漢籍篇》,頁224。

③ 或有將燕山活濟堂誤作元大都書坊,如《中國印刷史》(上册,頁199)。

④ (清)張金吾《愛日精廬藏書志》卷二二,《清人書目題跋叢刊》四,中華書局影印本,1992年。

⑤ 《嘉靖建寧府志》卷一五。

⑥ (宋)馬廷鸞《碧梧玩芳集》卷一八《總領秘撰費君墓誌銘》,四庫本。

當在他任江東提點刑獄[①]時補官醫助教。游氏亦爲建安大族,惜未能考知達齋其人。南宋滅亡後,竇桂芳曾以家傳醫術行走於江淮一帶,後以燕山活濟堂作爲名號刊行醫書。從所刊醫書來看,竇桂芳充分利用其醫學方面的專業知識優勢對既有醫書文獻進行校正、編集而後刊行。其一《傷寒百問經絡圖》九卷,據丹波元胤所述,此書將朱肱的《傷寒百問》三卷與《傷寒百問經絡圖》一卷併作一書,分爲九卷。卷首有嘉定六年張松《究原方序》,張松著有《究原方》及《傷寒百問經絡圖方》,疑因此誤取而致訛。《經籍訪古志·補遺》稱"此本不記刊行年月,紙刻精朗,實元代鋟本之佳者"。其二《新刊子午流注鍼經》,目録中題"建安竇桂芳校正",從序後刊記"廣勤活濟堂鼎新刊"[②]來看,此本是由建安葉氏廣勤書堂和竇氏活濟堂聯合刊行,惜其合作詳情無由考知。其三《鍼灸四書》則是宋、金時期四種重要的鍼灸學著作的彙編之作,包括《新刊黄帝明堂灸經》三卷,金竇傑《新刊竇漢卿編集鍼經指南》一卷附《鍼灸雜説》,金何若愚撰、閻明廣注《新刊子午流注鍼經》三卷以及宋莊綽《新刊莊季裕灸膏肓腧穴法》一卷。竇桂芳在《鍼灸四書序》中交代了四書由來以及彙刊意圖:"必也藥與鍼、灸三者俱通,始可與言醫已矣。……至元丙子以來,予以父術游江淮,得遇至人,授以鍼法,且以《子午流注鍼經》、竇漢卿《鍼經》、《指南》三書見遺。……且喜其姓字、醫術與先君同也,因是作而言曰:南北有二漢卿,姓同字同而爲醫亦同也。……今將面授鍼法已驗《指南》之書、牛[③]提舉所刊竇漢卿《鍼經》二本參究,訂誤補遺,與《子午流注鍼經》及家世所藏《黄帝明堂灸經》、莊季裕所集《灸膏肓穴法》,四者之書,三復校正,一新板行,目是書曰《鍼灸四書》,樂與四方醫士共寶之。凡我同志,留心是書,則藥與鍼、灸三者並通,庶可進而爲上醫之士,亦可無負於孫真人之垂訓歟。謹書以紀此書之本末云。至大辛亥建安後學静齋竇桂芳序。"對於所收四書,竇桂芳並非簡單翻

① (元)脱脱《宋史》卷四二五《趙景緯傳》,中華書局,1977年,頁12673。

② 《圖書寮典籍解題·漢籍篇》,頁219—220。

③ 牛,當作"朱",《愛日精廬藏書志》録《鍼經指南》福建等處官醫提舉燕山朱良能序。

刻舊本,而是作了一番參合、改編和增訂。《黄帝明堂灸經》原爲一卷,成書於唐以前,後被北宋《太平聖惠方》采入,活濟堂刻本分正背側人圖及小兒灸方爲三卷,《經籍訪古志》稱其"大失古色"。其卷下《小兒明堂》爲竇桂芳編録,序稱"按諸家明堂之内,精選到小兒應驗七十餘穴,並是曾經使用,累驗神功,今具編録於後"。《鍼經指南》的撰者爲金朝名醫竇傑,其字漢卿與竇桂芳之父同,入元後官至太師,據序文此書當是竇桂芳參訂《指南》、《鍼經》二本所合而成[①]。至於所附《鍼灸雜説》一卷題"建安後學竇桂芳類次",明代高武稱其内容"取《千金》禁忌人神及離合真邪論,未能曲盡鍼灸之妙"[②]。經脈、鍼灸類醫書的刊刻,對於專業知識的要求尤高,圖示人體經脈、穴位不容絲毫差錯。竇桂芳作爲兼通藥與鍼、灸的醫者,專門從事醫書的編集、校正和刊刻,對於所刊各類醫書的質量無疑是很重要的保證。竇氏燕山活濟堂的出現,正是元代書坊的醫籍編刻在商業化、專業化方面發展的一個重要表徵。

宋元時期醫書作爲閩中書坊刊刻的一類重要書籍,既體現了坊刻本的總體特徵,同時又呈現出了醫學文獻編刻的專門特性。筆者以南宋《新編類要圖注本草》及其元代傳刻本爲中心,對宋元時期閩中坊刻醫書的編刻特點略作探討,姑作抛磚之論,以冀學界同人對於宋元社會的印刷文化與醫學文獻進行更加深入的研究。

(作者單位:北京大學中文系、中國古文獻研究中心)

① 參見李鼎《〈鍼經指南〉題記》,《中醫鍼灸基礎論叢》,人民衛生出版社,2009年,頁614。

② (明)高武《鍼灸聚英》"集用書目",明嘉靖刻本。

古典文獻研究(第十五輯)
2012年7月

《事林廣記》源流考

王 珂

《事林廣記》是一部著名的古代大型日用類書,作者署名陳元靚。大凡研治近世社會文化者,皆常徵引此書,以爲考訂説明之資。近人胡道静先生率先對其進行了深入探討,並撰有《元至順刊本〈事林廣記〉解題》一文。胡文據陳氏另一作品《歲時廣記》書前所載宋人朱鑒序文,指出元靚還撰有《博聞録》一書,宋末亦曾"盛行於世"[①]。换言之,陳氏之作凡三部,以成書時間先後排列,當是《博聞》、《歲時》、《事林》[②]。對於胡氏的看法,學界向無異議。但最近日本京都大學學者宫紀子先生在《東洋史研究》第六十七卷第一號上,發表了論文《對馬宗家舊藏の元刊本〈事林廣記〉について》,該文對《事林》的緣起提出了全新之見。宫氏認爲:《博聞》與《事林》實係同書異名,因前者載有成吉思汗名諱、蒙元皇族宗派統係以及天文陰陽等違禁内容,觸犯了時諱,故元世祖至元三十一年(1294),元廷下令禁止刊行。職是之故,元成宗大德(1297—1307)中,坊間紛紛將其改題作"事林廣記",以避查禁之厄。嗣後,前者

① (宋)朱鑒《歲時廣記序》,載(宋)陳元靚《歲時廣記》書首,見《叢書集成初編》第179册,中華書局據《十萬卷樓叢書》本排印,1985年,頁1。

② 參胡道静《元至順刊本〈事林廣記〉解題》,見《中國古代典籍十講》,復旦大學出版社,2004年,頁160—178。

漸趨湮没,幾無人知,後者則代之而起,廣布世間[①]。

宫氏之論迥異於通行的觀點,發前人所未發,頗具新意,但其推理過程却太過粗疏,難免有啓人疑竇之處。故本文擬對《事林》一書的緣起重加推考,以驗宫説之確否,兹論述於下。

在探究《事林》成書過程之前,我們有必要先就《博聞》的編撰背景進行一番考察,以便爲解答兩者是否具有隱秘的遞嬗關係這個問題,建立一可靠的基礎。

今《十萬卷樓叢書》本《歲時》書首載有宋人劉純、朱鑒所撰序文,朱序云:

> 仰以稽諸天時,俯以驗之人事,題其篇端曰《歲時廣記》,求予文而序之。予惟陳君嘗編《博聞》三録,盛行於世。況此書該而不冗,雅而不俚,自當與並傳於無窮云。[②]

據此可知,在《歲時》之前陳氏確曾撰有《博聞》一書。劉、朱二序末尾均有題銜,前者曰:"文林郎、新得行在太平惠民和劑局監門、道山居士劉純君錫撰"[③],後者曰:"宣教郎、特差知無爲軍巢縣事、兼理武民兵軍正、總轄屯戍兵馬、借緋新安朱鑒撰"[④]。按:劉純字君錫,福建建陽人,以父蔭補沙縣簿,歷分宜縣丞,轉授太平惠民和劑局監門,後調河北帳幹,卒贈朝散郎。其生平事迹具見《萬曆建陽縣志》卷六"人物志":

> (純)少年喜騎射,以父蔭授沙縣簿。適歲大疫,親治粥藥,存

---

① 按:關於查禁《博聞録》的原因,宫氏列舉了兩條證據:其一,元《通制條格》卷二八"雜令""禁書"條云:"至元三十一年(1294)十月,中書省。御史台呈:'山南江北道肅政廉訪司申:"《博文録》内有聖朝開基太祖皇帝御諱及以次皇族宗派。"擬合拘收禁治。'省准。"其二,元《至正條格》卷二"斷例""職制"之"隱藏玄象圖讖"條亦有類似記載。宫氏以爲"博文"與"博聞"之異,乃傳刻不同造成。

② 《歲時廣記》,頁1。

③ 同上。

④ 同上。

活甚衆,死而無收者,作大冢瘞之。秩滿,丞分宜。復值歲旱,極力賑救亦如之,分宜人獲蘇。繼入京,監和劑門。紹定己丑,邵武寇劉安國等攻破郡城,朝廷命將分討。純適調湖北帳幹,聞賊迫近其鄉里,即歸,散家財,招唐石義勇千人討賊。樵守王遂請於朝,命純知邵武縣,俾將所招軍往立官府,收散亡,軍勢大振。事聞,改宣教郎,號其軍曰忠武。①

紹定己丑即宋理宗紹定二年(1229),是年"純適調湖北帳幹",則其任太平惠民和劑局監門,必在該年之前。

細玩朱序"求予"之語,鑒似當年長於元靓,否則何須以"求"字爲飾?朱鑒乃朱熹長孫,其人正史無傳,不過方志中却有可資我們利用的材料。《萬曆建陽縣志》卷六"人物志"云:

鑒字子明,熹嫡長孫,塾之子也。蔭補迪功郎,累遷奉直大夫,湖廣總領。寶慶間,隨季父在遷居建安之紫霞洲,建熹祠於所居之左。子孫入建安自鑒始。②

又,清陳壽祺《重纂福建通志》卷一八五"宋道學傳"云:

鑒字子明,熹長子塾之子也。少穎敏絶人,讀書一目數行,熹鍾愛異於諸孫。及長,蔭補迪功郎,累除户部郎中,總領湖廣、江西、廣西賦。……母喪,服闋請祠不出。隨季父在徙居建安之紫霞洲,建朱子祠於所居左。子孫居建安自鑒始。寶祐六年卒,年六十九,積階至朝議大夫。③

① (明)魏時應修、張榜纂《萬曆建陽縣志》,《稀見中國地方志彙刊》第31册,中國書店影印本,1992年,頁739。

② 同上,頁733。

③ (清)陳壽祺等《重纂福建通志》,華文書局股份有限公司影印清同治十年重刊本,1968年,頁3350。

中國舊俗計人年紀均以虛歲爲准，故朱鑒卒歲當係六十八，則其生年應是光宗紹熙元年(1190)。合上引兩段材料觀之，鑒"總領湖廣、江西、廣西賦"之日必在理宗寶慶間(1225—1227)隨其叔父移居建安紫霞洲以前，故知其"知無爲軍巢縣事、兼理武民兵軍正、總轄屯戍兵馬"應在寧宗嘉定朝(1208—1224)。理宗寶慶元年(1225)，朱鑒三十五歲，假設鑒年長元靚五歲左右，即陳氏約生於寧宗慶元元年(1195)前後，應是較合情理的推斷。若兩人年齡差距過大，則很難想象一年甫弱冠之人能著成兩部大書。由此遞推，《歲時》當撰於寧宗嘉定朝末年①，而《博聞》成書亦必在嘉定年間，大概就在《歲時》殺青前數年。

據上文所考，《博聞》編撰於宋季已毋庸質疑。宫紀子認爲，《事林》係元大德間書賈將《博聞》改頭换面後推出的作品。該説關鍵之處就在大德朝這一時間點，倘自宋嘉定末迄元大德初之間所出文獻有提及或徵引《事林》者，宫氏之説自然也就不攻而破，那麼是否有這樣的典籍存在呢？

今有論者舉宋季金華人葉寘《愛日齋叢抄》卷五"《事林廣記》考論寓錢之始，云今楮鏹也"②之文爲證③，認爲《事林》撰於宋末。然此證難稱可靠，《叢抄》原本早佚，今本係四庫館臣從《永樂大典》中勾稽所得，其"《事林廣記》考論寓錢之始"條後附有館臣按語：

> 自"《事林廣記》考論寓錢之始"以下十條，皆見於陶宗儀《説

---

① 按：《歲時》撰於何時，今人李裕民先生據《萬曆建陽縣志》所載劉純仕履事迹認爲："以任職三年計，當在寶慶二年(1226)至紹定元年間，'新和劑局監門'，應在寶慶二年，本書之成亦當在是年。"然所謂"任職三年"者，畢竟缺少佐證，有臆測求勝之嫌，故定其成書於嘉定末年仍較穩妥。參《四庫提要訂誤》(增訂本)，中華書局，2005年，頁99。

② (宋)葉寘《愛日齋叢抄》，中華書局，2010年，頁112。據余嘉錫先生考證，葉寘字子真，號坦齋，宋季金華人。參《四庫提要辨證》卷一五，中華書局，2007年，頁889—890。

③ 參李道和《民俗文學與民俗文獻研究》，巴蜀書社，2008年，頁279注1。

郛》,而原本脱去,今據補録於後。①

由此可知,該條實轉引自《説郛》。陶氏此作撰於元末,乃叢抄之籍,“仿曾慥《類説》之例,每書略存大概,不必求全”②,對所抄之書多有删改,今若引以爲據,是欠説服力的。

又,至元二十二年(1285),胡三省撰成《資治通鑒音注》,其書匯合群籍,訂誤補闕,精審無匹。《通鑒》卷一七二“朔州”條胡注云:

> 大元以朔州置順義節度,領鄯陽、窟穀二縣,而以馬邑縣置固州。③

胡注除了上引“朔州”條之外,另有兩條均標明引自陳元靚之言,分别是《通鑒》卷二八六“錦州”條注:

> 陳元靚曰:“大元於錦州置臨海節度,領永樂、安昌、興城、神水四縣,屬大定府路。”④

卷二八八“建州”條注:

> 陳元靚曰:“大元建州領建平、永霸二縣,屬大定府路。”⑤

---

① 《愛日齋叢抄》卷五,頁113。

② (清)永瑢等《四庫全書總目》卷一二三,中華書局,1965年,頁1062。

③ (宋)司馬光撰,(元)胡三省注《資治通鑒》卷一七二,中華書局,1956年,第12册,頁5360。按:此注胡氏未標出處,近人陳垣先生《通鑒胡注表微》“本朝篇”於該注下釋曰:“所據蓋陳元靚《事林廣記》乙集之文也。”援庵先生此處所指當係和刻本《事林》,其《乙集》卷三“江北郡縣”之“西京路”“朔州”條確與胡注吻合,但胡氏不曾明言該注引自《事林》,且《事林》乃類書,或胡注所據與之同出一源亦未可知,故對其出處我們只能存疑。

④ 《資治通鑒》卷二八六,第20册,頁9342。

⑤ 《資治通鑒》卷二八八,第20册,頁9407—9408。

雖然胡氏交代了注文出於陳氏，但仍未説明源於何書。翻檢和刻本《事林》，其《乙集》卷三“江北郡縣”“大定府路”條之文亦與兩注相符[①]，可是基於前述闕疑的理由，我們仍無法遽定其引自《事林》。又，注文中均有“大元”二字，據此而論，宋亡後陳氏不僅仍健在且還有新作問世。然按前文所考，陳氏生於光、寧兩朝之際，其人若入元，則已年登耄耋，以常理言，如此高齡恐怕很難再有著述。那麽“大元”者究竟該如何解釋呢？顧炎武《日知録》卷一三“本朝”條云：

> 古人謂所事之國爲“本朝”……宋胡三省注《資治通鑒》，書成於元至元時，注中凡稱宋，皆曰“本朝”，曰“我宋”，其釋地理皆用宋州縣名。惟一百九十七卷“蓋牟城”下注曰“大元遼陽府路”，“遼東城”下注曰“今大元遼陽府”，二百六十八卷“順州”下曰“大元順州領懷柔密云二縣”，二百八十六卷“錦州”下曰“陳元靚曰：大元於錦州置臨海節度，領永樂、安昌、興城、神水四縣，屬大定府路”，二百八十八卷“建州”下曰“陳元靚曰：大元建州領建平、永霸二縣，屬大定府路”，以宋無此地，不得已而書之也。[②]

胡氏乃勝朝遺民，負家國巨痛，義不食周粟，終生不忘故邦喬木。顧氏雖與之異代，然遭際實同，故能燭幽照隱，揭櫫胡注體例中所含深意。可見“大元”二字並非陳氏舊文，應係胡氏或他人所增。换言之，“錦州”、“建州”兩條注文的出典當是宋代之作。這部作品是否即陳氏《博聞》呢？幸運的是，在《通鑒胡注》中恰好也有可供我們追踪的綫索。《通鑒》卷二五五“蝕箔金百兩”下胡注云：

> 《博聞録》有蝕箔金法。金及分數者，打成大箔片，以黄礬一

① （宋）陳元靚《事林廣記》，[日]長澤規矩也編《和刻本類書集成》第一輯第一册，上海古籍出版社影印本，1990 年，頁 225。

② （清）顧炎武撰，黄汝成集釋《日知録集釋》，上海古籍出版社，2006 年，頁 819。

兩、鷄屎礬一兩、膽礬半兩、硇砂一分、信土一兩、赤土一兩，裹研以鹽膽水調金片上，炙干，更搽更炙，如此三度，已來用牛糞灰一重重鬲下，大火煅一日，取出温湯洗净，其存者金也，其蝕出者銀也。①

檢核胡注，標注《博聞録》者唯此一處，前引“錦州”、“朔州”條注，皆在該注之後，若其引自《事林》，胡氏當注明出處，而不應僅作“陳元靚曰”云云。以胡注體例論，“錦”、“朔”二注當亦引自《博聞》。但更有意思的是，和刻本《事林·癸集》卷九“煅煉五金”之“蝕薄金法”條②與《通鑒》“蝕箔金百兩”條胡注的文字若合符契。這實在難以用巧合來解釋，對此最合邏輯的解釋只能是胡三省撰寫《通鑒注》時曾參考引用的陳元靚著作應爲《博聞》而非《事林》。

通過以上分析，可知目前尚無充足的證據能夠斷定元成宗大德朝以前有《事林》一書的存在。今已知最早提及《事林》的可靠文獻應是日本京都大學附屬圖書館谷村文庫所藏五山版《三體詩》，據該書“諸家集注唐詩三體家法諸例”條載，元武宗至大二年(1309)書林中始有名曰《事林廣記》者出現③。自此以降，《事林》之名頻見於各類文獻，而與之形成鮮明對照的則是《博聞》迅速湮没無聞。

以上所論俱是從外證的角度來考察《博聞》與《事林》的關係。接下來，我們不妨再就後者的内容略作一番探討，看看當中是否亦有與前者相關的痕迹。

今和刻本《事林·甲集》卷二“地理門”有地圖一幅，題作“華夷一統圖”④。元刊《事林》各本亦皆載此圖，不過更其名爲“大元一統圖”，並

① 《資治通鑒》第18册，頁8282。

② 《事林廣記》，見《和刻本類書集成》第一輯第一册，頁453。

③ 參觀[日]宫紀子撰，喬曉飛譯《新發現的兩種〈事林廣記〉》，見《版本目録學研究》第一輯，國家圖書館出版社，2009年，頁180注1。

④ 《事林廣記》，《和刻本類書集成》第一輯第一册，頁186。

將圖中行政區劃之名“路”改作“道”①。按:宋元以降,中國流行的古地圖主要分屬兩個系統:一是《禹迹圖》,一是《華夷圖》,後者即《事林》中“華夷”、“大元”《一統圖》所本。衆所周知,和刻本《事林》是目前學界公認的最近於陳氏原本的版本。觀該本《華夷一統圖》所標行政區劃,顯係將宋、金兩國行政區劃拼湊而成。金“襲遼制,建五京,置十四總管府,是爲十九路”②,據《金史·地理志》,十九路分别是:

上京路　咸平路　東京路　北京路　西京路　中都路　南京路　河北東路　河北西路　山東東路　山東西路　大名府路　河東北路　河東南路　京兆府路　鳳翔路　鄜延路　慶原路　臨洮路③

以之與和刻本《華夷一統圖》所標北方行政區劃比較,可見兩者出入頗大,兹列表如下:

華夷一統圖	金志
上京道	上京路
會寧路	會寧府
華夷一統圖	金志
臨潢路	無
慶源路	慶原路

① 參《新編纂圖增類群書類要事林廣記》前集卷三,見《續修四庫全書》子部,上海古籍出版社影印元至順建安椿莊書院刊本,2002年,第1218册,頁235;又,《增新類聚事林廣記》前集卷三,見臺灣“中央研究院”歷史語言研究所藏元至順西園精舍刊本影印本;又,《纂圖增新群書類要事林廣記·癸集》卷上,見《事林廣記》,中華書局影印元後至元鄭氏積誠堂刊本,1999年,頁236。

② (元)脱脱等《金史》卷二四《地理志上》,中華書局,1975年,第2册,頁549。

③ 參《金史》卷二四、二五、二六《地理志》,第2册。

續表

秦鳳路	無
熙河路	無
無	鳳翔路
無	臨洮路

如表所示,"上京路"作"上京道"、"慶原路"作"慶源路",此或出於傳刻之誤,毋需深究,其餘則頗值一辨:

甲、會寧路。據《金志》,上京路下轄一府,曰會寧[1]。此處《華夷一統圖》誤將"府"標作"路"。

乙、鳳翔路。據《金志》,金之鳳翔路即北宋秦鳳路之一部[2]。圖中未作標示。

丙、臨潢路。《金志》"臨潢府"條云:

> 臨潢府,下,總管府。地名西樓,遼爲上京,國初因稱之,天眷元年改爲北京。天德二年(1150)改北京爲臨潢府路,以北京路都轉運司爲臨潢府路轉運司,天德三年(1151)罷。貞元元年(1153)以大定府爲北京後,但置北京臨潢路提刑司。大定後罷路,並入大定府路。[3]

中華書局本《金史》卷二四"校勘記三十""大定後罷路"條曰:"按臨潢路,世宗、章宗時未罷,紀傳中屢見,章宗以後不見。疑'定'是'安'字之誤。"[4]此論甚確。臨潢路之罷在金衛紹王大安朝(1209—1211,宋寧宗嘉定二年至四年)以後,繪圖者似不知有此變更,故依舊標有"臨潢路"。

丁、秦鳳路與熙河路。《金志》"京兆府路"條云:

---

① 參《金史》卷二四,第2册,頁551。

② 參《金史》卷二六,第2册,頁644。

③ 《金史》卷二四,第2册,頁561。

④ 《金史》卷二四,第2册,頁582。

京兆府路,宋爲永興軍路。皇統二年(1142)省並陝西六路爲四,曰京兆,曰慶原,曰熙秦,曰鄜延。①

中華書局本《金史》卷二六"校勘記四七""國初隸熙秦路"條曰:"按上文京兆府路下曰,'皇統二年省並陝西六路爲四',曰熙秦。是皇統二年始並宋秦鳳、熙河爲一路,以前無熙秦路之稱。"②繪圖者不知其中因革變化,故仍有秦、熙之分。

戊、臨洮路。《金志》"臨洮路"條云:

皇統二年改熙州爲臨洮府,置熙秦路總管府,大定二十七年(1187)更今名。③

據前文,知"秦鳳"、"熙河"本係北宋路名。金滅北宋後,於皇統二年將秦鳳路的一部分與熙河路合併,設作"熙秦路",後於大定二十七年改作"臨洮路"。繪圖者對此變遷可謂一無所知,因此也未加標示。

與之截然相反的是,《華夷一統圖》中南宋行政區域的標示却相當準確,持之與《宋史·地理志》對勘,兩者若合符契,皆作:

兩浙西路 兩浙東路 江南東路 江南西路 淮南東路 淮南西路 荆湖南路 荆湖北路 京西南路 福建路 成都府路 潼川府路 夔州路 利州路 廣南東路 廣南西路④

一圖之中對南、北兩方行政區劃的標示精度如此大相徑庭,足以説明繪圖者當是南宋人。由於宋、金對峙百年,南北懸絶,故其人對北朝行政

① 《金史》卷二六,第2册,頁641。

② 同上,頁662。

③ 同上,頁653。

④ 參《事林廣記》,《和刻本類書集成》第一輯第一册,頁186;(元)脱脱等《宋史》卷八五至九〇《地理志》,第7册。

區域的設置及沿革知之甚少,以至訛謬處在在皆有。不過正如前文所考,現尚無文獻能確鑿證明元成宗大德朝之前已有《事林》一書,因此我們只能説《事林·華夷一統圖》祖本繪於南宋之時。

詳觀該圖,可見其左上方一隅標有"西夏"之名。按:宋理宗寶慶三年(1227,西夏末主寶義元年),蒙古屠滅西夏,故此圖祖本當繪於此年以前。又,圖中所標"利州路"並未分作東、西二路。考《宋史·地理志》,利州路於高宗紹興十四年(1144)分爲東、西二路,東路治興元府,西路治沔洲[①],嗣後分合極頻。若以宋寧宗慶元元年(1195)爲上限,下迄理宗寶慶三年,其間利州路分合時間可考者有:紹熙五年(1194)合,慶元二年(1196)分,嘉定二年(1210)合、十一年(1218)分、十二年(1219)八月合(後曾分)、十六年(1223)合[②]。相對而言,嘉定二年至十一年的九年間,利州路處於較爲穩定的合併狀態。這段較長的時間已能使當時人對該路的設置情况形成可靠的認知,因此和刻本《事林·華夷一統圖》祖本極有可能就繪於其時。而據前文的考證,《博聞》正好也成書於這一時期。至此,答案可謂昭然若揭。此外,我們還可再舉出一條證據,清黄虞稷《千頃堂書目》卷一二"雜家類"載:"《博聞録》十卷。"[③]和刻本《事林廣記》以天干分作十集,雖總計九十四卷,但其中縫所標卷數,皆以一集爲一卷,實際上也係十卷之數。儘管卷數的相合尚非直接證據,然若結合前述諸論觀之,這種"巧合"也就不難理解了。

總之,通過詳細考辨,無論外證抑或内證,都有力地證明了宫紀子先生的新説:《博聞》與《事林》實係同書異名之作。這一新説不僅很有見地,同時也是可資取信的。

(作者單位:陝西省社科院古籍整理與歷史文化研究所)

---

① 參《宋史》卷八九《地理志五》,第7册,頁2222。

② 此處參考了今人熊梅《南宋利州路分合初考》一文的結論,見《陝西理工學院學報(社會科學版)》2006年第1期。

③ (清)黄虞稷《千頃堂書目》,上海古籍出版社,1990年,頁330。

古典文獻研究(第十五輯)
2012年7月

明代公案小說與訟師秘本之關係

陳麗君

一　明代訟師秘本

訟師這個行業和一些與訴訟相關的書籍,早在宋代就已經存在。沈括的《夢溪筆談》就曾提過,在宋代有《鄧思賢》、《四言雜字》等教人訴訟技巧的書籍[①]。"訟師秘本"這一名詞起源於清代,明清兩代都有"教唆詞訟"的處罰規定:"凡教唆詞訟及爲人作詞增減情罪誣告人者,與犯人同罪。"清乾隆七年(1742)曾頒布一道禁令,查禁《驚天雷》、《相角》、《法家新書》、《刑臺秦鏡》這些構訟之書[②]。這是"訟師秘本"此一名詞

---

① 宫崎市定《宋元時代の法制と裁判機構—元典章成立の時代的・社會的背景》,《東方學報(京都)》24,1954年,收入氏著《宫崎市定全集・11・宋元》,岩波書店,1992年。中文節譯本爲徐世虹譯《宋元時代的法制和審判機構》,收入劉俊文編《日本學者研究中國史論著選譯8》,中華書局,1992年,頁252—258。

② 夫馬進《訟師秘本〈蕭曹遺筆〉的出現》,收入楊一凡編《中國法制史考證・丙編第四卷》,中國社會科學出版社,2003年;收入寺田浩明編,鄭民欽譯《日本學者考證中國法治史重要成果選譯・明清卷》,中國社會科學出版社,2003 (轉下頁)

的起源。

訟師秘本之所以被官方認定爲一種教唆訴訟之書,最大的原因來自於其"文例集"的内容。這也是訟師秘本的主要部分,通常以"告"、"訴"、"審"的形式呈現。使用者可以依案件種類,套上人名、地名,簡便地完成一篇訴狀。其中也羅列許多訴訟用的套語(所謂"朱語"、"珥語")①,方便使用者套用。

明刊本的訟師秘本,目前在台灣"中研院"傅斯年圖書館,兹羅列如下:

1.《新鎸訂補注釋霹靂手筆》(簡稱《霹靂手筆》),四卷

2.《新刻校正音釋詞家便覽蕭曹遺筆》(簡稱《蕭曹遺筆》),閑閑子訂注,四卷,瑞雲館主人序,萬曆四十二年(1614)重刊本

3.《新科摘選增補注釋法家要覽折獄明珠》(簡稱《折獄明珠》),清波逸叟序,萬曆三十年(1602)刊,四卷本

4.《新鍥金陵原板按律便民折獄奇編》(簡稱《折獄奇編》),樂天子輯,四卷本

5.《新刻法林照天燭》(簡稱《法林照天燭》),江湖醉中浪叟輯,五卷本

6.《新刻法家須知》(簡稱《法家須知》),崇禎六年(1633)序刊本,六卷附一卷

從這些訟師秘本的文例集,明代公案小説的編者可以汲取案件的内容,根據案情加以改編成小説。

(接上頁)年,頁461—462。關於中國古代"訟師"這個行業,參見夫馬進《明清時代的訟師與訴訟制度》,收入王亞新、梁治平編《明清時期的民事審判與民間契約》,法律出版社,1998年,頁389—430;夫馬進《訟師秘本の世界》,收入小野和子編《明末清初の社會と文化》,京都大學人文科學研究所,1996年,頁189—238。

① 關於各式套語,亦可參考邱澎生《真相大白:明清刑案中的法律推理》,收入熊秉真編《讓證據説話:中國篇》,麥田出版股份有限公司,2003年,頁138—140。

二 《詳刑公案》與訟師秘本

目前已知最早使用訟師秘本的明代公案:是余象斗所編纂的《廉明公案》。根據阿部泰記的研究,《廉明公案》中有 62 組源自《蕭曹遺筆》的文例[①]。余象斗幾乎不加改編,直接將《蕭曹遺筆》原文轉載入《廉明公案》。

由於訟師秘本的内容重覆得相當多,且根據夫馬進的研究,《蕭曹遺筆》又是所有訟師秘本的原型,所有的訟師秘本都脱胎自它。如果余象斗抄襲了《蕭曹遺筆》九成以上的文例,那麽之後的編纂者在題材上就受到了很大的限制。這就意味着,余象斗之後的編者可以使用的訟師秘本内容勢必就很零星了。《詳刑公案》所選用的訟師秘本透漏了此一信息,以下表列它與幾部傅斯年館藏訟師秘本之關係:

《詳刑公案》篇名	來 源
《詳刑公案》卷四"婚姻類"趙縣尹斷兩姨訟婚	《折獄奇編》卷三婚姻類告謀婚
《詳刑公案》卷四"婚姻類"章縣尹斷殘疾争親	《折獄奇編》卷三婚姻類告重嫁
《詳刑公案》卷四"婚姻類"秦推府斷良賤爲婚	《折獄明珠》卷二(上層)良賤爲婚
《詳刑公案》卷六"强盗類"劉縣尹斷明火劫掠	《折獄奇編》卷三盗賊類告强盗
《詳刑公案》卷六"强盗類"阮縣尹斷强盗擄劫	《折獄奇編》卷三盗賊類告强盗

① 阿部泰記説,萬曆二十三年本《蕭曹遺筆》共收 66 則文例,而《廉明公案》抄了其中的 62 則。阿部泰記《明代公案小説の編纂》,《日本中國學會報》39,1987年,頁 178—179。

以《詳刑公案》卷四"婚姻類"《章縣尹斷殘疾争親》爲例,這是一個因爲婚約而生的争議,婚約成立後,女方受傷成爲殘疾,男方爲求異配,指控女方父親將長女二嫁重婚。《詳刑公案》的告訴判幾乎和《折獄奇編》相同,只是更改了其中一小部分的内容,將"一目"受傷改爲"一足"受傷:

《詳刑公案·章縣尹斷殘疾争親》	《折獄奇編》卷三"告重嫁"
告爲負義藐法事。先年憑媒桂芳,議聘奸豪吕智長女美姑與幼男爲媳,當受過彩銀拾兩,金釵二股,鄰族周知。豈期豪惡於本月密受姚杰厚聘,將女重嫁。切思一醮不再,人道之常。貪財重聘,律法何在?投天電霹,以正法風。上告。 訴曰: 訴狀人吕智,訴爲捏陷事。身生二女,長配姚杰,次配何標幼子,兩家媒書存證。因次女下樓失跌,致傷左足。奸親托媒,屢求易配。身不允從,捏詞誣告。投台詳鞫分豁,以杜訟端。上訴。 判曰: 人生夫婦,作合自天,豈人力所能與哉!吕智幼女淑姑,傷足於既聘之後,此亦天也,命也。何標合應取歸,以回天意。何乃妄生訟端,以乖風化?吕智得理,免罪免笞。親仍舊議,毋得紛更。何標合擬不應取供。	貪財藐法事。奸豪徐乙於厶年憑媒李二,議長女配丙幼男,當受過庚采銀六兩,金釵二股,鄰族周知。詎期豪乙於本年厶月密受張七厚聘,將女重嫁。切思一醮不再,人道之常。貪財重配,律法何在?投天電斷,以正法風。上告。 訴曰: 訴爲捏陷事。乙生二女,長配張七,次配王丙幼子,兩家媒書存證續爲次女。因疹傷眇一目。奸親托媒,屢求易配。乙不允從,捏詞誣上。投台詳鞫分豁,以杜訟端。上訴。 判曰: 人生夫婦,作合自天,豈人力所能爲也!徐乙次女傷明在既聘之後,王丙應該取歸。何乃妄生訟端,以乖風化?徐乙供明,王丙合擬不應取供。

這三則告、訴、判的文例,文字與行文都可以見到相似處。

另外一個證據是,《詳刑公案》最特殊的一則故事卷四婚姻類《秦推府斷良賤爲婚》。這則故事和判詞在其他明代公案小説中並無出現,查證判詞與訟師秘本,則與《折獄明珠》二卷上層"名家判語"相似,除此之外,並未出現在任何筆者所持有的那些訟師秘本的複印本中。實則,《折獄明珠》"名家判語"在訟師秘本中所處的,是一個附屬的位置,而且並不是"套裝"文例的一部分,編者將它置放在版面的"上層"。它没有相對應的告詞、訴詞,自然無法成爲訟師秘本的文例,供給使用者方便套用。用來改編成小説,也較爲麻煩、費工,編者必須補上虛擬的告詞、

訴詞,這可能是余象斗不選的原因。比較《折獄明珠》"名家判語"與《詳刑公案》的判詞:

《詳刑公案・良賤爲婚》	《折獄明珠・良賤爲婚姻》
《詩》首〈關雎〉,人倫爲大;禮嚴媒妁,名義爲先。故閥要於相當,而伉儷宜乎克敵。律例森嚴,豈容毫髮;王章整肅,孰敢妄乾?今丁爵世系名家,不知求配;王貴祖緣僕役,妄許成婚。財利熏心,不顧點污白璧;厚妝援上,藉言綰係赤繩。葭倚瓊枝,不嘆姻緣弗稱;烏隨彩鳳,烏知匹配非宜。薰猶不辨,玉石扶同。若效侯景之請婚,實壞簫何之律法。夫不夫,婦不婦,均宜杖懲;良自良,賤自賤,各判歸宗。	《詩》首《關雎》,夫婦人倫之大;禮先媒妁,婚姻配合之常。故閥閲貴於相當,而男女須乎克敵。嫁非凡子羡唐處士之賢,期爲貴人,服漢吕氏之識,今ム不求知配,妄許成婚。彩鳳隨鳥,不嘆姻緣弗稱,蒹葭倚玉,胡知伉儷非宜,駕言緣定於赤繩,不悟穢污乎白璧;深病樂天,咏籠鳥無常之句,甚疵司馬歌流鶯過短墻之詩,薰猶莫力,玉石雷同,孟光下嫁於梁鴻,固出中心之願,侯景請婚於王謝,實非本意之爲,罪宜杖責,各令歸宗。

同樣,這兩則判詞文字上也十分雷同。《良賤爲婚》這則判語亦不曾出現在《廉明公案》中①。《詳刑公案》對訟師秘本或既有的一些小説的模擬,其實都有修正過,並不會像余象斗一樣大篇幅的抄襲。如《蘇縣尹斷指腹負盟》,這篇故事的告、訴文例和訟師秘本《霹靂手筆》中的文例十分相似,而這個文例一樣也没有被《廉明公案》使用過:

《詳刑公案・蘇縣尹斷指腹負盟》	《霹靂手筆》卷三"婚姻類"《告富奪貧婚》
告狀人黄世禄,告爲歪儒奪婚事。父存與岳葉榮割襟指腹爲婚,莊鄰鄧晉爲媒,裸醮禮聘,盟誓山海。金環爲聘,金釵回儀,鄰里周知。豈料無恥生員唐國卿,衣巾大盗。瞰今父故媒亡,欺身貧莫富争,簧口鼓岳易盟,奪娶爲妻。不思婚以寸絲爲定,人以信義爲根。貪財絶恩,謀娶毁法。懇天作主,追還完聚,人鬼沾恩。上告。	孫應才。告爲勢奪盟婚事,才父存日,與邱太友割襟指腹爲婚。父男太女,各相襁褓,又以金鈿固盟,詎土豪張炳,欺身父死家貧,拴媒丁士才,簧口鼓太異盟,百金奪娶爲媳。不思婚以寸絲爲定,人以信義爲先。富奪貧妻,爲天作主,上告。

① 這則判語也收録在明代的判語集《四六合律判語》中。《四六合律判語》全名《新纂四六合律判語》,明刊本,未著撰人,收入《歷代判例判牘》第 4 册,中國社會科學出版社,2005 年,頁 114。

續表

《詳刑公案·蘇縣尹斷指腹負盟》	《霹靂手筆》卷三"婚姻類"《告富奪貧婚》
訴狀生員唐國卿,訴爲燭奸剪刁事。媒非受幣,不親難容。揑襟混告,一女百求,納聘爲定,當憑媒葉春芳聘葉榮女爲妻,問名納彩周年。今黄世禄陡告奪婚,未審何媒行聘?徒以指腹捕影,民皆仿效成風。且割襟非正律,褓醮實浮辭。似此奸瞞,惟天可殛。祈電霹奸,仰慈哀訴。	張炳。訴爲奸謀奪娶事。自古非媒不娶,難言指腹割襟,一女百求,過聘爲定,炳憑媒議,定丘太女爲媳,問名納采,已經二年,陡今孫應才誣告奪婚,揑襟誑台,試問奸豪媒妁,今將安在。懇天霆劈,庶正法網,投光上訴。
世不唐虞,民皆狡猾。逞私智以欺貧,藉威勢以行僥。輕謗寡信、貪財滅義者,比比然也。葉榮有女月仙,未産相愛,指腹割襟,海山既誓於卮酒;既産踐言,釵環互聘,姻盟復締於冰人。興廢殊途,瞬息韶光。世禄以父故而家資皆乏,亦月仙之數奇耳!炎涼世態,棄貧就富,葉榮以媒死而悔盟。唐國卿既忝黌宫,當遵聖訓,胡爲欺孤奪配?恃勢凌貧,滅天甚矣!庠有若人,士林刑棘,合申黜退,以殄刁風。第以齋師滿學保領,令其自新,姑存學校。諒追銀五十兩,給付世禄、月仙,以爲遮羞之資;其葉榮追銀三十兩,給與女婿,以爲妝奩之費。月仙、世禄,合歌桃夭之咏;葉榮、國卿,省擬不應之條。	府主批云:審得孫應才之父,與丘太通家契也。才父存日,既欲締二姓之婚,即當托以蹇修,納以雁幣,若然則石可爛,盟不可渝也。項區區割以一襟,夫襟無字也,安足憑應才之告,似涉於妄矣。雖然金蘭厚契,割襟指腹,盟或有之,第律上無條耳。今應才貧不能娶,丘太既好其父,亦不能效秦人視越人之瘠也。合於張氏財禮中,量給銀六兩幫娶女歸,張氏更無他辭。

告詞中的"割襟指腹爲婚"、"簧口鼓岳易盟,奪娶爲妻。不思婚以寸絲爲定,人以信義爲根",兩者文字十分相似。告詞的内容上,同樣提到關鍵的聘禮,《詳刑公案》的版本是"金環";《霹靂手筆》的版本是"金鈿"。訴詞與判詞的大意與文字,也十分相似。

《詳刑公案》篇名曰"指腹負盟",係出自《霹靂手筆》的判詞"割襟指腹,盟或有之",告詞、訴詞之相似已如表列。這是一個嫌貧愛富,毁婚背約的案例,雖然小説的判詞重新寫過,但判决的結果與訟師秘本的審語無大差異。與《詳刑公案》婚姻類其他源自《折獄奇編》的文例相同,這個案例也没有被余象斗選取過。

一直以來,研究者只知道《詳刑公案》的年代晚於萬曆二十二年,因爲小説中提到這個年代，至於該書與余象斗兩部公案的關係，却未甚明白。以這部公案所選擇的訟師秘本文例全都避開余象斗所選用過的文例可知，《詳刑公案》應該是晚於《廉明公案》的。作者爲了市場區隔，而避開前人使用過的材料。

余象斗所引用的訟師秘本文例，在《廉明公案》中都未補上故事。雖然，光由文例也可以看出整個案件的發展過程以及執法者的最後判斷，但就形式上看來則有些生硬，畢竟缺乏散體故事的叙述。《詳刑公案》一些故事也使用訟師秘本的文例，但作者一方面避開余象斗使用過的部分，另一方面就這些文例予以加工，補上散體的故事情節，將告、訴、判的文例安插在故事中。

《詳刑公案》使用訟師秘本文例的部分，如卷四婚姻類、卷六强盜類。卷四婚姻類的《蘇縣尹斷指腹負盟》、《趙縣尹斷兩姨訟婚》、《章縣尹斷殘疾争親》、《秦推府斷良賤爲婚》，這幾則短製的故事，作者從這些文例中獲得情節大綱，不過，題目都經過修改，並未直接移植。《趙縣尹斷兩姨訟婚》在《折獄奇編》題名"告謀婚"；《章縣尹斷殘疾争親》原題名"告重嫁"，只是將一目受傷改爲一足受傷。這幾則故事僅是作者針對文例內容，補上的散體叙述，篇幅並不很長，內容變動也不多。

與訟師秘本文例相關，改編幅度較大的一個故事是卷二《吕縣尹斷誣奸賴騙》。《詳刑公案》的模擬都不是大規模、大範圍的，編者有意讓他的種種模擬顯得不着痕迹。《吕縣尹斷誣奸賴騙》更將《廉明公案》之《許侯判强奸》的判詞中一段關鍵的推論與典故植入該篇的判詞中：

> 奸從姑捉，理固然也。吴氏既稱應元奸媳，胡不捉奸於房幃，而乃捉奸於菜園乎？若區區以裂裙作證，吾恐白晝之事未可以絶纓例論也。情涉狐疑，姑免究。（《廉明公案・許侯判强奸》）
>
> 借債而負債，貧人之常態；放債須捨債，自古有遺言。弟先奸後娶，固已有乖於國法；誣奸騙債，是乃陷溺乎良心。魯宜自執，奸從夫捉理固然也！胡爲不捉奸於房中，而乃捉奸於門首？恐白晝之事，難與絶纓例同日語也。陳氏自稱抱奸吶喊，嗚已節也！胡爲不終事於一夫，而復嫁於二夫？恐奇貨之身，難與彩桑輩争媲美

也!(《詳刑公案·吕縣尹斷誣奸賴騙》)

《許侯判强奸》這一文例,是余象斗直接從《蕭曹遺筆》移植而來並未加以改編。告詞與訴詞提示的情節是,叔叔告侄兒偷窺媳婦於偏僻菜園中工作,想要侵犯媳婦,不料却被嬸嬸撞見,一陣扭打中,嬸嬸被侄兒痛毆、撕裂裙襬。侄兒訴詞以"菜地非行奸之所,白晝豈捉奸之時"來反駁。並且申明裂裙是因婆媳口角。

《許侯判强奸》的結果是,叔叔的控訴不成立。判詞采信了訴詞不可能白日於菜園行奸的邏輯,並且加上一段"楚莊絶纓"的典故,以補充判決理由①。《詳刑公案》的編者除了小心模擬余象斗的故事、訟師秘本的判詞外,他也用盡心機想要創造新的故事,《吕縣尹斷誣奸賴騙》就是這樣的例子。這個故事情節頗爲複雜,主要案情是債務人意圖賴債,而誣指債權人非禮己婦,結合"奸情"與"取債"兩個案件類型,故事參考了《廉明公案》這一故事"誣奸"的主題,但《詳刑公案》的作者將故事動機也就是誣奸的目的,延伸爲債務關係。順便在判詞中"夾帶"《許侯判强奸》一案的斷案邏輯。

《吕縣尹斷誣奸賴騙》故事的前半段,作者花了相當的篇幅,鋪陳當事者雙方的債務關係與由來,故事中的人物繁多,是余象斗的公案中所未見。這段家庭債務關係的鋪陳,顯得有點支蔓,甚至複雜,其中一些不甚相關的情節似乎可以稍加濃縮。但也正是這樣的加工,讓我們看到了一個使用新素材的新故事被創造。

卷六"强盗類"的兩篇故事《劉縣尹斷明火劫掠》、《阮縣尹斷强盗擄劫》來自《折獄奇編》的文例。《折獄奇編》共有三組告强盗的文例,姑且以之一、之二、之三名之,其中告强盗之二這組文例被《詳刑公案》的作者取用,但文例並未被逐字抄入小説。《折獄奇編》的文例

① 《説苑·復恩》提及,在一場宴會中,唐狡因爲垂涎楚莊王的一名愛妾,故趁一陣風吹息燈燭時近前調戲她,因而被她扯下帽帶。楚莊王不但不介意,還要大家一起脱下帽帶,暢快宴飲。後來唐狡爲了感謝楚莊王不殺之恩,在楚晉之戰中報答了他。(漢)劉向撰《説苑》,世界書局,1958年,頁47。

如下：

> 劫賊慘殺事：家處僻隅，某夜强盜二十餘人，搽紅抹黑，明火燭天，手操鋒鍔，衝開四圍門壁，蜂擁入室，老幼男婦，如鼠見貓，神魂離殻。男被殺傷，性命幾死。金銀釵鐶衣服，捲擄一空，止有舊衣舊裳又付祝融一焰。……
>
> 晏侯審云：吴厶惡爲賊魁，三犯不悛，烏合夥黨，明火劫掠，既捲其財又傷人命，據此凶惡，殆猛獸中之窮奇，螫蟲中之虺蜴也。……

此一文例所揭示的犯罪情節是説，有二十幾名强盜，以紅、黑顔色塗臉，持槍械火燭，傷人劫財，最後放火燒毁現場，企圖消滅犯罪證據。而《折獄奇編》告强盜之三的文例：

> 明火劫擄事：前月厶夜更深，强徒一黨約有三十餘人，各執鋒械，劈破大門，殺傷男婦三命，穿房繞户，掃擄家財，四鼓方散。當投鄰里……

這一則文例所揭示的犯罪過程，和告强盜之二差異不大。《詳刑公案·劉縣尹斷明火劫掠》的題名來自以上這段告强盜之三告詞中的案由"明火劫擄"。小説中的告詞也有模擬痕迹，像是述及衆嫌犯的罪行時所言"穿房繞户，罄捲家財，四鼓方散"的文字，與《折獄奇編》上段文例幾乎無異。但《劉縣尹斷明火劫掠》的故事内容却參考了告强盜之二的文例，特别着眼於其中"搽紅抹黑"這四個字的描述，再爲這一僞裝的行爲鋪陳一段奸情的遠因。原來，其中一名盜賊與被害一家的婢女有奸情，衆婢皆知，唯主母不知。於是該盜賊趁屋主外出，夥同賊黨衝入其家，殺死衆婢，將同其有奸之婢女綁於柱上，席捲家財而去。

《劉縣尹斷明火劫掠》這個故事斷案過程也緊扣這一重要情節，賊人逃逸後，僅留下秋蘭這一活口，不知情的她對官員説明因爲衆賊皆"搽紅抹黑"，並未見真實面目。斷案官員留心於賊人僅留其一個活口，因而斷定必是她的情人爲盜。最後再鋪陳一段官員對嫌犯家中妻子使詐而賺得贓物的過程。前述《吕縣尹斷誣奸賴騙》和《劉縣尹斷明火劫掠》這一故事都用了相類似的手法,這種"加一段"的寫法,有助於改編訟師秘本中過於單調的案情,也可以延伸故事的篇幅。

强盗類另一篇故事《阮縣尹斷强盗擄劫》情節大要還是來自《折獄奇編》的這兩則文例,從告詞、判詞的内容中,也可以看到襲用的痕迹。故事前端先鋪陳動機,丁家家境富厚,王恒買了丁家山林。其後,盗賊洗劫丁宅,丁家人疑心是王家工人所爲。小説中的告詞也表明,先前的交易,王家人携銀來丁家,正好窺探丁家虚實,從而成了頭號嫌疑犯。王恒隨即提出訴詞。丁、王雙方對質的過程寫得精彩,一方咬定相貌特徵與賊人相符,一方抗辯没有贓證,且丁家人並未確定是否爲同一人:

> 縣尹見訴,乃謂恒曰:"是夜擄捲之時,明白見爾。"恒曰:"既劫伊家,山廠豈無贓證?無贓無證,平白安可指人?"丁文曰:"小妾被污,明白是你。他見得仔細,方面豹牙,身材長大,貌無兩樣,何得抵賴?"恒曰:"天下之人,貌相皆類者多,黑夜焉能詳辨?且小的並無與伊妾一面,何以識認?誣陷顯然。"

《詳刑公案》的作者再爲這個故事補上發現贓物的一段情節。王恒家的兩名工人爲了躲避追查逮捕,往山中逃逸,却意外撞見正在分贓的賊人,因而知悉埋藏贓物的地點,整個案件因而水落石出。這一故事在《折獄奇編》的基礎上增加了動機、贓物的發現等情節。前面一個故事核心在賊人塗臉僞裝,這個故事核心則在贓證的追查,兩個故事都是由同一個與《折獄奇編》兩則文例相關的概念推衍而出,比《折獄奇編》的情節更曲折,已經是不錯的改編作品。

三 《律條公案》與訟師秘本

在《詳刑公案》之後的《律條公案》，爲求標新立異[①]，它的首卷仿照了訟師秘本的體例，等於是一卷法學序論，列述一些基本法律概念的介紹、一些條列式的法律問答等等。許多訟師秘本的體例都有這樣的一卷序論，如萬曆四十二年版的《蕭曹遺筆》、《折獄明珠》、《折獄奇編》、《法林照天燭》(列末卷)、《霹靂手筆》、《法家須知》。《律條公案》首卷的這些條目都可以在訟師秘本找到對應者，有些甚至是方便記憶的"歌訣體"。現將《律條公案》中和幾部訟師秘本相類似或相同的部分表列如下：

《律條公案》條目	所使用的訟師秘本	内容概要
首卷		
六律總括	《折獄明珠》一卷上層"六律總括歌"	對"吏、户、禮、兵、刑、工"六類條文所作歌訣類簡介
附八字西江月	《折獄明珠》一卷下層"八字須知"	八個法條常出現的連接詞之釋義(如:以、准、皆、各、其、即……) 又，本目在《律條公案》、《折獄明珠》稍有不同
編次納贖則例歌括	《折獄明珠》一卷上層"納贖則例歌括"	各種繳納贖金的計算標準與一些細節
納紙則例	《折獄明珠》一卷上層"納紙則例歌括" 《折獄奇編》一卷下層"納紙則例"	各種罪刑與易科之罰金 又，本目前半部同《折獄明珠》，後半部同《折獄奇編》

① 阿部泰記比較兩者共同襲自《百家公案》的故事，得出《律條公案》襲自《詳刑公案》的結論。見氏著《明代公案小説の編纂》，頁180。

續表

《律條公案》條目	所使用的訟師秘本	内容概要
五刑定律	《折獄明珠》一卷上層“今五刑定例” 《折獄奇編》一卷下層	五種主要處斷刑,如杖刑、死刑、徒刑的介紹,並列折算納贖(易科罰金)的結果
擬罪問答	《霹靂手筆》一卷 “斷律問答”	共44則問答體的法律常識 又,其中34則與《霹靂手筆》同
金科一誠賦	《折獄明珠》一卷下層 《折獄奇編》一卷下層	常見法律概念的條列式訓解(如:一些加重處罰的條件,如奴婢對主人所犯,罪加一等)
執照類	《折獄奇編》卷二 《折獄明珠》卷四	各種官家所給的公證書
娼妓從良照	〃	
寡婦改嫁照	〃	
杜絶後打照	〃	傷害罪的保護令
告給引照身	〃	出遠門所需度牒、通行證
保狀類	《折獄奇編》卷四“脱罪類” 《折獄明珠》卷四“保狀類”	各類保釋狀
保縣官	〃	
妻保夫	〃	
母脱子軍	〃	

《律條公案》與《折獄明珠》的關係密切,首卷《保狀類》的内容雖然也出現在其他訟師秘本中,但萬曆二十三年本《蕭曹遺筆》或其他幾本訟師秘本都將其歸類爲“脱罪類”,只有《折獄明珠》名之爲“保狀類”。由此可證,《律條公案》的内容是襲自《折獄明珠》的。

這一卷的内容十分特殊,和其他幾個明代公案集子都不一樣,它完全不具備任何故事情節。這樣一卷的基礎法律概念,也可作爲仕宦準備的一種工具書。爲小説加上這樣一卷的卷首,可以標新立異,畢竟這是之前的小説從未出現過的内容。其效果就如余象斗在《廉明公案》序中提到的出版動機即想要出版一部供所有牧民者參考的範例書一樣。在中國的傳統中,小説一直被當作是一種"小道",是所有學術中的枝微末節。這樣的作法可以掩蓋小説内容中的怪力亂神,製造一種"官箴書"的假象,藉以提升小説無形中的價值,因爲這樣冠冕堂皇的理由,這部書變得莊重正式,而具備了存在的重要性。

另外,這一卷生硬的内容與訟師秘本的關係,也回應了阿部泰記與馬幼垣的推測。鑒於《詳刑公案》與《律條公案》一些故事的相似性,馬幼垣認爲《詳刑公案》與《律條公案》很可能有一部共同的祖本,只是此一祖本至今仍未見;阿部泰記則認爲從文字上來看,後者抄襲前者的可能性大。但無論如何,鑒於《律條公案》首卷内容所使用的訟師秘本與《詳刑公案》故事所改編的訟師秘本文例的雷同,也可以佐證兩位學者的假設,亦即這兩部公案的關係相當密切。

四 《居官公案》與訟師秘本

編纂於萬曆三十四年的《居官公案》,仍然承襲前面幾部小説有故事、有告、訴、判等文例的形式。全部七十一回故事,根據阿部泰記的考證,有十七則來自一部前面的編纂者未使用過的筆記《耳談類增》的《良讞篇》。不同於前面幾部公案小説的編纂方式,該書第一至八回、第十四、十五回,共十回的小説,不是單用訟師秘本或筆記故事兩種材料①,而是試圖結合兩者。

簡言之,《居官公案》的編者找到了《耳談類增·良讞篇》的斷案故事,再從《折獄明珠》這部訟師秘本的文例中,爲這些故事尋找相對應、可資使用的供狀文例。斷案故事的具體性與訟師秘本的抽象性是否有相容的可能?以第七回《坯塊助擊》爲例,故事只提及兩位當事人愛禮、

① 爲訟師秘本的法律文例補上一段散體的故事情節,或者順應既有的筆記斷案故事的情節發展,補上虚擬的告、訴、審語。

進保互毆時,愛禮以坯塊攻擊進保,不中,進保遂拾起坯塊反擊,却誤中愛禮之母,致其不治而亡。原審法官判斷,進保需償人命,覆審官員則認爲"塊擊愛禮不死,安能死進保之母? 母原不在門,必誤;而老易傷,故積十三日始死也"。换言之,覆審官員認爲被告只需負誤傷之責。

《居官公案》第七回《坯塊助擊》這個故事所附的告、訴、判,却出自《折獄明珠》"告毆傷"的文例,此一文例所揭示的案情是:債權人與債務人互控毆傷,而最後判詞揭示,審判官認定債權人以暴力逼債,理由是債務人的傷明顯可見,而債權人的傷只是口述。進一步比較兩則判詞:

《居官公案》第七回	《折獄明珠》卷三"告毆傷"
海公判:審得王愛禮爲富不仁,剥民肥己,蓋流毒一方矣。今因逼債相毆,誤傷進保之母十三日而死者,亦非其心之所然,不過毆之急而失手矣。但七拘不赴,此亦撓法之甚者也。尚且展晁錯之智囊,弄蘇張之舌劍,揑稱遭打致病,抵瀶前愆。殊不知胡進保之母只憑伊口所談,而傷亦經予所目睹。愛禮合擬周殨,以殄刁風。不究。	駱侯審語:審得俞平九爲富不仁,剥民肥己,蓋流毒一方矣。今因逼債毆人,破何松之顱,拆何梅之肱。七拘不赴,此又撓法之甚者也。尚且展晁錯之智囊,弄蘇張之舌劍,揑稱遭打致病,抵瀶前愆。殊不知平九之慘只憑伊口所談,而松梅之傷則經予目所睹也。合殄刁風,擬罪如律。

兩個故事有一些不同,如債務關係的有無。兩相比較之下,《折獄明珠》的斷案邏輯清晰可見,但《居官公案》的斷案邏輯則顯得不通。故事中的官員斷定誤擊者是無辜的,但這則判詞却一再指責他是個無惡不作的壞蛋,打了人還抗拒官府的調查,藉口遭打致病。

按理,從判詞的前段來看,審判官應該要嚴懲這個壞蛋了,接着應該説"胡進保之母所傷,非僅伊口所談,且經予所目睹",邏輯上才是比較通順的。但《居官公案》却接着説"殊不知胡進保之母只憑伊口所談,而傷亦經予所目睹"。這樣的説法和上文的承接顯然不是很通順。最大的問題出在,《居官公案》中的審判官認定這只是一起"誤擊"(過失)事件,被告無需負責,但判詞的寫作太過拘泥於模擬《折獄明珠》的字句,致使結論和推論過程無法銜接,"不知胡進保之母只憑伊口所談,而傷亦經予所目睹"這兩句話的邏輯更顯錯亂。

從上表的比較可知,《居官公案》的編者處處遷就《折獄明珠》的文字。殊不知這則源自《耳談類增》的故事,與《折獄明珠》的文例根本不相容,其中很難存在改寫的空間。前者被告的攻擊行爲被認定是過失,因此無責;而後者債權人的行爲被認定爲故意,因此有責。《居官公案》的編者雖然把《折獄明珠》中的債權債務關係移植到《耳談類增》的故事中,終究還是無法成功的結合兩者。相類似的情況也出現在《居官公案》上述的幾回小說中。

這種不成功的結合導致故事與供狀、判詞等文例不相吻合,各說各話。《居官公案》前述十回故事勉强而言,只有一回是案情和文例較爲接近的。見第十五回"决咸匿兄産"判詞:

《居官公案》第十五回	《折獄明珠》卷二"争家産"
審得楊成因子幼而已病欲危,乃給金二千兩付弟楊成掌管,亦成爲家延之計也。乃咸梟利,霸爲已業,非欺死瞞幼者乎?既承兄托,當恤寡憐孤,家業均半則可,胡何言兄未置片土、實系已業,與嫂侄元幹而遥之外居者,誠何心也!則當以侄猶子比兒,即叔之田産,亦當三分之一,而况係已父所置之業乎?合給還侄,如律取供。	審得吴ム與弟同爨,侄輩尚幼,弟死遽爾析烟。恤寡憐孤者當不如是也。夫侄幼分家不無影占田業之心,弟婦改嫁不無瓜分財禮之事。不然侄也,敢以卑而犯尊乎?今以猶子比兒,伯之田産,合判與三分之一,仰族尊公處回報。

這是一個争家業的故事,《耳談類增》的記述是叔叔侵占了親兄所托付的産業,對外却詐稱未承接任何兄産。换言之,於法,一方完全具有"可責性"。《折獄明珠》的判詞有點不同,判詞揭示爲長者需有憐幼之心,爲晚輩的也不應心心念念分産之事。似乎雙方的行爲都有可責之處。兩案都與争産有關,但案情不盡相同。《居官公案》的編者參考了《折獄明珠》的斷案結果,亦即"侄"猶比"子"(故稱"猶子"),分家時,伯父的田産亦應酌給三分之一。按照這個法理,父所交代給叔叔的産業,更應全部歸還侄子。《居官公案》采取它的法律見解當作推論的基礎,這樣改寫的判詞就合理多了。如果認爲《居官公案》的前十回故事是一種嘗試,那麽《决咸匿兄産》可以説是唯一成功的一回。

明代公案繼余象斗與《詳刑公案》系列小説兩個階段的實驗後,確立了一個創作方式的定則,即如果編纂者所使用的是傳統的斷案故事,那麼編者就必須補上一段虛擬的文例;如果是以訟師秘本的文例爲材料,那麼就必須因情節補上故事。《居官公案》企圖打破這一傳統,其前十回故事(第一至八回、第十四、十五回)嘗試着結合兩種材料,編者於是遇到了困境,可見要成功地結合訟師秘本與斷案故事幾乎是不可能。於是《居官公案》後面的六十回故事,編者只能保守地回到前人所用的方法,也就是將斷案筆記的故事與訟師秘本的文例這兩種材料分開使用。

五　結論

明代公案小説與傅斯年館藏的幾部訟師秘本關係密切,《詳刑公案》、《律條公案》與《折獄明珠》、《折獄奇編》、《霹靂手筆》之間,《居官公案》與《折獄明珠》之間,都可見到許多沿襲的痕迹。考察這些沿襲的過程,可以發現明代公案的創作者是如何改編法律材料成爲小説,又是如何爲傳統斷案故事增添新内容的。

(作者單位:東海大學中文系)

古典文獻研究(第十五輯)
2012年7月

山人與出版:俞安期生平、著述與刻書活動考*

何朝暉

晚明時期,由於科舉仕途壅塞、商品經濟和市民社會的發展,士人的觀念和生存方式發生了重大變化,在"學而優則仕"的傳統道路之外,士人有了更多的選擇。嘉靖以後,山人作爲士人扮演的一種新的社會角色活躍起來,到萬曆年間成爲一個引人注目的社會群體。與此同時,商業出版在晚明的蓬勃興起,爲士人提供了新的謀生途徑和施展才華的舞台,大批士人參與到出版活動中來,其中有不少是山人。

俞安期是晚明有影響的山人和出版家。他受到王世貞、汪道昆、吴國倫等文壇名宿的獎掖,詩名甚著,與在朝在野的衆多官僚士大夫有廣泛的交往。他是晚明出版業中的一個活躍人物,所編纂、刊刻的《唐類函》等書在當時和後世産生了較大的影響,清代大型類書《淵鑒類函》就是在《唐類函》的基礎上編纂的。然而對於這樣一個值得關注的人物,

---

* 本文爲教育部人文社會科學研究一般項目"晚明士人商業出版活動研究"(項目編號:11YJA870012)的階段性成果。

目前除極少數論文有所涉及外,學術界尚未對俞安期作過系統研究[①]。同時,以往對於晚明山人的研究,多集中在游歷、入幕、賣文等方面,對山人的出版活動罕有揭示[②]。本文擬在廣泛搜集相關資料的基礎上,對俞安期的生平、著述和出版活動進行深入考述,並以此來觀察晚明社會中的山人群體與出版業之間的關係。

一　俞安期生平事迹考

俞安期,原名策,字公臨;後更名安期,字羨長,號震維居士,齋號清森閣。南直隸吴江人,後徙家陽羨(今江蘇宜興)。他"巨目曷鼻,魁顔長身,狀貌如河北傖父"[③],而"才氣豪逸"[④]。俞安期出身於平民之家,

① 日本學者金文京撰有《晚明山人俞安期的活動》一文,見復旦大學文史研究院編《都市繁華——一千五百年來的東亞城市生活史》,中華書局,2010年,頁170—181。金文共分四個部分,主要利用《明實録》的材料從整體上探討明末山人在政治方面的活動,只在最後一個部分作爲例證比較簡略地勾勒了俞安期的生平事迹。俞安期的許多重要交游、著述和出版活動遠遠没有得到充分的揭示。

② 參見牛建强《明代山人群的生成所投射出的社會意義》,《史學月刊》1994年第2期;金文京《晚明山人之活動及其來源》,《中國典籍與文化》1997年第1期;趙軼峰《山人與晚明社會》,《東北師大學報(哲學社會科學版)》2001年第1期;張静秋《晚明山人的文化風貌及文化建構》,《安慶師範學院學報(社會科學版)》2002年第4期;張德建《明代山人群體的生成演變及其文化意義》,《中國文化研究》2003年夏之卷;方志遠《"山人"與晚明政局》,《中國社會科學》2010年第1期。陳繼儒的研究者對其出版活動有所注意,但陳屬於位於金字塔頂端的極少數,不能代表絶大多數山人的生存狀態。

③ 錢謙益《列朝詩集小傳》丁集下,上海古籍出版社,1983年。

④ 萬斯同《明史》卷三八八《俞允文傳》附,《續修四庫全書》本,上海古籍出版社,2002年。

"孤貧流離"[①]，一生都在爲生計而奔波[②]。終生未仕，以布衣終老。他勤於讀書、著述，弱冠即以善詩名，得汪道昆、王世貞、吴國倫等爲之延譽，由是聲名鵲起。好游歷，足迹幾遍宇内。"所至，觴酌流行，絲肉並奏，酒酣坐歡，俯仰長嘯，聽者皆嘆其有鸞龍之音。又多技能，好相人宅家，沾沾自喜。"[③]

關於俞安期的生年，此前有幾種説法。張海明稱俞安期生年不詳，約萬曆年間在世[④]。齊森華等主編《中國曲學大辭典》"俞安期"條下注明其生年爲1550年[⑤]。曹雪娟主編的《吴江名人録》、瞿冕良編《中國古籍版刻辭典》則作1551年[⑥]。其實俞安期的生年在他自己的詩文集《翏翏集》中可以找到很明確的綫索。《翏翏集》卷一〇有《小像自題三百五十字》詩一首，内稱"辛亥夏五月，行年六十二"。辛亥爲萬曆三十九年(1611)，是年俞安期的好友、畫家曾鯨爲之畫像，因題詩於上。由此逆推，可知俞安期之生年爲嘉靖二十九年(1550)。張慧劍《明清江蘇文人年表》即據吴騫《桃溪客語》卷二轉録之此詩，將安期生年定於嘉靖二十九年(1550)，甚確[⑦]。

安期卒年，現有史料皆語焉不詳，無法準確判定，但是可以確定一個上限。安期壽數至少達七秩。李維楨《大泌山房集》卷一二《俞羡長集序》云，安期"年且七十，總輯其生平所著以示余"。又，安期《翏翏集》卷三三《李本寧太史携家還楚李汝藩故侯移席瓜圃邀諸同社餞之分得

---

① 潘檉章《松陵文獻》卷九，清康熙三十二年潘耒刻本。

② 俞安期《翏翏集》卷一〇《小像自題三百五十字》："少且鮮奇資，老復無長計。"《四庫全書存目叢書》本，齊魯書社，1997年。以下若無特别説明，所引《翏翏集》皆出自此本。

③ 潘檉章《松陵文獻》卷九"人物志九"。

④ 張海明《林下風韻：田園山水詩派精品賞析》，吉林文史出版社，1997年，頁293。

⑤ 齊森華等主編《中國曲學大辭典》，浙江教育出版社，1997年，頁125。

⑥ 曹雪娟主編《吴江名人録》，上海文藝出版社，2009年，頁116。瞿冕良編《中國古籍版刻辭典》(增訂本)，蘇州大學出版社，2009年，頁833。

⑦ 張慧劍《明清江蘇文人年表》，上海古籍出版社，1986年，頁233。

遲字》云:“别逢垂老能無痛,會想重來未有期。七十野夫恩獨厚,望君嗚咽更西悲。”則作此詩時安期已 70 歲。另據顧起元《遁園漫稿》庚申《〈考成圖録〉序》,安期曾編《考成圖録》,頌高郵知州王廷俊之德政。據嘉慶《高郵州志》卷八,海鹽舉人王廷俊萬曆四十七年(1619)至天啓元年(1621)任高郵知州。庚申爲光宗泰昌元年(1620),是年安期已届 71 歲。王文進《文禄堂訪書記》卷五“楊鐵崖詩稿”條,記曾見此楊維禎手稿本天啓七年(1627)俞安期跋[①]。是年安期已 78 歲,卒年更當在是年之後。安期的主要生活年代在嘉靖至啓、禎間,四庫館臣以安期爲“萬曆末布衣”[②],不妥。

安期是否進過學,不得而知,但他似乎很早就棄絶了科舉之路。吴國倫説他“自弱冠厭經生業,而好從大人長者游”[③]。自那以後,他就開始游走於仕宦名流之間。第一個賞識他的人,是蘇州府推官龍宗武。龍宗武,字君揚,號澄源,江西泰和人,隆慶五年(1571)年進士。他任蘇州府推官的時間是從隆慶五年(1571)至萬曆二年(1574),其間“從吴人士俞君允文、安期輩游”[④]。龍宗武對安期“遇以國士”[⑤],令安期十分感戴。不久龍宗武因得罪權臣張居正,仕途躓踣,被貶爲當塗縣丞,再調黄州同知。萬曆九年(1581),安期“入楚慰之”[⑥],這當是安期第一次入楚。同年,五開衛軍卒叛亂,朝廷調龍宗武以辰沅兵備僉事銜平叛,事成敘功,升爲湖廣參議,職備兵、提學。這段時期,安期跟隨龍宗武輾轉

① 王文進《文禄堂訪書記》卷五,上海古籍出版社,2007 年,頁 346。

② 《四庫全書總目》卷一三八《〈唐類函〉提要》,中華書局,1965 年。

③ 吴國倫《甔甀洞稿》續稿文部卷五《俞山人紀游詩序》,明萬曆刻本。

④ 湯顯祖《玉茗堂全集》文集卷一三《前朝列大夫飭兵督學湖廣少參兼僉憲澄源龍公墓誌銘》,明天啓刻本。

⑤ 吴國倫《甔甀洞稿》續稿文部卷五《俞山人紀游詩序》。

⑥ 錢謙益《列朝詩集小傳》丁集下。《翏翏集》卷一一《惆悵吟寄周國雍序》:“辛巳夏,余將入楚。……”辛巳即萬曆九年(1581)。

各地，佐理文事[①]。萬曆十一年(1583)遇外官考察，龍宗武遭人論劾，遣戍廣西合浦。安期深以爲冤，"匍匐豫章送之"[②]，並作《龍君揚赴永安賦此爲别》[③]。

龍宗武可謂俞安期的第一個伯樂。俞安期與汪道昆、王世貞、吴國倫三位文壇耆宿的結識，則使他名滿天下。

萬曆五年(1577)，安期至徽州，拜謁新安詩派掌門人汪道昆。是年汪道昆53歲，安期28歲。在徽州期間，安期加入了汪道昆所結白榆詩社。汪道昆十分欣賞安期的詩才，對他加意提携，寄予厚望，"發醯鷄之覆，示解牛之全命，以十年業成相證"。五年後，安期將詩作寄給汪道昆，汪閲後"鼓掌大快，遍贊交知，稱爲速化"。汪道昆曾寫信給沈思孝，稱贊安期"韋布中最爲第一"[④]。汪又曾與當時的文壇巨擘王世貞論詩，世貞説"我明斯道，上不在台閣，下不在山林"，汪表示異議，"謂山林之下，有俞生在"，可見汪道昆對安期的器重和期許[⑤]。

真正令安期飲譽天下的，還是王世貞的推獎。萬曆七年(1579)，安期以長律一百五十韻投王世貞。當時王世貞正罷職家居於太倉，讀後"不覺絶倒"，嘆賞不止，慨然賦詩云："少年之場誰跋扈，其間俞生稱繡虎。贈余一千五百字，字字心源綜今古。"[⑥]安期之名遂揚播士林。汪、

---

① 《翏翏集》卷二四《沅江雜述十四首序》："龍君揚分守辰沅，往年五開之亂，將余西征，會戎事孔亟，君揚先取陸道抵沅，余護其行篋，從武陵進。"卷八《贈計辰州使君詩序》："萬曆九年，龍大夫以憲使持節備兵、典學於楚西南，辰寔屬焉。余依大夫屬中，居常飲論，乃間及計使君之治辰也，因備記使君狀。使君日請大夫索余贈詩，大夫固急余贈也。是舉也，彼此忘官屬勢分。……"卷三〇有詩《龍君揚有備兵督學辰沅報期余同往志喜》、《同龍君揚赴沅州奉寄吴明卿先生》。

② 吴國倫《甔甀洞稿》續稿文部卷五《俞山人紀游詩序》。

③ 俞安期《龍君揚赴永安賦此爲别》，汪森《粤西詩文載》詩載卷一二，景印文淵閣《四庫全書》本。

④ 汪道昆《太函集》卷一〇三《沈純甫》，明萬曆刻本。

⑤ 《翏翏集》卷一《愍知》。

⑥ 王世貞《俞羨長贈余五言律百五十韻凡千五百字尚有餘勁可飲石粱老夫見之不覺絶倒走筆一歌以酬勿謂老年意態未盡除也》，《翏翏集》卷一九《奉呈大司寇王元美先生一百五十韻》附録。

王二人逝世後,安期分別爲他們撰寫了"愍知"和"愍宗"兩篇詩作,以銘感知遇之恩。

吴國倫是"後七子"之一,王世貞歿後主盟詩壇。萬曆十四年(1586),安期繼萬曆八年後再次入楚,專程拜訪吴國倫[①]。時吴國倫已年過六旬,罷職家居。安期以《紀游詩》二帙奉吴國倫請益,吴國倫與安期"言詩者逾月",認爲他是"一時布衣之雄"[②],"獎詡爲多"[③]。萬曆十九年(1591),安期自鎮江再次隨吴國倫泝江入楚,並在吴國倫的北園小住[④]。在吴國倫萬曆二十一年(1593)去世前,安期與之往來密切,關係十分融洽[⑤]。吴國倫對安期的賞識,進一步擴大了他的名聲。

安期在晚明的詩名,離不開王世貞、吴國倫、汪道昆這三位文壇領軍人物的揄揚,其詩風亦近於"後七子",追摹盛唐。錢謙益《列朝詩集小傳》説他"頗依諸公以起名"[⑥]。朱彝尊《静志居詩話》説:"羡長之名,由元美(王世貞)、明卿(吴國倫)、伯玉(汪道昆)而成,詩亦兼綜三家。"[⑦]《四庫全書總目》亦云:"安期之名,本由依附七子而成,故詩亦不出其流派。"[⑧]但陳田《明詩紀事》則有不同的看法,認爲安期之詩才在

---

① 《翏翏集》卷三〇《奉訪吴明卿先生》題下小注:"以下丙戌再入楚作。"丙戌即萬曆十四年(1586)。

② 吴國倫《甔甀洞稿》續稿文部卷五《俞山人紀游詩序》。

③ 何喬遠《名山藏》卷八六臣林記"吴國倫"條,《續修四庫全書》本,上海古籍出版社,2002年。

④ 吴國倫《甔甀洞稿》續稿詩部卷七《俞羡長自潤州與予同舟泝江入楚留寓北園即事賦得長律四十八韻》。

⑤ 吴國倫《甔甀洞稿》續稿詩部卷四《陪俞羡長拜先大夫墓誌感》:"何謂論交淺,通家義已敦。"卷九有詩《君霖蓋同謙之羡長遠來見訪行次九江以他事趣歸意怏怏甚也因賦四詩遣人相訊予感其意爲七言一律答之》、《宗良將同羡長見訪適有内顧不果行詩來相念深也是用來體賦答》,卷一一有詩《丁元甫俞羡長去冬枉吊亡恭人今春重來壽予七十志感一首》。

⑥ 錢謙益《列朝詩集小傳》丁集下。

⑦ 朱彝尊《静志居詩話》卷一八,上海古籍出版社,2002年。

⑧ 《四庫全書總目》卷一七八《〈翏翏集〉提要》,中華書局,1965年。

吴國倫、汪道昆之上:"雖依元美輩以成名,其詩未必盡受羈勒也。明卿、伯玉之才,去羡長遠甚,羡長安肯俯就。惟貧士依人,不得不稍爲假借。論者乃以此爲呰議,何所見之不廣也!"[①]

安期在萬曆十四年(1586)前後,把家從吴江搬到了陽羡(即宜興)[②]。之後不久,安期進行了一次大範圍的游歷,時間長達八九年,足迹遍及南疆塞北。出游的原因,他在悼念汪道昆的詩中説,是因爲得到汪不遺餘力的獎掖之後,詩名鵲起,"恐衆嘩易起,而撫實難勝,又益迅力之楚之秦,歷覽塞垣以及燕趙齊魯,收五方之瑰觀,擥萬有之群變,輯之柔翰,庶幾以報公知"[③],即豐富人生閱歷,以增進詩才。

他在《小像自題》一詩中回顧這次遠游的經歷説:"秦楚信淹留,燕齊每即次。五嶽到已三,九塞歷亦四。七年行始休,萬變參仍備。"此次遠游之始,是萬曆十九年(1591)安期自鎮江泝江而上,隨吴國倫入

① 陳田《明詩紀事》庚籤卷二五,上海古籍出版社,1993年。

② 據《翏翏集》卷六《贈别陳玉甫序》,安期遷居陽羡後得到縣令"玉父陳公"的資助。查嘉慶增修《宜興縣舊志》卷五,萬曆時宜興有兩位陳姓縣令。《中國地方志集成》本,江蘇古籍出版社,1991年。陳遴瑋,字見華,號玉甫,富順人。萬曆十四年(1586)至十八年在任。陳翼飛,字元朋,又字少翩,平和人,號慧閣。萬曆三十八年(1610)至四十一年在任。據其别號"玉父",應爲前者。又卷三十一有"寄陳玉甫吏部二首時以推諫臣忤旨削籍"。據道光《富順縣志》陳遴瑋傳,陳氏曾任職吏部。《明史》卷二三〇《萬國欽傳》載,萬曆二十年(1592),因吏部尚書陸光祖忤帝意,文選司主事陳遴瑋等多人牽連被罷。則"陳玉甫"爲陳遴瑋無疑。安期當在陳遴瑋上任前後遷宜興。張慧劍《明清江蘇文人年表》將安期徙家陽羡之事系於萬曆三十一年(1603),查其所引據《抱經樓藏書志》卷四五,未見相關記述,不知所本爲何,應誤,見該書頁387。金文京"晚明山人俞安期的活動"因而致誤,見前揭書頁179。

③ 《翏翏集》卷一《愍知》。

楚[①]。安期到楚地後,停留了幾年[②]。萬曆二十二年(1594)度嶺入桂[③]。同年北返[④],經豫入陝甘,訪塞上烽堠。萬曆二十四年(1596)、二十五年前後在西北邊地活動。最後經燕趙,游齊魯,返回江南[⑤]。

在西北,他客於周光鎬、龍膺、劉敏寬、李應祥等官員幕中,與邊將蕭如薰、達雲等游。周光鎬,字國雍,號耿西,廣東潮陽人。隆慶五年(1571)進士,萬曆二十一年(1593)任寧夏巡撫。在周光鎬萬曆六年(1578)至九年任職南京禮部期間,安期已與之熟識[⑥]。此次安期北游,周光鎬恰在西北爲官,安期遂在其幕中居停數月,頗受禮遇[⑦]。龍膺字君善,一字君御,湖廣武陵人。萬曆八年(1580)進士,在西北先後任西寧兵備道副使、分巡西寧道、陝西布政司參政[⑧]。其詩賦集《九芝集》之梓行,實安期代勞,詳後。劉敏寬,山西安邑人。萬曆五年(1577)年進

① 《翏翏集》卷一《愍宗》云,王世貞(1526—1590)去世時,"安期方適楚入粤"。吴國倫《甔甀洞稿》續稿詩部卷七《俞羡長自潤州與予同舟泝江入楚留寓北園即事賦得長律四十八韻》。潤州,即鎮江。《翏翏集》卷三〇《追至潤州遇吴明卿先生因同入楚》題下注小字"辛卯年作"。辛卯即萬曆十九年(1591)。

② 《翏翏集》卷三三《歲除有感》:"三歲荆南又粤州,今年仍作塞門留。"卷三一有詩《甲午元日客武陵作》。甲午即萬曆二十二年(1594)。

③ 《翏翏集》卷三六《桂林岩洞雜咏序》:"甲午,余度嶺,日與桂人士游宴江山。"

④ 《翏翏集》卷八《望九疑因懷王承父曾游》題下小注:"甲午六月,自嶺西還入楚中。"

⑤ 《翏翏集》卷一《愍宗》:"安期方適楚入粤,向鄖郊,達宛洛,抵關隴,以逮乎朔野洮湟,轉而渡河,循趙經燕,浮齊觀魯以歸,年且歷九,始得走婁上拜公墓。"

⑥ 《翏翏集》卷一一《惆悵吟寄周國雍》:"國雍居南吏部,援余稱石交。辛巳夏,余將入楚,便道訪國雍。比至金陵,而國雍業領蜀郡,前數日西發矣,追晤不及,作惆悵吟寄之。"辛巳即萬曆九年(1581)。

⑦ 《翏翏集》卷九《别周中丞國雍序》:"余居中丞幕既數月,日惟素餐偃卧,而客禮益隆。"卷三三有詩《丙申元旦塞門雲日鮮麗因呈中丞周公二首》、《正月三日爲周國雍中丞初度賦呈二首》。丙申即萬曆二十四年(1596)。

⑧ 傅梅《嵩書》卷一七韻始篇六"面壁庵"條下注:"龍膺,陝西按察副使。"明萬曆刻本。又參許容《(乾隆)甘肅通志》卷二七,景印文淵閣《四庫全書》本。

士,時任西寧兵備道,長年鎮守西北,後官至兵部尚書、總制三邊。李應祥,字善徵,别號雨亭,無錫人。萬曆五年(1577)進士,時任陝西提學副使[①]。安期在西北與李應祥合編《雍勝略》一書,詳後。其間或因編纂該書,而至劉敏寬處采訪資料[②]。蕭如薰、達雲當時分别爲寧夏總兵和西寧參將[③]。

遠游歸來後,安期到過杭州、蘇州、揚州、鎮江等地,但在金陵活動的時間最長,最後"老於金陵"[④]。萬曆三十九年(1611),他在南京爲御史張養正編張大齡《玄羽外編》,詳後。萬曆四十四年(1616)安期再次遠行,到江西撫州南城,游麻姑仙壇[⑤]。同年入閩,會曹學佺,至次年始出[⑥]。此行與刻書有關,亦詳下文。

直至晚年,安期一直奔走於官宦貴胄之間,充當幕客。萬曆二十六年(1598)後,他可能作過前工部尚書徐作的門客[⑦]。泰昌元年(1620),他

---

① 孫繼皋《宗伯集》卷八《中憲大夫陝西按察司提學副使雨亭李公墓誌銘》,景印文淵閣《四庫全書》本。

② 《翏翏集》卷六《憲使劉公修爵辭四章序》:"安邑劉公奉詔治兵湟中……乙未(萬曆二十三年,1595)……又明年六月,東吴舊部民俞安期周諮塞事,冀纂成書,伏詣臺門之下,屬公初度之期,乃輯諸部曲之謡,撰鐃歌以先酌者,俾奏之軍中,且以風敵勸士云。"所謂"成書"者,蓋即《雍勝略》。

③ 《翏翏集》卷一四有詩《平虜行》,卷三三有詩《寄蕭季馨總戎》,卷三三有詩《夜抵湟中龍君御邀達大將軍虚左以待時少連見客新故論心遂爾達曙分賦得思字》。

④ 倪濤《六藝之一録》卷三七二引《宜興縣志》,景印文淵閣《四庫全書》本。

⑤ 《翏翏集》卷一〇《游麻姑仙壇三十韻》叙云:萬曆丙辰(四十四年,1616)仲秋,郡人鄧遠游邀登其上,各賦詩。

⑥ 《翏翏集》卷三四有詩《余與孔陽宗侯别且二十年丙辰宗侯年七十海内士各賦雙壽詩爲祝余時客閩中未得一言爲獻每負愧於中今丁巳自閩來建武遇令子幼晉游麻姑勺神功泉寄獻二尊人余爲心動賦此寄之》。丙辰即萬曆四十四年(1616),丁巳即萬曆四十五年(1617)。

⑦ 胡應麟《少室山房集》卷六二有《送徐大司空還豫章時俞羨長挈家附公樓船南》,景印文淵閣《四庫全書》本。據《明史》卷一一二"七卿年表",徐作萬曆二十四年(1596)六月至萬曆二十六年十一月署工部尚書。徐作,南昌人,字季儒,號念吾。嘉靖四十一年(1562)進士。《南昌縣志》卷三一,1935年。

已71歲,還在高郵知州王廷俊府中效力[①]。他與明朝宗室亦頗多往還,在楚地曾客於楚王府[②],訪華陽王府[③],與奉國將軍朱多炡善[④]。在江西曾爲寧藩朱多熕門客[⑤],與鎮國中尉朱謀堯、朱謀境交[⑥]。他也曾在富商門下謀食,客於寓居南京的徽州富商吴琯家中,爲吴輯刻《盛唐詩紀》,詳後。

安期游歷多年,所到之處遍謁官宦名士,交游極廣。萬曆三十八年(1610),安期在南京鷲峰寺設無遮道場,追薦詞林諸亡友一百七十餘人。五年後又設瑜伽道場,續薦近二十人,可見其交游之廣[⑦]。除以上所舉外,與安期交者還有申時行、焦竑、李維楨、馮夢禎、沈懋學、郭正域、顧大典、屠隆、臧懋循、沈思孝、于若瀛、譚元春、胡應麟、徐渭、梅鼎祚、丁元甫[⑧]等等諸多著名人物,限於篇幅,此不一一列舉並詳述。

---

① 顧起元《遁園漫稿》庚申《〈考成圖録〉序》:"秦郵……海若王大夫之爲守三年矣。其豈弟之澤浸灌於域中,而神君仁父之聲,翏翏然播於四境之外,余之得于所聞者素矣。友人俞羨長氏,客于大夫,一日過余,出《考成圖録》以相示。曰:'此郵人爲大夫頌德之文,因哀諸當事獎薦之語,爲大夫報政助者也。'"庚申,泰昌元年(1620),明刻本。檢嘉慶《高郵州志》卷八,海鹽舉人王廷俊萬曆四十七年(1619)至天啓元年(1621)任高郵知州。

② 《翏翏集》卷三七《昭凉詞百一首》,爲"籍楚宫者"女子昭凉而作。劉紹恤後序,將安期與楚王之間的關係,比作司馬相如與梁孝王,可知安期曾爲楚王之客。

③ 《翏翏集》卷三一,有詩《侍華陽王姑射山房宴同劉功甫應教》、《西園侍華陽世子宴同劉功甫作》。

④ 錢謙益《列朝詩集》閏集卷五收有奉國將軍朱多炡《别俞羨長還江東》。

⑤ 《翏翏集》卷一〇《紀哀詩二十三首》之《朱宗良》題下小字注云:"名多熕,豫章王孫。余游豫章,曾主其家,有同游倡和詩。年六十卒。"

⑥ 《翏翏集》卷一二《夕虹引》序:"萬曆丙戌春淫雨不休,三月廿一日,巍甫、佳甫二王孫招余飲園中。"巍甫,朱謀堯,號承玉,著有《享帚集》。佳甫,朱謀境,謀堯從弟。丙戌即萬曆十四年(1586)。

⑦ 《翏翏集》卷一〇《紀哀詩二十三首序》。

⑧ 錢謙益《列朝詩集小傳》丁集下:"羨長……與楚人丁元甫爲意氣之交,元甫殁,厚遇其子,海内歸義焉。"

安期作爲山人客卿,頗具才藝。他不僅擅名騷壇,亦精書畫[③],與鑒藏家汪砢玉、畫家曾鯨皆爲好友[④]。不少書畫名迹上留下了他的題跋。他曾跋王羲之《二謝帖》[⑤],收藏錢選《秋江待渡圖》[⑥]。他又善堪輿,喜嘯歌,身上有灑脱不羈的名士氣。他在金陵頗多風流韻事[⑦],與名妓薛素素往還甚密,曾爲之作組詩《薛素素諸咏》[⑧]。

---

③ 汪砢玉《珊瑚網》卷一八:"俞羡長不獨擅騷壇,抑亦工臨池。"景印文淵閣《四庫全書》本。

④ 汪砢玉《珊瑚網》卷四二《頓西來寫春江花月社即舊曲頓喜至乙卯秋尚爲余作蘭竹飛白石便面》:"秦淮一帶水,故是玉樹新聲,陳梁佳境,花月春江夜,猶爲吾輩勝場。……時萬曆壬子(四十年,1612)秋,余訪馬氏湘蘭舊館……自是與俞羡長諸君品藻今古,平章風月,主盟冶城。"景印文淵閣《四庫全書》本。曾鯨曾爲安期畫像,事見《翏翏集》卷一〇《小像自題三百五十字》。同書卷二八又有安期《題曾波臣友石軒》詩一首。

⑤ 張照等編《石渠寶笈》卷二九"晉王羲之二謝帖"條:"俞安期跋云:余每過茂卿,必索此卷展玩,屬饜乃罷。乙巳茂卿捐館舍,此卷與壑舟同移,其叔司封小范亟索之,始得溝竇中。嗟乎!此安氏四世所藏之物,前人手澤猶潤,何忍使蒼頭奴歸之别主。小范一時之索,豈在天之靈默主而使之耶?又明年六月,過茂卿,悉陳所藏,再展一過。小范命余援筆識其事。震維居士俞安期。"茂卿,安紹芳字。小范者,安希范。顧復《平生壯觀》卷一"王羲之"條:"二謝帖……文嘉、王穉登、俞安期跋。"清鈔本。

⑥ 《石渠寶笈》卷四四著録"元錢選秋江待渡圖",有"俞安期"、"俞羌長"、"震維清森閣書畫"印。

⑦ 姚旅《露書》卷七《雜篇》:"壬寅後,詞人各挾一妓,夾秦淮而居。吴皋倩、梅子馬相繼下世,或者謂天女散花,兩人作羅漢矣。以皋倩爲第一尊,子馬爲第二尊。洪仲韋體羸,曰:第三尊必我。俞羡長與争。羡長有雪艷,仲韋有劉二也。"壬寅即萬曆三十年(1602)。

⑧ 《翏翏集》卷三九《薛素素諸咏》。錢穀《吴都文粹續集》卷二六,范汭《薛姬小影歌和俞羡長》:"俞生曾言薛家兒,筵前醉舞花一枝。思之不得心眷眷,有歌曾擬歡聞變。……"景印文淵閣《四庫全書》本。

二　俞安期著述、刻書考

雖然俞安期常年游走在權貴、富商之間,但他家口衆多,生活依然過得十分拮据。萬曆十五年(1587),他曾在一首詩中寫道:"年來艱索米,春入待餐英。"[①]吴國倫《甔甀洞稿》續稿文部卷一五《答俞羡長》一函亦曝露了安期身爲寒士的窘迫:"得書,知足下卜居之難,與待藥之苦。"他在移居宜興後生活艱難[②],曾得到縣令陳遴瑋的禮遇和資助[③]。

既然奔走於權門無法滿足養家活口的需求,勢必要輔以其他的謀生之道。山人替人撰寫各種應酬文字,可獲得一定的潤筆之資。而晚明發達的出版業,亦爲在野的士人提供了一條頗具吸引力的謀生途徑。

安期常年究心圖籍,編纂、刊刻圖書一直是他生命中的一項重要活動[④]。正因如此,才能成就《唐類函》、《詩雋類函》、《啓雋類函》等卷帙浩繁的著作。萬曆十五年(1587),安期已開始編纂圖書的工作[⑤]。萬

① 《翏翏集》卷二六《丁亥元日桃源塢即事四首》。

② 《翏翏集》卷二三《卜居陽羡雜言八首因寄海内諸游好》:"吴淞辭舊里,陽羡卜新鄰。……壤僻艱深入,家貧輕遠移。"

③ 《翏翏集》卷六《贈别陳玉甫》序:"予遷居陽羡,絶志四方,園灌隴耘,永期食力。屬罹艱運,存至異畜,廿口倉黄,一身委頓。會玉父陳公令我寓邑,省荒田野,憐我餓夫,飾以草衣,挈之賓列,四時賑恤,盡室生全。且蒙過廬,必式之以容,兼有買田永贍之舉。……玆者玉父晋佐冢司,言邁帝闕,高穹移覆,賤褐何依?"據上文所考,陳遴瑋於萬曆十四年(1586)至十八年任宜興縣令。

④ 胡應麟《少室山房集》卷四〇《過俞羡長小飲二首序》:"羡長寄居吴山之麓,四壁蕭然,僅圖書盈篋笥。"詩之二:"四壁圖書滿,藤蘿壓座蒼。陸渾新邸僻,陽羡舊田荒。大業占毛穎,雄心托杜康。褐衣吾自貴,未擬謁金張。"卷一一七《與俞羡長雜柬五通之五》:"昨過足下高齋,圖書四壁,皆手自校讎。"

⑤ 《翏翏集》卷二六《丁亥元日桃源塢即事四首》:"生事微關意,憂端亦近情。年來艱索米,春入待餐英。墐户從容出,删書寂寞成。"

曆三十二年(1604),他在蘇州"勤編摩,著書方告成"[①],應是指編纂《唐類函》。萬曆三十九年(1611)他62歲,在《小像自題》詩中回顧一生,其中提到自己的圖書編刊活動説:"典籍恣編搜,文辭浪游戲。……醪醴過漿家,饔飧仗書肆。"[②]最後一句明確地表明編刊圖書是他的一項重要收入來源和謀生手段。直至萬曆四十四年(1616),已年近古稀的俞安期仍不顧勞頓,跋涉入閩,借宅於曹學佺編刻《啓雋類函》。

以下對俞安期之著述及其所編刻之圖籍,分别加以考述。

(一) 俞安期自著詩文集

1.《翏翏集》二十八卷本

《千頃堂書目》、《明史·藝文志》皆著録俞安期《翏翏集》二十八卷,而祁承㸁《澹生堂藏書目》則著録爲二十六卷[③]。日本東京大學東洋文化研究所藏有明萬曆刊《翏翏集》[④],佚去卷五、卷九、卷一〇,但據卷次可明確全書爲二十八卷,《千頃堂書目》、《明史·藝文志》著録正確。全書分爲七個子集,即《丹陽草》四卷、《吴中集》三卷、《陽羨集》三卷、《楚中集》十卷、《豫章集》四卷、《新都集》二卷、《嶺西集》二卷。對照《澹生堂藏書目》,可知《吴中集》、《陽羨集》祁承㸁各少著録一卷。

此本目録及版心皆題"翏翏集"。書前無統一目録,各子集目次分立,散見於各册之首,卷次則按卷一至二十八順次編排。内容爲安期游

---

① 何白《汲古堂集》卷七《寄懷俞羨長范東生予以甲辰歲取道榆林二君餞予於吴門舟中》,明萬曆刻本。

② 《翏翏集》卷一〇《小像自題三百五十字》。

③ 該書的兩個版本文字略有差異,但均作二十六卷。《叢書集成續編》影印光緒十八年會稽徐友蘭鑄學齋刊本作《翏翏集》二十六卷,含《丹陽草》四卷、《吴中集》二卷、《陽羨集》二卷、《楚中集》十卷、《豫章集》四卷、《新都集》二卷、《嶺西集》二卷。《續修四庫全書》影印國家圖書館藏清宋氏漫堂鈔本,書名作《俞安期集》,卷數與徐氏刊本同。

④ 山根幸夫編《增訂日本現存明人文集目録》未著録此本。東京女子大學東洋史研究室,1978。

歷各地所作之詩文,按地域分集,其中並未包括安期後來游歷塞上、燕趙、齊魯、福建等地所寫作品。據上文考述,安期游歷北方,是在萬曆二十二年(1594)以後。書前有萬曆十五年汪道昆序及萬曆十四年吴國倫序、郭正域序。吴國倫序云:"(安期)出其紀游詩二帙,視余頗受彈射而請序焉。……稍稍爲之精求,得十之七以復之。羡長遂不復有所疑,而授之剞劂。"據此部分内容曾經吴國倫删定,然此書刊年却不可依此而定。卷一八《楚中集》有《哭吴明卿先生十首》,則必當刊於吴國倫卒年(萬曆二十一年)之後,而所收詩文又有晚至萬曆二十二年者[①]。郭正域所作之序題爲《俞羡長楚中詩序》,專爲《楚中集》而作。卷一、卷三首頁版心下題"江夏蔣繼庯梓",其餘各卷則無。綜合以上情況,此本之編刊未必盡成於一時,至少前面一部分是在楚地編刻的,全書刊成當在萬曆二十二年之後不久。萬曆三十九年,安期曾以《翏翏集》贈李日華[②],當即此二十八卷本,因此時四十卷本尚未刊成。

《翏翏集》還有一個四卷本,即光緒間蔡學蘇輯《三餘書屋叢書》本[③]。中國國家圖書館、日本京都大學人文科學研究所有藏。經查,此本實際上是二十八卷本《翏翏集》之一部分,僅收入《豫章集》四卷。

2.《翏翏集》四十卷本

《千頃堂書目》、《明史・藝文志》、《澹生堂藏書目》皆未著録此本。

---

① 此本卷二〇《望九疑因懷王承父曾游》題下注"甲午六月自嶺西還入楚作";卷二八《桂林巖洞雜咏》序:"甲午,余度嶺,日與桂人士游宴江山。"甲午,萬曆二十二年(1594)。

② 李日華《味水軒日記》卷三:"(萬曆三十九年九月)十一日,雨。山人俞羡長安期以自著《翏翏集》見餉。"民國劉氏嘉業堂叢書本。

③ 該叢書各子目非一時所刻,因而各種書目著録出入甚大。《中國叢書綜録》著録子目 5 種,《增訂叢書舉要》、《中國叢書廣録》著録子目 23 種,而《中國叢書綜録》又有 1 種子目爲後兩書所無。新近出版之《中國古籍總目・叢書部》該叢書下著録 8 個子目,皆爲以上三書所無,可見其版本之複雜。《中國古籍總目・叢書部》著録的 8 個子目中,就有俞安期《翏翏集》(著録誤作"寥寥集")四卷。

現存明萬曆刻本,中國國家圖書館、上海圖書館、北京大學圖書館、臺灣"中央圖書館"、日本東京内閣文庫有藏。《四庫全書存目叢書》據北大藏本影印。目録、卷端皆題"翏翏集",版心則鎸"翏翏閣全集"。書前亦有汪道昆、吴國倫、郭正域序。此本不再按地域、而是按照文體重新組織編排,計騷一卷,賦二卷,詩三十六卷,雜文一卷,收入了大量萬曆二十二年(1594)以後所作詩文,内容大大超過二十八卷本,蓋安期晚歲所編全集。所收詩文,有晚至萬曆四十五年(1617)者[①],刊刻時間當在是年之後。

清乾隆修《四庫全書》時,浙江省臣曾采進《翏翏集》四十卷本[②],《四庫全書》收入存目。因有違礙字句,此本在清代曾遭禁毁。姚覲元《清代禁毁書目四種》"抽毁書目"中有:"《翏翏閣全集》六本。查《翏翏閣全集》系明俞安期撰,卷四《擬鴻武舞歌詩》、卷六《憲使劉公修爵辭四首》、卷二十九《南征曲》、卷三十九《和瓊花詩》俱有違謬,應請抽毁。"

(二) 俞安期編纂的著作

1.《唐類函》

該書二百卷,是俞安期所編影響最大的著作。《中國古籍善本書目》子部著録萬曆三十一年(1603)俞安期自刻本,藏家頗多。《四庫全書》入存目。《四庫全書存目叢書》據清華大學圖書館藏萬曆三十一年俞氏原刻、萬曆四十六年(1618)程開祜重修本影印。題"明東吴俞安期彙纂　明同郡徐顯卿校訂"。前有萬曆三十一年申時行序、沈思孝序、李維楨序。

此書彙集歐陽修《藝文類聚》、徐堅《初學記》、虞世南《北堂書鈔》和

---

① 《翏翏集》卷三四《余與孔陽宗侯别且二十年丙辰宗侯年七十海内士各賦雙壽詩爲祝余時客閩中未得一言爲獻每負愧於中今丁巳自閩來建武遇令子幼晉游麻姑勺神功泉寄獻二尊人余爲心動賦此寄之》。丁巳即萬曆四十五年(1617)。

② 沈初《浙江采集遺書總録》癸集下,《〈四庫全書〉提要稿輯存》第3册,北京圖書館出版社影印乾隆四十年刻本,2006年,頁347—348。

白居易《白氏六帖》等唐代類書四種,又益以杜佑《通典》和韓鄂《歲華紀麗》,删其重複,彙爲一函。所采皆唐人之書,實源於安期所追隨的"後七子"不讀唐以後書之文學主張。因此劉榮嗣批評該書"囿其目於墻面,遂使李唐而後殊材不登於棟梁,異味不薦於俎豆"①。

但此書的功績和受人歡迎是顯而易見的。清康熙帝對《唐類函》頗首肯,稱:"類書從無善本,惟《唐類函》略稱贍備,宜推其體例,漱潤增華。"遂命張英、王士禛等以《唐類函》爲藍本,纂輯《淵鑒類函》。《唐類函》所輯故事、詩文只及於唐初,《淵鑒類函》補入其後直至明朝嘉靖年間的内容,兼采《太平御覽》、《玉海》等十七部類書以及二十一史和子、集等書。對明人刻書評價頗嚴苛的四庫館臣稱,此書"取材不濫,於諸類書中爲近古",算是不錯的評價。惟批評該書"時令兼取韓鄂《歲華紀麗》,未免非前四書之倫。又事關政典者既剟取杜佑《通典》補之,又寥寥數條,挂一漏萬,體例皆爲未善"②。

曾有人懷疑安期此書是剽襲嘉靖時山人鄭若庸之作。徐復祚《花當閣叢談》卷七"俞山人"條:"山人字羨長,名安期,刻《類函》百卷,其書頗行。然世廟時原有此書,乃鄭山人名若庸,奉趙康王命纂之,累年書成,而鄭卒於清源。其子獻之,得厚賞,但不知此書曾刊行否。今俞板惡甚。"③朱國禎《湧幢小品》亦持此説④。其實同時人沈德符已辨明二書不同:"鄭書稍及唐以後,俞書則止於隋末;鄭惟綴本事,而俞則旁收詩文。二書俱有功藝苑,亦布衣之豪也。"復謂安期編《唐類函》時,並未得見鄭書,待購得,《唐類函》已大行⑤。《四庫全書總目》卷一三八著録鄭若庸《類雋》三十卷,館臣謂兩書"體例迥異,國禎殆未見其本,以臆揣之歟"⑥。

---

① 劉榮嗣《簡齋先生集》文選卷三《宋元類書序》。康熙元年劉佑刻本。

② 《四庫全書總目》卷一三八《〈唐類函〉提要》。

③ 借月山房彙鈔本。

④ 朱國禎《湧幢小品》卷一八"書已先做"條。中華書局,1959年。

⑤ 沈德符《萬曆野獲編》卷二五"著述·類雋類函",中華書局,1959年。

⑥ 《四庫全書總目》卷一三八《〈唐類函〉提要》。

《唐類函》編纂費時十年,其間頗得李維楨、茅維(茅坤之子)、吴夢暘、章嘉禎、胡震亨諸人襄助①。吴夢暘本擬纂輯相同題材著作,知安期爲此,捨而助安期纂成此書。所采《歲華紀麗》一書,乃從胡震亨處得之②。沈思孝序云,是書之刻,安期"遍謁同好,乃分陸大夫之裝,貸監河侯之粟。俠客贈其匕首,酒人解其杖頭。期不載周,遂成函軸"。沈德符《萬曆野獲編》亦謂安期刻此書時"遍干朋友,以及妓女、方外,靡不捐貲助之",端賴衆友人出資相助方得竣事③。此書刻成後,"詞家尚之"④,行世頗捷,可以想見獲利不菲⑤。一些不良書商看到有利可圖,便行翻刻。由此衍生了一段廣爲流傳的軼事,成爲研究中國版權史的重要資料。馮夢龍《智囊》卷二八:"吴中鏤書多利,而甚苦翻刻。俞羨章(長)刻《唐類函》將成,先出訟牒,謬言新印書若干,載往某處,被盜劫去,乞官爲捕之。因出賞格,募盜書賊。於是《類函》盛行,無敢翻者。"吴騫《桃溪客語》、錢泰吉《曝書雜記》、《甘泉鄉人稿》亦載其事,然情節不盡相同⑥。《桃溪客語》引周春語云:"宜故多盜。俞安期輯《唐類函》初成,嘗載百十部以出,中道被掠,他物稱是,追捕久無所獲。安期乃復印數百部,以紅字目録印書側,讐之。未幾,盗書亦出,以無紅字詰之,遂首伏,人多其智。好事者争買紅字《唐類函》,因此乃大售。今世猶貴紅字《唐類函》,其實與黑字無異也。"⑦根據吴騫、錢泰吉的記載,似乎

---

① 李維楨《唐類函序》:"凡十年而《類函》成。"《凡例》:"初彙《類函》,往游楚中,李本寧佐成之。"

② 《唐類函》之《凡例》:"會吴允兆亦有此舉,僅無《白帖》,從龍君御署中各舉近業,事竟雷同。議者以爲,二書並出,似屬無謂。允兆毅然見讓,其義例之善者,並付余卒業焉。""《歲華紀麗》得之鹽官胡孝轅。"

③ 沈德符《萬曆野獲編》卷二五"著述・類雋類函"。

④ 萬斯同《明史》卷三八八。

⑤ 焦竑萬曆己酉(三十七年,1609)所撰《詩雋類函序》:"羨長《唐類函》一書,已高紙價。"

⑥ 錢泰吉《曝書雜記》卷一,别下齋叢書本;《甘泉鄉人稿》卷七,同治十一年刻光緒十一年增修本。

⑦ 吴騫《桃溪客語》卷三,乾隆吴氏刻拜經樓叢書本。

確曾存在帶有紅字目録以防盗版的《唐類函》。

據此書《凡例》,此書刻成之後,安期尚欲輯《法藏類函》、《道藏類函》,今未見,或不果。

2.《詩雋類函》

是書一百五十卷,纂輯先秦以迄唐代之詩,彙爲一編。分爲三十六部,七百七十餘類。"以材具爲主,以掇拾爲用",主要以實用爲目的,供文人作詩時查考。《凡例》云:"雲間張玄超有《古詩類苑》、《唐詩類苑》,莆中方伯文有《詩類彙選》。玄超之編,重在廣收;伯文之編,重在雅調。余之所取,重在材具。其後伯文之編付之宣城梅禹金,以余有是編也,乃以雅調者並歸。"該書與張之象《古詩類苑》各有所長,又吸收了方承郁《詩類彙選》的内容。《四庫全書總目》稱其"蓋類書之體,非總集之例也"①。因所收詩皆首尾完具,今人亦有視此書爲按類編排之總集者。《中國古籍善本書目》將此書既列入子部類書類,又歸入集部總集類。

今存萬曆三十七年(1609)俞安期自刻本,北京大學圖書館、中央黨校圖書館、上海圖書館、天津圖書館等多館有藏。卷端題:"東吴俞安期彙纂　宣城梅鼎祚增定　侯官曹學佺訂校"。各卷訂校者不同。有萬曆三十七年李維楨、焦竑、顧起元序。李序云:"自頃秘書往往間出,而苦於剞劂費,傳布不廣。羡長殺青時,好事者有所資助,每被以校訂之名。余兩兒乳臭,亦點其中。"則是書之刊行多得李維楨、曹學佺等人資助。

3.《啓雋類函》

是書一百零九卷,爲輯録箋、疏、表、啓等文體的類書。卷首有《職官考》五卷。分古體二卷,近體一百二卷。近體又分二十九部,上自諸王、宰相,下逮丞簿、教職,末附以婚書及募緣疏引,蓋兼顧文學與日用。

今存萬曆四十六年(1618)刻本,首都圖書館、上海圖書館、北京大

① 《四庫全書總目》卷一三八《〈詩雋類函〉提要》。

學圖書館、天津圖書館等有藏。前有萬曆丁巳(四十五年,1617)鄧渼序。卷端題:“東吴俞安期羨長彙編　豫章李國祥休徵輯撰　侯官曹學佺能始訂定”。題李國祥輯撰者,《職官考》爲其所作也[①]。

此書之刊刻,應在福建曹學佺家中完成。《翏翏集》卷三四有《丙辰元旦》詩,題下小注云“時借宅曹能始,有鐫書之役”,詩中云:“算當六十加年七……黄金懸市未成書。”丙辰即萬曆四十四年(1616)。

4.《類苑瓊英》

是書十卷。《四庫全書總目》卷一三八子部類書類著録,入存目。提要云:“分别事類,纂輯故實,每條止撮舉二字,而以原文細注其下。其體例前後頗無倫次,又天文一類盡皆闕如,疑爲未成之書也。”爲安期所編類書之又一種,今不存。

(三)俞安期與人合編或代人編刻之著作

1.《雍勝略》

二十四卷。今存萬曆二十五年(1597)刻本,上海圖書館有藏。題:“梁溪李應祥善徵彙編　陽羨俞安期羨長同纂”。“雍”者,古雍州。該書記陝西之名勝,以郡縣爲綱,間附考證。此書蓋安期北游至陝,客李應祥幕中時所纂輯也。

《明清江蘇文人年表》據莫友芝《郘亭知見傳本書目》卷五,記萬曆二十五年(1597)安期與李應祥合纂《汴京遺迹志》二十四卷[②]。據傅增湘考訂,莫友芝所記有誤,《汴京遺迹志》應爲大梁李濂著[③]。《明清江

---

① 《啓雋類函·凡例》:“始列職官。考夫職官之名,古今各異,唐宋頓殊。竊取余友李休徵别駕所撰,屬之曹能始臬長,勘其遺誤,補其異同,令開卷者審歷代之相沿,明設官之分職。”

② 《明清江蘇文人年表》,頁368。

③ 莫友芝撰,傅增湘訂補《藏園訂補郘亭知見傳本書目》,中華書局,2009年,頁393。

蘇文人年表》因而致誤,前揭金文京文亦誤。《汴京遺迹志》亦爲二十四卷,刊於嘉靖二十五年(1546)。

2.《玄羽外編》

四十六卷,明張大齡撰。《四庫全書》入存目。

是書將蜀人張大齡各種史論雜著彙爲一編。今存萬曆三十九年(1611)張養正刊本,中國國家圖書館、上海圖書館、浙江圖書館、臺灣"中央圖書館"有藏。《四庫全書存目叢書》據國圖藏本影印。卷端題:"眉州張大齡玄羽著　里人張養正冏思訂"。張養正,四川眉州人,舉人出身,萬曆三十六年(1608)起任南京貴州道監察御史①。張序曰:"余承乏陪京,屬義興俞羨長聯各種而貫之,合名之爲《玄羽外編》,捐俸重梓之。"則編纂之勞實安期任之,蓋其時安期客於張氏也。

3.《九芝集》

是書爲龍膺之詩賦集,十四卷,《四庫全書》入存目。《四庫全書存目叢書》據清光緒十三年(1887)九芝堂刻綸隱全集本影印。卷端題:"武陵龍膺著　八世孫正楷仝男光(烔、邦)編輯　東吴俞安期定　侄雲翼孫濟(藩時霈、忠恕愚)校"。

此書之編訂、刊刻,實由安期與汪宗姬爲之。黄宗羲《明文海》卷二四九録顧起元《〈九芝集選〉序》:"君御先生《九芝集》成,方以憲大夫備兵酒泉、張掖間,函寄友人俞羨長、汪肇邰(宗姬)氏,選而刻諸金陵。"曾國荃《(光緒)湖南通志》卷二五四藝文志十"九芝集選十二卷"條引馮時可序:"君御龍先生《九芝集》初成時,方備兵張掖、酒泉間,友人余(俞)羨長爲梓諸金陵。"安期在西北時曾客於龍膺,此書之編刊當在安期遠游歸江南後。

4.《大泌山房集》

是書爲李維楨之詩文集,一百三十四卷,《四庫全書》入存目。李維

---

① 施沛《南京都察院志》卷七,明天啓刻本。

楨,字本寧,湖廣京山人。隆慶二年(1568)進士,官至南京禮部尚書。他與安期過從甚密,曾爲安期所編《唐類函》、《詩雋類函》、《唐詩紀》作序。

《中國古籍善本書目》著録明萬曆刻本。《四庫全書存目叢書》據萬曆三十九年(1611)刻本影印。此本前有萬曆三十九年張惟任序,李維楨自序、識語,後列校刻親友數十人,安期名列其中。金文京又見一版本,該本自序後有李維楨題爲"重訂小草引"的識語,中云:"集始於壬子(萬曆四十年,1612),訖於戊午(萬曆四十六年,1618),校者兩人物故,因以身任,心力幾殫矣。五家爲政,無所勾校。紙多濫惡,印復苟簡,以致版有遺失。今卜日還楚,將板盡歸俞宅,重復編次修補。"[①]今不見於《四庫全書存目叢書》影印本,蓋此書萬曆三十九年後又作了重編修補,李維楨將此項工作一概托付於安期。

5.《詩紀》與《唐詩紀》

《詩紀》一百五十六卷目録三十六卷,即《漢魏六朝詩紀》,明馮惟訥編,爲漢魏六朝詩歌總集。《唐詩紀》一百七十卷目録三十四卷,明黄德水、吴琯輯,爲《詩紀》之續作,收唐人詩。

馮惟訥《詩紀》編成後,甄敬刊之於陝西,然剞劂粗率,訛誤滿紙。吴琯取而使其門客俞安期、謝陛、陸弼加以校訂,重新刊行。《唐詩紀》實亦吴氏門客爲之,安期與有力焉。然僅輯初唐、盛唐之詩,未及中、晚唐而罷。胡震亨《唐音癸籤》卷三一記其事曰:"初,德水將編《唐詩紀》,續馮惟訥《漢魏六朝詩紀》,才首事初唐而亡。琯,新安富室,寓白下,客吴江俞安期、江都陸弼、同郡謝陛得黄遺稿,勸琯補成全唐,僅成初、盛而不克終。客散去,草草付梓。"或有將纂輯之功多歸於安期者。汪道昆《翏翏集序》稱:"山人既輯《詩紀》,由陶唐以迄盛唐。"《明文海》所收李維楨《唐詩紀序》云:"始黄清父(德水)紀初唐詩四十卷,無何病卒,而俞公臨竟其事,益之爲六十卷。則又以爲未盡一代之業,乃仿高廷禮

---

① 轉引自金文京前揭文,頁178。

(棅)《品彙》、馮汝言(惟訥)《詩紀》紀全唐詩。"[①]

《詩紀》今有萬曆吴琯、謝陛、陸弼、俞安期刻本,《唐詩紀》存萬曆十三年(1585)吴琯刻本[②]。

(四) 俞安期刊刻之書

1.《真誥》

梁陶弘景撰,二十卷。

瞿鏞《鐵琴銅劍樓藏書目録》卷一八子部六《真誥》叙録称:"此明俞安期依道藏本雕刻。"安期撰有凡例。此本安期刻過兩次,分别是萬曆二十八年(1600)本和萬曆三十二年(1604)重修本[③]。

2.《莊騷合刻》

二種,十二卷。《莊子南華真經》十卷、《楚辭》二卷,安期合編而刊行之。今存萬曆三十五年(1607)俞安期翏翏閣刻本,中國國家圖書館、南京大學圖書館有藏。

3.《續世説》

宋李垕撰,十卷,《四庫全書》入存目。《四庫全書存目叢書》據清華大學圖書館藏萬曆安紹芳刻萬曆三十七年(1609)俞安期翏翏閣重修本影印。

此書目録及正文卷端題名皆爲"南北史續世説",版心題"續世説"。前有萬曆三十七年(1609)俞安期《〈續世説新語〉序》,清華本序殘。臺灣《"國立中央圖書館"善本序跋集録》所録該序云:"梁溪安茂卿,世藏宋之刻本,取付堅梨,刻既竟,見其字且多訛,條落亦涸,尚俟手校印發,逡巡年歲,溘先朝露。余過存諸孤,見之架上,已爲蟲食者幾半,痛良友

① 李維楨《唐詩紀序》,黄宗羲《明文海》卷二二五,中華書局,1987 年。

② 《中國古籍善本書目》,上海古籍出版社,1996 年,頁 1583、1670。

③ 參見馮利華《〈真誥〉版本考述》,《古籍整理研究學刊》2006 年第 4 期。

之早逝,惜是書之久湮,遂載其蠹餘,行求全本,冀足成之。既越三年,頃得之焦弱侯太史,始補其闕、訂其訛、載其條落,遂成完書,亦藝林快睹矣。""余往見茂卿未付堅梨之本,刻既精工,紙墨古闇,中有諱字,其爲宋本無疑。今玆翻本,尚有宋刻典刑可鑒。"①又序首葉版心右下方刻"翏翏閣藏本",知此書本爲安紹芳據家藏宋本翻雕,未竟而卒,安期得其書版加以修補,又從焦竑處借得全本加以校訂而成。

是書作者題"隴西李垕撰"。四庫館臣以李垕爲唐人,又云其書"惟取李延壽南北二史所載碎事,依《世説》門目編之,而增以博洽、介潔、兵策、驍勇、游戲、釋教、言驗、志怪、感動、癡弄、凶悖十一門,别無異聞可資考據。蓋即安期輩依托爲之,詭言宋本。其序中所設之疑,正以防後人之攻詰。明代僞書,往往如是,所謂欲蓋而彌彰也"②。認定安期作僞欺世。對此,今人張固也、王東等已作辨證,李垕爲宋代史學家李燾次子,此書亦非僞作③。

4.《唐世説》

安期還與馮夢禎將《續世説》與《大唐新語》合刻,改題《唐世説》刊行。事見《四庫全書總目》卷一四〇子部五十《〈大唐新語〉提要》。

5.《淳化閣帖》

安期精於書畫賞鑒,諳熟出版,因而亦曾刊刻碑帖行世。他曾從徽州人汪景淳(又作汪景醇)處借《淳化閣帖》夾雪本翻刻。姚旅《露書》記:"汪景醇有夾雪帖,俞羡長欲臨刻。借得其半,而景醇卒。"④此帖或最終刻成。李日華《味水軒日記》卷四記萬曆四十年(1612)曾見到《淳

---

① 轉引自杜澤遜《四庫存目標注》,上海古籍出版社,2007年,頁2268—2269。

② 《四庫全書總目》卷一四三《〈續世説〉提要》。

③ 參見張固也《〈續世説〉的作者李垕是宋人》,《文獻》1998年第1期。王東《〈南北史續世説〉版本考》,《西南交通大學學報(社會科學版)》2009年第2期。

④ 姚旅《露書》卷一二。

化閣帖》一部,稱:“完好,無銀錠紋,字字摘看,俱有意,但墨法無古韻,且來歷無據。憶今年春,吾郡試院擺攤鋪有一本,與此同,不應古帖之多如此。聞山人俞羨長曾畨夾雪舊本於汪景淳家,未出,豈即其物耶?”

此外,邵懿辰《四庫簡明目録標注》“事類賦三十卷”(宋吴淑撰並自注)條下,注“明嘉靖俞安期仿宋刊本”①。杜信孚《明代版刻綜録》、瞿冕良《中國古籍版刻辭典》據以著録。邵氏此説不知所本,然幾近妄誕。如前所考,安期生於嘉靖二十九年(1550),嘉靖朝共 45 年,即令此本《事類賦》爲嘉靖四十五年(1566)所刊,安期年方 17,於理殊不合。

通過以上考述,約略可見俞安期作爲山人和出版家的活動概貌。俞安期刻書之堂號爲翏翏閣,除了出版自著詩文集之外,他還編纂了《唐類函》、《詩雋類函》、《啓雋類函》、《類苑瓊英》,刊印了《真誥》、《莊騷合刻》、《續世説》、《唐世説》、《淳化閣帖》等圖籍,這些書既有功於文獻的保存、整理和傳播,也帶有明顯的商業氣息,或可用爲舉子征戰科場之利器,或爲文人吟詩作賦之案頭寶典,又或爲雅士燕談清賞之資糧,都是當時書籍市場上的暢銷品,可以爲安期帶來不少收入。此外他在四處游歷期間,爲所服務的官員、富商編刊了《雍勝略》、《玄羽外編》、《九芝集》、《大泌山房集》、《詩紀》、《唐詩紀》等書,這些書並不能爲他本人帶來利潤,却可以加强他作爲山人客卿在主人那裏的地位,同樣服務於他的生存目的。從這後一方面來看,出版活動爲俞安期帶來的經濟與人格上的獨立和平等是有限的②。

俞安期並不是一個財力富厚的出版家,也没有因從事出版而發家致富。可以看到他在編纂書籍的過程中,常常要依靠官僚和友人們的資助。直至晚年,他仍時常陷入生活拮据的窘境。從事圖書出版,與他

---

① 邵懿辰撰,邵章續録《增訂四庫簡明目録標注》,上海古籍出版社,2000年,頁 559。

② 金文京在其文章結論中認爲,俞安期與他所服務的達官貴人的關係,並不見得是達官爲主山人爲客,是相輔相成的平等關係;俞安期可以經營自己的出版事業,與達官貴人分庭抗禮。這一觀點值得商榷。

作爲山人客卿一樣,只不過是他的一種謀生手段而已。山人和出版家,這兩個角色在他身上獲得了統一。他代表了晚明一種類型的山人,也代表了晚明一種類型的出版家。

(作者單位:山東大學儒學高等研究院)

古典文獻研究(第十五輯)
2012年7月

何良俊藏書、鈔書與刻書考

胡海英

一　何良俊的書畫典藏概述

何良俊(1506—1573)是明代著名的藏書家、作家、學者。作爲藏書家,其早期藏書即達到四萬卷以上。何良俊自稱:"清森閣在東海上,中有藏書四萬卷,名畫百簽,古今名人墨帖數十本,三代鼎彝二十餘種。"[①]葉昌熾《藏書紀事詩》贊譽何良俊的藏書,將他與米芾相比:"四萬卷書百簽畫,清森閣似米家船。陸沉金馬真無謂,東海歸來誓墓田。"[②]清李調元稱:"蓋聞東南世族,家有簡編;搢紳先生,人稱掩(按:當爲"淹"之誤)洽。樓成蒼弁,葉少藴富矣藏書;閣號清森,何元朗多兮插架。"[③]此處何良俊的"清森閣"已經被當作文化典故,可見清森閣藏

① (明)何良俊《何翰林集》卷二《春日思歸用白傅體簡舊游諸君》題注,明嘉靖四十四年刻本。

② 葉昌熾撰《藏書紀事詩》,上海古籍出版社,1989年,頁205。

③ (清)李調元《童山集》卷二〇《萬卷樓藏書目録序》,清乾隆刻函海道光五年增修本。

書享有盛譽。

何良俊與當時學界文壇人物交往廣泛，其所藏書畫亦公諸同好，相與觀摩交流，并有鑒賞文字存世。如清倪濤撰《六藝之一録》卷一六四“吴皇象急就章”引盛時泰《玄牘紀》：“余舊藏此帙，臨學曾數十百過，比已，與沙門圓慧昨於華亭何元朗所見宋仲温臨本，神氣骨肉俱勝。今日更睹兹帖，微悟古人用筆之意焉。”可見盛時泰等人曾在良俊處交流觀摩何良俊所藏書畫。通過這些途徑，亦有助於瞭解何良俊所藏書畫的大概①。

這些豐富的典藏，不僅爲何良俊赢得了明代著名藏書家的聲譽，也奠定了其成爲一代著述家的重要基礎。何良俊喜歡藏書，也酷愛讀書，無論居家還是外出，都研讀不輟，四萬卷藏書涉獵殆遍。他自稱：“每巡行田陌，必携策以隨。”“所藏書四萬卷，涉獵殆遍。”②其中單二十一史就已經讀過兩遍③。藏書、讀書之後，繼以著書，《何氏語林》、《何翰林集》、《四友齋叢説》都是重要結晶。通過這些著作，尤其是《何氏語林》，甚至還可以部分復原何良俊當年的藏書目録。

作爲典型的著名藏書家兼著述家，何良俊生前身後都備受推崇。清姜紹書《韻石齋筆談》云：“昭代藏書之家，亦時聚時散，不能悉考，就其著述之富者，可以類推。”并把何良俊與宋濂、劉基、楊士奇、李東陽、胡應麟、茅坤、焦竑、顧起元、袁宏道、王肯堂、屠隆、湯顯祖、李贄、董其

---

① (清)倪濤《六藝之一録》，景印文淵閣《四庫全書》本。何良俊的某些記載還能爲别人的收藏指路：《六藝之一録》卷一二四“石刻文字”一〇〇引《庚子銷夏記》“歷代碑刻題跋”之“褚遂良《孟法師碑》”條：“河南此碑員勁而深厚，猶存古隸遺意，是其得意書。且舊石完好，斷落僅二三字，傳世極少，人鮮見者，余得故太保吴國華家。聞太保讀《何元朗集》，謂此碑之妙，生平止於無錫秦氏見一本，吴乃使人往江南物色之而得，蓋墨寶也。”

② (明)何良俊《四友齋叢説·初刻本自序》，中華書局，1959年。何良俊此序也説到了自己辛勤的聚書：“何子少好讀書，遇有異書，必厚貲購之，撤衣食爲費，雖饑凍不顧也。”

③ 《四友齋叢説》卷五：“壬子冬到都，首謁雙江先生，先生問别來二十年做得甚麽功夫。余對以二十年惟閉門讀書，雖二十一代全史，亦皆涉獵兩遍。”

昌、何三畏、陳繼儒、張溥等人物並列,視爲"學海詞源博綜有自"的典型[①]。

當然,所謂"藏書四萬卷"僅指早期清森閣典藏的資料,可嘆的是,這些早期的典藏後來多數與清森閣一道毁於倭患。

清森閣毁於倭患,其直接原因則是由於官府縱火,文獻對此有完整的記載。明代的倭患,其實是倭寇與海賊交相爲患,既有來自日本的海寇,也有爲害中國沿海的本國賊衆。嘉靖年間倭患猖獗,1554年,即嘉靖三十三年甲寅歲,倭寇到何良俊的家鄉柘林,看中了此地優越的地理位置[②],而何氏兄弟三家家業頗大,倭寇遂以良俊兄弟三家爲巢穴,此後屯札將近一年。官府與倭寇在此反復廝殺,柘林淪爲戰場。這場倭患,是柘林的一場重大災難,地方志言之甚詳[③]。後來官府趁賊寇傾巢而出往嘉興湖州搶劫時,遣人縱火,於是乎何良俊兄弟三家的百年營構盡付烈焰,清森閣以及尚在裏面的藏書自然也不能幸免[④]。

---

① (清)姜紹書《韻石齋筆談》卷上"名賢著述",清《知不足齋叢書》本。

② 《何翰林集》卷二〇《與涂任齋驗封書》:"至於柘林一處,賊人所以據爲巢穴,久處而不去者,正以此地去海斥近,既便泊舟,且陸路往北,至閔行渡浦,直抵松江;水路從上横涇而西,既乏州縣,亦無聚落,去來無禁,直抵嘉興,則南可達湖州杭州,北可達蘇、常、鎮江,直抵南京。則是柘林雖小,實爲七郡之門户,南都之喉舌也,今可不特加之意哉。"

③ 《(崇禎)松江府志》卷四九:"嘉靖三十四年乙卯……八月千(按:"十"之誤)四日,川沙賊艘約三百餘開洋渡海,官兵始焚其巢。柘林賊尚横,適疫癘死傷。"十八日,駐柘林倭寇遭海上之敗,"賊徐海乃移據陶宅,柘林之巢始空。居民井舍,蕩無一二存者"。書目文獻出版社,1991年。按:此後,松江柘林倭患又有反復,至嘉靖三十八年始絶,不贅述。

④ 何良俊《四友齋叢説》卷一一:"本地方劫掠既盡後。往嘉興湖州劫掠,空巢而出,去旬日復歸。府縣聞之,即遣人縱火,而三家百年營構,盡付烈焰矣。"按:何良俊對於官府出於剿滅倭寇的這一做法,總的來説是支持的,但對縱火的時機頗有忿詞,"初報至南都,舍弟頗不平,余意色恬然,蓋此宅既爲倭寇所據,已非我之所有,若燒去房室,彼不能駐足,必往他處,則此處田土,尚有人耕種,不然,則方將安居樂業於此,而居民遠避,田卒污萊,寧有窮已時耶?顧不如燒之爲愈,但當事諸公不能燒於倭賊方在之時,而乃燒於倭賊既去之後,此則深爲可忿耳"。

這場倭患導致何良俊的老家包括清森閣被完全焚毁,損失巨大。這種損失表現在多個方面,第一是清森閣及藏書的完全焚毁。本來何良俊家底殷實,藏書宏富,又因其精於賞鑒,故所藏多爲善本珍品,向來爲人稱道。如其所藏《麈史》,歷來稱爲精善之本[①]。除書籍之外,我們對其收藏的法書與名畫,亦應作如是觀[②]。藏書的焚毁使何良俊的讀書、鈔書與刻書事業失去了很多可以憑藉的善本。第二是對經濟上帶來的衝擊,祖業毁掉,田産荒蕪,財力遜於從前,也不能像以前那樣有力地支撑他的刻書事業。所以何良俊所刻印的書籍,最好的是早期刻於清森閣和繙經堂的《何氏語林》,被稱爲"明版最佳之本"[③],後期刻印的書都比不上,而刻於松江香嚴精舍的《何翰林集》,刻印質量尤其遠遠不如早期的《何氏語林》。

雖然何良俊的早期藏書大多毁於倭患,但法書、名畫則似乎有相當部分得以幸免。儘管流傳世間者已是少之又少,然從少量殘存者可窺一斑[④]。今天仍然可以在不少書畫收藏著録中看到"清森閣"、"傲園"等收藏印記,表明多爲早期清森閣的藏品。這些書畫能免於兵燹留存後世,原因可能有如下幾點:首先,早期藏品,即爲官南京前之收藏[⑤],因其珍貴,數量較少,且易於携帶,何良俊已經將其全部或一部分帶到了南京。其次,這些藏品也可能有在爲官南京前即已轉讓出去者。而且至少可以確定,何良俊晚年曾轉手過所藏書畫,如賣給王世貞,王自

① (清)盧文弨《抱經堂文集》卷一一《書麈史後》,清乾隆六十年刻本。(清)吴壽暘輯《拜經樓藏書題跋記》卷四諸子雜家《麈史》,清道光二十七年刻本。文繁不録。

② 筆者已考出其曾收藏的法書名畫數十種,足見其"名畫百簽,古今名人墨帖數十本"之説非虚。

③ (清)官修《天禄琳琅書目》卷九,景印文淵閣《四庫全書》本。

④ 何良俊所藏的鼎彝等文物則下落不明,鮮見於記載。可能由於鼎彝不像書畫那樣容易鈐印作記號。何良俊稱還曾見過畫像磚,但未説是自己所藏。

⑤ 比如其清森閣毁於倭患,後期藏品則不會用"清森閣"印記,有此印記者,顯然是早期的收藏。

稱:"余得蔡忠惠《安樂》、《扶護》二帖,蘇文忠《久上人》一帖,黄文節《眉州》、《畢大事》二帖於柘湖何良俊氏。……後先以善價購之,不敢作米顛據舷狡儈也。"[①]再次,何良俊後期亦續有收藏。何良俊稱在嘉靖丙辰冬由南都赴北京,旅途往返才兩月有餘,却得倪雲林《浦城春色》、趙丹林《崆峒秋曉》以歸,所以他説"四友齋中,又添二佳客矣"[②]。可見在清森閣之書畫被焚毁後,何良俊後來又續有收集。

晚年的何良俊,不能像早期那樣有足夠的財力和精力來羅致藏書,亦無類似於藏書四萬卷的清森閣的專用藏書閣,但他每在一地居住時皆有書房四友齋,故後期亦得以繼續收藏書畫典籍,藏之四友齋等處[③]。

二 文獻整理保存與鈔書、刻書

(一) 參與整理、保存文獻

何良俊有很强烈的文獻保存與傳播意識,臨終前還念念不忘其《四友齋叢説》的刊刻,將此事托付給其侄婿張仲頤。對於其他許多文獻的保存與流傳,亦常挂於心。

他曾協助别人進行文獻編撰工作。《四友齋叢説》卷三六《考文》:

> 馮少洲《風雅逸篇》嘗托余删定,其所藏《道門》一卷,皆取之《真誥》與《雲笈七籤》等書。蓋佛經諸偈皆出六朝人之手,猶有可觀;道家諸書皆張君房所纂,乃科書之類,極爲蕪陋,一無足取者,如何一概混入?余皆削去,今十不存一矣。

① (明)王世貞撰《弇州四部稿》卷一三〇《蔡蘇黄米趙帖》,明萬曆刻本。

② 《何翰林集》卷二八《題〈書畫銘心録〉前》與《題〈書畫銘心録〉後》。

③ 《何翰林集》卷一五《四友齋記》:"四友齋者,何子宴息處也。四友云者,維摩詰、莊子、白樂天與何子而四也。蓋何子之與此三人者,友也。"這段話解釋了四友齋齋名中"四友"的含義。

按:《風雅逸篇》一書,本爲明代楊慎所編撰,四庫館臣謂:“是編采録古來有韻之文,上起古初,下迄戰國,末又附載有篇目而無其辭者,自葛天氏八闋,訖於師延流徵滌角。”[①]而何良俊所言之《風雅逸篇》實即明代馮惟訥之《風雅廣逸》,可能因爲此書以楊慎《風雅逸篇》爲藍本,在編撰的早期書名尚未確定,所以何良俊仍以楊慎的書名《風雅逸篇》呼之[②]。《風雅廣逸》爲後來通行之馮惟訥《古詩紀》之前集部分。《古詩紀》共一百五十六卷,是一部了不起的書,四庫館臣極爲稱道:“上薄古初,下迄六代,有韻之作,無不兼收,溯詩家之淵源者不能外是書而別求,固亦采珠之滄海,伐木之鄧林也。……故至今惟惟訥此編爲詩家圭臬。”[③]根據《四友齋叢説》所述文字來看,何良俊所删定的不限於後世所謂的《風雅廣逸》,即《古詩紀》之前集部分,六朝與宋代的部分也涉及了。可知這樣一部重要的傳世之作的修成,原來包含了何良俊不小的貢獻。

在《董解元西厢》的傳播過程中,何良俊也作出了貢獻。張大復《梅花草堂筆談》卷五:“《董解元西厢》,吴中百年前罕全本。文壽承家得之西山汪氏,首尾俱缺。其後何柘湖得完書於楊南峰,而三吴好事者皆著一編矣。”[④]關於整理《董解元西厢》的事,現存何良俊的著作並没有提及,很可能這是其晚年的事情。

在南京任翰林院孔目時,何良俊曾提出整理刊刻十三經注疏的建議。爲此,他親自動手,校勘《周易》、《詩經》、《尚書》等書,可惜此事最終不了了之。《四友齋叢説》卷三記其經過云:

> 南京道中,每年有印差道長五人,例有贓罰銀數千。丁巳年,屠石屋、葉淮源管印差,要將贓罰銀送國子監刻書。爾時朱文石爲

---

① 《四庫全書總目》卷一九二《〈風雅逸篇〉提要》。

② 明代楊慎先有《風雅逸篇》十卷,馮惟訥《風雅廣逸》即以楊慎此書爲藍本。

③ 《四庫全書總目》卷一八九《〈古詩紀〉提要》。

④ 張大復《梅花草堂筆談》,上海古籍出版社,1986年。今存明刊本《玉茗堂批訂董西厢》,題有明文彭校閲、明何良俊校閲、明張雄飛校閲,則何良俊對此書還有過校閲之功。南京圖書館藏有此書。

國子司業,余與趙大周先生極力慫恿,勸其刻十三經注疏。此書監中雖有舊刻,然殘闕已多,其存者亦皆模糊不可讀。福州新刻本復多舛訛,失今不刻,恐後遂至漫滅,所關亦不爲小。諸公皆以爲是。大周托余校勘,余先將《周易》校畢,方校《詩》、《書》二經,適文石解官去,祭酒意見不同,將此項銀作修二十一史板費去,其事遂寢。

此文中有幾點特别值得注意:第一,是當時南京國子監得到一筆刻書的銀兩;其二,何良俊提到,南京國子監雖有十三經注疏舊刻,然殘闕已多,其存者亦皆模糊不可讀[①]。第三,福州有新刻十三經注疏,復多舛訛[②]。所以何良俊與趙大周極力慫恿朱文石重刻十三經注疏。很可貴的是,大家都很贊同。朱文石,即朱大韶,字象玄,號文石,華亭人。明嘉靖二十六年(1547)進士,官至南京國子監司業。趙大周,即趙貞吉,字孟静,號大洲,内江縣人。嘉靖十四年進士,其時正居官南京[③]。趙、朱二人與何良俊都是好友,於是趙貞吉托何良俊校勘,何良俊親自動手,先校畢《周易》。正在校《詩》、《書》二經時,可惜得很,朱大韶剛好解官而去,其時的祭酒意見不同,把銀子轉作修二十一史的費用,"其事遂寢"[④]。可以想見,如果何良俊等人成事,世上必定又多了一個十三經注疏的精善版本。但,或許同時又會少了一部影響深遠的南監本二十

---

① 是時存於南京國子監的"舊刻",應即南宋刻元明遞修之十行本十三經注疏書板。

② 這裏提到的福州新刻,即明嘉靖間,閩中御史李元陽據十行本重雕的本子,世稱閩本,何良俊認爲其"復多舛訛"。後來北監本,即萬曆年間北京國子監據九行閩本重刻而成。學界對北監本的評價向來不高。

③ (明)雷禮輯《國朝列卿紀》:"趙貞吉,四川内江人,嘉靖乙未進士,隆慶三年,以禮部尚書兼文淵閣大學士。入閣四年,以太子太保兼掌都察院致仕,卒年六十八,謚文肅。"明萬曆徐鑒刻本。《明史》卷一九三有傳。

④ 《四友齋叢説》卷三亦曰:"余以爲十三經注疏板頭既多,一時工力恐難猝辦,但得將古注十三經刻行一部,則大有功於聖學,而於聖朝政治不爲無補,且亦可以嘉惠後學,其費不上一二百金,但得一有意太守,便可了此,惜無可與謀者。"

一史。

何良俊鄉邦觀念與家鄉榮譽感很强，對鄉邦文獻的搜集、整理、保存以及發揚光大極爲熱心。何良俊自己曾有搜集刊刻松江地方文學文獻的建議，希望當時松江的各位俊彦共同完成此件大事。《何翰林集》卷二一《與朱文石書》：

僕嘗竊嘆：吾松自機、雲以後，文士代作，而文獻絶無足徵。正以先輩缺於紀録，遂寥落若此。失今不圖，後將何觀？近有寄至吾松三詩翁詩者，自龍淵七言律之外，皆淺俗可鄙，得無貽譏大方乎？鶴坡素稱善文，當不啻爾。恐多散佚，更一搜訪之，何如？僕以爲詩文不必定於蓋棺，苟論撰果佳，其人雖在，亦在所不棄。不爾，亦何取於朽骨哉？郡中諸友，小山多才識，王屋長於鑒裁，紫岡習於典故，惜西谷、長谷不在耳。公如有意，當以片言相示，僕亦爲公效一臂之力也。昔昭明撰文，亦必假任昉、到溉諸賢，譬之營靈光、景福，豈一人之所能獨就？夫大匠操繩墨，指揮左右，而持斧斤、事斲削者，必賴衆工之手，公肯留神了此郡中一巨典乎？

何良俊寫給朱大韶的這段書信節文，所可注意者頗多。第一，對地方文獻收集編撰的意識與責任感、榮譽感，以及對於松江一地自陸機、陸雲之後文士文獻不足徵的不安；第二，務實精神，不拘泥於一般通行的做法，認爲編撰地方文獻可以收集在世者的著作，“僕以爲詩文不必定於蓋棺，苟論撰果佳，其人雖在，亦在所不棄”；第三，推薦了一批他認爲學有專長，能夠勝任搜集整理地方文獻重任的人才：“小山多才識，王屋長於鑒裁，紫岡習於典故，惜西谷、長谷不在耳。”文中提到的王屋，即張之象，字玄超，號王屋。是一個道德文章都超出時流的人物，“自謂一生不侮暗室……性不偶俗，獨喜閉户著書，冬夏不輟。其詩爾雅冲淡有魏晉風，其文閎深奥衍，出入東西京，床頭惟擁千卷……海内名卿鉅公聞名願交者,望如景星。……所著書及纂輯先代書不下千卷”[①]。所以當時的文壇名家如金陵顧璘、許穀;吴門蔡羽、文徵明、王寵、彭年;松江徐獻忠、何良俊、董宜陽,皆和他是莫逆之交。何三畏《雲間志略》卷一四:“張世美,字濟之,號西谷,華亭人。其間山川跋涉,及覽睹古先聖賢遺踪,作《述征》一賦。比躬耕泖上,是歲淫淹没田苗,公悲農人無以卒歲,爲作《憫農賦》一篇。自二賦傳而争寫者,紙爲之貴。”長谷即徐獻忠,字伯臣,號長谷,居華亭里。《雲間志略》、《皇明詞林人物考》有傳。紫岡,即董宜陽,與同里張玄超(之象)、徐伯臣(獻忠)、何元朗(良俊),號稱四賢[②]。凡此可見,何良俊所提及到的人物,的確都是一時之選。

此文最後以昭明太子率領任昉、到溉等人編集《文選》爲例,激勵朱大韶趁人手尚在,發起完成“此郡中一巨典”。這樣一種熱情,這樣一種精神,是很可貴的。也可見何良俊的遠見卓識,如果成功,確乎是松江的一項文化盛事。

一旦好友有書刻成,他便積極地爲之作序介紹、鼓吹。《唐雅》爲其同鄉兼好友張之象所作,何良俊曾作序評介:“是編起自武德,迄於開元,通得詩二千餘篇,分二十六卷,自天寶以後,則風格漸卑,其音亦多怨思矣,故削去不録。張子撰述之精,世自有能知之者,故弗論,乃相與論著其大者如此云。”[③]認爲此書撰述之精毋庸多言,“世自有能知之者”。

---

① (明)王兆雲《皇明詞林人物考》卷一一《張玄超》,明萬曆刻本。另外,如(明)過庭訓《本朝分省人物考》卷二六稱:“張之象,字月鹿,一字玄超,號王屋,上海人。幼曠覽不群,以諸生卒業,國子屢試弗第,遂棄經生業,專力治古,博綜群籍,囊括百氏,勒成一家言。”明天啓刻本。

② (明)王兆雲撰《皇明詞林人物考》卷一一《董子元》“董宜陽,字子元,先世汴人。南渡,徙居上海、吴會,又徙居沙岡,人稱紫岡先生,復自號七休居士。……與同里張玄超、徐伯臣、何元朗,號稱四賢。”

③ 《何翰林集》卷八《唐雅序》。

更有名的序文如《類編草堂詩餘序》[1],該序對此書内容有所評介,謂是顧子汝家藏宋刻本,比世所行本多七十餘調,不可以不傳。後人據此能迅速瞭解此書的價值。

(二) 鈔書

保存文獻的重要方法之一就是鈔書和刻書。何良俊既刻書,也鈔書。其所鈔《麈史》,毛扆認爲是最善本。清黄丕烈撰《士禮居藏書題跋記》卷四"《麈史》三卷(校舊鈔本)"條,稱"斧季以爲何本最善"。斧季即毛扆。關於這一鈔本的面貌,黄丕烈又云:"何元朗本棉紙紅格舊鈔,每葉二十行,每行二十字,首標《麈史》即接序文,序文後題'鳳臺子王得臣字彦輔次'……通三卷計八十四葉,與欽仲陽本迥異,後亦無慶元一條,未知何元朗本又出何本也。卷首格欄上有東海二字,陽文葫蘆印格,欄下有'何元朗'三字陰文印。"

其他鈔本如張雨(字伯雨)《句曲外史貞居先生詩集》,亦被認爲是精善足本。《鐵琴銅劍樓藏書目録》卷二二:

> 《句曲外史貞居先生詩集》六卷,詞一卷,雜文一卷,舊鈔校本。此何元朗鈔本,標題與元刻本同,卷末附録劉基墓誌,姚綬小傳碑銘,徐達左後序。黄蕘翁以柳大中本對校,其詩分體較柳本稍多,詞編次第多同,惟首闋《東風第一枝》爲柳本所無,雜文九首,則又此本增出者也。汲古毛氏刻本乃從嘉靖間陳應符刻本重刊,後復摭拾遺篇,不逮此兩本遠甚。卷首有東海何元朗、平江黄氏圖書諸

---

① 《何翰林集》卷八《類編草堂詩餘序》。此序的某些觀點亦很有影響,後世頗見稱引者。(清)范邦甸《天一閣書目》卷四之四集部曰:"《類編草堂詩餘》一卷(刊本)。嘉靖庚戌,東海何良俊序稱蓋樂者由人心生也。"清文選樓刻本。(清)毛奇齡《西河集》卷三一《付雪詞第二刻序》曰:"東海何良俊序草堂詞,謂詞爲樂府之餘,而不爲詩餘。初亦疑之,及詳其説,則以漢樂府郊廟歌詞及晉樂所奏相和清平諸調皆隸樂録,有近乎大晟所定,而漢魏後五言,即高如蘇、枚,亦不聞領於樂官,故云然耳。"景印文淵閣《四庫全書》本。

朱記。[1]

總的來看,這個鈔本内容還是比較完備的。

(三) 刻書

何良俊兄弟皆勤學好書,聚書讀書而外,還從事刻書,這對於文化典籍的保存與傳播也做出了貢獻。何良俊的長兄何良佐即刻過書。何良俊《兄光禄寺署丞五山何君行狀》謂:"嘗刻《心經文句》、《金剛經解義》以行。"[2]至於何良俊的刻書,則更爲人知。嘉靖二十九年至嘉靖三十一年刻於清森閣與繙經堂的自著《何氏語林》、嘉靖四十四年刻成於香嚴精舍[3]的自著《何翰林集》,最爲知名。其中《何氏語林》被《天禄琳琅書目》稱爲"明版最佳之本"。

在刻《何氏語林》之前,何良俊即刻有《説苑》、《新序》。其所刻《説苑》、《新序》,流傳很廣。何良俊所刊《説苑》、《新序》,未曾校勘,他自稱:"近作得《説苑序》一篇,謹以呈覽。方今先生主張斯文,凡衆言淆亂,當就取中。小子未及求正,遽加於木,僭妄之罪,知無以自解矣。"[4]但其刊刻儘量保存了宋本原貌,爲人稱道。《善本書室藏書志》曰:"劉向《説苑》二十卷(明刊校宋本,山陰劉氏藏書),鴻嘉四年三月已刻,護左都水使者光禄大夫臣劉向上。前有編校書籍臣曾鞏上,序接目録,朱筆云:宋本九行十八格,上下黑口,目録後'臣向昧死'一條,《立節篇》校添'尾生殺身以成其信'一句,《復恩篇》'晉趙盾舉韓厥'條'欲誅趙氏'下,多'初趙盾在'四字,'楚莊王賜群臣酒','陽虎得罪北見簡子'兩條,

---

① (清)瞿镛《铁琴铜剑楼藏書目録》卷二二,清光緒常熟瞿氏家塾刻本。

② 《何翰林集》卷二五。

③ 從香嚴精舍之名可以看出何良俊向佛。其實早在嘉靖二十三年甲辰(1544),何良俊三十九歲時他就已經信佛了,是年六月所作《莊嚴觀世音菩薩聖像發願文》,謂自己受持圓滿具足戒皈依佛門。

④ 《何翰林集》卷二二《與文太史衡山書》。

均不缺,豈此本爲嘉靖何良俊所刊歟?"[1]何良俊《説苑序》云:"余因刻《説苑》、《新序》二書,懼學者承誤習謬,使子政之心不白於天下,乃爲之辯著如此云。"[2]换句話説,何良俊刻《説苑》、《新序》二書,還是通過序言爲劉向作了一些辯護的。《何翰林集》卷一八《覆王沂川書》:"僕近補刻《説苑序》一篇,敬用呈覽,伏惟删潤,以備采擇。"此篇《説苑序》頗有影響,後人刻書還加以采用[3]。

何良俊曾刻賈誼《新書》,因所據非宋本,故有缺失文字處,刊印品質不甚佳。據清陸心源《儀顧堂題跋》卷六《宋本賈誼〈新書〉跋》曰:

> 新雕賈誼《新書》十卷,題曰梁大傅賈誼撰,宋刊本。目後有建寧府陳八郎書鋪印一行,蓋南宋麻沙本也。校以正德九年陸相本、何元朗本、何鏜《漢魏叢書》本,卷七《諭誠篇》'是以國士畜我,我故國士爲之報',何鏜本作'是以國士遇我,我故國士報之',下奪'故曰:士爲知己死,女爲悦己容。非冗言也,在主而已'二十四字。何元朗本'舉被而爲禮'下,惟存墨釘。《退讓篇》'梁大夫有宋就者爲邊縣令'云云至"楚王愧",凡三百九十二言,何鏜本删削改易,只存二百六十四言;何元朗本則全缺;正德陸相本'國士報之'下缺二十餘字,誤接《退讓篇》'使者曰否'云云,而缺其篇首三百餘字,"使"字上又衍"大"字,想所據宋本有缺頁,遂連爲一耳。後來諸本多從

① (清)丁丙輯《善本書室藏書志》卷一五,清光緒刻本。(清)陸心源《儀顧堂題跋》卷六《説苑跋》亦曰:"劉向《説苑》二十卷,明楚府刊大字本,半頁十行,行十九字。……是書明凡五刻,有四川蜀府本、嘉靖何良俊本、程榮《漢魏叢書》本、何鏜《漢魏叢書》本及此而五。何鏜本出於程榮,程榮本出於何良俊,此本字大悦目,與何良俊本互有得失。"清刻《潛園總集》本。

② 《何翰林集》卷八《重刻説苑新序序》。

③ (清)彭元瑞《天禄琳琅書目後編》卷一七明版子部:"《漢魏叢書》五函三十四册,明程榮彙刻,榮新安人,書自漢至隋,古籍三十八種,分經史子集……次劉向《新序》十卷,曾鞏校進序,次劉向《説苑》二十卷,何良俊序,曾鞏校進序。"清光緒刻本。又《天禄琳琅書目後編》卷一六:"《説苑》一函十册,篇目同上。明程榮刊專本,亦冠何良俊序。"

陸相本出,故缺文亦相類也。

此跋文按版本淵源關係而論,何良俊刻本最晚出,問題最多,故被陸心源評爲最下[①]。以何良俊的藏書條件與鑒賞能力,竟然據一個晚出劣本刻印《新書》,頗有些令人不解。

此外,何良俊還刻有《孫王倡和集》,這是爲師友刻書:

《孫王倡和集》者,乃大宗伯季泉孫先生與祭酒槐野王先生倡和之作也。良俊讀二先生之詩,見有倡和諸篇,喜其音調之同,謹爲録出,詮次如左,序而刻之。[②]

序文中所説的孫季泉與王槐野,或者説孫、王,即孫陞與王維楨。孫陞,字志高,號季泉,浙江餘姚人。明嘉靖十四年(1535)韓應龍榜進士第二人(榜眼),授翰林院編修。曾官國子監祭酒,至南京禮部尚書,卒贈太子少保[③]。何良俊到北京謁選,即首蒙孫陞賞識。王維楨,字允寧,别號槐野,陝西華州人。嘉靖乙未進士,官至南京國子監祭酒。卒於嘉靖三十四年關中大地震中[④]。何良俊曾借他人之口贊王維楨的道德、政事、文章:"憶自頃歲,嘗謁西玄馬先生,先生蓋亟稱曰:'今海内善爲古人文者,惟我關中槐野王先生。'"[⑤]何良俊《與王槐野先生書》云:"及授官來,凡在朝諸公良俊之以文字見與者,又皆交賀良俊曰:'行且得見槐野王先生。'蓋良俊不喜得孔目,喜得爲先生屬吏,且得侍教於先生也。"

① 《儀顧堂題跋》卷六《宋刊明補本賈子新書跋》復曰:"明刻諸本以何元朗爲最劣耳。"

② 《何氏語林》卷一〇《孫王倡和集序》。

③ (明)過庭訓《本朝分省人物考》卷五一《孫陞》。

④ 瞿景淳《南京國子監祭酒槐野王公維楨行狀》:"是年冬關中地大震,山摧川溢,城郭廬舍多傾毁,民人壓死者過半,而公亦不免,實嘉靖乙卯冬十二月十三日。"《國朝獻徵録》卷七四。

⑤ 《何翰林集》卷一九《與王槐野先生書》。

可見何良俊對王維楨的推崇。何良俊生平所作最長的一篇文章即《與王槐野先生書》,達五千餘字,所談内容亦皆披肝瀝膽,無所保留。何良俊序稱,自己實際上是孫、王二人的門生故吏:"……良俊謁選吏部時,首蒙季泉先生賞識。及官南翰林孔目,槐野先生方掌院事,實二先生門生故吏。"故史稱:"及官南京,趙貞吉、王維楨相繼掌院事,與相得甚歡。"①

由於這衆多的原因,何良俊爲二人刻印詩集,是再自然不過的了。二人的唱和,何良俊謂爲"近代絶倡","騷壇之助而於世教不無大裨",故讀者可以從該文集瞭解王、孫所倡導之宗杜復古詩風。此外,王維楨、孫陞皆有文集留存至今,研究者亦可以據《孫王倡和集》進行參校。

何良俊還因曾受托,擬刊刻前輩文集,但未成事,何良俊深以爲愧。如王維楨曾托以馬汝驥詩文集的刊刻重任,《四友齋叢説》卷二六載:

> 馬西玄游西山諸寺古詩十餘首,其清警藻絢,出何、李上。今所刻行一小本,乃胡可泉校定。其全集有詩六本文四本,王槐野以此見托,恨余貧薄,尚未能入梓。余受二公之知最深,倘數年未死,終當了此一事,此百世大業,若使其湮滅不傳,則負二公者多矣。

按:馬西玄即馬汝驥,西玄爲其號,字仲房,綏德州人。正德丁丑(十二年,1517)舉進士,曾官南京國子監司業、北監司業,南京通政司右通政、南京國子監祭酒,官至禮部左侍郎,加翰林侍講學士。卒後,加贈尚書,謚曰文簡。有《馬文簡集》、《西玄先生詩集》②。王維楨曾稱:"公且卒之十日,自榻前屬楨,舉手曰:'幸爲我校此集收之,令無散滅亡也。予歷官多閑曹,建立少,最致心力獨此耳。'公談詩,常依深嚴,忌漫緩淺俗,今校集乃自作固如此。校定且謀之梓,擬稱曰《西玄先生集》而未能

① 《明史》卷二八七《何良俊傳》。

② (明)過庭訓《本朝分省人物考》卷一〇六《馬汝驥》。

也。先生號西玄,今刻《西玄詩》行世者,集中十一耳。”[1]馬汝驥的詩文,已刊行者極少,王維楨所謂“今刻《西玄詩》行世者,集中十一耳”,應即何良俊提到的胡可泉(即胡纘宗)校定的“一小本”,更多詩文則尚未梓行。可見王維楨也是受老友臨終顧托,所以十分重視。而王維楨將如此重大任務再轉托給何良俊,必定是因爲極度欣賞何良俊的才華,并相信他的能力。

既然何良俊受“二公(王維楨、馬如驥)之知最深”,且馬汝驥的詩“清警藻絢”,已經“出何、李上”(如《游西山諸寺》古詩十餘首),結果何良俊因故未能按王維楨所托刊行馬氏的詩文集,自然十分遺憾愧疚,深感“負二公者多矣”。

除自已動手刻書外,何良俊還拿出精善本子,供別人刊刻,比如劉敞的《七經小傳》抄本。“宋人説經,始於劉原甫。劉有《七經小傳》,言簡理暢,尚不失漢儒之意。余始得抄本,甚珍重之。後以與朱文石司成,已刻板於南太學。”[2]何良俊在文獻保存和傳播方面做出貢獻,是與他具有這種自覺意識分不開的。

(作者單位:香港浸會大學)

---

① (明)王維楨《槐野先生存笥稿》卷一二《贈禮部尚書謚文簡西玄先生行》,明萬曆三十四年黄陞、王九叙刻本。

② 《四友齋叢説》卷三。

古典文獻研究(第十五輯)
2012年7月

歐陽修《廬山高》、《醉翁亭記》在朝鮮漢文學中的追摹與變形*

卞東波

一 引言

1827年,歌德(Johann Wolfgang von Goethe,1749—1832)提出了"世界文學"(Weltliteratu)的概念[①],從而在國別文學之上,提出一種世界性文學的圖景。儘管他提出這個概念時的語境可能與我們今天理解的不太一樣,但這個理念却是非常具有啓發性的。現在已經有許多學者接續歌德的設想,進一步完善"世界文學"理論的建構與實踐。在這方面,哈佛大學比較文學系教授大卫·戴莫若什(David Damrosch)建樹頗多,他專門出版了一本《何爲"世界文學"》的專著討論這個問題。他認爲只有或者通過翻譯,或者直接以本國的原文流傳到文本所在的母國文化之外的文學,才能稱之爲"世界文學"。也就是説,不管在何時何地,這種充滿生機的"世界文學"作品都能在原初的文化環境之外的

---

* 本文爲國家社科基金青年項目"域外漢籍與宋代文學研究"成果之一。

① 關於歌德提出"世界文學"概念的背景及此概念的含義,參見簡・布朗(Jane Brown)《歌德與"世界文學"》,劉寧譯,《學術月刊》2007年第6期。

文化系統中活躍地存在。戴莫若什教授特别指出,世界文學不是無限的、無法把握的經典作品,而是一種傳播與閲讀方式[①]。也就是説,戴莫若什教授試圖在他的"世界文學"建構中超越單一的國别文學界限,特别是擺脱西方文學爲中心的叙述模式,而建立起一個容納各個國家經典作品的體系。這些經典作品並不止在其本國産生影響,而且通過各種渠道在母國文學之外也産生一定的反響。比如,中國的元雜劇《趙氏孤兒》,在歐洲啓蒙時代不但被翻譯成法語,而且被伏爾泰改編爲《中國孤兒》在法國上演,在法國造成一股所謂"中國風"(Chinoiserie)。所以《趙氏孤兒》不但是中國文學,也是世界文學。至於古希臘時期奴隸伊索所創作的寓言,在歐洲家喻户曉,晚明以降到中國傳教的歐洲傳教士也把《伊索寓言》翻譯爲中國的文言文,並在中國傳播,所以毫無疑問《伊索寓言》也是世界文學。

以上這兩個中歐文學交流的例子都是通過翻譯這種手段來達成的,而戴莫若什教授提到的直接以原文傳播並形成"世界文學"的文學作品也值得我們研究。在英語成爲霸權語言的今天,以英文寫作的文學作品流傳的速度與廣度都是其他語種文學所不能及的,所以以英文爲載體的文學作品很容易成爲"世界文學"。而在歐洲的中世紀,拉丁文是各國的通用語言,很多文學作品都是以拉丁文寫作而成的;與之相似的是前近代的東亞社會,是一個以漢文、儒學、佛教構造而成的"世界",漢語是這個"世界"的主要書寫工具與載體。在東亞文學世界中,毫無疑問中國古典文學是根、是源,受其影響的東亞其他國家的漢文學是枝、是流,但都同屬東亞漢文學。以前我們研究中國古典文學,目光僅限於中國域内,而没有關注到中國古典文學對東亞其他國家漢文學的影響,也没有注意到東亞漢文學並非是封閉的系統,而是多元互動的。目前,很多學者研究中國的古典詩歌,或日本、韓國、越南、琉球的漢詩,已經關注到"東亞的漢文學世界"的存在;但關注於"東亞的世界

---

① David Damrosch, *What is World Literature*, Princeton, N. J.: Princeton University Press, 2003, pp. 1—36.

文學”,即超越本國國境而在他國産生影響的文學,這方面的研究並不是太充分,還有繼續進一步推進拓展的必要。

毫無疑問,中國文學史上的經典作品,在東亞文學世界流傳最廣,從而産生的“世界文學”的作品也最多。這就爲我們提供了豐富的“世界文學”研究的個案:不但要研究這些作品在東亞的流傳,也要研究它們在中國之外的東亞國家産生何種反響,其他國家的士人如何對其加以接受的,不同的國家在接受方面有何異同。本文打算以歐陽修的兩篇經典名作《廬山高》與《醉翁亭記》爲例,討論其在朝鮮漢文學中傳播的樣相,以此來説明“東亞世界文學”研究的一些問題。

據學者研究,早在高麗朝,東國士人就閲讀到了歐陽修的作品,《歐陽文忠公集》在朝鮮也有流傳與刊刻[①]。歐陽修對宋代文學文化史的貢獻也得到了朝鮮士人的贊揚,洪重聖(1668—1735)云:

> 昔有宋歐陽公崛起五季之後,當仁皇以文治天下,以經術文章,鼓舞一世,海内文體,遂一變浮靡之習。[②]

這種評價頗讓人想起蘇軾(1037—1101)評韓愈“文起八代之衰”[③]的説法,確實由韓、柳開創的古文運動,最終是在歐陽修手裏完成的。他依靠自身的政治與文化影響力,改變了宋初的文學風尚,開啓了宋代自身

① 參見鞏本棟先生《宋人撰述流傳麗、鮮兩朝考》,載張師伯偉編《域外漢籍研究集刊》第一輯,中華書局,2005年,頁366—367;後收入所著《宋集傳播考論》,中華書局,2009年。又參見黄一權《歐陽散文研究》,華東師範大學出版社,2003年。

② 洪重聖《芸窩集》卷五《山仰齋記》,《韓國文集叢刊》續編第57册,頁94。宋人韓琦(1008—1075)《祭少師歐陽公永叔文》亦云:“自唐之衰,文弱無氣,降及五代,愈極頹敝。唯公振之,坐還醇粹,復古之功,在時莫二。”(《安陽集》卷四四,景印文淵閣《四庫全書》本)蘇頌(1020—1101)《歐陽文忠公挽辭二首》其一:“道繼三千子,文高二百年。朝廷得王佐,經術有師傳。”(《蘇魏公文集》卷五,景印文淵閣《四庫全書》本)

③ 蘇軾《潮州韓文公廟碑》,孔凡禮點校《蘇軾文集》卷一七,中華書局,1986年,頁509。

的文學傳統,他的影響是至巨的,這一點同樣得到了朝鮮士人的贊同。

二　我愛《廬山高》:《廬山高》在朝鮮的繼作

《廬山高》是歐陽修的名作、傑作,此詩全稱爲《廬山高贈同年劉中允歸南康》,全詩如下:

廬山高哉,幾千仞兮,根盤幾百里,截然屹立乎長江。長江西來走其下,是爲揚瀾左里兮,洪濤巨浪日夕相舂撞。雲消風止水鏡净,泊舟登岸而遠望兮,上摩青蒼以晻靄,下壓后土之鴻厖。試往造乎其間兮,攀緣石磴窺空谾。千岩萬壑響松檜,懸崖巨石飛流淙。水聲聒聒亂人耳,六月飛雪灑石矼。仙翁釋子亦往往而逢兮,吾嘗惡其學幻而言哤。但見丹霞翠壁遠近映樓閣,晨鐘暮鼓杳靄羅幡幢。幽花野草不知其名兮,風吹露濕香澗谷,時有白鶴飛來雙。幽尋遠去不可極,便欲絶世遺紛痝。羨君買田築室老其下,插秧盈疇兮,釀酒盈缸。欲令浮嵐暖翠千萬狀,坐卧常對乎軒窗。君懷磊砢有至寶,世俗不辨珉與玒。策名爲吏二十載,青衫白首困一邦。寵榮聲利不可以苟屈兮,自非青雲白石有深趣,其氣兀硉何由降?丈夫壯節似君少,嗟我欲説安得巨筆如長杠!①

本詩的主人公劉渙,據《宋史》卷四四四《劉恕傳》記載:"父渙字凝之,爲潁上令,以剛直不能事上官,棄去。家於廬山之陽,時年五十。歐陽修與渙,同年進士也,高其節,作《廬山高》詩以美之。渙居廬山三十餘年,環堵蕭然,饘粥以爲食,而游心塵垢之外,超然無戚戚意,以壽終。"②可見,這首詩並非一篇純粹的寫景文字,而是寄托着歐陽修對劉渙人格的

① 歐陽修著,洪本健校箋《歐陽修詩文集校箋》卷五,上海古籍出版社,2009年,頁142—143。

② (元)脱脱等編《宋史》,中華書局,1977年,頁13118。

表彰，實際也透露出歐陽修本人的一些價值觀，即重視節操，重視人生的出處大節。

在宋初詩壇，律詩已經基本成爲主流，形式單一，程式固化，這首詩用古體寫成，打破平仄限制，又不拘字數，以長短句結構成詩，或短至五言，或長至十一字，造成一種跌宕起伏的效果。全詩又大量用“兮”字，帶有濃厚的楚風，在今體詩占據詩壇中心的時代，顯得很有“古意”。儘管歐陽修受到韓愈奇崛詩風的影響，但正如錢鍾書先生所言，“歐公古詩不盡學昌黎，亦顯仿太白”[①]。此詩開頭“廬山高哉”自然讓人聯想到李白的《蜀道難》的開頭，“此見……”以下也令人想起李白的《將進酒》等詩，其描寫在數字上的誇張也可能承襲自李白詩。全詩基本上一韻到底，或兩句押韻，或三句押韻，顯得錯落有致；全部押開口的“ang”韻，此韻音聲高昂，與全詩豪宕的風格非常契合。但中間又換了一次韻，換韻的地方正與詩歌描寫的轉換處相應。基本上全詩在換韻處分爲三節，第一節鳥瞰式地描寫劉涣隱居地廬山的壯麗與浩大的景色；第二節則深入到廬山之中，描寫山中之色；第三節則贊美劉涣能安貧若素，隱居於廬山之上，超然於物外。前二段在描摹廬山壯觀的景色之同時，也突出了廬山之險，生存不易，以及廬山遠離塵囂的環境，實際上都是爲下文贊美劉涣的人格做鋪墊。劉涣在這樣艱苦的環境中生存下來，既説明其驚人的毅力，也表現出蔑視名利的胸襟。在這些描寫之餘，作者還表達了其一貫的排佛老的觀點，説“仙翁釋子亦往往而逢兮，吾嘗惡其學幻而言哤”。所以這首詩在當時之所以出名，一方面因其描寫氣勢闊大，筆力雄健，迥異於當時流行的西昆、晚唐及白體詩；另一方面此詩也貫注了歐陽修本人的人生態度並體現了宋初行將實現時代轉型的精神風貌。

歐陽修對他自己這首詩非常欣賞，葉夢得（1077—1148）《石林詩話》卷中記載歐陽修對其子的一番話：

> 吾《廬山高》，今人莫能爲，惟李太白能之。《明妃曲》後篇，太白

---

① 錢鍾書《談藝録》（補訂本），中華書局，1984年，頁214。

不能爲,惟杜子美能之;至於前篇,則子美亦不能爲,惟我能之也。[1]

《廬山高》,杜甫不能爲,李白能爲之,因其豪宕過人,可見歐陽修的自負。歐陽修的好友格梅堯臣(1002—1060)對這首詩的評價也比較高,《王直方詩话》載:

郭功父少時,喜誦文忠公詩。一日,過梅聖俞曰:"近得永叔書,方作《廬山高詩》送劉同年,自以爲得意,恨未見此詩。"功父爲誦之,聖俞擊節嘆賞,曰:"使吾更作詩三十年亦不能道其中一句。"功父再誦,不覺心醉。遂置酒,又再誦。酒數行,凡誦十數遍,不交一談而罷。[2]

究其心折的原因,一方面在於藝術性,宋初百年,宋人對唐代經典詩人亦步亦趨,僅得皮毛,到了蘇、梅輩,也或徒作豪放,或寫身邊的日常瑣事,再没有唐代李白、韓愈那樣的如椽大筆,而歐陽修此篇氣勢闊大,自然在沉悶的宋初詩壇上引人注目[3]。另一方面,此詩也並非單純寫景,還有陳子昂所説的"興寄"在其中。所以,此篇雖爲宋人所作,但置於盛唐人詩中亦不愧。

由於其出色的藝術性,《廬山高》在宋代就産生了很大的影響,一是從文學作品變爲書法作品,歐陽修之子歐陽棐就求書法家張舉(字子厚,? —1105)爲其寫過其父的兩篇名作《明妃曲》與《廬山高》[4],可見

① (宋)葉夢得《石林詩話》卷中,《歷代詩話》本,中華書局,1981年,頁424。

② (宋)胡仔《苕溪漁隱叢話》前集卷二九引,人民文學出版社,1962年,頁200。

③ (宋)黄震(1213—1280)《黄氏日抄》卷六一稱:"《廬山高》,詩文之豪者也。"(景印文淵閣《四庫全書》本)宋費衮《梁谿漫志》卷七"詩作豪語"條:"詩作豪語,當視其所養,非執筆經營者可能。……歐公作《廬山高》,氣象壯偉,殆與此山争雄,非公胸中有廬山,孰能至此?"《宋元筆記小説大觀》第3册,上海古籍出版社,2001年,頁3407。

④ 《石林詩話》卷中,《歷代詩話》本,頁424。

歐家人還是很看重這篇作品的；另外黄庭堅(1045—1105)不但爲此詩作過跋，也手書過此詩[①]。二是，在宋代就出現了和作，如南宋王柏(1197—1274)就作有《和廬山高韻》[②]。

不過到了宋代之後，《廬山高》激起的反響遠没有宋代那麽强烈，甚至也鮮見追和次韻之作[③]，個中緣由可能與文學品味的改變有關。不過，《廬山高》却在朝鮮漢文學中持續地發酵，産生了一些追摹之作[④]。

---

① 參見(宋)黄庭堅《豫章黄先生集》卷三〇《跋歐陽文忠公廬山高詩》，《四部叢刊初編》本。(明)汪珂玉(1587—?)編《珊瑚網》卷二二著録有"涪翁書《廬山高歌》"，景印文淵閣《四庫全書》本。又參見(宋)樓鑰(1137—1213)《攻愧集》卷五《錢文季少卿以蜀中織成山谷書廬山高爲壽次韻》，景印文淵閣《四庫全書》本。

② (宋)王柏《魯齋集》卷三，景印文淵閣《四庫全書》本。此詩模仿《廬山高》描寫了北山的地勢，其筆下亦很雄健，不過後半部分抽離原詩對退隱、不計名利的贊揚，而轉爲對游仙的想象。宋人之作並不完全的模仿，還有孔平仲的《亶甫寄示廬山高藥名詩亦作一首奉酬不犯唱首兼用本字更不假借》，載《清江三孔集》卷二八，景印文淵閣《四庫全書》本。

③ (元)元惲《秋澗先生大全文集》卷九《馬天章畫廬山清曉圖》中云："平生愛讀《廬山高》。"(《四部叢刊初編》本)但宋代以後幾乎没有見到《廬山高》的和作。

④ 朝鮮文人學士基本上都對《廬山高》持肯定的態度，如姜沆(1567—1618)《睡隱别集・題廬山高詩後》云："我愛《廬山高》，秀出南斗間。直上幾千仞，綰結蒼烟鬟。我愛劉夫子，絶迹虎豹關。解衣正俗廬，洗耳落星灣。萬夫挽不回，眇視青雲班。築室老山下，勝地發天慳。瀑布映黄髮，五老開蒼顔。清風洒六合，爽氣彌人寰。壁立萬萬丈，硉矹不可攀。斯文歐陽子，窺豹見一斑。清詩咏高標，刻佩聯玦環。廬山似公高，豈公似廬山。萬古讀遺墨，立懦而廉頑。寂寞冰玉堂，于今無往還。江山失勝氣，雲物空清閑。遺迹倘可尋，藜杖不辭艱。"(《韓國文集叢刊》第 73 册，頁 152)姜沆是朝鮮時代著名的朱子學者，所以這首詩專就歐詩中道德層面的内容加以發揮。但也有持不意見者，如申靖夏(1681—1716)《恕庵集》卷一六《漫録・〈書歐公廬山高〉》(《韓國文集叢刊》第 166 册，頁 176)："歐公作《廬山高》，自以爲得意，而梅聖俞亦甚許之以爲使我更作詩三十年，不能道得其中一句。以今觀之，詞格極冗長，無一語可采，不知歐公何以爲得意？而聖俞老於詩者，亦何以推服至此也。"又李震相(1818—1886)《寒洲集》卷二三《答張舜華》(《韓國文集叢刊》第 317 册，頁 508)云："仲淹之龍門十策，豈足以糠秕虞唐；永叔之廬山兩編，寧可以凌駕李杜。"從朝鮮漢文學創作的實際來看，這種貶低的論調是比較少的。

我們發現,這些和作並非單純的模仿,而是在原詩的基礎上,結合本國的語境再加以發揮。

黄俊良 《龍山高,效永叔次〈廬山高〉,壽聾巖李相公生辰韻》

巍乎高哉,龍首山根盤二百,氣接海上之三山兮,怒虬攫拏渴飲乎汾江。江連銀漢東注海,滔滔浩浩源遠而流長兮,平鋪銅鏡磨,怒捲玉斗撞。韜璞藏珠不自擅,扶輿清淑孕精而毓秀兮,鍾爲間世之英物,碩士之奇厖。高人雅量素契洞府清游地,卜築耕釣臨空谾。桃花泛春仙源杳,枸根漱玉靈泉淙。蒼松老柏伴吟乎崖滏,瑶草猗蘭弄影乎寒矼。東山不免起蒼生,暫辭烟霞魚鳥之舊盟兮,畎畝踪迹小試世路之喧哤。烟霄穩步五十載,讜論紆謨著績乎四朝兮,一向忠孝前頭竪願憧。秋風布帆趁蓴鱸,卧對明農歸去之舊圖兮,高風壯節落落無等雙。伊我平生景高山,飲分砂井菊潭之餘波兮,每從床下拜老龐。聾巖臺下小閣明,童顔老仙棲真乎是間兮,文華爽氣清涼秀色,日夜拱揖乎雲窗。賀瀜湖邊風半帆,芝含里酒一缸。歌赤壁舞琵琶,唱罷欸乃山水緑,時見寶唾真訣錯落鳴琳玒。誰得知朝爲堯舜臣,暮作羲皇叟,不學懷寶終迷邦。嶠南山水文獻地,玉笋瑶簪競秀而齊抽兮,願公一頭盡向龍山降。有如壽兮山不崩,使我長年拜木公,衆星夜夜環天杠。①

此詩的主人公爲李賢輔(1467—1555),字棐仲,號聾岩。官至知中樞府事,晚年隱居故鄉安東禮安。李賢輔在當時聲望很高,時人稱"聾巖先生若陳太丘之汝南群賢之首也"②。黄俊良此詩是歐陽修原詩的次韻之作,所以基本上承襲了歐詩的原來的韻脚,甚至連换韻的韻脚都相

① 黄俊良(1517—1563)《錦溪先生文集》卷四外集,《韓國文集叢刊》第37册,頁103。

② 趙絅《聾巖先生集序》,載《聾巖集》卷首,《韓國文集叢刊》第17册,頁381。李賢輔的生平詳見李滉(1501—1570)所作的《崇政大夫行知中樞府事聾巖李先生行狀》,《退溪先生文集》卷四八,《韓國文集叢刊》第30册,頁548。

同。在寫法上，也與歐詩的結構有相同之處，即詩的前半段寫龍首山之地勢，後半段寫對李賢輔的贊美與祝願。龍首山在高麗舊都松京（今朝鮮開城）之南，地扼江海，形勢險要。此處既是李賢輔的出生之地，也是他的歸隱之地，所以以此山來寫當時德高望重的李賢輔顯得特别貼切。當然，黄詩與歐詩也有不少相異之處。首先别出心裁的是，黄詩用《廬山高》來寫壽詩，壽詩是一種社會交際的詩，寫不好就容易流於諂媚與流俗[①]。我們看到，黄氏的寫作還是比較成功的，關鍵是他抓住了龍首山這個表達的突破口。既寫此山鍾靈毓秀，産生了李賢輔這樣的賢人德士；又寫李氏晚年棲隱於此，其德與山海相輝映；最後又期望聾巖先生壽如此山。既達到了祝壽的目的，又没有過多地吹捧之辭。在精神上，歐詩主要是借劉涣棄職歸隱，來表達自己心中一絲隱逸之情的萌動；而黄詩並不迴避李氏多年爲官的事實，並且大加贊美其爲官時的美譽，最後才寫到李氏歸隱後的生活。在具體寫法上，也有細微差異。比如首句，歐詩云："廬山高哉！"是名詞與形容詞結構；而黄詩云："巍乎高哉！"則是形容詞並列結構，中間用虛詞隔開。

李時恒　《用〈廬山高〉韻作香山高》

香山高哉，崱岃鬱嵂兮，周繞幾郡邑，涓水清川分作東西江。層巒疊嶂霞起雲興兮，不知其幾千萬狀，如往如復如馳逐而如擊撞。中有琳宫梵宇八萬九兮，釋有遁兮隱有龎。穹林絶壑窈窕而窅窱兮，白鹿玄鶴往往游深谾。銀河萬丈空中落，散珠噴玉聲淙淙。鐵索垂崖仍作階，僵木截溪或爲矼。僧云神龍出角虎引踪，吾固知其迹渺茫其言哤。香爐絶頂去天不盈尺，時見清都羽客飄節幢。余觀蓬萊方丈寶盖瑞石五臺九月之雄偉瓌傑兮，未若兹山之無大更無雙。山中古迹亦奇怪，檀君出巖開鴻厖。更有懶翁清虚

① （元）方回（1227—1305）《瀛奎律髓》卷一二秦觀《中秋口號》下方回評云："生日詩、致語詩，皆不可易爲，以其徇情應俗而多諛也。"李慶甲集評校點《瀛奎律髓彙評》，上海古籍出版社，1986年，頁460。

四溟三祖師傳心印,鐵環火珠兮琉璃缸。最是陶山翁香山雲舍四大字,六丁呵護于禪窗。山門彩板繁如星,個中誰珉誰爲玒。青雲梯緑玉杖,墨客何限吾東邦。雲嵐水石不可以盡狀兮,世無撻樓倒洲之手段,高山偃蹇獨不降。嗟余寸管如許小,縱有一題峰頭安得筆力齊天杠。[①]

此詩仍是歐詩次韻之作,韻脚基本相同,但與歐詩亦有所不同。歐詩前半部分寫廬山之形勢與景色,而此詩基本上專事於對香山景色(包括自然景色與人文景色)的描寫。可以注意到的是,此詩有明顯的朝鮮特色,詩中寫到了"檀君"、"陶山翁"(李滉)等朝鮮人物。此詩的創新之處在於句式的加長,歐詩最長的句子有十一個字,而此詩最長的句子"余觀蓬萊方丈寶盖瑞石五臺九月之雄偉瓌傑兮"則有二十個字。另外,此詩還用了"以文爲詩"的手法,上面的長句,以及"最是陶山翁香山雲舍四大字"用了近於古文的筆法,這也是對原作的突破。

文學經典的形成,必然産生一定的輻射作用;同時在文本的流動過程中,文本又會産生一定的變異,吸納一些時代與地域的特色。以上兩詩基本上遵循了歐詩原作的程式,但也做了一些小小的突破[②]。不過,韓國漢文學中,對《廬山高》突破最大、創新程度最高的是成汝信(1546—1632)的作品:

游頭流山詩并序

世稱病之難醫者謂之癖,故人之嗜之過於中者,亦謂之癖。是以杜氏有《左傳》癖,鄧公有好馬癖。余謂余之游覽,其

① 李時恒(1672—1736)《和隱集》卷二,《韓國文集叢刊》續編第 57 册,頁 429。

② 朝鮮時代對《廬山高》的仿作並不只此兩篇,還有郭鍾錫(1846—1919)《俛宇先生文集》卷三《戲用歐陽氏廬山高韻》,《韓國文集叢刊》第 340 册,頁 143;趙裕壽(1663—1741)《後溪集》卷六《清平高歌,擬永叔廬山高》,《韓國文集叢刊》續編第 55 册,頁 140。

殆謂之癖乎? 余之齒今至七十有八歲則可謂老矣,人老則不能升高也、歷險也者。脚力衰矣,氣力疲矣,而猶不自揣也,猶不自止也。强與年少輩作隊隨行,或扶之,或負之,登覽億萬丈高峰然後已。其爲癖爲如何哉! 余之癖如是也。故少時,游京師登白雲臺(三角山中角,路絶難升處);中年,游中原登鷄足山(在忠洲,寺有牛庵);臨老,過東海沿邊六邑(寧海、盈德、清河、興海、延日、長鬐)游觀焉。如東都,登鳳凰臺、訪鮑石亭、月城、鷄林之迹,亦皆搜剔而尋向焉。至以近者言之,則入紅流洞者再,入青鶴洞者五,入神興洞者三,入白雲洞者一。今又登覽頭流山上上峰,則此老游覽之癖,抵死難醫,堪可笑也。於是作游山詩一章,凡八十六句,詩曰(效歐陽公《廬山高》體,用韓昌黎《南山詩》語法):

頭流之山,高不知幾千萬仞兮,截然屹立乎南極。東有辰韓之舊都,西有百濟之故國,北望五雲中,中有蓬萊之宫闕。分宅占丁戊,後白岳前木覔。美人兮美人兮,不知爲朝雲爲暮雨,使我思之心惻惻。下壓乎后土,上薄乎穹蒼,獨秀乎雲表者,乃是天王峰之突屼。擁乾竇撑西日,崔嵬而對立者,亦有般若峰之崒嵂。湖南之瑞石月出,江右之伽倻闍崛。低頭而屈伏,無異乎臣妾。金鰲在昆山,卧龍蟠泗南。錦山岾花田防禦界晉咸者,等加泰山之於丘垤。或靡然東注,或偃然北首者,安陰之德裕,聞慶之主屹。或似龜圻兆,或若卦分繇而纍纍然巘巘然參參然焕焕然,不可得以名焉者。衆山之環拱于兹山,而分列乎東西南北。吾儕結約洗心亭,同行數子愢是豪,而特秋風忽起凌雲思,手持青藜足芒屩。堂堂趙瑩然,身長九尺兮儀容仡仡;齗齗金汝輝,琅琅乎璐璐乎山立而玉色。曹家兩少年,抱奇才多清趣,鳳之雛蘭之茁。錕也隨杖屨,云是家豚犬末。鄰僧又有彦海名,招爲前導飛杖錫。聯裾作隊溯清流,璆璧鏗然走白石。公田村外日將西,薩川堂前月已白。鞭驢急投黄店中,覆以橡皮扉以竹山。家室少衆難容,分占便宜宿温突。夜半翁忽痛河魚,瀉痢如流如厠數。朝來擡看氣藹然,似有命物兒猜我尋山窟。翁年縱衰志不衰,咽以白粥安我輪囷之腹。朝哺蔬糲氣如,肯以微恙行還輟。因與諸君向前路,伽葉麻田地名曰。捨馬携杖始登登,雲林蔽天兮苔石錯落。有人呼號久乃至,陳君汝明追而及。黄眉青眼許同游,風懷亦可謂不俗。攀緣石磴寸寸進,脚顫息急生偪塞。同行有一奴,仙僕其名多膂力。挽我背負之,不憚險易能超越。有人束火來照,黄昏走入法界刹。將身已置最高處,快若乘風向寥廓。頤神安寢塵念灰,俯視人間等蠓蠛。清晨夢罷待朝起,手闢東窗看日出。東方漸入紅錦中,火輪輾上滄溟角。六合清朗玉燭明,物像森羅千萬億。江流爲帶東諸山,何地是秦楚,何地是吴越。兹地絶翔走,但見蒼松碧檜雜丹楓間翠柏,東蹲世尊峰,石角如人立;西峙文昌臺,孤雲遺舊迹。人言石刻有仙筆,路險境絶無由覿。堂中有何,西南壁下坐石佛,便有無窮求福,脱冠攢手拜僕僕。遠近男女老少贏糧賫帛,綿綿焉延延焉,前來者下,後來者上,盈庭填路無時絶。甚矣惑世誣民之説,能使愚氓競陷溺。天王峰上又有聖母祠,俗傳高麗太祖母。死而爲神此焉托,或云釋迦之所誕摩倻夫人,來坐神山自西域。荒唐衆説何足信,但見塑像塗粉施丹衣錦帛。何人倡此無稽語,舉世波奔恣淫瀆。嗟哉污俗難滌去,噫乎舊染難變革。昔有浮屠天演者排門突入,撞碎神軀投絶壁。吾儒只守敬而遠之之訓,不爲諂不爲褻。閑笻隨處任遨游,遍踏名區無局束。東望牙山青未了,知是吾家在其麓。浮查伴鷗寄幽棲,一瓢生涯萬卷榻,生逢聖世爲棄物。在澗之薖矢不告,今來閑放物表游,世事紛紛一隍鹿。蒼茫烟海浩渺外,誰令染齒爲窟穴。連年信使縱相通,時時來肆蠚蠆毒。龍蛇亂離那忍道,三京失守兮廟社幾顛覆。搜山賊鋒遍兹山,殺人如麻兮腥血污草木。何幸如今聖化覃被乎四裔,海不揚波兮民物安耕鑿。吾儕得游山水間,一一無非由聖澤。身高天不遠,頭上星辰手可摘。步闊意何長,萬里山河輸一矚。兹山得名有三稱,頭流智異方丈載古籍。頭流山迥暮雲低,李仁老詩尋青鶴;智異山高萬丈青,圃隱先生贈雲衲;方丈山在帶方南,杜草堂詩中説。兹山神異自古傳,知是千秋名不滅。況乎東海中三神山,方丈居其一。儲祥産異無絶時,山上多生不死藥,秦皇漢武求之而不得者。此日輸吾雙蠟屐,左挹洪厓右浮丘,儘是神仙中骨格。餐霞步步拾瑶草,回瞰人間塵霧合。仙游既了返飆輪,飄飄乎身世,灑灑乎精神,浩浩然如有得。吾不知夫子之登泰山登東山,程子之藍輿三日,晦翁之雪中南嶽,亦如今日之豁心目。又不知張騫之乘槎,劉安之鷄犬,王喬之控鶴,孰如吾儕今日之恣游樂。古今人同不同未可知,只與造物者爲徒而逍遥乎山川之阿。放曠乎人間之世,無所拘而無所縶。勝事不可忘,歸來記遺躅。年是昭陽大淵獻,月乃楓丹菊花節。書於敬義西翼室,日則青龍旁死魄。①

這首詩雖然明確標明是"效歐陽公《廬山高》體",但已經完全突破了原作的寫作程式,無論在長度,還是在寫作的手法上都與《廬山高》原作有一定的差異。上述兩詩還遵循《廬山高》的韻脚,而此詩已經打破原詩的韻律,押韻也没有按傳統七言古詩的格式,安排頗爲隨意,而且全詩基本上押的是急促的入聲韻,這也在古詩中是比較少見的。另外,此詩還有一大特色,就是"以賦爲詩"。"賦者,鋪者,鋪采摛文,體物寫志也。"②在此詩詩序中,作者說他用了"韓愈《南山詩》語法",《南山詩》是韓愈"以文爲詩"的産物,即以古文的章法、句法入詩,也以古文的議論入詩③。其實《南山詩》更多的是"以賦爲詩",全詩連用二十多個"或"字鋪陳山體的形態,完全是賦的筆法。成汝信的這首詩在有些地方也模仿韓愈用"或"的方法入詩,進行鋪陳,如"或靡然東注,或偃然北首者,安陰之德裕,聞慶之主屹。或似龜圻兆,或若卦分繇而纍纍然巘巘然參參然焕焕然,不可得以名焉者"。再如,全詩的開頭部分描寫頭流

---

① 成汝信《浮查先生文集》卷二,《韓國文集叢刊》第 56 册,頁 85。安鼎福(1712—1891)爲成汝信所作的《行狀》中稱"效歐陽公《廬山高》,韓昌黎《南山詩》,句語清壯,傳誦膾炙云"(《浮查集》卷首,《韓國文集叢刊》第 56 册,頁 142),從"傳誦膾炙"可見此詩在當時的影響。

② 劉勰《文心雕龍·詮賦》,范文瀾《文心雕龍注》,人民文學出版社,1962 年,頁 134。

③ 參見程千帆先生《韓愈"以文爲詩"說》,載《古詩考索》,上海古籍出版社,1984 年,頁 183—206。

山的地形云:“東有辰韓之舊都,西有百濟之故國,北望五雲中,中有蓬萊之宫闕。分宅占丁戊,後白岳前木覓。”完全借鑒於漢賦的寫法。至於此詩寫到此次出游的同游者,僕人的名字,游玩的經過,甚至還寫到游玩過程中,夜宿山寺,同行之人因吃了“河魚”而夜中“瀉痢”多次的事。真是事無巨細,這也是以抒情爲主要功能的傳統詩歌中所未有的。此詩不但有叙事,還有很多議論的成分,如“天王峰上又有聖母祠,俗傳高麗太祖母。死而爲神此焉托,或云釋迦之所誕摩倻夫人,來坐神山自西域。荒唐衆説何足信,但見塑像塗粉施丹衣錦帛。何人倡此無稽語,舉世波奔恣淫瀆。嗟哉污俗難滌去,噫乎舊染難變革”,民間的信仰參雜着許多附會與迷信的成分,成汝信“游南冥(曹植)、龜巖(李楨)之門,得聞敬義與孝悌忠信之訓,終身服習,博究六經性理之旨”①,可見他服膺的是正統的程朱性理學,自然對民間的信仰不屑一顧了。作者在游山之餘,想到今日四海宴安,還不忘感戴國家,“何幸如今聖化覃被乎四裔,海不揚波兮民物安耕鑿。吾儕得游山水間,一一無非由聖澤”,這些本來都不是詩歌表現的内容,現在一切以詩言之,突破了文體的界限。總而言之,成汝信的這首長詩雖然算不得十分出色的詩,但在藝術上還是有不少創新之處,特别是這種完完全全“以賦爲詩”的寫作方法,比較引人注目。

《廬山高》在朝鮮漢文學中的流行,足使其成爲“東亞的世界文學”。我們看到,朝鮮文人對其的繼作並非機械地模仿,而是加入不少本國的元素,在文體上也努力突破原作,這也是東國文人的創新所在②,也是

① 安鼎福《浮查先生文集序》,《浮查集》卷首,《韓國文集叢刊》第56册,頁59。

② 朝鮮漢文學中與歐陽修原作基本同調的是黄德吉(1750—1827)《下廬集》卷一《雉岳高》(《韓國文集叢刊》第260册,頁266),作者在序中明確説:“竊擬永叔,遂爲長短體,名之曰《雉岳高》。”黄氏雖然没有依歐陽修的原韻,但行文結構完全同於原作,亦分爲兩部分,前一部分寫雉岳之形勢,後一部分贊美所咏對象遁齋先生許穆(1595—1682)之人格。兩作歌頌的對象都是隱士,此篇前半部分對山岳形勢的描寫其實也是爲了贊頌隱士人格的高蹈。

中國古典文學在東國傳播的一個普遍現象①。

三　六一滁亭記，文章落海東②：《醉翁亭記》在朝鮮漢文學中的變體

無論是在中國，還是在東國，《醉翁亭記》都是歐陽修最著名的作品。早在宋代，《醉翁亭記》就在中國引起了熱議，黄庭堅還將其檃括爲《瑞鶴仙》一詞，一直到現在，人們還在閱讀與傳頌這篇名作。本節則欲概觀朝鮮士人如何閱讀與追摹這篇作品的。

除了直接通過歐陽修的文集來閱讀《醉翁亭記》外，朝鮮士人也可能通過文學選本，如《古文真寶》、《唐宋八大家文鈔》來閱讀此記③；另

---

① 與《廬山高》在朝鮮獲得比較大的反響相比，《廬山高》在日本漢文學中却没有很多的追和，反倒有一些批評的意見，比如室町時代的五山禪僧龍湫周澤(1308—1388)就曾寫詩批評《廬山高》和歐陽修，儘管他針對的是詩中反佛的觀點，但可以看出日本的接受者的態度："孟冬凛寒氣，夜座侵書窗。思彼文鳴者，擲地如金鏦。機有歐氏什，照讀挑銀釭。寔是儒中龍，豪氣不可降。讀至贈劉語，忽謂筆如杠。惟知刺釋子，未識石含玒。汝謂吾言哤，吾謂汝自哤。嗟汝不思耳，非狂即是惷。彼師韓退之，亦發此愚矇。縱雖曰大儒，豈與仲尼同。佛老爲其師，三教故相通。宛如萬斛鼎，武孟不可扛。虚文廬山詞，濤浪相舂撞。頗似其善説，未免理瞽聾。彼於儒術内，蓋是未敦厖。此詩聊成文，猶彼禦木蟲。譬如棄船筏，即欲渡長江。宜以釋子説，可以藥汝哤。汝哤如得藥，鵬搏九萬風。申韓與莊墨，或問於楊雄。曰其皆有收，知不浪施功。吾教寧可捨，三教空合空。三教興於世，永以有家邦。莫將歐氏輩，錯比張與龐。歐乃聾且瞽，張龐明且聰。"(《和夜讀〈廬山高〉詩》，龍湫周澤《隨得集》，山村觀光編《五山文學全集》第2册，思文閣，1973年，頁1169—1170。這首詩，雖然不是《廬山高》的和詩，不過可以發現，它也用了《廬山高》的韻，算是另外一種形式的次韻。

② 標題出自具崟(1614—1683)《明谷先生文集》卷一《題醉翁亭記後》，《韓國文集叢刊》續編第33册，頁19。

③ 朴長遠(1612—1671)《久堂先生集》卷一九《劄録》下："偶閱《古文後集·醉翁亭記》注。"《韓國文集叢刊》第121册，頁405。又洪重聖《芸窩集》卷五《山仰齋記》："逮我明宣朝，茅氏所批八大家始至，於是乎人知歐蘇之文之貴，而家莊而户誦之。"《韓國文集叢刊》續編第57册，頁94。

外,蘇軾手書的《醉翁亭記》摹本也流傳到東國,兩代文豪的詩歌與書法藝術的結合,更增加了此記在東國的影響①。在朝鮮漢文學作品中,提到歐陽修總會將其與"醉翁"的形象結合起來,與中國一樣,"醉翁"成爲歐陽修特有的文化徽章:

> 大守置亭應更好,不知誰繼醉翁游。②
>
> 君不聞醉翁逍遥釀泉畔,觥籌交錯散不收。③
>
> 柱笏看山酒幾中,詩壇堪作老宗工。非絲非竹非花月,真樂真同六一翁。④

---

① 林泳(1649—1696)《滄溪先生集》卷二《叢巖閑居,取東坡書〈醉翁亭記〉,集字爲詩》(《韓國文集叢刊》第159册,頁44),徐命膺(1716—1787)《保晚齋集》卷二《題東坡草書醉翁亭記後》(《韓國文集叢刊》第233册,頁98),成海應(1760—1839)《研經齋全集》續集册十六《題蘇長公墨迹後》(《韓國文集叢刊》第279册,頁398):"此書歐陽公《醉翁亭記》,極其遒勁。"郭𧺝《丹谷先生文集》卷之二《謝永陽守吴景虚(汝撥)惠醉翁亭記》:"蘇仙墨迹偏奇絶,歐老詞華最渾全。"(《韓國文集叢刊》續編第15册,頁393)其實,這種情況在中國最早發生,即蘇東坡的書法推動了《醉翁亭記》的傳播,宋人徐度《却掃編》卷下載:"歐陽文忠公始自河北都轉運謫守滁州,於琅邪山間作亭,名曰'醉翁',自爲之記。其後王詔守滁,請東坡大書此記而刻之,流布世間,殆家有之,亭名遂聞於天下。"(《宋元筆記小説大觀》第4册,頁4511)

② 李穡(1328—1396)《牧隱詩藁》卷二九《安勉同年子魯生,省親於鄉,歸致其父之言於僕,問無恙,因得訊其鄉先生申判事兄弟權吉夫、金君濟及其尊公之無恙,吟成一首》,《韓國文集叢刊》第4册,頁419。

③ 元天錫(1330—?)《耘谷行録》卷二《北原令刺史金公於公衙之北男山之麓,構危亭於其上,鑿清泉於其下,依山崖而等一臺。導泉源而爲兩池,放金鱗種紅藕,奇花異草參差於側畔,青山白雲隱映乎中間。泉光樹影,自然凝成清爽之氣。其泉之兩岸,可坐數十人,而琴一張棋一局,嘯咏流觴之設足以容矣。有東南迴平,雉山邇迤,如展翠屏,眼邊物像,各逞顔色,盡雪多年烟没之恥。僕伏睹清勝之境,吟得古詩一篇,呈似左右》,《韓國文集叢刊》第6册,頁159。

④ 金宗直(1431—1492)《佔畢齋集》卷一六《醉翁亭,和善源元翁韻。金山客舍前,有樹下茅亭,李郡守請名於善源,善源名以醉翁》,《韓國文集叢刊》第12册,頁330。

> 霽月光風自滿腸，醉翁亭上卧歐陽。①
> 當時解事歐陽子，酩酊何妨號醉翁。②

我們從朝鮮士人的文集中發現，朝鮮士人凡是寫到亭、太守、酒時，總會與歐陽修聯系起來，從這一點可以看出，歐陽修在朝鮮士人心目中的形象並不是一代文壇盟主的刻板形象，而是一位頗有魏晉名士風度的風流太守形象，朝鮮士人甚至説歐陽修是“以酒爲政”③。這種印象正是他們通過閱讀《醉翁亭記》而得出的。

朝鮮士人如何閱讀《醉翁亭記》，記載並不多，但可以看出，《醉翁亭記》是當時非常流行的讀物：

> 吾弟名成黿……丁丑夏月夕，余誦《醉翁亭記》，吾弟請于父母曰：“吾亦欲誦此。”父母怪而試許之，徘徊朗咏，果至三四行。④

從《朝鮮王朝實録》亦可見，朝鮮文士還爲朝鮮國王英祖（1694—1776）講讀過《醉翁亭記》，但英祖似乎並不能欣賞其文字之妙：

> 命都承旨趙明履讀歐陽修《秋聲賦》、《醉翁亭記》。上曰：“此

---

① 黄俊良《錦溪先生文集》卷三外集《戲與周城主景游往復走筆》，《韓國文集叢刊》第 37 册，頁 94。

② 李埈（1560—1635）《蒼石先生文集》卷一一《答郭静甫》，《韓國文集叢刊》第 64 册，頁 412。

③ 申維翰（1681—1752）《青泉集》卷五《畯喜樓記》：“歐陽永叔之《醉翁亭》酒爲政。”《韓國文集叢刊》第 200 册，頁 323。很多古代中國的學者也有類似歐陽是“風流太守”的見解，如崔銑（1478—1541）《洹詞》卷一一《醉翁亭記跋》：“歐陽子其慕晉人之風邪？”景印文淵閣《四庫全書》本。明代歸有光（1506—1571）評《歐陽文忠公文選》卷七引顧錫疇（1585—1646）評語：“醉翁爲風月太守，《醉翁亭記》爲風月文章。”清刊本。

④ 任憲晦（1811—1876）《鼓山先生文集》卷二〇《殤弟成黿傳》，《韓國文集叢刊》第 314 册，頁 459。

文皆絶作矣,是所謂文中之畫,然終是末世之文。如《禹貢》則天下山川財賦包括一篇之中,文簡而詳,讀《禹貢》而觀此文,則可知高下天壤矣。"①

這番議論較爲偏頗,歐陽修兩文皆作於北宋時的太平盛世,似不能稱爲"末世之文";而且英祖議論有較强的現實功利性,作爲文學作品的《醉翁亭記》與《禹貢》並没有可比性。英祖對歐陽修作品的態度與民間及文士對其的喜愛恰成兩種不同的景觀。

朝鮮漢文學中對《醉翁亭記》的追摹並非直接的模仿,而是經過了變形與創新,從而等同於新的文學創作,譬如,至少有兩位朝鮮士人把《醉翁亭記》改編爲《醉翁亭賦》:

沈義 《醉翁亭賦》②

維滁郡之西南兮,蔚青嶂之亂峙。嵬琅玡以特起兮,控山水之幽秀。爰有亭其翼然兮,豁林巒之葱蘢。巖洞互其含呀兮,烟霞鎖而冥濛。鬱嘉樹之離披兮,咽溪水之琤琮。構爽塏以作主兮,寔廬陵之老翁。蒼顔古而不枯兮,白髮颯而蕭森。恢天地之氣岸兮,攬雲月之胸襟。收宇宙之春風兮,混元氣以嘘吸。壺樽傾以顛倒兮,棋奕散以錯落。賓僚迭其酬酢兮,霏萬壑之玉屑。醉固難於得真兮,孰能知余之至樂。放眼花於乾坤兮,玩頹齡於桑榆。隔澆漓於人寰兮,全純和於一區。蓋將往追乎羲皇兮,夫豈俗士之與儔也。陳堯舜以糠秕兮,又奚一郡之足憂也。揭亭號以醉翁兮,藹香名之可飲。苦宦務之纏縛兮,微斯人孰發余寢也。遂爲之歌曰:翁之來

① 《朝鮮王朝實録·英祖實録》第43册,國史編纂委員會,1984年,頁498。

② 除了這篇《醉翁亭賦》外,金麟厚(1510—1560)亦作有同題之賦(見《河西先生全集》卷一,《韓國文集叢刊》第33册,頁22)。金賦與沈賦一樣,采用了騷體賦的形式,亦是主要描寫醉翁内心的苦悶,以及借酒爲寓、借酒消愁的心態:"然事物之累前兮,苦紛綸於方寸。固有托於麴蘖兮,豈徒尚乎沈冥。望北斗兮何許,悲草木之凋零。待賜環兮無期,撫斑鬢之星星。鬱冰炭之交腸兮,諒非酒以何堪。"

兮亭之上，麋鹿閑閑兮歡以迎。翁之歸兮城之中，烟火熙熙兮鑿以耕。來不知兮歸不知，翁何心兮于于其行。[①]

此賦除了"林壑"、"翼然"等詞出自原文外，基本上在内容與形式上都與原文不同。《醉翁亭記》主要篇幅是在寫琅玡山的景色，以及太守與民同樂的圖景，而對太守本人着筆較少，而這篇賦把筆墨主要放在對太守的描寫上。既有外表的描繪："蒼顔古而不枯兮，白髮颯而蕭森。"這實際上出於作者的想象，因爲歐陽修作此記時，年僅 39 歲[②]，不可能有什麽"蒼顔"、"白髮"的，不過這一想象也坐實了所謂"醉翁"的形象。還有對醉翁氣度的描寫："恢天地之氣岸兮，攬雲月之胸襟。收宇宙之春風兮，混元氣以嘘吸。"這無疑把醉翁提升到聖賢的地步了，這可能是作者沈義本人的對象化描寫。沈義筆下的醉翁頗具道家的精神，"陳堯舜以糠秕兮，又奚一郡之足憂"之句，讓我們想到莊子筆下的輪扁[③]，以及魏晉時代那些不以官爲累的名士。《醉翁亭記》不管是要表達"與民同樂"的儒者之懷[④]，還是借山水以宣泄其内心的苦悶，但在這篇賦中，完全不見這些思想，而是對仕宦之心的消融："苦宦務之纏縛兮。"本賦的最後一句"來不知兮歸不知，翁何心兮于于其行"，更讓我們想起魏晉名士所服膺的《楚辭·少司命》中的名句"入不言兮出不辭"，這與魏晉名士

---

① 沈義(1475—?)著，權應仁編次《大觀齋亂稿》卷一，《韓國文集叢刊》第 19 册，頁 115。

② 參見(清)朱心炯《古文評注便覽》評歐陽修文："公以慶曆五年謫滁州，年三十九，則醉翁之號爲公寓言無疑，故此記亦是公寓言也。"(清乾隆己丑耐芳居刊本)這個觀察還是比較準確的。

③ 《莊子·天道》："桓公讀書於堂上，輪扁斫輪於堂下，釋椎鑿而上，問桓公曰：'敢問：公之所讀者，何言邪?'公曰：'聖人之言也。'曰：'聖人在乎?'公曰：'已死矣。'曰：'然則君之所讀者，古人之糟粕已夫!'"

④ (清)儲欣(1631—1706?)《唐宋八大家類選》卷一一評《醉翁亭記》云："與民同樂，是其命意處。"清光緒壬辰湖北官書處重刊本。(清)唐介軒《古文翼》卷七《廬陵集》評語："當日政清人和，與民同樂景象，流溢於筆墨之外。"清同治癸酉常熟藝文堂刊本。

率性而爲的人生態度如出一轍。

沈義與另一位文士金麟厚所寫的《醉翁亭賦》都突破了原作的格局與文體,同時將原記描寫的焦點從"亭"到"翁"上,特别是"醉翁"内心世界的描寫上,與其説是"醉翁亭賦"不如稱之爲"醉翁賦",更爲貼切。同時,這種"破體爲文"的寫作方式也反過來讓我們反思《醉翁亭記》的文體特色。早在宋代,當時的文人學士就對《醉翁亭記》的文體做過討論,最後得出比較一致的結論就是,此文雖名爲"記",但其實是用"賦"的手法寫成的[①]:

> 《醉翁亭記》初成,天下莫不傳誦,家至户到,當時爲之紙貴。宋子京得其本,讀之數過,曰:"只目爲《醉翁亭賦》,有何不可?"[②]
>
> 歐公《醉翁亭記》步驟類《阿房宫賦》。[③]
>
> 少游謂《醉翁亭記》亦用賦體。[④]

這些宋人的觀察無一不將《醉翁亭記》的文體與賦聯系起來,這篇記在描寫山林之色時,就用了賦的鋪陳手法;另外,記中還出現了很多用於賦的發語詞,這一點清代的方苞觀察得非常清楚:

> 歐公此篇以賦體爲文,其用"若夫"、"至於"、"已而"等字,則又兼用六朝小賦局端套頭矣。然粗心人却被他當面瞞過。[⑤]

---

① 關於這個問題,曾棗莊先生有很好的研究,見其《中國古典文學的尊體與破體》,載《清華大學學報》2009 年第 1 期。又參見王水照先生主編《宋代文學通論》"文體篇"第三章"尊體與破體",河南大學出版社,1997 年,頁 62—77。

② (宋)朱弁《曲洧舊聞》卷三,孔凡禮點校,中華書局,2002 年,頁 120。

③ (宋)張表臣《珊瑚鉤詩話》卷一,《歷代詩話》本,頁 450。

④ (宋)陳師道《後山詩話》,《歷代詩話》本,頁 309;又(宋)陳鵠《西塘集耆舊續聞》卷三接着陳師道語又云:"余謂文忠公此記之作,語意新奇,一時膾炙人口,莫不傳誦,蓋用杜牧《阿房賦》體,游戲於文者也。"孔凡禮點校,中華書局,2002 年,頁 394。

⑤ (清)劉大櫆(1699—1780)《海峰先生精選八家文鈔》引方苞評語,清光緒丙子裔孫重刊本。

如果結合《秋聲賦》這類以古文手法寫作賦體文學的情況，實際上《醉翁亭記》是一個逆向的過程，是整個北宋年間融學者與文人爲一體的新型士大夫的文體試驗的一部分。朝鮮士人將《醉翁亭記》改寫爲賦，一方面與宋人的議論相呼應，另一方面也切合了《醉翁亭記》内在的文體特質。總之，這種改寫並不是一味對原作的模仿，而是一種有意味的、有新意的創作。

朝鮮士人也將《醉翁亭記》作爲"記"體文學的範本，成汝信曾言：

> 凡記事之體，貴於詳悉，若以韓昌黎《畫記》、歐陽公《醉翁亭》、蘇東坡《喜雨》等記觀之則可知矣。①

成氏所言皆爲唐宋文學中"記"體文學的經典，朝鮮文人在寫作這種文類時自然受到其影響，我們可以看到這種影響並非是單純的效仿，仍是在原作的基礎上有所創新，我們看下面三篇作品：

尹斗壽《醒翁亭記》

> 余沈迷麯糵往而不返，幾四十九年之非。倀倀昏夜，實是醉漢之尤者。其得罪朝廷，貶守瘴癘之鄉，滄浪自取，無足怪者。到官之後，持杯度日，漫不知官事之何如。而蚩蚩者氓，每以侵我田害我稼，爭訟於庭。余乏剸决之才，且困卯酒之後，青白其眼，曲直難辨，搖手以止之，在墻以麾之。非徒小民以癡太守目之，余方茫昧對貿貿，吏拈筆署，亦不得謹而已。一日，有愛酒友自遠方來，三杯之後，輒生游陟之心。盡斥邏卒，共出城門，隨意所之。眼中境界不能了了，惟見春山可愛。行過一牛鳴之地，得一洞壑，有泉自亂石間瑽琤而瀉，恰如琴筑然。余方於是，目無見而彷徨，耳有聞而爽朗；欲眠之心已去，滄洲之趣忽作。大呼鈴下之卒，圍石疏川，剔

① 成汝信《浮查先生文集》卷三《答曹漆原次磨書》，《韓國文集叢刊》第56册，頁96。

穢葦糞,累土作臺,擬嘯咏其上,名之曰醒翁亭。仰而山俯而水,心神頓快,襟韻倏清。蘇子所謂羽化登仙,殆非虚語矣。友難曰:昔歐陽子謫守滁州,作亭環滁之上,名曰醉翁,其意俱於記文,子何獨以醒翁自處耶?余曰:歐陽子以川嶽之望,割鷄小州,其游戲川石,不醉而醉,自托於酒,固其宜也。余則以斗筲之器,遭遇聖明,貪恩苟禄,醉於知進不知退。交游之際,惟酒食是逐,如飲醇而不自覺,茫茫乎長途之在前。擿埴冥行,十顛九倒,威儀卒迷。其困於醉裏之扶,終歸於荷鍤之埋,宜矣。今幸醉假專城,優游卒歲,而適得會心處,不遠城市,只在跬步之間。差差之石,悦可吾目;泠泠之聲,洗盡吾耳。咏於斯觴於斯,飄飄然浩浩然,如謝塵濁而入洞天。語未竟,友亟止之曰:子勿言,吾心亦醒矣。遂次其語,書于醒醉石上。①

從"醒翁"的標題就可以看出,這是一篇有意的翻案之作。正如歐陽修是借酒、借醉翁以爲寓一樣,尹斗壽寫作此文也是黨争失勢遭貶後所寫,所以其中也寄寓着其希望有所作爲的態度。此記基本上可以分爲兩部分,前一部分寫其貪酒誤事,而其何以如此,則引發讀者思考;後一部分則寫其建"醒翁亭"的過程,在貶謫的抑鬱心境下,作者偶然出游,在春山澗水的啓迪下,似有所悟,如醉人之方醒。在寫作方法上,此記與《醉翁亭記》以"以賦爲文"的方法不同,而是借鑒了駢文的寫作方法,在散句之中,夾雜了不少駢儷之辭,如"目無見而彷徨,耳有聞而爽朗;欲眠之心已去,滄洲之趣忽作","差差之石,悦可吾目;泠泠之聲,洗盡吾耳"。在散文之中夾雜若干駢語可以舒解文辭的板滯。此文還有一個特點,就是"以記爲論",這篇記對醒翁亭周邊的景色描寫並不多,却通過與友人的對話,發表了作者的議論,"余則以斗筲之器,遭遇聖明,貪恩苟禄,醉於知進不知退",雖然只是在説自己的遭遇,但却促使讀者

① 尹斗壽(1533—1601)《梧陰先生遺稿》卷三,《韓國文集叢刊》第41册,頁548。

思考其背後的政治因素。

權以鎮 《勝滁亭記》

宣城僻而邑於江山之間，宜有亭館之占勝，風烟之來几，而顧湫宇隘屋，面墻壁而對桁楊者，不知其幾年歲矣。吾友朴侯景任爲縣之逾歲，政通事暇，偶行江之岸而顧眄曰：是必有異。乃作亭於其上而不侈，恐以煩民，不陋所以賞心。余游於清凉數日而來過，侯携余以登兹。則山若增而高，水若增而漪，石隱者獻奇，波旋者噴清。寬垧布砥，小址錯繡，凡江山之勝舉集焉，而問其名則"勝滁"也。余曰：滁之山水，吾與子之所不能寓目，則較之兹亭，固不知其如何，而《醉翁亭記》在焉。環之皆山，此固有焉。彼之所以爲勝者，只瀉出之釀泉而已。夫豈若環之以清江，十里揚瀾，千里起霞，月射而金波，潦至而怒濤。清淑彩絢之態，雄偉絶特之觀，豈足與水聲之潺潺者，較優劣哉？若夫奇石錯出，不待水落；佳木繁陰，亦須人力，則其勝之之固也。至於太守來飲，射者中，奕者勝，起坐而喧嘩者，古人之所以爲樂。而侯之兹亭，固以滌邑居之湫欝，起江湖之悠思，驅遣夫煩慮滯想。有意於野獲，將以施之臨政裁務。而野人田夫，相遇於郊垧道路之間，詢其疾苦，諳其情意。仁民愛物之心，藹然於游賞暇日之際，不特以飲小輒醉，賓客從游爲高而已。古今事同不同，又不足深較也。文章之妙，名位之盛，上下千古，較六一翁者幾人。而侯學于家庭，習聞仁義道德之説，有以自守，而不以外物爲慕，亦不必相羨而可以自礪也。侯笑曰：吾所謂勝者，江山景物耳，子何説之深而言之轉而濫觴也。余亦笑，仍記之。①

---

① 權以鎮(1668—1734)《有懷堂先生集》卷七，《韓國文集叢刊》續編第56册，頁305。

這篇作品與《醉翁亭記》一樣用了賦的表現手法,對勝滁亭周邊的山光水色進行了細緻描寫,特别是對環繞於亭的清江進行的重點描寫,這也是勝滁亭有别於醉翁亭最大之處。其中也用了"夫豈若"、"若夫"、"至於"等賦體文學常用的發語詞。另外,此文還值得注意的是,其有意識地對《醉翁亭記》進行"解構",既是對亭的解構,也是對醉翁的解構。在作者看來,醉翁亭的環境没有什麽了不起,根本比不上勝滁亭(用這個名字就有這一層意思),醉翁亭不過有釀泉瀉出,而此亭却有清江環繞,"十里揚瀾,千里起霞",景色壯麗。更重要的是,勝滁亭還有更高尚的精神功能:"以滁邑居之湫鬱,起江湖之悠思,驅遣夫煩慮滯想。"這也是醉翁亭所未有的。與《醉翁亭記》只寫太守飲酒作樂不同,此記還特别强調主人公朴氏仁民愛物之心,並不是一位"飲少輒醉"的酒徒。所以,在作者看來,醉翁固然瀟灑風流,但也缺少了主政一方者的責任感,勝滁亭之建立的最終目的還是"將以施之臨政裁務",歸結到政治的層面。儘管這一切言説都被朴氏否定,但從寫作上可以看出,作者有意"挑戰"《醉翁亭記》。

奇正鎮　《醉石亭記》

緇衣曷云好賢,以其敝予改爲也,於他人賢者猶然。賢祖嘉遁遺躅,而可任其泯没乎?此金氏醉石亭之所以重建也。金氏光山大族,中世有爲松沙監務者,牟陽於松沙鄰邑也,牟陽之有金自此始。明宣間,有光陵參奉諱麒瑞及其胤子蘆溪處士諱景熹,以隱德連世著稱於鄉。亭曰醉石,蘆溪公所構也。年久而墟,獨其欹石一面,刻醉石亭者,猶舊樣耳。子孫撫摩咨嗟,經紀有年。辛未春,亭始落焉。金氏不以余耄昏,來謀所以記之者。余謹復曰:賢者所樂,蓋難言也。昔人之言,亦有然而未盡然者。如曰醉翁之意不在酒固然,曰在乎山水之間則未必然。繼曰山水之樂,得之心而寓之酒,則大然中有大不然。其實樂非但不在酒,亦不在山水,山水之樂亦寓耳,酒是寓之寓也。以此言之,蘆溪公之醉一寓也,石一寓也,亭又一寓也。過了幾重寓而有亭屹然,今金氏之所重建是也。若其所寓之實,蘆溪公已捲而去矣。吾未知重建者何人也,吾所爲金氏願者,勿謂吾亭已成,更謀所以進乎此者,則其於似述之道庶幾乎。請以是爲記。[①]

這篇記的核心,並非是對"醉石"的描寫,簡單介紹了醉石亭建造緣起後,作者就把筆墨放到了議論上,其議論也是有意翻案。中國傳統文論中一直對歐記中"醉翁之意不在酒,而在乎山水之間"的蕭散贊不絶口,但此記却"唱反調",不以爲然,又不同意山水之樂寓之於酒的看法,最後作者亮出自己的觀點:"其實樂非但不在酒,亦不在山水,山水之樂亦寓耳,酒是寓之寓也。"如果結合歐陽修的生平此記的寫作背景,我們不能不説奇正鎮的這一番議論有道理。中國近代學者唐文治(1865—1954)認爲《醉翁亭記》乃歐陽修"蒙被垢汚而遭謫貶"之際所寫,"清微淡遠,翛然弦外之音。'醉翁之意不在酒',孰知其滿腹經綸屈而爲此乎?"也就是説,歐記其實是有"弦外之音"的,一般人徒看見一位"飲少輒醉"的太守形象,其實歐陽修有志不獲騁的情緒正壓抑在文字之間,這正賴唐文治所言的"深造自得之功"才没有公開表現出來[②]。所以山水是其寄托,而酒更是其"寓之寓"了。奇正鎮此記的目的並不是解讀《醉翁亭記》,但他的觀察無疑是入木三分的。

"若無新變,不能代雄"[③],文學藝術的進步就在於不斷地創新,單純地模仿與復古並不能取得突破前人的成就。東國文人在接受《醉翁亭記》的過程中,努力打破原作的文體形式與寫作格局,或破体爲之,或翻案爲之,努力造成一種新穎的效果,從而取得了藝術上的進步與創新。這種方式其實與近代俄國形式主義批評中的"陌生化"(defamiliarization)理論有相似之處,"陌生化"的目的就是在文學創作中打破常規,打破固定程式,可以是對語言的陌生化,可以是對體裁與題材的陌

① 奇正鎮(1798—1876)《蘆沙先生文集》卷二二,《韓國文集叢刊》第310册,頁494。

② 以上所引唐文治語,皆見其《國文經緯貫通大義》卷六《心境兩閑法》,石印本,1925年。

③ (梁)蕭子顯《南齊書·文學傳論》,中華書局,1972年,頁908。

生化,也可以是對修辭的陌生化。破體與翻案,實際上就是一種體裁與題材的"陌生化"處理。對於傳統的題材或程式化的文體,如果亦步亦趨,必然造成審美上的厭倦;如果采取翻案與破體的方法,則無疑會産生耳目一新的感覺,"恢復對生活的直接經驗"①。"生活的直接經驗"無疑是一種新鮮的經驗,對寫作而言也是一種新鮮的閲讀快感。從"東亞世界文學"的觀點來看,受到中國古典文學影響的東亞諸國如果想擺脱文學的程式化與文學慣性,采取適當的"陌生化"手法,可以顯出本國獨特的文學特性。

四　结語

以上,筆者以中國宋代的著名作家歐陽修兩篇可以稱爲"東亞的世界文學"名作爲例,説明中國古典文學在朝鮮傳播過程中的追摹與變異的情況。這個設想有很大的理論與實踐意義,即可以在一個更大的範圍内豐富我們對東亞文學的認知;同時也提醒中國古典文學的研究者,在研究中國經典作家作品的時候,既要關注其歷時性接受,也要關注其空間上的流傳。中國古代文學史上很多偉大的作家並非完全屬於中國的讀者,他們也是世界的作家,他們的作品不用翻譯就傳播到了東亞漢字文字圈的鄰國,並産生很多意想不到的影響,東亞的文人們在接受中國經典作家作品時,在承襲的同時也有不少變異。這正是比較文學的新課題,也是前景很廣闊的課題。

比較文學是19世紀末歐洲産生出來的文學觀念,以後又發展出注重"影響研究"的法國學派,以及注重"平行研究"的美國學派,也有很多學者提出要建立比較文學的"中國學派"。可惜的是,這個建議呼號多

---

① 俄國形式主義批評創始人什克洛夫斯基(Viktor Borisovich Shklovsky, 1893—1984)之語,見其《作爲手法的藝術》,載方珊譯《俄國形式主義文論選》,生活·讀書·新知三聯書店,1989年,頁6。還有人將"恢復對生活的直接經驗"翻譯爲"使人恢復對生活的感覺",也比較好。

年,可操作或可接受的研究方法並不多。筆者認爲,業師張伯偉先生提出的以中國古代文學批評方法中的"推源溯流"法作爲比較文學的"中國學派"的理論和方法核心非常可行,也非常具有操作性。"推源溯流"法不但重視"影響研究"所强調的淵源研究,而且也重視"平行研究"所强調的"對比研究",同時還重視對文本的解讀①。因爲前近代的東亞漢文化圈諸國,都存在海量的以漢字寫成的文學作品,其寫作思維方式也受到中國文化的影響,流淌在他們筆下的也是中國文學的意象、典故、語彙與姿態(gesture)。中國古典文學作爲東亞世界文學的源頭,在東亞各國產生了很多支流,有的如黄河、長江,出現了數不清的模仿之作,就古典詩學而言,如杜甫的《秋興八首》、黄庭堅的《演雅》在東亞漢文學史上都有衆多的追摹與注釋之作;還有一些作家作品,如《古詩爲焦仲卿所作》、《木蘭詩》雖然模仿之作不多,但都跨出了國界,顯示了它們作爲"東亞世界文學"的經典性。所以,我們將東亞漢文學中相同或類似的題材、相同源頭的作品加以比較,似比將莎士比亞與湯顯祖相比較更有意義與價值②。

① 參見張師伯偉《中國古代文學批評方法研究》内篇《推源溯源論》,中華書局,2002年。

② 陳寅恪先生在幾十年前就對比較文學發表過非常精闢的看法:"而所與互相比較者,又必須屬於同系中大同而小異之語言。蓋不如此,則不獨不能確定,且常錯認其特性之所在,而成一非驢非馬,穿鑿附會之混沌怪物……即以今日中國文學系之中外文學比較一類之課程言,亦只能就白樂天等在中國及日本之文學上,或佛教故事在印度及中國文學上之影響及演變等問題,互相比較研究,方符合比較研究之真諦。蓋此種比較研究方法,必須具有歷史演變及系統異同之概念,否則古今中外,人天龍鬼,無一不可取以相與比較。荷馬可比屈原,孔子可比歌德,穿鑿附會,怪誕百出,莫可追詰,更無所謂研究之可言矣。"(《與劉叔雅論國文試題書》,載《金明館叢稿二編》,生活·讀書·新知三聯書店,2001年,頁251—252)值得注意的是,陳先生强調,比較必須是"同系中大同而小異"者,無論語言,還是文學,皆是如此。所以,筆者認爲,東亞漢文學可以比較文學開拓極大的發展空間,提供豐富的資料與話題。

總之,以前近代的東亞漢文學爲基本文獻,以"推源溯源"法爲理論方法,探索比較文學的"中國學派",並豐富"東亞的世界文學"的研究,是十分誘人的學術前景。

(作者單位:南京大學人文社會科學高級研究院、南京大學文學院)

古典文獻研究(第十五輯)
2012年7月

論朝鮮文人金堉的集杜詩

崔哲元

衆所周知,在朝鮮文壇杜詩被供奉爲詩學上的典範。從朝鮮朝世宗命令集賢殿學者"參校杜詩注釋,會粹爲一"起,朝鮮許多文人受到了杜甫的影響,在實際詩作過程中不斷地學習杜詩。集杜詩亦是朝鮮文人模仿、學習杜詩的方法之一。集句詩是取古人已成的詩句寫成另外的作品,所以大部分的文人認爲這種詩作是一種文字游戲。但北宋王安石、南宋文天祥將其轉變成嚴肅的文學創作。特别是文天祥基於與杜甫所處相似的時代背景,描寫出南宋國破世亂的時局並表現出憂國憂民的情操。朝鮮文人曾經仰慕文天祥的忠義而視其爲榜樣,例如《海東野言》云:"文丞相忠義伯兩先生,肝膽相照,忘一身立人紀,千萬世景仰無已。"而且朝鮮文人集杜作品中常常有"效文文山體集杜句體",因此對文天祥的忠義、憂國精神的追尊、繼承是朝鮮文人集杜創作的主要動因。朝鮮集杜作品中,金堉的216首詩作明確地表現出與文山體在形式、内容上的相似,本稿擬考察金堉集杜詩在内容和形式上的特點。

一

金堉(1580—1658),字伯厚,號潛谷、晦静堂,是朝鮮時期傑出的經國大家之一。他以經世濟民作爲學問與政治的目標,一生致力於解決如"大同法"的實施與水車的使用等民生問題。另外,金堉爲了當時學術的成熟,參加了在校書館進行的木活字製作工程,這對朝鮮印刷術的發展做出了巨大貢獻。在文學方面的成就亦不例外,金堉對"不幸金革,書籍散失,囊螢映月之徒,莫或盡其才"的現實感到遺憾,遂拔萃"唐世世家之宗匠(李白、杜甫、韓愈)"的主要作品編撰《三大家詩全集》[①]。尹新之在《潛谷遺稿·序》上評價金堉的文學造詣,云:"詩道文體,至是而無以加矣。"《弘齋全書》中亦云:"故相臣金堉用事業稱,而不以文章著,今取其遺集見之,信是近世不易得之文字,功與言互相掩蔽者多類此。"[②]由此可知,金堉在文學方面取得了不少成就。他的集杜詩共216首,不僅僅是朝鮮單集某家作品中作品數量最多的,而且在内容方面達到了"如出一手"的水準。關於金堉的生平,《潛谷遺稿》收録的年譜上已記録了其行迹,不需贅言[③]。但值得注意的是,金堉自小就失去了父母[④],並經歷了如壬辰年、丁卯年、丙子年等國亂,其仕途亦十分艱苦,如此的身世經歷與政治環境激起了他對杜甫的認同,這些亦成爲他的集杜創作的動因。而且金堉曾作爲冬至聖節千秋進賀使、元孫輔養官等於1636年(仁祖十四年)、1643年(仁祖二十一年)、1646年(仁祖二十四年)、1650年(孝宗元年)四次出使中國,其中丙子年第一次使行是其集杜創作的重要契機,云:

---

① 《三大家詩全集序》,《潛谷遺稿》卷之九,《韓國歷代文集叢書》第2224卷,景仁出版社,1973年。

② 《日得録·三》,《弘齋全書》卷一六三。

③ 除了《潛谷遺稿》上收録的年譜之外,文學界對於金堉也頗多研究,例如有南恩暻《潛谷金堉文學的特點研究》,《漢文教育研究》2005年第24號;南潤秀《潛谷金堉的集杜詩考》,《中語中文學》1992年第4輯、李京姬《潛谷金堉的集杜詩研究》,檀國大學校教育大學院1988年碩士學位論;李鍾默《潛谷金堉的人生與詩世界》,《韓國漢詩作家研究》2005年9集。

④ 根據《潛谷遺稿》年譜的記載,在甲午年(宣祖二十七年,1594,金堉當十五歲)四月十六日金堉的父親金興宇去世,六年後母親趙氏也去世。

丙子歲，余奉使北京，卧病經冬，見文山集杜二百首，皆奇絶襯著，若子美爲文山而作也。余亦試爲之，不集他詩，專集杜爲絶句，謂之文山體。①

上文所述，金堉在北京偶然接觸了文山集杜的200首詩，並試圖模仿他來進行集杜創作。我們將金堉的216首集杜詩按照詩體、創作時期分類如下：

<table>
<tr><th colspan="2">分　類</th><th>作品數量</th><th>備　注</th></tr>
<tr><td colspan="2">五言古詩</td><td>1首80句</td><td></td></tr>
<tr><td colspan="2">五言律詩</td><td>3題3首24句</td><td></td></tr>
<tr><td rowspan="8">五言絶句</td><td>《丙子朝天録》</td><td>34題47首</td><td>1636—1637年【第1次使行】</td></tr>
<tr><td>《巡湖録》</td><td>15題15首</td><td>1636年</td></tr>
<tr><td>《行矣堂録》</td><td>1題8首</td><td>1644年【第2次使行】</td></tr>
<tr><td>《感慨録》</td><td>17題23首</td><td>1646年【第3次使行】</td></tr>
<tr><td>《居留録》</td><td>24題49首</td><td>1647—1648年</td></tr>
<tr><td>《歸田録》</td><td>1題38首</td><td>約1649年</td></tr>
<tr><td>《三塗録》</td><td>10題20首</td><td>1650年【第4次使行】</td></tr>
<tr><td>總數</td><td>102題200首800句</td><td></td></tr>
<tr><td colspan="2">七言絶句</td><td>7題12首48句</td><td></td></tr>
</table>

如上所指，金堉以五言爲主進行集句創作，其中五言絶句占了絶大多數。衆所周知，文天祥的集杜詩是他被俘後在燕京獄中所作，以五言絶句爲詩體創作200首集杜詩。金堉集杜詩共216首，其中200首用五言絶句創作，這與文天祥集杜詩在形式上有相同點。

① 《潛谷遺稿》卷之三後叙，頁253。

二

那麽,金堉爲何模仿文體創作集杜詩呢?其原因可以從兩個方面考察;第一,就是對時代環境的共鳴。要作好集句詩,作者必須與原作者在思想情操、生活經歷等方面有較多的相似之處[①]。文天祥在自序中所言"子美於吾隔數百年,而其言語爲吾用,非情性同哉"[②],可知他與杜甫的共鳴是集杜創作動因之一。金堉亦與杜甫、文天祥在所處時代環境有較多的相似之處。如前文所述,金堉一生中經歷了三次國亂,丙子年國亂發生時,他身處異域,聽聞"盗賊還奔突"的消息而"嗚咽淚沾巾"[③]。而且仁祖二十一年(1643)清朝遣返昭顯世子的條件就是要求把元孫當做人質,當時金堉作爲元孫輔養官親身陪元孫被派往清朝[④]。如此,金堉親身經歷了朝鮮社會的國步艱難、生民塗炭之境,因而在憂國憂民這一點上,與杜甫、文天祥達到了默契、共鳴。文天祥在《讀杜詩》中所言"耳想杜鵑心事苦,眼看胡馬淚痕多",當時宋金之間的矛盾與朝鮮和清朝的關係有相似之處。朝鮮堅持"崇明排清"的外交政策,這讓清朝發動了丙子年、丁卯年的戰争。當時朝鮮成爲"嶔岑猛虎場"[⑤],與文天祥所描寫的"眼看胡馬"相同。如此相似的時代背景就是

① 莫礪鋒師《簡論文天祥集杜詩》,《唐宋詩論稿》,遼海出版社,2001年,頁515。

② (宋)文天祥《文山先生全集·自序》,中華書局,1980年,頁397。

③ 引用的兩句是金堉《丙子朝天録》上收録的《東報三首》之一,云:"盗賊還奔突(《巴山》),難知消息真(《傷春》)。和親知計拙(《警急》),嗚咽淚沾巾(《喜達行在所》)。"(《潛谷遺稿》,頁194—195)

④ 《朝鮮王朝實録》仁祖二十一年(1643年)十二月四日條云:"輔養官金堉以賓客,當入瀋陽,而今者世子回轅,元孫將復入瀋。"

⑤ 《東報三首》其二,《潛谷遺稿》卷之三《丙子朝天録》,頁194。

金堉繼承文天祥集杜創作方式的主要動因[①]。第二,是他所處的政治環境。金堉任太學齋時,由於删削了儒籍上"鄭仁弘(1535—1623)"的名字[②],激惱了光海君而辭官,蟄居加平。這件事給金堉帶來的心理損傷(trauma)影響到他後來作品的創作風格[③],甚至在其作品中顯示出如"棄置勿復道,嘿嘿如丞聾"[④]的消極態度。而且當時朝鮮朝常常發生如反正、士禍等内亂,因此文人的言行可以作爲政争的手段。所以,金堉用集句的方法進行創作是爲了避免捲入不必要的政治鬥争。如前文所述,金堉4次使行中創作的集杜詩占了其作品數量的一半。下面引用的作品是金堉創作於由中國返朝時:

驗包[⑤]

行李須相問(《重簡王明府》),粉黛亦解苞(《北征》)。幸喜囊中浄(《早發》),法令如牛毛(《述古》)。

感遇八首其六[⑥]

胡星一彗孛(《秋日夔府咏懷奉寄鄭監李賓客一百韻》),戎馬暗天宇(《奉送魏六丈佑少府之交廣》)。安得廉頗將(《遣興》),指揮安率土(《行次昭陵》)。

---

① 其實,在朝鮮文人心目中,不僅僅杜甫,而且文天祥亦被認爲是忠臣的典範人物之一。所以許多文人尊重他的憂國、節義,例如尹拯在《讀文山詩》中云:"千載有人東海外,一朝三復涕盈裾。"(《明齋遺稿》卷二)甚至1750年英祖評價文天祥稱"文丞相精忠、義烈,令人起敬",命令以文天祥畫像建祠配享。(據《朝鮮王朝實録》英祖二十六年條的内容)。

② 《朝鮮王朝實録》光海君三年(1611)四月十日條云:"泮學舊例,朝士或得罪於儒林,則就《青襟録》中,削名揭榜以示罰,蓋過濫之規也。及是棨等以仁弘詆斥先賢,得罪士林,削名揭榜,蓋仁弘中是戊午榜生員,名在儒籍故也。"

③ [韓]南恩暻《潛谷金堉文學的特點研究》,《韓文教育研究》2005年第24號,頁287。

④ 《敬次晦庵先生感興詩韻十六首》其二,《潛谷遺稿》卷一。

⑤ 《潛谷遺稿》卷之三《丙子朝天録》,頁191。

⑥ 《潛谷遺稿》卷之三《行矣堂録》,頁208。

第一首描寫回國途中遭到檢查袖帶品的情況,金堉以一句"法令如牛毛"的杜詩表現出明朝的傲慢,如《開市》①、《嘆俗》②等作品亦揭對中華的不滿。第二首寫陪元孫使清途中所遇的悲哀,作品中金堉借"胡星"與"戎馬"來比喻清朝。這兩首都意境完整,可以説"子美爲潛谷而作"。文天祥在《自序》中對杜詩評價云:"蓋其以咏歌之辭,寓紀載之實,而抑揚褒貶之意,燦然之中,雖謂之史可也。"由此可知,金堉繼承了杜詩所見的諷刺和批判精神。進一步,金堉效仿用集杜的方法體現"抑揚褒貶之意"的文山體,委婉地寫出對清朝侵略朝鮮的怨憤和對祖國面臨災難的擔憂等情緒。

三

文天祥的每篇集杜詩作品上都記載其次序,這是爲了更好地表現出作品的主題和内容。金堉的集杜詩亦可以看出相同的結構。如前文所引,以五言絶句爲主的 200 首集杜詩一共分成 7 个小詩集,此是按照創作時期分類的。每個小詩集所寫的内容與主題都比較明確。其中在出使中國途中所作的《丙子朝天録》、《行矣堂録》、《感慨録》和《三塗録》表現出離開故國的思鄉與憂國的情感。《巡湖録》是金堉擔任忠清道觀察使之後創作的,以巡行管内地域的紀行詩爲主。1647 年他被任命爲開城府留守時創作的《居留録》,主要抒發了對生民塗炭的愁懷。最後,《歸田録》是金堉辭開城府留守職後以退隱之樂爲主題的作品集。就金堉集杜詩整個作品的主題來看,憂國與思鄉是其表達的主要内容。上文所述,金堉一共經歷了 4 次使行,其間創作的集杜詩達一百多首。由

① 《開市》:"市人日中集(《述古》),黄金傾有無(《遣懷》)。甘受雜亂聒(《北征》),飄然去此都(《舟出江陵南浦奉寄鄭少尹審》)。"(《潛谷遺稿》卷之三《丙子朝天録》,頁 191)

② 《嘆俗》:"家家急競錐(《夔府書懷四十韻》),漢道盛於斯(《偶題》)。識者一惆悵(《畫鷹》),慎哀漁奪私(《送殿中楊監赴蜀見相公》)。"(《潛谷遺稿》,頁 192)

此可見,使行所引發的鄉愁是金堉集杜詩所寫的主要内容,例如:

玉河旅懷二首其一①

客睡何曾著(《客夜》),更深愛燭紅(《酬孟雲卿》)。衰顔聊自哂(《久客》),老病已成翁(《客亭》)。

詩題上所言的"玉河",是供遣往明朝的外國使臣小憩的一種迎賓館。丙子年十一月到玉河館的金堉由於使行引起的疲勞,被迫無奈留在玉河館半年,靠讀文天祥的集杜詩來撫慰客愁,可以説《玉河旅懷二首》是金堉集杜詩創作的起點。在上面所引的作品中,金堉描寫了首次離開祖國在異域一夜無眠的境遇。除了這首集杜詩之外,例如《思歸》、《月夜》等使行過程中所集的作品亦可見其異域所遇的客愁。衆所周知,杜甫以布衣的身份漂泊四海,金堉可以瞭解杜詩所寫的客愁情操。丙子年,在異域的金堉接到外族入侵的消息之後,其集杜作品中抒發對故鄉的愁思倍增,例如:

東報三首其二②

嶔岑猛虎場(《述懷》),少海旌旗黄(《壯游》)。虜庭悲所遣(《八哀詩》),萬里遥相望。(《壯游》)

其三

宿昔青門裏(《宿昔》),講殿辟書帷(《夔府書懷四十韻》)。斑白徒懷曩(《八哀詩》),慘慘中腸悲(《壯游》)。

上文所見的基本情操不只是旅居異國引起的懷鄉,更是因爲國家處於風雨飄摇之境下詩人無可奈何的心情。由《感遇八首》中如"一望幽燕隔,誰扶黄屋尊"等句表現出的無奈之情可知,金堉集杜詩所示的

① 《潛谷遺稿》,頁188。
② 《潛谷遺稿》卷之三《丙子朝天録》,頁194—195。

客愁就是对從國亂上發揚的悲哀的延伸。这無疑是他對杜甫、文天祥所處時代背景的認同。

金堉集杜詩的另一個特點是繼承詩史的精神。返朝途中,金堉以途經地名爲詩題進行集杜,創作了如《夷齊廟》、《覺華島》、《平島》、《石多山》等紀行詩。杜甫抛棄了華州司功參軍的微職,携家西奔,經秦州、同谷到成都的征程經歷了千難萬險。杜甫以征程中所遇的身世之感、生事之嘆寫入作品,成爲古代紀行詩中的空前絶後之作[①]。事實上,金堉集杜詩中所見的使行詩、紀行詩就繼承了杜甫紀行詩的手法、精神。金堉不僅僅用集杜的方法描寫了親身所見的自然風光,也表現了他行役、憂國之情,例如:

山海關二首[②]

城峻隨天壁(《上白帝城》),連連睥睨侵(《白帝樓》)。浮雲連海岱(《登兗州城樓》),世亂戟如林(《峡口》)。

又

魯鈍仍多病(《水宿遣興奉呈群公》),胡爲此淹留(《更題》)。蹉跎暮容色(《重過何氏五首》),浩蕩及關愁(《秦州雜詩》)。

《山海關二首》就是丙子年金堉於回朝鮮路途中所創作的,收録於《丙子朝天録》。第一首寫丙子胡亂所引起的“國破”,第二首寫他旅居異國的客愁和行役之情。《杜詩鏡銓》對《發秦州》、《發同谷》等紀行詩中有如此評價:“萬里之行役,山川之夷險,歲月之暄涼,交游之違合,靡不曲盡,真詩史也。”[③]文天祥亦從《勤王第五十三》至《入獄一百四》叙寫了自己投身抗元鬥争直至被俘北上入獄的經歷[④],因而達到了孟棨所謂“畢陳於詩,推見至隱,殆無遺事”的詩史境地。金堉用集句的方法

① 莫礪鋒師《杜甫評傳》,南京大學出版社,1993年,頁129。
② 《潛谷遺稿》卷之三《丙子朝天録》,頁198。
③ (清)楊倫《杜詩鏡銓》,中華書局,1964年,頁311。
④ 莫礪鋒師《簡論文天祥集杜詩》,頁516。

比較成功地描寫出“萬里之行役、歲月之暄凉”等情操,因此可以說,金堉集杜詩中使行詩與紀行詩是其“詩史”精神的集中體現。而且在金堉唯一的五言古詩集杜作品《北征》中可見其追求表達“詩史”精神的强烈願望。金堉的《北征呈石室金尚憲書》是爲了懷念在1640年12月被送赴瀋陽的金尚憲創作的。詩人代替金尚憲,一面寫了路途中的風光和哀情,一面用“板築勞人功”、“悠悠兵馬間,城市不聞歌”等詩句描寫了時代的悲剧。这一點與杜甫的紀行詩、文天祥的200首集杜詩有相同之處。此外,如《旱》、《喜雨》等作品中金堉表現出身爲牧民官對人民的憂慮,這即繼承了杜詩所示的愛民精神,又强調了知識分子的責任感。

四

王安石云:“世間好語言,已被老杜道盡。”[①]這一段話説出了在唐詩巨大影響力的陰影下後代文人的苦惱。爲了突破以往的文學成就,文人在“述而不作”的傳統中用翻案、點化等方法追求“個性化”。朝鮮金堉集杜創作亦是在其對杜詩解釋的基礎上,追求富有自身特色的文學創作。上面所引《玉河旅懷二首》的第二首抒發了詩人不能回故鄉而停留在異域的悲哀,最後一句“忍淚已沾衣”明確地彰顯了他的愛國情操。此句來源與杜詩的《九日諸人集于林》,雖然對於該作品後四句的意義衆説紛紜,但“忍淚已沾衣”此句明確地表現出詩人哀嘆年華易逝的悲哀。與金堉《玉河旅懷二首》相比,此句的意味從詩人對耳聾眼花的悲哀轉變到了憂國憂民的鄉思。杜詩和金堉的集杜詩裏“忍淚已沾衣”這一句雖共有悲哀之感,但悲哀的原因與對像是不同的。而且金堉在與《玉河旅懷二首》同時期創作的《思歸》中所集的“昏昏阻雲水”一句

① (宋)胡仔撰,郭紹虞校點《苕溪漁隐叢話》,人民文學出版社,1984年,頁90。

本是描寫“客中親故别去之情”[1],但《思歸》上變成了離開故國的客愁。從金堉停留在明朝玉河館時所集的《不寐》中亦可見其詩句意味的轉變迹象,該作品中最後一句表明了他因故國戰亂而戰戰兢兢的心理狀態。原本“數問夜如何”這一句是從杜詩的《春宿左省》上集得的,當時杜甫正擔任左拾遺的官職。該作品描寫了在門下省值宿的見聞並表達了對次日的封事的憂慮[2]。值得注意的是,該句在金堉的作品中轉變爲憂國、鄉思之情。《北征》裏“出郭眺西郊”一句亦可看出被送赴瀋陽的金尚憲由“可耕意”轉變爲憂國、悲哀之情。如此一來,金堉集杜詩的特點是與當時時代背景密不可分的,他對所處時代的悲哀,激發起他用集句的方式把杜詩“憂國憂民”之情加以闡述的意圖,事實看來他的嘗試也是成功的。金堉不僅僅用集杜的方式,而且以和杜的方式表現出對杜詩的理解,如《愍忠壇,次杜韻》所云“忠魂應共語,烈氣竟誰傳”,《西京雜咏,次杜韻》中云“去國身如寄,憂時淚若泉”[3]。由此可見,金堉借用集杜、和杜的方式使得“過去”的杜詩變成了“現在”金堉的作品,可以説達到了“忘其爲子美詩”的境界。錢鍾書在《七綴集》中曾云:“一個藝術家總在某些社會條件下創作。”[4]這就强調了詩人所處時代環境對其文學創作的重要性。除了金堉之外,也有許多朝鮮文人借用集杜、和杜的方式進行創作,這是由於朝鮮朝當時暴發了許多兵亂、士禍,他們能夠借和杜、集杜的作品,集中表現出對“國破世亂”時局的憂患、對自己報國無門的苦惱等知識分子的責任感。謝思煒在《杜詩解釋史概述》中對於“斷章取義”的解釋如下:“斷章取義最典型的揭示了解釋的雙方性特徵,(中略)表現出解釋和創作如何互相轉化。”[5]張隆溪在《道與邏各斯》中肯定了文本的中立價值,主張讀者按照自己的理解重建作者意欲

---

① (清)浦起龍《讀杜心解》,中華書局,2000年,頁521。

② (清)仇兆鰲《杜詩詳注》卷之六云:“上四宿省之景,下四宿省之情。”中華書局,1999年,頁987。

③ 《潛谷遺稿》卷之二。

④ 錢鍾書《七綴集》,生活·讀書·新知三聯書店,2010年,頁1。

⑤ 謝思煒《唐宋詩學論集》,商務印書館,2004年,頁85。

表達的意思①。張法亦認爲作品是不確定的、開放的、有待欣賞者去發掘、去解釋的②。他們都在文本中立價值的命題下强調了讀者的能動性。雖然集句詩確實有"游戲"的一面,不能步入大雅之堂,但是金堉用集杜的方法成功地展現了解釋的雙方性和讀者的能動性,從這一點來看,我們應該承認金堉集杜詩的意義。

(作者單位:南京大學文學院)

① 張隆溪著,馮川譯《道與邏各斯》,江蘇教育出版社,2006 年,頁 191—192。
② 張法《中西美學與文化精神》,北京大學出版社,1997 年,頁 304。

古典文獻研究(第十五輯)
2012年7月

和刻本古逸書提要十七種*

金程宇

東瀛所刻吾國舊籍,今人多謂之"和刻本"。就中頗有中土久佚者,可補吾國文獻之闕失。以其裒爲叢刻者,江户述齋《佚存叢書》創始於前,清末惺吾《古逸叢書》繼之於後,流風餘韻,至今不歇。余不敏,思以接踵前賢,逐無涯之旅,黽勉於斯,竟十年矣。其間購之於廠肆,求之於友朋,補之於公藏,商之於私家,略得成帙,因有《和刻本中國古逸書叢刊》付梓事,凡百餘種,雖無秦火未焚之書,然不乏天水久逸之作。兹先擇録其部分經史提要,以求教於大方之家。

一 《尚書正義》

《尚書正義》二十卷,漢孔安國傳、唐孔穎達等疏。《尚書》注疏合刻,自南宋越州八行本始。此本中土久佚,日藏宋刊兩部。其一已爲楊守敬清末携歸(《日本訪書志》著録),今藏中國國家圖書館(卷七、八、一九、二〇以足利學校宋本補抄),該本"補刻絶少",刊印略早(大東急記

* 本文爲國家社科基金重大項目"中國古代文獻文化史"(10&ZD130)階段性成果。

念文庫存同一系統抄本),已收入《古逸叢書三編》、《中華再造善本》;另一爲足利學校遺迹圖書館所藏紹興乾道間刊本(兩浙東路茶鹽司),爲宋元遞修本。諱字闕筆至"構"字(宋修處,"慎"字偶有闕筆)。此本可訂正通行十行本處甚多,自《七經孟子考文》徵引(書中稱之爲"宋板")以來,阮元采入《尚書注疏校勘記》,廣爲學者所知。然《考文》所引,頗多魯魚,黄唐跋文,"紹熙"誤作"紹興",堪爲顯例。足利本與楊氏本非同版,文字頗有異同,故仍不失版本價值。

足利學校宋本有弘化四年(1847)熊本藩時習館覆刊本(松崎明復校),尚屬精審,《尚書正義定本》(東方文化研究室經學研究室校定)取作底本(京都大學藏吉川幸次郎等人校本)。此本中國所藏甚多,北京大學圖書館、南京大學圖書館等十九處有藏,多係清末傳入,足見其爲時人所重。

參考:《阿部隆一遺稿集·日本國見在宋元版本志經部》,汲古書院,1999年,頁265—269。

二 《春秋經傳集解》

《春秋經傳集解》三十卷,晉杜預集解。此覆宋興國軍學(湖北武昌)本,即《經籍訪古志》卷二所著録之"舊板覆宋大字本"者。是書八行十七字,注雙行,白口,左右雙邊,有界。版心"左氏",大東急記念文庫、宫内廳書陵部、成簣堂文庫、東洋文庫、慶應義塾大學斯道文庫等處有藏。國内北京大學圖書館、臺灣故宫博物院有藏,皆爲楊守敬携歸者。

關於此書底本,楊守敬《日本訪書志》卷一云"借得楓山文庫所藏興國本,行款匡郭字體皆與此本同,略校數册,文字亦無異,乃知此本即覆興國本,特所據祖本失載《考異》(《經傳識異》)、聞(人模)跋爾",此説已爲今人證實。嘉定本清末曾存殘卷一通,係陸心源舊藏(存卷一〇、一五至二〇,二三至三〇,十五册),後舶載流入東瀛之静嘉堂文庫。日本宫内廳書陵部另藏一部,即楊氏所見者,有補配(卷三、四、二〇、二一、二六至二八)。楊氏與國内傳本相較,以爲"今世所存宋本《左傳》,無有善於此者”,足見興國軍學本之善。日本舊刊本覆宋頗精,至有誤以爲宋本者(《足利學校藏書目録》、《右文故事》卷四、《左氏會箋》等),存世二宋本,或有殘缺,或有補抄,覆刻本尚存全帙,可窺興國軍學本原貌,極爲珍貴。

參考:阿部隆一《阿部隆一遺稿集・日本國見在宋元版本志經部》,汲古書院,1993年,頁325—329。

增田晴美《〈春秋經傳集解〉宋嘉定九年興國軍學刊本と南北朝覆宋刊本について》,《汲古》第二十三號,1993年。

三 《古文孝經孔氏傳》

《古文孝經孔氏傳》,舊題漢孔安國撰。此書梁末亡佚,隋代經劉炫之手復出,後人多有質疑,清人盧文弨據日本傳本,定爲隋代舊本,非劉氏僞造,今人于此亦多有證實,其説可從。劉本五代之際再佚,幸隋唐時曾傳入東瀛,家藏一本,爲彼國經學教科書(《養老令》,718年成書),《日本國見在書目録》著録,流傳至今。

日藏《孝經》孔傳古抄本甚多,其中《經籍訪古志》卷二所載弘安二年(1279)寫本(今不詳所在)較知名,係《佚存叢書》之底本。此古抄爲阿部正精所獲,文政六年(1823)予以覆刻。該覆刻本清末曾傳入中土,丁丙、潘祖蔭等藏書家皆有收藏。

參考:林秀一《孝經學論集》,明治書院,1976年。

顧永新《日本傳本〈古文孝經〉回傳中國考》,《北京大學學報》2004年第2期。

四 《御注孝經》

《御注孝經》開元御注本,唐玄宗李隆基注。《孝經》唐玄宗注本有二,一爲開元注,一爲天寶注。後者吾國曾刻石,綿延不絶,前者則久已亡佚。日本存三條西實隆寫本(今爲日本皇室御物),即自開元注本所從出。日本摹刻本有二,一爲寛政十二年(1800)屋代弘賢摹刻本(略去朱點),一爲明治廿四年(1891)三條公美摹刻本(附朱點及公忠筆《古文孝經》斷簡)。《古逸叢書》曾據屋代本摹刻。

開元注本與天寶注本差異頗大。開元本卷首之元行冲序,天寶本改爲玄宗序;經文亦多有不同,所改者十一條,所增者十條(餘一百三十四條爲原貌)。三條本"間又脱誤"(楊守敬語),幸得清原宣景手書《御注孝經》殘本(京都清岡家舊藏,今藏京都大學圖書館)可正其誤,澀江全善曾據以校勘(静嘉堂文庫藏其校本)。

参考:林秀一《孝經學論集》,明治書院,1976 年。

阿部隆一《室町時代以前に於ける〈御注孝经〉の講誦伝流について:以清原家旧蔵鎌倉钞本開元始注本を中心として》,《斯道文庫論集》四,1965 年。

五 《御注孝經》

《孝經》天寶注本,唐玄宗李隆基注。《孝經》天寶注,中土代有流傳,然北宋天聖明道間刊本,却爲中土久佚之宋版,日本藏有一部(今藏宫内廳書陵部,有昭和七年日本書誌學會影印本),《經籍訪古志》卷二、《日本訪書志》卷二著録,爲天壤間孤本,夙爲版刻學界所重。宋本左右雙邊,有界十五行,行約二十四字左右。注小字雙行,三十三字左右。版心"孝經(葉碼)"。諱字闕筆至"通"字,此字天聖二年始避(獻明肅皇太后家諱),明道二年復舊,故日本江户後期藏書家狩谷棭齋斷其爲天聖明道間刻本,今人多從其説。北宋本存世極罕,其正文又多與石臺本同,較相臺岳本(中國國家圖書館藏,《四部叢刊》影印)遠勝,學術價值甚高。

宋本爲狩谷棭齋舊藏,文政九年(1826)棭齋予以覆刻(另附校記跋語),世人始得窺此秘本原貌。此覆刻本清末頗有傳入,《販書偶記》著録,今國内所藏達數十通,足見藏家之珍重。

參考:阿部隆一《阿部隆一遺稿集·日本國見在宋元版本志經部》,汲古書院,1993 年,頁 343、344。
林秀一《孝經學論集》,明治書院,1976 年。

六　正平版《論語集解》

《論語集解》十卷,魏何晏撰。是書中土代有流傳,然皆爲宋元以來傳本,與日藏古鈔本及敦煌卷子本頗有異同,故後者素爲校勘家所重。日藏古抄本極多(存者近百通),然罕見傳入中土,有據之刊刻者,如正平版《論語集解》,清人獲其抄本,莫不視若拱璧,蓋其源出日本古抄猶存李唐傳本舊貌之故也。

正平版《論語集解》約可分爲雙跋本、單跋本、無跋本三大類,中以雙跋本爲優。雙跋本又有正平十九年(1364)年初刻本(卷十末題"論"字不誤)與覆刻本(卷十末題誤作"論"字)之别,前者文字佳處頗多,字體古勁,較後者遠勝,今僅存足本一部,分藏大阪府立中之島圖書館與宫内廳書陵部。清人所見正平版,有屬雙跋本覆刻本者,如錢曾、黄丕烈、陸心源舊藏影抄本(今藏静嘉堂文庫),有屬覆雙跋覆刻本者,如《四部叢刊》本,有屬單跋本者,如《古逸叢書》本,有屬無跋本者,如臺灣故宫博物院、中國國家圖書館、上海圖書館等處藏本。

參考:長田富作《正平版論語之研究》,1933 年。
高橋智《室町時代古鈔本〈論語集解〉の研究》,汲古書院,2008 年。

七　《論語義疏》

《論語義疏》十卷,梁皇侃撰。是書中土久逸,《經義考》云"未見",自日本寬延三年(1750)根本遜志刊刻後,中土始有傳本。根本氏雖以足利學校舊鈔本爲底本,"改更體樣,一仿邢疏"(島田翰《古文舊書考》

卷一),更易文字,多失皇疏舊貌,遂使後人聚訟致疑不斷。

六朝經書傳世極罕,《義疏》徵引李充、繆播等十三家之經説,俾後人得以上窺魏晉經學,甚爲寶貴。日本現存室町、江户抄本二十餘通,敦煌寫本僅存殘卷(存卷一至卷三),故《義疏》之復原,日本舊鈔本極有價值。日本刊印本,除根本本外,以大正十二年(1923)大阪懷德堂記念會據足利學校舊鈔本校印者爲佳,該本另附武内義雄《校論語義疏札記》,頗可參考。

參考:徐望駕《皇侃〈論語集解義疏〉版本研究述評》,《古籍整理與研究學刊》2002年第2期。

八 《四書緒言》

《四書緒言》四十四卷,清孫瑯撰。瑯,字詒仲,新安人,潛心濂洛關閩之學,著有《周易緒言》、《春秋緒言》等。

此書首載孫氏自序及葉良儀《四書緒言題辭》,收《大學》四卷、《中庸》六卷、《論語》二十卷、《孟子》十四卷。此書"總集宋元明諸儒之説,謬者辨之,是者録之,折衷參訂,合爲一編"(《四書緒言題辭》),非泛泛而言者可比,在四書學中固屬傑出。此書之清刊本,《販書偶記》著録,然已罕見,今僅知中國科學院圖書館(樹德堂刊本)、日本國立公文書館内閣文庫、静嘉堂文庫所藏數部而已。此書有元禄十五年(1702)京都野田彌兵衛、江户野田重兵衛覆清刊本(北邨可昌點),末有北邨可昌跋。此覆刻本亦不多見,《中國館藏和刻本漢籍書目》未載,日本國立國會圖書館、市立米澤圖書館等處藏有數部。

九 《玉篇》殘卷三種

梁顧野王《玉篇》,中土久佚。日藏古抄本七卷(卷八、九、一八、一九、二二、二四、二七),分藏八處,有東方文化學院影印本(《續修四庫全書》據以影印)。《日本訪書志》卷三著録爲四卷,以爲柏木探古藏本(今藏藤田家)"最爲奇古"。日本明治時期曾摹刻過古抄本《玉篇》,分别爲:(一)明治十五年(1882)柏木探古書屋摹刻本,爲卷一八後半,"放"部至"方"部,紙用中國竹紙,即探古受楊氏之托募工刊刻所自印者。書版歸楊守敬,以日本美濃紙印入《古逸叢書》。今揚州博物館猶存原書版片(略不全)。又,柏木探古稿本(2011年11月號《衆星堂古書目録》載"柏木探古草稿記録類"),中有與楊守敬往復書簡録文,涉及刊刻原委頗詳。《惺吾談屑》亦涉及之,云刻工費"一百六十八円"。(二)神宫文庫摹刻本,爲卷廿二"山"部,末有明治二十七年東吉貞跋語。(三)高山寺藏本摹刻,卷廿七"糸"部,明治十六年印刷局藏版。末有薰山得能良介識語,知其爲補《古逸叢書》而作,後爲《古逸叢書》之底本。

參考:岡井慎吾《玉篇の研究》,東洋文庫,1933年。

一〇 《纂圖附音增廣古注千字文》

《纂圖附音增廣古注千字文》三卷,南朝梁周興嗣(469—521)撰,李暹注。

此書《日本國見在書目》著録,今人據上野本《注千字文》序,指出李暹東魏武定年間(543—550)任秘書郎中,奉使楚城途中遭遇侯景之亂,滯留"西京"三十餘年,其間"捃摭典模,注贊云爾",推知此注約作於南北朝末期(6世紀末),其説甚是。

日藏《千字文》古注,主要有以下幾種,即《注千字文》(上野本),抄寫於弘安十年(1287),爲現存最早的古注足本。其底本爲建仁二年(1202)寫本,來源甚古,其李暹序與後世傳本不同,最近原貌。《纂圖附音集注千字文》(大東急記念文庫、京都大學)、《纂圖附音增廣古注千字文》(大東急記念文庫、京都大學、神宫文庫存室町寫本),此二種屬同一系統,後者另衍生出元和三年(1617)古活字版及江户刊本。今人據《纂圖》本"推位遜國"、"鳴鳳在竹"之避諱,指出其底本來源於宋本,甚是。又,敦煌文獻有《千字文》附注本殘卷(大英博物館藏,斯坦因五四七一),其注與《纂圖附音增廣古注千字文》本較近,與上野本頗有異同,當屬二者之間的一個文本系統。

參考:山崎誠《本邦舊注千字文考》,《平安文學研究》第六九輯,1973年;修訂本載其《中世學問史の基底と展開》,和泉書院,1993年。

小川環樹、木田章義《注解千字文》,岩波書店,1984年。

一一 《魁本對相四言雜字》

《雜字》一類書籍,作爲識字課本,自中古時代已頗盛行,今日所存敦煌、西夏文獻,亦有此類書籍,足證其流播之廣。然敦煌、西夏傳本,多無圖像,《魁本對相四言雜字》則屬今知早期看圖識字課本,向爲蒙學者所重。書中包含"算盤"等圖像,多屬此類資料之最早者,亦爲算學者及相關學者所重。

此本不著編者姓名,首有"洪武辛亥孟秋吉日金陵王氏勤有書堂新刊"牌記,知爲覆明洪武刊本。有刊工名"伯壽",今人以爲即元末赴日刻工陳伯壽者。原刊本不傳,日本南北朝時期曾有刻本,大正九年(1920)稀書複製會曾影印一本,後於大正震災中燒失,此外未聞傳本。該本每半葉上下兩欄,左圖右字,凡三百零八圖,三百八十八字,四字爲句,間有押韻。版式爲左右雙邊,上下黑魚尾,大黑口,爲典型元刊風格。書名"魁本"一詞,亦具元代建刊風格,底本當爲元版。書中詞語有涉蒙古民族衣飾名物者,如"答護"、"幔笠"、"一撒"等,有具宋代名物特徵者,如"篋"、"拄杖"等,則該書或成於宋代,今傳本係元人在此基礎上之改編本。

另有明刊本《新編對相四言》,現藏美國哥倫比亞大學(有香港大學出版社1967年、1975年影印本),其"筐"字闕末筆,今人以爲避宋諱所致。清代傳《魁本四言對相》(緑慎堂刊本)、《對相四言》(吴門盛德堂刊本),亦傳自明本,均有所删改。此外尚有和刻本,係由明清刊本發展而來。此類雜字書籍,於日本蒙學亦不無影響,江户時代儒者柴野栗山

(五山版《魁本對相四言雜字》舊藏者)編有《雜字類編》一書,堪爲顯例。

參考:山田清作《魁本對相四言雜字解説》,載稀書複製會影印《魁本對相四言雜字》,1920年。

張志公《試談新編〈對相四言〉的來龍去脈》,《文物》1977年第11期。

大塚秀明《〈對相四言〉の版本と資料價值について》,《外國語教育論集》卷一三,1991年。

一二 《草書韻會》

《草書韻會》五卷,金張天錫撰。天錫,字君用,號錦谿老人,河中人,官至機察,善書(陶宗儀《書史會要》)。

此書前有金正大八年(1231)趙秉文序,末有"見住燕京縣角頭鄭州王家雕印"原書刊記,另有正大八年樗軒老人跋及"洪武二十九年丙子日卒刊"朝鮮刊記。書中采漢魏至金一百十三人書迹,分韻編次,每字下注真書,與宋高宗《草書禮部韻寶》同例。此書係天錫積四十年精力編成,"其精妙神彩,不減法帖"(《墨池瑣録》卷三),惜輾轉摹刻,神采已失。王國維云:"此書采用平水韻壹百六韻,與金王文郁的《新刊韻略》相同,是一百六部之目並不始于王文郁,蓋金人舊韻如此,王、張皆用其部目耳。"(《書金王文郁新刊韻略張天錫草書韻會後》,《觀堂集林》卷八)頗爲治音韻學者重視。元末有《草書集韻》一書,則係以《草書韻會》爲藍本改訂而成者。

此書有日本刻本,《倭版書籍考》卷一〇著録,《和刻本書畫集成》第二輯曾據日本慶元間覆朝鮮洪武二十九年(1396)刻本影印。此書早印本罕見,後印本存世頗多。國内所藏爲慶安四年(1651)刊本,北京大學圖書館、遼寧省圖書館(羅繼祖《貞松堂秘本提要》著録)、寧夏大學圖書館(陳柱舊藏)有藏。

一三 《歷代帝王紹運圖》

《歷代帝王紹運圖》一卷,宋諸葛深撰。深,字通甫,北宋元祐中人(《直齋書録解題》卷四《紹運圖》)。首有熙寧九年(1076)鄉貢進士虞雲序。

帝王紀年之書,以後魏張彝《歷帝圖》(五卷)爲較早,歷代有之。至如宋人,則以司馬光《歷年圖》、章衡《編年通載》爲著名。諸葛此書自三皇至北宋,以圖表列出帝王姓名、年壽、年號等内容。《直齋書録解題》著録,殆北宋舊本。又,入宋日僧圓爾辨圓歸國時携回《紹運圖》一册(《普門院經論章疏語録儒書等目録》雨字號),爲此書宋版傳入日本之記録。

此書甚便初學,"簡當切精,歷代興亡、年名國號、世遷代易者,開卷瞭在"(《古文舊書考》卷三),然世易時换,後人不免於此書有所增益,如今存日本五山版(《經籍訪古志》卷三著録"舊板覆宋本"),有終於宋幼帝者(宫内廳書陵部藏),亦有晚至元順宗者即是,然此書主體部分出於宋人舊帙無疑。此書《釋氏稽古略》尚引及,蓋元季尚存。書中有正史所不載者,如唐代紀年於昭宣帝後,别有少帝濮王紃一代,年號天壽者即是(《釋氏稽古略》卷三、《佛祖歷代通載》卷一四亦載,所據當即此書),可補史闕。

此書對日本年曆表亦有影響,如安東守約(1622—1701)云其書"簡便","先後貫穿,瞭若指掌",遂有《新增歷代帝王圖》(元禄十三年刊本)之作。此書傅雲龍《游歷日本圖經·中國逸藝文志》著録,有清光緒十五年(1889)貴陽陳氏《靈峰草堂叢書》刻本。

參考:島田翰《古文舊書考》卷三《歷代帝王紹運圖》。

陳榘《歷代帝王紹運圖序》,《靈峰草堂叢書》本。

傅雲龍《歷代帝王紹運圖跋》,《靈峰草堂叢書》本。

一四　《歷代帝王編年互見之圖》

《歷代帝王編年互見之圖》一卷,宋馬仲虎撰。仲虎,繁臺(今屬河南)人,南宋紹興時人。傳未詳。書中後序云"馬仲虎先生訓導之暇",殆儒學者。

此書載三皇迄南宋淳熙甲辰(1184)年曆。此書首有自序,末有乾道三年(1167)讚皇李跋。自序云"歷代編年雖見于經史,而間有撰集爲之圖者。然皆未有同年互見之詳。今斷自三皇,迄于我宋,集成一圖",跋稱"《紹運》坐致,簡而不詳;紀年通系,詳而不備",而此書則係"建立興廢、同年互見,不待遍閱群史而見諸掌者",知爲補《紹運圖》而作。此書帶有綜合年表性質,開此類書籍之先河。

此書宋版未見,僅存日本永和二年(1376)刊本及寬永覆刊本。永和本半葉八行,行十六字,小注四十二三字,存世甚罕,慶應義塾大學圖書館等處有藏。此本另有寬永六年(1629)覆刊本,末有謙庵道慶、朝鮮李真榮跋,述覆刊緣由。《經籍訪古志》卷三著録"寬永己巳重刊永和丙辰刊本",即此版,覆刊極精。覆刻本亦不多見,僅國立公文書館内閣文庫、國立國會圖書館等數處有藏。

一五　《唐才子傳》

《唐才子傳》十卷,元辛文房撰。文房,字良史,西域人,入中原後占籍豫章(今江西南昌)。元前期在世。早年求學江南,與王伯益、楊載並以能詩著稱,曾任翰林編修。泰定元年(1324)前後任省郎(參陳垣《元西域人華化考》卷四)。著有《批沙集》(已佚)、《唐才子傳》。《元文類》卷四、《永樂大典》卷二四〇五存其佚詩三首。

本書爲唐五代詩人傳記集,計收二百七十八人專傳,附傳者一百二十家,數量較兩《唐書》爲多,叙述較《唐詩紀事》爲詳,另附辛氏評論,則係重要之批評史料。辛氏所據資料,涉及史傳、詩文集、筆記、詩話等,十分豐富。部分引書,如《登科記》,後世已佚,賴此書以傳,故文獻價值亦甚高。

此書元刊本明初時尚存世,《永樂大典》"傳"字韻即曾收入,後漸散佚,至《四庫》編纂時,僅據《大典》輯作八卷,實非全本。日本存南北朝覆元刊本,猶爲完帙。故自《佚存叢書》校印以來,中土傳刻者甚衆,如錢熙祚《指海》本、《粤雅堂叢書》本、陸芝榮三間草堂刊本(廣文書局《筆記叢編》收)即是。民國董康東游時曾購得東福寺善慧軒舊藏(今不知所在)五山版一部,以珂羅版影印行世。

今存日本南北朝刊本,左右雙邊,十二行,行二十三字。首有目録及辛氏元大德八年(1304)自序。此本傳本較少,内閣文庫(汲古書院有影印本)、成簣堂文庫等處有藏。另,兩足院藏林宗二(1498—1581)寫本。除五山版外,尚有江户刻本,存世頗多。國内所藏多爲正保四年(1647)刻本。

參考:布目潮渢、中村喬《唐才子傳の研究》,大阪大學文學部初版,1972年;汲古書院修訂版,1982年。

傅璇琮主編《唐才子傳校箋》(全五册),中華書局,1987—1995年。

一六 《王陽明先生出身靖亂録》

本書又名《王陽明出身靖亂録》、《皇明大儒王陽明出身靖亂録》,署"明墨憨齋新編"。此書中國單刻本未見,今知有明天啓《三教偶拈》所收本。《三教偶拈》漢文本存世極罕(故宫藏此書滿文譯本),僅見於日本東京大學東洋文化研究所雙紅堂文庫,爲長澤規矩也舊藏,《古本小説集成》、《古本小説叢刊》及《馮夢龍全集》有影印本。雙紅堂本首有叙,署"東吴畸人七樂生",摹刻鈐印爲"子猶"、"七樂齋",皆馮夢龍號,今人即據此斷爲馮氏所作,已爲學界公認。日本有慶應元年(1865)弘毅館單刻本,或即據《三教偶拈》析出單行者。

本書依錢德洪《王文成公年譜》,將王守仁事"演爲小説",凡謫龍場、平宸濠及征岑猛等經歷皆叙之甚詳,神話逸聞亦偶出其間,頗生動可讀,然多有不符史實者。

參考:長澤規矩也《王陽明出身靖亂録の出所》,《書誌學》十五卷二號,1940 年 8 月,收入《長澤規矩也著作集》第四卷。

李慶《信史還是小説?——王陽明靖亂録及其相關問題》,《國際漢學研究通訊》第 3 期,中華書局,2011 年。

一七 《廬山記》

《廬山記》五卷,北宋陳舜俞(? —1075)撰。舜俞,字令舉,湖州烏程(今浙江湖州吴興區)人。慶曆六年(1046)進士,任屯田員外郎、山陰知縣,官至尚書都官員外郎。熙寧中,以反對青苗法貶南康軍,督鹽酒税,不數年病逝。蘇軾有文悼之,極贊其學術才能。著有《都官集》三十卷(今存清人《永樂大典》輯本十四卷)、《廬山記》五卷。

《廬山記》爲舜俞所撰廬山地志,此書以"考據精核"著稱,夙爲史家所重。《直齋書録解題》卷八著録五卷本,明代仍有流傳,然清以來中土罕見,若《四庫》本、《守山閣叢書》本皆三卷,實僅爲五卷足本之前兩卷,後三卷之古今留題、古碑目録等内容皆佚。

存世五卷本皆藏日本。其中宋刊本兩部:一爲國立公文書館内閣文庫藏本(有 1957 年内閣文庫影印本),首有《廬山圖》一幅,於研治廬山之文學、歷史,極有裨益。全書完整無缺,頗有訂補他本之處,最稱善本;一爲德富蘇峰成簣堂文庫所藏宋刊鈔配本(1917 年羅振玉《吉石庵叢書》二集影印),雖多有補配(序、卷一、卷四、卷五),然刊印較前者爲早,亦極珍貴。另有元禄十年(1697)江户山形屋吉兵衛等覆明刊本,其底本當出自宋本或傳抄本,中土亦佚,首載明人《廬山十八賢圖讃》(無《廬山圖》)九葉,頗精,爲明版畫之珍貴資料。元禄本有羅振玉《殷禮在斯堂叢書》刊本(圖未收),另有《廬山記》校勘記一卷,載《貞松老人遺稿甲集》(《羅雪堂先生全集》續編册二)。元禄本存世無多,日本國立國會圖書館、國立公文書館内閣文庫、關西大學圖書館(内藤湖南舊藏)等數家有藏,國内僅中國國家圖書館有藏。

日藏本遠較中土傳本爲善,故自近代學者引介以來,《先秦漢魏晉南北朝詩》、《全唐詩補編》等書多予利用。今人亦有以之考察廬山文學、宗教及所涉南唐史料等内容者,足見其蘊含之豐富,可堪發掘。

參考:澤崎久和《内閣文庫藏宋刊本〈廬山記〉による〈全唐詩〉の補訂》,《福井大學教育學部紀要》I"人文科學、國語學、國文學、中國學編",第四五號,1995 年。

澤崎久和《内閣本〈廬山記〉所收詩の本文及びその校異と問題點》,《福井大學教育學部紀要》I"人文科學、國語學、國文學、中國學編",第四八號,1997 年。

胡燿飛《宋人陳舜俞〈廬山記〉所見吴・南唐史料考論》,《長江文明》第七輯,河南人民出版社,2011 年。

(作者單位:南京大學文學院)

古典文獻研究(第十五輯)
2012年7月

文字訛誤之迹與古文獻校改

武秀成

古文獻的校勘,首先要明確的就是校勘的目的。我們校勘古書,是爲了"求是"(即考證修訂書中的一切錯誤),還是爲了"求真"(即恢復古書的本來面貌)?這是相當一些人還認識不清的地方。對此,最早明確提出並回答這一問題的是胡適,他在《元典章校補釋例序》中云:

> 校勘之學起於文件傳寫的不易避免錯誤,文件越古,傳寫的次數越多,錯誤的機會也越多。校勘學的任務是要改正這些傳寫的訛誤,恢復一個文件的本來面目,或使他和原本相差最微。①

胡適明確指出,校勘的目的就是要"恢復一個文件的本來面目",校勘的任務就是要改正那些"傳寫的訛誤"。胡適的觀點與提倡是正確的,但由於此與前人及時賢的校勘實踐仍有所不同,更由於特殊的政治原因,後來50年代陳垣《元典章校補釋例》改爲《校勘學釋例》再版時,胡序被迫删去,因此導致了胡氏的這一重要的校勘學理論被長期忽視的狀況。80年代以後,大陸才有學者重新提出:"校勘的目的是要恢復原書本來

---

① 胡適《元典章校補釋例序》,載陳垣《元典章校補釋例》卷首,上海書店出版社,1997年,頁1。

的面目,不是給原書修改錯誤,修飾文字。”①

時至今日,越來越多的學者接受了胡氏提出的校勘學理論,大致形成了一個共同的認識:校勘的任務、宗旨或目的,是爲了恢復或接近恢復古書的原貌,即著者成書的原貌,也即著者稿本的原貌。因此强調,校改的對像是古書寫刻流傳過程中産生的訛誤,而不是著者之誤。這個校勘原則,可以概括爲“求真”的原則。

何謂著者之誤?有著者的認知錯誤,即著者的立説之誤;有著者的記憶疏忽之誤,即著者在撰寫中因記憶差錯或心理疲勞而産生的文字訛誤;有史源之誤,即著者所據史料本身的訛誤。

根據上述“求真”的校勘原則,凡是能夠確認爲後人傳寫、刻印造成的文字訛誤,就應該加以訂正;凡是確認爲著者認知、記憶、疏忽、史源等方面的訛誤,就不應該訂正,而只能出校説明。這裏説的“訂正”,指的是對原文進行校改。

因此校勘改字與否,首先要區分文字訛誤的性質,即是著者之誤,還是傳寫之誤。那麽,我們又如何才能準確區分二者呢?

如果有作者的稿本存在,自然很容易分清,凡是稿本存在的訛誤,皆應視爲著者之誤,反之,則爲後人傳寫或妄改致誤。但宋代以前的著述,没有稿本流傳下來,宋代著述始有零星殘缺的稿本傳世(法帖之類除外),元明兩代的稿本也屈指可數,清代稿本大增,但比起傳世的清人著述,仍然只是很小的一部分。

在没有稿本的情况下,史源文獻是我們判斷作者訛誤的一個重要依據。即史源文獻有些錯誤,包括史源文獻的傳寫訛誤,由於著者時間、學養等方面的條件限制,在采進新著時未及訂正,沿襲了下來。因此,只要史源文獻與所校文獻訛誤相同,基本上也可以判斷屬於原書之誤。但這類史源文獻相對於古文獻總體而言,仍然只占一小部分,而且其中的史源關係比較複雜,不易準確把握。

那麽,一般情形下,我們校勘者如何來區分著者之誤與手民之誤呢?最好的辦法就是考察文字的訛誤之迹,找到二者之間的“致誤之

① 黄永年《古籍整理概論》,陝西人民出版社,1985年,頁80。

由”。尋繹出“致誤之由”,則著者之非與後人之誤界限立判。

訛誤的類型,有訛、脱、衍、倒,不同類型的訛誤,其致誤之由各不相同,而我們校改文字對其要求寬嚴也各有不同。對脱文與誤倒的校補,除了稿本與史源文獻的確認外,幾乎不需要什麼理由,都可以視作是後人抄寫刻印的疏忽或妄自校改所致。而對於衍文或誤字,則必有其致訛與致衍之原因。

如《漢書》卷一九下《百官公卿表下》景帝中六年載:“濟南都尉甯成爲中尉,四年遷。”[①]《公卿表》所言“某年遷”(或言“徙”、“免”、“罷”、“卒”、“薨”、“自殺”等),不是指某人於某帝號或年號之第幾年升遷,而是指某人任某職“若干年”後而升遷,而且其計年方法是不連任職當年計算的,頗似今人的“周歲”法,即“實年法”[②]。據此推算,甯成遷轉當在武帝建元元年。但《公卿表》景帝後二年又載有“中尉廣意”,此與上文“中六年”僅隔一年,若此不誤,則“四年遷”之“四年”必有誤。但據《公卿表》武帝建元元年所載“中尉甯成爲内史”,又云“中尉張毆,九年遷”,既有甯成遷轉之官,又有中尉接任之人,與前文所稱“四年遷”正合,是疑問在“中尉廣意”上。“廣意”爲誰?《漢書》卷六三《武五子·燕剌王旦傳》載有“執金吾廣意”事,顔師古注曰“郭廣意”。中尉,即執金吾,武帝時更名,“中尉廣意”當即“執金吾廣意”。據《漢書·燕剌王旦傳》,“王孺見執金吾廣意”在“帝崩,太子立,是爲孝昭帝,賜諸侯王璽書”之際。此時武帝駕崩,昭帝即位,與前指景帝後二年任職時間相距太遠,前後凡56年,《公卿表》所載顯然有誤。《公卿表》何以會出現此等訛誤?昭帝即位在武帝後元二年,郭廣意任執金吾亦當在此年。檢《公卿表》武帝後元二年欄,正載有“執金吾郭廣意免”。是前文景帝“後二年”(又稱“後元二年”)欄所載“中尉廣意”,乃涉武帝“後元二年”而誤,此爲衍文無疑。但這類衍文,後人是絶無可能從《漢書·燕剌王旦

① 班固《漢書》卷一九下《百官公卿表下》,中華書局,1962年,頁765。

② 詳參拙文《〈漢書·百官公卿表〉史例發覆及史文訂誤》,《文史》2010年第4輯。

傳》中檢索出來並誤解爲景帝後元二年而補入史表的,只能是史官因一時疏忽而重複誤書。如此,則此處訛誤就只能校勘而不能删訂了。

明其致誤之由,知爲後人傳寫致誤或妄自補改形成的衍文誤字,則可以進行删改。如《舊唐書》卷一一《代宗本紀》云:"(大曆四年)秋七月己巳,以澧州刺史崔瓘爲潭州刺史、湖南都團練觀察使。癸未,以天下刑官濫刑,詔:'至理之代,先德後刑。……犯禁抵罪,其徒實繁。……慮有冤濫,惨然憂傷,用明慎罰之典,俾弘在宥之澤。其天下見禁囚,死罪降從流,流已下釋放……自今已後,非灼然蠹害,不得輒加非理……'"①按:本卷文字明嘉靖聞人詮刻本有多處嚴重錯簡,此爲其一(自"都團練觀察使"以下原在下文大曆五年四月"庚子,湖南都團練使崔瓘爲"之下),清武英殿刻本出自聞人本,又采用《新舊唐書合鈔》的校訂對此錯簡作了正確的移改②,但在"癸未"日所載詔文(又載於《唐大詔令集》卷八四及《文苑英華》卷四三三)前,即"詔"字上却較聞人本及《合鈔》多出"以天下刑官濫刑"一句。這多出的一句又從何而來呢?遍查諸書,皆不見此文,即近似之語亦無之,當是殿臣據詔令之意增補的結果。《册府元龜》卷八八《帝王部·赦宥七》載:"(大曆)四年七月癸未,詔曰:'至理之代,先德後刑。……'"《册府》此條當出自唐代國史,國史載録此詔即徑書"詔曰"二字而繫於"癸未"日下,則《舊紀》原文無此句亦可知也。又據《舊唐書》本紀文例,詔文之前原本無須先著文表明原由。如本卷《代宗本紀》永泰元年正月癸巳朔制、二年正月乙酉制、十一月丙辰詔、大曆二年正月癸酉詔、四年三月壬申詔等,皆於干支下直録詔文③。再者,《舊紀》於此詔下已有文字説明其故:"先是皇姨弟薛華因酒色之忿,手刃三人,棄尸於井,事發繫獄,賜自盡,故有是詔。""故有是詔",是史文中補叙頒發詔令原由的常見之語,殿本於詔文前補綴"以天下刑官濫刑"一句,頗使前後犯複。如此,武英殿校刊官又爲何

① 劉昫等《舊唐書》,中華書局,1975年,頁293—294。

② 見《新舊唐書合鈔》卷一一。詳見百衲本《舊唐書》卷一一後附張元濟識語。

③ 參見張元濟《校史隨筆》,上海古籍出版社,1998年,頁99。

要擅補此句呢？問題還在於詔文之後的“故有是詔”上。從上引詔文亦可知,本篇詔令旨在“用明慎罰之典,俾弘在宥之澤”,與此處所叙薛華殺人棄尸事不相關涉,甚至有相違之意。但《舊紀》又何以會將此風馬牛不相及的兩件事連綴在一起呢?《册府元龜》卷五八《帝王部·守法》别有説明:“代宗大曆四年七月癸未,敕死罪降從流。時皇姨弟薛華因酒色忿怒,手刃三人,棄尸井中,事發,繫於京兆府,慮前一日賜自盡,不以公法貸私恩也。”代宗於下詔前一日特賜薛華自盡,以免罪大惡極的皇親國戚因大赦而逃脱法網,國史記載此事,是爲了贊美代宗不假國法以徇私恩。二事雖不無關聯,却與頒詔原由無涉,但《舊紀》在裁剪國史之後,却不知何故誤書作了“故有是詔”。殿本知其有誤却不明所以,欲改其誤又無從措其詞,故於詔令前補此“以天下刑官濫刑”一句以正之。此外,殿臣此舉可能還與康熙間徐乾學奉敕編注的《御選古文淵鑒》有關。《御選古文淵鑒》於卷二九、卷三二兩處收錄此詔。卷二九稱《讞獄詔》,題下注云:“《舊唐書》:寶應元年,三司用刑,連年流貶相繼,河北叛,畏誅不降。肅宗後悔,因有此詔。”[①]此注所叙下詔背景及繫該詔於肅宗寶應元年大謬[②],但其所言詔令主旨,却有歪打正着的地方。因該書是敕修的古文選本,而負責《舊唐書》校刊的沈德潛氏爲著名詞臣,其熟習該書自在情理之中,故當其重刊《舊唐書》時,可立時發現《舊紀》此詔與下文所叙“故有是詔”之原由相悖,因而有此臆補。不知此句之出,不倫不類,頓使舊貌全失。後之點校者明其由來,自當删汰“以天下刑官濫刑”一句,而於“故有是詔”下出校指明其誤。

---

① (清)徐乾學編注《御選古文淵鑒》,影印文津閣《四庫全書》本,上海古籍出版社,2005年。

② 此注稱引《舊唐書》云云,而《舊唐書》實無其文,“寶應元年”,“肅宗後悔,因有此詔”三句,當是據《舊唐書·刑法志》所載“肅宗復聞三司多濫,嘗悔云:‘朕爲三司所誤,深恨之。’及彌留之際……乃詔天下流降人等一切放歸”之語推衍而成,其餘文字,則全本自《舊唐書·刑法志》。又《御選古文淵鑒》卷三二據《文苑英華》卷三三三亦選入此詔,繫於“常衮”名下,題作“大曆四年大赦詔”,而此據《舊唐書》選入,則繫於“肅宗”名下,其粗疏亦可想見。

校勘古籍若不見其致誤之由,則不可輕加删改。否則,大半要陷入不當改而妄改的誤區。如荀悦《前漢紀》卷三《高祖皇帝紀》:"五年……八月,燕王臧荼反,上自將擊燕。九月,虜臧荼,立太尉盧綰爲燕王。綰與上同里,同日生,少相愛,後以將軍從擊項羽有功,故立爲代王。丞相張倉從擊臧荼有功,封北平侯。"①按:此文先言"立太尉盧綰爲燕王",又言盧綰"立爲代王",當有一誤。《史記》卷八《高祖本紀》載:"(五年)十月②,燕王臧荼反,攻下代地。高祖自將擊之,得燕王臧荼。即立太尉盧綰爲燕王。"《漢書》卷一下《高帝紀下》所載稍詳:"(五年)秋七月,燕王臧荼反,上自將征之。九月,虜荼。詔諸侯王視有功者立以爲燕王。荆王臣信等十人皆曰:'太尉長安侯盧綰功最多,請立以爲燕王。'"又《史記》卷九三《盧綰列傳》載:"盧綰者,豐人也,與高祖同里……入漢中爲將軍,常侍中,從東擊項籍……漢五年冬,以破項籍,乃使盧綰别將,與劉賈擊臨江王共尉,破之。七月還,從擊燕王臧荼,臧荼降。高祖已定天下,諸侯非劉氏而王者七人,欲王盧綰,爲群臣觖望。及虜臧荼,乃下詔諸將相列侯,擇群臣有功者以爲燕王。群臣知上欲王盧綰,皆言曰:'太尉長安侯盧綰常從平定天下,功最多,可王燕。'詔許之。漢五年八月,乃立盧綰爲燕王。"《漢書》卷三四《盧綰傳》所載略同。《史記》卷一七《漢興以來諸侯王年表》"燕王"欄亦載:"(高祖五年)九月壬子,初王盧綰,元年。"《漢書》卷一三《異姓諸侯王表》略同《史》表。據此可知,盧綰封燕王殆無疑義,之前爲長安侯,之後亦未曾改封,而此云"立爲代王",其誤顯然。故張烈點校《漢紀》,於此改作"立爲燕王",並出校記云:"從南監本改。"③諸書所載既皆爲燕王,又有明刻本爲據,則此處校改頗有理據,當可成立。但"燕王"又何以會錯成"代王"呢?顯然這不是著者誤書,因爲上文明言"盧綰爲燕王";若以爲後人傳寫之訛,則"代王"與"燕王"形音迥異,前後亦無致誤之語境,二者又因何而誤呢?從

① 荀悦《前漢紀》,《四部叢刊初編》本(影印明嘉靖刻本),下同。

② 瀧川資言《史記會注考證》卷八引中井積德曰:"'十月'是'七月'之訛。《漢書》可證。"上海古籍出版社,1986年,頁248。

③ 荀悦《漢紀》,張烈點校《兩漢紀》本,中華書局,2002年,頁46。

校勘學角度看,二者之間若無訛誤之迹,則其誤爲何者之誤終難定論。而在此基礎上所進行的文字校改,不僅難以成爲定論,而且有可能造成新的錯誤——"以誤改誤"。我們考察此處"代王"之誤,發現問題的癥結還在下文"丞相張蒼從擊臧荼"一句上。張蒼曾爲丞相,這没有問題,但檢覈《史》、《漢》諸書,張蒼任漢朝宰相並不在高祖時。《史記》卷九六《張丞相列傳》言:"燕王臧荼反,高祖往擊之,蒼以代相從攻臧荼有功,以六年中封爲北平侯,食邑千二百户。……十四年,遷爲御史大夫。……蒼與絳侯等尊立代王爲孝文皇帝。四年,丞相灌嬰卒,張蒼爲丞相。"《漢書》卷四二《張蒼傳》所載略同。《史記》卷二二《漢興以來將相名臣年表》亦載:"(文帝)四年正月甲午,御史大夫、北平侯張蒼爲丞相。"又曰:"後二年八月戊辰,蒼免相。"《漢書》卷一九下《百官公卿表下》同《史》表。據此可知,張蒼出任宰相在文帝四年正月,其罷相在文帝後二年八月,終高祖一朝,張蒼未曾出任朝廷宰相,高祖五年張蒼從擊臧荼,其時身份實爲"代相",即諸侯王代國之相。"代相"亦可稱作"代丞相",如《漢書·百官公卿表下》高帝四年載"中尉周昌爲御史大夫,六年徙爲趙丞相",高后八年載"淮南丞相張蒼爲御史大夫",即其例證。但"代相"、"代丞相"若非在特殊語境,則不可省去諸侯國名而徑稱"相"、"丞相"。《漢紀》此處不冠所相王國名而稱作"丞相",或指漢朝宰相,或指前揭"燕王"丞相,與張蒼其時身份皆不相符,故此"丞相"前當書有"代"字。今若將上文有誤之"代王"二字乙正作"王代",則上揭兩處訛誤,皆涣然而冰釋:原來"故立爲代王"之"代王"並非"燕王"之字誤,而是二字誤倒,"代"字屬下,"代丞相"正是當時張蒼的身份。其曰"故立爲王",只是爲了説明爲什麽要立盧綰這個異姓爲王,而不是爲了説明爲什麽要立爲燕王。因爲終高祖一世,異姓封王者甚少(盧綰前僅有七人),此前高祖曾欲立盧綰爲王,遭到了諸王大臣的反對,至此因盧綰再立奇功虜獲臧荼,終於獲封爲王,是此句原本無需重複"燕王"二字。《漢紀》整理本的校改,原本也有相當的理據,但最終仍未能遠離"以誤改誤"的責難,雖然此與忽略張蒼爲相的時間有關,但這仍不是致命的關鍵。因爲張蒼確實曾任宰相,與此處所載正可互相印證,不再注意其時間、朝代是否吻合也屬於常情。我們認爲導致誤校的根本原因,在於所校誤字"代王"與所改正字"燕王"之間,毫無訛誤痕迹。校改而不見致誤之由,甚至不見絲毫的訛誤之迹,這樣的校改實際上大多都是不可靠的。即使依據充分可信,那也只能證明原本有誤,而難以證明其必爲何者之誤。如整理本此處校改,原尚有明萬曆南監本爲據,貌似可信,實則版本異文相差太大,異文之間不見訛誤之迹,仍然不可輕信,因爲這類版本異文,大多也是前人校刻古書時"以誤改誤"造成的。《漢紀》南監本作"燕王",實際上就是校刻者發現"代王"之誤而據《史記》或《漢書》臆改的。南監本刊印之底本,即今存最早而直承宋本的明嘉靖間黄姬水刊《兩漢紀》合刻本[①],其字作"代王"可以爲證。

如果整理者在校改文字中忽略了考察異文之間的訛誤之迹,那麼此類誤校誤改在其整理的文獻中,就可能不只是個别現象。如《前漢紀》卷二二《孝元皇帝紀中》永光二年載匡衡疏:"《詩》云:'京邑翼翼,四方是則。'"點校者改作"商邑翼翼,四方之極",校記云:"從《漢書·匡衡傳》改。"另外點校者據改還有一個隱而未言的依據,即此是引《詩》,今本《毛詩》與《漢書·匡衡傳》同,亦作"之極"。但"是則"與"之極",二者無傳寫訛誤之迹,此處校改,仍有未安。檢《後漢書》卷三二《樊準傳》載準疏引此詩,即作"京邑翼翼,四方是則",唐李賢注曰:"《韓詩》之文也。"據此可知,《漢紀》所載原本采自三家詩,並無訛誤可言。其實,清人王念孫於此詩異文早有考校,《經義述聞》卷七"商邑翼翼四方之極"條云:

> ……《齊詩》亦作"是則",匡衡,傳《齊詩》者(見《漢書·儒林傳》)。《漢紀·元帝紀》載衡疏曰:"《詩》云:京邑翼翼,四方是則。今長安天子之都也,親承聖化,其習俗無以異於遠方,郡國來者無所法則,或見侈靡而仿效之。"曰法則,曰仿效,即承"四方是則"而言之也。《漢紀》之文,本於《漢書·匡衡傳》,而傳載衡疏作"商邑翼翼,四方之極",與《漢紀》不同者,後人以《毛詩》改之也。案疏曰

① 張烈《〈兩漢紀〉及其版本問題》,《古籍整理研究學刊》1990年第6期。

"道德之行,由内及外,自近者始,然後民知所法",故引《詩》"四方是則"以證之。"則"亦法也,若作"四方之極",則失其指矣。顔師古注曰:"商邑,京師也。極,中也。"則所見已是改竄之本,當據《漢紀》以正之。《後漢書》"京師翼翼",本作"京邑翼翼",因彼處下文"京師"字而誤也,亦當據《漢紀》以正之。《後魏書·甄琛傳》"《詩》稱'京邑翼翼,四方是則'",後魏時《齊詩》已亡,則所引《韓詩》也。《白帖》七十六兩引《詩》,皆作"京邑翼翼,四方是則",唐時《韓詩》尚存,則所引亦《韓詩》也。①

高郵王氏據《韓詩》流傳以及後漢至唐代諸家引《詩》爲説,甚確。《漢紀》此處正可反映匡衡奏疏引《詩》采用三家詩之舊貌,今人豈可輕改《漢紀》以從《漢書》耶②? 此則又難免有"以不誤爲誤"之嫌了。

古籍校勘中,即便經過多方考證,確認了原書的文字記載有誤,但若不見其傳寫訛誤之迹,也不能考知其誤校妄改之由,則應從著者誤書的角度來考察了。如《前漢紀》卷一〇《孝武皇帝紀一》:"(建元二年)夏四月戊申,有星如日夜出。初置茂陵邑,徙郡國豪傑於茂陵。河内郭解在徙中……後捕得解,所犯皆在赦前。後有謗毀解者,客殺之,斷其舌,解實不知。有司奏解無罪。時公孫弘爲丞相,以爲解布衣,以睚眥殺人,雖不知,甚於知。遂族之。""時公孫弘爲丞相"句,點校本改"丞相"爲"御史大夫",校勘記曰:"從《漢書·游俠傳》改。"檢《漢書》卷九二《游俠·郭解傳》,知《漢紀》文字本於此,原文作:"御史大夫公孫弘議曰:'解布衣爲任俠行權,以睚眥殺人,解不知,此罪甚於解知殺之,當大逆無道。'遂族解。"《漢書》文字又本於《史記》卷一二四《游俠·郭解傳》,亦稱"御史大夫公孫弘議曰"云云。公孫弘雖然也做過丞相(據《史記》卷二二《漢興以來將相名臣年表》及《漢書》卷一九下《百官公卿表》,公

① 王引之《經義述聞》卷七,江蘇古籍出版社,1985年,頁176—177。

② 點校者若不以王説爲定論,以爲《漢書·匡衡傳》引《詩》未必出於後人妄改,此亦不得改從《漢書》。

孫弘爲御史大夫在武帝元朔三年；元朔五年，公孫弘又自御史大夫遷爲丞相；至元狩二年三月，公孫弘薨於丞相任上），但當時判決郭解則應在御史大夫任上，《史》、《漢》原文如此，是張氏校改得其事實。但《漢紀》作"丞相"，並非傳寫之誤，因爲二者根本無緣致誤，也不可能是後人妄改所致，因爲誤校妄改，一般是文字生僻晦解，若有訛誤，所改則文從字順，或衆所習知，而不是相反。此處《史》、《漢》原文皆作"御史大夫"，後人校改也只會據《史》、《漢》改作"御史大夫"，而不會將明白易曉，與史源一致的文字任意改作"丞相"。如此說來，此"丞相"二字必是著者荀悦所書。既爲著者所書，則不論是否可靠，後世整理者都不能作如此改動，否則那就不是校勘，而是切切實實的改竄了。

上述校改之失，皆在於未曾注意正誤文字之間的迥然差異，亦即没有考察異文之間的致誤之由。科學嚴密的校改，必定要能考見文字之間的訛誤痕迹。雖然時過境遷，有些致誤之由已經無法考知，但絕大部分的傳寫訛誤或者淺人妄改還是有迹可尋的。循此，則古文獻整理中的誤校誤改可以稍息矣。

（作者單位：南京大學古典文獻研究所）

古典文獻研究(第十五輯)
2012年7月

左思《三都賦》與魏晉史學

唐志遠

晉代左思的《三都賦》是繼班固《兩都賦》、張衡《二京賦》之後出現的又一篇京都大賦的典範之作,自從被選入蕭統《文選》,更爲後人所廣泛傳誦。《晉書·左思傳》稱其"欲賦三都,會妹芬入宫,移家京師,乃詣著作郎張載,訪岷邛之事。遂構思十年,門庭藩溷皆著筆紙,遇得一句,即便疏之。"光是構思就花了十年,至於寫作完成恐怕還遠不止此數,劉勰即稱"左思練都以一紀"(《文心雕龍·神思》),可見《三都賦》真是他的殫精竭慮之作,耗費了他大量的時間和精力①。這篇賦作的完成也給他帶來了巨大的聲譽,傳稱"於是豪貴之家競相傳寫,洛陽爲之紙貴",即可想見當日的盛況。

一　徵實之理論

相比前代的同類賦作而言,左思的《三都賦》一方面繼承了京都大賦"體國經野,義尚光大"的傳統,假爲主客,分寫蜀都、吴都、魏都三地,

① 嚴可均《全晉文》卷一四六《左思别傳》案語曰:"其賦屢經删改,歷三十餘年,至死方休。"可參看。

“三賦並列,有各出機杼之奇,有互相呼應之妙”(《文選集評》卷一引孫月峰語),鋪張揚厲,氣勢恢宏;另一方面,又有所開拓和創新,其中最重要的一點,就是他在創作過程中自覺追求“徵實”的精神,要求作品能夠切合社會生活的原貌,反對過分的誇張和失實。劉師培即指出:“東漢以來,詞賦雖逞麗詞,左思《三都賦》矯之,悉以徵實爲主。”①左思先在《三都賦序》中批評前代賦作説:

> 然相如賦《上林》而引“盧橘夏熟”,楊雄賦《甘泉》而陳“玉樹青葱”,班固賦《西都》而嘆以“出比目”,張衡賦《西京》而述以“游海若”。假稱珍怪,以爲潤色,若斯之類,匪啻于兹。考之果木,則生非其壤;校之神物,則出非其所。

他認爲司馬相如、楊雄等人所寫的物産往往與實際情況不合,因而産生了“於辭則易爲藻飾,於義則虚而無徵”、“侈言無驗,雖麗非經”的結果。有鑒於此,他在接下來的賦序中揭示了自己的做法:“余既思摹二京而賦三都,其山川城邑則稽之地圖,其鳥獸草木則驗之方志。風謡歌舞,各附其俗;魁梧長者,莫非其舊。”並且提出了“美物者貴依其本,贊事者宜本其實”的主張。這種辭必徵實的主張得到了與左思同時或稍後的學者們的認可。《文選》李善注引臧榮緒《晉書》曰:“左思作《三都賦》,世人未重。皇甫謐有高名於世,思乃造而示之。謐稱善,爲其賦序也。”爲左思所借重的皇甫謐即在序中稱:“若夫土有常産,俗有舊風,方以類聚,物以群分。而長卿之徒,過以非方之物,寄以中域,虚張異類,托有於無,祖構之士,雷同影附,流宕忘反,非一時也。”(《文選》卷四五)算是對前代虚張誇誕賦風的批評,認爲他們没有將風俗物産等按實書寫,又稱贊左思之賦説:“其物土所出,可得披圖而校,體國經制,可得按記而驗,豈誣也哉!”所謂“披圖而校”、“按記而驗”即是强調其賦作的真實可信,可説是與左思賦論桴鼓相應。衛權爲《三都賦》作略解,也稱:“余觀

① 劉師培《中國中古文學史》,人民文學出版社,1959年,頁61。

三都之賦,言不苟華,必經典要,品物殊類,禀之圖籍,辭義瑰瑋,良可貴也。”顯然是對其徵實表示贊賞之意。劉逵爲注《吴》、《蜀》二都賦,也在序中批評“班固《兩都》理勝其辭,張衡《二京》文過其意”之後,提出了“非夫研核者不能練其旨,非夫博物者不能統其異”的看法①。如果説上述諸家都是圍繞《三都賦》一篇所作的批評②,難免同聲相應、同氣相求,得出相似結論的話,同時代的摯虞在其《文章流别論》中的論點則更具有普遍的意義,其文曰:

夫假像過大,則與類相遠;逸辭過壯,則與事相違;辨言過理,則與義相失;麗靡過美,則與情相悖:此四過者,所以背大體而害政教,是以司馬遷割相如之浮説,揚雄疾辭人之賦麗以淫。(《藝文類聚》卷五六)

對於“假像過大”、“逸辭過壯”、“麗靡過美”等的批評也跟左思的賦論相似,實際上是反過來强調徵實之意。又如傅玄《紫華賦》序云“紫華,一名長樂華。舊生於蜀,其東界特饒,中國奇而種之”,張協《安石榴賦》首句即曰“考草木於方志”,都表明了他們創作辭賦時的徵實態度。可見當時的辭賦創作追求“徵實”已不是個别的現象,而儼然成爲了一種風氣,王琳先生從而提煉出“崇真求實”的辭賦觀③,程章燦先生也在其《魏晉南北朝賦史》中將之歸結爲“諷諫徵實派”,以與同時的“體物瀏亮

① 衛權、劉逵之序,皆見《晉書》卷九二《文苑·左思傳》。

② 《世説新語·文學》劉孝標注引《左思别傳》曰:“思造張載,問岷蜀事,交接亦疏;皇甫謐西州高士,摯仲治宿儒知名,非思倫匹;劉淵林、衛伯輿並蚤卒,皆不爲思《賦》序注也。凡諸注解,皆思自爲,欲重其文,故假時人名姓也。”可知此時即有人懷疑諸人爲《三都賦》序注之事,清人王士禛指出:“《别傳》不知何人所作,定出怨謗之口,不足信也。”(《古夫于亭雜録》卷三)嚴可均、高步瀛等亦爲辯誣,當可信從。

③ 王琳《西晉辭賦觀簡論》,《山東師大學報(社會科學版)》1988年第5期。

派"相提並論[1]。

二 徵實之表現

反觀《三都賦》,左思的這種徵實精神是否貫徹到了他的寫作中去呢?答案是肯定的。事實上,左思所説的徵實包括兩個層面的含義:其一是指風俗物産等要符合當時當地的實際情況;其二則是指描寫各種風物應該準確核實,而不應徒事誇張。對於前者,我們只要看看前引《三都賦序》中的"稽之地圖"、"驗之方志"以及《晉書》本傳中的"門庭藩溷皆著筆紙"云云,就可以想見他是多麼認真和勤劬,而賦作中所描寫的山川方物等,也往往可與當時的州郡地志相參照,這一點後面將要詳細討論。就後者而言,《文選》李善注所録《魏都賦》張載注即爲此提供了寶貴的材料[2]。檢《魏都賦》有句曰:"周軒中天,丹墀臨猋。增構峨峨,清塵彯彯。雲雀踶甍而矯首,壯翼摛鏤於青霄。雷雨窈冥而未半,皦日籠光於綺寮。習步頓以升降,御春服而逍遥。八極可圍於寸眸,萬物可齊於一朝。"張載注在解釋了"丹墀"和"猋"之後,就徵引諸家之賦説:

班固《西都賦》説鳳闕曰:"上觚棱而栖金雀。"凡鳥之栖也,羽翼戢弭,以今揆古,言栖非所睹之形也。張衡《西京賦》曰:"鳳騫翥於甍標,感遡風而欲翔[3]。"此鳳之住有定向,而風無一方[4],則不宜

① 程章燦《魏晉南北朝賦史》,江蘇古籍出版社,2001年,頁162。

② 張載注《魏都賦》,見於唐修《晉書》左思本傳,當本之臧榮緒《晉書》。

③ 按:"遡"通"溯",向着。《文選·潘岳〈西征賦〉》:"發閿鄉而警策,遡黄巷以濟潼。"薛綜注:"遡,向也。遡與溯,古字通。"

④ "此鳳"至"一方"十二字尤刻本《文選》作"此鳳之有定有住尚向風而無一方",據胡克家《文選考異》卷一改。

言翅風也。但鳥跱則形定翼住,飛則斂足絶據,踶則舉羽翩用勢①,若將飛而尚住,故言"雲雀踶甍而矯首"也。

指出班固和張衡的賦作在描寫宫闕頂上的銅雀時,都有一些不符合事實:一個言"栖"亦即"跱",則應該"羽翼戢弭"、"形定翼住",意即收攏翅膀,而銅雀實際是展翅飛翔貌;另一個言"翔"亦即"飛",則風向不定而鳳有定向,並不會隨風轉動("翅風而欲翔"),且鳥雀在騰空時應該"斂足絶據",意即收攏雙足等,而銅雀並非如此,可見二者下字都不夠精確。只有左思所下的"踶"字,準確描述了宫闕頂上的銅雀"舉羽翩用勢,若將飛而尚住"的形態,雖一字之微,也可看出左思創作時的苦心經營、一絲不苟。接下來張載在解釋臺榭的高峻時,又將左思賦與前代賦作了比較:

王褒《甘泉賦》曰:"十分未升其一,增惶懼而目眩;若播岸而臨坑,登木末以窺泉。"楊雄《甘泉賦》説臺曰:"鬼魅不能自逮,半長途而下顛。"班固《西都賦》説臺曰:"攀井幹而未半,目眩轉而意迷。舍靈檻而却倚,若顛墮而復稽。"張衡《西京賦》説臺曰:"將乍往而未半,怵悼栗而竦矜,非都盧之輕蹻,孰能超而究升?"此四賢所以説臺榭之體,皆危峣悚懼,雖輕捷與鬼神,由莫得而自逮也。非夫王公大人,聊以雍容升高,彌望得意之謂也,異乎老子曰"若春升臺"之爲樂焉,故引習步頓以實下,稱八方之究遠,適可以圍於徑寸之眸子,言其理曠而當情也。

指出王褒、楊雄、班固、張衡等四人筆下的"臺榭之體",只是一味的誇張,都未免太過危悚,即便像鬼神一般輕捷,恐怕都登不上去,因而"非夫王公大人,聊以雍容升高,彌望得意之謂也"。只有左思的"習步頓以升降,御春服而逍遥",最能寫出王公大人雍容升降、眺望八方的情狀,

---

① 按:"踶"同"踢",見《莊子・馬蹄》:"夫馬,陸居則食草飲水,喜則交頸相靡,怒則分背相踶。"

因而也是最爲符合情理的。於此我們一方面可以看出左思在鍛句煉字時是多麽的小心矜慎,追求真實,另一方面也不禁佩服張載的披文入情,體貼細微。至於要求"辭必徵實",則二人的看法是一致的。

當然後代也有人對左思的觀點提出異議,認爲他自己未必能夠做到"徵實"[①]。如宋人張世南就在其《游宦紀聞》中批評《蜀都賦》"旁挺龍目,側生荔枝"中的"龍目"並不生於蜀地,乃是無中生有[②];元人李治更譏刺《三都賦》說:"于《蜀都》則云'試水客,漾輕舟,娉江妃,與神游',又云'吹洞簫,發棹謳,感蟫魚,動陽侯';此與《甘泉》之'玉樹',《西京》之'海若',復何所異?至于談吴都之《賦》,則云'巨鰲贔屓,首冠靈山;大鵬繽翻,翼若垂天',雖詞人之語,詭激誇大,可以理貸,亦其秉筆之際,遐探雄擢,偶忘己之所稱也。方之盧橘之誤,比目之誕,豈不更甚矣乎?"[③]李氏從《三都賦》中搜羅出一些誇誕失實的字句,批評了左思的言不符實,"笑他人之未工,忘己身之已拙"。錢鍾書先生也就此評論說:"詞賦之逸思放言與志乘之慎稽詳考,各有所主,欲'美物依本,贊事本實',一身兩任,殊非易事。"[④]所論都很有道理。作爲文學作品而言,既要徵實,又求文采,確乎是一件困難的事,《文心雕龍·誇飾》云:"然飾窮其要,則心聲鋒起,誇過其理,則名實兩乖。若能酌詩書之曠旨,剪揚馬之甚泰,使誇而有節,飾而不誣,亦可謂之懿也。"允持厥中,可通徵實與誇飾二者之郵。儘管左思的賦作中也或多或少存在他所批評的"侈言無驗"的弊病,可我們仍然不能不承認,是左思首次在辭賦創作中提出了徵實的要求,從而爲辭賦創作開闢了新的天地,正如周勛初先生所言:"應該認爲,左思徵實的態度,比之前人,已有根本不同。"[⑤]

---

① 參看高步瀛《文選李注義疏》,中華書局,1985 年,頁 871—874;錢鍾書《管錐編》,中華書局,1979 年,頁 1152。

② 張世南《游宦紀聞》,中華書局,1981 年,頁 42。

③ 李治《敬齋古今黈》,中華書局,1995 年,頁 111。

④ 錢鍾書《管錐編》,中華書局,1979 年,頁 1152。

⑤ 周勛初《魏晉南北朝文學論叢》,江蘇古籍出版社,1999 年,頁 43。

三　徵實與史學

接下來要追問的是,爲什麽左思會提出這種辭必徵實的觀點,並得到了同時代人們的同情和認可呢?對於這個問題,前賢時彦提出了一些不同的看法,如郭紹虞先生認爲這是受王充"疾虚妄"的批評思想之影響,王琳先生則認爲"西晉辭賦觀的崇真求實與玄學的崇尚'自然'有一定的内在聯繫",程章燦先生從地理背景和南北學風異同的角度來解釋,姜劍雲先生則指出左思的創作觀"某種程度上體現了宗經、徵聖、尚用、宜實的儒家功利主義、實用主義的文學思想"。更有論者從時代需要和作者個性等方面來闡釋①。各家説法都有一定的道理,也或多或少指出了左思賦論的理論淵源和時代背景。史稱左思"少博覽史記",又曾寫作《咏史》詩八首,上下千古,榷論人物,可見他有深厚的史學修養②,《文心雕龍·才略》篇即稱:"左思奇才,業深覃思,盡鋭於《三都》,拔萃於《咏史》。"故本文認爲,除了上述諸家所論之外,左思之所以提出徵實的辭賦觀,並且在創作上取得巨大成功,還跟漢末魏晉以來史學的發展密切相關③。具體説來,主要表現在兩個方面:一是史學觀念的影響,二是史學著作的支持。請依次述之。

① 上述諸家論點分别見郭紹虞《中國文學批評史》,百花文藝出版社,2008年,頁85;王琳《西晉辭賦觀簡論》;程章燦《魏晉南北朝賦史》,頁167;姜劍雲《太康文學研究》,中華書局,2003年,頁143;黄九蓮《左思辭賦觀及其産生原因探微》,《蘭州教育學院學報》2008年第2期。

② 《北堂書鈔》卷一〇二引臧榮緒《晉書》曰:"左思少博覽史記,作《三都賦》,遂構思十年,門庭籓溷皆著筆紙。"細味文句,似乎可以認爲,在臧榮緒看來,左思"博覽史記"的史學修養構成了其寫作《三都賦》的一個充分條件。

③ 《太平御覽》卷二三三引王隱《晉書》曰:"左思專思《三都賦》,杜絶人事。自以所見不博,求爲秘書郎。"之所以求爲"秘書郎",一個很重要的目的便是能夠"觀書中秘",從而滿足其漁獵異書以供采獲之心。

(一) 史學觀念的影響

我國史學中的徵實精神可以簡單地概括爲“實録”二字,若分而論之,則主要包括“秉筆直書”和“材料考信”兩個方面,這是我國古代史學一個悠久而優良的傳統,其建立可以遠溯到先秦時代,就中孔子的貢獻尤爲卓著。就前者而言,孔子曾稱贊直書“趙盾弑君”的晉國史臣董狐爲“古之良史”,以其“書法不隱”也(《左傳·宣公二年》)。他自己所修的《春秋》,則被孟子稱爲能使“亂臣賊子懼”(《孟子·滕文公下》),也因爲他能夠秉筆直書,從而“彰善癉惡,樹之風聲”(《文心雕龍·史傳》),可見孔子在理論和實踐上都是推崇秉筆直書的[①]。就後者而言,孔子對待史料的態度非常謹慎,如《論語·八佾》篇:“子曰:‘夏禮吾能言之,杞不足徵也;殷禮吾能言之,宋不足徵也。文獻不足故也。足,則吾能徵之矣。”此處的“文獻”指典籍和賢人,文獻充足就可以考證禮儀,不充足則無能爲力[②]。又如《衛靈公》篇:“子曰:‘吾猶及史之闕文也,有馬者借人乘之,今亡矣夫。’”何晏《論語集解》引包氏曰:“古之良史,於書字有疑則闕之,以待知者也。”此後數句的解釋不是很明朗,但孔子對於這種“闕疑”的態度表示贊賞,則是可以肯定的,這也可以從《述而》篇的“多聞闕疑”、“多見闕殆”等語得到印證。凡此都可看出孔子的徵實精神和考信態度。“軸心時代”的思想往往對後世産生深遠的影響,史學中的徵實精神也不例外。司馬遷著《史記》就很好地繼承了孔子的這種精神,一方面,他不畏强權,不徇流俗,采用“隱約以遂其志”的方式對統治者進行了深刻的批判和諷刺,其著作甚至被後人誣爲“謗書”;另一方面,司馬遷在寫作的過程中常常通過實地調查和走訪耆舊的方式保證史料的可靠性,這在多篇的“太史公曰”部分可以清晰地看到;又在《大宛列傳》中稱“故言九州山川,《尚書》近之矣。至《禹本紀》、《山海經》所

① 同樣是秉筆直書,也有不同的層面,如董狐書“趙盾弑君”乃重義理,而齊太史書“崔杼弑君”則重事實,由之而形成兩個不同的傳統,參看雷家驥《中古史學觀念史》(學生書局,1990年),此不贅。

② 此處解釋用朱子義,參看《四書章句集注》,中華書局,1983年,頁63—64。

有怪物,余不敢言之也”,“不敢言”即因其虛妄之故,體現了鑒别史料的客觀審慎態度。這種徵實精神一直延續下來,在魏晉南北朝時期的史學中也得到了很好的發展。

嚴格説來,“秉筆直書”更多地關涉思想意義方面,與我們上文所説的《三都賦》之徵實關係不大,而“實録”的另一方面,亦即“材料考信”的著史態度,則可以説是與左思之徵實旗鼓相當。魏晉以來史學日趨發達,私家著史的風氣非常濃厚,史書門類也得到了很大的擴充和發展。既然要著史,便需遵從“實録”原則,史料是否信實就成爲一條重要的衡量標準。試檢魏晉時期的史學批評不難發現,當時的史學家們對於材料之考信非常重視①。他們對於前代史著常批評其錯謬,如三國時吴國史臣韋昭稱:“囚(按:韋昭自稱)昔見世間有古曆注,其所紀載既多虚無,在書籍者亦復錯謬。囚尋按傳記,考合異同,采摭耳目所及,以作《洞紀》。”(《三國志》卷六五)蜀國的譙周認爲“司馬遷《史記》書周秦以上,或采俗語百家之言,不專據正經”,因而“作《古史考》二十五篇,皆憑舊典,以糾遷之謬誤”,可是即便如此,仍然遭到晉皇室司馬彪的不滿:“彪復以周爲未盡善也,條《古史考》中凡百二十二事爲不當,多據《汲冢紀年》之義,亦行於世。”(《晉書》卷八二)晉人袁宏作《後漢紀》亦稱:“前史闕略,多不次叙,錯謬同異,誰使正之。”(《全晉文》卷五七)可見他們在寫作時都花了一番糾謬決疑和材料考信的功夫,因之他們的著作往往有“典實”之稱,如華嶠被時人稱爲“博聞多識,屬書典實,有良史之志”,所作《後漢書》獲得了荀勖、和嶠、張華、王濟等人的稱贊:“咸以嶠文質事核,有遷固之規,實録之風。”(《晉書》卷四四)《文心雕龍·史傳》也説:“若司馬彪之詳實,華嶠之准當,則其冠也。”比左思稍早的裴秀著《禹貢地域圖》屬於史部地理類著作,大致相當於左思賦序中所稽之“地圖”,其序首先批評漢代地圖著作過於粗率和錯謬:“惟有漢氏《輿地》及《括地》諸雜圖,各不設分率,又不考正準望,亦不備載名山大川。雖有粗形,皆不精審,不可依據。或荒外迂誕之言,不合事實,於義無取。”接

① 參見邱敏《六朝史學》,南京出版社,2003年,頁250。

下來詳細講述了他繪製十八篇地圖的方式：

> 製圖之體有六焉。一曰分率，所以辨廣輪之度也。二曰準望，所以正彼此之體也。三曰道里，所以定所由之數也。四曰高下，五曰方邪，六曰迂直，此三者各因地而制宜，所以校夷險之異也。①

采用這種方式繪製的地圖無疑是比較精確的，如他自己所言："然遠近之實定於分率，彼此之實定於道里，度數之實定於高下、方邪、迂直之算。故雖有峻山鉅海之隔，絶域殊方之迥，登降詭曲之因，皆可得舉而定者。準望之法既正，則曲直遠近無所隱其形也。"(《晉書》卷三五《裴秀傳》)遠近之實、彼此之實、度數之實都得到了確定，"曲直遠近無所隱其形"，於此也可看出裴秀的徵實精神，他的"製圖六體"理論爲傳統地圖學奠定了基礎。

綜上可知，魏晉以來的史學家們繼承了先秦兩漢的優良傳統，非常重視史料的考信問題，這種徵實考信的精神影響到社會文化的方方面面，作爲時代結晶的文學自然也不例外，左思的《三都賦》之所以追求徵實，反對"侈言無驗"，也就可以理解了。有意思的是，除了辭賦之外，一些在今人看來荒誕不經的著作也很講求"實録"，如干寶《搜神記》自認爲"足以明神道之不誣"，因而被人譽爲"鬼之董狐"(《世説新語·排調》)；葛洪《神仙傳自序》稱"神仙幽隱，與世異流"，因而爲作傳記，"以傳知真識遠之士"②；連郭璞爲《山海經》作注，也爲世人不信此書而痛

---

① "製圖六體"意謂：一曰分率(比例尺)，用於測定地區的大小；二曰準望(方向)，用於確定各地物的方位；三曰道里(距離)，用於確定道路的理程；四曰高下(高取下，取下爲水準直綫距離)；五曰方邪(方取斜，取斜爲直綫距離)；六曰迂直(迂取直，取直爲直綫距離)。這六項原則歸納起來也就是現代地圖學所論述的比例尺、方向和距離三要素，説明繪製地圖必須制定比例尺，測出地物之間的方向，並求得各地物間的水準直綫距離。參看[英]李約瑟《中國科學技術史》第五卷地學第一分册，科學出版社，1976年，頁110—113。

② 胡守爲《神仙傳校釋》，中華書局，2010年，頁1。

心疾首,並羅列大量實例以證明《山海經》於史有徵(《全晉文》卷一二一)。事實上,這幾部書在《隋書・經籍志》裏都被著録於史部,也大致代表了六朝人的觀念。且不論他們是否真正相信神仙怪異,或者另有"神道設教"的考慮[①],他們要求自己的著作符合"實録"的標準,則無疑是受了史學之徵實精神的影響。

(二) 史學著作的支持

以上是爲史學觀念的影響,接下來談談史學著作的支持。如上所言,左思之所以提出辭必徵實的觀點,乃是受了史學中徵實考信精神的影響,可是"非言之難,行之維艱",如果没有魏晉以來史學著作的支持,左思的《三都賦》也會成爲無源之水、無本之木,無從"徵實",也難以獲得應有的成功。這一點,如《吴都賦》在歷數了當地的水土物産之後,總結説"方志所辨,中州所羨",即透露了他對方志的借重。前引左思《自序》也作了很好地坦承:"余既思摹二京而賦三都,其山川城邑則稽之地圖,其鳥獸草木則驗之方志。風謡歌舞,各附其俗;魁梧長者,莫非其舊。"地圖、方志不用説,都是史學著作,"俗"指風俗志,"舊"指耆舊傳,在《隋書・經籍志》史部"地理"、"雜傳"等類中都可以找到相關的大量著作[②]。如果説這些著作雖然繁夥,但只是客觀存在,很難跟左思的《三都賦》扯上關係的話,那麽我們試將《三都賦》與其注釋對讀,倒不失爲一種檢討其史料來源的好方法。原因很簡單,據《晉書》本傳,爲《三都賦》作注者有張載、劉逵和衛權,張注《魏都》,劉注《吴》、《蜀》二都,皆

① 《淮南子・泛論》曰:"凡此之屬,皆不可勝著於書策竹帛,而藏於官府者也,故以禨祥明之。爲愚者不知其害,乃借鬼神之感以聲其教,所由來者遠矣。而愚者以爲禨祥,而很者以爲非,唯有道者能通其志。"

② 周勛初先生指出:"如'地圖',則有晉懷州刺史楊佺期的《洛陽圖》一卷等;'方志',則有晉山謙之的《吴興記》三卷、顧夷的《吴郡記》一卷等;'俗'指風俗傳,如漢圈稱有《陳留風俗傳》二卷等;'舊'指耆舊傳,如魏散騎侍郎蘇林有《陳留耆舊傳》一卷等。"參看前揭《魏晉南北朝文學論叢》,頁41。

爲《文選》李善注所收録。張、劉二人大抵與左思同時[①]，所寓目的史料應該也與左思差不多，我們完全有理由相信，他們在注釋中所徵引的著作大致就是左思作賦的史料來源。況且李善注《文選》，往往采用“舉先以明後”的徵引式注釋方法，以追溯作者文本的原始出處[②]，無疑也對瞭解左思賦作的史料淵源提供了很大幫助。試檢《三都賦》上述三家注釋，則不難發現三家徵引的史學著作除了傳統的《尚書》、《左傳》、《史記》、《漢書》以及《山海經》、《神異經》、《列仙傳》等之外，更多的乃是漢末魏晉以來日趨興盛的州郡、地志、雜傳類著作，如任豫《益州記》、譙周《異物志》《益州志》、張華《博物志》[③]、魏完《南中記》、薛瑩《荆揚已南異物志》、劉欣期《交州記》、干寶《搜神記》、周處《風土記》以及不著主名的《南裔志》、《玄中記》、《江表傳》、《扶南傳》、《湘州記》等[④]，而賦中對於山川方物、風俗民情的描寫，往往可以與這些著作相互參稽。如《蜀都賦》有句云：“於是乎邛竹緣嶺，菌桂臨崖。旁挺龍目，側生荔枝。布緑葉之萋萋，結朱實之離離。迎隆冬而不凋，常曄曄以猗猗。”劉逵注引《南裔志》曰：

---

① 參看姜劍雲《〈三都賦〉撰年疑案新斷》，《北京大學學報（哲學社會科學版）》2002年第6期。

② 王寧《李善的〈昭明文選注〉與徵引的訓詁體式》，載趙福海主編《文選學論集》，時代文藝出版社，1992年。

③ 張華《博物志》雖收入《隋書·經籍志》子部雜家類，其實際也是一部地理博物著作，如前人所言：“由張氏鑒省《禹貢》、《山海經》、地志而作是志，故於地理特詳。”（王謨《漢魏叢書本〈博物志〉跋》）

④ 按：兹略考不著主名的著作如次：1.《南裔志》：晉人常璩《華陽國志》自序稱：“乃考諸舊紀先宿所傳並《南裔志》，驗以《漢書》，取其近是，及自所聞，以著斯篇。”可知此書作於晉前，《隋志》不見著録；2.《玄中記》：舊題《郭氏玄中記》，宋羅泌《路史》以爲晉郭璞撰，《隋志》及兩《唐志》均未著録；3.《江表傳》：據《晉書》卷八二，此書爲虞溥撰，《隋志》不見著録，《唐志》入雜史；4.《扶南傳》：三國時東吴將領康泰著，《隋志》不見著録，《太平御覽》屢引之，詳見楊守敬《水經注疏》卷一；5.《湘州記》：考六朝時以《湘州記》名書者，計有晉庾仲雍、宋郭仲産和宋甄烈三種，《隋志》著録前二種，分别爲二卷和一卷，後者不著録。參看章宗源《隋書經籍志考證》（《二十五史補編》本）。——《三都賦》注所引或即此數部著作。

> 龍眼,荔枝,生朱堤南廣縣,犍爲僰道縣。隨江東至巴郡江州縣,往往有荔枝樹,高五六丈,常以夏生,其變赤可食。龍眼似荔枝,其實亦可食。邛竹、菌桂、龍眼、荔枝,皆冬生不枯,鬱茂於山林。

可知龍眼和荔枝至少在漢魏時期確實生長於蜀地,據此倒可以駁斥前引宋人張世南《游宧紀聞》中對左思的批評,蓋人事有代謝,氣候亦有變遷,宋朝時蜀地不産龍眼,並不代表六朝時期也不産,於此可知左思的"徵實"還真是名不虚傳。又如"貝錦斐成,濯色江波"句,注引譙周《益州志》云:"成都織錦既成,濯於江水,其文分明,勝於初成;他水濯之,不如江水也。""戟食鐵之獸,射噬毒之鹿"句,注云:"貊獸,毛黑白臆,似熊而小,以舌舐鐵,須臾便數十斤,出建寧郡也。有神鹿兩頭,主食毒草,名之食毒鹿,出雲南郡。此二事,魏完《南中志》所記也。"這兩句賦都帶有典故性質,如無注釋,殊難索解,此處援引譙周《益州志》和魏完《南中志》注之,真是如影隨形,恰到好處,考慮到賦與注之間貼合之密切,似乎很難説左思作賦時没有參考這兩種書,或者與之相類似的著作①。《吴都賦》寫到當地的水果特産云:"其果則丹橘餘甘,荔枝之林。檳榔無柯,椰葉無陰。龍眼橄欖,棎榴禦霜。結根比景之陰,列挺衡山之陽。"劉注所引薛瑩《荆揚已南異物志》本身就是一篇關於名物的美文:

> 餘甘,如梅李,核有刺,初食之,味苦,後口中更甘。高凉、建安皆有之。
>
> 荔枝樹生山中,葉緑色,實赤,肉正白,味大甘美。
>
> 檳榔樹,高六七丈,正直無枝,葉從心生,大如楯,其實作房,從心中出,一房數百實,實如鷄子皆有殻,肉滿殻中,正白,味苦澀,得

① 按:考魏完《南中志》嘗引左思《吴都賦》"猩猩啼而就擒"句,見《後漢書·西南夷列傳》注,可知魏氏此書當作於左思《三都賦》之後,則左思無參考其書之可能。雖然,左思賦句仍是前有所承,參考了類似著作而非自我作古,則是毋庸置疑的。

扶留藤與古賁灰合食之,則柔滑而美。交趾、日南、九真皆有之。

椰樹似檳榔無枝條,高十餘尋,葉在其末,如束蒲,實大如瓠,繫在樹頭,如挂物也。實外有皮如胡桃,核裏有膚,膚白如雪,厚半寸,如猪膏,味美如胡桃,膚裏有汁升餘,清如水,美如蜜,飲之可以愈渴,核作飲器也。

龍眼,如荔枝而小,圓如彈丸,味甘勝荔枝。蒼梧、交趾、南海、合浦皆獻之,山中人家亦種之。

橄欖,生山中,實如鷄子,正青,甘美,味成時食之益善。始興以南皆有之,南海常獻之。

棎,棎子樹也。生山中,實似梨,冬熟,味酸。丹陽諸郡皆有之。

榴,榴子樹也。生山中,實亦如梨,核堅,味酸美。交趾獻之。

大抵對每種水果都談到它的形狀、味道、産地等,"柔滑而美"、"膚白如雪"云云,優美形象而又清新自然,使人如臨其境,如見其物。薛瑩乃吴國史官[①],《荆揚已南異物志》所記大概就是左思賦中所説的"吴都"特産,即此處所説的丹橘、餘甘、荔枝、檳榔等是也。史稱左思爲賦《三都》曾訪吴事於陸機[②],懸想當日"門庭藩溷皆著筆紙"之際,參考了薛瑩的著作,大概也是不足爲奇的。以上所引都是山川方物之例,又有記民俗風情者,如《吴都賦》:"烏滸狼𥉷,夫南西屠。儋耳黑齒之酋,金鄰象郡之渠。"注引《異物志》[③]曰:

① 參看《三國志》卷五三《薛綜傳附薛瑩傳》。

② 《文選集注》卷八引王隱《晉書》曰:"於時天下三分,各相誇競當思之時,吴國爲晉所平,思乃賦此三都,以極炫耀。其蜀事訪於張載,吴事訪於陸機,後乃成之。"

③ 此處所引之《異物志》不著主名,考漢末魏晉以來以《異物志》名書者,計有東漢楊孚、三國蜀譙周、晉續咸及不詳年代的宋膺、陳祈暢、孫暢等人的著作。參看王晶波《漢唐間已佚〈異物志〉考述》,《北京大學學報》(國内訪問學者、進修教師論文專刊),2000年。

> 烏滸,南夷别名也,其落在深山之中。其種族爲人所殺,則居其死所,且伺殺主,若有過之者,是與非則仇而食之。狼𦡱人,夜鬻金,知其良不。夫南,特有才巧,不與衆夷同。西屠,以草染齒,染白作黑。儋耳人,鏤其耳匡。夫南之外,有金鄰國,去夫南可二千餘里,土地出銀,人衆多,好獵大象,生得,其死則取其牙。

想必左思在寫作之時,也是通過史著瞭解過這些國家之風俗的,否則單單舉出烏滸、狼𦡱、夫南、西屠這些怪異的國名來,恐怕都是一件難事,遑論其他!此外如《吴都賦》中"國税再熟之稻,鄉貢八蠶之綿"句,李善注分别徵引《異物志》和劉欣期《交州記》注稱"交趾稻夏熟,農者一歲再種"、"一歲八蠶繭,出日南也"。據此方知"再熟"和"八蠶",字字都不是虚設。我們一方面看到左思作賦確實花了一番調查取證的功夫,另一方面也要認識到,恰恰是因爲有《異物志》、《交州記》以及上述那些史學著作的存在,才使他的調查取證不至於落空,從而爲《三都賦》寫作提供了堅定的支援。

餘　論

綜上所述,我們認爲左思之所以提出徵實的辭賦觀,並且將之貫徹到《三都賦》的寫作中去,取得巨大的成功,跟漢末魏晉以來史學的發展關係密切。一方面,史學中的實録精神,特别是糾謬考信的史學觀影響了左思的寫作,讓他將本屬於史學的徵實考信移植到文學的寫作之中,使其賦作區别於前人而卓然有以自立。另一方面,正是因爲漢末魏晉以來州郡、地志、雜傳等史學著作的日趨興盛和大量湧現,爲左思的寫作提供了堅實的支援和保障,使他能夠采獲摭拾,左右逢源,而不至於竭蹶和架空。借用《文心雕龍·神思》所説"意翻空而易奇,言徵實而難巧",左思以徵實之精神寫作《三都賦》,正是在"難巧"之中求勝,故其作品一出,便引起了轟動效應,"洛陽爲之紙貴",東晉孫綽更將其與張衡《二京賦》並稱爲"五經鼓吹"(《晉書》卷五六)。六朝人心目中《五經》的地位是非常崇高的："經也者，恒久之至道，不刊之鴻教也。"(《文心雕龍·宗經》)左思能夠獲得如此殊榮，大概也跟其賦作之典實有關吧。

有意思的是，我們前面論到左思的寫作因人成事，"鑿壁偷光"，借重於魏晉以來史學著作的發展，待其《三都賦》完成之後，却又反過來知恩圖報，"哺乳"了後世史學的寫作。這一點在北朝酈道元的《水經注》中得到了很好的表現。此書《隋書·經籍志》收入史部地理類，是一部不折不扣的地理著作，可酈道元在注釋《水經》的過程中，却多次引用了作爲文學作品的《三都賦》。如《水經注》[①]卷三六"温水"注云：

> 九真太守任延，始教耕犁，俗化交土，風行象林，知耕以來，六百餘年，火耨耕藝，法與華同，名白田，種白穀。七月火作，十月登熟，名赤田，種赤穀。十二月，作四月登熟，所謂兩熟之稻也。至於草甲萌芽，穀月代種，穜稑早熟，無月不秀，耕耘功重，收穫利輕，熟速故也。米不外散，恒爲豐國。桑蠶年八熟繭，《三都賦》所謂"八蠶之綿"者矣。(頁1144)

此處引用《三都賦》中的"八蠶之綿"以印證嶺南交州一帶因氣候温暖而盛産蠶桑，至一年之中可采獲八次的情形[②]。我們注意到這一段前面所説的"兩熟之稻"，也恰恰可以看作上節所引《吴都賦》"國税再熟之稻"的注解。類似的情形還有《水經注》卷二七"沔水"注："漢水又東，徑鱉池而爲鯨灘，鯨，大也。《蜀都賦》曰'流漢湯湯，驚浪雷奔，望之天回，即之雲昏'者也。漢水又東徑嵐谷北口，嶂遠溪深，澗峽險邃，氣蕭蕭以瑟瑟，風飀飀而飂飂，故川谷擅其目矣。"酈道元的文筆本自奇崛，加上

① 此用王國維校，袁英光、劉寅生整理標點《水經注校》，上海人民出版社，1984年。下同。

② 王楙《野客叢書》卷八"種田養蠶"條云："左太冲《吴都賦》曰：'國税再熟之稻，鄉貢八蠶之綿。'注謂：'有蠶一歲八育。'僕按《廣記》：'日南一歲八蠶，以其地暖故爾。'俞益期《箋》曰'日南蠶八熟'，張文昌《桂州詩》曰'有地多生桂，無時不養蠶'，此言可驗矣。"中華書局，1987年，頁83。

《蜀都賦》的陪襯,似乎更有蕭森壯浪氣象,“山水有靈,亦當驚知己于千古矣”(袁山松語)。又如同書卷三七“葉榆水”注:

(葉榆水)又東徑漏江縣,伏流山下,復出蝮口,謂之漏江。左思《蜀都賦》曰:漏江洑流潰其阿,汩若湯谷之揚濤,沛若濛汜之湧波。諸葛亮:之平南中也,戰於是水之南。(頁 1153)

盤水又東徑漢興縣,山溪之中,多生邛竹桄榔樹,樹出麪,而夷人資以自給,故《蜀都賦》曰:邛竹緣嶺,又曰:麪有桄榔。(頁 1153)

兩段都引《蜀都賦》,前者以狀漏江之滂沛,後者則證山溪中之物産。相同的例子在《水經注》中至少出現了十次以上,還不包括引用左思《齊都賦》之例①。

再來看看南朝的著作,如梁代李膺《益州記》云:

少城有九門,南面三門。最東曰陽城門,次西曰宣明門。蜀時,張儀樓即宣明門樓也。重閣複道,跨陽城門,故左賦云:“結陽城之延閣,飛觀榭乎雲中。”(《太平寰宇記》卷七二“華陽縣”)

所引左賦即出自《蜀都賦》,給本文增添了靈動色彩。又如南朝王孚《安城記》:

萍鄉羅霄山,澤水所出。水傍出石乳,天旱吏人禱之,因以大木長三四丈投井中,即雨水懸凑,井溢,輒令木湧出而雨止,蓋潛龍之穴也。以陽居陰,神精上通,故扣之而必有玄感,則《蜀都賦》云

---

① 按:酈道元《水經注》也曾徵引揚雄、張衡、郭璞等人的賦作,但並不影響本文所論文學反過來影響史學之結論,且徵引左思之賦爲獨多。參看張明高、郁沅《六朝詩話鈎沉》相關條目,中國廣播電視出版社,1997 年。

"應鳴鼓而興雨"者也。(《藝文類聚》卷六"岡")

也引《蜀都賦》句印證了在今天看來比較玄虛的感應降雨現象。類似的例子,在南朝的州郡地志等著作中也出現了不少次①。

這些情況一方面固然説明了左思《三都賦》影響之大,流傳之久遠,另一方面也反證了其作品之徵實,可以信據。我們於是看到,一開始是史學影響文學,史學的興盛爲文學提供牢靠的支援和保障,到後來,文學又反過來影響史學,爲史學著作所徵引,從而提升其文學色彩,六朝文學與史學的關係就是如此的錯綜複雜而又相濡以沫。然而不管怎麽説,左思的《三都賦》與史學結下了不解之緣,則是可以肯定的。

(作者單位:湖南大學文學院)

① 參看劉緯毅《漢唐方志輯佚》,北京圖書館出版社,1997年。

古典文獻研究(第十五輯)
2012年7月

六朝石刻誤讀舉正

梁春勝

六朝石刻是研究這一時期歷史的重要資料,向來爲歷史學者所重視,但在利用這些資料的過程中,也難免由於各種原因存在一些誤讀。這裏試舉數例並略作辨析。

士孫松

晉前尚書郎北地傅宣故命婦孫氏墓誌:"晉前尚書郎北地傅宣故命婦,秦國士孫松字世蘭翊軍府君之女。"[①]

按:此處當點作:"晉前尚書郎北地傅宣故命婦秦國士孫松,字世蘭,翊軍府君之女。"誌主姓士孫,名松,字世蘭,爲傅宣之妻,翊軍府君之女。據《晉書·地理志》,惠帝即位,改扶風國爲秦國[②],士孫松即此秦國人。《考古學報》1957年第1期《洛陽晉墓的發掘》一文將此誌命

① 趙超《漢魏南北朝墓誌彙編》,天津古籍出版社,2008年,頁12。
② 《晉書》卷一四上,中華書局,1974年,頁431。

名爲"孫世蘭女墓誌"[①],顯然是以"國士"連讀,遂以誌主爲孫氏,誤矣;又以所謂"孫世蘭"爲翊軍府君,可謂誤上加誤。趙超《漢魏南北朝墓誌彙編》題作"晉前尚書郎北地傳宣故命婦孫氏墓誌"[②],毛遠明《漢魏六朝碑刻校注》題作"孫松女墓誌"[③],顯然都是承襲《洛陽晉墓的發掘》一文之誤。《校注》又將"傅"誤録作"傳",並謂"傳宣爲常語",則誤以人名爲一般詞語。據《晉書·傅祗傳》,祗爲北地泥陽人,子宣在趙王司馬倫秉政時(300—301)任尚書郎[④],此誌傅宣當即其人。誌立於永寧二年(302),稱"前尚書郎",蓋其時趙王倫已被殺,傅宣職銜因亦不保。誌稱士孫氏所生二子皆早夭,而傳言宣卒後無子,亦可互證。如前所論,此誌當改題作"晉傅宣妻士孫松墓誌"。實際上,《洛陽晉墓的發掘》一文的錯誤,陳直先生在《對"洛陽晉墓的發掘"與"南京近郊六朝墓的清理"兩文的意見》一文[⑤]中早已指出,而後出之作仍沿襲誤説,是不應該的。

棗臺産

晉王浚妻華芳墓誌:"有子女曰韶,字韶英,適潁川棗臺産。産父故大子中庶子。"[⑥]《文物》1966年第4期邵茗生《記宋拓三國吴天發神讖碑》文後附記,以及《漢魏六朝碑刻校注》[⑦],據《晉書·文苑·棗據傳》提出棗臺産即棗嵩,爲棗據之弟。

---

① 河南省文化局文物工作隊第二隊《洛陽晉墓的發掘》,《考古學報》1957年第1期。

② 趙超《漢魏南北朝墓誌彙編》,目録頁3。

③ 毛遠明《漢魏六朝碑刻校注》第2册,綫裝書局,2008年,頁336。

④ 《晉書》卷四七,頁1333。

⑤ 陳直《對"洛陽晉墓的發掘"與"南京近郊六朝墓的清理"兩文的意見》,《考古通訊》1958年第2期。

⑥ 趙超《漢魏南北朝墓誌彙編》,頁12。

⑦ 《漢魏六朝碑刻校注》第2册,頁344。

按:《棗據傳》:"(棗據)子腆,字玄方,亦以文章顯。……弟嵩,字臺產,才藝尤美。"[①]據史書叙述之例,"弟嵩"接叙於"子腆"後,乃表示嵩爲腆之弟,而非據之弟;若爲據之弟,則當云"據弟嵩"。通觀六朝各史,概莫能外。據華芳墓誌,棗嵩父官至太子中庶子,這與《棗據傳》棗據官至太子中庶子的記載正相吻合。墓誌書前朝任職,例皆在職銜前加上朝代名;若書本朝舊任職,則於職銜前加"故"字。據《棗據傳》,棗據父叔禕爲魏巨鹿太守,與華芳墓誌棗嵩父時代、官職均不合,據此亦可認定棗嵩不當爲棗據之弟。邵、毛二氏不明史書叙述之例,遂有此誤。

始平公

魏始平公造像記[②]:"父使持節、光[禄]大夫、洛州刺史、始平公奄焉薨放。"[③]《授堂金石一跋》卷三云:"考《隋書》,元孝矩祖脩義,父子均,並爲魏尚書僕射,孝矩西魏時襲祖爵始平縣公。然則此記始平公當太和時,或子均爲脩義所建與?"[④]《漢魏六朝碑刻校注》引其説而無所辨正[⑤]。《金石萃編》卷二七據史書指出脩義未嘗爲始平公,且造像記之始平公爲太和時,而孝矩所襲始平縣公則爲西魏時,因疑前者"或是另一人,非即元均及孝矩也"[⑥]。

---

① 《晉書》卷九二,頁2831。

② 此造像爲比丘慧成爲其父始平公所造,故題名應作"比丘慧成造像記"。

③ 北京圖書館金石組編《北京圖書館藏歷代石刻拓本彙編》第3册,中州古籍出版社,1989年,頁33。

④ 武億《授堂金石一跋》卷三,《石刻史料新編》第一輯第25册,新文豐出版公司,1982年,頁19104下欄。

⑤ 《漢魏六朝碑刻校注》第3册,頁301。

⑥ 王昶《金石萃編》卷二七,《石刻史料新編》第一輯第1册,頁486。

按:元孝矩祖脩義,附見《魏書》卷一九上《汝陽王傳》[1],其墓誌亦已出土[2],職銜皆不合,且脩義卒於孝昌年間(525—527),而此造像記成於太和廿二年(498),其時脩義尚存,故此始平公不可能是脩義,《金石萃編》所疑甚是。考魏元偃墓誌[3],元偃在太和年間爲始平公,卒於太和廿二年六月七日(其日元偃除太中大夫)之後,葬於太和廿二年十二月二日,而始平公造像記立於太和廿二年九月十四日,故造像記中的始平公應當就是元偃。元偃墓誌稱其生前歷任安北將軍、賀傒延鎮都大將、安西將軍、城門校尉、太中大夫,而未及死後贈官,造像記所稱職銜"使持節、光禄大夫、洛州刺史",應當就是元偃死後贈官。元偃墓誌出土於 1926 年,武億、王昶皆未及見。《漢魏南北朝墓誌集釋》卷四收入元偃墓誌[4],但又惑於造像記之始平公與元偃職銜不同,以致得出前者"蓋另一人,與偃無涉"的錯誤結論。岑仲勉先生《金石證史》一文亦否定了此造像記之"始平公"爲元脩義,但據《元和姓纂》疑此"始平公"爲杜瓚[5],亦非是。

孝矩西魏時襲祖爵始平縣公,但史書、元脩義墓誌以及脩義長女元洛神墓誌[6]皆未言脩義有封爵。至北周大象二年(580)所立脩義妃盧蘭墓誌[7],方稱其爲始平公。若脩義生前有封爵,則墓誌中不當不書,故可以確定脩義生前無封爵。脩義子元均隨孝武帝入關西,封安昌王,西遷元魏宗室皆有封賞,脩義的始平公封爵有可能就是此時追授的。

洪頤煊《平津館讀碑記》卷二云:"《魏書·地形志》:洛州,太宗置,

---

① 《魏書》卷一九上,中華書局,1974 年,頁 451。

② 《漢魏六朝碑刻校注》第 6 册,頁 42。

③ 《漢魏六朝碑刻校注》第 3 册,頁 305。

④ 趙萬里《漢魏南北朝墓誌集釋》卷四,《石刻史料新編》第三輯第 3 册,新文豐出版公司,1986 年,頁 84。

⑤ 岑仲勉《金石論叢》,中華書局,2004 年,頁 49。

⑥ 《漢魏六朝碑刻校注》第 6 册,頁 152。

⑦ 《漢魏六朝碑刻校注》第 10 册,頁 354。

太和十七年改爲司州。此碑立於太和廿二年,其爲洛州刺史當在十七年以前。"①此說亦非。太和十七年雖已改洛州爲司州,但北魏仍有另一治上洛城之洛州。如立於正始元年(504)四月的封和突墓誌稱死後追贈洛州刺史②,立於正始四年(507)十月三十日的元緒墓誌稱生前仕至洛州刺史,死後追贈本官③,皆當指此治上洛城之洛州。元略死後追贈洛州刺史,當然也應是指此洛州。

當陌高

魏王遺女墓誌:"[其]夫幽州當陌高,字雒陽,官爲深澤令,與刺史競功亢衡,互相陵壓。以斯艱躓,遂入宫焉。"④《循園古冢遺文跋尾》卷三認爲王遺女夫"幽州當陌高","當陌高"是其姓名,並引《廣韻》"當,又姓也"爲證⑤。

按:魏高伏德等造像記:"大魏國景明四年太歲在癸未四月癸未朔二日,幽州范陽郡涿縣當陌村高伏德、像主唯那劉雄合三百人爲皇帝陛下[造]石像一區記。"⑥其下題名多姓高。又魏高洛周等造像記云:"大魏國正始元年太歲甲申三月戊申朔九日,涿縣當陌村維那高洛周七十人等上爲皇帝陛下造釋迦石像一區,故[illegible](壘?)石並記之。"⑦其下題名亦大多姓高。據此,則王遺女之夫"當陌高","當陌"應爲村名,"高"

① 洪頤煊《平津館讀碑記》卷二,《石刻史料新編》第一輯第26册,頁19366上欄。

② 《漢魏六朝碑刻校注》第4册,頁25。

③ 同上,頁94。

④ 北京圖書館金石組編《北京圖書館藏中國歷代石刻拓本彙編》第4册,頁110。

⑤ 范壽銘《循園古冢遺文跋尾》卷三,《石刻史料新編》第三輯第38册,頁24上欄。

⑥ 《北京圖書館藏中國歷代石刻拓本彙編》第3册,頁62。

⑦ 同上,頁76。

才是其姓，王遺女之夫應當就是幽州范陽郡涿縣當陌村人。此處省去了郡縣之名，州名下直接村名，確實比較罕見。王遺女以夫罪被没入宫，並老死宫中，死時身邊當無親人，故墓誌撰寫者可能據他人轉述，對其夫之籍貫已不甚明瞭，只能據轉述作這樣的表達。

雍州康王

魏元悰墓誌："祖雍州、康王，拂衣獨往，脱屣千乘。父青州、穆王，驅車不息，褰帷萬里。"①據《魏書·景穆十二王·京兆王傳》，京兆康王子推薨，子太興襲，改封西河王，後出家爲沙門，子昴襲，薨，子悰字魏慶襲②。羅振玉《雪堂金石文字跋尾》卷三認爲墓誌的"雍州、康王"即是太興，"青州、穆王"即是昴③。

按：羅氏後説是，前説則尚需討論。史言子推謚康王，若依羅説，則太興亦謚康王；但父子不應同謚，故必有一誤。考元定墓誌④、元遥墓誌⑤皆言爲京兆康王之子，此京兆康王正是子推，與史合，故子推謚康王應該没有問題，而太興謚康王則當有誤。元定墓誌、元榮宗墓誌⑥、元液墓誌⑦皆稱子推爲青、雍二州刺史。據《魏書》本傳，子推在赴青州刺史途中卒，而不載其任雍州刺史，故雍州刺史當是其死後贈官。既然子推爲京兆康王，卒贈雍州刺史，那麽元悰墓誌的"雍州、康王"顯然是指子推。墓誌"拂衣獨往，脱屣千乘"之語，與史載太興出家正相合，故

---

① 《漢魏六朝碑刻校注》第 7 册，頁 324。

② 《魏書》卷一九上，頁 443—444。

③ 羅振玉《雪堂金石文字跋尾》卷三，《石刻史料新編》第三輯第 38 册，頁 306 下欄。

④ 《漢魏六朝碑刻校注》第 3 册，頁 336。

⑤ 《漢魏六朝碑刻校注》第 4 册，頁 350。

⑥ 《漢魏六朝碑刻校注》第 3 册，頁 334。

⑦ 《漢魏六朝碑刻校注》第 6 册，頁 304。

這兩句指太興可無疑。如此,則"雍州、康王"乃是元悰曾祖,而非祖;"雍州、康王"與"拂衣獨往,脱屣千乘"所指並非一人,之間當有文字脱漏。

新昌君

魏楊舒墓誌:"及遭新昌君艱,幾盡者二三。孺慕之音,晝夜不絶;漿溢之禮,歷口莫飲。自爾尪頓,日就危惙。雖顔丁之居憂,遠有慚德;曾柴之銜恤,寧或能擬。"又:"新昌殞世,瘠甚而卒。"①

按:"新昌君"指楊舒之母王氏,封新昌郡君。楊舒之兄楊穎墓誌云:"母太原王氏,封新昌郡君。"②楊舒兄子楊範墓誌云:"祖父諱懿,洛州史君、弘農簡公。夫人太原王氏,封新昌郡君。"③皆其證。《陝西華陰北魏楊舒墓發掘簡報》一文以爲指高肇④,大誤。

馮氏墓誌

此誌拓本見《漢魏南北朝墓誌集釋》⑤,《集釋》云:"誌首題'車騎將軍司空公元故夫人',知爲元端妻者,以端卒贈車騎大將軍司空,與誌合,故知之也。"⑥

按:誌所云元公曾任"建興太守、中散大夫"、"燕、營二州刺史",

① 《漢魏六朝碑刻校注》第4册,頁353。
② 同上,頁178。
③ 同上,頁181。
④ 崔漢林、夏振英《陝西華陰北魏楊舒墓發掘簡報》,《文博》1985年第2期。
⑤ 趙萬里《漢魏南北朝墓誌集釋》,《石刻史料新編》第三輯第3册,頁486。
⑥ 《漢魏南北朝墓誌集釋》,《石刻史料新編》第三輯第3册,頁106。

元端附見《魏書·獻文六王·高陽王傳》[①]，其墓誌亦已出土[②]，兩相比較，無一相合，可見此馮氏之夫必非元端，究爲何人待考。《六朝墓誌檢要》此碑題作"司空公夫人馮氏墓誌"[③]，可見亦不以此馮氏爲元端之妻。

歸　國

魏鄯乾墓誌："侍中鎮西將軍鄯鄯王寵之孫，平西將軍青平涼三州刺史鄯鄯王臨澤懷侯視之長子。考以去真君六年歸國。自祖已上，世君西夏。"[④]

按："寵"即《魏書·西域傳·鄯善國》中的比龍，"視"即比龍世子真達。真達於太平真君六年(445)八月爲魏成周公萬度歸所執，送洛陽，魏太武帝拓跋燾大悦，"厚待之"，别以交趾公韓拔爲征西將軍、領護西戎校尉、鄯善王領其地，比之郡縣[⑤]。此處"歸國"指入魏，同樣的表達在《魏書》和北魏墓誌中習見。《北魏鄯乾、鄯月光、于仙姬墓誌及其相關問題》一文將"歸國"理解爲回鄯善國，並以爲真達歸國後又任征西將軍、領護西戎校尉、鄯善王，此職與鄯乾墓誌所載其職銜"平西將軍青平涼三州刺史鄯鄯王"不合，"當以誌文爲準"[⑥]，其説非是。推其致誤之由，蓋因誤解"歸國"之義所致。

---

① 《魏書》卷二一，頁557。

② 《漢魏六朝碑刻校注》第6册，頁193。

③ 王壯弘、馬成名《六朝墓誌檢要(修訂本)》，上海書店出版社，2008年，頁115。

④ 《漢魏六朝碑刻校注》第4册，頁220。

⑤ 《魏書》卷四《世祖紀下》，頁98—99；卷一〇三《西域傳·鄯善國》，頁2261—2262。

⑥ 刁淑琴、朱鄭慧《北魏鄯乾、鄯月光、于仙姬墓誌及其相關問題》，《河南科技大學學報》2008年第6期。

羅州使君

北周康業墓誌:"父魏大天主、羅州使君,去魏大統十年,車騎大將軍雍州呼藥翟門及西國胡豪望等舉爲大天主。"[①]《北周康業墓誌考略》一文云:"'羅州'爲古地名,治所在今廣東省西南的化州市。南朝宋元嘉三年,在廣州高陵郡陵羅江口築石城,置羅州縣,南朝梁大通年間,升羅州縣爲羅州,隋大業三年廢,唐武德五年復置,宋開寳五年廢置。""使君",其文釋爲使者,"羅州使君",即康業的父親可能曾出使過羅州或做過羅州的官吏[②]。

按:此説非是。據《周書·扶猛傳》,扶猛初仕梁位上庸新城二郡守、南洛北司二州刺史,封宕渠縣男,西魏廢帝元年以衆降,宇文泰厚加撫納,復爵宕渠縣男,割二郡(上庸、新城二郡)爲羅州,以猛爲刺史[③]。康業父之"羅州使君",應當就是指此羅州。據王仲犖《北周地理志》,羅州治上庸,開皇十八年改曰房州,大業初廢[④]。北朝石刻中的"使君"一般都是指州郡長官,尤其是在州名之後的"使君",都是指該州刺史。康業之父即使出使過南朝羅州,也不得稱"羅州使君";南朝的羅州刺史,在西魏、北周人看來是僞職,寫入墓誌的話,前面當加"僞"字以及南朝名(如"僞梁"、"僞陳")。所以此"羅州使君"之"羅州",只能是西魏、北周的羅州,而不可能是南朝的羅州。墓誌中所提及的職銜,不一定都是生前實任之職,也可能是死後的贈官。從墓誌下文只叙其爲大天主之職,而無一字提及任羅州刺史的情況來看,康業之父的羅州刺史職銜應當就是死後追贈的。

康業三子:長子沃休延,次子槃陁,三子貨主。誌文中提及長子,而

---

① 《漢魏六朝碑刻校注》第10册,頁247。

② 程林泉、張翔宇、山下將司《北周康業墓誌考略》,《文物》2008年第6期。

③ 《周書》卷四四,中華書局,1971年,頁795。

④ 王仲犖《北周地理志》,中華書局,1980年,頁405。

結尾僅書二子和三子之名,《北周康業墓誌考略》一文遂"推測其長子可能在康業去世之前已經死去"。不知誌文明云:"長子沃休延,哀纏風樹,酷甚蓼莪,孝□存親,依敦世繼。"對其父之亡甚爲悲慟,顯然康業卒時,其長子仍存。誌文之末不再提及其長子,乃是承前而省,怎麽可能由此得出其長子先康業而死的結論呢?

附記:本文承《古典文獻研究》匿名審稿專家提出寶貴修改意見,特此致謝!

(作者單位:河北大學文學院)

古典文獻研究(第十五輯)
2012年7月

《禮記正義》據皇侃《禮記義疏》删理成書考述*

張　帥　丁　鼎

關於《禮記正義》的成書,唐孔穎達《禮記正義·序》云:"爰從晉、宋,逮于周、隋,其傳《禮》業者,江左尤盛。其爲義疏者,南人有賀循、賀瑒、庾蔚(之)、崔靈恩、沈重、(范)宣、皇甫侃等;北人有徐遵明、李業興、李寶鼎、侯聰、熊安(生)等。其見於世者,唯皇、熊二家而已。……今奉敕删理,仍據皇氏以爲本,其有不備,以熊氏補焉。"①説明孔氏主持編撰的《禮記正義》主要是以皇侃《禮記義疏》爲底本删理而成。至於具體怎樣删理,此序並未明言。現存日本早稻田大學圖書館《禮記子本疏義》殘卷②,内容爲疏解《禮記·喪服小記》的一部分,其中多處有"灼案"之案語。羅振玉據此考定該《禮記子本疏義》爲皇侃學生鄭灼抄自

* 本文爲2009年國家社會科學基金項目"'三禮學'通史"(項目批准號:09BZX031)的階段性成果。

① (唐)孔穎達《禮記正義序》,中華書局影印《十三經注疏》本,1980年,頁1222—1223。

② 《禮記子本疏義》殘卷爲第五十九卷,現藏日本早稻田大學圖書館,早稻田大學已公布其清晰影像,網址:http://www.wul.waseda.ac.jp/kotenseki/html/ro12/ro12_01134/index.html。

皇侃《禮記義疏》[①]。此卷題爲《禮記子本疏義》,"子本"者,當即是指此抄本義疏,原疏爲母本,抄本則爲子本,而"疏義"與"義疏"只是書寫的不同。《日本國見在書目》就記載皇侃撰《禮記子本義疏》百卷[②]。因此此卷應是皇侃《禮記義疏》之鄭灼抄本。通過將該《禮記子本疏義》與孔穎達《禮記正義》相對比,我們發現《禮記正義》中《喪服小記》篇疏文多與《禮記子本疏義》疏文相同,由此可進一步證明此殘卷所抄皇疏即孔疏所本皇疏[③]。

《禮記正義·序》在論述孔疏刪理皇疏的原則時說:"必取文證詳悉,義理精審,翦其繁蕪,撮其機要。"[④]至於具體的刪理方法則語焉不詳。爲此,我們擬在本文中通過比較《禮記正義》與《禮記子本疏義》的異同,探究孔疏刪理皇疏的方法與義例,瞭解《禮記正義》的編纂方法,並進而據此研究南北朝禮學著作的特點及南北朝有關禮學家的禮學思想和貢獻。

一 孔疏對皇疏的文字修訂

孔疏中有相當部分内容是在直接引用皇疏的基礎上,將皇疏中個別字、句進行了調整修訂,從而使文章更加準確、規範、嚴謹、流暢。

如經文"爲父後者,爲出母無服"條下,皇疏云:

> 母犯七出,爲父所遣。而母子至親,義不可絶。若猶在,子皆爲出母期。若父没後,則適子一人不復爲服,所以然者,已係著蒸

① 羅振玉《六朝寫本禮記子本疏義·跋》,《羅雪堂先生全集》第七編,臺灣大通書局,1976年,頁892—893。

② 同上。

③ 皇疏,指皇侃《禮記義疏》疏文,孔疏指《禮記正義》疏文。下同。

④ 孔穎達《禮記正義序》,頁1222。

嘗,不敢以己私廢先世之祀,故無服也。①

孔疏云:

謂母犯七出,爲父所遣。而母子至親,義不可絶。父若猶在,子皆爲出母期。若父没後,則適子一人不復爲母服,所以然者,己係嗣烝嘗,不敢以私親廢先祖之祀,故無服。②

按:孔疏將皇疏中之"若猶在"改爲"父若猶在";將皇疏中之"則適子一人不復爲服"改爲"則適子一人不復爲母服";將皇疏中的"不敢以己私廢先祖之祀"改爲"不敢以私親廢先祖之祀"。孔疏的這種修改,使文意更加明確。此外孔疏還將皇疏中的"係著蒸、嘗"中的"著"字改爲"嗣",此處用"嗣"字,的確更加貼切,更能體現對先祖祭祀的繼承。

再如經文"齋衰惡笄以終喪"條下,皇疏云:

前明男子爲父,此明女子爲母也。爲父故據男爲説,説其初喪之禮;爲母故以女爲論,論其成服之法也,此服乃多,今主謂女子在室爲母也。"惡笄"者,榛木爲笄也。婦人質,笄以卷髪,帶以持身,於其自卷持者,有除無變,故腰絰及笄,不經受易,至服竟一除,故云"惡笄終喪"也。

孔疏云:

此一經明齊衰,婦人笄帶終喪無變之制。"惡笄"者,榛木爲笄也。婦人質,笄以卷髪,帶以持身,於其自卷持者,有除無變,故要絰及笄,不須更易,至服竟一除,故云"惡笄以終喪"。③

---

① 本文所引皇疏都出自前揭《禮記子本疏義》殘卷第五十九卷,下文將不一一標明。

② (唐)孔穎達《禮記正義》卷三二,頁1495。

③ 同上,頁1494。

按：皇疏前一部分説明這條經文主要是對在室女子爲母而言；而孔疏則改爲：這條經文是説明婦人在服喪過程中的"要(腰)絰"與"笄"終喪無變。顯然，孔疏的説法較皇疏更準確。孔疏的後半部分基本上是直接引用皇疏，但將皇疏的"不經受易"改爲"不須受易"。皇疏的"不經受易"很費解，似有"不辭"之感，而孔疏修改爲"不須受易"後，則文意豁然貫通。

二 孔疏對皇疏的删簡

孔疏的許多内容是在對皇疏"翦其繁蕪，撮其機要"的基礎上編定而成，亦即孔疏在據皇疏編定成書時對皇疏有所删簡。其删簡工作主要有四種類型：

(一) 删簡皇疏中比較繁瑣的解釋

如經文"男主必使同姓，婦主必使異姓"條下，皇疏云：

> 庾云："喪有男主以接男賓，女主以接婦賓。若父母之喪，則適子爲男主，適婦爲女主也。"此云男主必使同姓，故鄭知爲無後者主也，問同姓宗之人也。同宗之婦，其姓必異，故鄭云異姓同宗之婦也。女子生有外成之義，故雖親不得爲主，而以同宗之婦爲主也，《雜記下》云："姑姊妹其夫死，而夫黨無兄弟，使夫之族人主喪，妻之黨雖親弗主夫。""若無族，則前後家東西家，無則里尹主之。"此謂無子孫，正男主，使親疏，以次爲其攝男也。《喪大記》云："喪有無後，無無主。"斯其義也。後云："女子子在室爲父母，主喪者不杖，則子一人杖之。"謂爲男主者非子孫，則長女一人杖。《喪大記》云："婦人迎客送客不下堂，下堂不哭，男子出寢門見人，不哭。"此謂並有男女正主也。《大記》又云："其無女主，則男主拜女賓于寢門内，其無主則女主拜男賓于阼階下。"此謂或無男主或無女主遞相兼攝也。其攝男主，則女主不拜男賓於阼階下也。

孔疏則删簡爲:

> 此一經論婦人外成之事。庾氏云:"喪有男主以接男賓,女主以接女賓。若父母之喪,則適子爲男主,適婦爲女主也。"今或無適子、適婦爲正主,遣他人攝主。若攝男主,必使喪家同姓之男。若攝婦主,必使喪家異姓之女。①

按:孔疏引用了皇疏中所引庾蔚之的論斷,庾蔚之認爲一般情况下父母之喪嫡子爲男主,嫡婦爲女主,則男主接男賓,女主接女賓。而孔疏承接庾蔚之所論,認爲若無嫡子、嫡婦爲正主,就使同姓之男攝男主,異姓之女攝女主。孔疏承接庾氏所論的一般情况,進一步論述其特殊情况,從文意上看自然順承。而皇疏除引庾氏之論以外,還引用《雜記下》、《喪大記》中所有與主喪有關的論述,包括同姓女子不得爲主以及男、女主遞相攝主等,孔疏可能認爲皇疏所論過於鋪陳,因而將其删並。除此以外,皇疏中有的解釋,孔疏大概認爲原經、注之意已很明白,無須多做解釋,故而對其也删而不用。如經文"士妾有子而爲之緦"與"無子則已",皇疏分别爲"士妾無娣侄,悉是賤人,妾若有子者,則爲之服緦也"與"已,止也,妾若無子則止,不服緦也",孔疏對這兩句經文未作解釋,大概在孔疏看來此兩句文意簡單,無須解釋,因而也没有引用皇疏。

(二) 删簡皇疏中的問答内容

皇疏中有許多問答之語,孔疏多將其删簡。如經文"男子免而婦人髽"條下,皇疏中有一段有關髽的問答之辭:

> 或問曰:"丈夫麻、布,則括、絻異名,婦人三髽,何意髽稱不别?"答曰:"男文故名隨時易,婦質所以髽髽不改。"或問曰:"《既夕》何言丈夫髽耶?"通曰:"鄭注彼云耳婦人也。"

---

① (唐)孔穎達《禮記正義》卷三二,頁1495。

按:此問答分兩句,第一句因男子括髮用麻而絻以布,括、絻名稱不一,而對應的女子無論是麻髽還是布髽都稱髽,因此問到爲何女子之髽只有此一名稱? 皇疏給出答案:因爲"男文",因而"名隨時易";而"女質",因而"髽之不改"。第二句問者問到爲何《既夕禮》中提到"丈夫髽"? 答者認爲鄭注已解釋明白,《既夕禮》中之"髽"並非指男子,而是指婦人。皇疏此處所設此問答之辭第一處爲進一步加深對絻與髽的理解,第二處是爲了引用鄭注來彌縫《儀禮·既夕禮》與《禮記·喪服小記》經文之不同。孔疏則將此問答之語删去。

皇疏中有很多此類問答之語,體現出皇侃義疏的一大特色。皇疏乃南北朝義疏典範,南北朝儒家義疏受佛、玄講經時談辯、問答方式之影響,因而其内容多有問答之辭,具有一定的思辨色彩。而孔疏雖是在皇疏的基礎上删理而成,但由於它負有規範統一學術之目的,而問答之語中多有問難,必不利於學術之規範,因此多將此類問答之語删去。

(三) 删簡皇疏聯繫前後經文之論

經文"王者禘者其祖之所自出,以其祖配之"條下,皇疏云:

> 前明親親,此辨尊尊而尊也。其祖,始祖也。自出,謂所感帝。其祖配之,謂若周祭靈威仰,則以始祖後稷配之也,唯天子有此礼,故云不王不禘也。

孔疏云:

> 禘,大祭也,謂夏正郊天。自,從也。王者夏正,禘祭其先祖所從出之天,若周之先祖出自靈威仰也。"以其祖配之"者,以其先祖配祭所出之天。[①]

---

① (唐)孔穎達《禮記正義》卷三二,頁1495。

按:皇、孔二疏最大的不同是孔疏將皇疏所云"前明親親,此辨尊尊而尊也"一句删去。孔疏所删此句正是皇疏聯繫前後經文之論,孔疏之所以將其删去,是因爲在孔穎達等人看來經文此句是討論有關祭祀的制度,而"尊尊"則是針對服制而言,此句經文並不含"尊尊"之義,故而孔疏將皇疏所云"前明親親,此辨尊尊而尊也"删去。

《禮記》某些篇目前後經文之間的聯繫並不是太密切,而皇疏則有意識地强調前後經文之間的聯繫,孔疏則更加强調尊重經文之本意,故而多將此聯繫前後經文之説删除。喬秀岩先生在其博士論文《南北朝至初唐義疏學研究》一文中也注意到這一問題,他認爲皇侃《禮記義疏》與《論語義疏》都重視前後經文之間的聯繫,有時甚至不惜采用附會之説[1]。

(四)概括、歸納皇疏

孔疏有時通過概括、歸納的方法將皇疏加以删簡,如經文"故期而祭,禮也。期而除喪,道也。祭不爲除喪也"條下,皇疏引庾蔚之、賀瑒[2]二人的觀點,云:

> 賀云:"祭與除喪並由禮制,而祭稱禮、除喪稱道者,將以祭禮會思慕之情,除喪乖終身之志。會情則無待抑引,故但稱禮;而乖志則宜抑奪,故遠徵天道,天道有變,故便使人情從之也。"又云:"二祥之祭,義無二理,正月存親,喪服除改,並宜有祭,二事會於一時,故一祭兼有二理,而除喪之祭,物所恥共,知正月存親,其理常昧,記者欲顯存親之義,故云不为除喪,明此不令为除喪,非謂除

---

① 喬秀岩《南北朝至初唐義疏學研究》,北京大學中文系博士論文,1999年,頁3—9。

② 《禮記正義》中凡稱引"賀云"、"賀氏云"之文,已難以確考是賀循還是賀瑒之説,馬國翰《玉函山房輯佚書》將明確稱引賀循及《喪服要記》之文輯入賀循《喪服要記》,而將其他凡稱"賀云"、"賀氏云"之文都歸入賀瑒《禮記新義疏》。本文姑從馬氏之説。

義,不須祭也。"庾云:"謂除喪雖由哀衰,而除喪之時,必致感,感故有祭,除祭不必皆在親亡之月,卒哭與禫皆是。"

孔疏則云:

庾氏、賀氏並云:"祭爲存親,幽隱難知。除喪事顯,其理易識。恐人疑之祭爲除喪而祭,故記者特明之,云'祭不爲除喪也'。"①

可見孔疏是將皇疏所引庾、賀二人的觀點進行了歸納,提煉了二論的共同點再加以引用。

三 孔疏對引自皇疏的部分内容加以標注

孔疏的大部分内容都以上述兩種方式據皇疏删理而成,也就是説孔疏對皇疏的删理工作主要體現在文字上的修訂以及内容的删簡。而以上述兩種方式删理而成的孔疏都未標明出自皇疏,因此後人在閲讀這部分孔疏時,難以知道其源自皇疏。而孔疏還有部分内容標明出自皇疏。通過考察比較,筆者發現孔疏對出自皇疏的内容的標注並非雜亂無章,而是有一定的規律,主要有以下三種情況:

(一) 孔疏指正皇疏中的錯誤

孔疏認爲皇疏某些論斷與經義不符或與理不合,都加以指正。如經文"大夫吊之,雖緦必稽顙"條下,皇疏云:

若平等來吊,則小功以下不稽顙。若大夫吊士,士宜起敬,雖復緦親亦爲稽顙也。然此稽顙謂前拜後稽顙耳,猶異於重親也。

① (唐)孔穎達《禮記正義》卷三二,頁1497。

孔疏云:

> 前文"爲父母、長子稽顙",謂平等來吊,故先稽顙而後拜。若爲不杖齊衰以下,則先拜賓後稽顙。今大夫吊士,雖是緦麻之親,必亦先稽顙而後拜,故皇氏載此稽顙,謂"先拜而後稽顙",若平等相吊,小功以下,皆不先拜後稽顙;若大夫來吊,雖緦麻,必爲之先拜而後稽顙,今删定。云"小功以下不稽顙",文無所出。又此稽顙與上文稽顙是一,何得將此爲先拜後稽顙?其義非也。①

按:孔疏指出了皇疏兩個錯誤。第一處是若大夫來吊,拜與稽顙到底孰先孰後,皇疏以爲大夫來吊應先拜後稽顙,原因是大夫雖貴,然此時喪主只服緦麻之服,異於重喪,故而不得先稽顙;而孔疏以爲上文"爲父母、長子稽顙"中之"稽顙"與此處"大夫吊之,雖緦必稽顙"中之"稽顙"都是一樣,既然上一處"稽顙"指先稽顙而後拜,從文義上理解,孔疏認爲後一處"大夫吊之,雖緦必稽顙"也應指先稽顙而後拜,並明確指出此處删定皇氏之説。按從上下文來看,孔疏理解似更有道理,而皇疏之觀點則反映出南北朝時宗法制度的重要性,因此大夫雖貴,若喪家之服較輕,也只能對大夫先拜而後稽顙。孔疏指出皇疏另外一個錯誤之處是皇疏中所謂"小功以下不稽顙",孔疏中認爲其"文無所出",没有根據,並直接指出"其義非也"。

(二)孔疏引用皇疏中的合理新論

皇疏中的某些論述,爲經、注所未明言,孔疏認爲其合理,便加以引用,並標明這些論述出自皇氏。

1. 孔疏完全采用皇疏的合理新論

孔疏對皇疏的新論如果完全認可,便全部采用。如經文"大功者主

---

① (唐)孔穎達《禮記正義》卷三二,頁1495。

人之喪,有三年者,則必爲之再祭。朋友虞、祔而已”條下,鄭注:“謂死者之從父昆弟來爲喪主。有三年者,謂妻若子幼少,大功爲之再祭,則小功、緦麻爲之練祭可也。”①經文中只提到大功親的從父兄弟爲有三年喪的親屬主喪,主喪的人就必須爲他們主持練、祥兩祭,若是朋友則只爲其主持虞、祔祭即可;鄭注進一步推論若是小功、緦麻之親爲親屬主三年之喪,只要主持練祭即可,而皇疏則在鄭注的基礎上進一步推論説:

> 鄭義大功主喪爲有三年者至大祥,則小功、緦麻爲有三年者主喪則爲至期矣。若死者但有期者,則大功主之至期,小功、緦至祔。若又無期,則各依服月數而止。故《雜記》云:“主兄弟喪,雖疏與虞之。”謂無三年及期也。

孔疏則云:

> 皇氏云:“死者有三年之親,大功主者爲之練、祥。若死者有期親,則大功主者爲之至練。若死者但有大功,則大功主者至期,小功、緦麻至祔。若又無期,則各依服月數而止。”故《雜記》云:“凡主兄弟之喪,雖疏亦虞之。”謂無三年及期者也。②

按:對比皇疏與孔疏,可見孔疏只作了文字上的修訂,對皇疏新的觀點全部采用。從上引皇疏可以看出,皇疏有關大功、小功、緦麻親爲有三年喪的親屬主喪的結論與鄭注一致,而皇疏在鄭注的基礎上進一步推論,如果死者只有期親以及期親以下,則大功、小功、緦麻親屬則如何爲之主喪。孔疏必定認爲皇疏的結論雖不見於鄭注,却是在鄭注基礎上的合理推論,因此加以引用並標明出自皇氏。

---

① (唐)孔穎達《禮記正義》卷三二,頁1497。

② 同上。

2. 孔疏進一步闡釋皇疏的合理新論

對於皇疏中的某些論述,如果孔疏認爲基本合理但論述有欠透徹,亦加以采用,並加以進一步闡釋,使文意更明確。如鄭注"宗子之諸父無後者,爲墠祭之"條下,皇疏云:

> 宗子即祖適也。此祖適若是曾庶,則不得祭諸父,則祖亦是適也。假令己是祖曾之適,爲大夫,大夫三廟,一爲太祖,二爲祖禰,而曾無廟。諸父附曾,故爲墠祭之。若有曾廟者則附廟不爲墠也。若宗子是士,士唯二廟,故爲墠附諸父於曾耳。然大夫有二壇,今不於壇而云墠者是體賤不得壇。注《曾子問》亦云爲墠。

孔疏云:

> 宗子合祭諸父,諸父當於宗子曾祖之廟,宗子是士,唯有祖、禰二廟,無曾祖廟,故諸父無後者,爲墠祭之。若宗子爲大夫得立曾祖廟者,則祭之于曾祖廟,不於墠也。若宗子有太祖者,不立曾祖廟,亦祭之于墠。按《祭法》云先壇後墠。今祭之墠者,皇氏云:"以其無後,賤之,故于墠也。"①

按:《祭法》有先壇後墠之義,而此處注文中"宗子之諸父無後者,爲墠祭之"只云"墠祭",而不云"壇祭",皇疏推論認爲是因爲"體賤不得壇",皇氏此論很好地彌縫了《祭法》與《喪服小記》此注之不同,因此孔疏認爲皇疏的推論合理,對皇疏加以概括引用,並標明出自皇疏。而孔疏又認爲皇疏所云"體賤"之義不明,因此孔疏以"以其無後,賤之"對皇侃新論加以進一步闡釋。

---

① (唐)孔穎達《禮記正義》卷三二,頁1496。

3. 孔疏部分修正皇疏的新論

皇侃的某些新論,孔疏認爲部分合理,就對合理部分加以采用,對於不合理部分進行修正。如"男子免而婦人髽"中有關"髽"的解釋,皇疏對於"髽"有三種解釋:

"髽"者,形有多種,有麻、有布、有露紒也,其形有異,同謂之"髽"也……男子之絻,乃有多時,而唯一種。若婦人之髽,則有三别。其麻髽之形,與括髮如一,其著之以對男子括髮時也,前云"斬衰括髮以麻",則婦人于時髽亦用麻也……則知有麻髽以對男括時也。又知有布髽者,案此云"男免"對"婦髽",男絻既用布,則婦髽不容用麻也,是知男子爲母絻時,則婦人布髽也……知有露紒髽者,《喪服》云:"布總、箭笄、髽、衰,三年。"明知此服並以三年,三年之内,男不恒絻,時則婦人不用布髽,故知恒露紒也。

按:皇疏中將髽分爲三種,分别是麻髽、布髽、露紒髽。此"三髽"説是在經、注的基礎上推論所得,孔疏則在標明以上三髽之説出自皇氏的基礎上進一步考證,認爲髽只有兩種,孔疏云:

此三髽之殊,是皇氏之説。今考校以爲正有二髽,一是斬衰麻髽,二是齊衰布髽,皆名露紒。必知然者,以《喪服》:"女子子在室爲父箭笄、髽、衰。"是斬衰之髽用麻。鄭注以爲露紒,明齊衰髽用布,亦謂之露紒髽也。①

可見孔疏認爲這兩種髽分别是斬衰麻髽與齊衰布髽,而無論是麻髽還是布髽都是露紒,孔疏據《儀禮·喪服》經文以及鄭注判斷既然斬衰麻髽爲露紒,而鄭玄並未特别説明齊衰布髽,因此可以推理齊衰布髽

① (唐)孔穎達《禮記正義》卷三二,頁1494。

亦爲露紒。孔疏"三髽"説是在皇疏"二髽"新論的基礎上修正而來的。

(三) 孔疏否定皇疏有違鄭注之論

唐修《五經正義》堅持"疏不破注"的原則,而南北朝義疏雖宗主一家,却常有對注的突破。孔疏對皇疏中與鄭注不一致之處都加以指正。如經文"親親、尊尊、長長,男女之有别,人道之大者也"條,皇疏將"親親"釋爲"結前親親,以三爲五之屬也";皇疏將"尊尊"釋爲"結前'王者禘以下'";皇疏將"長長"釋爲"結前庶子不祭殤以下也"。按皇疏此説亦是强調經文前後之聯繫,而孔疏則直接指明"皇氏説非也",其根據就是皇疏與鄭注不符。因鄭注對此句經文的解釋爲:"言服之所以隆殺。"如按鄭注,則"親親、尊尊、長長"都是針對服制而言,並不涵括皇疏所釋之豐富内容,因此孔疏以鄭注爲依據,否定皇疏之説。

以上三種情况,孔疏都標明引自皇疏,此例有助於我們更好地認識皇侃《禮記義疏》之輯本。皇侃《禮記義疏》流傳於今的内容,除此殘卷外,還有馬國翰所輯《禮記皇氏義疏》。此輯本中除了部分輯自《經典釋文》以外,其他疏文主要是馬國翰從《禮記正義》中輯出,而所輯的依據就是孔疏對引自皇疏部分的標明。通檢馬氏所輯《禮記皇氏義疏》中輯自《禮記正義》的皇疏,亦不出以上所總結三種情况:或皇疏有誤,孔疏加以指正;或是皇疏有合理新論,孔疏加以采用;或是皇疏有違鄭注之論,孔疏則直接加以否定。

當然孔疏並非全據皇疏而成,也有弃皇疏而引他疏之處。如經文"其義:爲男子則免,爲婦人則髽"條下,孔疏先引庾蔚之的論述,後引崔靈恩的論述。孔疏此處所引庾氏的論述也見於皇疏,而此處所引崔氏的論述其内容要比皇疏所引崔氏的論述豐富得多,當非引自皇疏。按《禮記正義·序》指出:"其見於世者,唯皇、熊二家而已。"[1]此句表明孔穎達等當時所見《禮記》疏只有皇侃與熊安生兩家,而《禮記正義·序》

① (唐)孔穎達《禮記正義序》,頁1222。

又曰:“其有不備,以熊氏補焉。”[①]由此可知孔疏此處所引崔靈恩之觀點當是來自熊氏之疏。

孔疏對皇疏文字上的修訂與對皇疏部分内容的删簡以及引用皇疏的合理新論,説明孔疏主要内容來自皇疏。孔疏指正皇疏之誤並對皇疏新論有所修正或闡釋説明孔疏對皇疏的發展。皇疏中的問難之辭,使皇疏具有一定的思辨色彩;皇疏中强調前後經文聯繫之論多有對經、注原義的突破。從皇疏我們可以看到南北朝義疏因受佛、玄的影響,一定程度上突破了漢學的樸學傳統,更注重個人發揮。張恒壽先生認爲:“惟由皇侃諸人書中,推尋佛儒雜揉及以後演進之痕迹,庶可見思想發展之路徑,亦無損於宋儒之創新。”[②]牟潤孫先生認爲:“同爲義疏,於宋則有助於義理之樹立,於清則建考據之基礎。”[③]這説明張、牟二人都認爲南北朝義疏已初露宋學之端倪。孔疏將皇疏問難之辭及强調經文前後聯繫之論大部分删去並否定皇疏有違鄭注之論説明孔疏更加强調尊重經、注本義,回歸漢學傳統。

(作者單位:齊魯師範學院中文系　山東師範大學齊魯文化研究中心)

① (唐)孔穎達《禮記正義序》,頁 1223。

② 張恒壽《六朝儒經注疏之佛學影響》,《中國社會與思想文化》,人民出版社,1989 年,頁 408—409。

③ 牟潤孫《論儒釋兩家之講經與義疏》,《現代佛學大系》第 26 册,臺灣彌勒出版社,1984 年,頁 63。

古典文獻研究(第十五輯)
2012 年 7 月

《陋室銘》作者祛疑*

王　鶴　李曉麗

《陋室銘》這篇短小精湛、清新雋永的銘文自宋代以來流傳甚廣,人們普遍認爲這是唐朝劉禹錫所作,但在上世紀 90 年代,學界在劉禹錫是否作《陋室銘》這一問題上出現了争論,質疑方持論甚篤,幾乎形成了定論:《陋室銘》非劉禹錫所作。筆者在細緻考察質疑者各種否定理據的基礎上,根據新發現的材料,認爲劉禹錫作《陋室銘》當屬可信。下面略作討論,以就教於方家讀者。

一

當代學者中首先對劉禹錫作《陋室銘》提出質疑的是卞孝萱先生。他在 1963 年出版的《劉禹錫年譜》中提出《陋室銘》非劉禹錫作[①],但他的觀點在當時似乎未引起人們多少關注。1979 年于北山先生發表

---

* 本文爲南京大學 2009 級新生研討課"文獻學意識"(武秀成教授主講)之研討成果之一。

① 卞孝萱先生《劉禹錫年譜》,中華書局,1963 年,頁 127。

《〈陋室銘〉非劉禹錫作補正》①,補充了一個重要證據,即北宋釋智圓《閑居編》中的一段話,以佐證卞孝萱先生的觀點。《全宋文》卷三一二收録智圓《閑居編》卷二六《雪劉禹錫》一文,其内容如下:

> 俗傳《陋室銘》,謂劉禹錫所作,謬矣,蓋闒茸輩狂簡斐然,竊禹錫之盛名以誑無識者,俾傳行耳。夫銘之作,不稱揚先祖之美,則指事以戒過也;出此二涂,不謂之銘矣。稱揚先祖之美者,宋鼎銘是也;指事戒過者,周廟金人銘是也。俗傳《陋室銘》,進非稱先祖之美,退非指事以戒過,而奢夸矜伐,以仙龍自比,復曰"唯吾德馨"。且顔子願無伐善,聖師不敢稱仁,禹錫巨儒,心知聖道,豈有如是狂悖之辭乎!陸機云:"銘博約而温潤。"斯銘也,旨非博約,言無温潤,豈禹錫之作邪!昧者往往刻于琬琰,懸之屋壁,吾恐後進童蒙慕劉之名,口誦心記,以爲楷式,豈不誤邪?故作此文,以雪禹錫恥,且救後進之誤。使死而有知,則禹錫必感吾之惠也。②

這是現今所見的最早提出《陋室銘》非劉禹錫所作這一觀點的文獻。智圓和尚是北宋人,自號中庸子,撰《中庸子傳》。其《閑居編自序》云:"于講佛經外,好讀周、孔、楊、孟書。往往學古文,以宗其道;又愛吟五七言詩,以樂其性情。"③可見智圓兼宗儒教,嗜好文學,他的否定性意見,不可等閑視之。《閑居編自序》撰於大中祥符九年(1016),《閑居編》大約編成於此年或之前,《雪劉禹錫》爲其中的一篇,其撰成年代當更在書成前。

從上引文字我們可以看出,智圓和尚否定《陋室銘》爲劉禹錫作的主要理由有三個:一是其不符合銘文"稱揚先祖之美"和"指事以戒過"的功能,二是不符合劉禹錫"巨儒"般的爲人,三是不符合銘文的風格。智圓和尚的否定雖然很堅決,但是缺乏確鑿的證據和具體的分析論證,

---

① 于北山《〈陋室銘〉非劉禹錫作補正》,《教學與進修》1979年第3期。

② 曾棗莊、劉琳主編《全宋文》第15册,上海辭書出版社、安徽教育出版社,2006年,頁260—261。

③ 《全宋文》卷三〇八,第15册,頁194。

這或許正是當時及後世人們没有接受智圓和尚觀點的原因所在。正如吴汝煜先生在《劉禹錫傳論》中所説:"僧人好作驚人之論,以聳動世人聽聞,未必有所據而云然。智圓所論,未提出任何確切證據,故此説不能據爲定讞。"①

至上世紀 90 年代,這個問題終於引起了學界的關注並形成了一次討論。1996 年春,吴小如先生撰文提出,傳世歷代刻本之《劉夢得文集》或《劉賓客集》等皆不載《陋室銘》,故疑其不出自劉禹錫之手。之後段塔麗發表《〈陋室銘〉作者辨析》一文,不僅否定了其作者爲劉禹錫,還根據《新唐書·崔沔傳》中"沔儉約自持,禄稟隨散宗族,不治居宅,嘗作《陋室銘》以見志"的記載②,認爲崔沔是《陋室銘》的真正作者。此後顔春峰、汪少華、吴小如、卞孝萱等學者又紛紛撰文發表不同觀點③。段氏立説,以論帶史,缺乏證據,被諸位學者一致否定,無須贅言。在這次討論中,質疑方似持論甚篤,形成了一致性的意見:《陋室銘》非劉禹錫所作。下面我們來討論一下否定論者的主要論據:

(一) 没有確鑿證據證明《陋室銘》是劉禹錫所作。1. 明末清初,坊刻各種古文選本多收《陋室銘》一篇,各本皆署劉禹錫作;而傳世歷代刻本之《劉夢得文集》、《劉賓客集》等,無一本載其文。2.《輿地紀勝》所載和州《陋室銘》石刻不可信。王象之《輿地碑記目》卷一《婺州碑記》中記載"政和中"郡民發現《陋室銘》石刻。對此,質疑方指出這只能説明婺州有一方《陋室銘》石刻,不能保證此銘一定是劉禹錫手筆。《輿地碑記目》卷二《和州碑記》也記載有《陋室銘》。王象之在他編纂的另一部總志《輿地紀勝》中述此事尤詳,其卷四八《淮南西路·和州·景物

① 吴汝煜《劉禹錫傳論》,陝西人民出版社,1988 年,頁 276。

② 歐陽修、宋祁《新唐書》卷一二九《崔沔傳》,中華書局,1975 年,頁 4479。

③ 吴小如《〈陋室銘〉作者質疑》,《文學遺産》1996 年第 6 期。段塔麗《〈陋室銘〉作者辨析》,《文史知識》1996 年第 6 期。顔春峰、汪少華《〈陋室銘〉的作者不是劉禹錫嗎?》,《尋根》1996 年第 6 期。卞孝萱先生《〈陋室銘〉非劉禹錫作》,《文史知識》1997 年第 1 期。段塔麗《再談〈陋室銘〉及其作者》,《陝西師範大學學報》1998 年第 3 期。

上》云:"陋室:唐劉禹錫所闢。又有《陋室銘》,禹錫所撰,今見存。"[①]又《官吏》云:"劉禹錫:爲和州刺史,有《和州刺史壁記》及《陋室銘》。"[②]又《碑記》云:"唐劉禹錫《陋室銘》:柳公權書,在廳事西偏之陋室。"[③]對於這四條關於和州《陋室銘》石刻的記載,質疑方認爲在無實物及其他文獻資料佐證的情况下,此和州《陋室銘》石刻不足爲信。

(二)《陋室銘》與銘文的體格不合,與劉禹錫的文格、文風、爲人不類。如智圓所説"俗傳《陋室銘》,進非稱先祖之美,退非指事以戒過……禹錫巨儒,心知聖道,豈有如是狂悖之辭乎!……旨非博約,言無温潤"。且劉禹錫撰銘,或四言,或七言,句式整齊。如《許州文宣王新廟碑》銘共 40 句,《大唐曹溪第六祖大鑒禪師第二碑》銘共 38 句,《佛衣銘》共 42 句,《袁州萍鄉縣楊岐山故廣禪師碑》銘共 44 句,都是四言到底。而《陋室銘》只 18 句,計:四言 6 句、五言 5 句、三言 1 句、六言 2 句,又五言 2 句、三言 1 句、四言 1 句。這樣雜亂的句式,與上述整齊的句式,形成尖鋭的對比;且《陋室銘》文風小氣俗氣,顯然是一般文士所爲,故不可能出自著名文學家劉禹錫之手[④]。

(三)《陋室銘》與劉禹錫在和州期間的生活狀况矛盾。劉禹錫在和州時勤政廉政、關心民衆疾苦,體現在其詩文中,如《和州謝上表》:"伏以地在江淮,俗参吴楚,災旱之後,綏撫誠難,謹當奉宣皇恩,慰彼黎庶。久于其道,冀使知方。"[⑤]還有《歷陽書事七十四韻》:"比屋惸嫠輩,連年水旱並。退思常後己,下令必先庚。……受謫時方久,分憂政未成。比瓊雖碌碌,于鐵尚錚錚。"[⑥]這些狀况與《陋室銘》中"無案牘之勞形"的逍遥狀態判若兩人。

(四)《陋室銘》與劉禹錫的思想作風、交游狀况、生活環境大不符

---

① 王象之《輿地紀勝》卷四八,中華書局,1992 年,頁 1931。
② 《輿地紀勝》卷四八,頁 1942。
③ 同上,頁 1947。
④ 詳見卞孝萱先生《〈陋室銘〉非劉禹錫作》。
⑤ 陶敏、陶紅雨《劉禹錫全集編年校注》,岳麓書社,2003 年,頁 1082。
⑥ 《劉禹錫全集編年校注》,頁 351—353。

合。“談笑有鴻儒,往來無白丁”,與劉禹錫《名子説》“欲爾於人無賢愚,於事無小大,咸推以信,同施以敬,俾物從而衆説,其庶幾乎”的思想作風不合。“苔痕上階緑,草色入簾青”的幽僻荒凉景象與“談笑有鴻儒”相矛盾。而“調素琴”又與“無絲竹之亂耳”明顯地抵牾。“有仙則名”是崇尚道教,“閲金經”是崇尚佛教,來陋室“談笑”的却又是“鴻儒”,反映出《陋室銘》的作僞者缺乏邏輯,拼湊成文。且“按照唐朝法律,配流及貶謫之人,是不得在貶所或流放之地與當地官吏互相往來串通的,否則一經察覺,不僅貶謫之人,而且當地官吏都將受到處罰,甚或處死”①。劉禹錫作爲被貶謫之人不可能與當地官吏有來往,因而“談笑有鴻儒”與其在和州的交往狀況不符。

至此,關於《陋室銘》作者是否爲劉禹錫這一問題的討論似乎已有定論。

上述對《陋室銘》作者爲劉禹錫的種種質疑,似乎都言之成理,但却没有一條確定不移的證據。諸位學者在論證的邏輯與理據上雖然有疏密之别,但在論證的思路與方式上,都有一樣的共性,即循着智圓和尚的思路,從文體、語言、思想、情境方面展開論證,而這往往又是可以見仁見智的。

下面針對其中比較關鍵的幾點進行討論。

二

首先討論一下“《陋室銘》與銘文的體格不合,與劉禹錫的文格、文風、爲人不類”的問題。

“銘”這一文體,最初産生時確實如智圓所論,有褒揚與警戒這兩種功能。劉勰在《文心雕龍》“銘箴”篇中追溯了古代“銘”的形成與發展歷程,指出:“夫箴誦於官,銘題於器,名目雖異,而警戒實同。箴全禦過,

① 段塔麗《〈陋室銘〉作者辨析》,《文史知識》1996年第6期。

故文資確切;銘兼褒贊,故體貴弘潤:其取事也必核以辨,其摛文也必簡而深,此其大要也。”①古人對文體的不同命名,原是基於其特定的功能特徵的,但後世對文體的具體運用,却往往因時而異,因事而異,甚至因人而異,從而使文體的功能特徵發生了或多或少的變異。影響所及,進而引起文體内在形態的變化,正如劉勰所説:“夫設文之體有常,變文之數無方。”②“銘”這種文體的發展也是如此。從最初的施之器物,到“以山川、宫室、門關爲銘”③,其内容漸漸擴展到日常生活的各個方面,功能已不限於褒揚與警戒兩種,風格也漸漸多樣化。《文章辨體》一書收録銘文就專列了“雜銘”這一類。如南北朝時的庾信作《吹臺山銘》:

江寧吹嶺,雝山出筠。秦簫下鳳,此岫爲真。青槐避日,朱草司晨。石名新婦,樓學仙人。吴中字玉,城南姓秦。比花依樹,登榭要春。舞能留客,聲便度新。雕梁數振,無復輕塵。④

再如其《行雨山銘》:

山名行雨,地異陽臺。佳人無數,神女羞來。翠幔朝開,新妝旦起。樹入床頭,花來鏡裏。草緑衫同,花紅面似。開年寒盡,正月游春。俱除錦陂,併脱紅綸。天絲劚藕,蝶粉生塵。横藤礙路,弱柳低人。誰言洛浦,一個河神。⑤

庾信作的這些以山水景物等爲主題的銘,無不清新秀麗,風格與其他嚴肅的銘文迥異。又如陶弘景《茅山曲林館銘》:

---

① 周振甫《文心雕龍今譯》,中華書局,1986年,頁105。

② 《文心雕龍今譯》,頁269。

③ 吴訥、徐師曾《文章辨體序説·文體明辨序説》,人民文學出版社,1998年,頁46。

④ 庾信著,倪璠注,許逸民校點《庾子山集注》,中華書局,1980年,頁697。

⑤ 《庾子山集注》,頁701。

> 層嶺外峙，邃宫内映；仄穴旁通，縈泉遠鏡。尚德依仁，祈生翊命；且天且地，若凡若聖。連甍比棟，各謂知道；參差經術，跌宕辭藻。孰曰曲林，獨爲勁好；奄迹韜功，守兹偕老。①

此銘同樣爲居所而作，先描寫居所内外環境，後表達作者尚德依仁、掩迹韜功的志趣，既非“稱揚先祖之美”，亦非“指事以戒過”，而是表達個人志向與情趣。

由此可見《陋室銘》的出現並不突兀，在唐之前已有類似的銘文了。在劉禹錫之時，爲陋室作銘也並不罕見。《白居易集》卷三九《三謡序》云：“宴息之暇，筆硯在前。偶爲《三謡》，各導其意，亦猶座右、陋室銘之類爾。”②這三首謡都描寫了作者的個人情趣。從此處將陋室銘、座右銘並列，以及崔沔也曾作同題《陋室銘》來看，《陋室銘》已成爲一種相對固定的文體。而且白居易的《三謡》，托物言志，簡明輕快，韻散結合，果如其所説猶“座右、陋室銘之類爾”。所以，劉禹錫的《陋室銘》作爲“銘”的一種變體，自然與“銘”的正體及他所寫的其他正統銘文不類。但就《陋室銘》這一類銘文的文格風格來看，劉禹錫此作不僅不違規範，還可謂清新雋永、卓然出群。且全文以德自勵，表達安貧樂道的高雅情操，豈是“奢夸矜伐”之作？劉禹錫被稱爲“詩豪”，他的人生態度是自信的，他在詩中寫道“在人雖晚達，于樹似冬青”，“莫道桑榆晚，爲霞尚滿天”，都表現了一種老當益壯的情懷。“唯吾德馨”即體現了這種態度，正因爲劉禹錫是巨儒，才能如此自信。但在中國古代傳統道德標準的要求下，任何涉嫌自我標榜的話語都易惹來後人之譏，如王應麟《困學紀聞》卷一七譏其曰：“劉夢得文不及詩。《祭韓退之文》乃謂‘子長在筆，予長在論，持矛舉盾，卒莫能困’，可笑不自量也。”③

其次，《陋室銘》一文的風格與劉禹錫本人的文風也並不矛盾。劉

① 陶弘景著，王京州校注《陶弘景集校注》，上海古籍出版社，2009年，頁194。

② 白居易著，顧學頡校點《白居易集》，中華書局，1979年，頁882。

③ 《劉禹錫全集編年校注》，頁1487。

禹錫在散文方面的成就很高,“前人以妙、奇、新形容劉禹錫煉字、造句的特色,又以簡古、真摯、宏麗形容劉禹錫文章的特色”[1]。他既能寫簡潔明晰、邏輯嚴密的論説文,矜煉雅健、方正端凝的碑傳,也精於描寫和抒情,他的《連州刺史廳壁記》、《含輝洞述》、《吏隱亭述》都是千年傳誦的描寫風景的名篇,他在散文創作上是不拘一格的。且劉禹錫作爲一個詩人,在寫文章時以詩入文,使文章擁有詩的格調,並不奇怪。《陋室銘》就是一篇頗有詩韻的銘文,可謂清新雋永,琅琅上口,很符合劉禹錫優美自然、精煉含蓄的風格。胡震亨《唐音癸籤》卷七評曰:“禹錫有‘詩豪’之目,其詩氣該今古,詞總華實,運用似無甚過人,却都愜人意,語語可歌,其才情之最豪者。司空圖嘗言,禹錫及楊巨源詩各有勝會。兩人格律精切欲同,然劉得之易,楊却得之難,入處迥異耳。”[2]劉禹錫在赴和州的途中曾寫過一篇《洗心亭記》:

> 天下聞寺數十輩,而吉祥尤章章。蹲名山,俯大江,荆吴雲水,交錯如繡。始予以不到爲恨,今方弭所恨而充所望焉。既周覽讚嘆,於竹石間最奇處得新亭,彤焉如巧人畫鰲背上物。即之四顧,遠邇細大,雜然陳乎前,引人目去,求瞬不得。徵其經始,曰僧義然。嘯侶爲工,即山求材,槃高孕虚,萬景坌來。詞人處之,思出常格;禪子處之,遇境而寂;憂人處之,百慮冰息。鳥思猿情,繞梁歷榱。月來松間,雕鏤軒墀;石列笋簴,藤蟠蛟螭;修竹萬竿,夏含凉颸,斯亭之實録云爾。然上人舉如意挹我曰:“既志之,盍名之以行乎遠夫!”余始以是亭圜視無不適,始適乎目而方寸爲清,故名洗心。長慶四年九月二十三日,劉某記。[3]

這篇文章同《陋室銘》一樣短小精湛而文采斐然,並且表現了作者悠游

---

① 卞孝萱、卞敏《劉禹錫評傳》,南京大學出版社,1996年,頁316。
② 《劉禹錫全集編年校注》,頁1491。
③ 同上,頁1081。

於山水之中的情趣和清静悠然的内心世界。總而言之,對於劉禹錫這樣文兼衆體、風格多樣的文學家來説,寫出《陋室銘》這樣風格上平易通俗,形式上間雜三言、四言、五言的作品是完全可能的,不能因其體格有異就輕易否定它是劉禹錫之作。

三

有質疑者認爲劉禹錫在和州時勤政廉政,關心民衆疾苦,與"無案牘之勞形"的逍遥狀態判若兩人。然而那些詩文雖然描述了劉禹錫本人任職和州時的一些狀況,却並不能概括他在和州期間的全部生活狀態。

劉禹錫在長慶四年(824)夏轉和州刺史,寶曆二年(826)冬罷和州刺史,在和州任職二年多,初上任時和州正值旱災之後。和州地區"連年水旱並",《舊唐書·穆宗紀》記載長慶二年閏十月,"詔:江淮諸州旱損頗多,米價不免踴貴……(十二月)淮南奏和州饑,烏江百姓殺縣令以取官米"①。劉禹錫到任後"慰彼黎庶","退思常後己,下令必先庚",勤政愛民,爲安撫百姓、恢復農業做出了很大貢獻。劉禹錫於寶曆元年六月作《和州刺史廳壁記》:

> 按見户萬八千有奇,輸緡錢十六萬,歲貢纖紵二篚,吴牛蘇二鈞,糝鱘九瓮,茅蒐七千兩。鎮曰梁山,浸曰歷湖。田藝四穀,豢全六擾。爐有旨酒,庖有腴魚。……始,余以尚書郎得譴刺連山,今也由巴東來牧。考前二邦之籍與版圖,纔什五六,而地征三之。究其所從來,生植有本:女工尚完堅,一經一緯,無文章交錯之奇;男夫尚墾闢,功苦戀本,無即山近鹽之逸;市無嗤眩,工無雕彤,無游人異物以遷其志。副徵令者率非外求。凡百爲一出於農桑故也。

① 劉昫等撰《舊唐書》卷一六,中華書局,1975年,頁500—501。

繇是而言,瘠天下者其在多巧乎![1]

由此文可見,旱災結束後的和州在劉禹錫治理下已然是豐衣足食的境況,且和州以農桑爲本,民風淳樸。他還在此文中稱和州"自孫權距陳,出入六代,常爲宿兵之地,多以材能人處之。本朝混一,號爲善部,然用人差輕,非復曩時之比也",可見和州在當時已不復是軍事重地,因而用人差輕,那麽劉禹錫作爲"遠守藩服"[2]的和州刺史,雖然仍保持政治上的進取精神,但在偏僻的和州,他在政治上的施展空間是十分有限的。救災工作結束後的政務之餘,劉禹錫稱自己"無案牘之勞形",實不足爲怪。

另外劉禹錫在和州期間與白居易有許多唱和之作,如《春日書懷寄東洛白二十二楊八二庶子》:

曾向空門學坐禪,如今萬事盡忘筌。眼前名利如春夢,醉裏風情敵少年。野草芳菲紅錦地,游絲撩亂碧羅天。心知洛下閑才子,不作詩魔即酒顛。[3]

此詩寫自己無心名利而醉心山水的曠達閑散之情,可見作爲偏遠之地的貶官,他並非時時有事務在身,如若整年公務繁忙,案牘勞形,怎能寫出如此有六朝風致的詩篇呢?再如《白舍人見酬拙詩因以寄贈》:

雖陪三品散班中,資歷從來事不同。名姓也曾鐫石柱,詩篇未得上屏風。甘陵舊黨凋零盡,魏闕新知禮數崇。烟水五湖如有伴,猶應堪作釣魚翁。[4]

---

① 《劉禹錫全集編年校注》,頁 1088—1089。
② 同上,頁 1082。
③ 同上,頁 1088—1089。
④ 同上,頁 361。

白居易作《答劉和州禹錫》:

> 换印雖頻命未通,歷陽湖上又秋風。不教才展休明代,爲罰詩争造化功。我亦思歸田舍下,君應厭卧郡齋中。好相收拾爲閑伴,年齒官班約略同。①

又如寄崔玄亮的《奉酬湖州崔郎中見寄五韻》:

> 山陽昔相遇,灼灼晨葩鮮。同游翰墨場,和樂塤篪然。一落名宦途,浩如乘風船。行當衰暮日,卧理淮海壖。猶期謝病後,共樂桑榆年。②

劉禹錫寫於和州期間的這些詩作表現出了一種飽經滄桑後的曠達之情,一種因宦途失意、壯志難酬而産生的隱逸、出世之情懷,這與《陋室銘》所描繪的帶有隱逸趣味的文人清雅生活是一致的。《陋室銘》一文與劉禹錫在和州期間的生活狀況並無特别矛盾之處,寫出這樣的文章也在常理之中。

四

有學者提出《陋室銘》不符合劉禹錫在和州的交游情況、思想狀況,其文本中有許多矛盾之處,這些疑問的確值得探究。

所謂“鴻儒”即大儒、巨儒、碩儒。《論衡·超奇篇》解釋説:“故夫能説一經者爲儒生,博覽古今者爲通人,采掇傳書以上書奏記者爲文人,

① 《劉禹錫全集編年校注》,頁362。

② 同上,頁388。

能精思著文連結篇章者爲鴻儒。”[①]劉禹錫在《歷陽書事七十四韻》中提到“捧日皆元老,宣風盡大彭”[②],他與當時的一些重要人物交誼匪淺。“時裴度鎮興元,令狐楚鎮宣武,牛僧孺鎮鄂嶽,李絳鎮東川,崔群觀察宣歙,元稹觀察浙東,諸人均曾爲相;此外,王播鎮淮南,李德裕觀察浙西,都與劉禹錫有較深交誼。”[③]他在和州期間與這些人有許多往來唱和之作。如與令狐楚的《客有話汴州新政書事寄令狐相公》、《和令狐相公郡齋對紫薇花》、《令狐相公見示河中楊少尹贈答兼命繼聲》、《和令狐相公謝太原李侍中寄蒲桃》、《和令狐相公送趙常盈煉師與中貴人同拜嶽及天臺投龍畢却赴京》、《和汴州令狐相公到鎮改月偶書所懷二十二韻》,與白居易的《春日書懷寄東洛白二十二楊八二庶子》、《蘇州白舍人寄新詩有嘆早白無兒之句因以贈之》、《白舍人見酬拙詩因以寄謝》、《白舍人曹長寄新詩有游宴之盛因以戲酬》,與李德裕的《和浙西李大夫霜夜對月聽小童吹觱篥歌》、《浙西李大夫示述夢四十韻並浙東元相公酬和斐然繼聲》、《和浙西李大夫晚下北固山喜徑松成陰悵然懷古偶題臨江亭並浙東元相公所和》、《和浙西李大夫伊川卜居》,與張籍的《張郎中籍遠寄長句開緘之日已及新秋因舉目前仰酬高韻》,與韓泰、元稹的《遥和韓睦州元相公二君子》,與崔玄亮的《湖州崔郎中曹長寄三癖詩自言癖在詩與琴酒其詞逸而高吟咏不足昔柳吴興亭皋隴首之句王融書之白團扇故爲四韻以謝之》、《奉酬湖州崔郎中見寄五韻》、《酬湖州崔郎中見寄》。劉禹錫任職和州期間所作的詩篇基本上都是與這些堪稱鴻儒的舊交的往來唱和之作,可謂“談笑”多寓於詩文之間,由此可以推斷,“談笑有鴻儒”一句並不全指實際生活中面對面的交往,更多的是一種寄托於詩文之中的精神上的往來。由《陋室銘》中所描繪的“苔痕上階緑,草色入簾青”的門庭冷落之狀、“無絲竹之亂耳”的獨居生活之況可知,劉禹錫並未與當地官吏隨意往來串通,也未流連宴會。“往來無白丁”一句不過表明了劉禹錫作爲文人的清高,至於“調素琴”與“無絲竹之亂

① 黄暉《論衡校釋》卷一三,中華書局,1990年,頁606。

② 《劉禹錫全集編年校注》,頁353。

③ 同上,頁354。

耳”抵牾之説,吴汝煜先生在《劉禹錫傳論》中引吴淇之言所論甚當:“此言無他樂以間之,獨有琴在。譬如孟子言‘夫貉,五穀不生,惟黍生之’。黍亦在五穀之内。古人之文,不可以詞害意。”①

唐代推崇道教,自武則天後,又舉國崇佛,佛儒道三教處於合流狀態,劉禹錫中晚年接近佛教,喜讀《逍遥游》,且有融合儒釋道的思想。劉禹錫《送僧元暠南游》引言有云:“予策名二十年,百慮而無一得。然後知世所謂道,無非畏途,唯出世間法,可盡心耳。繇是在席硯者多旁行四句之書,備將迎者皆赤髭白足之侣。”②劉禹錫認爲,自己二十年來没有什麽成就,才領悟到世上所講的“道”,都很難行得通,只有佛教的“出世間法”,值得用心,因而他的案頭多置佛經,且和僧徒交往頗多,自稱“事佛而佞”。劉禹錫“家本儒素,業在藝文”,在遭遇了種種人生挫折以後,深感世事艱險,於是轉而尋求出世之學,以佛教思想來調節身心,獲取精神上的滿足與自得。正因爲如此,當道家思想同樣能給他以精神安慰的時候,他對道家思想也會産生共鳴。莊子宣揚“無己”、“無待”以消除一切人生煩惱的《逍遥游》,是他愛讀的文章③。“總之,劉禹錫順應當時儒、道、釋合流的趨勢,試圖在唯物主義的基礎上對儒、道、釋進行辯證的綜合。……劉禹錫的一生始終堅持儒家的人生理想,追求道家的精神境界,並借佛教思想來寄托精神上的壓抑與安慰。”④劉禹錫任職和州時五十三歲,作於和州的《春日書懷寄東洛白二十二楊八二庶子》直言“曾向空門學坐禪,如今萬事盡忘筌”⑤,可見當時他對於佛家思想已經頗有研究,正與《陋室銘》中“調素琴,閲金經”之狀况相吻合。他於元和二年(807)在朗州作《聞道士彈思歸引》:

仙公一奏《思歸引》,逐客初聞自泫然。莫怪殷勤悲此曲,越聲

① 《劉禹錫傳論》,頁280。
② 《劉禹錫全集編年校注》,頁120。
③ 詳見《劉禹錫評傳》,頁238—242。
④ 《劉禹錫評傳》,頁245。
⑤ 《劉禹錫全集編年校注》,頁357。

長苦已三年。①

元和中在朗州作《傷桃源薛道士》:

壇邊松在鶴巢空,白鹿閑行舊徑中。手植紅桃千樹發,滿山無主任春風。②

由這兩首詩可以看出他早在任職和州之前已與道士有交往,並對他們頗爲尊敬,因此寫下"山不在高,有仙則名"這樣的句子也不足爲怪。《陋室銘》兼含儒釋道内容並非思想混亂,而是體現了劉禹錫作爲一個思想家的深厚修養。

通過以上三個方面的辨析,我們可以獲得這樣的認識:否認《陋室銘》爲劉禹錫所作的觀點缺乏有力的依據,不足爲信。下文將提出新的證據從正面來論證《陋室銘》確爲劉禹錫所作。

五

王象之《輿地紀勝》一書中記載了一方劉禹錫撰柳公權書和州《陋室銘》石刻,並且重複叙述了三次,可謂鄭重,且書中明確地説"今見存"。王象之《輿地紀勝》自序作於南宋寧宗嘉定十四年(1221),此時某處有劉禹錫《陋室銘》碑刻,一般情況下這對討論劉禹錫是否寫過《陋室銘》没有太大的證據力,因爲從北宋僧人所言情況看,《陋室銘》爲劉禹錫所作在當時的民間人們普遍信以爲真,而在劉禹錫爲官的某地出現此銘,亦在情理之中。此條記載的珍貴,是此碑爲唐代大書法家柳公權所書。柳公權(778—865)與劉禹錫(772—842)是同時代人,劉禹錫與柳公權之兄柳公綽熟識,曾於貞元二十一年(805)舉柳公綽自代,其文

① 《劉禹錫全集編年校注》,頁81。

② 同上,頁196。

《舉開州柳使君公綽自代狀》曰:

> 尚書屯田某官。守開州刺史柳公綽。右臣蒙恩授尚書屯田員外郎,伏準建中元年正月五日制,常參官上後三日舉一人自代者。伏以前件官,以賢良方正再揚王庭,在流輩間號爲端士。昨除遠郡,人皆惜之。臣初蒙授官,得以論薦,多士之内,非無其人,竊惟用材,宜自遠始。謹具如前,謹録奏聞,伏聽敕旨。貞元二十一年四月八日。①

由此文可見劉禹錫對柳公綽很推重,那麼他與其弟柳公權應當也不陌生。如果此碑爲柳公權所書,則無疑證明此銘爲劉禹錫所撰。因此,此柳公權碑之真僞,正是劉禹錫《陋室銘》真僞争論的關鍵所在。

對於王象之《輿地紀勝》的記載,前人在討論中多斥爲不足信,如有學者認爲劉禹錫本人擅長書法,不必遠道求柳公權書寫,加之無實物及其他文獻爲佐證,因此否定王象之所記之可信性。

質疑方對王象之記載可信性的否定,應該説還不能令人服膺。趙明誠《金石録》卷一〇《目録十》記有:"第一千八百四十:《唐山南西道驛路記》,劉禹錫撰,柳公權正書。開成四年。"②又:"第一千八百五十八:《唐贈太師崔陲碑》,劉禹錫撰,柳公權正書。會昌元年五月。"③可以看出,劉禹錫撰寫的文字不止一次地由柳公權書寫上石。《舊唐書》卷一六五《柳公權傳》記載:"公權初學王書,遍閲近代筆法,體勢勁媚,自成一家。當時公卿大臣家碑板,不得公權手筆者,人以爲不孝。外夷入貢,皆别署貨貝,曰此購柳書。"④柳公權的書法名重一時,因此劉禹錫請柳公權爲之書銘也在情理之中。

在南宋周必大的《文忠集》中,我們也發現了關於柳公權書和州《陋

---

① 《劉禹錫全集編年校注》,頁 882。
② 趙明誠撰,金文明校證《金石録校證》,上海書畫出版社,1985 年,頁 195。
③ 《金石録校證》,頁 196。
④ 《舊唐書》,頁 4311—4312。

室銘》帖的記載,可以和《輿地紀勝》的記載相互佐證。《文忠集》卷四九《跋柳公權赤箭帖》一文如下:

> 唐柳公書,當時自九重至外夷無不愛重。史稱其結體勁媚,蓋筆諫之意先形心畫,此所以爲貴,亦猶魏元成忠直而嫵媚耶。後世真迹日少,賴石刻僅存典型。予官行都,有朝士楊文昺蓄公碑三十餘種,往往來自西北,其在東南者,《山南西道修驛路記》、和州《陋室銘》、贛州《閑禅師碑》、台州國清寺額、翠屏院"天台佛"三字、題僧清觀簡及江州《復東林寺碑》耳。東林近又煨燼,或重惜之。予笑曰:"趙明誠《金石録》載《何進滔德政碑》,在柳書中尤奇偉,政和間,大名尹磨去,别刊新製,厄會至此,殆不若東林之一炬也。"太和蕭知節示《赤箭帖》,求余一言。夫顔精柳骨,古有成説,此帖字瘦而不露骨,沉著痛快而氣象雍容,歐、虞、褚、薛不足道焉。昔歐陽文忠公最愛《高重碑》,以爲摹刻之工,鋒鋩皆在。而蔡忠惠公則謂《陰符經序》善藏筆鋒,柳書之最精者。二説正相反。文忠每推忠惠善書,而云論若此不同,况晚輩寡學乎?宜擇良工,刻石傳之,以俟識者。微知節儒雅好事,其孰能與此。慶元六年九月辛巳。①

從這篇跋文可知,南宋楊文昺蓄有柳公權書寫的碑刻拓片三十幾種,其中包括了來自東南的和州《陋室銘》。因爲古代没有照相技術,碑刻只能依靠拓本流傳,隨着印刷術的提高,碑刻拓本專屬收藏,流通漸少,因而所謂的碑刻收藏,實際上是指拓本(或拓片)收藏。楊文昺所蓄的和州《陋室銘》,就是碑石的拓本。周必大將這些碑帖著録在題跋中,可見他曾經親自看到並鑒賞過。那麼這個和州陋室銘的拓本爲柳公權的真迹就得到了楊文昺和周必大的雙重認證。

周必大(1126—1204),字子充,一字洪道,自號平原老叟,廬陵(今江西吉安)人。他官至宰相,並且還是一位九流七略靡不究通的文學

---

① 周必大《文忠集》卷四九,景印文淵閣《四庫全書》本。

家,詩詞歌賦皆奥博詞雄。他的文學修養曾得到清代四庫館臣的高度評價:"必大以文章受知孝宗,其制命温雅,文體昌博,爲南渡後'台閣體'之冠。考據亦極精審,巋然負一代重名。"①而且他的書法渾厚剛勁,自成一體。從這篇文章對柳公權書法的評論也可看出他在書法鑒賞方面的水準。周必大一生撰寫了大量的十分具有文獻學價值的題跋。他的許多題跋都是爲前朝名人的書迹所作,如唐代裴度及北宋的司馬光、歐陽修、蘇軾、黄庭堅、張浚等。在這些題跋中,周必大不僅對經眼的書迹、碑刻進行著録,還經常做一些評價版本、校勘文字、考證史實的工作。在這篇《跋柳公權赤箭帖》中,周必大就著録了他曾經看過的柳公權的碑帖並發表了對《赤箭帖》書法的評價。周必大將和州《陋室銘》著録入題跋當中,説明他曾經看到過此帖,而且他對此帖爲柳公權的真迹是認可的。周必大在書法方面頗有造詣且具有嚴謹的學術精神,那麽這個帖經過他的鑒賞並著録入文,就相當可靠。此帖的收藏者楊文昺也是一位金石學家,著有《周秦刻石釋音》一書②,他在金石方面頗有研究。經過了這樣兩個人的認證,楊文昺所收藏的和州《陋室銘》是柳公權真迹就比較可信。有拓本則必有原石碑,因此,柳公權曾書和州《陋室銘》,並且這塊碑還有拓本流傳於世,這個事實可以得到我們的認證。

成書於周必大卒後幾十年的《輿地紀勝》恰恰記載了和州存在一方柳公權書劉禹錫撰《陋室銘》石刻,那麽這方石刻正是楊文昺所蓄拓本的原石。《輿地紀勝》對原刻的記載與周必大《跋柳公權赤箭帖》所載周、楊兩位對柳公權書《陋室銘》帖的確認,可以證明這方柳公權書劉禹錫撰和州《陋室銘》石刻確實存在。柳公權與劉禹錫是同時期的人,甚至是熟悉的朋友,《陋室銘》既爲劉禹錫的朋友、大書法家柳公權所認可,那麽劉禹錫爲《陋室銘》作者當屬可信。

---

① 《文忠集提要》,景印文淵閣《四庫全書》本。

② 王雲五主持《四庫全書總目提要及四庫未收書目禁毁書目》,臺灣商務印書館,1971年,頁867。

《陋室銘》既爲劉禹錫所作，又何以不見於傳世之劉禹錫文集呢？這個疑竇也不能回避。從劉禹錫集編纂與流傳過程來看，很可能是傳世之劉禹錫集刻本漏收了。

據《劉氏集略説》可知劉禹錫曾經自編己作爲四十卷，大和七年(833)又删選其中四分之一編爲《劉氏集略》十卷。但他自編的四十卷集及自選集《劉氏集略》後皆不傳。"《新唐書·藝文志四》著録'《劉禹錫集》四十卷'。此集收入了大和七年以後的作品，不是劉氏自編的40卷集。……至北宋初，原集佚去10卷，宋敏求(1019—1079)裒其遺文，編爲《外集》10卷，合原集仍爲40卷。故劉集今有40卷本及30卷本傳世。"[①]而宋敏求在重編時，雖花了很大的功夫搜尋佚文遺詩，但仍有一些遺漏。南宋董弅《劉賓客文集跋》曰："宋次道纂著《外集》，雖裒類略盡，然未必皆其所遺者，今不可考也。"[②]陳振孫《直齋書録解題》卷一六也指出："常山宋次道裒其遺文，得詩四百七篇，雜文二十二篇，爲《外集》，然未必皆十卷所逸也。"[③]宋敏求搜集整理的劉禹錫文集之外還有許多詩文散見於石刻及其他文獻資料中。"文如見於《金石録》的《韋翃墓誌》、見於來濬《金石備考》的《招屈亭碑》等，詩如見於《柳宗元集》的《述舊言懷感時書事奉寄澧州張員外使君五十二韻》、寄柳宗元'邦字'詩，見於《白居易集》的《酬侍中見寄長句》、《窮秋夜坐即事》、《霜夜對月懷樂天》、《題公垂(李紳)所寄蠟燭》、《貧居咏懷贈樂天》等，都已不見於集中。"[④]因此，《陋室銘》很有可能是在北宋初原集十卷逸散時隨之逸出，而宋敏求未能將其輯入。

但是，《陋室銘》並未因此而湮滅，在宋代它不僅以石刻和碑帖的形式在民間流傳，其文也被收入宋人所編類書或選集中，如《錦繡萬花谷》後集卷二三、王霆震輯《古文集成》前集卷四八皆録有劉禹錫《陋室銘》。至清代更是被編入《古文觀止》中而廣泛流傳。著名學者錢大昕在《十

① 《劉禹錫全集編年校注》，頁2。
② 同上，頁1509。
③ 同上，頁1509。
④ 同上，頁4。

駕齋養新録》中也稱“崔沔嘗作《陋室銘》,在劉禹錫之前”[①],對劉禹錫作《陋室銘》毫不懷疑。綜上所述,《陋室銘》爲劉禹錫作有可靠的文獻依據,不見於今本劉集也有其原因所在。

經過考察可以發現,《陋室銘》爲劉禹錫所作有可靠的文獻依據,並且這篇銘文與銘的體格,劉禹錫的文格、文風、爲人以及他在和州期間的生活狀況、思想狀態和交游狀況並無特別矛盾之處。這篇千百年來爲人們所傳誦的銘文,不僅帶給我們文學審美上的享受,也傳達了一種屬於劉禹錫式文人的安貧樂道的高潔情操和對心靈、精神境界的追求。這種情懷初發於劉禹錫,並隨着《陋室銘》的廣泛流傳而潤澤了一代代中國人的心靈世界。

(作者單位:南京大學文學院　南京大學哲學系)

---

① 錢大昕著,陳文和、孫顯軍校點《十駕齋養新録》卷一六,江蘇古籍出版社,2000年,頁357。

古典文獻研究(第十五輯)
2012年7月

《冷齋夜話》版本考

查雪巾

一 問題的提出

《冷齋夜話》(下簡稱《夜話》)是宋代的一部著名的詩話,其"論詩者居十之八,論詩之中稱引元祐諸人者又十之八,而黄庭堅語尤多"①,是研究宋代詩學尤其是江西詩派的重要文獻。其作者釋惠洪(1071—1128)著述宏富,除《夜話》之外,還有《法華經合論》、《林間録》、《禪林僧寶傳》、《石門文字禪》、《天厨禁臠》等,在禪學理論、僧史撰述、詩文創作、文學批評等方面都取得了不俗的造詣,被同時人張商英稱爲"天下之英物,聖宋之異人"②。《夜話》是釋惠洪流傳甚廣、影響較大的一部著作,但這部詩話的版本問題頗爲複雜,學術界對這一問題的認識也多有不準確之處,待發之覆甚多。

---

① (清)永瑢等撰《四庫全書總目》,中華書局,1965年,頁1039。

② (宋)釋惠洪《石門文字禪》卷二九《答張天覺退傳慶書》,《四部叢刊初編》本,上海書店,1989年。惠洪的生平與著作,參見周裕鍇《宋僧惠洪行履著述編年總案》,高等教育出版社,2010年;又陳自力《釋惠洪研究》,中華書局,2005年。

《夜話》宋本已經亡佚,現存最早的版本爲中國國家圖書館所藏的一部孤本的元至正三年(1343)刻本殘卷(下簡稱元本)。該本刻印精美,校勘精細,雖然已爲殘帙,還是值得進行深入的研究。繼元本之後,明代前中期出現了書賈射利、僞造元本的版本,這些以假亂真的僞充品以海南出版社影印的故宫博物院藏本(下簡稱故宫明本)①爲代表,這些版本刻印潦草,魯魚焉馬,比比皆是,很多學者將其誤認爲元刻本,因而影響了他們研究成果的準確性②。《夜話》還存在一個祖源於元本的日本刊本系統,品質上優於中國明清各本,以五山版、江户初刊古活字本和正保本爲代表③。但是對於中國本土而言,《夜話》明代後期以來流傳較廣、影響較大的版本當推明《稗海》本和明《津逮秘書》本(下簡稱《津逮》本)。此外清《四庫全書》本(下簡稱《四庫》本)也是目前比較常見的版本。釐清這些版本之間以及它們與元本、故宫明本之間的源流關係,有助於我們加深對《夜話》在中國本土流傳情況的整體認識。

本文首先擬對國圖藏元刻本殘卷的情況進行詳細的介紹和考證;接着試圖通過對《説郛》所録《夜話》以及《夜話》之《稗海》本、《津逮》本和《四庫》本等幾個明清重要版本的深入考查和對比,並參考宋人各種著述中對《夜話》的引録,分析、歸納出這些版本之間以及它們與元本、故宫明本之間的源流關係,並且判別這些版本之間的高低優劣以及它們各自的善與不善之處,最後列出《夜話》的版本源流圖。

---

① 收於故宫博物院編《故宫珍本叢刊》第474册,海南出版社,2001年。關於以故宫明本爲代表的九行十七字系統的《夜話》明前中期刻本的辨僞,筆者在《〈冷齋夜話〉宋本原貌及元刻本考辨》一文(待刊)中已有詳細論述,此處從略。

② 如袁慶述的《〈冷齋夜話〉及〈書影〉校勘劄記》(《古漢語研究》2001年第4期)、李軍《日本五山版〈冷齋夜話〉整理本斠議》(載韓國忠州大學東亞研究所編《東亞文獻研究》第五輯,2009年)皆誤認故宫明本爲元刻本。

③ 張伯偉先生認爲,五山版爲《夜話》現存各本中的最佳版本(見張伯偉《稀見本宋人詩話四種·前言》,江蘇古籍出版社,2002年,頁4);而我們在比較五山版與江户初刊古活字本之後,認爲古活字本較五山版略有勝義(參見卞東波、查雪巾《〈冷齋夜話〉日本刊本考論》,載張伯偉先生編《域外漢籍研究集刊》第七輯,中華書局,2011年)。

二 國圖藏元至正三年刻本《夜話》是此書目前存世最早的版本

《夜話》之宋本早已湮滅，並且中日學術界長期以來都將以故宮明本爲代表的九行十七字系統的明前中期刻本誤認作元刻本[1]，《夜話》版本問題的真相一直被種種謬説遮蔽，實在令人嘆惋。但令我們感到十分欣慰的是，此書真正的元至正三年刻本尚存於天壤之間，而且這個海内孤本刻印精美、質量上乘，是一件兼具藝術欣賞價值與版本校勘價值的不可多得的珍品。就藝術欣賞價值而言，其刊刻精整，書品考究，字體端莊渾厚，筆畫剛勁有力，接近顔體的風格，《夜話》其他版本的書法水平都去其甚遠；就版本校勘價值而言，其完整保存有卷三"詩一字未易工"和卷九"開井法禁蛇方"兩條，而中國本土的所有明清版本不是整條脱去就是殘缺了絶大部分，至於該本個别文字上的可資校勘之處更是不勝枚舉。

十分可惜的是，該本僅殘存八卷(卷一至六、卷八至九)，僅存的八卷内又有殘缺：卷一自"東坡得陶淵明之遺意"條"又曰：'深秋簾幕千家雨，落日樓臺一笛風。'"一句殘，卷二以"稚子"條"竹豚亦名稚子，予問韓子蒼，子蒼曰……"一句起；卷六自"静禪師爲流所溺詩"條"一夜雨滂沱"五字殘，卷八自"黄魯直夢與道士游蓬萊"條"曰：'且斂目。'"四字起。但《夜話》版本校勘上一些關鍵性的條目如卷三"詩一字未易工"條和卷九"開井法禁蛇方"條被完整保存下來，爲我們釐清《夜話》的版本源流提供了至關重要的版本依據，實在是一大幸事。

該本十卷前有目録，目録後有"是書僧惠洪所編也。洪本筠州彭氏子，祝髪爲僧，以詩名聞海内，與蘇黄爲方外交。是書古今傳記，與夫騷

---

① 參見查雪巾、卞東波《〈冷齋夜話〉宋本原貌及元刻本考辨》(待刊)，卞東波、查雪巾《〈冷齋夜話〉日本刊本考論》二文。

人墨客多所取用。惜舊本訛謬,且兵火散失之餘,幾不傳於世。本堂家藏善本,與舊本編次大有不同,再加訂正,以繡諸梓,與同志者共之。幸鑒”刊語九行,刊語後牌記僅“癸未春孟新刊”一行。正文部分版式爲半葉九行,行十八字,黑口,左右雙邊,雙黑魚尾。該本目録起始處“冷齋夜話目録”六字下從下至上鈐有“東宫書府”陽文方印、“緑雨亭”陽文長印和“北京圖書館藏”陽文方印,右側邊欄外從下到上依次鈐有“潁陽”陽文長印、“風塵俠氣海仙踪”陽文方印、“雪舫”陽文圓印、“大明布衣”陽文方印和“宜生父”陰文方印,目録終止處從下到上鈐有“宜生父”陰文方印、“中方”陰文方印和“時義”陽文方印;卷一卷首下方從下到上鈐有“松間明月”陰文方印、“宜生”陰文長印、“宜生”陽文方印和“程印時義”陰文方印,右側邊欄外鈐有“濠上”陽文葫蘆形印。“東宫書府”爲明洪武帝懿文太子朱標的藏印,説明該本曾爲明初宫廷舊藏,無怪乎品質優良如此。另外從“風塵俠氣海仙踪”、“大明布衣”等鈐印來看,該本後來流出了宫廷,爲民間文士所得。“宜生父”、“宜生”、“松間明月”、“程印時義”等印章刻印質量都比較差,説明這些經手者或收藏者都並非什麽專業的收藏家,可能是民間相當普通的文人。在長時間的流落民間、幾經轉手之後,該本終於幸運地入藏北京圖書館(今中國國家圖書館),避免了在民間默默無聞地被湮没的命運,而得到了妥善的保管,如今已被拍攝成縮微膠卷,令我們這些普通研究者可以非常方便地欣賞到這部曾爲深宫秘藏的660多年前元刻本的芳容。

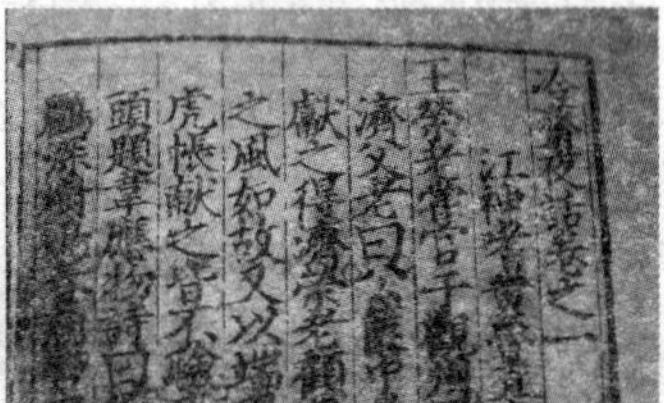

書影一　中國國家圖書館藏元至正三年刻本《冷齋夜話》

十分奇怪的是,這麽一部珍貴的元刻本竟然不見於中國古代的任何公私書目、題跋或藏書志。據清嘉慶三年(1798)編成的内府昭仁殿藏書解題目録——《欽定天禄琳琅書目·後編》卷一〇著録,昭仁殿“天禄琳琅(後編)”藏書中曾鑒藏有兩部元至正三年刊刻的十卷本《夜話》[1]，清末已不知去向，其下落至今還是未解之謎[2]，但是從國圖藏元刻本上未鈐有"天禄繼鑒"、"乾隆御覽之寶"、"天禄琳琅"、"五福五代堂寶"、"八徵耄年之寶"、"太上皇帝之寶"、"五福五代堂古稀天子寶"等"天禄琳琅"藏書的標志性印章來看，該本並非清宫"天禄琳琅(後編)"舊藏。而且"大明布衣"這一鈐印也説明該本至少在明末清初時已流出宫廷，結合該本上印章的整體情況我們可知該本整個清代一直在民間流傳。就筆者所見，著録該本的書目僅有現代編成的《北京圖書館古籍善本書目》和《中國古籍善本書目》，前者著録爲："《冷齋夜話》十卷　宋釋惠洪撰　元至正三年刻本　一册　九行十八字黑口左右雙邊　存八卷　一至六　八至九"[3]。後者無册數、版式項，其餘同於前者[4]。

由於元本是《夜話》現存最早的版本，且刊刻精良、校勘細緻，所以其版本價值很高，文字的完整性和準確性均勝於中國本土流傳的明清各本。兹舉二例如次：

(一) 元本存有卷三"詩一字未易工"條，而故宫明本、《稗海》本、《津逮》本和《四庫》本均脱去；元本卷九"開井法禁蛇方"一條保存完整，而故宫明本該條僅存標題和末尾數語，《稗海》本、《津逮》本和《四庫》本皆整條脱去。

按："詩一字未易工"條位於《夜話》卷三的末尾，故宫明本雖沿元本

---

① 見清彭元瑞著，徐德明標點《天禄琳琅書目後編》，上海古籍出版社，2007年，頁609—610。

② 清宫"天禄琳琅(後編)"藏書的存佚情況參見謝宛芝《〈天禄琳琅書目·後編〉研究》，臺北大學古典文獻學研究所碩士論文，2008年，頁78—118。

③ 北京圖書館編《北京圖書館古籍善本書目·子部》，書目文獻出版社，1987年，頁1402。

④ 見中國古籍善本書目編輯委員會編《中國古籍善本書目·子部》，上海古籍出版社，1996年，頁528。《中國古籍善本書目》稿本的著録情況與之相同，本文從略。見天津圖書館編《稿本中國古籍善本書目書名索引》，齊魯書社，2003年，頁992。

而來,但是校勘粗疏,刻印低劣,或爲省去若干刊刻成本故意不刊此條,或刊刻時粗枝大葉無意漏刊。《稗海》本和《津逮》本承故宫明本而來,所以也脱去,《四庫》本又以《津逮》本爲底本(詳下文《四庫》本部分),無疑會脱漏此條。故宫明本"開井法禁蛇方"條位於兩葉連接處,前葉存有該條標題,後葉僅存"也奈何書禁蛇開井乎聞者莫不絶倒"十五字,正爲該條結束處文字,之前文字全部脱去。《稗海》本和《津逮》本整條不存顯然是因爲故宫明本該條文字殘存過少而不能形成一個完整的意思,所以這兩個版本乾脆將其删去,而《四庫》本又沿襲了《津逮》本。仔細分析不同版本之間這兩條的異文,已經可以大致勾勒出元本、故宫明本、《稗海》本和《津逮》本之間的淵源關係。

(二)卷四"西崑體"條"唐公笑曰:'吾正不用此無對屬落韻詩。'"一句,元本倒數第五到倒數第二字作"對屬落韻",而故宫明本、《稗海》本、《津逮》本和《四庫》本皆作"寸馬落顔"。

按:此處當從元本。首先從文意上來分析,王安石晚年喜好西崑體,而李師中贈唐介詩中"一身"、"千古"非挾對,與王安石措意相異,所以唐介正好藉口李詩對仗不工、押韻不穩,不需要這首詩。此處作"對屬落韻"正合文意,而作"寸馬落顔"則不知所云。此外,《苕溪漁隱叢話》前集卷三一引《緗素雜記》云:"近閲《冷齋夜話》載當時唐、李對答語言,乃以此詩爲落韻詩,蓋渠伊不見鄭谷所定詩格有進退之説,而妄爲云云也。"《竹莊詩話》卷一六、《詩人玉屑》卷二、《詩林廣記》後集卷八對《緗素雜記》中該條都有引用,皆作"落韻詩"。可見《緗素雜記》作者所見宋本《夜話》所載確爲"落韻詩"。故宫明本作"寸馬落顔",當爲形近而誤,而其他版本因襲之。

雖然由於元本多有殘缺,從整體上看其校勘價值不能與出自於元本却保存完整的五山版相比,但是在個别文字上元本還是較五山版爲優,這應該是五山版以元本爲底本刊刻時有意或無意間所作的改動造成的。比如《夜話》目録中卷四“詩比美女美丈夫”條的“比”字五山版原本脱漏[①]，《稀見本宋人詩話四種》所收五山版《夜話》點校本（以下簡稱五山版點校本）已據正文補[②]，而元本即有“比”字。再如目録卷八“雲庵活盲女”條的“活”字五山版原本作“話”，其點校本已據正文改作“活”，而元本正作“活”。該條講述了雲庵禪師救濟一位盲女、使陷入絶境的她得以存活下來的故事，而“活”字正可訓爲“使……存活”，與文意相合，且該條正文中有“可畜以相活”之句；而作“話”則只有雲庵對盲女説話的意思，不足以概括全篇大意。又如正文卷四“賈島詩”條“長江那可到”的“那”字五山版原文作“郡”，其點校本已據《津逮》本改作“那”，而元本即作“那”。可惜元本已爲殘帙，否則其版本校勘價值定當更高。

三　《説郛》所録《夜話》：不應被忽視的材料

元末明初著名學者陶宗儀（1312—1403後）[③]編纂的大型綜合性叢書《説郛》中收録有《夜話》若干條，且不同版本的《説郛》收入條數有差異。清周中孚（1768—1831）《鄭堂讀書記》卷五六“《冷齋夜話》十卷”條著録有《説郛》所録《夜話》：“《説郛》僅節録一卷而已。”[④]《説郛》的主體

① 見[日]柳田聖山、椎名宏雄編《禪學典籍叢刊》第五卷，臨川書店，2000年，頁761。文繁，下引此書不一一注明頁碼。

② 見張伯偉先生編校《稀見本宋人詩話四種》，頁3、8。文繁，下引此書不一一注明頁碼。

③ 關於陶宗儀的生卒年問題，學界尚未形成定論，本文所標依據晏選軍的説法，見其《南村文儒——陶宗儀傳》，浙江人民出版社，2007年，頁1、243—244、246—249。

④ （清）周中孚《鄭堂讀書記》，北京圖書館出版社，2007年，頁1114。

部分成書於元末,輯補工作最遲在明洪武三年(1370)以前已經完成①,時代較早,所采之書多爲宋元舊籍,雖每書大都僅取數條而録之,但亦多存宋元舊本之原貌。其原本已佚,目前《説郛》最爲通行的兩種版本,一爲近人張宗祥據六種明抄本②校理而成、1927 年由上海商務印書館排印出版的涵芬樓一百卷本;一爲明末清初陶珽重輯增補、清順治年間李際期宛委山堂重刻的一百二十卷本③(通常稱爲宛委山堂本)。下面分别詳述之:

(一) 涵芬樓百卷本《説郛》所録《夜話》

該本雖據六種明抄殘本校理而成,但由於所據底本時代早於宛委山堂刻本且未經陶珽重輯、增補,所以較後者更接近《説郛》的原貌。該本卷九收入《夜話》三條,題"《冷齋夜話》十五卷,宋僧惠洪著"。每條無小標題,内容分别對應五山版卷一"宋神宗詔禁中不得牧豭豘因悟太祖遠略"條、同卷"東坡書壁"條和同卷"的對"條。

值得注意的是,該本雖然只收入了短短的三條,但却有三處文字多於故宫明本及《稗海》本等後出諸本而同於五山版:"東坡書壁"條"東坡作行記"之"記"字、"惡其特地"之"惡"字和"的對"條"雖文字之語亦然,但學者不思耳"之"亦然"二字,故宫明本及《稗海》本等後出諸本皆脱,而該本所録未脱。其中前兩處文字元本亦未脱,第三處元本殘缺,無法核校。顯然該本所録《夜話》所據底本爲宋元版本。由於《夜話》十五卷本歷代史志、書目都未見著録,傳世的版本除節録本外都爲十卷本,所

---

① 關於《説郛》的成書年代,晏選軍《南村文儒——陶宗儀傳》一書已有詳細的考證,頁 162—164。

② 此六種明抄本爲原北平圖書館藏約隆慶、萬曆間殘抄本,傅氏雙鑒樓藏明抄本三種(弘農楊氏本、弘治十八年抄本、吴寬叢書堂抄本),涵芬樓藏明抄殘存九十一卷本,里安孫氏玉海樓藏明殘抄本十八册。見《説郛三種·出版説明》,收於明陶宗儀等編《説郛三種》第 1 册,上海古籍出版社,1988 年,頁 2。

③ 學界一般認爲百二十卷本《説郛》爲陶珽重編、清順治間宛委山堂重刻,但昌彼得《説郛考》有異説,本文暫采用一般説法。參見昌彼得《説郛考》,文史哲出版社,1979 年,頁 22—35。

以筆者同意昌彼得《説郛考》的觀點，認爲該本所題“十五卷”的“五”字可能是衍文①。至於該本所録《夜話》的底本，在未發現更多的材料之前，筆者暫且認爲其出於元本。

張宗祥先生曾用休寧汪季青家所藏明抄殘本《説郛》二十五册對校該本，得校文十餘萬字，經上海古籍出版社整理爲校勘記，附於《説郛三種·涵芬樓百卷本》後。《夜話》部分的校勘記爲：校本《夜話》第一條前有標題“牧猳豘”，占一行；“急欲血澆之”之“欲”下有“用”字。第二條前有標題“書壁”，占一行。第三條前有標題“的對”，占一行②。這四條校勘記可説明兩個問題：首先，上文列舉的三處涵芬樓百卷本未脱文字，汪季青家藏明抄殘本亦未脱，否則應當出校勘記，可證這些多於故宫明本及《稗海》本等後出諸本的文字確爲明抄本《説郛》所有，保存了《説郛》的原貌，而非張宗祥先生的增補。其次，原本《説郛》每條應有標題，爲陶宗儀輯録時標之以醒眉目之用，《説郛》所録《夜話》當然也不例外。毛晉汲古閣藏明抄六十卷本《説郛》每條皆有標題，亦可證之。關於這一點徐三見《汲古閣藏明抄六十卷本〈説郛〉考述》③一文已有闡發，此不贅述。

(二) 宛委山堂百二十卷本《説郛》所録《夜話》

該本因經明末清初人陶珽重輯、增補，其實已非陶宗儀所編《説郛》原貌，故就保存輯録各書宋元本舊貌而言，版本價值低於涵芬樓百卷本。其卷二一收入《夜話》二十八條，僅題作者釋惠洪，不著所據底本卷數。上海古籍出版社編《説郛三種·説郛一百二十卷目録》題作“《冷齋夜話》一卷”④，《中國叢書綜録》著録該本亦作一卷。

① 見《説郛考》，頁159。

② 見張宗祥撰《〈説郛〉校勘記》，收於明陶宗儀等編《説郛三種》第2册，《〈説郛〉校勘記》部分頁6。

③ 《東南文化》1994年第6期。

④ 上海古籍出版社編《説郛一百二十卷目録》，收於明陶宗儀等編《説郛三種》第1册，目録部分頁23。

該本所録《夜話》每條無小標題,内容分别對應五山版卷一"秦少游作坡筆語題壁"條、同卷"古人貴識其真"條、卷二"留食戲語大笑噴飯"條、卷三"棋隱語"條、卷五"范文正公蚊詩"條、卷六"比物以意而不指言某物謂之象外句"條、卷八"劉淵材南歸布橐中墨竹史稿"條、同卷"范堯夫揖客對卧"條、卷一〇"趙悦道日延一僧對飯"條、同卷"饌器皆黄白物"條、卷一"東坡論文與可詩"條、卷二"洪駒父評詩之誤"條、卷三"山谷集句貴拙速不貴巧遲"條、同卷"荆公鍾山東坡餘杭詩"條、同卷"詩未易識"條、卷四"夢中作詩"條、同卷"詩比美女美丈夫"條、同卷"道潛作詩追法淵明乃十四字師號"條、同卷"天棘夢青絲"條、同卷"舒王女能詩"條、卷五"王荆公詩用事"條、同卷"荆公東坡警句"條、同卷"丁晉和蘇文公詩兩聯"條、卷七"謝無逸佳句"條、卷八"錢如蜜一滴也甜"條、同卷"石學士"條、卷九"張丞相草書亦自不識其字"條和卷一〇"詩當作不經人語"條(以上按照該本所録《夜話》先後順序排列)。所録各條均爲現存各種十卷本《夜話》所有(除元本殘缺部分無法核對外)。

筆者將該本所録《夜話》與元本、五山版、故宫明本、《稗海》本和《津逮》本進行比對後,發現其異於元本、五山版、故宫明本處甚多,而異於《稗海》本、《津逮》本處較少,且凡《稗海》本與他本(包括《津逮》本)相異處,該本所録皆同於《稗海》本。下面舉兩個該本所録同於《稗海》本而異於他本的例子:卷一"秦少游作坡筆語題壁"條"作坡筆語題壁於一山中寺"一句末三字,元本、五山版、故宫明本、《津逮》本皆作"山中寺",而《稗海》本和該本所録作"山寺中";卷三"荆公鍾山東坡餘杭詩"條"荆公在鍾山定林"之後一句元本、五山版、故宫明本、《津逮》本皆作"與客夜對,偶作詩曰",而《稗海》本和該本所録作"與客夜坐,對人作詩曰"。可見該本所録與《稗海》本最爲接近。但是二者仍有個别文字不同,如卷一"古人貴識其真"條"問士大夫蕭何何以知韓信,竟未有答之者"一句,該本所録"竟未有"下有"以"字,而《稗海》本無;卷一〇"趙悦道日延一僧對飯"條"趙悦道休官歸三衢"一句第二字,該本所録作"閲",而《稗海》本作"悦"等。

《説郛》百二十卷本的重編者陶珽生於明萬曆元年(1573),萬曆十九年(1591)中科舉,萬曆三十八年(1610)成進士①,卒年不詳。日本學者渡邊幸三推測陶珽重編《説郛》是在其中舉之後,成進士以前,讀書於杭州西湖,與諸名卿相交時②。昌彼得先生雖然懷疑百二十卷本《説郛》的重編者並非陶珽,但考證出該本的明刊原版始刻於萬曆末年,大部分刊雕於天啓年間③,故明人重輯編定百二十卷本《説郛》的時間亦當在萬曆年間(1573—1620),早於《津逮》本而與《稗海》本幾乎同時。雖然没有確鑿的證據表明該本的編定時間晚於《稗海》本的刊刻時間,但是筆者仍然認爲該本所録《夜話》出自《稗海》本的可能性較大,因爲假如該本所録《夜話》與《稗海》本同出於一源,即同出於故宫明本,何以《稗海》本異於故宫明本之處,該本所録《夜話》皆同於《稗海》本?至於該本所録《夜話》與《稗海》本之間少量的文字差異,應該是由於該本輯録時有意或無意間作了改動。

四 《稗海》本與《津逮》本:《夜話》今傳本的定型

明萬曆年間會稽商濬半野堂刊刻的叢書《稗海》第五函和明崇禎三年(1630)常熟毛晉汲古閣刊刻的叢書《津逮秘書》第八集都收入了《夜話》,這兩個叢書零種本皆爲十卷,是《夜話》流傳最廣、最爲常見的兩個版本。清代以來的知見書目、藏書書目對這兩個版本多有著録,比如邵

① 見楚雄彝族自治州地方志編纂委員會編《楚雄彝族自治州志》第六卷“人物傳”,人民出版社,1996年,頁109—110。

② 轉引自《説郛考》,頁23。

③ 《説郛考》,頁30。

懿辰《四庫簡明目録標注》[①]、丁日昌《持静齋書目》[②]、丁立中《八千卷樓書目》[③]都同時著録有這兩個版本。羅振常《善本書所見録》卷三曰：

> 《冷齋夜話》傳世者，有《稗海》及汲古二本，《稗海》本無題目，而汲古本有三，然二書實同出一源，無異同。[④]

但是因爲《稗海》所收皆爲小説家言且漫漶太甚，入清以後的影響力顯然不及兼收經史、小説、詩話等多方面内容且刻印相對較精的《津逮》本，後出的《四庫》本、《學津討原》本都以《津逮》本爲底本，就是明證。叢書《學津討原》[⑤]二十集是清代刻書大家張海鵬(1755—1816)照曠閣於嘉慶間據《津逮秘書》加以損益，重新校勘、編訂而成的，第十五集收入《夜話》，陸心源已指出《夜話》之《學津討原》本出自《津逮》本[⑥]。

《稗海》本《夜話》十卷前無目録，每條無小標題，共計一百六十條。版式爲半葉九行，行二十字，白口，四周單邊，單黑魚尾。每條第一行頂格，第二行以下均低一格。該本除明萬曆刊本外，另有清康熙(1662—1722在位)中振鷺堂據萬曆刊版重編補刊的印本和清乾隆(1736—1795在位)中李孝源據振鷺堂版修補的重訂本。

---

① 見邵懿辰撰，邵章續録《增訂四庫簡明目録標注》，上海古籍出版社，1979年，頁530。

② 見(清)丁日昌撰，路子强、王雅新標點《持静齋書目》卷三，上海古籍出版社，2008年，頁331。

③ 見(清)丁立中編《八千卷樓書目》卷一二，國家圖書館出版社，2009年，頁119。

④ 羅振常遺著，周子美編訂《善本書所見録》，上海商務印書館，1958年，頁110。

⑤ 《學津討原》有清嘉慶十年(1805)虞山張海鵬照曠閣刻本，民國十一年(1922)上海涵芬樓曾據該本影印。《學津討原》本《夜話》的版式爲九行，行二十一字，黑口，左右雙邊。每條有小標題，標題低二格，内容每行均頂格。

⑥ 見(清)陸心源《儀顧堂續跋》卷一〇，收於國家圖書館編《國家圖書館藏古籍題跋叢刊》第18册，北京圖書館出版社，2002年，頁664。

《津逮》本《夜話》十卷前有目録，每條有小標題，共計一百六十條①。十卷末有毛晉跋文。該本版式爲半葉八行，行十九字，白口，左右雙邊。每條小標題低二格，内容每行均頂格。1922 年上海博古齋曾影印該明崇禎汲古閣刻本②。

冷齋夜話卷之一
明會稽商濬校
王榮老嘗官于觀州欲渡觀江七日風作不得濟父
老曰公篋中必蓄寶物此江神極靈當獻之得濟
榮老顧無所有惟玉麈尾即以獻之風如故又以
端硯獻之風愈作又以宣包虎帳獻之皆不驗夜
卧念曰有黄魯直草書扇頭題韋應物詩曰獨憐
幽草澗邊生上有黄鸝深樹鳴春潮帶雨晚來急
野渡無人舟自横即取視之儵恍之際曰我猶不
冷齋夜話 卷之一

書影二 《稗海》本《夜話》

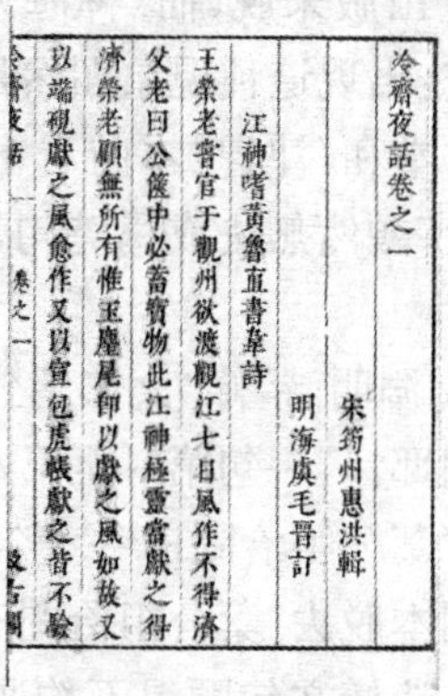
冷齋夜話卷之一
宋筠州惠洪輯
明海虞毛晉訂
江神嗜黄魯直書韋詩
王榮老嘗官于觀州欲渡觀江七日風作不得濟
父老曰公篋中必蓄寶物此江神極靈當獻之得
濟榮老顧無所有惟玉麈尾即以獻之風如故又
以端硯獻之風愈作又以宣包虎帳獻之皆不驗
冷齋夜話 卷之一 汲古閣

書影三 《津逮》本《夜話》

冷齋夜話卷之一
宋 筠州惠洪 輯
江神嗜黄魯直書韋詩
王榮老嘗官于觀州欲渡觀江七日風作不得濟父老
曰公篋中必蓄寶物此江神極靈當獻之得濟榮老顧
無所有惟玉麈尾即以獻之風如故又以端硯獻之風
愈作又以宣包虎帳獻之皆不驗夜臥念曰有黄魯直
草書扇頭題韋應物詩曰獨憐幽草澗邊生上有黄鸝
深樹鳴春潮帶雨晚來急野渡無人舟自横即取視之
冷齋夜話卷之一

書影四 《學津討原》本《夜話》

《稗海》本與《津逮》本之間異文甚少③，應從同一底本出。通過版本對照，筆者判斷二者皆出自於故宫明本，理由有四：

（一）故宫明本成段或成句脱去的文字，《稗海》本和《津逮》本都脱去，或者增補一字使上下文意通順。除了本文第二部分已經舉到的卷

① 清人周中孚《鄭堂讀書記》卷五六記載《津逮》本《夜話》“所載凡一百六十八條”，筆者疑其統計有誤。據毛晉《汲古閣校刻書目》著録，《津逮》本《夜話》共十卷、“一百五葉”，與我們今天見到的《津逮》本卷數、總葉數完全吻合，不可能另外多出八條。此外，五山版《夜話》只有一百六十二條，《津逮》本不可能多於這個數目。見《鄭堂讀書記》，頁 1113；（明）毛晉《汲古閣校刻書目》，馮惠民、李萬健等選編《明代書目題跋叢刊》，書目文獻出版社，1994 年，頁 871。

② 見北京圖書館善本組編《1911—1984 影印善本書目録》，中華書局，1992 年，頁 160。

③ 《稗海》本和《津逮》本之間異文的列舉見《説郛》所録《夜話》部分和《四庫》本部分。

三"詩一字未易工"條和卷九"開井法禁蛇方"條兩個例子外,再舉二例:

例1:卷六"東坡和僧惠詮詩"條"東坡一見,爲和於後曰:'惟聞烟外鐘,不見烟中寺。幽人夜未寢,草露濕芒屨。惟應山頭月,夜夜照來去。'詮竟以詩知名"一段文字,故宫明本自"草露濕芒屨"的"屨"字以下皆脱去(包括"屨"字),五山版未脱,而《稗海》本和《津逮》本僅存"屨"字,以下文字皆脱去。按:出現這種現象顯然是因爲"屨"字以下文字故宫明本不存,刊刻《稗海》本和《津逮》本時看不到這些文字,故亦脱去;但是故宫明本脱去"屨"字顯然無法成爲詩句,故《稗海》本和《津逮》本增補了此字。

例2:卷七"東坡和陶淵明詩"條"太守葉公祖洽問曰:'世傳端明已歸道山,今尚耳游戲人間耶?'"一句第一至第八字,五山版作"太守葉公祖洽問曰",故宫明本脱"葉公祖洽問曰"六字,而《稗海》本和《津逮》本作"太守云"。按:故宫明本脱去"葉公祖洽問曰"六字,就使得"太守"二字後面緊接着他説的話,這樣文句顯得不夠通順,於是《稗海》本和《津逮》本在"太守"二字後補一"云"字。

(二)故宫明本空白一字處,《稗海》本和《津逮》本大都脱去,或增補一字使文意貫通,但所補之字大都非《夜話》原貌。

例1:卷四"詩用方言"條"老杜《八仙詩》,序李太白曰'天子呼來不上船','船',方俗言也,所謂襟紐是也"一句的第二個"船"字,元本、五山版作"船",故宫明本空白一字,而《稗海》本和《津逮》本皆脱去。按:元本、五山版未脱此"船"字,《類説》卷五五引《夜話》此條亦未脱,可證《夜話》原有此字。因故宫明本此字處雖爲空白,但上下文仍勉强讀得通,故《稗海》本和《津逮》本不補字。

例2:卷四"夢中作詩"條"三月七日,偶與瑩中渡湘江"一句倒數第三字,元本、五山版作"渡",故宫明本空白一字,而《稗海》本和《津逮》本作"濟"。按:此處故宫明本空白一字,顯然文意不能貫通,於是《稗海》本和《津逮》本補一"濟"字。

(三)故宫明本顯訛處,《稗海》本和《津逮》本大都會改字,使文意通順,但有些所改之字已非原貌。舉例如下:

例1:卷一"江神嗜黄魯直書韋詩"條"王榮老嘗官於觀州,罷渡觀江，七日風作，不得濟”一句的第九字，元本、五山版作“罷”，故宫明本作“能”，而《稗海》本和《津逮》本作“欲”。按：《苕溪漁隱叢話》前集卷四八、《詩林廣記》前集卷四引《夜話》此條作“罷官”。宋李幼武《宋名臣言行録續集》卷一載王榮老此事亦作“罷官”[①]。此外，惠洪族人彭氏輯撰的《續墨客揮犀》卷二有“渡觀江風作”條，於上面異文處作“罷”，點校本注明該條輯自《夜話》卷一[②]。因該書的性質爲輯録，比《苕溪漁隱叢話》等書的節引更接近原文一些，由此可證《夜話》原本確作“罷”，《苕溪漁隱叢話》等引作“罷官”可能是覺得僅作“罷”字讀起來不夠通順，故增補一“官”字。故宫明本作“能”字，顯系形近而誤。由於“能”字於文意不通，故《稗海》本和《津逮》本改作“欲”字。

例2：卷一“换骨奪胎法”條“規模其意形容之，謂之奪胎法”一句第一、二字，五山版作“規模”，故宫明本作“規人”，而《稗海》本和《津逮》本作“窺入”。按：除五山版外，《詩話總龜》前集卷九、《類説》卷五五、《苕溪漁隱叢話》前集卷三五、《能改齋漫録》卷一〇、《皇朝仕學規範》卷三八、《詩人玉屑》卷八、《詩林廣記》後集卷二引《夜話》此條亦作“規模”[③]，可證《夜話》原本確作“規模”。故宫明本作“規人”顯然於文意不通，於是《稗海》本和《津逮》本改爲“窺入”，這樣讀起來較爲通順，但是改得已非原貌。

（四）故宫明本與五山版有其他異文處，如並非故宫明本顯誤，《稗海》本和《津逮》本大量同於故宫明本。舉例如下：

例1：卷一“换骨奪胎法”條引王安石《菊詩》：“千花百卉雕零後，始見閑人把一枝。”第一句第三字五山版作“百”，故宫明本、《稗海》本和

① （宋）李幼武《宋名臣言行録續集》卷一，《四部叢刊初編》本。

② 見（宋）彭□輯撰、孔凡禮點校《續墨客揮犀》卷二，中華書局，2002年，頁435。

③ 《苕溪漁隱叢話》、《詩人玉屑》、《詩林廣記》作“規摹”，《詩話總龜》、《類説》、《能改齋漫録》、《皇朝仕學規範》作“規模”。根據《漢語大字典》，“摹”、“模”二字在“摹仿”義上相通，故一律從五山版寫作“規模”。見漢語大字典編輯委員會編《漢語大字典》，湖北辭書出版社、四川辭書出版社，1986年，頁1927、1261。

《津逮》本皆作“萬”。按:此句故宫明本作“萬”並没有明顯的破綻,不查證原詩和宋人引文就不能判斷其正誤,故《稗海》本和《津逮》本從之。

例2:卷二“韓歐范蘇嗜詩”條引韓魏公《園中行》詩:“風定曉枝蝴蝶舞,雨匀春圃桔槔閑。”第一句第七字五山版作“舞”,故宫明本、《稗海》本和《津逮》本皆作“鬧”。按:原因同例1。

《稗海》本和《津逮》本顯然都經過校勘,訂正了故宫明本中的許多訛誤,這是值得稱道的。一部分經過校勘訂正的文字能夠達到與元本、五山版和宋人引文一致,比如卷一“詩本出處”條“世祖宴東府,王公畢集,詔跋陀羅至”一句第二字,元本、五山版作“祖”,《詩話總龜》前集卷一九、《苕溪漁隱叢話》前集卷三八引《夜話》此條亦作“祖”,故宫明本作“僧”。從下一句“跋陀羅皤然清臒,世祖望見,謂謝莊曰”來看,故宫明本顯誤,而《稗海》本、《津逮》本已改作“祖”。有些經過校勘訂正的文字雖然已遠離《夜話》的原貌,但是的確能使文意更加通順。

或許是爲了節省刻印篇幅和成本,或許是由於故宫明本的標題有太多荒謬之處,《稗海》本將這些標題全部删去了。而《津逮》本則對這些或太過冗長、或有訛字脱文、或與文意不符的標題進行了删節和訂正,比如卷四第十條故宫明本標題作“天棘夢青絲”,而《津逮》本只作“天棘”,應該是主要基於此條討論的核心是“天棘”爲何物,而非“天棘夢青絲”這句詩的考慮,且杜甫這句詩中的“夢”字是否應作“蔓”歷來有争議。又如同卷“詩比美女美丈夫”條,故宫明本標題末二字誤作“文去”,而《津逮》本已改正。但是有些有較大錯謬的標題仍未改,如卷二“韓歐范蘇嗜詩”條、同卷“洪駒父評詩之誤”條、同卷“安世高請福郰亭廟秦少游宿此夢天女求贊”條、卷三“韋蘇州寄全椒道人詩”條等等,這方面的疏失四庫館臣在《四庫全書總目》中、陸心源在《儀顧堂續跋·元刊〈冷齋夜話〉跋》中已作了指摘①。

① 見《四庫全書總目》,頁1038—1039;《儀顧堂續跋》卷一〇,頁663—664。

五 《夜話》的清代版本：文淵閣《四庫》本

《四庫全書》子部十雜家類三收入《夜話》十卷，未注明底本。《四庫全書總目》著録《四庫》本《夜話》所據之本爲“江蘇巡撫采進本”①。翻檢《四庫采進書目》，發現其中收録的《江蘇省第一次書目》只著録《冷齋夜話》十卷、宋釋惠洪著、二本②，《江蘇采輯遺書目録簡目》只著録《冷齋夜話》十卷、宋釋惠洪著、刊本③。考之清黄烈編《江蘇采輯遺書目録》，其亦只著録：“《冷齋夜話》，宋釋惠洪編。按：惠洪以詩名，與蘇黄友，采輯傳記爲詩話。共十卷。（刊本）”④這些書目都未明確指出這個“江蘇巡撫采進本”爲何種版本。從《四庫提要分纂稿》中我們可以得知《四庫全書總目·〈冷齋夜話〉提要》的初稿出自姚鼐的手筆，可是姚氏亦未記録其所據底本⑤。

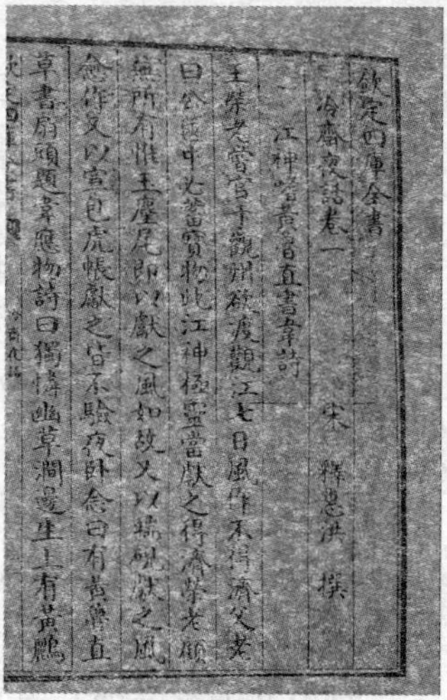
欽定四庫全書
冷齋夜話卷一　宋　釋惠洪　撰
江神嗜黃魯直書韋詩
王嘉叟嘗官于觀州欲渡觀江七日風作不得濟父老曰公篋中必蓄寶物此江神極靈當獻之得濟嘉叟顧無所有惟玉麈尾即以獻之風如故又以端硯獻之風愈作又以宣包虎帳獻之皆不驗夜卧念曰有黃魯直草書扇頭題韋應物詩曰獨憐幽草澗邊生上有黃鸝

書影五　景印文淵閣《四庫全書》本《夜話》

我們仍然可以通過比較各個版本間的文字異同來判斷《四庫》本的底本。通過版本對照，筆者發現該本極有可能承

① 《四庫全書總目》，頁1038。

② 見《江蘇省第一次書目》，收於吴慰祖校訂《四庫采進書目》，商務印書館，1930年，頁28。該書目著録“夜”字原誤作“野”，本文已訂正。

③ 見《江蘇采輯遺書目録簡目》，收於吴慰祖校訂《四庫采進書目》，頁219。

④ （清）黄烈編《江蘇采輯遺書目録》，收於張升編《〈四庫全書〉提要稿輯存》第4册，北京圖書館出版社，2006年，頁331。筆者按：該目録著録“冷”字原誤作“吟”，本文已訂正。

⑤ 見（清）翁方綱等著，吴格、樂怡標校《四庫提要分纂稿》，上海書店，2006年，頁413。

《津逮》本而來,理由有二:

(一)《四庫》本正文文字與《津逮》本最爲接近,與《稗海》本比較接近,而與元本、五山版、故宫明本差異頗多。且《稗海》、《津逮》二本有異文處,《四庫》本往往同於《津逮》本。兹舉例如下:

例1:卷一"東坡得陶淵明之遺意"條"不知者疲精力,至死不知悟"一句,《稗海》本、《津逮》本、《四庫》本"疲"字前有"困"字,而元本、五山版、故宫明本無;倒數第二字元本、五山版、故宫明本作"知",而《稗海》本、《津逮》本、《四庫》本作"之"。

例2:卷三"荆公鍾山東坡餘杭詩"條所載王安石詩中"各據槁梧同不寐"一句,第一字元本、五山版、故宫明本、《稗海》本作"各",而《津逮》本、《四庫》本作"夜"。

例3:卷四"詩用方言"條"東晉韻人勝士最多"一句第三字,元本、五山版、故宫明本、《稗海》本作"韻",而《津逮》本、《四庫》本作"騷"。

(二)《四庫》本每條有小標題,而《稗海》本無,所以大致可以排除其源於《稗海》本的可能性。且《四庫》本標題文字幾乎全同於《津逮》本,而與元本、五山版、故宫明本多有差異。舉例如下:

例1:卷五第二條元本、五山版、故宫明本標題作"東坡藏記點定一兩字",而《津逮》本、《四庫》本標題作"東坡藏記"。

例2:卷七第三條五山版標題作"廬山老人於般若中了無剩語",故宫明本標題脱一"若"字,其餘同於五山版,而《津逮》本、《四庫》本標題作"般若了無剩語"。

從上面的論證可以得出《四庫》本無疑是沿自《津逮》本的結論。但是這兩個版本也並非全同,形成異文的主要原因是四庫館臣依據蘇軾、黄庭堅、王安石等人的詩文集和《全唐詩》、《唐宋詩醇》、《宋稗類鈔》等文獻對底本進行了校勘訂正。四庫館臣王太岳、曹錫寶等人纂輯的《欽定四庫全書考證》一百卷是《四庫全書》纂修和校訂工作的部分原始記録,雖然不夠完整,但我們仍可借此一窺當時校勘工作的全貌。筆者從此書子部卷五三《夜話》部分選取幾條校勘記録列舉於下:

卷一 "東坡南遷"條"世謂樂天有鬻駱馬放楊枝詞"刊本脱

"馬"字,據《東坡集》增。

卷二　"僧賦蒸豚詩"條"捕逐餘寇"刊本"逐"訛"還",又"'有肉無蔬。'公益奇之"刊本"益"訛"亦",今並改。

卷三　"池塘春草"條"如謝東山喜見羊曇"刊本"羊"訛"華",據《晉書》改。

卷四　"王荆公東坡詩之妙"條"欲寄荒寒無善畫"刊本"荒"訛"歲",據《王臨川集》及《唐宋詩醇》改。

卷五　"詩置動静意"條"江春入舊年"刊本"舊"訛"暮",據《全唐詩》改;"東坡屬對"條"予游儋耳,及見黎民表"刊本脱"表"字,據《東坡集》增;又"嚼齒穿齦"刊本"穿"訛"空",據《志林》及《宋稗類鈔》改。

卷七　"般若了無剩語"條"非其筆端有舌"刊本脱"有舌"二字,據《蘇詩補注》及《山谷全集》增。

卷九　"三十六計"條"紹聖初,曾子宣在西府"刊本"聖"訛"興",據《宋史》改;又"予與奴楊照追逐二相公廟"刊本"與"訛"爲",據《宋稗類鈔》改。①

從上面這些校勘記録可以看出,四庫館臣的校訂工作是有一定成績的,比如上面所列卷二"僧賦蒸豚詩"條、卷三"池塘春草"條(五山版標題作"池塘生春草")、卷九"三十六計"條(五山版標題作"三十六計走爲上計")已經改得與五山版一致。其他條目中所改之字也必有文獻依據,有

① 《欽定四庫全書考證·子部》卷五三,景印文淵閣《四庫全書》第 1499 册,臺灣商務印書館,1986 年,頁 170—171。筆者按:上文所引此書中"刊本"當即指《津逮》本,經核對,此書中所舉"刊本作某"均與《津逮》本合,唯"卷一'盧橘'條'盧橘微黄尚帶酸',按:'微黄'《東坡集》及諸本俱作'楊梅'"一條不可解,因爲據筆者所作的校勘,五山版、故宫明本、《稗海》本、《津逮》本皆作"微黄",此條中"諸本俱作'楊梅'"具體指哪些版本尚不能明確,存疑。另外,《苕溪漁隱叢話》前集卷四〇、《詩話總龜》前集卷二一、《記纂淵海》卷九二引《夜話》此條俱作"楊梅",録於此處供讀者參考。見(宋)潘自牧《記纂淵海》卷九二,景印文淵閣《四庫全書》第 932 册,頁 676。

一些同於宋人《夜話》引文,比五山版更勝一籌:比如卷一"東坡南遷"條(五山版標題作"東坡南遷朝雲隨侍作詩以佳之")《詩話總龜》前集卷二九引《夜話》"驚駱"下亦有"馬"字,卷四"王荆公東坡詩之妙"條《苕溪漁隱叢話》前集卷四〇引作"荒",卷七"般若了無剩語"條(五山版標題作"廬山老人於般若中了無剩語")《苕溪漁隱叢話》前集卷三九"筆端"下亦有"有舌"二字。但是《四庫》本及其所據底本畢竟是後出的版本,雖經校訂,在保存《夜話》原貌方面終究無法與元本或直接從元本出的版本相比。

《四庫》本《夜話》由於諱改而形成的異文並不多。學界一般認爲,《四庫全書》是滿族統治者入主中原後主持纂修的,所以對於一些涉及民族意識的文字必然十分敏感,如書中出現"虜"、"戎"、"夷"、"胡"、"寇"、"叛"、"狄"等"乖戾"字眼,必加諱改。但是經過仔細考察,筆者發現《四庫》本《夜話》除了"玄"字及以"玄"爲偏旁的字避清聖祖康熙名諱缺末筆、"弘"字避清高宗乾隆名諱缺末筆、"曆"字避清高宗乾隆名諱改作"歷"外,書中出現的涉及民族意識的"夷"、"胡"、"寇"、"叛"等字皆未諱改。以下試探討出現這種現象的原因。

雍正十一年(1733)四月己卯,清世宗曾諭内閣禁止避諱"虜"、"戎"、"夷"、"胡"等字:

> 朕覽本朝人刊寫書籍,凡遇"胡"、"虜"、"夷"、"狄"等字,每作空白,又或改易形聲,如以"夷"爲"彝"、以"虜"爲"鹵"之類,殊不可解。揣其意,蓋爲本朝忌諱,避之以明其敬慎,不知此固背理犯義,不敬之甚也。……至以"虜"之一字,加之本朝,尤爲錯謬。……嗣後臨文作字,及刊刻書籍,如仍蹈前轍,將此等字樣空白及更换者,照大不敬律治罪。……其從前書籍,若一概責令填補更换,恐卷帙繁多,或有遺漏。而不肖官吏,遂借不遵功令之名,致滋擾累。著一併曉諭,有情願填補更换者,聽其自爲之。①

① (清)鄂爾泰等監修《大清世宗憲皇帝實録·雍正十一年四月》,收於清勒德洪等編《大清歷朝實録》第十七帙第四册卷一三〇,僞滿洲國國務院發行、日本東京大藏出版社出版,1936年,頁21—24。

乾隆四十二年(1777)十一月十四日上諭亦曰：

> 前日批覽《四庫全書》館所進《宗澤集》,内將“夷”字改寫“彝”字,“狄”字改寫“敵”字。昨閲《楊繼盛集》内,改寫亦然。而此兩集中又有不改者,殊不可解。“夷”、“狄”二字,屢見於經書,若有心改避,轉爲非禮,如《論語》“夷狄之有君”,《孟子》“東夷西夷”,又豈能改易,亦何必改易!且宗澤所指系金人,楊繼盛所指系諳達,更何所用其避諱耶![1]

韓成武、周金標《對〈四庫全書〉處理“違礙”字問題的討論》一文指出:事實上,《四庫全書》只是把明代後期著述中那些直接稱呼清朝爲“胡”、“狄”、“虜”、“夷”的字做了改易,而對宋元以後的著作中使用上述詞語稱呼金朝、元朝的字則大部分保留着,並没有完全删改;且保留宋人著述中“夷狄”、“胡塵”之稱呼的情況比比皆是。但是,此文最後也承認《四庫全書》中的確存在個别諱改宋人著作中此類“違礙”字眼的現象[2]。吴政上《〈永樂大典〉校補〈四庫全書〉本的價值——以宋周必大〈辛巳親征録〉爲例》一文曾將宋代周必大《辛巳親征録》的《永樂大典》本、《四庫全書》本等四種版本進行逐字比勘,發現《四庫全書》本竄改此類“違礙”字眼的現象十分普遍[3]。《四庫全書》處理此類“違礙”字的總體情況如何,在何種情況下要諱改、何種情況下不諱改,尚待進一步全面核查和統計。筆者推測《四庫》本《夜話》不避諱此類“違礙”字亦可能與其或雜記見聞、或談詩論文的性質有關,本來政治色彩就不濃,所以不必專門對其進行文化制裁。又因爲此書絶少涉及政治,出現“違礙”

---

① 《四庫全書總目》卷首,頁5。

② 見韓成武、周金標《對〈四庫全書〉處理“違礙”字問題的討論》,載《圖書館工作與研究》2007年第1期。

③ 見吴政上《〈永樂大典〉校補〈四庫全書〉本的價值——以宋周必大〈辛巳親征録〉爲例》,收於中國國家圖書館編《〈永樂大典〉編纂600周年國際研討會論文集》,北京圖書館出版社,2003年,頁39—54。

字眼的頻率自然就少,《津逮》本《夜話》中"虜"、"戎"、"狄"三字根本就未出現,"寇"、"叛"兩字均只出現一次,"夷"、"胡"兩字出現四次①,且這些字在上下文語境中都不帶"含沙射影"的意味,所以四庫館臣認爲保留這些字眼不會引起清朝統治者的反感。而周必大《辛巳親征録》充分顯示了强調夷夏之防的民族意識,詆毁金人的言詞出現頻率很高,所以諱改情况非常普遍。

五　結語

本文首先考查了中國國家圖書館藏元至正三年刻本的情况,該本爲《夜話》現存最早的版本,刊刻精美、校勘細緻,是一件兼具藝術欣賞價值與版本校勘價值的不可多得的珍貴文物,而且已爲海内孤本,應該引起相關研究界的充分重視。接着筆者對《夜話》明清各本以及《説郛》所録《夜話》以及《夜話》明清各本進行了詳細考查和比勘,得出這樣的結論:涵芬樓百卷本《説郛》雖然只收入了《夜話》中的若干條目,但是由於該本《説郛》成書較早,所據底本可能是元本,所以具有一定的參考價值。《夜話》明代後期以來流傳最廣、影響最大的兩個版本——《稗海》本和《津逮》本都以明代前中期刊刻的故宫明本爲底本,並且都在底本的基礎上進行了校勘,訂正了故宫明本的許多訛誤,雖然有些地方改得去《夜話》原貌已遠;其中入清以後又以《津逮》本的影響力更大,後出的《四庫》本、《學津討原》本都以該本爲底本。《四庫》本雖然出自於《津逮》本,但在底本的基礎上進行了頗有成績的校勘,四庫館臣纂輯的《欽定四庫全書考證》就是這次校勘工作的部分原始記録。而宛委山堂百二十卷本《説郛》所録《夜話》很可能出自於《稗海》本。

---

① "胡"字在《津逮》本中出現四次,其中只有卷六"永庵嗣法南禪"條"奪得胡兒馬便休"之"胡",《四庫》本改作"蕃",但"胡"、"蕃"二字性質相近,似不出於諱改。

除了上文已經提及的版本外,《夜話》的其他十卷本還有清披雲書屋精刻本[①]、清竹虚齋抄本[②]、民國十三年(1924)掃葉山房石印本[③]、《叢書集成初編》本[④]、江蘇廣陵古籍刻印社重刊的《筆記小説大觀》[⑤]本等等。《王氏説删》收入《夜話》一卷[⑥],《古今説部叢書·四集》收入《夜話》二十八條[⑦],《舊小説·丁集》收入《夜話》七條[⑧]。另外,據《中國叢書廣録》著録,明司馬泰編《古今彙説》卷四六、明梅純編《藝海彙函》、明

---

① 搜藝搜網站(http://pm.findart.com.cn/pmimg.jsp? pmid=861967)有該本書影。從書影來看,該本版式爲十行,行二十字,黑口,左右雙邊,單黑魚尾。十卷前有目録。正文每條有小標題,標題低二格,内容每行皆頂格。卷一"江神嗜黄魯直書韋詩"條"王榮老嘗官於觀州,罷渡觀江"一句的"罷"作"欲"。

② 該本繆荃孫《藝風藏書記》卷二有著録:"《冷齋夜話》十卷。竹虚齋鈔本。收藏有'鄂□'白文、'襄勤伯章'朱文兩方印。"有繆荃孫跋,現藏於華東師範大學圖書館。另外張元濟《涵芬樓燼餘書録·〈冷齋夜話〉十卷》所録繆荃孫題黄丕烈舊藏明刻本跋亦提及該本。見繆荃孫著,黄明、楊同甫標點《藝風藏書記》卷二,上海古籍出版社,2007年,頁40;張元濟撰,顧廷龍編《涵芬樓燼餘書録》,收於張人鳳編《張元濟古籍書目序跋彙編》,商務印書館,2003年,頁598。

③ 江瀚《故宫普通書目》卷三對該本有著録:"《冷齋夜話》十卷,宋釋惠洪撰。掃葉山房石印本,二册。"收於煮雨山房輯《故宫藏書目録彙編》,綫裝書局,2004年,頁1334。

④ 收於王雲五主編《叢書集成初編》第2549册,上海商務印書館,1939年。該本以《津逮》本爲底本,目録頁前的牌記明確説明其所選底本和選擇原因:"本館《叢書集成初編》所選《稗海》及《津逮秘書》、《學津討原》皆收有此書。《稗海》本曼漶太甚,故據《津逮》本影印,並附《學津》本所載提要於後。"

⑤ 收於《筆記小説大觀》第8册,江蘇廣陵古籍刻印社,1983年,頁37—53。20世紀20年代上海進步書局曾經出版過此書。

⑥ 賈晉華主編《香港所藏古籍書目》對該本有著録,題明王志堅編、明稿本。上海古籍出版社,2003年,頁526。

⑦ 收於上海國學扶輪社輯《古今説部叢書·四集》,清宣統至民國初上海國學扶輪社鉛印本,頁1—4。中國圖書公司和記1915年再版,上海文藝出版社1991年據1915年再版本影印。

⑧ 收於吴曾祺編《舊小説·丁集》,上海商務印書館,1914年,頁188—190。上海商務印書館1957年重印。

□□編《説海彙編》三部叢書都曾收入過《夜話》[①]。

通過本文對於《夜話》幾個元明清重要版本和《説郛》所録《夜話》的深入考查和對比,我們可以繪製出一幅基本完整的《夜話》版本源流圖[②],兹列於下:

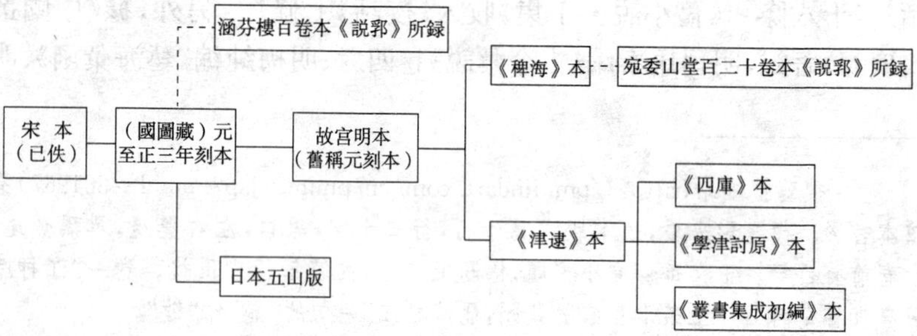

《冷齋夜話》版本源流圖

(作者單位:南京大學文學院)

---

① 見陽海清編撰、陳彰璜參編《中國叢書廣録》,湖北人民出版社,1999年,頁118、120、149。《古今彙説》版本不詳,不著《夜話》卷數;《藝海彙函》爲明抄本,現藏南京圖書館,著録"《冷齋夜話》二卷補遺一卷",施廷鏞編撰的《中國叢書綜録續編》(北京圖書館出版社,2003年,頁26—27)亦收録該叢書,作《藝海彙編》十卷,其卷五説詩類收入《夜話》,亦著録爲"《冷齋夜話》二卷補遺一卷";《説海彙編》爲明刻本,著録"《冷齋夜話》十卷"。

② 元本與故宫明本之間的源流關係,詳見查雪巾、卞東波《〈冷齋夜話〉宋本原貌及元刻本考辨》(待刊)一文;元本與日本五山版之間的源流關係,詳見卞東波、查雪巾《〈冷齋夜話〉日本刊本考論》一文。

古典文獻研究(第十五輯)
2012年7月

江昱《山中白雲詞疏證》析論

夏志穎

詞集箋注是詞學研究的基礎工作,但自宋至明,其發展一直較爲遲緩,而"有清一代,學人之箋注宋詞者,成績卓異"①。由於王鵬運、朱祖謀等人的努力,詞集整理之學在晚清極爲興盛,不過,這一時期的詞學輝煌也絶非一蹴而就,早在乾隆初年,江昱就已完成了《蘋洲漁笛譜考證》與《山中白雲詞疏證》,二書雖出現在樸學的極盛期之前,但均以考據之法進行詞學研究,堪稱是乾嘉詞壇詞集整理成果的傑出代表。

一

江昱(1706—1775),字賓谷、松泉,祖籍歙州,因明末六世祖遷居揚州,遂占籍江都。江昱精《尚書》,嗜金石文字,又通聲音訓詁之學,長於詩,最工咏物,時與厲鶚、陳章相倡和,著有《松泉詩集》、《瀟湘聽雨録》、《尚書私學》、《韻歧》等②。江昱的四卷本《梅鶴詞》,今未見其傳,只有

---

① 唐圭璋《歷代詞學研究述略》,唐圭璋著《詞學論叢》,上海古籍出版社,1986年,頁828。

② 參蔣士銓《江松泉傳》,錢仲聯主編《廣清碑傳集》卷八,蘇州大學出版社,1999年。

王昶《琴畫樓詞鈔》本的一卷保存下來。此前,江昱曾編有詞集《梅邊琴泛》一卷,也已亡佚,所幸趙虹之序尚存於《湖海文傳》卷三二,趙序在宋代推崇姜、史、張三人,近代詞人推崇浙西六家,同輩中則"徐紫山、吴繡谷、厲樊榭諸君子各張一軍,主持風雅,遂使倚聲之士靡不奉浙西爲指歸"①,當然,趙虹評價最高的還是江昱,並特别指出他在揚州詞壇的意義:"廣陵故六朝名勝,雖不乏詞人,而選聲按譜,猶多瓊花楊柳、㫫舫鷄台縈其筆下,我友江君賓谷一洗鉛華,起而振之,所著《梅邊琴泛》一卷,追清姜史,繼響玉田,所謂五百年來無此作,賓谷實足以當之。"序中拈出"清"、"響"二字,概括姜張詞之特徵,甚是精要,但《梅邊琴泛》既已失傳,則江昱早期詞風究竟如何亦難以確知,其後王昶《江賓谷梅鶴詞序》對趙序以史達祖比江的做法大爲不滿,則是因王氏自己鄙薄史達祖爲人,並不涉及詞學風格。就江昱現存詞作來看,確實"雅好南宋人詞"②,是故王昶《蒲褐山房詩話》説:"小玲瓏山館嘗集江浙名流,賓谷數爲座客,故詩詞亦得午橋、樊榭諸人一體。"③

江昱《松泉詩集》卷一有《論詞十八首》,"斷制宋元作者,津逮後學,錢塘厲鶚、趙虹、江炳炎輩争相嘆服,不易其言"④。第一首總論詞史,第二至十六首,分論兩宋詞人,姜、張各有一首。其六論周邦彦云:"詞壇領袖屬周郎,雅擅風流顧曲堂。南渡諸賢更青出,却虧藍本在錢塘。"⑤其七論辛棄疾云:"辛家老子體非正。"這些看法都與厲鶚同一論調,第十七首論詞選,認爲《草窗詞選》要比《花庵詞選》精粹,繼承了朱彝尊的説法。最值得關注的是組詩的最後一首:

① 趙虹《梅邊琴泛詞序》,《湖海文傳》卷三二,嘉慶十一年賞雨茆屋刻本,《續修四庫全書》第1668册,頁682。

② 王昶《國朝詞綜》卷二九,嘉慶七年王氏三泖漁莊刻增修本,《續修四庫全書》第1731册,頁228。

③ 周維德輯校《蒲褐山房詩話新編》,齊魯書社,1988年,頁72。

④ 蔣士銓《江松泉傳》,《廣清碑傳集》,頁530。

⑤ 江昱《松泉詩集》卷一,乾隆二十六年小東軒刻本,《四庫全書存目叢書·集部》第280册,頁176。

暗香疏影静生春，緑意紅情迥出塵。寂寂自開還自落，人間誰是别花人。

在本應總結陳辭的地方，單單並論姜、張，足見江昱對二人的重視，《暗香》、《疏影》是姜夔自度的咏梅曲，後張炎以之咏荷，並改詞調名爲《紅情》、《緑意》，江昱以這四個詞調來指代姜、張的全部詞作，同時也在突出二人一脈相承的源流關係。"寂寂"一句似乎出自王維的《辛夷塢》："澗户寂無人，紛紛開且落。"這不禁讓人想起張炎的一句話，陸輔之《詞旨·詞説》云："蕲王孫韓鑄，字亦顔，雅有才思，嘗學詞於樂笑翁。一日，與周公謹父買舟西湖，泊荷花而飲酒杯半。公謹父舉似亦顔學詞之意，翁指花云：'蓮子結成花自落。'"①江昱在《山中白雲詞疏證》卷三《慶清宫》(淺草猶霜)詞後曾引用過這段記載，不管是木芙蓉的開落還是荷花的結子，都傳達出一種天然之美，非人力雕琢可致。江詩最後一句原本白居易《見紫薇花憶微之》："一叢暗淡將何比，淺碧籠裙襯紫巾。除却微之見應愛，世間少有别花人。"大意是説紫薇花的美只有"别花人"才能欣賞。江昱認爲姜、張之詞已達渾成自然之境，借助前人之詩句毫無保留地傾訴了自己對姜張的頂禮之情。《梅鶴詞》中有一首《買陂塘·題家研南冷紅詞》，研南即江炳炎，也是圍繞在厲鶚身邊的一位詞人，江昱在該詞的上、下片分别用張炎、姜夔比擬其人其詞，下片云："平生亦有梅邊集，流水静傳弦語。(原注：余詞初名《梅邊琴泛》。)堪和汝。還共嘆幽商，不入昭華譜。"②"流水静傳弦語"與詩中"暗香疏影静生春"的兩個"静"字可同觀，體現出江昱對詞境的追求，雖然評論的是《冷紅詞》，但詞中所言均與《梅鶴詞》的實際面貌相去無幾，陳撰《山中白雲詞疏證序》也轉引過江昱的言論："每謂詞莫尚于南宋景、淳、德祐間，要以白石爲宗主，其嗣白石起者，無逾于玉田《白雲》一集。"至此，已經可以完全明瞭江昱的詞學祈向了，有着如此的創作經歷與詞學觀，其

① 唐圭璋編《詞話叢編》第1册，中華書局，1986年，頁303。

② 王昶《國朝詞綜》，《續修四庫全書·集部》第1731册，頁228。

從事於南宋詞尤其是張炎詞的整理工作也就順理成章。

二

張炎《山中白雲詞》流傳至今的有二卷本與八卷本,元陶宗儀曾手鈔《玉田詞》三百首,其過録本傳入清初錢中諧(庸亭)之手,朱彝尊據錢藏本轉録,與李符等校勘後釐爲八卷,經龔翔麟刊行,成爲後世八卷本《山中白雲詞》的祖本。龔本出現後,翻刻者不一而足,但爲其作注者却一直没有,這既是因爲詞中箋注傳統的薄弱,也是因爲張炎生平及著述資料極少。然而張炎"家世蘭錡,遭時不偶,流落播遷,客游無方,彳亍南北,所與交率遺民退士,境會遘適,等諸落葉之聚散。其詞一往而深,隱約結嗇,使非熟悉諸人之生平與其情事之曲折,則紀其鏗鏘而不説其義,猶然襲于音者已"①。故對其詞進行箋釋又顯得極爲必要。江昱所著命名爲"疏證",正是考慮到了張炎詞的特點,可謂有的放矢。《疏證》以龔刻本爲底本,其最大的學術貢獻是對詞中出現的與作者直接相關的人名、地名詳加考證,如卷一《憶舊游·大都長春宫即舊之太極宫也》,《疏證》云:

> 《元史》:世祖至元元年,中書省臣言開平府闕庭所在加號。上都燕京,分立省部六,乞正名,遂改中都,其大興府仍舊。四年始于中都之東北置今城,而遷都焉。九年改大都。《輟耕録》:大宗師長春真人甲申三月至燕,八月奉旨居太極宫,丁亥五月特改太極爲長春。梁濳《泊庵集·同游長春宫遺址詩序》:長春宫,在北京城西南十里金故城中,白雲觀之西也。其東則都城,臺闕府庫之壯,其南則曠然原陸,而薊門高丘之間,荒臺遺沼之可見者,皆昔遼與金所嘗經營其間者也。其西則西山之崖,蒼翠紺碧,隱然烟霞

---

① 陳撰《山中白雲詞疏證序》,《彊村叢書》,上海書店,1989 年,頁 1242。

之中。其北則連山崔嵬,雄關壯峙,凡在于朝與居于城中者,蓋未嘗知,惟閑暇登覽于此,而後得之也。昱按:《元史》:設醮多在長春宫。

此詞作於張炎北游大都之時,極寫長春宫之雄奇氣勢,邵淵耀評:"筆意陡健,清妙獨絶。"[①]陳廷焯評:"直是仙筆。古艷幽香,别饒感喟。"[②]在玉田詞中屬上乘之作。詞中出現了一些道家辭彙如方壺、琪樹、鶴衣等,也用了丁令威化鶴歸遼的典故,但在上引這則完整的"疏證"中,江昱對這些名物典故毫不在意,也無心於品評詞作優劣,只是客觀地引用材料,解釋"大都"與"長春宫",《疏證》之特色於此可窺一斑。

鄭思肖《張叔夏詞序》謂玉田詞"飄飄徵情,節節弄拍,嘲明月以謔樂,賞落花而陪笑,能令後三十年西湖錦繡山水,猶生清響"[③]。張炎詞中有關西湖的地名極多,如無注解,讀者難知究竟,江昱在這方面做了很多工作,如卷三《高陽臺》(古木迷鴉),詞序云:"慶樂園,即韓平原南園,戊寅歲過之,僅存丹桂百餘株,有碑記在荆榛中,故末有亦猶今之視昔之感,復嘆葛嶺,賈相之故廬也。"[④]《疏證》引《武林舊事》、《夢粱録》、白珽《西湖賦》、《扣弦憑軾録》中的相關材料,對南園的建造始末與園内諸景作了詳細説明。又如卷五《壺中天·咏周静鏡園池》中有"烏石岡邊,猶記得、竹裹吟安一字"句,《疏證》云:"《錢塘縣志》:烏石峰在紫雲洞上,石色如墨。昱按:兩浙之山,以烏石名者非一,此詞'樹老梅荒,山孤人共',正和靖事,則烏石應屬西湖。"[⑤]先引《錢塘縣志》注烏石岡,然後説明引用的根據,與詞文緊密結合,體現了"疏證"的特點,堪稱心細如髮。

---

① 轉引自葛渭君、王曉紅校輯《山中白雲詞》,遼寧教育出版社,2001年,頁4。

② 陳廷焯《詞則·大雅集》卷四,上海古籍出版社,1984年。

③ 鄭思肖《山中白雲詞序》,《彊村叢書》,頁1243。

④ 《彊村叢書》,頁1267。

⑤ 同上,頁1280。

在注明地點外,《疏證》創獲最多的即是考證人物。江昱多引方志、文集等資料,考證出張炎的交游對象。卷一《聲聲慢·都下與沈堯道同賦》,《疏證》引《吴興掌故》、《書史會要》考證出曾心傳的生平。卷四《瀟瀟雨·泛江有懷袁通父、唐月心》,《疏證》引《續弘簡録》作袁通父小傳,又録袁氏《静春堂詩集》,考證出唐月心名希賢,輾轉相求,使得這些名姓不彰的小人物浮出水面。卷四《霜葉飛·悼澄江吴立齋,南塘不礙雲山皆其亭名》的悼念對象吴立齋,史料無徵,《疏證》引曹伯啓《漢泉漫稿·南塘戲贈立齋主人》詩,爲探求吴立齋其人提供了綫索。

江昱《自序》云:"夫集中之題但云某人某地,讀者亦僅就其詞臆爲人如是地如是,是人與地因詞而見,而不知詞實有以確洽其人與地,何啻目眩珊瑚木難而不能名耶?其或實有所指而本題未能注明,則又往往忽略,甚且以爲寬泛之語,而曾不經意,可勝三嘆。間與弟蔗畦涉獵之餘,遇可相發明者,輒筆之簡端,垂二十年,翻書不下萬卷,蓋已得十之七八。"[①]這樣的話是否自詡過當呢?卷一《臺城路·杭友抵越,過鑒曲漁舍會飲》,《疏證》云:"謝翱《晞髮集·山陰王氏鏡湖漁舍記》:越城東南,多隱者居,賀監、玄真子遺迹猶在。王氏别業在城南,盡得其勝。"[②]此詞上片寫景,有"燕子人家,夕陽巷陌"之句,化用自劉禹錫《烏衣巷》詩,但劉詩寫的是金陵王謝大家所居,與詞中"鑒曲漁舍"云云相距甚遠,如無注解,則張炎之詞難免蹈空或用典不切的嫌疑,玉田隱括成句之工穩亦無由得見,經江昱疏證後,張詞才稱得上是"實有以確洽其人與地"。江昱《自序》又云:"率從卷籍不相涉之處,參考互證,觸類旁通而出。既矜創獲,覆繹詞意,愈覺神觀飛越,怳親歷其時,身入其境,聆其談笑,而罄其曲折。向之平淡無奇者,今皆見其切事愜心,分刌合度,而非隨手填寫,僅求好句成篇可比。"這方面例子可舉卷三《甘州·賦衆芳所在》,《疏證》云:

---

① 《彊村叢書》,頁1242。

② 同上,頁1254。

後《慶清朝》詞題稱“韓亦顔歸隱兩水之濱”,此詞起句即用“兩水”,結語以韓湘事點明,則衆芳所在,殆即亦顔隱處也。又五卷《甘州·柬竹間》詞亦用韓湘事。①

江昱將三首詞視爲一體,通過相同的用語及典故,參考互證,得出的結論是相當可信的。對地點、人物的發明是《疏證》最主要的内容與價值,《疏證》的另一主要内容就是附録相關作品,如卷六《紅情》、《緑意》二闋後引録姜夔《暗香》、《疏影》,省却了讀者翻檢之勞,更有一些是對隱含唱和之作的揭示,卷五《露華·露桃》後附王沂孫同調詞,並有按語云:“此似倡和之作,但不次韻。”②這既體現出江昱對宋末詞壇的熟悉,也爲讀者瞭解張炎及其詞友的創作活動提供了幫助。卷七有《浣溪紗·寫墨水仙二紙寄曾心傳》二首,如果没有特别説明,讀者很容易將其忽視,《疏證》附録馬臻《霞外詩集·集句題張玉田畫水仙》詩,二詞一詩,顯見張炎擅長繪事,從一個側面反映出張炎的藝術素養,聯繫到張炎是宋代創作題畫詞最多的詞人,這些材料更有助於讀者知人論詞。

以上兩部分是江昱最用力之處,構成了《疏證》的主體,此外,《疏證》還有諸多方面的學術貢獻。其一,輯補佚詞。卷一《聲聲慢·都下與沈堯道同賦》,《疏證》云:

《大觀録》載:温日觀葡萄墨迹,題詞凡三人,調《甘州》。玉田首倡,和者鄘州劉沆、汴沈欽,又曾遇《自序》及詩。玉田云《題曾心傳所藏温日觀墨葡萄畫卷》:“想不勞、添竹引龍鬚,斷梗忽傳芳……疑晔久,却愁卷去,難博西凉。”③

① 《彊村叢書》,頁1265。

② 同上,頁1277。

③ 同上,頁1250。

江昱全文引録了張炎、沈欽之詞與曾遇詩及序,其中的材料對考證張炎北游與寫金經一事,頗有助益,文中的《甘州·題曾心傳所藏温日觀墨葡萄畫卷》即張炎佚詞。江昱在按語之末感慨道:"昔人詩詞不傳者何限,而《山中白雲》八卷亦不爲少,乃猶有遺珠,良可惜也。"充分肯定了《大觀録》的輯佚價值,嘉慶年間,吴衡照《蓮子居詞話》亦輯録此詞,但未注明出處,而實際上,江昱早在乾隆初年已發現此詞,只因《疏證》流傳未廣,發現之功才旁落他人。

其二,校勘文字。卷二《長亭怨·爲任次山賦馴鷺》上片結句,龔刻原作"想應是、朝回花□"。《疏證》:"昱按:前結闕一韻,疑是'徑'字。"江昱的推測與翻刻自龔刻的曹炳曾書城室本不謀而合,水竹居本、四印齋本作"花底",系失韻之誤,王鵬運四印齋本以换頭"人静"二字上屬,作"朝回花底人静",則錯上加錯。卷三《探訪信·西湖春感寄草窗》,江昱按:"《絶妙好詞》李彭老和詞作'湖上春游繼草窗韻',則題中'寄'字當是'繼'字之訛。"[①]諸如此類的校勘應該説都取得了不錯的效果。

其三,疏通詞意。如卷一《掃花游·賦高疏寮東墅園》上片云:"悵喬木荒凉,都是殘照。"《疏證》在引證材料介紹高似孫的别墅後,附周密《甘州·賦疏寮園》,並按語云:"續古(引者按:高似孫)仕於宋寧宗時,玉田越游在元世祖末成宗初,相隔百年,續古蓋已久没,故玉田詞遂有'喬木荒凉'之語,非比周詞年分爲近,但言其勝也。"[②]周、張二詞所賦對象相同,故並録之,然二詞情感微有不同,《疏證》作了簡要分析,以見"喬木荒凉"並非虚言。

其四,點評詞作。與疏通詞意相似,對詞作進行點評也是溢出《疏證》體例的地方,江昱一方面轉載他人的評論,在卷一《瑣窗寒》(斷碧分山)的疏證中,江昱就轉引了《絶妙好詞》、《宋名家詞評》。難能可貴的是,江昱還不失時機地表達了其對宋詞的整體看法,如卷八《壺中天·壽月溪》,《疏證》云:"宋人壽詞,雖出名手亦必沾帶俗氣,如此作雅潤清

① 《彊村叢書》,頁1266。

② 同上,頁1253。

麗，頓覺習語一空，後《南樓令》尤爲特絶，始知《指迷》所論，洵非虚言。"[①]此評與張炎在《詞源》中對壽詞的評論正可以互參。除了以張炎的創作印證其理論，江昱還關注其詞的雅俗問題，卷五《蝶戀花·題末色褚仲良寫真》之"疏證"云："此詞近俚，蓋率筆應付之作，編集者録入，未必爲玉田所自收也。"[②]從詞題判斷，褚仲良是當時一位以"末"出名的雜劇名角，張炎此詞用了不少口語以及與雜劇有關的辭彙，所以顯得俚俗。江昱預設了玉田詞雅的前提，並推測其"率筆應付"、"未必爲玉田所自收"，其實張炎在北游後接觸到了新興的元雜劇，其詞受題咏對象與環境的影響，偶爾表現出"俚"的特色，也在情理之中，《疏證》的推測只能是一家之言，後人不必盲從。

三

乾隆十八年(1753)，江昱撰《山中白雲詞疏證序》云："與弟蔗畦涉獵之餘，遇可相發明者，輒筆之簡端，垂二十年，翻書不下萬卷。"同年，陳撰在揚州爲江著撰序，亦云："俗學之相蒙也久矣，試訊是編諸所考證，是豈尋條步屈，聊爾稗販之所能得者哉。"由此推知"疏證"工作大約始於乾隆初年，至乾隆十八年書稿已寫成。朱祖謀《彊村叢書》中的張炎詞以《疏證》爲據，但朱氏"附記"對其來源並未作出交待，據陳祺壽《蘋洲漁笛譜考證跋》所云："明經(引者按：江昱)又有《山中白雲疏證》，彊村先生嘗得其稿本刻之。"[③]則朱氏所據《疏證》爲稿本，但近代以來，論張炎詞集版本者均記載《疏證》有"乾隆十八年刊本"，而實際上這一"刊本"只能是子虚烏有，因爲是時《疏證》根本就没有刊行。

乾隆二十年(1755)，江恂之官湖南，江昱隨弟客居，其間著筆記《瀟湘聽雨録》，中有一則云：

---

① 《彊村叢書》，頁1295。

② 同上，頁1281。

③ 同上，頁1183。

> 巻圃問余以長短句……爰以曩所論次《精粹詞鈔》示之，蓋難言之又不欲虚所問也。巻圃受而循諷淹日夕，既而恍然曰："……獨怪君方輯注草窗、玉田……提唱正宗，有關絶學匪細，奈何反終秘之而不刻以行世?"①

《瀟湘聽雨録》成書於乾隆二十八年(1763)，上述一段文字當作於乾隆二十年至二十八年間，"秘之而不刻以行世"説明《考證》、《疏證》均没有刻行，而江昱本人也似乎没有刻行的打算。江昱卒於乾隆四十年(1775)三月，乾隆五十三年(1788)，王昶輯得張炎逸事一則，因系"厲、趙諸君屐齒所未及者，喜而録之"②，並撰《山中白雲詞跋》，没有提到《疏證》，王氏又有《書張叔夏年譜後》一文，説張炎"朋好亦皆東南逃名遁世之士……可考者十五人，餘悉聲沉響寂。余以弇陋不復能稽其出處，尚冀復有樊榭、意林、功千者出，相與搜考而續紀之"③，仍然對江昱辛勤考證張炎交游的學術成果隻字不提，而實際上，江、王二人是相當熟悉的。乾隆四十八年(1709)，王昶作《江賓谷梅鶴詞序》稱："乾隆丁卯，余始識賓谷江君於秦淮水榭，遂爲文字交。……其後或一二年，或三四年，每見必索所著新詞讀之，至窮日夜而不倦。"並對江昱的人品大加贊賞，自信"吾兩人之深相知如此"④，如果《疏證》曾刻行，精於詞學的王昶對自己好友的著作怎麽可能視而不見呢？種種迹象表明，《疏證》一直是以稿本的形式保存，而江昱的疏證工作也只有少數人才瞭解。

未能刊行的事實限制了《疏證》在詞壇所可能産生的影響，然而"影

① 江昱《瀟湘聽雨録》卷五，乾隆二十八年春草軒刻本，《四庫全書存目叢書・子部》第116册，頁679。

② 王昶《山中白雲詞跋》，《春融堂集》卷四三，嘉慶十二年塾南書舍刻本，《續修四庫全書》第1438册，頁116。

③ 王昶《書張叔夏年譜後》，《春融堂集》卷四三，《續修四庫全書》第1438册，頁116。

④ 《春融堂集》卷四一，頁88。

響"只是就傳播、接受的層面來説的,回到《疏證》本身,它的出現對於詞史而言仍自有其意義。蓮僧《題江賓谷山中白雲詞疏證四首》有云:"剬雅箋詩待要刪,江郎彩筆自斕斑。""史家莫黜詞人小,《麥秀》《王風》一例看。"[1]蓮僧其人不詳,然其詩既肯定了《疏證》的貢獻,也對其推尊張炎詞體的意義有所揭示。"疏"本指闡釋經書及其舊注的文字,"疏證"一詞即闡釋考證之義,江昱原本就是一位樸學大家,於經史考證頗多心得,他用闡釋經書或舊注的精力從事一部詞集的"疏證",這一舉動本身就具有尊詞體的意義,《疏證》於是在創作、理論之外,以一種新的形式實踐了清詞的尊體理論。

再從源遠但不流長的詞集箋注傳統來看,《疏證》在繼承的基礎上又融入了新的時代特點。保存較完整的兩部宋詞宋注,陳元龍《詳注周美成詞片玉集》基本上是注語詞出處,傅幹《注坡詞》涉及的面要廣些,但最多的内容還是與陳注一樣,二者與詞作本文的聯繫非常密切,都努力推求作品在文學系統内的源流遞嬗,明代《草堂詩餘》的箋注本如《增修箋注妙選群英草堂詩餘》等主要是追溯詞語出處,特别在意詞文對詩句的化用,而《疏證》則不然,只有極個别的例子屬於文學層面,絶大部分"疏證"内容與文學無關,這種"去文學化"的箋注現象在詞史上還是首次出現,開闢出一種新的詞學箋注模式。由於《疏證》長期沉晦,這種箋注模式在詞史上久無嗣響,但它畢竟代表了詞學學術化的傾向,因而當朱祖謀將其刊刻後,它很快就引起了詞學家的關注,唐先生在《歷代詞學研究述略》中提到的《夢窗詞小箋》、《稼軒詞小箋》以及夏承燾先生的《姜白石詞編年箋校》、《龍川詞校箋》等詞集整理方面的重要著作都與《疏證》體例類似,它們重在實證性的"箋",在某種程度上仍體現了"去文學化"的箋注特色。

最後,如果將《疏證》回置到清代詞學尤其是浙派詞學的體系中,那麽其體現出的價值仍會給研究者以啓示。衆所周知,明清之際的詞學復興催生了大批詞學成果,《詞綜》就是其中公認的傑作。與明代粗疏

---

① 吴則虞校輯《山中白雲詞》,中華書局,1983年,頁211。

的學風截然相反,朱彝尊以其深湛的學術素養傾力編纂詞選,排除其中推揚詞學觀的因素,僅就文獻的可靠性而言,其成就堪稱前無古人,《詞綜》對擴大浙西詞派聲勢具有舉足輕重的作用,正因如此,它才成爲浙派詞學理念的最核心載體,後學在閲讀研究《詞綜》之時,同樣會感受到浙派前輩們整理詞集的文獻意識。乾嘉以降,王昶編《明詞綜》、《國朝詞綜》,陶樑編《詞綜補遺》、黄燮清編《國朝詞綜續編》等等均可以説是《詞綜》的衍生産品,這些詞選在具體考訂成績上或許達不到《詞綜》的高度,但無疑都貫徹了朱彝尊等浙派前輩的詞集整理精神。除了編纂詞選,浙派前輩還整理過一些詞别集,前文已提到李符、龔翔麟對《山中白雲詞》的校訂,厲鶚也校訂過《樂府補題》和姜、張詞集,其友陳撰校刻過白石詞,趙昱校刻過玉田詞,從這個意義上説,詞集整理已上升爲浙西詞派之"家學",而它的源頭就是朱彝尊等人校刊的《詞綜》。江昱是位地道的浙派作家,因此,其疏證行爲就帶有了浙派"家學"的印記,大約與江昱疏證張炎詞同時,厲鶚、查爲仁共同編撰了《絶妙好詞箋》,後者的詞史地位要遠高於前者,但在延續"家學"這一點上,它們的本質是相同的。三種(包括《蘋洲漁笛譜考證》)詞集箋注本同期出現,都以客觀的箋注與清初標榜聲氣的評點形成了巨大反差,可以説是得乾嘉樸學風氣之先,預示了在即將來臨的考據時代中,詞學研究所可能出現的巨大變化。《疏證》留下的最大遺憾就是没有能及時刻行,詞史上没有"假設"的存在,否則,《疏證》的意義絶不僅僅局限於此。

(作者單位:西南大學文學院)

古典文獻研究(第十五輯)
2012年7月

吴敬梓家世新探

——讀吴國縉《世書堂稿》

鄭志良

對吴敬梓家世的探討是吴敬梓研究的一項重要内容。吴敬梓本人非常看重自己的家世,他曾祖輩兄弟五人(吴國鼎、吴國器、吴國縉、吴國對、吴國龍),除吴國器之外,其他四人皆中進士,吴敬梓親曾祖吴國對順治十五年(1658)探花及第,而他的叔祖吴昺更以康熙三十年(1691)榜眼高中。家族科舉上的榮耀是吴敬梓頗爲自豪的事,在《乳燕飛》詞作中,吴敬梓稱"家聲科第從來美"。吴敬梓家族不僅在科舉上取得成功,而且在文學創作上亦有不蜚成就。民國《全椒縣志》卷一五記録全椒人氏的著述,分經、史、子、集四部分,其中集部有吴敬梓高祖吴沛《西墅草堂集》十二卷,吴敬梓曾祖輩吴國鼎《邁園集》、吴國縉《世書堂集》四十卷、吴國對《賜書樓集》二十四卷、吴國龍《心遠堂集》三十四卷,吴敬梓祖父吴旦《月潭集》、叔祖吴昺《賓稼堂集》十六卷、《車望山房集》、《玉堂應奉集》,吴敬梓堂兄弟吴檠《溪山草堂集》十二卷、《衢謡集》、《咫聞齋詩鈔》四卷,以及吴敬梓本人《文木山房詩文集》十二卷、其子吴烺《杉亭集》十卷,等等[①]。吴敬梓家族不僅是科舉世家,而且也是文學世家。族人的詩文集應是研究吴敬梓家世的重要材料,但可惜的

---

① 張其濬修、江克讓等纂《全椒縣志》,民國九年刻本。

是這些詩文集大多未流傳下來。以吴敬梓曾祖輩而論,四兄弟中唯有吴國縉的詩集《世書堂稿》二十三卷存世,其他三人的詩文集未見留存。吴國縉《世書堂稿》里有大量關於吴敬梓家世的材料,爲吴敬梓及《儒林外史》研究者所未曾提及。根據這些材料,我們可以考察終身布衣的伯曾祖吴國器對吴敬梓思想的影響,吴敬梓親曾祖吴國對在探花及第前的活動狀況,以及吴國縉與張翃(《金瓶梅》批點者張竹坡之父)的交往;《世書堂稿》還揭示吴敬梓祖上蓄有家班,他的家族有較爲濃厚的戲曲氛圍,這一點可以讓我們更深入探討吴敬梓與戲曲的關係,以及他在《儒林外史》中關於戲曲活動的描寫;《世書堂稿》收有吴國縉的詞作,爲《全清詞·順康卷》及《全清詞·順康卷補編》所未收,藉此可以考察吴敬梓家族文學創作的風貌。總之,《世書堂稿》所提供的吴敬梓家世材料,可以讓我們更進一步研究吴敬梓的思想與文學創作的淵源,因此有較爲重要的學術價值。

一　關於《世書堂稿》

吴國縉《世書堂稿》,一函六册,順治十八年(1661)刊本,書林韋敬山、王奉台刊刻,現藏於清華大學圖書館,有“環山樓藏書印”。書首有序言五篇、自記一篇,五篇序言分別署“順治庚子冬杪瀛海年弟左敬祖虔孫甫拜題于木木居”、“順治辛丑重九前三日年社弟漢陽塞齋熊伯龍”、“順治庚子春王年家晚弟范開文頓首拜撰”、“順治辛丑花朝日六十六歲兄朴齋國鼎漫書於東墅客猍軒中”、“順治十有八年正月望日弟國對頓首拜撰”,自記署“順治庚子冬正臘日吴子國縉記於世書堂竹窗之次”。順治庚子、順治辛丑分別是順治十七年(1660)、順治十八年。民國《全椒縣志》“藝文志”載吴國縉《世書堂稿》四十卷,但此稿只有二十三卷,各卷内容如下表所示:

卷一	古樂府擬
卷二	古歌行、三言、四言、詩經體、曲歌
卷三、四、五、六	五言古
卷七、八、九	七言古,附六言
卷一〇、一一、一二、一三、一四	五言律,附五言排律
卷一五、一六、一七、一八、一九	七言律、仄韻,附七言排律
卷二〇	五言絶句
卷二一、二二	七言絶句
卷二三	七言絶句、五言聯句、七言聯句、五七言、三七言、三五七言、四六八言、一言至七言、一言至十言、回文詩、擬館課、詩餘

《世書堂稿》詩中各體俱備,而以五、七言爲主,五、七言詩按題材又分行歷、游覽、晤遣、稱贈、送别、慶賀、筵會、寫述、閑適、歲時、慨悼、道釋、閨館等内容。

《世書堂稿》每卷皆署有較輯人氏的姓名,借此可以考察吴敬梓家族的成員。如下表所示:

卷一	署"南譙吴國縉玉林甫著　兄國鼎玉鉉甫、國器玉質甫,弟國對玉隨甫、國龍玉騧甫同較　男登民、鉅民、前民、章民同輯"
卷四	署"侄勖較"
卷五	署"侄昂較"
卷六	署"侄牖民較"
卷一一	署"侄昇較"
卷一二	署"侄旦較"
卷一三	署"侄昱較"
卷一四	署"侄昶較"
卷一七	署"侄晟較"
卷一八	署"侄曄較"
卷一九	署"侄暹吉較"

吴國縉侄輩亦即吴敬梓祖父輩,吴敬梓本生祖父吴勖、祖父吴旦即見較輯人員之中。陳美林先生《吴敬梓家世三考》編有吴敬梓家族人員簡表,但未列吴國縉兒子一輩[①],從《世書堂稿》中我們可以看出吴國縉有五子,其中第五子三歲即夭折,其餘四子均在較輯人員中[②]。

《世書堂稿》對吴敬梓曾祖輩的情况提及很多,吴敬梓家族的興旺發達是從他曾祖一輩開始,《世書堂稿》作爲吴敬梓曾祖輩唯一流傳下來的詩集,其中很多篇章記載了吴國縉兄弟之間的事情。吴國縉兄弟四人中進士分屬明清兩代,老大吴國鼎、老五吴國龍於崇禎十六年(1643)同時考中進士,這一年對吴家來説,應該有重要意義。《世書堂稿》卷四《癸未春,同家昆計偕,阻兵恩邑,假館李氏,數月乃北》就記載了他們兄弟進京赶考的經過,其中頗有一番曲折,詩曰:"名繮誤絆人,驅逼不得住。南中諸少年,飛函促登路。春光淮上稀,束裝風雨妒。摇曳亂黄流,城舍變丘墓。道旁父老言,才罹兵焚故。進退兩難持,窮途邀左顧。净掃偃月軒,高結葡萄樹。華筵次第展,清喉列童孺。給蔬且供薪,綸魚更網兔。不復問家園,鶯蟬歲月度。闈試改秋期,分手河干赴。感君何能忘,膠漆囑鱗羽。"癸未即崇禎十六年,這是明朝最後一次會試,因李自成起義,兵事迅猛,往常二月試期改在八月舉行。科舉途中雖遇到兵亂,但吴國鼎、吴國龍停頓數月之後,進京赶考,還是同時高中了。

吴敬梓曾祖輩兄弟五人中,吴國對(1616—1680)、吴國龍(1616—

---

① 陳美林《吴敬梓研究》,南京師範大學出版社,2006年,頁15。下文引用此書均爲此版本。

② 《世書堂稿》卷六有《吊五兒三歲殤》。吴國縉之子吴登民、吴前民亦見民國《全椒縣志》記載,民國《全椒縣志》卷一一有:"吴登民,字自崇,庠生,教授國縉長子也。善事繼母,待諸弟友愛。幼聰穎,亦苦學,淬厲致疾,將革,猶持手録諸帙不釋。"吴登民二十六歲時去世,據《世書堂稿》卷二三《吊亡兒》其二:"譬庚二六正翩翩,折算春秋半我年。少者先辭老者去,驚心旦暮燭風前。(兒廿有六,予五十有二。)"民國《全椒縣志》卷一三"旌恤表"有:"吴謝氏,庠生吴前民妻。"

1671)生卒年已清楚[1];而將吴國器的生年定爲 1604,卒年定爲 1664,有誤(詳後文);吴國鼎、吴國縉的生卒年尚未明瞭。借助《世書堂稿》,我們可以知道吴國鼎、吴國縉具體的生卒年。

《世書堂稿》吴國鼎序言署"順治辛丑花朝日六十六歲兄朴齋國鼎漫書於東墅客瘶軒中",順治辛丑爲順治十八年(1661),由此可推算出吴國鼎生於萬曆二十四年(1596)。民國《全椒縣志》卷一〇《吴國鼎傳》中説他"卒年六十七",因此,他卒於康熙元年(1662)。吴國鼎得子很晚,卷一二《伯兄玉鉉舉子》曰:"五袞翁生子,七旬祖見孫。食田全性禄,菽圃接書根。白髪杯環慰,黄花露益敦。仁人原善後,確指大吾門。"吴國鼎五十歲得長子暹吉,當在順治二年,"七旬祖見孫"是指吴國鼎之母見到孫子出世,其父吴沛已於崇禎四年過世。

吴國縉在《世書堂稿》中多次提到自己過生日事,如卷六《甲午東莊初度》:"問阿今幾何,五十仍加二。"甲午爲順治十一年(1654),這一年吴國縉五十二歲,由此可知他生於萬曆三十一年(1603);卷九《丁酉九月朔,發棠邑,越十六生日,夜飲出城,月下漫賦》:"此日今年五十五,蒼須禿鬢人塵土。"丁酉爲順治十四年(1657),於此亦可推其生年。吴國縉得年七十四,因此,他卒於康熙十五年(1676)。

二 關於吴國器

在吴敬梓曾祖輩五兄弟中,吴國器是唯一未有功名的人,但筆者認爲這位以布衣終身的伯曾祖對吴敬梓的思想應該有比較大的影響。

吴敬梓《移家賦》是考察其家世生平的一篇重要文獻,在賦中,吴敬梓叙及曾祖輩的功業時説:

> 始則河東三鳳,終則馬氏五常。或篤志於鉛槧,或盡力於農桑(曾祖兄弟五人,四成進士;一務農,終布衣)。尋桑根之遺迹,過落

---

① 分别參見《吴敬梓研究》,頁 1315、1324。

葉之山房。家有逸民之號,人傳導引之方。東華遺俵,閬苑翻觴,落次仲之翮,逐簫史之凰(布衣公無疾而終,人傳仙去)。伯則遨游薇省,叔則棲遲槐署,季抗疏於烏台,受兩朝之眷顧。似子固兄弟四人,吾先人獨傷晚遇。常發憤而揣摩,遂遵道而得路。三殿臚傳,九重温語,宫燭宵分,花磚月午。張珊網於海隅,懸藻鑒於淺輔,詔分玉局之書,渴飲金莖之露。羡白首之詞臣,久赤墀之記注。①

細讀這段文字,可以看出吴敬梓在叙及曾祖五兄弟時,並非按排行的順序來寫,而是將終生布衣的老二吴國器放在最前,其次才爲老大吴國鼎、老三吴國縉、老五吴國龍。吴敬梓的親曾祖吴國對排行老四,吴敬梓把他放在最後並以較多的文字來叙述,有突出其人的意思。而將吴國器放在最前,應是吴敬梓有意的安排,這可看出他尊崇品節高尚的布衣之士的情懷。《移家賦》作於雍正十一年(1733),其時吴敬梓尚未創作《儒林外史》。在後來創作的《儒林外史》中,吴敬梓以描寫王冕開篇,並特意寫道:"可笑近來文人學士,説著王冕,都稱他做王參軍!究竟王冕何曾做過一日官?"强調他的布衣身份。《儒林外史》以"四客"結尾,也是歌頌那些自食其力的市井平民百姓,正如閑齋老人《儒林外史序》所言:"終乃以辭却功名富貴,品地最上一層,爲中流砥柱。"而吴國器也是一位躬耕自食、品節高尚的布衣之士。

民國《全椒縣志》卷一一載:

吴國器字玉質,號懶翁。家貧,兄弟皆業儒,遵父命任家政。父病輒泣禱求代,割股和藥。率妻孥椎布操作,隱居獨山。精邵子《皇極》諸書,嘗曰:"主静持敬,聖賢之學。所難者,心恒耳。"行袁了凡功過格,數十年如一日。舉賓筵,年六十一,無病卒。王士禎

① (清)吴敬梓著,李漢秋輯校《吴敬梓詩文集》,人民文學出版社,2002年,頁9。

有《用韋左司寄全椒道士韻追贈國器》,甚稱美之。祀鄉賢。

因爲兄弟四人都在讀書,吴國器衹能放棄學業,操持家務,在傳統家庭中,如果兄弟衆多,老二往往都是命苦的一位,《世書堂稿》卷一七《書呈仲兄玉質》其一曰:"北堂星黯痛天倫,分火西山仲氏仁。壯歲棄書從父命,鞠躬負米爲家貧。荆花並茂門庭瑞,脊鳥先飛羽翼辛。筋力百年將逾半,生來松柏自長春。"吴國器的辛勞换來了"荆花並茂門庭瑞",一門四進士的家庭榮耀,其中也有吴國器很大的功勞。在吴氏家族中,吴國器雖未得功名,但他的品行深受人尊重,《世書堂稿》卷一七《懷仲兄西村過節》曰:"每羨吾兄品獨全,兀居城舍望如仙。閉門風落三更雪,擁炭春回九臘天。兒女焉能真祝歲,林巖自可快逢年。微醺緩步松墩上,笑指浮雲萬事捐。"

吴國縉雖是進士出身,但仕途也並不如意,他在詩作中表達了對這位終身務農的兄長的欽羨之情,如卷一二《宿仲兄莊居》其一曰:"種田西澗側,嘗日掩雙扉。適口惟飦粥,尊生止布衣。無人驚曉夢,有酒禦霜威。恰得真疏散,都忘世事非。"卷一七《書呈仲兄玉質》其二曰:"鳳池麟閣總標虚,得趣田間顧荷鋤。坐卧草軒人木石,參觀化境道鳶魚。籬花晚愛深秋秀,村酒嘗邀比舍儲。愧我浮名車馬絆,徒傷老大一薪樗。"

吴國器這樣一位"品獨全"的布衣先祖,在吴敬梓的心目中應該也有很高的地位。"從《移家賦》來看,吴敬梓當時還遠未達到創作《儒林外史》所必須具有的思想境界和認識水準。……《移家賦》中,吴敬梓對自己先人以八股起家的歷史充滿了自豪。高祖吴沛雖然屢挫於場屋,却終於將五個兒子中的四個培養成了進士。而曾祖的飛黄騰達、青雲直上,也是由於刻苦鑽研八股的結果,即《移家賦》中所謂'常發憤而揣摩,遂遵道而得路'。……同樣的'揣摩'二字,作爲'舉業金針',在《移家賦》中得到熱烈贊揚,而在《儒林外史》中却成了貶抑、諷刺的對象。"[①]從中我們可以看出吴敬梓思想的變化,主要是他對於八股取士的態度發生改變。而從《移家賦》中關於吴國器的叙述,到《儒林外史》中對王冕以及"四客"的贊美,我們也可以看出吴敬梓一以貫之的情懷,即對品節高尚的布衣之士的尊崇。

關於吴國器的生卒年,陳美林先生《吴敬梓研究》下册第二章《吴敬梓的家世》中有:"據康熙《全椒志·吴國器傳》,國器有年六十一;又據王士禛《用韋寄全椒道士韻追贈全椒吴仙人國器》一詩小序云'康熙甲辰仙人已化去'等記叙可知國器卒於康熙甲辰三年(1664),上推六十一年,則其生年當爲萬曆甲辰三十二年(1604)。"[②]陳先生這一推斷有誤,"康熙甲辰仙人已化去"並不等於吴國器就卒於康熙甲辰這一年,祇是説康熙三年吴國器已經去世。《世書堂稿》卷九《誕日自記》:"我今年亦四十七,漫記樂天歌此日。堂上二老拱木繁,堂下諸昆觭鬌悉。伯兄五旬四,霜毫點鬢密。仲兄長二庚,顔色更如漆。"卷一九《同長兄詣西村觴仲兄五旬》有:"少小嬉游儼目前,先予二載度蘧賢。"也是説吴國器長吴國縉兩歲。上文考述吴國縉生於萬曆三十一年(1603),那麽吴國器應生於萬曆二十九年(1601),他得年六十一,應卒於順治十八年(1611),也就是《世書堂稿》刊刻的這一年。《世書堂稿》有順治十八年九月熊伯龍所作序言,而稿中未見有吴國縉追悼其兄的詩篇,吴國器或卒於九月之後。

三　關於吴國對

吴國對,字玉隨,號默巖,是吴敬梓的親曾祖,他也是吴氏家族中影響很大的一位人物。吴國縉在《世書堂稿》叙及他們兄弟的詩篇中,尤其以提吴國對的詩居多,從這一點似乎可以看出他與弟弟吴國對的關

① 張國風《〈儒林外史〉試論》,中華書局,2002年,頁7—8。
② 陳美林《吴敬梓研究》,頁1311。

係更爲密切。吴國對順治十五年探花及第後，聲名鵲起，此後他交往的多爲當時文壇名流，如龔鼎孳、冒襄、陳維崧、王士禛、汪琬等人。但是，吴國對中進士之前的情况我們瞭解的並不多，而《世書堂稿》中對此有較多的記載。

卷四《玉隨讀書幽棲，是秋未售，過此有感》："入山逢山僧，指弟讀書處。破紙戛虚窗，敗葉堆荒路。壁間寒蛩吟，咿唔其如訴。風雨夜深昏，山鬼聽章句。本作沉舟謀，豈期按劍妒。已矣不復嗟，美人多遲暮。"這是寫吴國對未中舉之前苦讀的情形。卷四《舟抵津門，玉隨留讀書，予繞而北》："小酌挑艙炬，爲話明朝别。居讀與往營，行藏各分轍。物身警以束，事人聖且潔。希合衆緣通，龍蛇惟康節。娓娓聽針指，開我老耄拙。意長更轉促，分纜語未輟。"這是寫吴國對寄居津門讀書。卷八《九月五日東莊得玉隨都門捷報，因憶往事》："九月五日時上晡，莊人在田僕俱出。倚樹長天望燕雲，一函飛下投莊室。啓知吾弟今掇科，轉憶夏間辦裝日。一荒三載困無糧，貧居河滸門蕭瑟。三游廣陵一横江，白面書生徒蹌踤。欲去囊懸内復顧，不去年壯時恐失。臨發東郊踐行色，神猶怏怏口唧唧。丈夫四方寧家老，男兒半世無名疾。况飽腹笥萬卷餘，一字千金不更筆。健翮風霜瀚海輕，驊騮蹀躞康莊逸。努力此行解且歡，唾手成來高車驛。"這首詩應作於順治十一年，此年吴國對考中舉人，因爲舉人考試一般在八月份進行，稱爲"秋試"，吴國縉九月五日得到的捷報，應是吴國對中舉的消息。從詩中可以看出，吴國對在中舉之前生活狀况並不是很好，而且詩題也揭示吴國對是在北京參加舉人考試，取中"北榜"。按道理，全椒在清初屬江南省滁州府，參加鄉試應到南京去考，而吴國對參加北京鄉試，應是有寄籍或占籍行爲。在明清時期，由於江浙一帶文化教育發達，科舉競争激烈，尤其是舉人資格的獲得，因爲只有取得舉人資格後方能參加進士考試，江浙一帶有些士子爲了能中舉，就在北方取得學籍參加舉人考試。王士禛《池北偶談》記載："順治戊戌鼎甲三人：常熟孫承恩，鹽城孫一致，全椒吴國對，皆江南人,皆中甲午順天榜。"[1]三位江南人以北榜舉人的身份分中三鼎甲,這件事在當時可能遭人攻擊,《世書堂稿》卷八《二月雨中念玉隨都門場事》詩曰:"二月霖雨苦綿綿,天南天北應一天。檐昏燈爍魂將絶,嘔血鑽思發欲穿。吾家子由亦居中,登壇肯讓偏師攻。群驅定捉狂奔鹿,仰弦應中高飛鴻。男兒豈盡科名羡,不負先人手一卷。片紙天門下草萊,青泉白石飛霞電。慰我東莊搔白首,出粟呼童换好酒。"這裏是寫春試後的情形,吴國對陷入某種麻煩之中。

在全椒吴氏家族中,不僅吴國對中的是北榜舉人,民國《全椒縣志》卷一二"科舉表"中記載,吴國龍的兒子吴昺、吴早也是北榜舉人,同樣應是寄籍或占籍。吴國對順治十一年中北榜舉人,亦可證明一處關於他的誤記。清人夏燮《忠節吴次尾先生年譜》是明末貴池人吴應箕的年譜,譜中有:"(崇禎十五年)八月,九應南都試榜,揭寘副車,同時膺是選者多知名士。上江督學金楚畹先生謂是科副榜之盛,百年所無,千秋致慨,特刻題名序齒二録以寵之。按冒序自言與先生同榜,一時知名士如侯雍瞻岐曾、李舒章雯、宋轅文徵輿、夏仲文四敷、吴玉隨國對、宗鶴問觀上,共百餘人,同寘副榜。"其中提到吴國對與吴應箕同年中舉,這是一處誤記,此年中舉的是吴國對的孿生弟弟吴國龍。可能正如陳廷敬在吴國對的墓誌銘中所言,吴國對與吴國龍長得几乎一模一樣,旁人很難分清楚,後來吴國對的名聲更大,使當事人出現錯誤記憶。

吴國對在當時甚有詩名,陳廷敬《翰林院侍讀吴默巖墓誌銘》説:"君於古文研論最深,而工於騷賦之作,故獨喜多爲詩,其愁憂歡愉,離合諷諭警戒之旨,恒發之於詩。"[2]陳維崧《贈吴默巖先生》也説:"君詩體格擅長句,舞衫酒壁都淋浪。有時使筆如拗鐵,斗大波畫森盤張。龍拏豹攫出險怪,韭花蠆尾摇光芒。"[3]吴國對有《賜書樓集》,未能流傳下來,陳美林先生在《康熙〈全椒縣志〉中有關吴敬梓先世資料》一文中輯

① 王士禛《池北偶談》,中華書局,1982年,頁7。

② (清)陳廷敬《午亭文編》卷四五,景印文淵閣《四庫全書》本。

③ (清)陳維崧《湖海樓詩集》卷三,《四部叢刊初編》本。

録了吴國對的一些詩歌,《世書堂稿》中有吴國對的序言一篇,以及吴國縉、吴國對兄弟的聯句一篇,可以讓我們更多瞭解吴國對其人、其文,故輯録如下:

世書堂刻詩序

先大人課不肖輩以古今文,不廢詩學,每酒酣命筆,疾書所得,即不遂志於有司,淡安義命。《五十初度》詩云:"而今始悟黄粱夢,不信清閑不是仙。"蓋以古人自期,故其爲句,往往超勝,不肖輩不能窺其涯涘也。顧願學焉而要能言其所欲言,縱横侈肆,磊砢奥矯,事隨年進,殊不可强。余兄叔氏涉之十餘年,乃哀然大集以見矣。嗟乎,才藏於胸,用之愈出;學成於志,積之愈深。天下事不儘然耶?彼司馬遷、相如、楊雄之徒,以及李白、杜甫、白樂天、蘇軾、黄庭堅之輩,文章傳數千百年,方其操觚,豈自度吾所作應何等耶?至於今日,乃知其如此,人烏可不自勉哉?然余叔氏之爲此也,志甚鋭,氣甚豪。其未成也,如有所負而甚歉,及成而就梓,復抑然自下,惟以不得當于作者之林,則又甚懼。要之,以詩而求知於天下後世也,其心固有所甚不得已者也。朱西江云:"士君子遭時行志,功烈出乎竹帛,聲稱逮於來世,彼寧以卮言妍辭爲愉快哉?"即有之,而往往以其大者掩而弗稱,故燕、許大手筆,潤色一代,而文苑弗列,惟以嘔肝刳心、沉冥汗青之士稱焉。此其人舉所不得施行之志,而盡付於空言,以祈知於後所不可知之人,則可悲矣。余叔氏善處貧病,而年齒復不後人,不出爲世用,此誠有不敢輕社稷民人之心也,非輕五斗如栗里自傲者比也。進既不得有所表見,退又無所以爲不朽,浸尋歲月,放遣山林,無乃没没乎?故疲心力於咏歌文詞之間,而樂爲之,亦甚不得已而出此也。獨是立言之指,千態萬格,終於淡真。王太常云:"王摩詰、白樂天,皆以詩人得名,晚而悟道。大都摩詰從寡欲入,故多矜潔清净;樂天從知足入,故多廣大自在。"學人學道,未離游戲,應於此中領取,此可以知吾叔氏之寄托矣。即以秉承先大夫言詩之教,或亦未遠耳。至其詩品專家,當屬何等,世有宗匠,對固未能言也。

順治十有八年正月望日,弟國對頓首拜撰。

卷二三《都門秋夕與玉隨聯作,限陰字》:

微雲仍及晚(林),客思每難禁。殘暑何嘗去(隨),秋凉豈即深。墨龍姑作勢(林),粉蜈慣留心。河事憂方劇(隨),楚征戒亟尋。洗戈將有日(林),投璧肯從今。萬里同懷鬱(隨),千門共結沉。水村疇月望(林),樵市獨風喑。不解開燈坐(隨),寧容就火擒。霜衣都未理(林),歲粟耐頻斟。邸報偏傳密(隨),鄉情自奏駸。蠲荒軍急餉(林),偃武寇馮侵。有策曾能救(隨),無私待俱箴。哀鴻群集澤(林),賀鳳衆棲林。兼善吾之願(隨),太平世所欽。河圖呈瑞馬(林),阿閣出祥禽。黍稷還成卜(隨),旌旗轉見歆。江黄茅入貢(林),閩廣貝來琛。人勸天須協(隨),時回福逾淫。搗聲填下户(林),熏爇慰空衾。絡繹參差戛(隨),伊威寂寞吟。寒碤猶拾芷(林),遠野正炊芩。鶏犬存丹灶(隨),蓬蒿佐碧簪。殘蕖依别浦(林),清露滌高岑。遺序因杯斝(隨),峰年聽芥針。掃愁揮一劍(林),酬笑擲千金。每嘆荆卿築(隨),誰憐蜀客琴。立階嘗倚佇(林),竟不爲陰晴(隨)。

四 關於吴國縉與張竹坡之父張翍的交往

陳美林先生《吴敬梓研究》中説:

吴國縉與當時一些著名文人也有交游,在一起結社論文。據《銅山縣志·張翍傳》:

張翍,字季超……暇則肆力芸編,約文會友,一時名流畢集,中州侯方域朝宗,北譙吴玉林國縉,皆間關入社,有《同聲集》行世。湖上李笠翁漁、同里吕春履、維揚孫直繩、曾鞏、徐碩、林海之數子,常與翍流覽於山水間。

張翃此人殊堪注意，其子張竹坡曾經評點過《金瓶梅》，而閑齋老人在序《儒林外史》時，説吴敬梓所創作的這部諷刺小説具有"《金瓶梅》之筆之才"。他們先人的交接怕曾影響及後代，也未可知①。

文中引述縣志記載張翃與吴國縉的交往可作深入的探討。吴敢先生《張竹坡與〈金瓶梅〉研究》有一節《張翃與張竹坡》，專述張氏父子，該文根據《張氏家譜·傳述》載胡銓《司城張公傳》對張翃有更爲詳細的介紹。張翃生於崇禎十六年(1643)，卒於康熙二十三年(1684)，且《銅山縣志·張翃傳》即根據《司城張公傳》寫成，如《司城張公傳》有："公最重交游，嘗結同聲社，遠近名流，聞聲畢集。中州侯方域朝宗，時下負盛名，北譙吴玉林國縉，詞壇宗匠，皆間關入社。盛可知也。"

吴國縉《世書堂稿》有四處提到"張季超"其人，開始筆者以爲此"張季超"即是張竹坡之父張翃，但仔細考察，知吴國縉詩中的"張季超"並非張翃。

卷五《感懷諸君子，各賦中菀》"張孝廉季超"曰："珠不在於泉，舌池之淵淵。玉不在於崗，眉棱之琅琅。吾相天下士，比肩無能二。皎潔冰壺姿，湛泓秋水質。緩急謀友生，鏤刻終身至。鴻鱗偶爾睽，臨風增憔悴。何日高騫南，江天偕浪醉。"孝廉是指舉人，而張翃並未中過舉人。張翃在大哥張膽的逼迫下，勉强答應出仕，"授司城之銜。旋即遄歸，終不仕"②。張翃應是和其二哥張鐸一樣，以恩蔭得官，然實未任，清人陳鼎《留溪外傳》卷六《張季超傳》亦曰："鼎革以來，智能之士心傷先人，多老死蒿萊，不求仕進。若季超先生，彭城奇男子也，而竟以詩酒終。往想其人，不禁慨然三嘆矣。"③

卷七《張季超索貼壁》："瑩晶如玉不如雪，雪比玉潤更空徹。絢爛

① 《吴敬梓研究》，頁1313—1314。

② 吴敢《張竹坡與〈金瓶梅〉研究》，文物出版社，2009年，頁150。

③ (清)陳鼎《留溪外傳》，康熙三十七年自刻本。

如錦不如花,花比錦縟出天葩。君文五色花妖姣,雕龍鸞鳳拙其巧。君心千丈雪涵淡,金汁瓊漿無味探。一聲抒笑驚轟雷,一息淵沉嘆死灰。不識太漓風已熄,但覺醇醲運自胎。坐對三年失鼻眉,睽離半里縈肝脾。小乘不乘果不果,大黑不黑卑不卑。"此詩表明吴國縉與"張季超"密切交往的時間較長,"坐對三年失鼻眉"之"三年"可能是虚指,也可能是實指。

卷八《季候張季超》:"燕邸瓶樽日日倒,甘露酒人隨晚早。歸來家梏與俗絆,苦愁不復知官好。落得林皋歲月閑,閑水閑山閑花草。屢嗟蒼闕鬱彤雲,更憐碧海斷青鳥。及時勛業身手强,莫等故人忽空老。"吴國縉順治六年進士,順治九年殿試授文林郎,旋爲忌者中傷,歸家。詩中所寫吴國縉與"張季超"在北京經常飲酒歡會,亦有三年,則前詩"坐對三年失鼻眉"並非虚指,而此時張翃才八九歲,如果説和一個八九的孩子談詩論文勉强能説得過去,而和一個八九歲的孩子喝酒喝得"日日倒",實在令人難以想象。况且"及時勛業身手强,莫等故人忽空老"用在此時的張翃身上也不適合。

卷一七《寄候張寄超》:"世澤金吾佩玉珂,光依帝里德星羅。步兵久擢江東號,草聖原期柱下科。濯雪誠清形已釋,吹蘭得静氣相和。穎囊待發南宫字,匹馬春城踏緑莎。"詩中"世澤金吾"、"光依帝裏"應指"張寄超"出身錦衣衛家庭,籍貫在京城一帶;而"穎囊待發南宫字"也是指"張寄超"中過舉人,吴國縉還希望他再中進士。

以上詩歌表明,吴國縉提到的"張寄超"並非張翃,而是另有其人。根據詩中的綫索,檢讀清人陶樑《國朝畿輔詩傳》卷八有:"張繼鏕,字季超,大興人,順治五年舉人。"①張繼鏕的字、籍貫、中舉的時間等與吴國縉詩歌中所寫頗爲相合,吴國縉《世書堂稿》中"張季超"或許就是指張繼鏕。因此,從《世書堂稿》中我們並不能看到吴國縉與張翃有所交往,但問題並非僅此爲止,因爲我們看到的《世書堂稿》只有二十三卷,且刊於順治十八年,而全稿爲四十卷,當在順治十八年後又有續刻。吴國縉

① (清)陶樑《國朝畿輔詩傳》,清道光十九年紅豆樹館刻本。

卒於康熙十五年,張翃卒於康熙二十三年,他們在康熙年間是否有交往,吴國縉是否入張翃所結同聲社,可存疑。因縣志中説張翃有《同聲集》行世,我們未見到這部《同聲集》,遂不能遽下結論[①]。

五 吴敬梓祖上的家班與家族的戲曲氛圍

吴敬梓在《儒林外史》中關於戲曲的描寫也是學界探討的一個話題。陳美林先生《吴敬梓與戲劇》[②]、王廷信先生《〈儒林外史〉中的鮑家班》[③]、吴國欽先生《〈儒林外史〉中的戲曲資料——爲紀念吴敬梓誕辰三百周年而作》[④]等文章從不同方面論述了吴敬梓、《儒林外史》與戲曲的關係,他們或着眼於吴敬梓本人的興趣愛好,或着眼於《儒林外史》中戲班與戲曲演出,讓人們領略到《儒林外史》中豐富的戲曲活動場景的描繪,以及對戲班主人的細緻刻畫。其實,吴敬梓和戲曲的因緣與其家世也有一定的關係,通過《世書堂稿》,我們知道吴敬梓的祖上蓄有家班,他的家族中有較爲濃厚的戲曲氛圍。

---

① 同樣的是侯方域與張翃的交往問題。侯方域順治十一年(1654)即去世,其時張翃才十二歲,侯方域是否與其唱和,本有可疑,且侯方域《壯悔堂文集》與《四憶堂詩集》中都未提到張翃其人。但是我們看胡銓《司城張公傳》知道張翃是一早慧之人:"公年十三,伯兄遠鎮天雄,仲兄以内史入侍清班,群從各復蟬聯鵲起以去。公内而親帷獨奉,色笑承歡,外而廣結賓朋,座中常滿。""至其綜理家政,則部署有方,屏當不紊。夫以翩翩年少,具此練達之才,每令老生宿儒對之撟舌。"侯方域也是年少成名,九歲時即能分韻賦詩,十餘歲,隨父居京城,"多爲賢公卿賞拔,未强記可比漢張安世,幹局可比唐李文饒,足稱膏沃中才子弟"(田蘭芳《侯朝宗先生傳》)。侯方域英年早逝,去世時才三十七歲,因此也不能排除他和自己一樣早慧的張翃有唱和的可能。

② 《吴敬梓研究》頁 224—238。

③ 王廷信《〈儒林外史〉中的鮑家班》,《古典文學知識》2001 年第 5 期。

④ 吴國欽《〈儒林外史〉中的戲曲資料——爲紀念吴敬梓誕辰三百周年而作》,《中山大學學報(社會科學版)》2002 年第 3 期。

《世書堂稿》卷二一《嘉平三朝,演家小班爲登兒之誕,兼祝恙起》曰:“一班垂髮舞宮裳,引動春風入草堂。天上壽星將注籍,人間樂事共稱觴。”這首詩是寫正月初一這天,吴家爲慶祝吴國縉之子吴登民的生日而以家班演戲,所謂“家小班”是指吴家家班是由童伶組成。關於小班的描寫在《儒林外史》中也曾出現,書中第二十四回寫鮑文卿因崔按察司病故,回到南京整理舊生涯,“却還要尋幾個孩子起個小班子,因在城裏到處尋人説話”。由童伶組成的戲班,費用要相對少一些,不僅職業戲班如此,家班也應如此。一些有戲曲嗜好且家境稍裕的家庭都能供養得起小班,《世書堂稿》中亦記有類似的小班,如卷七《宫庶席上觀劇》:

> 颯颯凉生石上槐,蠟炬金屏四面開。彩袖褊褼蹣跚老,霓裳奏自寧馨孩。此孩豈真蕊宫索,呼之即向繡閣來。大者齒企弁,小者髮垂腮。養成薄面桃花似,折盡纖腰楊柳猜。細籟嫌攙絲與竹,輕舞無沾絮與灰。不甚慣時還見惜,或留笑處轉生哀。貪眸那惜寒侵酒,輪試還愁曉散鑄。醉雲摇摇魂莫系,應唤群兒入楚台。

詩中所寫的即爲童伶組成的小班。

明末清初是家班興盛的時期,吴敬梓高祖父吴沛小時候因“過市看優人戲”,受到父親的責罰,但到了吴敬梓曾祖一代,吴家漸漸興旺起來,蓄有家班,既受大的社會氛圍影響,也與全椒當時當地的風習有關。全椒鄰近南京,從《儒林外史》的描述就可知道南京戲曲活動之繁盛,而全椒不可能不受其影響。吴國縉身邊的朋友不少都有家班,如卷七《葉應生新遷,載酒同張紹武,因招家劇一演》:“主人清晝開華屋,崇階廣厦燦且鬱。堂下盆蘭叢異花,堂上烟雲滿古幅。却嫌雅坐興易歇,伐鼓吹簫舞袖綴。燭光燦燦閃紅雲,歌韻飄飄飛白雲。主人未官客復老,爛醉肩扶笑欲倒。”葉應生(《全椒縣志》作“蔭生”),名正蓁,號賁芳,順治二年舉人,順治九年進士。卷一六《魯極甫招看小班》:“陪歡初試小梨園,一部歌吹列内軒。近水遥傳高岸拍,隔簾細聽瑣窗言。春禽枝上純清滑,天籟空中斷雜喧。自此彩衣無寂寞,花階月榭任翩翻。”魯極甫亦爲全椒人,吴國縉在詩中多次提及他。魯極甫和吴家一樣,所蓄的是童伶組成的小班。

吴敬梓的這位伯曾祖對戲曲似乎有特别的愛好,《世書堂稿》中寫到觀劇的詩篇很多,記録有吴國縉在各種場合下觀劇的情形。如卷七《寓滁,飲湯令席》:“等閑易使良辰誤,况經陣雨榴花妒。昨宵兩部弄蘇昆,今日群公競章賦。謔笑直將天闔開,奇談不怕鬼闇怖。……”這是在縣令宴席上的觀劇,詩中言“蘇昆”,所觀爲昆曲,明末清初是昆曲鼎盛時期,滁州一帶流行的也是昆曲。同卷《翊如金冏卿邀酌,特出家劇》:“山眠水憩城環扣,華堂燭焰燒空晝。春風簾啓囀鶯嚦,一部絲管清音奏。栗石穿雲唇不掀,裊絡雲停眉欲鬥。晴牽趣溢魂已馳,最怪樓敲報五漏。”寫的是在朋友家看家班演出。卷一一《山中觀劇》:“登山原僻興,何意彩衣褰。板疊泉聲細,歌巡鳥舍圓。青林摇欲動,白髮醉還牽。面面巖雲轉,幽靈戀管弦。”寫的是在山野之中看戲。卷一二《寺中作梨園》:“台空高響徹,風遞入層雲。對佛妝啼笑,挑僧舞袖裙。敗成千局幻,夢醒一時分。閉窗閑簡閲,案上有奇聞。”寫的是在寺廟中看戲。另外,卷二一有《飲君佐弟》:“百花堂下紫荆稠,肴似山峰酒似油。紅蠟高燒三矢盡,猶敲小板試新謳。”這位“君佐弟”應該是吴國縉的族中之人,他和吴國縉一樣有戲曲的愛好。吴國縉喜愛戲曲,他結交的朋友中有一些擅長戲曲者,像宋琬、郭濬等人。宋琬,字玉叔,號荔裳。清初著名詩人,亦擅詞曲,作有雜劇《祭皋陶》,《世書堂稿》卷五《感懷諸君子,各賦中莞》有“宋民部荔裳”感懷其人;卷一一《宋荔裳部署日值》曰:“世擅青齋閥,人空海岱才。籌豐原學富,節錯自奇該。粹屑刊關什,清風養署苔。不圖履進日,得拾唾珠回。”郭濬,字彦深,嘉興府崇德縣(今浙江桐鄉市)人,崇禎三年舉人,順治九年進士。著有《百寶箱傳奇》,這是根據宋楙澄《負情儂傳》(即杜十娘怒沉百寶箱故事)而撰寫的劇本[①],《世書堂稿》卷一五《和贈郭彦深》曰:“門野奇蒸學望雲,可知人物自爲群。姓名值是寧驚顧,著作於今孰大文。千里朋交昆弟似,一天烟

① 參見汪超弘《明清曲家考》,中國社會科學出版社,2006年,頁433—434。

水越吴分。風流白也生將再,確向兒溪識得君。"實際上,郭濬與吴國縉兄弟幾人都有交往,其所著《虹暎堂詩集》卷一一有《答贈吴玉林》、《寄贈吴玉鉉、玉騊昆季》、《送吴玉隨歸南譙》等詩①。不僅吴國縉喜歡戲曲,吴敬梓的曾祖吴國對也有此雅好,徐乾學《憺園文集》卷四《同吴玉隨觀妓劇,飲山園,和玉隨韻》曰:"春深楊柳動晴絲,急管繁弦促賦詩。鄴下獨推吴季重,樓頭誰比杜紅兒。雲生遠岫迷游屐,日落飛花到酒卮。倒著接䍦郊外去,吹簫擊筑任吾之。"②

吴敬梓祖上蓄有家班,而且他的家族也有較爲濃厚的戲曲氛圍,這一點對吴敬梓應有一定的影響。吴敬梓"從小就喜愛戲劇藝術,金兩銘説他'生小性情愛吟弄,紅牙學歌類薛譚',還邀約有名的歌手參加他與吴檠、金榘、金兩銘等親友的聚會,一起豪飲歡唱,談笑作樂"③。從這裏可以看出,如果没有家庭氛圍的薰陶,吴敬梓很小的時候就"紅牙學歌",似難做到。吴敬梓祖上的家班是否像張岱祖上的家班一樣傳存幾代,因無文獻稽考,不敢肆論,但從《世書堂稿》中,我們可以看到吴敬梓在戲曲方面與這位伯曾祖有不少相似之處。吴國縉喜歡看戲,必然會接觸優伶歌伎,他的一些詩篇表達了對這些優伶歌伎的同情,如《張美人善音》、《歌人行》等,其中卷六《歌人行》曰:"誰指歌舞場,不是歡娱候。銀燭燦華霄,錦簾掩清晝。紈扇水幌飄,沉爇冰衫透。弦拍嫩指輕,歌出纖眉皺。一笑春風生,半睟秋水溜。相逢弄嬌癡,自嘆憐清叟。借問父母誰,低道離鄉幼。十歲挾從兵,便落鴛鴦扣。朝夕巫峽雲,對面誤親舊。恍惚傳籍貫,江左或江右。猶記育深閨,珍寶相養就。萍梗東西吹,飄落無根究。眼前合歡杯,滴濕傷心袖。"正如吴國對在《世書堂刻詩序》所言,吴國縉的詩歌在思想内容上有學習白居易詩歌的傾向,《歌人行》中的女子因在戰亂中與父母離散而成爲淪落風塵之人,其經歷雖與《琵琶行》中的賈人婦不一樣,但作者寄予的同情却是一致。

---

① 見《四庫未收書輯刊》6 輯第 27 册,北京出版社,2000 年,頁 579。

② 《續修四庫全書》集部第 1412 册,上海古籍出版社,2002 年,頁 374。

③ 《吴敬梓研究》,頁 225。

和吴國縉一樣，吴敬梓曾“寄閑情於絲竹，消壯懷於風塵”、“妙曲唱於旗亭，絶調歌於郢市”，吴敬梓對所接觸到的出身下層的優伶歌伎，亦無鄙薄之情。吴敬梓詩歌中的《老伶行》也是一篇出色的作品，它的格調更近於元、白的“長慶體”，詩中對王寧仲這位曾在康熙御前演戲的伶公晚年生活蕭條，“潦倒梨園五十年，蕭蕭白髮暮江邊”。吴敬梓對他的遭遇也是滿懷同情，他告慰王寧仲：“我語老伶聲勿吞，曾受君王賜予恩。才人多少凌雲賦，白首何曾獻至尊？”吴敬梓對於優伶的態度反映到《儒林外史》中，就是對鮑文卿這樣的樂户演員給予了稱頌與贊美。

從《世書堂稿》中，我們可以看出全椒吴氏家族有較爲濃厚的戲曲氛圍，尤其是他們蓄有家班的事實能讓我們更充分地理解吴敬梓與戲曲的關係，以及他在《儒林外史》中關於戲曲活動的描述。

六　吴國縉的詞作輯録

《世書堂稿》卷二三有吴國縉詞作九首，程千帆先生主編《全清詞·順康卷》、張宏生先生主編《全清詞·順康卷補編》皆未收録。在吴敬梓家族中，似乎有喜好詞曲的傳統。戲曲方面，上文已論及，而詞作方面，吴敬梓《文木山房集》中有詞，他的兒子吴烺有《靚妝詞鈔》及《杉亭詞》；吴敬梓祖、父是否有詞作雖不詳，但他的曾祖父吴國對却有詞名。吴國對與著名詞人陳維崧過從甚密，鄒祇謨、王士禛輯《倚聲初集》“爵里二”録有：“吴國對，玉隨，默巖，全椒人，順治戊戌探花，官編修。”[①]《倚聲初集》刻於順治十七年，説明吴國對在順治年間即有詞作傳世。吴國縉的詞作雖不多，但從詞的這種文學體式上，也可讓我們窺見吴敬梓家族在文學創作上的承續關係，同時可補《全清詞·順康卷》之遺，故輯録之。需要説明的是，《世書堂稿》刊刻至今恰有三百五十年，清華大學圖書館所藏此書爲存世孤本，保存得較爲完好，唯有詞作部分有若干文字脱

① 《續修四庫全書》集部第1729册，頁203。

落,衹能以“□”替代。

齊天樂　坐柳蔭舟中

小河密樹陰濃滴,晝光隙影無覓。嫩荇參差,小魚蕩漾,坐久人稀岑寂。炎蒸莫滌,異鄉煩惱,片刻延長曆。有地清凉,來水殿風亭暫敵。　主人緑野堂荒,便溯枕魂歸,千里難曆。雁陣飄零,花枝幽閴,更念荒濱斥莽,瓜李誰覿?對濁醪小豆,臨風饑惄。菽水萱湯,此願何時的。

百字令　祝家慈旋南

慈伏南旋,願繡幌風停,錦帆浪細。念當日慷慨中流,此懷天應鑒契。水伯供檣,波臣擁柮,一時千里濟。旅况安和,總賴冥冥勢。　年少遨游隨地,高堂暮景,怎經播遞。况邇聞驚,憂委敝地,他邦藥餌何計。旦晚重逢,望顔色,舊來無替。便鼓楫歸去,緑野家門第。

驀山溪　寫懷

蓮房如豆,零落輕香雨。老緑間頹紅,看禪院,□□□□。□風撲面,獨坐卷湘簾,厭敲棋,慵拈筆,盼斷關山路。　晝□扃户,游戲都無處。解帶復寬裳,揮扇柄,凉生暑去。閑愁悄至,不斷惡情思,簟紋展,帳鈎垂,睡足陽臺趣。

御街行　憶故

海棠初發陰墻砌,茹粉輕匀朱細。空庭獨坐落清塵,往事無端罣計。十年話别,明明歷歷,總在幽腸遞。　去秋此日京華滯,共朝夕,偕陰霽。孤窗獨被了殘更,多少客中調衛。殷勤小意,白雲黄土,一旦長年閉。

千秋歲　憫旱

青禾如草,又報豆花槁。河斷流,田絶潦。揮鋤愁婦女,負耒憂黎老。時去也,三秋已失天誰保?　甚怪頻年燥,無計桑林禱,草木占星雲考。盼窮二氣乖,算盡五行倒。計窮哉,貴人亦應心如搗。

玉燭新　留别武伯志

快哉重聚首，正瀚海盈潮，蘆荻青播。新荷疊蓋縶千個，漸把香心吹破。深更孤夜，每持白傾紅遞坐。杯巡陡歌板，騰訌鐘殘，不放歸卧。　人生幾得長年向，隔地風光，故人酬和。逢場强笑，終不似你我，顛狂頓挫。形忘意合，任放却，□懷大須傲那。番覆辰昏，黄金可唾。

臨江仙　初夏雨後鄰人小酌東樓

天外雲收山獻翠，熏風初薦高樓。疏欄横繞玉河流，霽光滿眼，正好泛杯酬。　弄出吴腔新疊奏，輕音多在童喉。等閑只管散人投，興酣意戀，何怕起更籌。

賀新郎　園居初夏

小院青葱滿。立虚檐、晰噻微風，吹人淡暖。榴花斑點紅袖艷，叢砌花開無算。鬥麗結，嬌嬈女伴。更有琅玕抽新籜，一條條都是賞心款。待舍是，從誰管。　晝長無事起眠緩。愛小年、萬倍删除，却停修纂。好個從容由自遣，何須金樽玉盞。看幾尾、赤星小魚，雨後雙雙争泳瀚，學垂簾吹徹湘江管。莫辜負，韶光短。

早梅芳　罌粟苦雨

蔟錦叢，揉絲縷，占盡繽紛媚。崇朝陣雨，瞥向瓊台傾盆墜。裝慵薄面殘，酲病嬌顔醉。看紅銷粉褪，滴殺胭脂淚。　流水飄繁英，吹零落，等閑易。幾番嘆息，無計繞欄設防備。三春好事虚一夏，天功費，爲惜花添人憔悴。

（作者單位：中國人民大學文學院）

古典文獻研究(第十五輯)
2012年7月

讀《文選》小札

顧 農

現代學術規範要求引號内的引文須嚴格按原文,如有删節,則須説明或在有關的地方加上删節號。中國古人比較瀟灑,往往根據需要很自由地予以删節且不加任何説明和標識。在研究古代文史時要注意這種情形,作出適當的安頓處理,而不必懷疑其中一定就有什麽錯誤。

研讀《文選》,時時會碰到這樣的問題。

例如六家注《文選》之宋刊明州本和六臣注《文選》之《四部叢刊》影印宋刊建州本卷二三阮籍《咏懷》李善注引臧榮緒《晉書》,都説阮籍《咏懷》原題《陳留》。建州本云:

> 善曰:臧榮緒《晉書》云:阮籍,字嗣宗,陳留尉氏人。容貌瑰傑,志氣宏放。蔣濟辟爲掾,後謝病去。爲尚書郎,遷步兵校尉。籍屬文,初不苦思,率爾便作。成《陳留》八十餘篇。此獨取十七首。咏懷者,謂人情懷。籍於魏末晉文之代,常慮禍患及己,故有此詩。多刺時人無故舊之情,逐勢利而已。觀其體趣,實謂幽深,非夫作者,不能探測之。向注同。①

① 《六臣注文選》中册,中華書局影印本,1987年,頁419。

此本的體例是將李善注放在前面。明州本則作：

> 良曰：臧榮緒《晉書》云：阮籍，字嗣宗，陳留尉氏人。……（中間省略文字全同於《四部叢刊》影印建州本《六臣注文選》）非夫作者，不能探測之。善注同。[①]

此本的體例是將五臣注放在前面。

而清胡克家校刻尤袤本《文選》卷二一顏延年《五君咏》之《阮步兵》“沈醉似埋照，寓辭類托諷”句下李善注説：

> 臧榮緒《晉書》曰：籍拜東平相，不以政事爲務，沈醉日多。善屬文論，初不苦思，率爾便成。作五言詩《咏懷》八十餘篇，爲世所重。[②]

宋建州本、宋明州本卷二一顏延年《五君咏》之《阮步兵》“沈醉似埋照，寓辭類托諷”句下録李善注與此注完全相同。

諸本有多處互相不同以及各本内部也有自相不同之處，這種情形能否説明只有一種引自臧榮緒《晉書》的文本才是正確的呢？還不能。這衹能表明李善安排引文時會根據需要作出不同的删節。

同樣的道理，也不能因爲建州本《六臣注文選》卷二三阮嗣宗名下李善注引臧榮緒《晉書》作“成《陳留》八十餘篇”，而卷二一顏延年《五君咏》之《阮步兵》“沈醉似埋照，寓辭類托諷”句下李善注引臧榮緒《晉書》爲“作五言詩《咏懷》八十餘篇”，就確認其中有一處是錯誤的。

能不能因爲《日本足利學校藏宋明州本六臣注文選》卷二三阮嗣宗名下劉良注引臧榮緒《晉書》作“成《陳留》八十餘篇”，而卷二一顏延年

---

① 《日本足利學校藏宋明州本六臣注文選》，人民文學出版社影印本，2008年，頁345。

② 《文選》中册，中華書局據胡克家校刻南宋淳熙八年尤袤本影印，1977年，頁303。

《五君咏》之《阮步兵》"沈醉似埋照,寓辭類托諷"句下李善注引臧榮緒《晉書》爲"作五言詩《咏懷》八十餘篇"——兩處引用臧榮緒《晉書》文字不同,就必有一處錯誤的呢? 同樣不能。

凡此種種,情形似乎很複雜,而原因却比較簡單,那就是古人引書往往根據需要很自由地予以删節。《文選》一書屢經重刻重印,更容易增加一些不相一致的問題。所以,事情很可能是阮籍《咏懷》八十餘篇原先題作《陳留》,又名《咏懷》,而後來以《咏懷》著稱,於是《陳留》這一篇名遂不甚爲人注意;但其中藴涵着重要的信息,很值得加以挖掘、闡述①。

這樣的情況在《文選》中遠不止一兩處,試舉已故著名學者曹道衡、沈玉成二先生談起過的一例,如下:

> 《文選》卷七《籍(按當作"藉",下同——農)田賦》善注于"潘安仁"下引臧榮緒《晉書》曰:"(岳)弱冠,辟司空、太尉府。"又於《籍田賦》題下引臧書曰:"泰始四年正月丁亥(按賦文誤作"丁未"),世祖初籍田于畝,司空掾潘岳作《籍田頌》也。"《西征賦》"納旌弓於鉉台"兩句下又引臧書曰:"(岳)弱冠,辟太尉府掾。"古人引書往往節删,同一臧書,歧異由(如? ——農)此。②

能不能因爲有這樣的歧異,就懷疑這裏衹能二者或三者必居其一而其餘皆誤呢,同樣不能。蓋李善引用古書時意態瀟灑,不以此等小小出入爲意也。

(作者單位:揚州大學文學院)

---

① 參見顧農《〈文選〉所録阮籍〈咏懷詩〉五題》,《文學遺産》2010年第4期。

② 《中古文學史料叢考》,中華書局,2003年,頁158—159。

古典文獻研究(第十五輯)
2012年7月

《初學記》"打毬"條釋疑

范春義

一

古代足球史料非常匱乏,有限的記載由於缺少背景資料産生多種解讀洵屬正常。關於《初學記》"打毬"條的記載就有不同理解。在現存文獻中,《初學記》"打毬"條有兩種表述方式,第一種表述爲:"打毬。劉向《别録》曰:'蹴鞠,黄帝所造,本兵勢也。或云起於戰國。'案:鞠與毬同,古人蹋蹴以爲戲。"[①]第二種表述:"《初學記》:鞠即毬字。今蹴鞠曰戲毬。古用毛糾結爲之,今用皮,以胞爲裹,噓氣,閉而蹴之。或以韋爲之,實以柔物,謂之毬子。"[②]這條材料始見於《康熙字典》,對於研究唐代足球形制演變至爲重要,又不見於今本《初學記》,故研究者對其體育史研究價值産生了三種不同判斷。(一)1959年唐豪先生編纂的《中國體育史參考資料》第七、八輯節録此部内容,作爲研究唐代足球形制

① 司義祖點校《初學記》,中華書局,1962年,頁67。

② 張玉書等撰《康熙字典》,漢語大詞典出版社,2002年,頁543。本文以下簡稱該條材料爲"字典版材料"。

的關鍵證據[①]。《中國大百科全書·體育卷》在介紹足球情况時,亦采用了"字典版材料"[②]。在《中國傳統體育導論》中,李鴻江先生仍然采用此説[③]。唐豪先生的《中國體育史參考資料》、《大百科全書·體育卷》在體育史研究中有很高的權威性,這條材料也就被廣泛引用,幾乎已經成爲學界共識[④]。(二)部分學者對這條材料半信半疑,處於彷徨狀態。例如足球史專家劉秉果先生一方面承認《初學記》没有這條記録[⑤],但在《蹴鞠——中國古代最古老的足球》文中又三次引用這條史料[⑥]。(三)翁士勛先生堅決否定"字典版材料"的價值。對"字典版材料"問題産生原因,先是在 90 年代提出了誤讀説[⑦];在 2005 年,又提出了"作僞説",認爲《康熙字典》所謂"以胞爲裹"云云,是假托《初學記》進行作僞[⑧]。考察清楚《初學記》"打毬"條的來龍去脈,對於足球形制的研究,豐富關於文獻注釋複雜性的理解,具有重要意義。

---

① 唐豪《中國體育史參考資料》,人民體育出版社,1959 年,頁 189。

② 董時恒《中國大百科全書·體育卷》,中國大百科全書出版社,1982 年,頁 340。

③ 李鴻江《中國傳統體育導論》,中國書籍出版社,2000 年版。

④ 例如游修齡先生在《古代蹴鞠和現代足球》(《浙江大學學報》2000 年第 1 期)中就采此説,作爲研究唐初足球形制的依據。方徵《蹴鞠在我國唐代的發展及影響》(《中央民族人學學報〔哲學社會科學版〕》2002 年第 3 期),仍用此説。臺灣地區張升平《蹴鞠譜研究》(臺灣"行政院國家科學委員會補助專題研究計畫專案")亦引《康熙字典》辰集"毬"之條。

⑤ 國家體委體育文史工作委員會全國體總文史資料編審委員會編《體育史料》,華夏出版社,1987 年,頁 78。劉秉果先生對"字典版材料"發生懷疑,並説"待考"。

⑥ 劉秉果《蹴鞠——中國古代最古老的足球》,中華書局,2004 年,頁 3、13、130。

⑦ 翁士勛《説"毬"》,《成都體育學院學報》1990 年第 4 期。

⑧ 翁士勛《〈蹴鞠譜〉是一部明朝人彙編性的著作——二評〈蹴鞠——世界最古老的足球〉》,《體育文化導刊》2005 年第 3 期。

二

首先從《初學記》的版本進行考察。

《初學記》現存的版本有三個:(一)日本宫内廳書陵部藏有南宋紹興十七年余十三郎宅刻本。(二)明嘉靖安國桂坡館刻本,原缺卷七、卷一〇、卷二一至二五、卷三〇下半,安氏補足後刊刻。以後多種明刻本均從此出,清乾隆内府刻古香齋巾箱本也從此出。(三)司義祖校點本,中華書局 1962 年版,據古香齋本,每卷末附校勘表,列有嚴可均、陸心源較所謂宋本的異文,這一版本最爲常用。在這三個版本當中,在相應位置都没有出現"字典版材料"。這可以充分證明"字典版材料"確實是後人加上的。然而檢索《四庫全書》時,又發現"字典版材料"還被人引用過,《陳檢討四六》卷六《莊澹庵先生〈長安春詞〉序》云:"晻靄毬堂,嵌花樣而耀谷。"補注引《初學記》:"蹴鞠曰戲毬。古用毛糾結。今以胞爲裹,噓氣,閉而蹴之,或以韋。"[①]這似乎證明還存在另外一個版本的《初學記》。據《四庫全書總目》介紹,程師恭注釋的《陳檢討四六》完成於乾隆癸酉年,即 1753 年,也就是説該内容最早見於《康熙字典》。既然《初學記》在版本流傳上不存在問題,唯一辦法只能從分析《康熙字典》提供的材料開始。

關於"字典版材料",翁士勛先生後來認爲這條材料是假托《初學記》作僞[②]。根據常理分析,翁先生的觀點難以成立。古書作僞是古代經常出現的一種文化現象,歷史上的僞書也是層出不窮。但是有意作僞,一般需要具有某種動機。《康熙字典》的編纂目的,見於《〈康熙字典〉序》:

① 陳維崧撰,程師恭注《陳檢討四六》,景印文淵閣《四庫全書》本,頁 97。

② 《〈蹴鞠譜〉是一部明朝人彙編性的著作——二評〈蹦鞠——世界最古老的足球〉》,《體育文化導刊》2005 年第 3 期。

朕每念經傳至博,音義繁賾,據一人之見,守一家之説,未必能會通罔缺也。爰命儒臣,悉取舊籍,次第排纂。切音解義,一本《説文》、《玉篇》,兼用《廣韻》、《集韻》、《韻會》、《正韻》,其餘字書一音一義之可采者,靡有遺逸。至諸書引證未備者,則自經、史、百子以及漢、晉、唐、宋、元、明以來詩人文士所述,莫不旁羅博證,使有依據。然後古今形體之辨,方言聲氣之殊,部分班列,開卷了然,無一義之不詳、一音之不備矣。①

可以看出,《康熙字典》的編纂目的就是把文字解釋清楚。況且《康熙字典》的編纂者都是足球史研究的局外人,僞造"字典版材料"對他們來説没有任何意義。從作僞動機上來説,《康熙字典》編纂者造假的可能性微乎其微。

三

反而上世紀 90 年代翁先生提出的"誤讀説"給問題解決提供了重要啓示。翁先生認爲:

《初學記》這段文字抄自《荆楚歲時記》,文中案語系宗懍的話。《康熙字典·毛部》那段所謂《初學記》云云,"鞠即毬字"是編者間接引録《初學記》"鞠與毬同"的話,而從"今蹴鞠曰戲球"起九句是編者綜合歷代有關"鞠"的注釋而成的。唐老先生未作仔細考訂,便認作爲《初學記》之語而引録之,以致以誤傳誤。②

① 《御制〈康熙字典〉序》,張玉書等撰《康熙字典》卷首。

② 《説"毬"》。筆者按:翁士勛先生"《初學記》這段文字抄自《荆楚歲時記》"的論斷成立,然而認爲"案語系宗懍的話"則與事實不符。關於《初學記》注釋情況,四庫館臣曰:"其注相傳爲隋杜公瞻作,故多引開皇中杜臺卿《玉燭寶典》。"顯然《荆楚歲時記》之注釋非宗懍本人所爲。

循上述思路,詳細分析問題産生的過程和原因。爲了清晰展示問題産生的過程,先將《康熙字典》相關内容全文迻録於下:

毬

《唐韻》:"渠鳩切。"《集韻》、《韻會》、《正韻》:"渠尤切"。並音求。《説文》:"鞠丸也。"

《荆楚歲時記》:"寒食爲打毬、鞦韆、藏鈎之戲。"注:劉向《别録》曰:"蹴鞠,黄帝所造,本兵勢也。或雲起於戰國。古人蹋蹴以爲戲。"

《史記·霍去病傳》:"驃騎尚穿域蹋鞠。"注:《索隱》曰:"鞠戲,以皮爲之,中實以毛,蹵蹋爲戲。"《正義》曰:"按:《蹵鞠書》有《域説篇》,即今之打球也。起戰國時,程武士,知其材力。"

《初學記》鞠即毬字今蹴鞠曰戲毬古用毛糾結爲之今用皮以胞爲裏噓氣閉而蹴之或以韋爲之實以柔物謂之毬子鞠亦作踘[①]

又蹴踘之處曰毬場;勝者所得謂之毬采。

又花毬,毳布也。《外國志》……又帶名。《夢溪筆談》……《邵氏聞見録》……又魚名。范正敏《遯齋閑覽》……又杖名。杜光庭《録異記》……又錦名。《齊東野語》……又費著《蜀錦譜》……又燈名。《東京夢華録》……又花果名。……屠本畯《瓶史月表》。又……見周氏《洛陽花木記》。又……見徐㶿《荔枝譜》。又……皆菊名,見范成大《菊譜》。[②]

關於《康熙字典》的編寫體例,編者在例言中云:"引用訓義,各以次第,經之後次史,史之後次子,子之後次以雜書。而於經、史之中,仍依年代先後,不致舛錯倒置,亦無層見疊出之弊。"[③]關於"鞠"的解釋,嚴

① 按:爲了展示原貌,本段暫不加標點。

② 《康熙字典》,頁543。按:標點未依據整理本;爲簡便計,省略例證。

③ 《康熙字典·凡例》,頁2。

格按照這一順序。先引《説文》,《説文》在目録歸類中屬於小學類,小學類歸於經部。然後引最早的"打毬"記録,依次從正史中尋找解釋材料,引到了《初學記》,《初學記》作爲類書,在《四庫總目》中歸於子部。然後列舉與"鞠"有關的其他材料,引用了《夢溪筆談》、《邵氏聞見録》、《遯齋閑覽》、杜光庭《録異記》、《齊東野語》、《東京夢華録》、《瓶史月表》、《荔枝譜》、《菊譜》等材料。從大體上看,"字典版内容"似乎不存在問題。

問題的關鍵在於《康熙字典》的編纂者在進行字義訓釋時,還加上了自己的辨析和評論,儘管他們在凡例中曾經强調辨析或是所加内容用"按"字提示,但在實際行文中並未嚴格照此操作,附加式的評論還有很多。在没有外在形式標識的情況下,後代人極易把《康熙字典》徵引原文與編纂者自己的話混爲一談。下面來看此類情况在引用《初學記》時的表現:

(一)《康熙字典》卷四釋囹圄:"《初學記》:囹,領也。圄,禦也。言領録囚徒,禁禦也。一曰囹,令也。圄,悟也。令罪人入其中,自悔悟也。《左傳·宣四年》:圄伯嬴于轑陽而殺之。"①

在這條著録中,"一曰囹,令也。圄,悟也。令罪人入其中,自悔悟也"就是《康熙字典》編者之語。

(二)《康熙字典》卷二一釋碑:"《初學記》:碑以悲往事也。今宫室、廟屋、墓隧之碣,鐫文於石,皆曰碑。"②

其中"今宫室廟屋墓隧之碣鐫文於石皆曰碑"亦爲《康熙字典》編纂者所加。

其實,《康熙字典》編纂者所加内容是普遍現象。例如卷一六載釋潮:"《初學記》:水朝夕而至曰潮。《皇極經世》:海潮者,地之喘息也。隨月消長,早曰潮,晚曰汐。"③其中"海潮者,地之喘息也。隨月消長"是《皇極經世》正文(注:非直接引用),"早曰潮,晚曰汐"則是字典編纂

---

① 《康熙字典》,頁150。

② 同上,頁791。

③ 《康熙字典》,頁598。《康熙字典》整理者此處斷句有誤,已改正。

者所加。再比如卷二載俑字注曰:"《禮·檀弓》:孔子謂爲芻靈者:善爲俑者不仁。注:芻靈,束草爲人形,以爲死者之從。略似人形。俑則設機發動,全似人,能踴躍也。今倡端不善曰作俑。"①其中,"今倡端不善曰作俑"就是《康熙字典》編纂者的觀點。在關於對字體或是語音流變的辨析中,這種例子更多,僅舉一例:"亐:《説文》:亐,於也。象氣之舒。從丂,從一。一者,其氣平之也。今作于。"②

在文淵閣《四庫全書》電子版《康熙字典》中,檢索"今"字,共得4766個匹配。在這些含"今"的條目中,所指有兩種情況:一是《康熙字典》編纂者所指的清代的情況,一是所引用的書籍編纂者所指的時間③。

下面來看"字典版材料"問題的癥結所在。《康熙字典》引用《初學記》其實只引用了四個字"鞠即毬字"。以下内容是《康熙字典》編纂者自己的辨析。因爲《初學記》中,緊接着説:"古人蹋蹴以爲戲。"《康熙字典》編撰者接着就説:"今蹴鞠曰戲毬。古用毛糾結爲之,今用皮,以胞爲裹,嘘氣閉而蹴之。或以韋爲之,實以柔物,謂之毬子。""今"顯然是與上文"古"相對而言,説明鞠毬古今做法不一樣,而且陳述了三種做法,具有總結的性質。這是從文義分析而言。而通過文獻考察,在初唐之前,既無戲毬之説,也無毬子之稱。這些稱呼均是初唐以後産生的。

程師恭的注文與《康熙字典》文字相同,説明兩者有淵源關係。他顯然也是誤解了《康熙字典》的文義。對於程師恭注的缺陷,四庫館臣指出:

然師恭所注往往失其本旨,如《銅雀瓦賦》"彈棋愛子"句,自用

① 《康熙字典》,頁29。

② 同上,頁11。

③ 至於辨析何者爲徵引文獻内容還是《康熙字典》編者意見,有一基本規律,即通過電子版文淵閣《四庫全書》檢索,如果《四庫全書》中僅有《康熙字典》一條内容,那幾乎可以斷定爲《康熙字典》編者所加。如果有多條記載,那就很有可能是被徵引文獻原文内容。當然具體落實時,還需慎重,要綜合考慮。

> 曹丕巾角彈棋事,而但引《藝經》注彈棋,引陸機《弔魏武帝文》注“愛子”。“傅粉佳兒”句自用曹植傅粉對邯鄲淳事,而引《魏志》武帝欲以何晏爲子及文帝疑晏傅粉事,皆近是而非。①

具有此種缺陷的作品誤讀《康熙字典》的記述也在情理之中。而後來體育史研究者(主要是唐豪先生)把字典編纂者的評論當作《初學記》的内容,造成了新的僞書——也就是子虛烏有的包含“字典版材料”的《初學記》。“字典版材料”本來是由於整理者標注不清而被後人誤解的結果。此一結果,是後人不明《康熙字典》詞義解釋的特點造成的,與字典編纂者没有任何關係,當然也就談不上假托作僞了。

通過上述考察,可以得出如下結論:第一,“今蹴鞠曰戲毬。古用毛糾結爲之。今用皮,以胞爲裹,噓氣閉而蹴之。或以韋爲之,實以柔物,謂之球子”一句確實不是《初學記》本文内容,因此該材料也就不能作爲研究初唐時期足球形制的材料來運用。第二,這條材料不是《康熙字典》編纂者主動造假,而是《康熙字典》編纂者體例不嚴、標識不清,後人又没有仔細分析其體例以致誤解造成的。這也啓發我們:在文獻注釋中存在許多複雜情況,研究者在引用相關材料時應該充分熟悉所引材料的注釋體例,方能儘量避免類似情況的發生。

(作者單位:山西師範大學戲曲文物研究所)

① 紀昀等《欽定四庫全書總目》(整理本),中華書局,1997年,頁2347。

古典文獻研究(第十五輯)
2012年7月

《新唐書·宰相表》校誤

李軼倫

《新唐書·宰相表》詳細記載了唐代宰相的任命與遷轉,是考察唐代宰相任免與相關問題的最直接、最完整的史料。但是《宰相表》在編撰與流傳中産生的文字訛誤也較爲嚴重,雖然前輩學者已經對其作了相當的校勘整理工作①,但是總難免百慮一失之憾。筆者自去年參加點校本《新唐書》修訂工作以來,承擔諸《表》的整理工作,發現點校本《新唐書·宰相表》尚多可以是正之處。現將《宰相表》的校勘成果擇其要者整理成文,以求正於方家。

一、(顯慶元年)正月甲申,志寧爲太子太傅,瑗、濟並罷太子賓客。(頁1640)

按:"罷"下當脱"爲"字。據《宰相表上》,韓瑗永徽三年三月辛巳"守黄門侍郎、同中書門下三品"、守中書侍郎來濟同年九月"同中書門

① 目前《宰相表》的校勘成果,除中華書局1975年點校本十七條《校勘記》之外,據詹宗祐《點校本兩〈唐書〉校勘彙釋》(中華書局,2012)統計,僅有王覓道《兩〈唐書〉糾謬三則》(《陝西師大學報》2002年第3期)、李恭《兩〈唐書〉標點商榷》(《天津師大學報》1985年第1期)、傅璇琮《兩〈唐書〉掇誤》(《文獻》2006年第3期)三篇論文,又武秀成師《〈舊唐書〉辨證》一書中亦載有一條。

下三品”入相,至六年“五月壬辰,瑗爲侍中,濟爲中書令”,後於顯慶二年“八月丁卯,瑗貶振州刺史,濟貶台州刺史”。唐初,三省長官爲宰相,侍中、中書令俱正三品。此完整記載了韓瑗、來濟二人從入相到貶謫的過程。此上既無瑗等爲太子賓客之記載,此處又何由書“罷”?《舊唐書》卷四《高宗本紀上》顯慶元年正月載:“侍中韓瑗、中書令來濟、禮部尚書許敬宗,並爲太子賓客,始有賓客也。”三人顯慶初同爲太子賓客一事,《通典》卷三〇《職官十二·東宫官》、《册府元龜》卷七〇八《宫臣部·選任》同載,可證顯慶元年正月,瑗、濟始由侍中、中書令而爲太子賓客,非停其太子賓客一職。《表》中言某人由宰相而改任某職例用“罷爲”,如《宰相表上》貞觀四年載“七月癸酉,(蕭)瑀罷爲太子少傅”,《宰相表下》會昌五年載“五月壬戌,(崔)鉉罷爲户部尚書,(杜)悰罷爲尚書右僕射”,是此“罷”字下當據補“爲”字。

二、(上元二年)八月庚子,文瓘爲侍中,處俊爲中書令,並同中書門下三品。仁軌爲尚書左僕射,至德爲右僕射,敬玄爲吏部尚書。(頁1646)

按:“並同中書門下三品”,此八字當在本條文末,隸屬於劉仁軌、戴至德、李敬玄三人。《新舊唐書互證》卷七云:“案《本紀》,無‘並同中書門下三品’,疑《表》誤也。既爲侍中、中書令矣,何同之有?”甚是。唐制以左、右僕射、六部尚書入相帶“同中書門下三品(平章事)”,而侍中、中書令不帶,《宰相表》不至有此訛誤,“並同中書門下三品”八字必爲錯簡。《資治通鑒》卷二〇二《唐紀十八》云:“(上元二年八月)戊戌,以戴至德爲右僕射,庚子,以劉仁軌爲左僕射,並同中書門下三品如故。張文瓘爲侍中,郝處俊爲中書令;李敬玄爲吏部尚書兼左庶子,同中書門下三品如故。”足證之。此八字當移於條末。

三、(垂拱元年)十一月丙辰,元嘉自殺,元軌流黔州。(頁1651)

按:此當繫於垂拱四年。《新舊唐書互證》卷七云:“案《本紀》,垂拱四年九月丙寅殺韓王元嘉,十二月乙酉殺霍王元軌;此表年、月、日皆誤,而書法亦不畫一。”是。《舊唐書》卷六、《新唐書》卷四《則天皇后本紀》、《資治通鑒》卷二〇四《唐紀二十》均繫此事於垂拱四年。雖兩《紀》並《通鑒》繫月與《宰相表》異,然二人之卒在垂拱四年越王貞敗後當無可疑,《表》繫於元年必誤。

四、(天授元年九月丙戌)鳳閣侍郎宗秦客檢校納言。(頁1654)

按:"納言"當爲"内史"之誤。《舊唐書》卷六、《新唐書》卷四《則天皇后本紀》及《資治通鑒》卷二〇四《唐紀二十》載此事並作"内史",且《舊唐書》卷三七《五行志》、卷一八九下《邢文偉傳》、《新唐書》卷三六《五行志》、《資治通鑒》卷二〇四同年十月甲子下、《册府元龜》卷三三三《宰輔部·罷免第二》、卷五五六《國史部·采撰》、卷九二五《總録部·譴累》載宗秦客題銜並作"内史",均可證。《宰相表》當係涉上文"司賓卿史務滋守納言"而誤,當據改。

五、(延載元年)二月甲午,師德爲秋官尚書,充河源、積石、懷遠等軍營田大使。(頁1657)

按:"二月"當作"一月"。延載元年二月乙卯朔,無其下"甲午"。《舊唐書》卷六、《新唐書》卷四《則天皇后本紀》及《資治通鑒》卷二〇五《唐紀二十一》載此事並作"一月",《資治通鑒考異》卷一一亦云:"按:師德延載元年一月日同平章事,充河源、積石、懷遠等軍營田大使。"均可證,當據改。

六、(萬歲登封元年)二月丙辰,允元薨。(頁1659)

按:"二月",國家圖書館藏元十行本作"三月"。萬歲登封元年二月癸酉朔,無其下"丙辰",作"三月"是。《新唐書》卷四《則天皇后本紀》、《資治通鑒》卷二〇五《唐紀二十一》載此事均作"三月",可證,當據改。

七、(萬歲通天元年)一月甲寅,師德爲左肅政臺御史大夫、肅邊道行軍總管。(頁1659)

按:"行軍總管","軍"下當脱"副"字。《新唐書》卷四《則天皇后本紀》、《資治通鑒》卷二〇五《唐紀二十一》載此事均作"行軍副總管"。《舊唐書》卷一九六上《吐蕃傳上》、《册府元龜》卷四四三《將帥部·敗衂第三》亦載此事,王孝傑爲肅邊道大總管而婁師德爲副。《宰相表》萬歲登封元年七月辛酉下、《新唐書》卷二一六上《吐蕃傳》均載孝傑爲肅邊道(行軍)大總管,而"行軍大總管"亦可稱作"行軍總管"(《新唐書》卷一九一《忠義傳上》、《册府元龜》卷四二五《將帥部·死事第二》即稱王孝傑爲肅邊道行軍總管),則婁師德非肅邊道行軍總管亦可推知。此當據補“副”字。

八、(聖曆二年)二月庚申,武攸寧罷爲冬官尚書。(頁1662)

按:“二月”當作“一月”。二月丙戌朔,無其下“庚申”。《新唐書》卷四《則天皇后本紀》、《資治通鑒》卷二〇六《唐紀二十二》載此事並作“一月”,可證,當據改。

九、(久視元年)(正月)丁酉,狄仁傑爲内史。庚子,文昌左相韋巨源爲納言。(頁1663)

按:久視元年正月辛亥朔,月内無丁酉、庚子二日,“丁酉”上當脱“臘月”二字。《舊唐書》卷六《則天皇后本紀》云:“(久視元年)臘月辛巳,封皇太子男重潤爲邵王。狄仁傑爲内史。”《新唐書》卷四《則天皇后本紀》云:“(久視元年)臘月辛巳,封皇太子之子重潤爲邵王……丁酉,狄仁傑爲内史。庚子,文昌左相韋巨源爲納言。”《資治通鑒》卷二〇六《唐紀二十二》云:“(久視元年)臘月辛巳,立故太孫重潤爲邵王……丁酉,以狄仁傑爲内史。庚子,以文昌左丞韋巨源爲納言。”並可證,當據補。

一〇、(神龍元年四月甲戌)懷遠爲左散騎常侍……同中書門下三品。(頁1671)

按:“左散騎常侍”當作“右散騎常侍”。《舊唐書》卷七《中宗本紀》、《資治通鑒》卷二〇八《唐紀二十四》、《册府元龜》卷七二《帝王部·命相第二》、卷一七二《帝王部·求舊第二》載懷遠入相事均作“右散騎常侍”。又《宰相表》同年五月庚子載“懷遠爲左散騎常侍”,至神龍二年“四月己丑,懷遠致仕”,其間未見有遷轉,則其致仕亦當爲左散騎常侍。兩《唐書·中宗紀》、《舊唐書》卷九〇、《新唐書》卷一一六《李懷遠傳》、《通鑒》卷二〇八、《唐會要》卷四三《五星臨犯》均載李懷遠以左散騎常侍致仕,亦可證《宰相表》元年五月載懷遠爲左散騎常侍不誤。若懷遠元年四月以左散騎常侍同三品,則五月下不當復載其爲左散騎常侍,是其四月入相所帶必爲“右散騎常侍”。而《新懷遠傳》云“以左散騎常侍同中書門下三品”,《舊懷遠傳》云“神龍初,除左散騎常侍、兵部尚書、同中書門下三品”,似以左散騎常侍入相,均未確。又《新唐書》卷四《中宗本紀》載李懷遠入相亦作“左散騎常侍”,誤同《宰相表》。

一一、(景龍元年九月丁酉)行兵部尚書宗楚客左衛將軍,兼太府卿紀處訥爲太僕卿……並同中書門下三品。(頁1674)

按:"行兵部尚書宗楚客左衛將軍",此句無謂語,句意不明,且下句"兼"字上當有另一官職。點校本《舊唐書》卷七《中宗本紀》、《新唐書》卷四《中宗本紀》"左衛將軍"均屬下紀處訥,是。《資治通鑒》卷二〇八《唐紀二十四》載同年七月事,云:"(秋七月辛丑)楊再思、蘇瓌、李嶠與兵部尚書宗楚客、左衛將軍紀處訥,擁兵二千餘人屯太極殿前,閉門自守。"《册府元龜》卷三三九《宰輔部·不忠》載此事亦云:"時再思與宰相蘇瓌、李嶠、兵部尚書宗楚客、左衛將軍紀處訥等並在太極殿前,統兵二千餘人……""左衛將軍"只可能屬紀處訥讀。且《舊唐書》卷九二《宗楚客傳》、《新唐書》卷一〇九《宗楚客傳》均不載楚客曾官"左衛將軍",亦可爲旁證。至於點校本《資治通鑒》卷二〇八《唐紀二十四》云"兵部尚書宗楚客爲左衛將軍,兼太府卿紀處訥爲太府卿,並同中書門下三品",文字與《宰相表》略同,蓋即本於《宰相表》,而修撰者又誤讀"左衛將軍"屬上,遂臆補"爲"字。

又:"太僕卿"當爲"太府卿"之誤。《舊書中宗紀》、《新書中宗紀》均只言"左衛將軍兼太府卿紀處訥"同中書門下三品,并不言"紀處訥爲太僕卿"同中書門下三品,且《元和姓纂》卷六、《舊唐書》卷九二及《新唐書》卷一〇九《紀處訥傳》等均記載紀處訥曾爲太府卿而未載其曾爲太僕卿,又上引《通鑒》卷二〇八亦作"太府卿"。此蓋"府""僕"音近致訛,當據改。

一二、(景龍三年)五月丙戌,湜貶襄州刺史,愔貶江州司馬。(頁1675)

按:"丙戌"誤,是年五月丙辰朔,月内無丙戌日。《資治通鑒》卷二〇九《唐紀二十五》載此事云:"夏,五月,丙寅,愔免死,流吉州,湜貶江州司馬。上官昭容密與安樂公主、武延秀曲爲申理,明日,以湜爲襄州刺史。愔爲江州司馬。"是"丙戌"當作"丙寅"。《舊唐書》卷七、《新唐書》卷四《中宗本紀》載此事亦誤作"丙戌"。

一三、(景雲元年)七月癸丑,兵部尚書崔日用行黄門侍郎,參知機務。(頁1677)

按:"兵部尚書",當爲"兵部侍郎"之誤,《張燕公集》卷一九《唐故瀛州河間丞崔君神道碑》、《舊唐書》卷七《睿宗本紀》、卷九九《崔日用傳》、《新唐書》卷一二一《崔日用傳》、《資治通鑒》卷二〇九《唐紀二十五》、《文苑英華》卷三八〇蘇頲《授崔日用黄門侍郎制》、《册府元龜》卷七二《帝王部·命相第二》載此事並作"兵部侍郎"。據《舊紀》,此時姚元之爲兵部尚書,至次年二月方罷爲申州刺史,亦可證此時崔日用不得爲兵部尚書。《新唐書》卷五《睿宗本紀》載此事亦誤作"兵部尚書"。

一四、(景雲二年)(四月)庚戌,安石加開府儀同三司。壬戌,殿中監竇懷貞爲左臺御史大夫、同中書門下平章事。(頁1679)

按:景雲二年四月丙子朔,無庚戌、壬戌二日,"庚戌"上當脱"五月"二字。《舊唐書》卷七《睿宗本紀》云:"(景雲二年)五月庚戌,復武氏昊陵、順陵,仍量置官屬,太平公主爲武攸暨請也。庚申[①],韋安石加開府儀同三司……壬戌,殿中監竇懷貞爲左臺御史大夫、同中書門下平章事。"《新唐書》卷五《睿宗本紀》云:"(景雲二年)五月庚戌,復昊陵、順陵,置官屬。壬戌,殿中監竇懷貞爲左御史臺大夫、同中書門下平章事。"《資治通鑒》卷二一〇《唐紀二十六》云:"(景雲二年五月)庚戌,制:'則天皇后父母墳仍舊爲昊陵、順陵,量置官屬。'……壬戌,殿中監竇懷貞爲御史大夫、同平章事。"《册府元龜》卷七二《帝王部·命相第二》云:"(景雲二年)五月,以殿中監竇懷貞爲左臺御史大夫、同中書門下平章事。"諸書均繫於五月,是其證,當據補。

一五、《新唐書》卷六二《宰相表中》:(開元元年十二月)癸丑,幽求罷爲太子少師,説貶爲相州刺史。(頁1684)

按:"太子少師"當爲"太子少保"之誤。《舊唐書》卷八《玄宗本紀上》、《資治通鑒》卷二一〇《唐紀二十六》載此事並作"太子少保"。又《通典》卷一一四《開元禮纂類九》、《大唐開元禮》卷三九《吉禮》、《唐會要》卷八〇《謚法下》、《册府元龜》卷三三三《宰輔部·罷免第二》均載劉

① 庚申在庚戌後十日,《舊紀》並載庚戌、庚申,當不誤,未知《宰相表》據何繫於庚戌。

幽求由宰相罷爲"太子少保",是其證,當據改。

一六、(天寶元年)八月丁丑,刑部侍郎李適之爲左相。(頁1691)

按:"刑部侍郎",當爲"刑部尚書"之誤。《舊唐書》卷九《玄宗本紀下》、卷九九《李適之傳》、《新唐書》卷五《玄宗本紀》、卷一三一《宗室宰相列傳·李適之傳》、《資治通鑒》卷二一五《唐紀三十一》載此事並作"刑部尚書",是其證。

一七、(寶應元年)五月丙寅,載行中書侍郎,勾當轉運租庸支度使。(頁1696)

按:"五月丙寅",是年五月己卯朔,無丙寅日,"五月"與"丙寅"當有一誤。《舊唐書》卷四九《食貨志下》、《唐會要》卷八七《轉運鹽鐵總叙》均載"寶應元年五月元載以中書侍郎代吕諲",是事在五月不誤而誤在"丙寅"。《舊唐書》卷一一《代宗本紀》載此事繫於五月"丙申",丙申爲十八日,此當據改。

一八、(興元元年)八月癸卯,晟爲鳳翔隴右諸軍、涇原四鎮北庭行營兵馬元帥。(頁1702)

按:"兵馬元帥","兵馬"下當脱"副"字。《舊唐書》卷一二、《新唐書》卷七《德宗本紀》及《資治通鑒》卷二三一《唐紀四十七》載此事均作"副元帥"。又《舊唐書》卷一三三《李晟傳》云:"詔以晟兼鳳翔尹,鳳翔隴右節度使,仍充隴右涇原節度兼管内諸軍及四鎮北庭行營兵馬副元帥。"《新唐書》卷一五四《李晟傳》云:"帝乃拜晟鳳翔隴右涇原節度使兼行營副元帥。"亦均作"副元帥",此當據補"副"字。

一九、(貞元五年)二月庚子,御史大夫竇參爲中書侍郎,大理卿董晉爲門下侍郎,並同中書門下平章事。(頁1705)

按:"御史大夫"當爲"御史中丞"之誤。《舊唐書》卷一三《德宗本紀下》、《太平御覽》卷一一三引《唐書》、《册府元龜》卷七三《帝王部·命相第三》載此事均作"御史中丞"。《舊唐書》卷八六、《新唐書》卷一四五《竇參傳》均載竇參遷中書侍郎前官御史中丞而未言官御史大夫,亦可證。《新唐書》卷七《德宗本紀》載此事誤同《新表》。

二〇、(元和十四年)十二月己卯,群罷爲湖南觀察使。(頁1714)

按:"己卯"當作"乙卯",是年十二月乙巳朔,月内無己卯日。《舊唐書》卷一五《憲宗本紀下》、《新唐書》卷七《憲宗本紀》、《資治通鑒》卷二四一《唐紀五十七》載此事並作"乙卯",是其證。

二一、《新唐書》卷六三《宰相表下》"三公"欄:(寶曆元年)二月丁未,度守司空。(頁1719)

按:元大德本、北監本、汲古閣本、殿本在寶曆二年欄。寶曆元年二月乙亥朔,無其下"丁未"日,二年二月爲己亥朔,丁未九日,是當繫於寶曆二年。《舊唐書》卷一七上、《新唐書》卷八《敬宗本紀》、《資治通鑒》卷二四三《唐紀五十九》載此事並繫於二年。《宰相表》有一事而復載於"宰相"、"三公"二欄者,如長慶二年"宰相"欄載"三月戊午,度守司空兼門下侍郎、平章事","三公"欄載"三月戊午,度守司空",不一而足。寶曆二年"宰相"欄即載"二月丁未,裴度守司空、同中書門下平章事",則"三公"欄此條亦當繫於寶曆二年,此當乙正。

二二、(大和元年)(正月)丙寅,重胤卒。(頁1720)

按:是年正月癸亥朔,無其下丙寅日。據兩《唐書·文宗本紀》所載,烏重胤大和元年十月討伐李同捷,未克而卒,亦絶無可能卒於同年正月,是"丙寅"繫於正月有誤。《舊唐書》卷一七上《文宗本紀上》、《資治通鑒》卷二四三《唐紀五十九》載此事並置於大和元年十一月丙寅,《册府元龜》卷一三六《帝王部·慰勞》亦云:"文宗太和元年十一月,天平、横海等軍節度使烏重胤卒。"是"丙寅"上當有"十一月"三字,應據補。

二三、(大和九年九月)己巳,御史中丞舒元輿爲刑部侍郎,兵部侍郎、翰林學士李訓爲禮部侍郎,並同中書門下平章事。(頁1723)

按"兵部侍郎",當爲"兵部郎中"之誤。《舊唐書》卷一七下《文宗本紀下》、卷一六九《李訓傳》、《新唐書》卷八《文宗本紀》、卷一七九《李訓傳》、《資治通鑒》卷二四五《唐紀六十一》、《册府元龜》卷七四《帝王部·命相第四》、《全唐文》卷六九《授舒元輿李訓守尚書同平章事制》載此事均作"兵部郎中"。《宰相表》作"兵部侍郎"蓋涉上"刑部侍郎"或下"禮部侍郎"而誤,當據改。

二四、(開成五年)五月己卯,珏爲門下侍郎。嗣復罷,守吏部尚書、刑部尚書。諸道鹽鐵轉運使、刑部尚書崔珙同中書門下平章事。

（頁1726）

按："吏部尚書刑部尚書"，元大德本無"刑部尚書"四字，是。唐無守兩尚書之例，此當係涉下文誤衍。《新唐書》卷一七四《楊嗣復傳》云："罷嗣復爲吏部尚書，出爲湖南觀察使。"又《資治通鑑》卷二四六《唐紀六十二》云："（開成五年）夏五月，己卯，門下侍郎、同平章事楊嗣復罷爲吏部尚書，以刑部尚書崔珙同平章事兼鹽鐵轉運使。"均可證。崔珙以刑尚同平章事，諸書記載並同，亦可證楊嗣復不可能罷守刑部尚書。

二五、（開成五年）九月丁丑，淮南節度副大使、檢校右僕射李德裕爲門下侍郎、同中書門下平章事。（頁1726）

按："右僕射"，疑作"左僕射"。《舊唐書》卷一八上《武宗本紀》云："（開成五年九月）以淮南節度使、檢校尚書左僕射李德裕爲吏部尚書、同中書門下平章事，尋兼門下侍郎。"卷一七四《李德裕傳》云："（開成）四年四月，就加檢校尚書左僕射。五年正月，武宗即位。七月，召德裕於淮南。九月，授門下侍郎、同平章事。"《册府元龜》卷七四《帝王部·命相第四》云："（開成五年）九月，以淮南節度、檢校左僕射李德裕爲吏部尚書、平章事。"均作"左僕射"。

二六、（大中二年正月）已卯，刑部侍郎、諸道鹽鐵轉運使馬植同中書門下平章事。元式罷爲刑部尚書。兵部侍郎、判度支周墀同中書門下平章事。（頁1730）

按："已卯"上當脱"五月"二字。《新唐書》卷八《宣宗本紀》云："（大中二年）五月已未朔，日有食之。崔元式罷。兵部侍郎、判度支周墀，刑部侍郎、諸道鹽鐵轉運使馬植：同中書門下平章事。"《資治通鑑》卷二四八《唐紀六十四》云："夏，五月，己未朔，日有食之。門下侍郎、同平章事崔元式罷爲户部尚書；以兵部侍郎、判度支、户部周墀、刑部侍郎、鹽鐵轉運使馬植並同平章事。"均繫於五月一日已未。又《樊川文集》卷七《唐故東川節度檢校右僕射兼御史大夫贈司徒周公墓誌銘》云："（大中）二年五月，以本官平章事，後一月，正位中書侍郎監修國史。"亦繫於五月，可證。《舊唐書》卷一八下《宣宗本紀》云："三月己酉，兵部侍郎、判度支周墀本官平章事。以禮部尚書、鹽鐵轉運使馬植本官同平章事。"大中二年三月辛酉朔，無其下己酉日，是《舊紀》又誤繫於"三月"。《册府元龜》卷七四《帝王部·命相第四》作"三月",疑襲《舊紀》之誤。

二七、(乾符六年)四月,鐸檢校司空兼侍中、荆南節度使、南面行營招討都統。(頁1743)

按:"司空",當爲"司徒"之誤。《舊唐書》卷一九下《僖宗本紀》云:"(乾符五年二月)乃以王鐸檢校司徒,兼侍中、門下侍郎、江陵尹、荆南節度使,充諸道兵馬都統。"卷一六四《王鐸傳》云:"(乾符)五年,以鐸守司徒、門下侍郎、同平章事,兼江陵尹、荆南節度使,充諸道行營兵馬都統。"《資治通鑒》卷二五三《唐紀六十九》云:"(乾符六年四月)乃以鐸守司徒兼侍中,充荆南節度使、南面行營招討都統①。"《全唐文》卷八一四樂朋龜《王鐸宏文館大學士等制》云:"開府儀同三司、守門下侍郎、兼司徒、同中書門下平章事、上柱國、晉國公、食邑三千户王鐸……王鐸可司徒兼侍中,充太清宫使、宏文館大學士,兼延資庫使,散官勛封如故。"均作"司徒"。又據《宰相表下》,乾符四年閏二月王鐸第二次入相時爲檢校司徒,數月後正式授司徒,至出鎮亦當"檢校司徒"方合情理。其中和元年至三年第三次入相即由"司徒兼門下侍郎、同中書門下平章事"至"守司徒兼太子太保",後出鎮爲"檢校司徒兼中書令、義成軍節度使",均作"司徒",亦可爲旁證。

二八、(龍紀元年)十一月戊午,緯爲太保。(頁1748)

按:"十一月"當作"十二月"。十一月己丑朔,月小,不應有戊午日,戊午當爲十二月朔。《舊唐書》卷二〇上《昭宗本紀》龍紀元年有"十二月戊午"紀事,"戊午"即屬十二月。《新唐書》卷一〇《昭宗本紀》載此事正作"十二月戊午",是其證。

(作者單位:南京大學文學院)

① 《資治通鑒考異》卷二四引《舊紀》、《舊傳》均在五年,並云"今從《實録》及《新紀》、《表》"。

古典文獻研究(第十五輯)
2012年7月

點校本《真誥》述評*

——兼論魏晉南北朝道經的整理

周作明

明正統年間編定的《道藏》,保存了道教發展中創製的大多數經書。然其在流傳中,屢遭兵燹,輾轉翻刻,魯魚亥豕,難免訛誤。今天要繼承和利用這筆文化遺産,需要學界對一些重要典籍予以整理①。近年來,中華書局專設"道教典籍選刊",彙集數位學者用不同方式整理出的多種道經,有力促進了道教文化研究。其新近推出的趙益先生對早期道經《真誥》的點校本②,無疑是道經整理的又一部力作。該書吸收日本道教學界的整理成果③,專攻點校,可謂後出轉精。

---

* 本文獲國家社科基金"《無上秘要》詞彙研究"(10XYY013)、西南民大中央高校"道典與中古漢語詞彙研究"(11SZYTH06)及西南民大學位點建設項目(2011xwd-S0501)資助。

① 參方廣錩《宗教古籍的保護與整理迫在眉睫》,《中國宗教》2010年第11期。

② 齊梁陶弘景纂輯,趙益點校《真誥》,中華書局,2011年。以下簡稱"趙校"。

③ 吉川忠夫、麥谷邦夫編,朱越利譯《〈真誥〉校注》,中國社會科學出版社,2006年。以下簡稱"日校"。

一 點校本《真誥》所取得的成就

(一) 逐卷分條,脈絡分明

《真誥》全書大致可分爲三方面的内容。第一部分爲“仙真降誥”,主要是楊羲筆録或轉述的有關“二許”(許謐、許翽)的仙真口喛。第二部分爲“在世記述”,主要是“一楊二許”自己的冥通記録以及三人與仙真或三人之間的書信往來。第三部分是敘録,爲陶弘景撰述。第一、二部分爲本文部分,乃陶氏搜羅輯佚而得,内容缺乏連貫,次序也不分明,正如陶氏在卷一九《叙録》中所説:“按今所詮綜年月,唯乙丑歲事最多,其丙寅、丁卯,各數條而已。且第一卷猶可領略次第,其餘卷日月前後參差,不盡得序。”(頁 335)全書在編列時,以“右三條,楊君草書於紙上”(頁 4)、“右從‘清靈’來凡十二條,有長史寫”(頁 10)等間隔性話語,將每章分成若干小節,每小節内容則相對獨立。但遺憾的是,由於各種原因,《真誥》原書各條之間界限並非都很清晰,給讀者閲讀帶來不小障礙。點校者在每章各條下,用數字逐次標識,使各章内部井然有序,爲閲讀理解經書帶來很大方便。例如,經過作者劃分,卷一有 29 條,卷二 69 條,在閲讀時,讀者能夠循著“右從‘乙丑歲’來凡十五條,並有楊書”(頁 34)等綫索迅速瞭解相關内容的起迄。

(二) 廣采博搜,專攻點校

今天讀歷史上傳承下來的道經,覺得難懂,有文本内容的原因,如古人行文多用典以及專門用語較多等;也有文本形成中的原因,主要是流傳中輾轉傳抄所致的文字上的訛誤衍奪。故在整理古書時,或校注並舉,或只作點校。學界整理的兩部《真誥》,即各有側重,“日校”有校有注,“趙校”則專事點校。從《真誥》文本内容的複雜性及爲學界提供盡可能可靠的原始資料的角度看,“趙校”潛心訂正文本訛誤,是合乎情理的。該書以《正統道藏》本爲底本,以明俞安期萬曆三十二年重校本及“日校”本爲參照本,參考唐宋道經及《無上秘要》、《雲笈七籤》、《墉城集仙録》等道教類書,又校訂文句訛誤二百五十餘處,從而使該書離其最初原貌又近了一大步。酌舉三例。

例如,卷一:"然穢思不豁,鄙吝内固,淫念不漸,靈池未澄,將未得相與論内外之期,泛二景之交耳。"(頁 37 /72[①])"漸"字不通,日校没出校,趙校指出《雲笈七籤》卷九八"漸"作"斬",顯然"斬"要更合句意[②]。

又如,卷六:"弟子雖去吾教千萬里,心存吾戒,必得道矣。"(頁 100 /206)其中"教"字模糊,陶弘景注:"謂應作'校'字,皆猶差懸也。"點校者指出,"校"於《秘要》卷四二《事師品》作"數"。上句實出自《四十二章經》"佛言:弟子去離吾數千里"句,還見於同期道經《上清衆真教戒德行經》(6/895c),其中"教"都作"數"。句中"弟子雖去吾……"中的"去"已表達了"相離;相差"義,不必再加"校";"數"與"教"形近而訛。

同卷:"真君曰:秀玄棲標者,雖山河崩潰而不眄,志道存真者,雖寒熱饑渴猶不護,此一往之至也。精散八虚,魂游萬塗,或因風以投間,或挾魍以結痾,將一切撥之而勿耳矣,昔之道非今道也。靈覺苟殊,百隙其如予何? 章聞之,亦足以檢樸矣。"(頁 106 /217)"日校"没出校,但段中"護"、"耳"費解。"趙校"指出,該段又見於《無上秘要》卷六五《專誠品》,其中"眄"作"虧"、"護"作"廢"、"耳"作"取"。該段講道士若能虔心"守一",身心就能不因自然外物劇烈變化而有損傷,並非説"山河崩塌都不去看、酷暑嚴冬都不保護","眄"、"護"當爲訛字;"虧"、"廢"都有損傷義,且在對仗工整的句子中相互押韻,當是正字;"勿耳"不辭,顯然當

---

① 爲方便讀者查閲,文中同時標出所引文句在"趙校"和"日校"中的頁碼。"/"前面的数字指趙校本的頁碼,後面的指日校本的頁碼。下文均同。按:本文引用其他道經均據北京文物、上海古籍、天津書店 1998 年版明《正統道藏》,共 36 册,頁分上、中、下欄。"6/897b"指第 6 册頁 897 中欄。下文同。

② 此句也見於南朝《上清衆真教戒德行經》卷上(6/897b),其中"漸"作"斷",可證。

以"取"爲正[①]。

(三)述以前言,輔以附録,闡明《真誥》源流

點校者深諳早期道教的發展進程,對《真誥》産生的文化背景相當熟悉,對《真誥》的版本流傳及思想内容素有研究。該書前言和附録,充分吸收了作者的相關研究成果[②],凝聚著作者數年的研究心得。例如,在篇幅極長的前言中,分"'仙真降誥'的創撰及流傳經過"、"陶弘景對《真誥》的整理與編纂"、"《真誥》的主要内容及其宗教内涵"、"《真誥》在道教中的地位及教外影響"、"《真誥》的源流、版本與整理情況"等六方面全面論述了《真誥》一書的來龍去脈,對讀者閲讀該書提供了極大幫助,無疑是研究《真誥》的重要學術成果。該書附録中,所收"明俞安期萬曆三十二年重修本校刻《真誥》凡例",便於讀者知悉"世本"和"藏本"的來歷及俞本所由之原委;在"歷代著録、題跋及論述"中,作者將歷代有關《真誥》的著録及論述從歷代目録學著作及私家藏書、大型叢書中爬梳出來,將其書的源流及版本清晰地呈現了出來。

① 除上三處文字外,在後者魍作魅、將作持、覺作悟、章作人,點校者没説明。其中魍與魅、將與持、覺同悟爲同義異文,不影響句意。而"章聞之"與"人聞之"則須注意。日校引《真誥》卷八"章聞累疊"爲"章聞"作注,"章"即上章,指向天界神仙上呈祈福消災的文書;但從内容上看,該句並無"上章稟請天界"的内容,代詞"之"語意無著落,與後文"亦足以檢樸矣"(也應用此來使身心素樸寧静),意義也不連貫。故"人聞之,亦足以檢樸"更合文意,人"聽説"什麽呢?正是前面"靈覺苟殊,百隙其如予何"的箴言。愚意認爲,該段應爲:真君曰:"秀玄棲標者,雖山河崩潰而不虧;志道存真者,雖寒熱饑渴猶不廢。此一往之至也。或因風以投間,或挾魅以結疴,將一切撥之而勿取,昔之道非今道也。'靈覺苟殊,百隙其如予何',人聞之,亦足以檢樸矣。"

② 如氏著《真誥的源流與版本》,《文獻》2000 年第 3 期;《東晉南北朝古道經研究簡述及分析》,《古籍整理研究學刊》2004 年第 7 期;《真誥與唐詩》,載《中華文史論叢》第八十六輯;《地下主者·冢訟·豐都六天官及鬼官——〈真誥〉冥府建構的再探討》,載《古典文獻研究》第十一輯,鳳凰出版社,2008 年,頁 97—113;《〈真誥〉與"啓示録"與"啓示文學"》,《武漢大學學報》2012 年第 1 期。

二　兩點愚見

《真誥》形成過程較爲複雜,加上道教典籍傳承和保存的諸多問題,给整理該書帶來不小困難。學界所奉獻的兩個《真誥》整理本,即偶有尚待完善之處。兹不揣蒙昧,妄述兩點愚見。未必有當,僅供參考。

(一) 偶有失校之處

文獻流傳中的不同版本及後世類書直接徵引該書的文句,無疑是校訂文本訛誤的同源資料和主要依據。但正如作者所指出,今《道藏》二十卷本源於宋本,而俞安期十卷本則源於元代,兩者離《真誥》最初成書都有較長距離,本身即可能存在不少訛誤;而後世道書徵引該書的文句也很有限。故在校理中,我們還須盡可能搜求他校材料。《真誥》乃陶氏搜訪輯佚而成,或纂輯時所出原經流傳至今,或在《真誥》流傳中,不少段落被同期道經徵引。故魏晉南北朝道經中與《真誥》相同相近的文本,也可在校理時加以參考。試舉數例。

1. 卷二:"夫失機者,貴在能改,相釋有情,今無妨矣。雖暫弭群聽,故克和也。前途①邈,此比非一。漏緒多端,當恒戰密。"(頁 37 / 72)

上句又見於六朝《上清衆真教戒德行經》卷上(6/89b)及《雲笈七籤》卷九八《詩贊辭》[①],文字多有不同,或可正原文之失。在後二經中,"今無妨矣"作"乃無妨矣",該句説若錯過機會後而能改正内省,彼此釋懷,就無大礙了,"今""乃"或形近而訛。"① 邈"詞"①"原書模糊,陶弘景注:"謂應作攸字。"其實,該詞在後二書中均作"悠邈",乃"遥遠;久遠"義,説的是若能虔誠修道,前途遠大,"攸"" 悠"同音通用。"當恒戰

① (宋)張君房編,李永晟點校《雲笈七籤》第 4 册,中華書局,2003 年,頁 2129。

密”於《上清衆真教戒德行經》作“戰謐”,於《雲笈七籤》中作“戢密”,“戰”“戢”形近而訛,“密”“謐”同音而通。愚意認爲當以“戢謐”爲是,“戢”有停止義,“謐”乃安静義,“戢謐”是説道士要面對修仙路上的衆多干擾(漏緒多端),應當虔心守一入静。“戢謐”詞見於後世,可作佐證,如清代儲大文撰《存研樓文集》卷一〇《名士論》:“中平以降二十年,飆駭霧湧之戰鋒,亦寖以戢謐,文舉寬容少忌,多所薦達。”例中“戰”當作“戢”,可校。

2. 卷三:“靈發無涯際,勤思上清文。何事生横塗,令爾感不專。陰痾失玄機,不覺年歲分。”(頁 53 /107)

句中“生横塗”在《洞玄靈寶玉京山步虚經》(34/627b)以及《雲笈七籤》卷九七[①]均作“坐横塗”,“横塗”即俗世、濁世,“坐”乃居住、停留義,當是。同卷稍前“借問求道子,何事坐塵波。豈能棲東秀,養真收太和”(頁 50 /92)與之意義相類,也用“坐”字。

3. 卷五:“欲使心正,常以日出三丈,錯手著兩肩上,以日當心,心中間暖則心正矣。”(頁 88/177)

上句還見於陶氏《登真隱訣》卷下(6/617a),其中“間”作“覺”。從上句看,心裏是否暖和當有一表感覺的動詞,“覺”或當爲正。

4. 卷六:“三見易遷,再云‘可待’,‘要乃起東山屋舍,且可離護之耳’。問其故,未見答。問衆靈,云:‘我或爾耶?’未詳此意,欲識之。”(頁 102 /213)

在文字上,“離”在俞本作“籬”,二書均據改;該句也見於六朝《上清衆真教戒德行經》卷上(6/896c),其中“離”正作“籬”。而句中“我或爾耶”乃衆靈的回答,作“我或者你”不合符神仙與修道者身份地位的懸殊;該句在後經中作“我惑爾矣”,“惑”用爲動詞,表“使……迷惑”,可能更接近原貌。二書均失校。“或”、“惑”通,可校。

5. 卷九:“大洞真玄,張煉三魂,第一魂速守七魄,第二魂速守泥丸,第三魂受心節度……黄閣神師……畢,若又卧,必獲吉應,而造爲惡

---

① 《雲笈七籤》第 4 册,頁 2120。

夢之氣，則受閉于三關之下也。”（頁 156 /293）

上段見於陶氏《上清握中訣》卷中（2/901b）、《上清修行經訣》（6/659a—b）、東晉《洞真高上玉帝大洞雌一玉檢五老寶經》（33/390c）、《正一法文修真旨要》（32/573b—c），文字小有不同。“張煉”於 32/573b、33/390c 作“長煉”，恐當是；“受心節度”於 32/573c、33/390c 作“守心節度”，與前文“守七魄、守泥丸”相應，當是；“黄閣神師”於 6/659b、32/573c、33/390c 均作“黄闕神師”，二書據俞本校，可證；“而造爲惡夢之氣”於 33/390c 作“向造爲惡夢之氣”、於 6/659b 作“而向造爲惡夢之氣”，從句意看，當補一“向”字。

6. 卷九：“直存心中有象太如錢，在心中，赤色。又存日有九芒，從心中上出喉至齒間，而芒徊還胃中。如此良久，臨目存見心胃中分明。乃吐氣，嗽液三十九過止。”（頁 161/300）

上句還見於陶氏《上清握中訣》卷中（2/904a）及《登真隱訣》卷中（6/615a），其中“心中有象”作“心中有日象”，可出校。

7. 卷一〇：“夫建吉冢之法，去塊後正取九步九尺……侯王之家，招摇欲隱，起九尺以石，方圓三尺題其文，埋之土三尺也。世間愚人，徒復千條萬章，誰能明吉凶四相哉！……必能審此術，子孫無復冢墓之患。能知墳墓之法，千禁萬忌，一皆厭之，反凶爲吉。”（頁 181 /331）

“起九尺”即前文“九步九尺”，當點斷，故當爲“侯王之家，招摇欲隱，起九尺，以石方圓三尺題其文。”在文字上，“能知墳墓之法”不辭，該段見於南北朝《洞真太霄琅書》卷八（33/692c），“墳墓”於後者作“鎮墓”，該段講的正是道教中有名的鎮墓法，“墳”“鎮”形近而訛[①]，“鎮”是。

8. 卷一〇：“點畢，先叩齒三通，微祝曰：上景飛纏，朱黄散烟。炁攝虚邪，尸穢沉泯。和魂煉魄，合體大神。令我不死，萬壽永全。聰明

① 從理據上講，“墳”極可能是“塡”的形訛字，“塡”與“鎮”形、音、義均近，在道書中常通用。如：同書卷一〇“山源四鎮，鬼井逃亡”（ 頁 174）中的“鎮”於《洞真西王母寶神起居經》（33/463a）作“塡”；卷一〇 “太一鎮生”（ 頁 184）於《洞真太上三元流珠經》（33/459b）作“太一塡生”。《上清太上八素真經》（6/654b）“土 （轉下頁）

徹視,長享利津。……按此二處是七魄游尸之門户,鉞精賊邪之津梁矣。故受朱黄之精,塞尸鬼之路,引二景之薰,遏淫亂之炁也。……此太極上法,常能行之,則魂魄和柔,尸穢散絶,長生神仙,通炁徹視。"(頁185—186 /337)

首先,句中"上景"於六朝《上清修行經訣》(6/658a)、《上清修身要事經》(32/562c)、《洞真太上三元流珠經》(33/459c)均作"二景"。道教認爲體内身神共分上、中、下三景,每景各八神,"上景"八神即頭部八神(詳參《太上二十四神迴元經》34/774a—b)。而上句説的是引日月之光芒,故當爲"二景飛纏",下文"故受朱黄之精,塞尸鬼之路,引二景之薰,遏淫亂之炁也"可作旁證,"上"、"二"形近而訛,當校。其次,句中"鉞精賊邪之津梁矣"中的"鉞精"在《洞真太上三元流珠經》實作"殘精",於另二書均作"妖精",爲同義異文,"殘"字是,可出校。

9. 卷一五:"顧和從遼東戍還,有事已散,北帝當用爲執蓋郎。蓋郎範明遷補典柄侯。"(頁 272 /475)

該句還見於《道迹靈仙記》(11/46a),其中"蓋郎範明"前尚有一"執"字,"北帝當用爲執蓋郎。執蓋郎範明遷補典柄侯"顯然更好,當據補。

10. 卷一六:"玄子少好道,遵奉法戒,至心苦行,日中菜食,煉形守精,不邁外物。州府辟聘,一無降就。游山林,棄世風塵,志願馮子晉于緱岑,侶陵陽于步玄。"(頁 287 /501)

該句還見於《道迹靈仙記》(11/48a),首先,"游山林"前尚有一"或"字,音節更加協調,或可補。"志願馮子晉于緱岑"之"馮"作"逢";該典故源於《列仙傳・王子喬》:"王子喬者,周靈王太子晉也,好吹笙,作鳳凰鳴。游伊、洛之間。道士浮邱公接以上嵩高山,三十餘年。後求之於山上,見桓良曰:'告我家,七月七日待我於緱氏山領。'至時,果乘白鶴駐山頭,望之不得到。""馮"乃"逢"的同音借字,説的是希望通過精誠修行而能在緱岑等幽境之處遇到王子喬等神仙之人。

(接上頁)精鎮廕,黄道鎮星"中的兩處"鎮"於《上清洞真天寶大洞三景寶籙》卷上(34/113c)均作"填";《上清九丹上化胎精中記經》(34/83a)"回靈鎮户"之"鎮"於《上清太上八素真經》(6/557b)作"填"。

(二)點校時對經書中個別文字的改動可商

面對《真誥》原經可能有的文字訛誤,點校者據别本或上下文文意進行了改動,這些改動有利於盡可能恢復其書面貌,但個别地方尚可斟酌。試舉兩例。

1. 卷九:"向王而祝曰:左玄右玄,三神合真。……内遣水火,外辟不祥。長生飛仙,身常體强。"(頁 144 /274)

核查今《道藏》,原經"體"作"体",日校徑改爲"體强",趙校則説:"'體'原作'体',據《雲笈七籤》卷五七及俞校改。"按:"身常體强"實不辭,原文"体"實爲"休"之筆誤,全句當作"身常休强"。上句也見於陶氏《上清握中訣》卷中(2/902b)、六朝《上清三真旨要玉訣》(6/628c)、六朝《洞真西王母寶神起居經》(33/464a)、六朝《上清太極真人撰所施行秘要經》(33/795c),其中"体强"均作"休强",《雲笈七籤》卷五七實亦作"休强"[①],趙校失察。"休"有"喜慶;美善"義,"休强"即康强義。該詞也見於六朝其他文獻,如梁慧皎《高僧傳》卷一一:"年垂百歲而氣力休强。"《古小説鈎沉·孔氏志怪》:"姨曰:'我甥三月末間産,父曰春暖温也,願休强矣。'"隋闍那崛多等譯《大法炬陀羅尼經》卷四:"體肉充實,筋骨休强。"

2. 卷一一:"柏枝乃有兩三洞口,恐真門外亦不開,此三門精齋尋之,自可見爾。"(頁 196 /356)同卷:"大茅山亦有小穴在南面,相似如一,謂之南便門,亦以石填穴口,但精齋向心于司命,又常以二日登山,延迎請祝,自然得見吾也。"(頁 201 /363)

例中兩處"精齋",日校從,趙校則據同卷下條之"清齋五年"以及卷九"清齋休糧"而改爲"清齋"。按:實不必改。首先,《正統道藏》及俞本均作"精齋";其次,儘管《真誥》文中有"清齋",但與上述二例不同條,不構成異文,不能成爲改動的依據;更重要的是,"清齋"在道經中常見,側重表述齋戒時的净潔;而"精齋"也多有,側重表齋戒時之精誠。它例

① 《雲笈七籤》第 3 册,中華書局,2003 年,頁 1271。

如:東晉劉宋《洞真上清青要紫書金根衆經》:"後學之徒,勤志高尚,棄累忘塵,寂心長阜,對景霄晨,精齋苦念,倦不敢眠,奏金簡玉札,記名玉清。……精齋苦行,上爲真人。"(33/431a—b)

三　從《真誥》看早期道經的整理

早期道經在流傳中輾轉傳抄,互相徵引,尤其是在道教文化的語境中,一些歌辭祝訣通行範圍較廣,往往多次出現,文字互有差異。試舉一例。

卷三《運題象》有"仰眄太霞宫"辭訣,除見於《雲笈七籤》卷九八[①]外(日校本已指出),還見於《上清諸真章頌》(11/149a—b)、《上清九天上帝祝百神内名經》(33/791a)、《上清諸真人頌金真章》(34/29b),文字多有不同(於不同的文字後用小字標出,並指明位置)。

仰眄[宴盼 33/791a;宣眄 34/29b]太霞宫,金閣[闕 11/149a、33/791a、34/29b]曜紫清。華房[仙房 11/149a、33/791a;齋户 34/29b]映太素,四軒皆朱瓊。擲輪空同[洞 11/149b、33/791a、《雲》]津,總[控 11/149b、34/29b]轡儛緑軿。玉華飛雲蓋,西妃運錦旌[旍 34/29b、《雲》]。翻然濁塵涯[塵濁際 33/791a;塵濁外 11/149b、34/29b],倐忽佳[往 34/29b]人庭。宿感應期[真《雲》]降[來 11/149b、33/791a、34/29b],所招[得 11/149b、33/791a、34/29b]已在冥。乘風奏霄晨[怱九霄 33/791a;想九霄 11/149b、34/29b],共酣[共歡 33/791a;甘酣 34/29b]丹琳罌[丹華嬰 11/149b、33/791a、34/29b;丹林甖《雲》]。公侯徒眇眇[顧謝世俗物 33/791a;顧謝世中物 11/149b],安知真人[空洞 33/791a;無中 11/149b、34/29b]靈。(頁 54 /108)

① 《雲笈七籤》第 4 册,頁 2137。

例中文字或形近而訛，如“佳”與“往”、“愬”與“想”、“宴”與“宣”；或音近相通，如“同”與“洞”；或義近義同而通用，如“盼”與“眄”、“總”與“控”等。總體來看，《真誥》與《雲笈七籤》文字相似性高，其他三部經相同處則更多。由於《上清九天上帝祝百神内名經》等三經同屬隋前的早期道經，其糾正《真誥》原本文字的作用不容忽視，如後三者中“金闕”、“塵濁際”、“得”、“丹華嬰”都似乎更符合經書原意。

又如，該首前的“北登玄真闕”詩，也還見於《雲笈七籤》卷九八、《上清太上迴元隱道除罪籍經》(33/791a)、《上清諸真人授經時頌金真章》(34/29b)、《上清高聖太上大道君洞真金元八景玉録》(34/149b)。同卷稍前的“絳景浮玄晨”詩(50 頁/92 頁)，也見於《雲笈七籤》卷九八[①]、《洞真太一帝君太丹隱書洞真玄經》(33/528c)、《上清諸真人授經時頌金真章》(34/30b)、《上清諸真章頌》(11/150a)四處。卷一〇“朱鳥凌天”祝辭，又見於陶氏《上清握中訣》卷中(2/904c—905a)、陶氏《登真隱訣》卷中(6/613a)、《上清三真旨要玉訣》(6/627c)、《洞真西王母寶神起居經》(33/463a)、《上清太極真人撰所實行秘要經》(33/795a)等同期文獻。

可見，道經中的不少段落在流傳中文字多有不同，但在整理中，爲了保證原經的純粹性，也受制於篇幅，不可能也没有必要對所有文字差異都作説明。但愚意以爲，在整理經書時，若能指出其另見於何處，就能爲文獻學、校勘學、語言學提供綫索，更大地發揮其作爲研究底本的價值。

從上面的例子還可窺見道經整理繁重程度之一斑。需要指出的是，道教發展中所積累的浩如烟海的典籍，其保存現狀及錯訛程度是不一樣的。總體來看，唐宋以後的典籍，其時代和作者大多明確，由於距入藏時間相對較近，文本上的訛誤相對較少。而魏晉南北朝時期創製的大量經書，多僞托神真，絶大多數不明作者，成書時代不确，且在流傳中輾轉傳抄，訛誤相對更多。而魏晉南北朝是道教整合提高的重要階

① 《雲笈七籤》第 4 册，頁 2136。

段,是後世道教發展的源頭,對此時期道經的整理無疑應給予特别的重視。

據筆者初步調查,明《道藏》共收入約 200 餘種 300 餘萬字的魏晉南北朝道經。今天要整理好這批文獻,主要面臨以下幾方面的困難:(一)保存混雜,文本錯訛衆多。(二)除了《真誥》極個别經書外,絶大多數道經缺乏别本參照①。(三)語料的電子化處理滯後,檢索利用極不方便。針對以上困難,我們認爲可從以下幾方面來加以克服:

第一,在技術層面上,加快語料的資料化處理,建立早期道經語料庫。愚意認爲,佛教研究之所以走到了道教研究的前面,有總體可靠、方便檢索的佛經語料庫是功不可没的。這啓示我們,在信息化的今天,要更快、更好地開展道教文化研究,將相關道經數字化,建成分類合理、方便檢索的語料庫,已是勢在必行。這能爲對其作出高水平整理提供極大方便,從而更有力地促進道教研究。

第二,充分借鑒《中華道藏》在道經編排及校理上的成果。前近年出版的《中華道藏》爲道教文化的一件大事,該叢書對所收經文進行了盡可能的校理,但由於各方面的原因,水平參差不齊,在文本上總體尚不可靠。但其按"三洞四輔"對《道藏》經書及敦煌道經等新增道書重新編排,能爲整理者提供重要綫索。

第三,充分利用道經流傳中輾轉傳抄所致的異文加强文獻校理。

現存的魏晉南北朝道經,主要有天師道(後爲正一道)、上清派、靈寶派、洞淵派等道派的經書。各派内部相對獨立發展,各派之間則互相影響。反映在經書創製上,首先是在道派内部,後出經書往往抄截或纂集既有經書而成,這在留存經書最多的上清派上體現得最爲充分②,正如陶弘景在《真誥·叙録》中所説:"傳寫既廣,枝葉繁雜,新舊渾淆,未

① 清代《四庫全書》、《學津討源》、《道藏輯要》、《道藏精華録》等叢書或類書所收道經基本都源於正統《道藏》本。

② 例如,《上清九真中經》、《上清太上九真中經絳生神丹訣》、《上清紫精君皇初紫靈道君洞房上經》、《上清紫微帝君南極元君玉經寶訣》、《太微帝君二十四神回元經》、《太上玉晨鬱儀結璘奔日月圖》,即相互抄截或纂集而成,文字重複極多。

易甄别。"其次,各道派間經文常相互引用,這在天師、上清、靈寶間都有體現,如《叙録》所説:"自靈期已前,上經已往往舛雜……此則楊君去後,便以動作,故《靈寶經》中,得取以相揉。"總之,爲了實現道經數量上的迅速增多,以上清派王靈期、靈寶派葛巢甫爲首所掀起的幾次造經運動,不少新造的經書實乃對既有經書的改造。從經書的創製看,其方式不可謂不"拙劣"、"粗糙"。但這一衍生特點,却爲我們還原經書文字或準確理解經義提供了可供選擇和比較的材料,能幫助我們克服别本缺乏所帶來的困難。即使像《真誥》這樣的個别有别本參照的道經,也不能低估早期道經在整理中的作用。據學界統計,《真誥》所涉道经 150 餘種[1],以古上清經居多,其中約 20 種能與《真誥》互校,它們或可證别本之是,或可補别本之失。

第四,分教派或按"十二部類"整理出滿足學界不同需要的早期道教經書集。

要把魏晉南北朝的衆多經書整理好,首先當以陶弘景、陸修静、寇謙之等經師的著作或以《無上秘要》等重要道教類書爲突破口。通過對代表性經書的成功整理,總結出成熟而行之有效的道經整理方法及門徑。在此基礎上,逐漸擴展到對其他佚名道經的整理。或可按道派,對一些代表性經書或組經進行整理,如上清經"三十一卷"、靈寶派"元始舊經"和"仙公新經",洞淵派《太上洞淵神咒經》前十卷等;或分"十二部類",按經書的内容和體例對本文類、戒律類、威儀類、衆術類、玉訣類、方法類、記傳類、贊頌類等進行整理,從而滿足不同研究旨趣對研究材料的不同需求。

總之,道經整理起步晚,難度大,任務重,需要包括宗教學、文獻學、語言學、歷史學等在内的多領域學者的參與。我們相信,在大家的共同努力下,一定會有更多的道教典籍整理的精品成果問世。

(作者單位:西南民族大學文學與新聞傳播學院)

① 參朱越利《道經總論》,遼寧教育出版社,1991 年,頁 230。

古典文獻研究(第十五輯)
2012年7月

日藏古抄本與古文獻的學術價值*

——讀《漢籍東漸及日藏古文獻論考稿》

金程宇

静永健、陳翀先生合著的《漢籍東漸及日藏古文獻論考稿》(中華書局,2011年)出版了,全書收論文十五篇,另附録三篇,静永先生出版過《白居易"諷喻詩"の研究》(勉誠出版,2000年),近年來一直主持《白居易研究年報》(勉誠出版2000年創刊)的編輯工作,陳先生則出版過《白居易の文學と白氏文集の成立——廬山から東アジアへ》(勉誠出版,2011年),他們均是白居易方面的專家,故本書仍以白氏文集及其周邊内容爲中心(其中八篇文章直接以此爲題),但也涉及到漢籍傳播、《文選集注》的編者等問題,屬於近年來不多見的域外典籍及流傳學著作,十分引人注目。書中多數文章曾以日文發表(載《漢籍傳来——白樂天の詩歌と日本》,勉誠出版,2010年),我大多都拜讀過,這次見到了中文版,重讀一過,有了一些感受和認識,寫下來向二位先生及大方之家請教。

從本書所收論文内容來看,二位學者可謂各有側重,静永先生主要圍繞白氏文集的古抄本展開研究,陳先生則關注日本古文獻所載與中

* 本文爲國家社科基金重大項目"中國古代文獻文化史"(10&ZD130)、國家社科基金2007年度青年項目"20世紀日本唐代文學研究史"(07CZW026)階段性成果。

國典籍有關的資料,並以之考察相關的學術問題,力求提出新說。可以説,二位先生所使用的資料和方法,與中國學術界近年大力提倡的"域外漢籍研究"的學術取向是不謀而合的。書前載有静永先生《中國學研究之新方法·域外漢籍研究》一文,對理解本書的研究思路頗有裨益。他有感於當下學術研究中的"國境"壁壘,指出"在現實之中,與研究日本文學的學者一樣,研究本國文學的中國學者們,也同樣陷入了一種被種種無形的'國境綫'封鎖了視野的迷茫之中"(頁 3),對此,他認爲應當"超越'國境綫',從更多的角度、用更多的思維方式來思考中國以及整個東亞區域,這才是研究'中國學'的真諦"(頁 4),而"這部書稿,就是我們在這一新研究理念下的一個小小的嘗試,我們試圖將中國文學中的兩部重要著作之《文選》與《白氏文集》放到東亞漢文化這一大文化背景中,重新探討漢籍本身之意義以及對東亞諸國的文學乃至政治文化史所産生的影響"(頁 4)。這種帶有理性自覺的學術實踐,自然會給我們以啓迪和衝擊。

日藏中國古籍的古抄本,大多源自隋唐古抄,屬於"寫本時代"的文獻遺存,由於較好地反映了文獻的早期面貌,向來爲學者所重。近代以來,楊守敬、羅振玉、董康等中國學者赴日訪書,古抄本常常是最重要的目標之一。《玉篇》、《文館詞林》等古抄本的次第發現,對相關學術研究起到了巨大的的推動作用。在日藏古抄本中,白居易的相關資料無疑是最豐富的,《白氏文集》的六十七卷本,由入唐日僧慧萼帶回日本,成爲平安時代以來貴族及知識人的主要文藝資源之一。儘管此後印刷術普及,兩宋刊本白集皆曾傳入日本,但古抄本系統的《白氏文集》仍得到了部分保存。倘若欲了解白集在寫本時代與印刷時代有何差異,日藏古抄本的價值顯然不能低估。

我們知道,日藏古抄本特别是白氏文集舊抄本的研究在日本一直屬於顯學,許多日本學者如平岡武夫、花房英樹、太田次男、神鷹德治等前輩學者均致力於此,成果斐然,似乎已無多少拓展餘地。其實不然,由於日藏舊抄傳本的豐富性和複雜性,一些重要發現仍存有可能。翻閲本書,即可見到静永先生在此領域所取得的重要成果。這一方面可以《東京國立博物館藏古筆殘卷〈白氏文集〉卷六六校考》(頁 153)

爲例。

東博本《白氏文集》殘卷第六十六,其全文很早即在《東京國立博物館圖版目録 日本書迹(和様Ⅰ)》公布(《古筆切大成》曾收入部分照片),由於該殘卷是"古筆切"(即書迹斷簡)一類的資料,多屬於日本國文學者的學術領域,中國文學研究者罕見問津,而該殘卷"全文由楷書書寫而成,因此對國語國文學研究者來説,要對這份詩卷進行全面的翻字研究具有相當高的難度",正因如此,這一長達十九紙的平安時代白氏文集寫卷,長期處於中國學、日本學的邊緣地帶,一直未能進入文獻學者的視野。静永先生敏鋭地注意到這一寫卷,經過目驗及比較現存諸本,指出該殘卷"比較如實具體地反映了白居易自編《白氏文集》的原貌,是一份非常貴重的《白氏文集》舊抄殘卷,具有非常高的文獻價值"(頁158)。從具體例證來看,該殘卷的主要特徵有如下幾點:一是文字優勝,如《奉和令公緑野堂種花》詩,宋本、那波本題目均誤"奉"爲"春",又如《秋霖中奉裴令公書見招早出赴會遲馬上先寄六韻》詩,諸本皆脱"書"、"遲",該詩第九句"續借去聲桃花馬",還保留了音注,也是接近早期傳本原貌的特徵。再如《晝堂三日》詩,現存諸本皆作"三月三日",静永先生注意到這一本文與九世紀末成書的《千載佳句》"春宴部"(697)、"花水部"(670)所引詩題一致,足見其來源之古;二是有他本印證。本文與平安時代的唐詩選本《千載佳句》、《和漢朗咏集》一致,而與刊本系統不同。三是《咏老贈夢得》一詩位置準確。該詩位於寫卷六六末倒數第四首《答李徐州》與《長齋月滿寄思黯》之間,與刊本系統的卷六五末首迥異。静永先生根據詩作寫作時間、尊經閣文庫等機構的白氏文集校記、卷六六原卷"律詩一百首"(刊本爲九十九首)題記,認爲東博本爲白氏自編原貌,至於金澤文庫本卷六五所收該詩,則通過目驗,指出抄寫此詩的紙張有異,"此詩乃後據宋本系統補抄貼入的,原詩卷並没有此詩"(頁166)。四是本卷表敬的空格、不避官名重複等書寫體式,認爲這些保留了舊抄系統的面貌。以上四點,涉及到文本的校勘、紙質的檢驗、白集的編次、體式的考量等問題,學術難度甚高,但静永先生的論文對此一一考察,論證周詳,結論令人信服。這一成果已爲近年出版的謝思煒《白居易詩集校注》所吸收,可惜限於該書先詩後筆本的體例,

《咏老贈夢得》一詩的原編位置僅在注釋中提及(第5册,頁2488)。

如果對静永先生的東博本研究加以反思的話,這一殘卷價值的認定和發現,首先得益於資料範圍的擴大,使用了中國學、日本學研究者所忽略了的"古筆切"資料,可見在學術研究中使用"域外"資料的重要性。其實不止是"發現",要想獲得通達的結論,在具體研究的過程中,充分利用其他中國學研究的"域外"資料,如白氏文集的舊抄本(乃至舊抄本系統的校記)、日人編纂的早期唐詩選本等資料也極爲重要。本文發現問題,解決問題的過程和方法,對研治中國學的學者來説,都不無啓發和借鑒意義。

日藏舊抄本提供了大量與後世刊本不同的文本,使我們了解到抄寫時代文本生成的複雜性。在《論日本舊抄本〈白氏文集〉校定方法》(《日本尊圓親王筆〈長恨歌〉の本文について》,《中國文學論集》第三十九號,2010年)一文中,静永先生使用金澤文庫本、管見抄本以及新發現的尊圓法親王抄本《長恨歌》爲例,比較中日傳本之異同,來説明日本舊抄本的文本價值。其中"尊圓本"的發現,甚可稱道。該室町抄本2009年出現於東京古書店,由於《長恨歌》在白氏詩歌中的經典地位,傳本異常繁富,要判斷該抄本是否有文本價值,實際上十分不易。雖然該抄本較晚出,約抄寫於14世紀,但静永先生出於對《白氏文集》本文的諳熟,迅速購入,從而爲進一步研究提供了資料上的保證。静永先生認爲尊圓本"祖本之成立時期却要較金澤文本更早",屬於繼金澤本、中國南宋刊本之外的第三系統。這一文本的發現,"使得《長恨歌》本文研究形成了新的格局"。某些長期以爲孤立或晚出的文本,由此得到了支持,如"秋露梧桐葉落時"的"秋露",諸本均作"秋雨",唯有宫内廳書陵部所藏傳藤原行成筆的《和漢朗咏集》抄本作此字。"天旋地轉回龍馭",諸本多作"日轉",僅後出的明代馬元調本等本作"地轉",學界一般不予采録,但尊圓本却與這些晚出文本相同,説明二者有共同的文字來源,亦不能輕易否定。無獨有偶,這方面我想舉出白居易的《寄陸補闕》詩,該詩有"雞在中庭鶴在雲"一句,諸本(包括《千載佳句》)均同,僅馬本、《唐音統籤》作"庭前",似乎得不到早期文本的支持。但我所見到的一件唐五代長沙窑瓷器題詩,正作"庭前"二字,馬本由此得到了唐寫本的文字支持。這説明晚出的孤立文本,有時可能擁有很早的文本淵源。静永先生對尊圓本的發現,還使我聯想起研究傳爲藤原行成筆《文賦》殘卷的經歷。這卷《文賦》寫本,由於對於書寫者的疑問,一直未引起學界注意。而根據我的研究,該寫卷在現存諸寫本中,實際上最能反映出三十卷本《文選》所載《文賦》的原貌。這也許很能説明,在現存古抄本、舊抄本的研究中,對時代晚出者同樣不可忽視。

閱讀本書,可以看出静永先生對日本舊抄本白集非常重視,這一傾向在本書中的很多地方都有所流露,如《謝思煒〈白居易詩集校注〉述評》一文,即認爲"謝氏校注本最大的特點,就是肯定了日本現存舊抄本的價值",儘管如此,静永先生對日本舊抄本的價值並没有過度誇大,他認爲"在没有旁證的情況下,我們也不能就一味斷定日本舊抄本文字最佳,但如果其得到了中國方面的某個本子的支持的話,至少可證明在較早時期(唐末宋初)這些異文曾在一定的範圍予以過傳播,較宋刊以後的刻本具有更接近《白氏文集》原貌的可能性"(頁 146),這一看法應當説是頗爲通達的。

正是基於對日本舊抄本白氏文集的深入認識,静永先生的研究逐步擴展到白集的讀者層方面,《從古抄卷來看平安文人對漢籍的閱讀方式》一文,利用圖繪及日文物語資料,考察平安文人熟讀白集、使用漢音誦讀的情況,很有趣味。而神田本《新樂府》的一段塗抹文字,作者則從中看到了一個平安父親中年喪子的悲苦心情。《論白氏文集於十三世紀東亞漢文化圈中的受容》將《白氏文集》放在更廣闊的空間背景下進行比較,他通過比較十三世紀日本藤原定家、高麗李奎報的白居易詩作接受情況,指出日本文人根據的是舊抄本,而高麗則使用宋刊本的巨大差異。就我的閱讀感受而言,這些論文突破了中國文學常用的研究資料、方法,其細節或有可商,但都是資料豐富、發人深思的佳作。

本書所附的一些資料也很有價值,如東博本,前面已述,《白居易研究年報》第 4 號(勉誠出版,2003 年)有影印、翻字、解題,國内不易見到,《"東博本"文本翻字校勘稿》則爲此提供了方便。又如金澤文庫舊藏本《白氏文集》舊抄本五卷(卷八、一四、三五、四九、五九),長期爲日本田中穰家族收藏,在已出版的平岡武夫、今井清校訂的《白氏文集》

(三册,京都大學人文科學研究所,1971—1973 年)、太田次男、小林芳規編著的《神田本白氏文集研究》(勉誠出版,1982 年)二十一卷校本中均未收入。所幸此舊抄本上世紀末收歸國立歷史民俗博物館並很快得到公開(《國立歷史民俗博物館藏貴重典籍叢書》文學篇第二十一卷,臨川書店,2001 年),堪稱本世紀披露的最重要的白集資料。我在該書出版不久,即輾轉獲得該書影本,深感其珍貴。但對很多中國學者來説,此書恐仍難得一見,本書所收《日本國立歷史民俗博物館藏〈白氏文集〉卷八翻字校勘記》一文,不僅向中國學界傳達了這一重要信息,並對其中的卷八進行了校勘,使我們方便地看到其基本面貌,很有意義。特别值得重視的是,《校勘記》所載"本次校勘所用底本述略",很可看出日藏《白氏文集》資料之豐富,除了中國藏本及學界熟知的那波本外,尚采用了未公開出版的白集選本《要文抄》、《管見抄》以及九種那波本批校本(其中四種平岡武夫校訂本未利用),可見用力之勤。謝思煒《白居易詩集校注》對"歷博本"的影印本也曾利用,對照之下,校勘略有遺漏。如卷八《長慶二年七月自中書舍人出守杭州路次藍溪作》"自我得此心"之"自我",謝書作"我自";"間有賢主人"之"間",謝書作"聞"。《初出城留别》"揚鞭簇車騎"之"騎",謝書作"馬"。《秋蝶》"朝生夕俱化"之"化",《管見抄》同,謝書作"死",等等。稍感遺憾的是,此文中《文苑英華》用的是通行本,未使用校勘價值甚高的静嘉堂文庫所藏明抄本。

日本人撰著的古文獻構成了域外漢籍研究中的另一類重要史料。

日本早期的古文書、古日記等文獻,往往包含着重要的典籍信息,可與中土文獻相互印証。儘管如此,在中國學研究領域内,此類材料的利用還極不充分,留有較大的研究空間。本書的另一位作者陳翀先生,對此較多關注,注意收集發掘與中國學相關的重要資料,本書所收論文大多由此生發而成,爲我們研究和利用日本古文獻提供了一些具體思路和研究實例,也很有啓發意義。

比如平安中後期學者三善爲康所編《二中歷》就是一部重要著作。該書的"經史歷",載有豐富的典籍信息,但長期以來的利用者主要爲日本文學及史學的研究者,鮮有中國學研究者關注。據我所知,山崎誠先生在《式家〈文選學〉之一斑——〈文選集注〉の利用》(初出《國文學研究資料館紀要》第15號,1989年;又載氏著《中世學問史の基底と展開》,和泉書院,1993年)中,較早使用該書以恢復平安時期九條本《文選》的原貌,近年池田昌廣《古代日本における〈史記〉の受容をめぐって》(《古代文化》2009年第61卷第3號),則利用該書探討《史記集解》的卷次分合,都是很精彩的文章。陳先生《試探〈經史歷〉所見唐末五代大規模刻書之可能性》(原載《域外漢籍研究集刊》第六輯,中華書局,2010年)一文,也注意到《二中歷》所載經史歷的文獻價值,他發現"書史卷數"載有103部中國古籍,末尾有"已上唐摺本注之"的記載,由於《二中歷》來源甚早,"摺本"的詞義一般可理解爲刊本,故結合其他資料,提出書目所載典籍唐末五代曾經大規模刊刻過而後世亡佚的觀點。這一看法與傳統的文獻學史、印刷史觀點有很大差異,發表後立即引起關注。吴瓊在《唐末五代刻書規模及東漸再考——也論〈經史歷〉中"書史卷數"之書目性質》(《域外漢籍研究集刊》第七輯,中華書局,2011年)一文中提出不同意見,論述頗詳,讀者可以參看。就我個人來看,"書史卷數"裏面的古籍,不少屬於中土逸書,但在日本却保存了古抄本,如《玉篇》、《翰苑》、《文館詞林》等書,均留有殘卷,倘若這些唐末五代刻本在日本曾經大量存在過,應當留有某些記載,或者如《白氏文集》那樣,寫卷上注有"摺本"的文字異同或相關信息,這些我們均無法在古抄本或舊抄本上獲得佐證。此外,刊刻也離不開實際需要,究竟是什麽動力或者動機,使得唐末五代的人要刊刻多達千卷的《文館詞林》呢?這樣的力量,個人顯然難以做到,官方參與而不留記載,這也無法得到合理的解釋。就目前材料而言,上述書目所載典籍,除了部分如《唐韻》、《玉篇》、《文選》等可能爲刊本外,我更傾向主要爲古抄本的判斷。

日本平安時代的公卿日記等古文獻,往往記載了一些中國古籍傳入、閱讀的信息(參王小盾《域外漢籍研究中的古文書和古記録》,《域外漢籍研究集刊》第六輯,中華書局,2010年),也一直受到學者們的關注。可惜利用它們做研究的中國學者並不多。在此方面,陳先生《日本國寳〈集注文選〉之編撰者及其成書年代考》屬於有益的嘗試。陳先生注意到《御堂關白記》寬弘元年(1004)十月三日條"(源)乘方朝臣集注文選並元白集持來,感悦無極,是有聞書等也"以及《權記》長保二年

(1000)九月六日條有“先日(大江)匡衡朝臣所傳仰注《文選》”的記載,結合匡衡的《述懷古調詩一百韻》等其他資料,提出匡衡就是《文選集注》編者的看法。其中所涉及資料,在前引山崎誠先生等日本學者著作中多有提及,並非新見資料,結論却屬新説。該文内容曾在《域外漢籍研究集刊》(第六輯,中華書局,2010年)、《中國文學論集》(2009年第38號)發表過,引起學界的關注。其結論也引起争議,山崎誠先生在《古代末期漢文表現の仿古と創造》(《日本文學》2010年第59卷7號“特集〈過去〉と〈未来〉を結ぶ中世”)指出這一結論是“對《權記》長保二年九月六日條的誤讀”,但未做具體説明。最近佐藤道生在《平安時代における〈文選集注〉の受容》(《注釋書の古今東西》,慶應義塾大學文學部,2011年)一文中,同樣表達了對陳先生《權記》解釋的疑問,他翻譯了作爲關鍵證據的“先日(大江)匡衡朝臣所傳仰注文選”一段,指出這段文字是藤原道長對藤原行成所下達的命令:“先日道長向匡衡傳達一條天皇之命,令其進《注文選》,而匡衡尋求之後僅找出四十餘卷,並非完璧。”(道長督促行成,由行成向匡衡傳達御命),根據这一理解,佐藤先生認爲“《注文選》”無法視作匡衡的著作(頁118)。《權記》中尚載有天皇之回答:“《文選》雖不具可進。”這裏也無表明匡衡編録過《文選》注本的内容和語氣。此外,從人物關係來看,匡衡爲道長近臣,而源乘方則與道長没有密切關係。倘若《文選集注》是匡衡著作的話,經由源乘方向道長獻上之舉難以令人理解。關於《權記》的標點,究竟是“仰注《文選》”還是“仰《注文選》”,所涉及的《文選》是匡衡“所求”還是“所作”,由於山崎先生、佐藤先生是日本平安時代文學的專家,他們的意見應當是值得重視的。順便説一下,近來有池田昌廣的《藤原道長の摺本文選》(《鷹陵史學》2010年第36號)、《日本側史料から見た白氏文集の北宋刊本》(《白居易研究年報》第十一號,勉誠出版,2010年,)也是利用日本古文獻來進行版本考證的重要論文,在池田先生論文中,引用了道長《御堂關白記》寬弘七年(1010)十一月二十八日有獻給一條天皇“摺本注文選”的記載。這裏的“注文選”,池田先生考爲五臣注本,則該詞確實可視作五臣注本的别稱。關於《文選集注》編者的國籍問題,長期衆説紛紜,陳先生此文引起學界較多關注和討論,也很有意義,值得在更寬廣的文獻背景下深入研究。

日本古文獻的一些記載,有時與中國方面的史料不同。本書所收《令宗允亮〈政事要略〉所收〈白居易傳〉考》,是利用日本史料考證白居易生卒年等重要問題的論文。他根據令宗允亮《政事要略》所收《白居易傳》以及《江談抄》的記載,認爲傳統的白居易大曆七年(772)生、會昌六年(846)亡的説法不確,生卒年當各推前一年。他指出宋代陳振孫引爲考證根據的白詩"何事同生壬子歲","同生"存在"共同"的異文,認爲其説"並非鐵證,而是在文獻考證上存在重大問題",進而相信日本史料的記載。《政事要略》的資料來源甚早,這篇《白居易傳》涉及到白居易的生平、父母婚姻等問題,確實值得詳細討論。但記載是否正確,則需要更慎重的考察。

生卒年關涉到作品繫年的問題,實非小事,應當檢尋中國史料加以佐證。關於白居易的卒年,學界很重視李商隱所撰的白居易《墓碑銘》,該文云:"公以致仕刑部尚書,年七十五,會昌六年八月,薨東都,贈右仆射。"由於李商隱是受白氏嗣子景受相托而撰文的,故其可信性甚高。此外,白居易詩文多提及年齡,其生年並可驗證。如《香山居士寫真詩》並序中説"元和五年,予爲左拾遺、翰林學士,……時年三十七。會昌二年,罷太子少傅,……時年七十一",《胡吉鄭劉盧張等六賢皆多年壽……》云"會昌五年三月二十一日於白家履道宅同宴","刑部尚書致仕太原白居易,年七十四"等,均可推出大曆七年(772)生之結論。《偶吟自慰兼呈夢得》自注"予與夢得甲子同(金澤本作"同歲"),今俱七十",這與上引"何事同生壬子歲"顯然是吻合的。順便提一下,關於白居易的生平傳説及其逐步被神化的文獻研究,除了陳先生所引太田次男、川口久雄先生的論文外,山崎誠先生的《もうひとりの白樂天——僞傳と僞書の世界から》(《另一個白樂天——從僞傳與僞書的世界來看》,《白居易研究講座》第四卷,勉誠社,1994年),也值得一讀。陳先生推測"《白傳》或多或少會與廬山有某種聯繫",也屬新説,可惜没有進一步佐證的資料。

陳先生的另一篇論文《新校〈白居易傳〉佚文匯考——以日本中世古文獻爲中心》(《文學遺産》2010年6期)未收入本書,因與本文相關,此處也略加介紹。該文可説是本文的增補本,多出《新見〈白氏文集〉佚詩與〈長恨歌序〉考》一節。最近陳先生發表《日藏舊抄本〈長恨歌序〉真僞考——兼論〈長恨歌〉主題及其文本傳變》(《域外漢籍研究集刊》第七輯,中華書局,2011年)則是對這一部分内容的申論。在這些文章中,陳先生提出了《長恨歌序》是白居易所作的新説,與日本學界日人僞作的主流觀點不同。

白氏文集卷一二感傷四題作品數字爲"凡八十五首",旁注"二十九首摺本",所謂摺本此處當指宋刊本,可見宋刊本此卷所收作品數量實少於古抄本五十六首。國内的白居易整理本,如《白居易詩集校注》於此均未出校,似未注意到此點。陳先生對金澤文庫舊抄本白集卷一二加以目驗,發現此卷五紙有剪裁重裱的痕迹,認爲是後人爲符合宋本面貌所做的改動,而《長恨歌序》以及其他五十六首詩作,遂由此消失。這種通過原卷形態考察卷次分合的方法,在前面所舉静永健先生東博本白集的研究中也可看到。陳先生這裏實際上提出的是古抄本白集卷一二原貌的問題,十分重要。顯然,如果《長恨歌序》真是白集原有的話,其著作權及主題之争均可了結。爲證實此説,陳先生對現存包含《長恨歌並序》的舊抄本作了調查。在第六十三回日本中國學大會(2011年10月)上,他發表《舊抄本〈長恨歌序〉の真僞》的報告,列舉七種《長恨歌並序》舊抄本,再次予以論證,可見持論的一致性。如果略作補充,日本民間尚存傳爲一條行房(?—1337)筆的古抄本《長恨歌》(與《琵琶行》合抄)一卷,似乎在陳先生的知見之外,該抄本據鑒定爲南北朝寫本,卷首書"琵琶行並序　白居易文集十二"、"長恨歌傳　前進士陳鴻撰　白居易 文集第二"、"長恨歌並序",可見日本中世時期《長恨歌》單行寫本帶有"並序"確實是常見的情況。

這些舊抄本是否就能證明白居易《長恨歌》前原本有"並序"呢?多數日本白居易的研究者顯然知道這篇"並序"的存在,但大多仍持否定意見。其中太田次男先生的《長恨歌、長恨歌傳の本文》、《長恨歌序の成立》(載《舊抄本を中心とする白氏文集本文の研究》中、下,勉誠社,1997年)最具代表性。太田先生從序的内容着眼,認爲最成問題的地方是開端"長恨者楊貴妃也"和最末的"歌曰",它們似乎想從文脈和形式上來與《長恨歌》接續,實際上如《李夫人》"此恨長在無銷期"那樣,並不會引起誤解(中册,頁 425);此序完全不見正統的文學觀念,寫法上脱離了中國人作序的形式(下册,頁 431);《太平廣記》收有"長恨傳",序作者對"長恨"的强調,似乎受到該書的影響(下册,頁 428);序文爲日本人所作,大概産生在鎌倉時代中期(下册,頁 432)。太田先生的這些意見還是值得重視的。細讀序文,該文與詩作極不協調,作者顯然並不高明。序文重複地使用了詩中"七月七日長生殿,夜半無人私語時"的句子,來概括二人的"密契",也是在此詩流行後才會出現的(宋代有"貴妃别傳"一類的小説)。很難想象,這樣撮述《長恨歌》後半内容的序文竟會出自白居易的手筆。此外,陳先生在文中否定陳鴻與白居易的交往,以説明白集原編不可能收入陳《傳》,可是根據陳《傳》中"使鴻傳焉"的話以及《文苑英華》據白集收入陳《傳》的事實,也讓人難以信服。值得注意的是,上述新出傳一條行房寫卷,《長恨歌傳》有"前進士陳鴻撰"及"白居易　文集第二"("第二"當爲"第十二"脱去"十"字所致)的小注,似可説明書寫者所見白集是帶有陳《傳》的。金澤文庫本白集卷一二,或者確實存在散佚的情況,但所散佚的内容,是否一定就是《並序》,似不易做出簡單的判斷。這一作品是否爲白居易所作,涉及到辨僞的重要問題,在證據不足的情況,似當以存疑爲宜。考證學有其自身的規範,就目前而言,我依舊願意維持白集原編《長恨歌》歌傳一體、日傳序文爲他人所作的舊説。陳先生此文涉及到大量日本文獻及相關研究,爲思考《長恨歌》以及白氏文集傳承的複雜問題提供了豐富的信息,有興趣的學者在此基礎上當可以有更深入、細密的研究。

從以上例子可以看出,陳先生使用中國學研究者較爲忽略的日本史料加以鉤沉考索,藉以提出一些新問題,這些與中國學關係密切的日本文獻,在某种意義上屬於新史料,應當予以重視。只是這部分史料過於分散,語言亦不易懂,且經過日本文化的篩選、改造,研究者在重視的同時,也要力求避免誤讀,並進行必要的考辨、整理工作。這一工作如果能夠得到日本國文學、國史學者的支持與合作,無疑將會有更出色的展開。

閲讀本書,我再一次感受到日本學者對《文集》、《文選》這些對日本傳統文化有深刻影響的典籍的重視，其研究之細密、深廣，令人欽佩。日本學者下定雅弘先生著有《日本における白居易研究》(《白居易研究講座》第7卷，勉誠社，1998年)，並在前面提到的《白居易研究年報》上逐年發表綜述(1998年度開始，已發表到2009年度)，這些成果如能像本書一樣，及時、全面地爲中國學者所借鑒，我相信一定是大有裨益的。

(作者單位：南京大學文學院)

《古典文獻研究》

徵稿啓事

•《古典文獻研究》是南京大學古典文獻研究所主辦的學術集刊，每年出版一輯，由鳳凰出版社出版。本輯（第十六輯）徵稿自二〇一二年十月起至二〇一三年四月底止。

• 第十六輯仍以“古代文獻與社會文化”爲主題。其宗旨是：從社會文化的視角觀照文獻，以文獻的歷史過程闡述社會文化。特別籲請學界同仁關注以下問題：

中國古典文獻的歷史、社會與文化的總體審視
各個歷史時期的文獻、書籍的社會傳播
經典的形成、傳播與文化共同體的發展
史籍編纂、傳播與文化傳統
治亂交替中的文獻整理、恢復與文化傳承
印刷術與社會文化
商業化出版時代的書籍生產、流通與社會文化
日用書籍的歷史與文化
士人階層的書籍刊刻、文獻分享與知識共同體
漢籍東傳與東亞漢文化圈
近世以來的文獻整理、文化出版與學術發展

其他文獻與社會文化問題的專門研究，以及各個時期的文獻文化史資料的收集整理、典型實例的提供，並所歡迎。尤其期望在“古代文獻與社會文化”研究方面提出新理論、實踐新方法、開闢新領域的各種專深研究。形式、内容、字數，均所不限。

• 本集刊設有編輯委員會,採用專家匿名審稿制度。來稿一般不退,若稿件寄達後三個月内未接到本集刊採用通知,作者可自行處理。

• 來稿内容之著作權(如圖、表、照片、統計數字及長篇引文等)問題,由作者負責。如發生侵害第三者權利之事,概由投稿者承擔法律責任,與本集刊無關。

• 來稿請遵從本集刊格式規範(另見),並請注明真實姓名、服務機構、職稱、詳細通訊地址、電子郵箱、電話或傳真,以便聯繫。來稿若不符合格式要求,恕不受理。

• 來稿請用打印本寄至:210046　江蘇省南京市栖霞區仙林大道163號　南京大學文學院古典文獻研究所《古典文獻研究》編輯委員會;本集刊編委會將視評審情况通知作者是否再寄電子稿。垂詢請電:8625－89683390 或傳真至:8625－89687098

《古典文獻研究》編輯委員會　謹啓

《古典文獻研究》

稿件書寫格式

一、來稿請使用繁體字。除特殊論文外,異體字、俗字等請改用繁體正字。歡迎電子稿。

二、注釋請採用頁下注。注釋碼用阿拉伯數字①②③④……表示,其位置在標點符號前(引號除外)文字的右上角。當頁再次徵引,用"同注×,第××頁"的形式。

三、引用文獻,務請詳列出處。引用古籍,應標明著者时代、著者名、版本(新印古籍,標明出版社、出版年代及整理信息)、卷數、頁碼;引用專書,應標明著者(譯著,著者名前加注國别,用圓括號括起)、章(卷)數、譯者、出版者、出版年月、頁碼;引用期刊論文,應標明期刊名、年代及卷期數、頁碼;引用西文論著,依西文慣例,標明作者、論著名、出版地及出版者、出版年代、頁碼,著作名用斜體,論文名加引號;如:Kristofer. M. Schipper, The Taoist Body, Berkeley: University of California Press, 1993. pp. 21 Anna SEIDEL, "*Chronicle of Taoist Studies in the West 1950—1990*". Cahiers d'Extrême-Asie 5:223—347. 1989.

四、首次提及帝王年號,須加公元紀年;首次提及外國人名,須附原名。中國年號、古籍卷數用中文數字。其他如公曆年數、期刊卷期號、頁碼等,均使用阿拉伯數字。引用敦煌文獻,用縮略標號加阿拉伯數字形式。其他特殊文獻,依學界慣例。

五、文中若有插圖,請提供清晰照片或電腦文件,並在文中注明位置。